창조문학총서

마방진시학

철학박사
문학박사   이영지
문학예술인

창조문학사

□ 머리말

지금의 과학시대는 우리의 역사가 과거와 현재와 미래가 온통 연결되게 합니다. 성경도 깊은 도움으로 다가옵니다. 본 저자는 이 주제에 힘입은 『마방진시학』을 펴냅니다. 인간의 힘이 아닌 신비로운 일들이 일어나는 신앙시각의 주제 시학에 집중 책 제목을 『마방진시학』이라 하였습니다. 환인에서 환웅으로 이어져 오는 천부경 문장 중에 시원사상이 여실히 드러나는 하나 일一이 알려 주는 바의 하나 님의 자손임을 논증할 수 있습니다. 천손민족이라는 공공연한 회자의 이력은 성경말씀에 "우리에게 한 하나님 큰 아버지가 계시니 만물이 그에게서 났고 우리도 그를 위하여 있고 또한 한 주 예수 그리스도께서 계시니 만물이 그로 말미암고 우리도 그로 말미암아 있느니라"고전 8:6의 말씀1)이 가진 신비로움에 대한 논자의 애착입니다.

대한민국大韓民國의 한韓자 기록이 있습니다. 한착寒浞이 한착韓浞과 동일하게 쓰인 기록에서 찾아집니다. 한착寒浞은 하나라가 혼탁할 때 60여년 한국寒國이라 하였고 한국寒國이 한국韓國 명칭 동일하게 사용되었습니다. 또 발해환국이 있습니다. 한

---

1) 날이 저물고 그림자가 사라지기 전에 내가 몰약 산과 유향의 작은 산으로 가리라 아:4:6.

寒이나 한韓이나 환桓이 서로 통용된 데에서 지금의 우리나라 한국韓國 이름을 찾을 수 있습니다. 하나라를 60여 년 간 지휘한 한착寒浞의 발자취는 한국韓國 이름 입니다. 이 가슴 설레이는 이름 찾기 시초1)입니다. 우리나라의 한강을 한수寒水라고도 합니다. 어원 찰 한寒은 태양을 의미하기도하고 하늘의미 이기도 합니다. 한수韓水입니다.

시경의 한족발2)이라는 기록이 남긴 한국寒國과 한국韓國의 동일성은 지금의 대한민국의 한국韓國과 같은 동이족의 나라임을 알리는 그 오래전 기록입니다. 한寒은 하늘 뜻의 건乾으로 고서에서 사용되고 있습니다. 중국이 역사상 한국의 일부3)임을 홍산문화가 증명합니다. 대한민국大韓民國의 한韓이 시경에 기록김진명 소설가 발견되어 있습니다.

요서지방에서 천하를 지배하던 조선 국가는 산해경, 그리고 홍산문명이 증명4)합니다. 발해조선5) "이 바로 과조선하過朝

---

1) 심백강, 한국은 어디서 왔는가 최초의 한국인은 누구인가. 심백강 TV.
2) 심백강, 배달의숙 명사초청특강 23회 중국은 역사상 한국의 일부였다 1부 | 심백강 민족문화연구원 원장. 대한사랑 TV. 참고::사고전서((四庫全書)는 1773년 (건륭 38년) 청 제국의 건륭제의 명으로 1781년 (건륭 46년)에 편찬 및 완성된 총서이다. 전 3,503부 79,337권
3) 심백강, 『중국은 역사상 한국의 일부』의 저자. 「한국은 어디서 왔는가 최초의 한국인은 누구인가」 심백강TV.
4) 심백강 박사 국민강좌 - 로마보다 더 위대한 동아시아 최초의 제국 고조선, 바른역사 TV.
5) 배달의숙 명사초청특강 24회 중국은 역사상 한국의 일부였다 2부 | 심백강 민족문화연구원 원장.

鮮河 구십리九十里 북지고하구北至古河口1)기록이 증명합니다. 예맥족의 후예들은 밝달족 배달국입니다.

이 책 차례는 ①. 제 1장 시원시학 ②. 해학시학 ③. 제 3장 알파와 오메가시학 ④. 제 4장 시조문학마방진시학 ⑤. 제 5장 사랑마방진시학 ⑥. 제 6장 국조해동청보라매시학 ⑦. 제 7장 일어나마방진시학 ⑧. 제 8장 온전히 아름답고 예쁜 마방진시학 ⑨. 제 9장 지혜마방진시학 ⑩. 제 10장 고향마방진시학 ⑪. 제 11장 한국마방진시학과 중국문학으로 한정 합니다. 『마방진시학』까지 오기에는 몇 번의 최근 저서『이상 시학李箱詩學 일어나라』 2023 창조문학사 와 『물마임의 시학』 2023 창조문학사 에 이어지는 다소 여유로운 마음을 담은 시학입니다.

이 저서의 특징은 고조선 시대부터 그 흔적이 발견된 근거에 따라 본 저자의 하나님에 대한 관심 표명, 놀랍게도 우리가 지금 알고 있는 십자가 모형 곧 하나님 상징 십자문형 王十 갑골문2)이 이미 고조선 시대 때부터 있었다는 사실입니다. 천부경이 갑골문자라는 사실에 더욱 본 저자가 행복한 학

---

1) 무경총요(武經總要) 북번지리(北番地理) 연경주군(燕京州軍)12..
2) 은본기(1) · 갑골문자는 한민족의 작품 · 사마천 은본기 은나라 · 문명의 시작: 인문학 TV 고경: 갑골문의 발견은 1899 청말 왕의영(王懿榮) 고대금성문연구가가 용골로 된 한약재 거북껍데기에 새겨진 갑골문자발견, 점술가가 점술 한 뒤 결과를 복사(卜辭)함-학자-뤼전위(羅振玉) 왕궈웨이(王國維). 갑골문 기록. 상왕조 점술가가 상나라를 위해서 길흉판단점술(BC 1600년-1046년) 기록, 상나라가 은허지역을 도읍함으로써 은나라라고도 함.

문연구자라는 자부심이 생7기게 하였습니다. 그토록 본 저자가 오래 머물고 있는 우리의 오랜 시조문학 마방진 시학 신비로 마방진시학이 태동되었습니다.

 제1장 '시원시학' - 천손민족으로서 절대 신을 섬긴 점 ②. 제 2장 '해학시학' - 서정성의 묘미 ③. 제 3장 '알파와 오메가시학' - 처음과 끝 존재하는 생애, 그러나 유한한 인간 한계와 희망은 천은지혜天恩智慧 ④. 제 4장 '시조문학마방진시학' - 3 4 3 4 3 4 3 4 3 5 4 3의 총 43 자수의 마방진 ⑤. 제 5장 '사랑마방진시학' - 구이족 코리아 ⑥. 제 6장 '국조해동청보라매시학' - 청동보라매 매 ⑦. 제 7장 '일어나마방진시학' - 일어나 시학 ⑧. 제 8장 '온전히 아름답고 예쁜 마방진시학' - 가장 예쁜 존재 ⑨. 제 9장 '지혜마방진시학' - 아리랑 시학 슬기 ⑩. 제 10장 '고향마방진시학' - 그 아련한 그리운 서정 ⑪. 제 11장 한국마방진시학과 중국문학입니다.

 본서 초월기능 신의 능력이 임하는 본 저서 『마방진시학』은 쌍 두 개의 반원이 모여 하나 o°을 이루는 조화의 질서 진리로 점화온도를 올리는 기독교신앙시학의 성격을 지닙니다. 바로 하나님이 육신의 몸으로 이 세상에 오신 예수 크리스트 진리가 설명되어집니다. 갑골문 천부경의 상서로운 기운 칠七이 퍼져 하나ㅡ님 계심을 앙명仰明하는 밝고 깊은 고양된 마음의 파동으로 하늘과 땅이 하나가 되는 1과 0 바로 천天과 지地 시인人으로서입니다. - 李英芝 2025. 7.

마방진시학

차례

□머리말

제 1장 시원시학

Ⅰ. 시원향기

1. 천손민족이 섬기는 🔲⁺ ··19
1). 천손민족이 섬기는 🔲⁺ ··19
   (1). 🔲⁺ ···19 (2). 절대자 표시 갑골문 글자 🔲⁺ 와 방ᵃ···23
2). 하나 님···27
(1). 일어나! 흔나! ···27 (2). 동서남북을 다스린 ···29
2). 🔲 → ✛ ···34
   (1). 한국어와 밀접한 한자 ···34 (2). 절대자 높은 분 ···40
2. 한 날의 한=에하드 ···48

Ⅱ. 하나님

1. 은혜를 베풀다 ··51
1). 은혜를 베푸는 하나님 ···51
   (1). 가난한 자를 형통하게 하는 자···51 (2). 갑골문···57 (3). 복 있는 자···64
   (4). 행복 자···77
2). 향가향기 ··94
3). 은혜가 아주 큰 한 알 ··100

제 2장 해학시학

Ⅰ. 하얀 빛

1). 해학 그 웃음 ···103
  (1). 하얀 웃음 ···103 (2). 해학웃음···106
2). 하얀 색채리듬의 웃음 ···109
3). 김소월 시의 하얀 웃음 ···112
  (1). 하얀 웃음 ···112 (2). 아름 따다 가실 길에 뿌리는 웃음···114

Ⅱ. 지혜자

1. 이별은 없다 ··117
1). 아름따다 가실 길에 뿌리우리다 ·····································117
  (1). 이별은 없다···117 (2). 유쾌한 기도··· 120
2). 율려 법칙 ··124
  (1). 님과 나와···124 (2). 신명··· 132
2. 새벽이슬시학 ··134
1). 양자역학 시 ···134
  (1). 얽힘···134 (2). 고기···138 (3). 가장 사랑하는 임··· 148
2). 파사각 ··153
3). 올 ···154

제 3장 알파와 오메가시학

Ⅰ. 알파와 오메가

1. 하나님과 예수님의 거리 ···159
1). 예수님에서 하나님까지, 하나님에서 예수님까지 ····························159
⑴. 예수님으로부터 하나님까지…159 ⑵. 하나님에서 예수님까지…161
2). 족보 ··170
⑴. 열 네 대요 열 네 대요 열 네 대요 …170
⑵. 아브라함과 아빠…175 ⑶. 예수와 물고기의 비밀암호…182

Ⅱ. 예수 크리스도

1. 대문자 암호 ···187
2. 예수이름표 ···198
3. 43과 430의 역학 ··213

제 4장 시조문학마방진시학

Ⅰ. 시조문학
  1. 시조문학 ···215
   1). 완성된 하나의 작품 시조문학 ···215
    (1). 시조한편의 가치 ···215 (2). 시조문학이 지닌 엄청난 진리 ···227
   2). 시조문학의 마방진 ··232
    (1). 시조문학의 변별성···232 (2). 색채···235
  2. 단 한 편 시조작품의 가치 ··253

Ⅱ. 시조는 왜 초 · 중 · 종장으로 나뉘나
  1. 초 · 중 · 종장의 3구분 ···260
  2. 시조와 리머릭 ···263
   1). 시조와 리머릭의 대화체 ··263
    (1). 시조의 대화체···263   (2). 리머릭의 특징···264
   2). 리처드 러트와 리머릭 ···265
    (1). 코리아 타임즈의 리머릭···265 (2). 말놀이의 노래 형식···271
   3). 시조와 리머릭의 대화체 ··273
 Ⅲ. 시조 텍스트 향기 ··280
  1. 운율문제 ··289
  2. 시조 텍스트 향기 ··296
 Ⅳ. 시조의 심리리듬 ··358
  1. 장시조의 심리리듬 ··359
  2. 율려 법칙 ··415
  3. 신명 ··423

제 5장 사랑마방진시학

Ⅰ. 사랑시학

1. 사랑시학 ···425
1). 사랑향기 ··425
  ⑴. 사랑향기 ···425   ⑵. 아파하는 사이 ···427
2). 사랑장 ···429
2. 사랑의 강렬함 ··434
3. 아가서의 리듬 ··448
1). 아가서의 리듬 ··448
  ⑴. 아가서의 리듬 ···448   ⑵. 사랑하는 자에게 주는 증거물···451
2). 사랑하는 아가야 ··454
  ⑴. 아가서 1:1~3:5 ···454 ⑵. 솟아난 사랑아 사랑아 아 3:6~5:2 ···459
  ⑶. 사랑아 사랑아 아 6:4~8:14 ···465
2. 예수님 ···470
1). 예수님 ···470
⑴. 예수님 돋다···470 ⑵. 나의 사랑하는 자 도다···479 ⑶. 행복자···498
2). 푸른 그리움 ···505
2). 복 있는 사람에게 오는 행복한 사람 ·······························522

제 6장 국조해동청보라매시학

Ⅰ. 국조

1. 국조해동청보라매시학 …………………………………………………529
1). 해동청보라매 …………………………………………………………529
 ⑴. 국조 …529 ⑵. 예쁘고 아름다운 새 …536
 ⑶.삼족오의 비밀과 조익관 …538 ⑷. 익조관 …542
2). 계우관 …………………………………………………………………543
2. 삼족오 ……………………………………………………………………548
1). 효조 ……………………………………………………………………548
 ⑴. 반포조 …548 ⑵. 은혜를 갚는 새 …549
2). 삼족오는 국조가 아니다 ……………………………………………552

제 7장 일어나마방진시학

Ⅰ. 일어나라

1. 일어나라! 바로 서라! 두 발로 걸어라! ···555
  1). 이상 시 시제 4호 ···555
   (1). 일어나 마방진 시학 ···555   2). 숫자 질서와 다른 O의 의미 ···558
  2). 일어나라! ··559
   (1). 거꾸로 숫자 11회 ···559 (2). 거꾸로 숫자 상승의 리듬 ···563
2. 거꾸로 된 같은 숫자 위치 ···564
  1). 11회를 만들기 위한 ···565
  2). 반원 둘 모임 O靈 ···569
   (1). 진단 0 •1 ···571 (2). 거꾸로 숫자와 거꾸로 되지 않은 초월기능 ···573

Ⅱ. 0 • 1

1. 수학연산자 ··575
  1). 수학정수 ···575
   (1). 정수···575   (2). 영靈 문제 ···579
  2). 26 • 10 • 1931 ··588
   (1). 26···588 (2). 10 ···591 (3). 1931 ···593 (4). 이상책임의사 ···596
2. 사랑실천 ··603
  1). 요셉 ···603
   (1). 요셉과 예수···603   (2). 사랑관계 ···606
  2). 이상 시 「오감도 시제 4호」와 「천부경」 비교 ·······························608
  3). 한글 11자와 성서의 11조 ···611
  4). 사람의 몸 5장 6부 총 11 ···621
  5). 오감도 시제1호 13 아해의 비밀 ···628

제 8장 온전히 아름답고 예쁜 마방진시학

Ⅰ. 온전히 아름답고 예쁜

1. 온전히 아름답고 예쁜 ···635
1). 온전히 아름답고 예쁜 ··635
(1). 온전히 아름답고 예쁜 ···635 (2). 쉐야푸아흐와 야푸아흐 ···648
(3). 인체기능 ···651
2). 꽃의 아름다움 ···654
2. 꽃과 새와 나 ···655

Ⅱ. 나 하나의 존재

제 9장 지혜마방진시학

Ⅰ. 예쁨^{지혜}

1. 예쁨 ···667
1). 예쁨^{지혜} ···667
(1).예쁨^{지혜} 고향 ···667 (2). 알 ···669 (3). 씨알이 남아 있다 ···675
2). 알 이야기 나정 ···677

Ⅱ. 신과 함께= 한 알 님=하나님과 함께 넘어온

1. 한 알 님=하나님 ··678
1).히브리어와 우리말의 관계 ···679
(1). 관계 ···678 (2). 하나님과 함께 ···681
2). 쓰리랑이 전하는 메시지 슬기 ···682
(1). 쓰리랑 ···682 (2). 도마가 남긴 자취 ···696
2. 고기 ···707
1). 고기 알 ··707
(1). 고기 알 곤이 ···707 (2). 서울 소부리 ···709
2). 바람천리 ··711
3). 갈림길 환단고기^{桓檀古記} 사 60:1-3의 환^桓 ······································713
(1). 알일랑=아리랑 ···713 (2). 양자이론 ···720 (3). 임 ···723
(4). 원왕생가와 찬기파랑가 ···727

제 10장 고향마방진시학

Ⅰ. 고향

1. 고향 ···731
1). 고향 ··731
⑴. 고향이 그리운 ···731 ⑵. 고향의 정체성 ···734
2). 아빠 ···736
⑴. 아빠 ···736 ⑵. 아빠가 있어 환한 얼굴 ···738
2. 마방진메시지 ··743
1). 오성취루 ··743
⑴. 오성취루 ···743 ⑵. 하나님 모시기 시원사상 갑골문복사 ···752

Ⅱ. 천부경 갑골문자

1. 천부경 갑골문 ···756
1). 천부경 문자형과 갑골문자 종 문자형 ·························756
2). 부여 ···759
⑴. 부여 ···759 ⑵. 에덴언덕 ···762 ⑶. 고향의미의 확대 ···765
2. 아리랑과 스리랑 의미의 신비 ·······································773
1). 지혜의 근원 ···773
⑴. 아리랑 고개 ···773 ⑵. 홍익인간 7만년의 역사 ···781
2). 구환족 ··787
3. 성령역사의 사역 ··799
1). 기록 수로 왕 능 ··799
⑴. 해 뜨는 나라 ···799 ⑵. 몸을 씻는 날 계락일 ···819
2). 하늘은혜의 비 ··828

제 11장 한국마방진시학과 중국문학 시

Ⅰ. 상이성과 유사성

1. 서론 ·· 833
   (1). 문제제기 ···833 (2). 연구방법 ···839 (3). 연구사 ···842

Ⅱ. 비교

1. 물의 의태어 ·· 852
 1). 중국 선시와 물의 의태어 ·· 852
 (1). 동산양개와 한산자 ···852 (2). 선종 황정견 ···858
 2). 물의 의태어에 대한 시와 시조 ································· 860
 (1). 이황과 이언적 ···860 (2). 진덕수와 이황 ···864
2. 마음을 다스리는 물 의태어 산에서 물 찾기의 66봉과 물 ············· 867

Ⅲ. 시조에서의 물 의태어

1. 시조의 물 의태어 ·· 877
 1). 황진이 시조 물 의태어 ·· 877
 2). 이영지 시조 물 의태어 ·· 880
2. 이황 이퇴계와 이영지의 시조 가계 잇기 ··················· 882
3. 기독교시와 선시의 상이성과 유사성 ··························· 889
 1). 기독교시와 선시 ··· 889
 (1). 시조와 선시 ···891 (2). 선시와 시조, 그리고 기독교 시조 ···895
 2). 기독교 시 ·· 901

* Abstract

제 1장 시원 시학

Ⅰ. 시원始原시학

1. 천손민족이 섬기는 ✠

1). 천손민족이 섬기는 ✠

(1). ✠

우리민족의의 시원을 알기 위한 가장 뚜렷한 근거는 하늘이 머리에 내려와 있다고 천 天 자로 갑골문 문자를 만든 천손민족이 섬기는 십자형 ✠이 갑골문 복사에서 발견된 일에서이다. 십자모형 ✠ 갑골문 복사는 동아시아 하나 님 시원사상이 우리에게 있음[1]을 알린다. 하나님이라는 명칭 근거는 하나 一로 천부경이 제사하는 갑골문에서다. 경천신앙을 바탕으로 하는 칠성신앙으로 움직이지 않는 북극성에

---

[1] 갑골 박사 최명희 갑골문 강좌 16강 ¦ 갑골에서 찾은 동아시아 하나님 시원사상.

하나 님¹⁾이 머문다 하였다. 하나 님을 섬기는 우리 말 그대로의 하나라는 명칭에 존경의 뜻으로서의 님이 붙는 유목민들이 북극성을 하나 님²⁾이라 한데서 찾아진다. '하나' 一曰 哈那 hana³⁾ 일=싫[동국정운]= [실담어]⁴⁾이 있다. 운동장에서 구령 부를 때 힘주어 흐나 ēna[흐나]⁵⁾ 이 하나라는 말은 산스크리트어 흐나!⁶⁾이다.

'하나'의 동일어 '흐나' 표현이 성경에 있다.

> 예수께서 자기를 나타 흐나·ῑνα 내지 말라(막 3:12)
> 열둘을 세우 흐나·ῑνα 셨으니(막 3:14)

---

1) 김정민, 천손강림사상 유라시아 샤머니즘 ㅣ 김정민 국제전략연구소 소장. 대한사랑 TV. "유목민 몽골인은 북극성을 하나님이라 하였다."
2) 김정민, 천손강림사상 유라시아 샤머니즘 ㅣ 김정민 국제전략연구소 소장. 대한사랑 TV. "유목민 몽골인은 북극성을 하나님이라 하였다."
3) 진태하, 『鷄林類事研究』, 1974』(서울: 광문사)., 274.
4)
5) 스테반 원어성서 上(서울:원어성서원 · 2000. · 627 · 레 8:26; 민 29:2; 5 · 8(2) · 10 · 16 · 19 · 20 · 22 · 25 · 28 · 31 · 34 · 36(2) · 38 · · .
6) ग ga घ gha ङ na ज ña ञ ña ण ṇa ड ḍa ढ ḍha ठ ḍha र ra ल la ऋ ṛ · ṝ · र ṃma व va ब ba भ bha स sa ष ṣa श śa ल4 अ a आ ā इ i ई ī उ u ऊ ū य ya । · ऌ ḷ · ए e · ऐ ai ओ o ओ au ज ja झ jha च ca छ cha क ka ख kha ट ṭa ठ ṭha त ta थ tha प pa फ pha ह ha.

부르며 일어나라 '…야 흐나' 우리는 흐나! 소리를 들으며 일어나 일을 한다. 흐나 ἵνα[1] 그 분 아드님은 38년 된 앉은뱅이더러 일어나 걸어라! 흐나![2] 흐나! 하나! êna 하였다. 숫자 1 일一 하나는 - 1에서부터 1까지[3]의 1 하나는 근본이다. 앙명仰明하여 태양 우러르듯 할 때 마음에 기쁨이 있다.

하나님행 28:31 연구동인 십자문형 ✡ 갑골문[4] 복사[5]에 조선 환웅이 있다. 조선은 연방국 구이족남이족 서이족 견이족 방이족 황이족 조이족 우이족 래이족 회이족으로 자방고전字倣古篆을 사용하였다.

"이달에 임금이 몸소 정음 18자를 지었는데 그 글자는 옛 글자 자방고전 한글 문자 전 언어[6]이다. 새와 짐승들과 그

---

1) 흐나 · ἵνα, 마 9:6, 26:41:GREEK~ENGLISH NEW TESTAMENT(1971, 21).
2) ㄱga ㄲgha ㅇna ㅈña ㅉña ㅁna ㄷda ㄸda ㄷdha ㄸdha ㄹra ㄹla ㅋr · r̄ ㄹr̄ · r̄ ㅁma ㅂva ㅂba ㅃbha ㅅsa ㅆṣa ㅅśa ㄹ4 ㅐa ㅐāㅣi ㅣī ㅜu ㅠū ㅑya ㅣ · lㄹlī · ㅣe · ē ㅐai ㅗo ㅙau ㅑja ㅉjha ㅊca ㅉcha ㅋka ㄲkha ㄷṭa ㄸṭha ㄷta ㄸtha ㅍpa ㅍpha ㅎha.
3) 이영지, 『이상시학李箱詩學 일어나라』(서울: 창조문학, 2023).
4) 은본기(1) · 갑골문자는 한민족의 작품 · 사마천 은본기 은나라 문명의 시작: 인문학 TV 고경: 갑골문의 발견은 1899 청말 왕의영(王懿榮)고대금성문연구가가 용골로 된 한약재 거북껍데기에 새겨진 갑골문자발견, 점술가가 점술 한 뒤 결과를 복사(卜辭)함-학자-뤼전위(羅振玉) 왕궈웨이(王國維). 갑골문 기록. 상왕조 점술가가 상나라를 위해서 길흉판단 점술(BC 1600년-1046년) 기록, 상나라가 은허지역을 도읍함으로써 은나라라고도 함.
5) 마로니에 방송 '한사모' 고조선 문자 한국대동어문문자부분 허대동 강연, 한뿌리 사랑 세계모임 제 17차 역사포럼 20160525 마로니에 방송.
6) 훈민정음 이전의 "고려 고(古) 한글 최초 공개! 『한요부(寒窯賦) 타슴오해』 발견 논문 매립 역사문화TV: 是月 上親二十八字 基 字倣古篆 세종실록 1443, 상형이자방고전象形而字倣古篆 - 훈민정음 서문,

리고 미미한 생물 등에서 기록이 있다. 함안 박물관 아라가야 토기부호 가야시대문자=양산토기문자이다. 눈 넷을 가진 자가 사방팔방으로 보호하는 동심원이 지금의 ㄱ과 ㄴ과 ㄷ과 ㄹ이 생겨날 수 있는 근거이다. 글자 X 가 있다. 크다 이다. 가림토 문자 $X^{엑스}$는 태권도나 택견의 무도기술에서 보호 표시이다. $X^{엑스}$는 크리스토스 $X \rho \iota \sigma \tau \acute{o} \varsigma^{크리스토스}$의 첫 글자 $X^{엑스}$와 연계된다. $X^{엑스}$는 동심원 근원 $X^{엑스}$다. 돌리면 회전 문자이고 빛살무늬이다. 옥기문명시대$^{강원도\ 고성군\ 문암리\ 선사유적}$ $^{루실하\ 학설}$의 크다 $X^{우실하\ 학설}$, 가야지역 바위 반구대와 울산 박물관에 $X^{엑스\ 허대동학설}$가 김해박물관에 있다.

　　자방고전(字倣古篆): 최만리의 상소문에 등장하는 전조(前朝, 고려)의 언문이란 어떤 글일까? 이찬구박사는 첨수도와 명도전에 표기된 옛 한글 발표에 이어 이번에 『한요부(寒窯賦) 타슴오해』에 기록된 600개의 고대 한글 연구 결과를 학계에 발표. 『조선왕조실록』 '세종 25년 12월조 기사' "기자방고전(其字倣古篆)." 1444년 2월의 '최만리 등 집현전 학사들이 올린 상소문' "자형수방고지전문(字形雖倣古之篆文)" 정조 때 이덕무(1741~1793) 『청장관전서(靑莊館全書)』 '자방고전(字倣古篆)'을 바탕으로 '훈민정음'의 초종성 통용 8자는 모두 고전(古篆)의 형상 주장,「정인지(鄭麟趾) 서문」(1446)에 '상형이자방고전(象形而字倣古篆)' '자방고전'은 자체, 즉 '전자의 체'로 간주하여 '전자'의 '좌우균일(左右均一), 규선구절(規旋矩折), 자형방정(字形方正), 필획균칭(筆劃勻稱)' 등 '상형(象形)'은 초성은 발음기관, 중성은 천지인(天地人) 삼재(三才)를 상형하였다는 『훈민정음』「제자해」설명 [네이버 지식백과] 자방고전 [字倣古篆] (한국민족문화대백과, 한국학중앙연구원)

(2). 절대자 표시 갑골문 ■⁺와 방⽅

갑골문 글자 ■⁺는 십자가모형이다. 절대자 말씀이 드러난 예는 우리나라의 시원향기를 알리는 갑골문 글자 ■⁺에서이다. 천손민족이 섬긴 십자가 표상 ■⁺ 이다.

갑골문 ■⁺복사의 절대자는 바람을 다스리는 분이다

癸酉卜… ■ 寧風 (合 33077)
■⁺ 이 바람을 잠잠하게 할까요?[1]

시원의 향기는 신정시대의 하늘에 대한 꿈의 상징을 드러낸 당시의 ■⁺가 있어서이다. 갑골문 복사 발견 향기는 절대자에 대한 믿음의 표시 증거이다. 그 향기는 하늘 나는 꿈을 가진 사람에게 기적처럼 바람과 봉황이 같은 이미지로 전해짐에 더욱 짙어진다. BC 3300년 전에 있었던 ■⁺의 존재는 사방팔방바람을 잠 재 울 수 있는 신앙대상이다. 이 믿음의 바람은 영의 세계가 있는 굳건한 이미지로 작용 바람과 동일 이미지로 봉황이 있게 하였다. 신정·조화시대 일이다.

이 시대에 방이 있다. 그 옛날 갑골문 시대 곧 신정시대에 방이 있다. 갑골문 복사가 전하는 메시지는 동서남북이다. 신정기神政記의 갑골문 ■⁺ 유일하신 분, 제일높은 분 복사에 사람 인

---

1) 갑골 박사 최명희 갑골문 강좌 17강 | 갑골문의 십자표상은 하나님이다. 우리역사바로알기 TV.

ㅅ이 더하여진 방 [方] 갑골문 복사이다. 동이족의 방= [方]
은 제후국으로서 그 영역이 사방팔방 12연방이다. 그 영역은
동서 5만리 남북 2만리라 기록된다. 이 방 [方] 동이족^{남이족}
^{서이족 견이족 방이족 황이족 조이족 우이족 래이족 회이족} 제후국은 당시의
상나라와 치열한 전투를 갑골문 복사ト^辭기록으로 알린다.

　구이족은 조선^{朝鮮} 시라^{尸羅} 고례^{高禮} 남옥저^{南沃沮} 북옥저^{北沃沮}
동부여^{東夫餘} 북부여^{北夫餘} 예^濊 맥^貊을 통일하여 발해조선^{신백강학설}
을 만든다. 코리아 이름 근거를 유추할 수 있는 고례^{高禮}가 있
다. 발해의 유민들을 케레이족으로 부른다. 그르^{중국까지}로 불리
기도 했다. 서투르크 칸국 국서에 "유연의 잔여세력이 토카
스로 도주[1]하였다"에 토카스 명칭이 구이족 명칭이다. 구
이족 명칭이 코리아 명칭의 근원^{김정민학설}이다. 한족의 나라 서
니복의 탁발씨 왕국에 대한 호칭[2]이다.

　방 [方]은 가장 높은 신 [十]을 섬기는 제후국이었다. 동
서남북에 대한 기록이 십자가모형이 되었다는 유추가 가능하
다. 동서남북 방위 동^東 ^{나무에 햇빛이 비치는} 서^西 ^{새둥우리} 남^南 <sup>악기를
달아놓은</sup> 북^北 ^{두 사람이 등을 돌리고- 등을 대면 따뜻함으로}이 되는 4방 동서
남북[3]은 체 의례를 올릴까요?라고 묻는 갑골문복사가 있다.

---

1) 주학연, 진시황은 몽골어를 하는 여진족이었다. 우리역사재단, 119쪽.
2) 김정민, 발해의 유민들은 카자흐스탄의 케레이족이 되었다ㅣ김정민 박사
　와 함께하는 고대조선 4부 우리역사바로알기 TV에서 재인용. 르네 그루
　세, 『유목제국사』, 116쪽.

…체동 ■? …禘柬■?   (合 5662)

계묘정복··4 ■ 사? 癸卯卜貞··四■ 豖?   (合 34120)

신해복, 소제북 ■? 辛亥卜, 小祭北■ …?   (合 34157)

우오사 ■ …? 又于四■ …?   (合 40400)[1]

합 34120 갑골문 복사는 4와 결합한다. 4는 사방과 관련 갑골문 복사 ■⁺의 합 34157는 북쪽이 ■⁺와 결합한다. 방 =■方은 체제사에서 신의 가치를 드러낸다. 이 보다 더 깊은 의미로는 9하고 연결한다. 높은 단계의 절대자 존재까지 거의 도달한 위치를 알린다.

이 9에 대해서는 히브리어 성경 '됐어' 가 있다. 성경에서 9=테쇠아=תשע=תשע ᵗᵉˢʰ ᵃ[2]이다. 우리말 그대로 "됐어 됐어" 찬성 표시다. 이 9=됐어=테쇠아⁹=תשע ᵗᵉˢʰ ᵃ ⁹=תשע ᵗᵉˢʰ ᵃ ⁹는 10의 완전 이미지에 거의 다다른 '됐어' 이다. 성경은 됐어=תשע됐어=תשע됐어 한다. 다 '되었어' 한다. 그 넓이와 깊이 9에서 체禘 의례를 올릴까요?이다. 기독교 시학으로 접근 가능한 하나님 아들 예수님의 십자가에 달림 의미가 이미 4000여 년 전에

---

3) 진태하, 87회 국민강좌. BC300년 전에 동서남북의 東은 활잘 쏘는 夷이로 하여 동이족, 西 는 창을 잘씀으로 하여 西戎서융이라 함, 남은 벌레가 많다하여 南蠻 남만, 북은 이리가 많다하여 北狄북적이라 함. 夏 나라는 동이족이 세운나라이다.

1) 갑골 박사 최명희 갑골문 강좌 17강ㅣ갑골문의 십자표상은 하나님이다. 우리역사바로알기TV.

2) תשע(테사아·구, 왕하 25:8).

존재한다.

 십자가 모형의 발원이기도 한 4방향의 우리의 시원향기 ▦方시대는 바람과 봉황이 동일시된다. 하늘 나는 꿈을 드러낸 이 시대는 제후국 시대이다. 방方이 제후국이라는 증거는 공방ᆢ 글자는 갑골문에만 있음 方 인방人方 토방土方 귀방鬼方 주방周方 황방黃方 견방犬方 용방龍方 양방羊方 등에서이다. 제후국으로서 특히 인방人方이 있다. 은허의 갑골문 발굴과 더불어 드러나는 왕이 거주하는 상나라 대읍상 도시에서이다. 원전 3300년 전의 은나라 갑골문자에서 드러나는 고조선은 구이九夷 동이東夷 고조선1)이다. 상나라와 고조선의 긴밀성2)이다.

 고조선 이름 방 ▦=방方자는 십자모형 ▦에 인人자가 함께 한 ▦=방方이다. 사방팔방 동서남북 네 곳에 빛이 비친 그 광활한 자취는 능가탄 출토 갑골문 복사에 있다. 사방에 있는 일신一神 하나 님一神 ▦은 사방팔방 바람 의미로 그 위상은 상제上帝와 제帝 보다 높다. 높은 존재는 사람 놈 자의 자 者 갑골문복사 자▦가 알리는 바와 같이 찐 기장을 먹는 존재3)이다. 이 사람 놈은 금상첨화로 하나 님一神 ▦을 믿는 존재이다. 사방 안에서 섬기는 하나 님一神 ▦이 있다.

---

1) 역사팩트 - 구이(九夷) 동이(東夷)가 고조선이다! 쿠릴타이 TV.
2) 역사팩트 - 상나라와 고조선의 관계. 쿠릴타이 TV.
3) 최춘태, 상(商), 은(殷)의 발음은 갑골음, 갑골음은 우리말, 한자는 우리글. (사)갑골문갑골음연구원.

2). 하나 님

(1). 일어나! 흔나!

하나 님 표시는 하나 숫자가 표시한다. 일어나! 의미를 찾을 수 있다. 흔나! 일=日=싫ᵈᵒⁿᵍᵍᵘᵏᵍᵉᵒⁿᵍᵘⁿ=흔나 [흔나 실담어] 이다 명령형 은나 ěna하나²⁾이다. 일어나 일어나라!

성경 헬라어 '흔나' 표시가 있다.

예수께서 자기를 나타 흔나 · ἵνα 내지 말라(막 3:12)

열둘을 세우 흔나 · ἵνα 셨으니(막 3:14)

'…야 흔나' 일어나 움직이라! 용기와 희망과 기쁨의 메시지이다. 부모가 그의 자녀들을 보고 어서 흔나! 밥 먹어야지! 학교가야지! 공부해야지! 한다. 부모 말씀이 살아 있다.

---

1)

2) 스테반 원어성서 上(서울:원어성서원 · 2000. · 627 · 레 8:26; 민 29:2; 5 · 8(2) · 10 · 16 · 19 · 20 · 22 · 25 · 28 · 31 · 34 · 36(2) · 38 · · .

28 제 1장 시원시학

우리는 흔나! 소리를 들으며 일어나 일을 한다. 흔나 $\overset{\text{ι}}{\nu} \alpha$ 흔나1) 일어나! 그 분 아드님은 38년 된 앉은뱅이더러 일어나! 흔나!2) 흔나! 일어나! 하셨다.

하나!도 흔나 êna흔나다. 숫자로 1! 일 一흔나이다. 이 자리는 - 1에서부터 1까지이다. 일으켜 세우는 일이다.

산스크리트어에 우리 흔나 일어나 일나 표현이 있다.

산스크리트어는 다음과 같다.

---

1) 흔나 · $\overset{\text{ι}}{\nu} \alpha$, 마 9:6, 26:41:GREEK~ENGLISH NEW TESTAMENT(1971, 21).

2) ㄲga ㅁgha ㄴna ㅈña ㄲña ㅁpa ㅈda ㄷda ㅌdha ㄸḍha ㄹra ㄹla ㅈr · r, ㅈr · r ㅁma ㅂva ㅂba ㅃbha ㅅsa ㅄṣa ㅿśa ㄹ4 ㅈa ㅉā ㅈi ㅊī ㅈu ㅊū ㅈya | · ㅣㄹ| · ㅣe · ē ai ㅗo ㅙau ㅈja ㅉjha ㅊca ㅉcha ㅋka ㄲkha ㄷṭa ㅌṭha ㄷta ㅌtha ㅁpa ㅍpha ㅎha

(2). 동서남북을 다스린

동서남북개념은 이미 고조선 때부터 있다. 천부경의 하나 arise! 일=싫^{일어나라의} ^{고어}어나! 흔나 êna1)!이다. 흔나!2) 일13)어나! 일어나서4) 흔나 êna5)!는 태양 日싫이다.

우리가 지금도 쓰고 있는 동서남북이라는 말이 제후국 방 方6)에서 찾아진다. 과학의 힘 DNA가 알려준 방 유일신─神 하나 님 "나는 나의 사랑하는 자에 속하였고 나의 사랑하는 자는 내게 속 하는^{레도디 베도디 아 6:3"} 7) 관계이다.

우리가 지금도 동東쪽의 해를 본다. 이 과분한 은혜는 아침에 떠 오는 샛바람을 맞으며 서西쪽의 해가 사라진다와 남南쪽의 마ㅎ바람을 즐겨 맞고 북北쪽이 가장 높다고 인식한다. 우리 조상들의 북극성 선호사상은 동풍 새^샛바람 서풍 하느

---

1) 스테반 원어성서 上(서울:원어성서원 · 2000. · 627 · 레 8:26; 민 29:2; 5 · 8(2) · 10 · 16 · 19 · 20 · 22 · 25 · 28 · 31 · 34 · 36(2) · 38 · · .
2) êna 스테반 원어성서 上(서울:원어성서원 · 2000언. · 627 · 레위기 5:7,
3) 온 땅에 구음이 하나 ἕv(은나)이요 언어가 하나ἕv(은나)이었더라(창 11:1); http:· blog.daum.net · paulsong · 15863203 ·
4) 산스크리트어와 한민족사투리 부로그: http://www.blog.daum.net · paulsong · 15863203.
5) 스테반 원어성서 上(서울:원어성서원 · 2000. · 627 · 레 8:26; 민 29:2; 5 · 8(2) · 10 · 16 · 19 · 20 · 22 · 25 · 28 · 31 · 34 · 36(2) · 38 · · .
6) 갑골 박사 최명희 갑골문 강좌 7강 ! 갑골문에 나오는 방국은 고조선 제국이다. 우리역사 바로알기 TV.
7) ודודי לי דודי(레도디 베도디, 아 6:3).

갈바람과 남풍의 마ᄒ 바람, 그리고 가장 높은 위가 북풍 높 바람이다.

▨=+ 十 자 복사모형을 통해 본 십자모형 ▨1) 시원향기 ▨=+ 사상에 주목한다. 시원 ▨=+ 十 자 모형출현이다. 갑골문 복사 ▨의 기록은 하나님에게 체 의례를 올린 일에서다. 하나님이라는 말은 유목민족이 하늘의 움직이지 않는 북극성을 보며 하던 명칭^{김정민학설}이다.

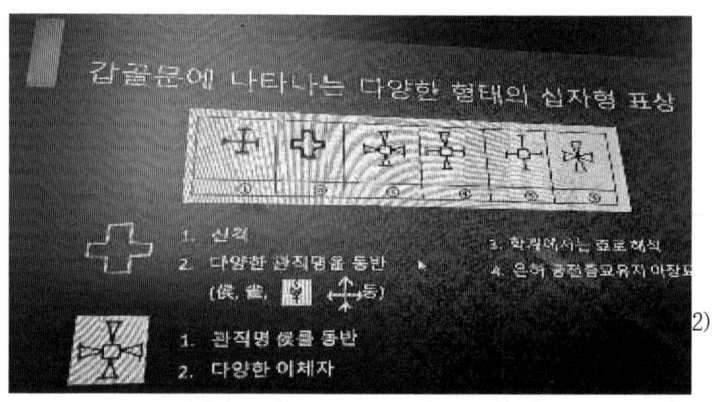

A-3) 其帝牛 ▨?기제오 ▨+에게 체 의례를 올릴까요?3) (合 32012)

---

1) 갑골 박사 최명희 갑골문 강좌 16강 ¦ 갑골에서 찾은 동아시아 하나님 시원향기.
2) 갑골 박사 최명희 갑골문 강좌 16강 ¦ 갑골에서 찾은 동아시아 하나님 시원향기. 우리역사 바로알기 TV.
3) 갑골문 帝는 天帝 환웅이자 통치자 단군, 우리역사 바로알기 TV. 학술대회 국학박사, 최명희.

갑골문 시대에 "🔲유일하신 분, 제일높은 분에게 체禘 의례를 올릴까요?" 라는 묻는 갑골문 복사卜辭 십자형 🔲 기록이 있다. "기재오其帝午 🔲=十" 의 기록이다. ① 🔲 "기재오其帝午" 의 재帝가 동사역할이다. 기재오其帝午 의 오午는 조사이다. 더구나 오午 다음에 글씨가 띄어져 있지 않고 딱 붙어 있는 🔲 목적형이다. 하나님김정민학설을 알리는 문법이다. 하나님 🔲 十자형은 목적어이다. 신에게 체의례를 행할가요" 의 상제上帝와 제帝만이 하나님 🔲에게 묻는 형식이다. 체의례를 행할까요? 라고 묻는 특례의 갑골복사 제帝이다. 갑골문 복사 🔲는 절대 신에 대한 시원 표시이다.

그림문자 갑골문 기록 A-3)의 合 32012와 A-1)의 合 21076 과 A-4)의 合 34155의 3300년 전 갑골문 🔲이 있다.

🔲 癸子(曰)‥ 🔲 寧土河嶽 (합 211115)
계자(사)일에 🔲가 토지신, 황하의 신, 산악신을 조용하게 할까요?[1]

🔲 권능자 하나 님 위치는 상제上帝 보다 높다. 하나 님은 황하黃河의 신, 토지土地 신, 산악山嶽신을 조용하게 할까요?라고 묻는다. 당시 우리 조상들이 절대 신을 섬기었음을 알리는

---
1) 갑골 박사 최명희 갑골문 강좌 17강 ¦ 갑골문의 십자표상은 하나님이다, 우리역사바로알기TV.

메시지이다. 일신⁻神 하나 님에 대한 마음의 충족 십자 🔲⁺의 가치이다. 🔲은 상제上帝와 제帝를 통해서만 체禘의례를 받았다. 신정시대 이 때의 하나님 시원향기는 그 다음 아들대인 조갑시대에 와서는 바람 풍風과 우雨와 운雲 구름을 거느리고라 표현한다. 인간을 도우신다는 홍익인간 개막 시대이다.

우리에게 개천절 노래가 있다.

> 우리가 물이라면 새암이 있고
> 우리가 나무라면 뿌리가 있다
> 이 나라 한 아바님은 단군이시니
> 이 나라 한 아바님은 단군이시니
> 백두산 높은 터에 부자요 부부
> 성인의 자취 따라 하늘이 텄다
> 이날이 시월상달에 초사홀이니
> 이날이 시월상달에 초사홀이니
> 오래다 멀다 해도 줄기는 하나
> 다시 핀 단목 잎에 삼천리 곱다
> 잘 받아 빛내오리다 맹세하노니
> 잘 받아 빛내오리다 맹세하노니

- 정인보 작사 개천절 노래

정인보 시조시인은 하늘사모의 신정기 시대의 시원향기를 하늘 연모의 조화시대 향기가 나게 작사하였다. 하늘 날기의 연모자취는 풍風과 봉황鳳凰의 봉鳳글자에서이다. 부도지에서는 풍風족이 바람 신부도지을 섬기었다 기록한다. 산을 메라 산울림을 메아리라 옷소매, 매듭, 옷매무새라 한다.

마방진시학 33

하나 님의 자손 천손민족은 상제^{上帝}보다 높은 분을 섬겼다. 언어 록^{祿}이 있다.

▨ 갑골문 복사가 증명하는 "록^{祿}" 갑골문 복사는 ▨=十^{유} 일하신 분, 제일높은 분은 해와 달보다 위에 있다. 하늘의 별과 달과 바람과 구름을 직접 다스린 록^{祿} 갑골문 복사 ▨의 가치는 ± 이다. ▨이 갑골문 복사 합 5649에서는 ▨ 曰[1])이라고 표현된다.

丙戌卜□貞, ▨ 曰御‥百干‥六月 (합 5649)
병술일에 묻습니다 ▨로 액이 사라지는 제사를 행하라[2])

▨ 曰 기록은 정인이 묻는 체의례 ▨이 말씀하심을 드러낸 ▨ 曰^{왈} 표시다. 존재자 ▨이 체례를 행하라 명한다.

---
1) 갑골 박사 최명희 갑골문 강좌 18강 | 하나님은 왜 해와 달 위에 있을까.
2) 同上.

3). [갑골문] → [갑골문]

(1). 한국어와 밀접한 한자漢字

한국어와 밀접한 갑골문 복사 합 5649가 있다. 더구나 어=御어기록 갑골문 복사는 다스릴 어자로써 [갑골문]의 다스림을 나타낸다. 절대 높은 분이 말씀하심이라는 기록이다. 사람들은 하늘이 베푸는 록祿을 누린다. 은혜를 베푸는 존재를 신으로 섬긴다. 천손민족시대 표현이다. 바로 은혜 베풂 록祿 부수 시示가 알린다. 옷 하나 걸치지 않은 전라全裸로 원무를 추는 글자 록祿이다. 바로 부수 보일시示가 보여주는바 남자의 주요 부위를 드러낸 채 행하는 의식 행위이다. 절대자를 찬양하기 위하여 자신을 다 들어내 바치는 춤 행위이다. 보일 시示 부수가 알리는 사람의 몸을 숨김없이 드러내 신을 믿는 신앙심은 절대적이다. 체례를 행하는 예식 자들이 모이어 둥글게 원무圓舞를 그리면서 춤을 춘다. 서로 돌아가면서 솔가지를 손에 들고 있는 소나무 한 가지씩을 불에 던진다. 던지던 솔가지가 다 없어지면서 없다는 의미로 무 無무자를 만들었다. 반대로 유일신 기록이 있다.

유일신 제사백력지천 唯一神 在斯白力之天

- 桓檀古記 三聖記 全上

제사백력은 하나님 곧 일신 하나 님으로 세상을 밝게 펴낸 유일신사백력지천^{唯一神} ^{在斯白力之天} ^{桓檀古記} ^{三聖記} ^{全上}에서 찾아진다. 초기 그림은 초문이다. 초문에 결합한 언어음은 초음이다. 초음은 초문에 결합한 최초의 음형이다. 문자 형성 종족이 한국인이다. 중국의 상고사는 우리의 상고사^{유창균 언어학자 6쪽}이다. 문자 초기 형태 갑골문은 우리 민족에 의해 창조된다.

주나라가 의도적으로 이 문자를 모아 일정한 장소에 묻어 버렸고 이로 이민족^{吏民族}이라는 명칭이 붙었다. 우리문자^{7쪽 1899년 은허 유적 갑골문 발견}의 증거이다. 문자이전단계 갑골문은 우리나라 글자[1]이다. 민족이 같으면 언어가 같다. 그 증거는 언어에서 찾아진다. 중간에 한자음 만연의 시대를 빼고 보면 우리가 지금 쓰는 언어나 그 시원향기시대의 언어가 같다. 고대로 갈수록 바람^風을 ㅂ.ㄹ.ㅁ이라 표현 갑골음의 상고음의 시기는 주대부터 남북조까지 약 1,000년 이상의 기간 天의 상고음. tiən=성모 t+운모 iən ^[i=개모(개음), ə=핵모, n=운미]이 발견된다. 과^瓜의 핵모는 ?ɔ, o, a이다. 저모음^{입을 크게 벌린 음}이 오래된 것이다. a는 ɔ, o가 함께 있다는 것으로 a에 앞선 핵모 ə^{아래아}였다. ə는 후에 아 → 어 → 오 → 우 → 으 → 이로 변천^{유창균학설}한다.

성모 kr, 핵모 ə, w 삭제, 운미 g = krəg는 ㄱㄹ.ㄱ임으로

---

1) 최준태, 갑골음으로 잡는 식민사학·동북공정: 문자에 숨겨진 민족의 연원.

갑골음 이전의 글자형태다. 복성모 kr 사이에 본래 모음이 있었다. 갑골음에는 어두 자음이 연이어 나오지 않기 때문이다. kr 사이에 탈락된 모음은 연이어 나오는 모음 ə로 당시 언어가 모음조화를 철저히 지켰기 때문이다. 따라서 krəgㄱ.ㄹ.ㄱ의 이전 음은 kərəgㄱ.ㄹ.ㄱ이다. 이 보다 이전 음은 운미 g가 발생하기 전이니 kərə이다. ㄱ.ㄹ의 성모 k는 g에서 무성음화했을 가능성이 있어 gərə일 수도 있다. 예를 들면 호 狐^{호}와 고 孤^{고}는 같은 음이다. 어두 성모가 g로 나타난다. 첫머리 유성음 g는 무성음 k로 무성음화 가능 k가 g로 유성음화 할 수는 없다. g가 k보다 앞선 음이다. 갑골음은 gərə 이다. 은대 언어는 받침자음을 허용하지 못하는 개음절이다. 지금의 일본어처럼 모음으로 끝^{46쪽}[1]난다.

문자이전단계는 결승, 팔괘, 서계^{호각획문자}, 회화^{호그림문자}이다.

①. 서계$^{유창균 24쪽}$ 상형은 복사^{ㅏ辭}에서 비롯했다. 일반적인 형상에까지 확대되어 언어와 결합함으로써 비로소 문자의 단계에 도달한다. 『해자설문^{孩字說文}』의 서^{序}에 황제 때에 사관 창힐이 새와 짐승의 발굽 자취를 보고, 이치의 나눔에 따라 그

---

[1] 유창균, 『문자에 숨겨진 민족의 연원』 서울: 집문당, 1999., 46. www.internationalphoneticassociation.org ·

https: · · www.internationalphoneticassociation.org · IPAcharts · IPA_chart_orig · IPA_charts_E_img.html#images · IPA_Kiel_2020_full.svg.

형상이 서로 다르게 나타남을 알고, 처음으로 세계를 지었다. 류類에 따라 모양을 본떴기 때문에 문文이라 했고, 그 뒤 형상과 음성을 서로 배합한 것을 자字라 하였으며, 대나무와 비단에 적은 것을 서書라 한유창균 24쪽다 하였다.

②. 문자의 발달유창균 28쪽은 반파유적에 기록된다.

陝西省 西安 東山河 동안의 半坡村에 있는 신석기시대 대규모 취락 유적으로, 중국 신석기시대 양싸오(仰韶)문화 유적 가운데 하나이다. 중국 과학원 고고학연구소와 서안반파박물관(西安半坡博物館)에서 1954년부터 1957년에 걸쳐 발굴. 완전한 집자리 40여 기, 무덤 200여 기, 유물 약 10,000여 점 출토.

半坡 유적은 방사성탄소보정연대로 B.C. 4800-4300년 사이, 문화층은 조기(早期)와 만기(晩期)로 나뉘어지는데 조기 위주이며 그것을 '半坡類型' 이라 한다. 만기의 것은 적은데 '西王村類型' 에 속한다. 유적은 총 50,000㎡ 가량되며 발굴면적은 총 10,000여㎡이다. 유적은 거주구역과 가마터 및 공동묘지로 구분.

半坡 유적의 집자리 구조는 거주구역이 남북 양면으로 나뉘며 각각에 큰 집자리가 하나씩 있고 그 주위에 작은 집자리들이 있다. 집자리들은 원형(圓形) 또는 방형(方形)의 반움집이 많고 땅위 건축도 드물게 있다. 작은 집자리들은 12-20㎡ 정도이나 가장 큰 집 자리의 면적은 160㎡나 되며, 집 자리 가운데에는 화덕자리(爐址)가 있다. 거주구역의 동북쪽에는 공공 가마터가 있는데 횡혈(橫穴)가마와 수혈(竪穴)가마 두 종류. 거주지역 주위 너비 6-8m, 깊이 5-6m의 방어성 해자(垓子)가 있다.

거주지역의 북변이 무덤이며 174기의 성인묘가 나오는데 대개 정연한 움무덤들로서 서쪽을 향하고 있다. 한사람씩 바로 누워 펴묻기를 한 것이 대다수이지만 굽혀묻기, 엎어묻기, 2차장, 합장 등 다양하다. 껴묻거리로는 토기가 가장 많은데 적은 것은 1개부터 많은 것은 17개나 묻은 것이 있으며 평균 4-5개 정도 나온다. 대개 관(罐), 바리(鉢 혹은 盆), 첨저병(尖底甁) 등 일상용기이다. 뼈구슬 등의 장식품도 있다. 거주지 주위에는 어린아이들을 넣은 독널무덤(甕棺墓)도 나오는데 바리 등을 뚜껑으로 썼다.

빤포오의 사람들은 농업을 위주로 하여 살았는데 좁쌀과 배추, 개채(芥菜)류 등이 출토되었다. 돼지, 개 등이 주요 가축이며 닭과 황소도 길렀을 가능성이 있다. 한편 뼈화살촉, 돌화살촉, 낚시 등이 유적 발굴 중에 많이 출토되었으며 야생동물

뼈, 작살, 식물 및 과일의 씨 등이 풍부하게 나와 물고기잡이와 채집도 상당한 비중을 차지했음을 알 수 있다. 토기는 모래섞인 토기와 뻘질의 붉은토기가 위주인데 승문(繩文), 현문(弦文)과 채색토기가 중심이다. 채색그림에는 사람얼굴, 물고기그림, 사슴무늬 등이 특징적이다. 또 토기에는 22종의 각획부호가 새겨져있는데 중국 고대문자의 시원일 가능성. 토기, 돌, 뼈, 조개 등을 갈아 만든 장식품이 많다.

참고문헌: 西安半坡(中國科學院考古研究所·陝西省西安半坡博物館, 1963년)
[네이버 지식백과] 빤포오 유적 [西安 半坡 遺蹟] (고고학사전, 2001. 12.)

대문구 유적의 부호와 갑골문과 금문^{금석문} 고문, 주문, 전문^{대전 소전}이다. 설문해자 540부수1)가 있다.

- 說文解字 540 部首 1. 一(한 일) 2. 丄(위 상) 3. 示 (보일 시) 4. 三 (석 삼) 5. 王 (임금 왕) 6...
m.blog.naver.com

③. 문자를 통한 원시 신앙^{유창균 32쪽}표현은 원시신앙, 즉 신에 대한 경건한 마음의 발로에서 출발한다. 갑골문의 형태, 신의 계시, 신이 인간에게 전하고자 하는 무엇인가를 나타낸 출발이다. 갑골문에 비해 금문은 주로 인덕^{仁德}과 영광을 오래도록 기리고자 했다. 글씨가 정교하고 필법이 아름답다. 기도하는 인간존중이 특징이다^{유창균 35쪽}. 소전^{전문} 자획 간략화 주문 획을 줄인다^{유창균 48쪽}.

④. 문신^{유창균 48쪽}의 문文은 몸에 무늬 형태이다. 대大^대자 문

---

1) https:· · m.blog.naver.com · havfun48 · 221895125858.

형으로 사람을 형상화하고 가슴에 새긴다. 『예기』 '왕제'에 "동방을 夷"라 한다며 피발문신被髮文身 머리를 땋고 몸에 무늬을 하였다. 화식火食 불을 이용해 음식을 만듦을 하지 않는 자가 있다고 했다. 『곡량전』 애왕 13이나 『남사』 이맥夷貊·동이東夷·문신국전文身國傳으로 표현, 『후한서』 동이열전에는 "변진과 진한은 서로 섞여 살며 성곽과 의복이 모두 같으나, 언어와 풍속은 달랐다. 그 사람들은 형태가 길고 크며, 머리를 곱게 다듬고, 의복이 청결하며 형법은 매우 엄했다. 역시 문신을 언급했다.

⑤. 들=水 유창균 49쪽는 수水이고 색色이라 했다. 물감은 물을 들이는 일로 북한어 '푸른물닭'에서 찾아 볼 수 있다. 물을 색깔푸른아침 주이라 했다. 우리는 지금도 물들인다는 말을 한다. 물감의 감은 자격이나 조건을 갖춘 것이라 했다. 장난감북한은 놀이감, 옷감, 반찬감, 먹잇감, 신랑감 등이다.

요서지역 유물·유적의 홍산 환국 문화의 우하량 여신묘의 십자문 ✛ 유일하신 분, 하늘에 계신 제일높은 분이 있다.

아래 예 ② ✚이다. 은나라왕조 시대 후기부터 멸망할 때까지 1385-1123년 기록이다. 1899년의 은나라의 고대유적지 은허 최초 발견 ✛이다. 시경 상송장발商頌長發에 "준철유상 장발기상 현왕환발 수소국시달 수대국시발濬哲惟商 長發基商 玄王桓拨(發) 受小國始達 受大國始達1)"이라 기록 배달국의 근거이다.

40 제1장 시원시학

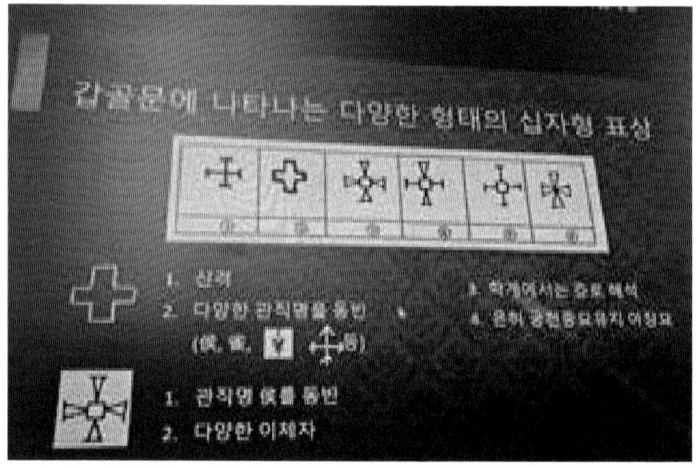

환발桓拔(發)이 보여주는 우리의 조상 배달이라는 이 말 배달은 우리에게 익숙하게 회자되고 있다.

> 환인환국 BC 7197 ~BC 3897 7대
> 환웅배달 BC 3897 ~BC 2333 8대
> 단군조선 2333 ~BC 238 47대
>
> - 『환단고기』 상고사[1]

환인환국 → 환웅배달 → 단군조선으로 이어지는 이 시기에 절대자 높은 분을 섬겼다. 절대자 높은 분[2] ②의 ✚은 요즈

---

1) 심백강, 배달의숙 명사초청특강 23회 '중국은 역사상 한국의 일부였다 1부' ┃심백강 민족문화연구원 원장
1) 북부여와 환단고기의 비밀 : 한민족의 뿌리를 찾다 #2 ┃상고사, 고조선, 역사 ┃천문역사학자 박석재 교수 ┃다시보는 국민강좌 195회
2) 갑골문에 보이는 선도문화의 흔적 ┃홍산문화, 천지인 ┃동아시아고대문화

음 현대 과학기술로 그 모습을 드러낸 기원전 14-12세기 ✥ 기록과 동일하다. 십자 갑골모형 ✥+의 변형이다. ✥가 ✥ 메시지로 여전히 전달된다. 전달메시지는 절대자 높은 분 의미의 십자모형이다. 변화 된 ✥은 이집트 문자 BC 20C 알파벳의 변천에서 변형되어 ✥으로 그 모습을 드러낸다. 그리고 시나이 어 X도 BC 15C의 알파벳 변형이다.

성경에 히브리어 X가 있다. 그리스어로는 †, 그리고 히브리어 ת^{타브}, 곱트어 X, ✥+ → ✥ → X → 티파나그어 X → ת 로 변천한다. 타브 ת^{타브}는 예수 십자가 사건의미가 포함된다. 그리고 로마시대 X 소문자 χ의 특징 또한 ✥+와 관련이다. 이러한 변화의 다양성임에도 갑골문 당시 무정시대에서 비롯된 모형은 ①✥= ②✥= ③✥= ④✥= ⑤✥= ⑥✥ 의 변천이다. 여기에서 변천은 여전히 같은 의미전달이면서 모형의 변형 의미로서 이다. 변형을 지니면서도 여전히 십자모형에서 벗어나지 않는다. 이들은 모두 1-5기 까지 74회 발견된다. 1-5기까지 골고루 존재한 갑골문 복사의 중요한 가치 적용이다. 이후 히브리어가 표시한 마지막 글자 타브 ת^{타브}까지 와[1] 예수 십자가사건글자를 나타낸 히브리어 타브가 바로

학회 최명희 연구원,
1) 이민영, 『기초 히브리어 עברית』(성서언어연구원,)., 116.

십자가 의미를 전달한다.

　기독교의 향기이다. 가톨릭^{Catholic}은 우리말 크다와 본래라는 의미를 첨가 공통 · 보편 · 보편 · 공번 · 일반 논리의 그리스어 형용사 '카톨리코스'$^{그리스어:}$ $Καθολικός$에서 의미를 찾을 수 있다. 천주교라는 말은 그리스도교를 중국에 처음 소개한 마태오 리치가 유교 경전에 상재^{上帝} 혹은 천^{天}으로 기록됨에 서이다. 기독교에서는 하나님 · 천주교에서는 하느님으로 구별, 절대 신 표시이다. 하나님^{김정민학설}이라는 말은 유라시아 유목민 동이족이 하나 ―^{하나}님이라 불렀음을 찾아낼 수 있다. 이 하나님이라는 말은 계림유사연구[1])에서 숫자 ―^{하나}로 발견된다.

　절대자 의미로 천주^{天主}라고 번역되었다. 조선 실학자 이익은 "천주는 곧 유가의 상제이다" 라 하였다. 그리스어 형용사 '카톨리코스' $^{그리스어:}$ $Καθολικός$다. 예수 그리스도를 고백하고, 사도들이 전한 복음을 따르고 보편공의회 교리를 지킨다.[2])

　예수스 크리스도는 이크띄스 = $IXΘYΣ$^{이크띄스}다. 이 엄청난 표기는 하나님과 예수가 한분이심을 드러낸다. 놀랍게

---

1) 진태하, 『鷄林類事硏究』, 1974』(서울 광문사)., 274.
2) 임현호, 『세례예식의 활성화를 위한 실천적 모색』학위논문(서울: 감신대학원, 1992).

도 물고기=이크듸스= $ixδθψς^{이크듸스}$= ⬬ 로 물고기표시가 있다. 언어는 동일하다. 예수크리스도 = 물고기이다. 그러나 뚜렷한 차이가 있다. 대문자로 구성된 하나님과 예수그리스도 언어는 $IXΘYΣ^{이크듸스}$=이크듸스 대문자이다. 성서의 예수 크리스트 곧 $IXΘYΣ^{이크듸스}$이다. 소문자인 경우는 물고기[1]이다. 대문자로만 된 이크듸스는 하나님과 예수스 크리스트 두 분^{마 1:21}이 한 분이라는 지칭이다. 이로써 기독교철학이 된다. 하나님과 예수^{여호와는 구원의미}한 분이시다.

성서는 답을 항상 성서 안에 숨겨 둔다. 놀랍게도 야크듸스 יַקְדֵּשׁ^{야크듸스}=구분 의미 글자가 있다. 야크듸스 יַקְדֵּשׁ^{야크듸스}=구분의 קְ가 지시하는 원숭이처럼 잘 따라 하라!이다. 그래서 성서는 예수스 크리스도와 물고기 구분을 글자로 표시한다.

대문자로 된 예수^{여호와는 구원의미} 이크듸스 $IXΘYΣ^{이크듸스}$의 첫 글자 아이=I^{아이}는 예수=$Iησού^{예수}$의 첫 글자이다. 우리가 익히 아는 예수^{여호와는 구원의미}[2]이다. 이크듸스=$IXΘYΣ^{이크듸스}$의 둘째 엑스=X는 크리스토우$χριστού^{크리스토우}$다. 그리스도[3]이다. 이크듸스=$IXΘYΣ^{이크듸스}$의 셋째 데

---

1) 요한복음 6:9절에서 제시되는 물고기는 작은 물고기라는 뜻을 지닌 오파사리아$οψάρια$오파사리아 작은 고기도 있다.
2) $Iησούς$ 예수 마 1:1, 16, 18. 21. 25 등:George V. Wigram, 『신약 성구사전:*The Koreans Greek Concordance of the New Testament*』, 고영민,김만풍 역(서울:기독교 문화출판사‘, 1981)., 1097
3) $Χριστός$ 크리스도스 마 1:1, 16, 17. 18, 2:4 등:George V. Wigram, 『신약 성구사전:*The Koreans Greek Concordance of the New*

오스=θ는 데오스 θ ε ός^데오스=하나님=데오스로 읽으며 하나님1)을 지칭한다. ΙΧΘΥΣ^이크디스의 네 번째 위오스 Υ^위오스 Υ υίός 위오스=아들=위오스이다. 아들2)이다. 다섯 번째 이크디스 ΙΧΘΥΣ^이크디스의 소테르 Σ 소테르 Σωτεήρ^소테르이다. 하나님 구세주3) 이다. 첫 번째 글자와 두 번째 글자 '이크'는 우리말 '아주 크다'의 놀라움 그 자체 이크이다. 우리는 이크라는 말을 잘 사용한다.

아주 좋은 고기다. 성서에 '이크'가 있다.

　①. 생선 χθύν^이크툰을 달라하면^마 7:10

　②. 물고기 두 마리 πέντε ἄρτους καὶ δύο ἰχθύας^펜테 아르투스 카이 듀오 이크듀아스 뿐이다^마 14:17

　③. 물고기 두 마리를 가지사 λαβὼν τούς πέντε ἄρτους καὶ δύο ἰχθύας^펜테 아르투스 카이 듀오 이크듀아스 마 14:17

　④. 생선 두어 마리 Επτά καὶ ἁλίγα ἰχθύδια^에프타 카이 알 리가 이크듀우디아

Testament』, 고영민,김만풍 역(서울:기독교 문화출판사', 1981)., 1239

1) Θεός 데오스 하나님 마 1:23, 3:9, 10. 18, 2:4 등:George V. Wigram,『신약 성구사전:The Koreans Greek Concordance of the New Testament』, 고영민,김만풍 역(서울:기독교 문화출판사', 1981)., 531, 620(κκριος 퀴리오스 주, 마 1:20 등).

2) υίος 아들 마 1:21, 23, 25. 3:17. 5:9 등:George V. Wigram,『신약 성구사전:The Koreans Greek Concordance of the New Testament』, 고영민,김만풍 역(서울:기독교 문화출판사', 1981)., 1003

3) God ὁ θεός ὁ σωτήρ μου(Ps 24:5; 26:9 Mi 7:7; Lk 1:47 θεό σ):GREEK-ENGLISH LEXICON of the NEW TESTAMENT and Other Eary Christian Literature 하 William F.Arndt and F. Wilbbur gingrich The university of chicago press and London, 1958., 801:KBornhausen, Der Erlóser27 θεοσ Σωτεήρ b. den Rómern 1:

마방진시학 45

가 있나이다^{마 15:34-36}

⑤ 바다에 가서 낚시를 던져 먼저 오르는 고기를 가져 πρῶτον ἰχθύν ἄρον ^{프로톤 이크둔 아론} 입을 열면 돈 한 세겔을 얻을 것이니 가져다가 나와 너를 위하여 주라 하시니^{마 17:27}

⑥ 물고기 두 마리 πέντε, καί δύο ἰχθύας^{펜테 카이 듀오 이크듀아스 막 6:38}가 있더이다·예수께서 떡 다섯 개와 물고기 두 마리를 가지사 λαβών τούς πέντε ἄρτους καί δύο ἰχθύας^{라본 투스 펜테 아르투스 카이 듀오 이크듀아스 마 14:19}

⑦ 생선 두어 마리 πέντε καί δύο ἰχθύας^{펜테 카이 듀오 이크듀아스}가 있더이다^{막 6:38}

⑧ 물고기 두 마리를 가지사 λαβών τούς πέντε ἄρτους καί τούς δύο ἰχθύας^{라본 투으 펜테 아르투스 카이 투스 듀어 이크듀아스} 하늘을 우러러 축사하시고^{막 6:41}…또 물고기 두 마리 ἵνα παρατιθώσιν αὐτίς, καί άπό τούς, δυο ἰχθύας^{흐나 파라티듀신 우티스 카이 아포 투스, 듀오 이크듀아스}도 모든 사람에게 나누어 주시매^{막 6:41}

⑨ …물고기를 열 두 바구니에 차게 거두었으며 δώδεκα κοφίνων πληρώματα καί άπό τών ἰχθύων^{두데카 코피논 프레루마타 아포 툰 이크듀온} 떡을 먹은 남자가 오천 명이었더라^{막 6:43-44}

⑩ 그러한즉 고기를 잡은 것이 심히 많아 πλήθος ἰχθύων^{프레도스 이크듀온 눅 5:6} 그물이 찢어진지라^{눅 5:6}

⑪ 모든 사람이 고기 잡힌 것 τών ἰχθύων^{툰 이크듀운}을 인하여 놀라고^{눅 5:9}

⑫ 물고기 두 마리 밖에 ή άρτοι τεντε καί δύο ἰχθύές^{헤 아르토이 텐테 카이 듀오 이크듀에스 눅 9:13}

⑬ 물고기 두 마리를 가지사 ή τούς πέ άρτοι τεντε καί ἰχθύές δύο^{헤 아르토이 펜테 카이 이크듀스 두오 눅 9:16}

⑭ 아들이 생선을 달라 하면 생선 대신에 χθύν, καί άντί ἰχθύος^{이크둔 파이 안티 이크듀스 눅 11:11}

⑮ 구운 생선 한 토막 χθύος όπτού μέρος^{이크우스 호프투 레로스}을 드리매^{눅 24:42}

⑯ 그물을 배 오른 편에 던지라 그리하면 얻으리라 하건대 이에 던졌더니 고기가 많아 $τοῦ \; πλήθους \; τῶν \; ἰχθύων$ 투 프레두스 톤 이크듀온 그물을 들 수 없더라. 요 21:6

성경은 항상 우리들에게 예수^{여호와는 구원의미}님을 이해시키려 한다. 여호와의 히브리어 숫자 합이 26을 알린다. 그리고는 여호와 수치 26의 반 13이 예수^{여호와는 구원의미}자리이다. 크리스도이다. 인성과 신성을 다 가진 사람 의미이다.

성경에서의 숫자 의미는 비유 아니고는 말씀하시지 않으신 예수^{여호와는 구원의미}님이시기 때문이다. 별자리 13이 있다.

비유수치가 있다. 별자리 13이 있다.

א(1번째 글자; 숫자 1과 1000의 의미, 알레프, 황소, 신, 시작과 배움, 음가 없음)
ב(2번째 글자; 숫자 2의 의미, 베트, 집, 창조주 사역 장소, 음가 ㅂ)
ג(3번째 글자; 숫자 3의 의미, 기멜, 낙타, 보답, 진리 사역, 음가 ㄱ)
ד(4번째 글자; 숫자 4의 의미, 달레트, 문, 종속, 매달림, 장막 문 통과, 음가 ㄷ)
ה(5번째 글자; 숫자 5의 의미, 헤, 숨구멍, 호흡, 실존, 공기, 구멍, 음가 약한 ㅎ)
ו(6번째 글자; 숫자 6의 의미, 바브, 갈고리, 고리, 연결, 음가 ㅂ 영어 v)
ז(7번째 글자; 숫자 7의 의미, 자인, 무기, 연장, 진리 무기, 생산, 음가 ㅈ 영어 z)
ח(8번째 글자; 숫자 8의 의미, 헤트, 울타리, 보호, 음가 ㅎ-g과 ㅋ의 중간음)
ט(9번째 글자; 숫자 9 테트, 뱀, 체험, 지혜, 옳고 옳지 않음의 구별, 음가 ㅌ)
י(10번째 글자; 숫자 10의 의미, 요드, 하나님의 손, 능력 음가 모음 i)
כ(11번째 글자; 숫자 20의 의미, 카프, 손 모아 숟가락처럼 떠먹는 음가 ㅋ)
ל(12번째 글자; 숫자 50의 의미, 라멧, 가르치다, 몸에 익히다, 음가 ㄹ)
מם 13번째 글자; 숫자 40의 의미, 물, 진리, 사역, 음가 ㅁ)
נ(14번째 글자; 숫자 50의 의미, 창조주가 정해놓은 진리, 눈 음가 ㄴ)
ס(15번째 글자; 숫자 60의 의미 싸메크, 지주, 버팀대, 음가 ㅆ)
ע(16번째 글자; 숫자 70의미, 아인, 눈 진리 대답, 음가 ㅇ 목젖 닫았다열며 발음)
פף 17번째 글자; 숫자 80의 의미, 페, 입, 진리의 개방, 음가: 한글 ㅍ 음가 ㅍ)

마방진시학 47

צ(18번째 글자; 숫자 90의 의미, 차례, 낚시 바늘, 진리 낚는, 음가: 한글 ㅊ)
ק(19번째 글자; 숫자 100 의미, 쿼프, 바늘귀, 진리적용관문, 음가: 한글 ㅋ, Q)
ר(20번째 글자; 숫자 200의 의미, 레쉬, 처음, 진리 머리 음가: 한글 ㄹ, R)
   21(שׁ שׂ 번째와 22번째) 21번째 글자, 숫자 300의 의미, 신, 치아, 진리의 소화기관, 새김질, 올바름 음가 ㅅ,/22번째 글자, 숫자 300의 의미, 쉰, 아랫니, 진리의 소화기관, 새김질, 새김질, 음가: 쉰)
   ת.(23번째 글자, 숫자 400의 의미, 타브, 십자, 목표, 음가: 강한 ㅌ-혀 끝을 윗니 끝에 대고 떼면서 발음)1)

ת ← X ← ✚ ← 🀫

십자모형의 갑골문 복사 🀫✚은 오늘날 알파벳 t, T로 끝 장식이다. 예수^{여호와는 구원의미} 십자가와 동일하다.

예수가 사랑실천을 한 글자 히브리어 타브 ת^{타브}이다.

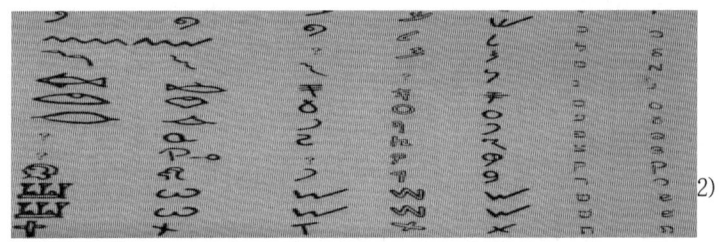
2)

―――――――――

1) VTMMYS: 『스테판 원어 성서:The Stephen Korean Text of the Hebrew Old Testament Published by Institute of Biblical Languages』, 서울:원어성서원, 2000. 7., 히브리어 알파벳; 최명애, 『알기 쉬운 성서 히브리어 기초와 그 의미』, 서울: 쿰란출판사, 2005.
2) 이민영, 『기초 히브리어 עברית』(성서언어연구원,)., 121.

48 제 1장 시원시학

2. 한 날의 한=에하드

맨 마지막 타브 ח^{타브}는 히브리어 헬라어 영어 모두에 끝 글자이다. 우리 한글에서 문서체로서 '…다'에 해당한다.

가장 처음 한 날을 '한=에하드=אחד^{에 하 드} 하나라 한다. אחד^{에하드}수치는 13이다. א=1 + ח=8 + ד=4 =13이다. 거룩한 연합 '에하드'이다. 이 13은 예수^{여호와는 구원의미} 족보 13수치이다. 이 13은 14대 14대 그리고 13대 자리의 예수^{여호와는 구원의미} 곧 14 · 14 · 14의 합인 이 42대 크리스도에서 이 크리스도 바로 앞자리 13대이다. 41회째[1])가 예수^{여호와는 구원}이다. 아브라함 → 그리스도=ὁ χριστός[2])까지 총 42대이고, 바로 앞자리 41회째는 예수^{여호와는 구원}이다. 14대[3]) + 14대[4]) + 13대 예수님

---

1) ל(라메드‥을 위하여, 창 1:1-2:3)는 41회의 반복리듬에서이다. 예수님의 족보는 41회째(마 1:16)이다.
2) 야곱은 마리아의 남편 요셉을 낳았으니 마리아에게서 그리스도라 칭하는 예수가 나시니라(마 1:16). 그런즉 모든 대 수가 아브라함부터 다윗까지 열 네 대요 다윗부터 바벨론으로 이거할 때까지 열 네 대요 바벨론으로 이러한 후부터 그리스도까지 열 네 대러라(마 1:17)
3) [* 신약 기록의 예수님 족보(아브라함 → 다윗까지 14대)]
 ①. 믿음의 조상 Ἀβραάμ:אברהם(아브라함, 창 17:5; 출 3:6, 마 1:2)
 ②. 아브라함아들, 웃음, 이삭 Ἰσαάκ:יצחק(이쯔하크, 창 17:19, 마 1:2)
 ③. 이삭아들, 발꿈치, 반석, 야곱 Ἰακώβ:יעקב(야코프, 창 25:26, 마 1:2)
 ④. 야곱아들, 실존 소망, 유다 Ἰούδας:יהודה(예후다, 창 29:35 ; 마 1:2)
 ⑤ 유다아들, 떠오름, 베레스 φάρες:פרץ(페레쯔, 창 38:29; 마 1:3)
 ⑥ 르우벤아들, 뜰, 마당, 헤스론 Ἐσρώμ:חצרון(헤쯔론, 창 46:9; 마 1:3)
 ⑦ 헤스론아들, 높음, 람 Ἀράμ:רם(람, 대상 2:9; 마 1:4)
 ⑧ 람아들, 자원 백성, 아미나답 Ἀμιναδάβ:עמינדב(아미나다브, 대상 2:10, 마 1:4)
 ⑨ 아미나다브아들, 경험으로 배운, 나손 Ναασσών:נחשון(나호손, 민 1:7; 마 1:4)
 ⑩ 나손아들, 옷 입음, 살몬 Σαλμών:שלמון(쌀몬, 룻 4:20; 마 1:4)
 ⑪ 살몬아들, 기둥, 보아스 Βόες:בעז(보아즈, 룻 4:21; 마 1:5)
 ⑫ 보아즈아들, 섬기는 것, 오벳 Ὠβήδ:עובד(오베드, 룻 4:17; 마 1:5)
 ⑬ 오베드아들, 다윗의 아버지,이새 Ἰεσσαί:ישי(이쉬아이, 룻 4:17, 마 1:5)
 ⑭ 이새아들, 끓는 가슴, 다스리다, 다윗 Δαυίδ:דוד(다비드, 룻 4:20; 마 1:6
  - 아브라함에서 다윗까지 14대(마 1:2-1:6)
4) [* 신약 기록의 예수님 족보(솔로몬 → 여고냐까지 14대)]

마방진시학 49

자리이다.

　믿음의 조상 아브라함부터 시작되는 메시지는 희망이 없어도 희망한 아브라함75세에 하나님 부르심 받아 축복을 받았지만 온갖 어려움을 받는다. 가나안 땅으로 내려온 아브라함은 스켐에서 벧엘, 네켑에서 이집트로, 다시 네켑에서 벧엘, 헤브론에서 네켑, 그라르에서 브에르 세바로, 다시 헤브론, 유일한 사라의 장지를 얻었을 뿐이다. 그럼에도 아브라함은 약속창 15, 18을 믿었롬 4:21기에 430년 지나창 15:13 하나님이 준 약속을 얻는다. 보이는 것을 희망롬 8:24하는 것이 아니라 보이지 않음에도 희망한 아브라함이다.

　예수와 하나님과는 예수이름이 예수스로 불리어지는 데서 찾아진다. 그 이름 안에 여호와는 구원이시다 의미를 지닌 구원자의 두 분마 1:21이 한 분임을 알린다.

[* 신약 기록의 예수님 족보(아브라함 → 다윗까지 14대)]
① 다윗아들 평화로운, 솔로몬 $Σολομών$ אהמה(쉐로모, 삼하 5:14, 마 1:6)
② 솔로몬아들, 백성의 넓힘, 르호보암 $Ροβοάμ$ רחבעם(레하브암, 왕상 11:23; 마 1:7)
③ 르호보암아들 아들, 실존을 소망하는 양육 아비야 $Αβία$ אביה(아비야, 삼상, 8:2; 마 1:7)
④ 아비야아들 아들, 치료, 아사 $Ἀσάω$ אסא(아싸, 마 1:8)
⑤ 아사아들, 판결자, 여호사밧 $Ἰωσαφάτ$ יהושפט(예호솨파트, 삼하 8:16; 마 1:8)
⑥ 여호사밧아들, 여호와께서 높이심, 요람 $Ἰωράμ$ יהורם(예호람, 왕하 8:16; 마 1:8)
⑦ 요람아들, יהוה 위엄, 웃시야 $Ὀζίαν$ עזיה(우지야, 대상 6:24, 마 1:8
⑧ 웃시아아들, 여호와는 완전하심, 요담 $Ἰωαθάμ$ יותם(요탐, 샷 9:5, 마 1:9)
⑨ 요담아들, 기업, 아하스 $Ἀχάζ$ 881אחז(아하즈, 왕하 15:38, 마 1:9)
⑩ 아하스아들, 여호와로 강해짐, 주의 강하심, 히스기야 $Ἐξεκίαν$ חזקיה(히즈키야, 왕하 16:20, 마 1:9)
⑪ 히스기야아들, 망각, 므낫세 $Μανασσῆ$ מנשה(메나쎄, 창 48:1, 마 1:10)
⑫ 므낫세아들, 확고함, 아몬 $Ἀμών$ אמון(아몬, 왕상 22:26, 대상 4:14, 마 1:10)
⑬ 아몬의 아들, 여호와께서 기초를 두심, 요시아 $Ἰωσίας$ יאשיהו(요시야, 왕상 13:2, 마 1:11)
⑭ 여호와께서 세우심, 여고냐 $Ἰεχονίαν$ יכניה(예콘야, 마 1:11)

　　　　　　　　　　　－ 솔로몬에서 여고냐까지(마 1:6-1:11)

> 아들을 낳으리니 이름을 예수라하라 이는 그가 자기백성으로 그들의 죄에서 구원할 자이심이니라 하니라 마 1:21

거대한 역사 온 인류가 원하는 것은 영원한 죽음이 아닌 영원한 삶이다. 구원자로 한 삶은 하나 이름을 가진 하나님과 함께하는 삶이다.

II. 하나님

1. 은혜를 베풀다

1). 은혜를 베푸는 하나님

(1). 가난한자를 형통하게 하는 자

가난한자를 형통하게 하는 글자가 히브리어 성경에 있다. 하난 곧 하나님이 은혜를 베풀다 하난 חָנַן^{하난} 은혜를 베풀다 시 9:13 이다. 하난 חָנַן^{하난}은 은혜를 베풀고 긍휼을 베푸는 자로 표시된다. 하나님이다.

① 하나님이 주의 종에게 은혜로 주신 אֲשֶׁר־חָנַן^{아쉐르-하난 은혜로 주신} VQAMZS 창 33:5
② 내게 은혜를 베푸셨고 חַנַּנִי^{하나니 내게 은혜를 베푸셨고} VQAMZS.CXS 창 33:11
③ 은혜를 주고 ^{은혜를 주고} VQACXS 출 33:19
④ 하나님이 은혜 베푸심을 חַנֹּת אֵל^{하나님이 은혜 베푸심을} VQAMZS.CXS 시 77:9
⑤ 은혜를 베풀려 לַחֲנַנְכֶם^{라하나느헴 너희에게 은혜를 베풀려} VQAMZS.CXS 사 30:18
⑥ 우리에게 은혜를 베푸소서 חָנֵּנוּ^{하한네누 우리에게 은혜를 베푸소서} VQMMYS.CXP 사 33:2
⑦ 은혜를 주고 ^{은혜를 주고} C.VQAC.CXS ελεήσω 출 33:19[1])

---

1) 창 33:19 민 6:25 신 7:2 28:50 삼하 12:22 왕하 13:23 욥 33:24 에 4:16 욥 19:17 시 77:9 102:13 삿 21:22 욥 19:21 시 4:1 26:11 27:7 30: 10 31:9 37:21 37:26 41:4 51:1 56:1 59:5 67:1 86:16 102:14 109:12 112:5 119:29 119:58 119:132 123:2 123:3 잠 14:31 19:17 26:25 렘 22:23 사 30:19 33:2 암 5:15 말 1:9…

'하나님' 이라는 말의 신비를 알고자 한다. 은혜 베푸는 자를 우리말 '하나님' 에 가까운 '하난 חָנַן하난 은혜를 베풀다 시 9:13, ' 이 성경에 있다. '하느내니' 도 있다. '하느내니' 나를 긍휼히 여기소서이다. '하느내니 חָנְנֵנִי하느네니 나를 긍휼히 여기소서 시 9:14, ' 가 나를 긍휼히 여기소서이다. 명령형 VQMMYS.CXS이다. 하느네니 חָנְנֵנִי하느네니는 한 단어 안에 눈 נוּן의 3회 반복된다. 역시 '하나님' 혹은 '하느님' 이라는 우리말에 가깝다. 하느내니 חָנְנֵנִי하느네니이다. 하느내니 חָנְנֵנִי하느네니는 요드요드 "요드요드 가 2회 반복이다. 이 리듬은 나를 긍휼히 여기소서의 하느네니 חָנְנֵנִי하느네니 은혜를 베풀다 시 9:14이다. 이 눈 נוּן은 물고기 의미의 눈 נוּן눈 물고기이다. 눈 נוּן눈 물고기은 숫자 50이다. 이 50숫자 의미를 지닌 눈 נוּן은 영원 의미이다. 성경에 눈의 아들 여호수아가 있다. 눈 נוּן은 영원토록 은혜를 베푸는 의미다. 세상에 의지할 것이 없어서 하나님만 의지하는 가난한 자 עֲנִיִּים아느임 가난한자 시 9:13 마태 5:5 눅 6장이다. 아나님 עֲנִיִּים아나임 가난한자 시 9:13과 아느이 עֲנִיִּי아느이 곤고 시 9:14 모두 요드요드 "요드요드 가 두 번 반복된다. 반복리듬이다.

כִּי־דֹרֵשׁ דָּמִים אוֹתָם זָכָר לֹא־שָׁכַח צַעֲקַת עֲנִיִּים
아나임 자아카트 쇠카 -로 자카르 오탐 담밈 도레쉬 -키
AMP NFSG VQAMZS-ABN VQAMZS O.MZP NMP VQPA -C
가난한자의 부르짖음을 잊지아니하시고 기억하심이여 그들 피흘리는 자 심판하시는 이가
- 시 9:13

마방진시학 53

חָנְנֵנִי יְהוָה רְאֵה עָנְיִי מִשֹּׂנְאָי מְרוֹמְמִי מִשַּׁעֲרֵי מָוֶת
하느네니   여호와   르에   아느이   미스노아   미롬므미   마베트 미솨아레
VQMMYS.CXS NE VQMMYS NMS.CXS P.VQPAMP.CVS VPPAMS.CXS P.NMPG NMS
죽음의 문에서 나를 높이는 자여 미워하는 자에게 받는 내 가난 보소서 여호와여 나를 긍휼히 여기소서
— 시 9:14

 은혜를 베푸는 '하느네니 חָנְנֵנִי 하느네니,' 이다. 요드요드 "요드요드의 두 번 반복이다. 가난한 자 아나임 עֲנִיִּים 아나임 가난한자 시 9:13 요드요드 "요드요드의 두 번이다. 아나임은 하나임이다. 이 עֲנִיִּים 아나임 가난한자 시 9:13과 아느이 עָנְיִי 아느이 곤고 시 9:14에서 반복되는 요드요드 "요드요드 2회 리듬 동일성이 지닌 하나님의 손과 그 아드님의 손이 은혜를 베푼다. 하나님 손과 그 아드님 손, 두 분 마 1:21이 한 분으로 그의 손이 나를 보호하고 있다. 천부경에서 사람 인 אִישׁ 또한 사람 특징을 손으로 표시한다.

 성경은 항상 문제제기와 답을 동시에 나열한다. 그 이유를 문법으로 알린다. 평행법이다. 바로 비솨아레 바트-시온 צִיּוֹן - בְּשַׁעֲרֵי בַת 비솨아레 바트-시온 시온의 딸들의 문들에서 시 9:15이다. 그 분이 나를 보호하고 있다. 문구 양쪽에 은혜를 베풀고 있다는 그 긍휼 베푸는 손이 하나님이 사랑하는 사람의 양쪽에 있다. 가난한자에게 은혜를 베푸는 찬송과 구원이 시온의 딸들에게 있다.

 요드요드 "요드요드의 ,요드 2회 리듬의 손 표시는 한국에 있는 " " 요드요드 따옴표 표시와 동일하다. 여호와의 말씀이다. 예수 여호와는 구원 사랑실천 그 분의 손으로 양쪽에서 보호하신다. 따

옴표 "" 는 오늘날 문장에서 다른 사람의 말을 그대로 인용할 때 쓰이는 인용표다. 절대자의 말씀이다. 숨 쉼! 일어나 살아라!이다. 사람에게 살아라라고 명령하신다. 삶의 은혜를 주시는 분이다.

은혜를 주시는 자를 동사문법으로 한 하나님의 지혜는 아름다움과 예쁨을 동시에 지닌다. 우리말에 아는 이라는 말이 있다. 성경 상으로 지혜자 아는 이 עָנִי아는이 가난한자를 시 9:14이다. 고난을 받는 자 עֲנֻנִי아넨니 고난을 받는 자 시 4:2이다.

성경은 지혜자를 예쁜 분으로 표시한다. 정말 예쁘다=야쁘다=나의 어여쁜 자야=예쁘다=פָּתִי예쁘=יָפְתִי예쁘다1) 발음이 있다. 헬라어로로도 예삐=ἐπί에피 창 7:12이다. 지혜자 예수 예피 יָפִי예피·아리따움 아 4:1이다.

```
        내 사랑 너는 어여쁘고도 어여쁘다
              יָפָה        הִנָּךְ    רַעְיָתִי    יָפָה     הִנָּךְ
        야파      한나흐    라으야티  야파   한네
        AFS       J.PYS    NFS.CXS   AFS   J.PYS
        어여쁘다 내 사랑 어여쁘고도    너는
        art fair  Behold, thou my love art fair Behold, thou
                                                      - 아 4:1
```

너는 내 사랑 어여쁘고도 어여쁘다로 표시된 힌네 야파 הִ יָּפֶה힌네 야파 아 4:1이다. 힘내 예뻐! 처럼 들린다. 힌네 야파 הִ

---

1) יָפְתִי(야파티·나의 어여쁜자야, 아 2:10).

마방진시학 55

יָפָה^{힌네 야파 아 4:1}이다. 아가서는 이 예뻐를 성경전체에서 가장 많이 반복한다. 사랑 너는 어여쁘고도 어여쁘다를 성경은 예쁘다=יָפָה^{야파티 예쁘지} 어여쁘고=יָפָה^{야파 어여쁘고1)}라 한다. 아름다운지=야푸^{아름다운지}=יָפִי^{야푸 아름다운지2)}이다. 지혜자를 성경은 예쁘지=יָפָה^{야푸디}의 앞 뒤로 요드 요드 ,, 2회 사용 이 2회 사용은 예수^{여호와는 구원}의 손이 양쪽에서 보호하는 메시지이다.

예피 יָפִי^{예피·아리따움 아 4:1}

하가 הָגָה^{하가·묵상하다 머무르다 지탱하다 시 1:2}

하다 הָדָה^{하다·두다 놓다 넣다 사 11:8}

하바 הָוָה^{하바·있다 되다 보다 스 4:20 단 2:31}

하자 הָזָה^{하자·꿈꾸다 잠자다 사 56:10}

하자 הָיָה^{하야·있다 되다 성취하다 창 1:2,3}

위의 예에서 요드 요드 ,, ^{요드 요드}가 한 단어에서 처음과 끝에 놓이는 2회리듬이다. 숨 쉼 헤 헤 ה ה^{헤 헤}에서도 처음과 끝에 놓이는 2회리듬이다. 이 ,^{요드}와 헤 ה는 서로 치환되는 문법을 가진다. 동시에 바브 ו ו^{바브 바브}와도 오고 간다. 이 ו^{바브}는 못 모양을 지니면서 십자가에 못으로 박힌 예수^{여호와는 구}

---

1) יָפָה(야파·어여쁘고, 아 1:15, 16, 4:7, 6:4, 10).
2) יָפִי(야푸·아름다운지, 아 4:10).

원 표시다. 헤 ה헤와 ,요드와 바브 ,바브는 서로 치환작용을 하며 오고간다. 그 분이 만드시고 그리고 그분의 손이 가지는 능력이다. 아버지의 아들이 십자가에 달리어 못에 박히는 문법이다. 숨 쉬게 해주시고 십자가에 달리어 주시는 분 손의 역사가 일어난다. 십자가에 하늘 높이 달리는 바브 ,바브문법은 성경이 갖는 문법이다. 하나님의 예수가 십자가에 높이 달리게 하는 못의 사역문법이다. 십자가 사건은 아주 오랜 전부터 예견된다. 빌라도가 예수님 십자가 앞에 써 붙여진 문구 첫 자를 모두 모으면 여호와 יהוה야훼 글자다. 십자가 지신 예수님 앞에 붙은 명패의 네 문장의 첫자를 모으면 여호와다. 하나님[1]이다.

ΙΧΘΥΣ=이크뒤스 다섯번째 Υ는 위오스Υυίός 위오스=아들 예수님[2] 표시다. ΙΧΘΥΣ=이크뒤스의 마지막자 Σ는 소테르Σωτεήρ 구세주이다. 하나님[3]이다.

---

1) Θεός 데오스 하나님 마 1:23, 3:9, 10. 18, 2:4 등:George V. Wigram, 『신약 성구사전: The Koreans Greek Concordance of the New Testament』, 고영민,김만풍 역(서울:기독교 문화출판사', 1981)., 531, 620(κχρίος 퀴리오스 주, 마 1:20 등).
2) υίος 아들 마 1:21, 23, 25. 3:17. 5:9 등:George V. Wigram, 『신약 성구사전: The Koreans Greek Concordance of the New Testament』, 고영민,김만풍 역(서울:기독교 문화출판사', 1981)., 1003
3) God ό θεός ό σωτήρ μου(Ps 24:5; 26:9 Mi 7:7; Lk 1:47 θεό σ):GREEK-ENGLISH LEXICON of the NEW TESTAMENT and Other Eary Christian Literature 하 William F.Arndt and F. Wilbbur gingrich The university of chicago press and London, 1958., 801:KBornhausen, Der Erlóser27 θεοσ Σωτεήρ b. den Rómern 1:

(2). 갑골문

갑골문 증거1)가 있다. 상나라라고 불리기도 하고 은나라라고 불리는 명칭은 1920년대 우연히 갑골문의 존재가 드러난 은허의 발굴이다. 은나라로 명칭된 은나라는 1900년대 들어 용골이라는 한약재에 우연히 글자가 새겨졌음을 발견 후 하남성 북부에 위치한 안양 인근의 소둔촌에서 출토된 귀갑으로 인해 역사 속에 실존 국가임을 드러낸다. 소둔촌이 은허의 또 다른 이름이다. 약 15만개의 갑골문이 새겨진 귀갑과 견갑 발견이다. 다수의 청동기와 무덤을 확인 사마천의 기록에 등장하는 은나라 왕의 이름과 갑골문의 기록이 상당부분 일치한다. 사마천은 은본기를 기록함에 있어 탕에 의해 설립된 은나라이다. 총 30명의 왕이 세습을 이어간 은허는 22대왕 무정으로부터 마지막 왕 제신이 희주에 의해 멸망 할 때까지 수도였다. 수도 이름 은허는 하상주 단대공정에 의해 확정된 상나라 550년의 역사중 후반기인 기원전 1250년경부터 기원전 1046년까지 약 200년 동안의 수도이다. 국호를 대읍상大邑商이라 불렀다. 부족이름은 상商이다. 따라서 상나라와 은나라가 동일하다. 은殷 명칭은 주나라 사람들이 상족을 깔

---

1) 崔春泰, 계명대 국어국문학·同대학원 석·박사. 계명대 외래교수, 언어과학회 국제이사, 전국 교육연수원 고교 국어 특강 교수. 現 갑골문갑골음연구원 원장. 저서:『갑골음으로 잡는 식민사학·동북공정』『국어 음운의 통시적 연구』『중세문헌연구』 유튜브: '甲骨文 식민사학 동북공정'.

보면서 부르던 명칭이다. 현재까지 조사된 은허유적의 규모는 약 24만제곱미터약 7만평에 이른다. 소둔촌 동쪽에 왕궁이 있었다. 북쪽에서 왕실 무덤 13기가 발견되자 학자들은 이곳을 상족 국가인 상나라의 중심지 은허로 한다.

한자 원형 갑골문은 기원전 1250년경부터 시작된 상나라 후기 은허시대에 국가의 대사를 결정하기 위해 시행한 점복술占卜述 기록이다. 귀갑이라는 거북이 등갑과 수골이라는 짐승의 뼈에 점복과정이 새겨진 중국대륙에서 발견된 가장 오래되고 체계적인 문자다. 도구나 여신묘가 알려주는 하나님 神을 섬긴 기록이 있다. 홍산 여신이 말해주는 역사이다. 내몽골 적봉시에서 발견된 수행하는 모습의 남성신은 BC 5300년의 역사이다.

> 택삼칠일 제천신 기신외물 폐문자수 주원유공
> 擇三七日 祭天神 忌愼外物 閉門自修 呪願有功
> - 「삼성기전 상」

삼칠일(21)을 택하여1) 상제에게 제사지내고 바깥일을 꺼리고 삼가 문을 닫는 수도「삼성기전 상」 기록은 은허의 갑골문에

---

1) 칠성은 곧 삼신상제님이 계시는 별인 북두칠성이다. 달리 말해서 북두칠성은 대우주 통치자이신 하나님의 별이다. 때문에 북두칠성은 우주의 중심별로서 천지일월과 음양오행을 다스리며 인간의 무병장수와 생사화복, 영원불멸, 도통과 깨달음을 관장한다. 우리 조상들이 상고 시대의 무덤이자 제단인 고인돌에 칠성을 그리고, 죽은 사람의 관 밑에 칠성판을 간 것은 바로 칠성신앙의 한 모습이다. (환단고기 역주본 415쪽)

왕실의 행사를 결정하기 위해 제사를 지내는 방식이나 날짜를 조상신인 상제에게 아뢰고 점을 친후 그 결과 기록이다. 제 23대 무정부터 제 31대 제신까지 행해진 복사ト辭와 여신묘가 알려주는 뚜렷한 제천의식의 증거이다. 은허에서 발굴된 갑골문 대략 5천개의 상형문자는 해독글자 약 천 여개로 하여, 상나라를 정복한 서주의 수도로 추정되는 부풍현과 기산사이의 주원유적지에도 갑골문 1만여 편 발견, 주나라 초기까지 갑골을 이용한 점복행위와 연계된다. 수백 점의 청동기에 새겨진 금문이 있다.

 상나라 사람들은 하늘에 10개의 태양이 하루에 하나씩 차례대로 뜨고 져서 10일의 주기를 이룬다고 믿었다. 왕의 명칭에 갑을병정과 같은 천간이 사용되었으며 12지지와 조합으로 만들어진 합성어가 발견된다는 점으로 볼 때 60갑자의 기원이 갑골문에 유래한다. 관리하고 점을 친 사람을 정인이라 불렀다. 점복 과정 중 몇 월 며칠에 누가 어떤 내용을 신에게 묻는 행위가 기록된다. 기록은 정인이 담당한다. 귀갑에 나타난 신탁의 길흉은 왕이 직접 풀었으며 점복의 결과가 나오면 이를 기록도 정인의 역할이다. 22대왕 무정시기에는 120명 정도가 담당했다. 신정국가 때 왕은 제와 소통할 수 있는 유일한 제사장이다. 제를 숭배하는 씨족끼리 연합하여 국가를 이루게 된 씨족국가였다.

점괘 효爻는 갑골문에서 좌우로 획을 엇갈리게 그은 것으로 처음 나타났다. 사마천은 주역의 64괘를 구성하는 효를 주문왕이 만들었다고 밝히고 있다. 그 기원은 상나라 점 복술卜術에 있다. 왕실은 점 복술에 의존 사마천에 의해 잘못 알려진 역사적 사실관계도 바로잡는다. 하상주단대공정을 통해 하나라와 상나라의 연대기를 확정한 공정 팀의 역할이 있다. 사마천 기록의 하본기와 은본기의 불확실성을 제거하기 위해 억지로 꿰어 맞춘 것을 밝혀낸다.

사마천이 하나라 마지막 왕 걸을 물리친 탕을 상나라 설립자로 기록했다. 공정팀은 얼리터우와 가까운 낙양의 엔스유적이나 정주의 얼리강 유적을 상나라 초기수도로 보고 하나라와 상나라의 연대기를 확정했지만 갑골문에서 탕은 상나라의 설립자가 아니라는 기록이다. 갑골문에 탕왕을 칭송하고 제사를 지냈다는 기록은 꾸준히 등장하지만 하나라와 싸웠다는 언급은 없다. 하나라로 된 얼리터우 1.2기 왕궁유적과 상나라 초기로 추정되는 얼리터우 후기유적사이에는 문화적 동질성이 이어지고 있다 기록한다. 상나라 왕위 계보는 부권중심의 씨족사회였다. 후기에 이르러 부자 상속이 좀 더 일반적인 권력승계로 변경된다. 사마천은 상나라의 도읍지로 약 10여 곳의 지명을 언급하며 여러 번 천도했다고 기록했지만 고고학적으로 검증 수도는 은허 하나뿐이다.

사마천은 19대왕 반경이 황하 이북에 있던 원래 도읍지에서 천도를 고심하며 여러 곳을 돌아다니다 황하 남쪽 옛 탕이 도읍했다. 박이 천도한 후 23대왕 무을 시기에 박을 떠나 황하 이북으로 옮겼다고 기록하나 현대 고고학은 박은 정주 근처의 상성유적지로 추정, 은허유적과는 직선거리로 약 160킬로미터가 떨어져 있다. 은허에서 출토된 갑골문에서도 천도에 대한 기록은 존재하지 않는다. 상나라 왕은 22대 왕 무정부터 제을까지로 발견된 갑골문중 절반이상이 무정시기 때 발생한 갑골문복사이다. 은허시대 200년의 역사 중 행해진 제사의식의 절반 이상이다. 주변국가와 싸워서 이길 수 있는가를 묻는 수백 개의 갑골문과 포로를 잡았다는 기록이 많아 무정시기가 상나라 최고전성기다. 아즈텍이나 마야문명을 연상시키는 기괴한 주술적 도철문양이 가득한 청동제기가 다량으로 발견된다. 도굴되지 않은 채 발견된 무정의 왕비 묘에서는 개 6마리와 함께 16명의 순장유골 발견, 순장은 왕실에서 행해지는 일반적인 매장문화이다. 갑골에는 제사의식에 쓰일 제물로 강 족이나 이족 같은 다른 민족을 포로로 잡아다가 제물로 바쳤다. 정인을 제물로 사용했다고도 기록된다. 정인을 희생자로 내세웠다.

　은허시대의 건축기술은 벽돌과 기와가 출현하기 전으로 당시 왕궁 터가 복원된다. 중국의 유명한 갑골문 학자이자 사학자인 호후부는 갑골문을 근거로 약 13,000여명이 제물로 바쳐지는 희생이라 기록, 사마천은 상나라 왕 마지막 신이 포락지형 같은 가혹한 형벌을 만들었다고 잘못 기록, 인신공양의 풍습은 진나라 때 폐지, 순장제도는 명나라 영락제가 죽을 때 비빈 3천 여 명이 순장되었다는 기록이 있을 정도로 오랫동안 남아 있다가 청나라 때 완전히 사라진다.

무정시기 상나라는 씨족집단을 중심으로 성벽을 갖춘 읍이 행정단위로 등장, 대읍은 상나라 왕이 거주하는 왕성과 외성으로 둘러싸인 중심구역이다. 상나라 왕과 연합관계에 있는 씨족의 우두머리가 지배하는 족읍과 소읍으로 구성된 정치적 연합관계를 구축하였다.

전차사용은 무정제위 때 처음 나타난다. 중앙아시아 대초원에서 사육한 품종의 말이다. 무기로 활과 검 창 도끼 등 전형적인 청동기시대였다. 갑골에는 주변국가의 정벌문제가 점복 대상이었는데 여기에서 주방은 훗날 무력으로 상나라를 정복한 주나라를 점 복술에 자주 언급되는 것을 보았을 때 무정시기부터 적대적인 관계였다. 갑골문에는 무정이후에도 전쟁을 위한 복점기록이 꾸준히 등장. 왕조 말기인 제을 제신 시기에 들어 동이족으로 대표되는 인방과의 과도한 전쟁으로 국력 낭비 서쪽의 주방에 대한 통제력을 상실했다. 이 틈을 타 관중지역의 희주가 서방의 여러 부족을 모아 대읍상을 공격하자 상나라는 멸망한다.

사마천은 본기 대부분을 마지막 왕 제신의 포악함과 배덕함 그리고 달기에게 빠져 황음을 일삼아 민심을 잃고 제후들이 배반하자 희주에게 멸망할 수밖에 없었던 당위성을 설명한다. 현재까지도 전쟁의 승자인 주나라기록에 의존한다.

기록 한자^{漢字}가 있다. 단순히 기억을 방조하기 위한 수단으로서의 그림에서 출발 초기의 그림 초문이 있다. 초문에 결합한 언어음은 초음이다. 초음은 초문에 결합한 최초의 음형이다. 문자의 초음이 한국어와 보다 밀접하다. 문자 형성 종족이 한국인이어서다. 중국의 상고사는 우리의 상고사다.^{유창균} ^{6쪽} 문자의 초기 형태 갑골문 또한 우리 민족에 의해 창조된다. 주나라가 의도적으로 이 문자를 모아 일정한 장소에 묻어버린 것이 그 증명이다. 이민족^{吏民族} 바로 우리 문자라는 점^{7쪽}이다.$^{1899년\ 은허\ 유적\ 갑골문\ 발견}$.

중국의 상고사가 우리의 상고사라는 관점은 심백강 학자도 같은 관점1)이다.

---

1) 중국 고서 - 사고전서에 기록된 우리 한민족의 뿌리, 고조선의 역사 ㅣ 중국의 역사왜곡, 동북공정 ㅣ심백강 원장ㅣ 국학원 국민강좌 138회.

(3). 복 있는 자

이에 본 연구자는 한국인 특히 문인 시인으로 그 분에 의해 번쩍번쩍 향기 나는 의미를 찾아 향기 나는 아름다움^{지혜} 연구 얽힘의 섬광처럼 지나가는 예쁜^{지혜} 그분의 향기로움을 찾는다. 지혜는 섬광처럼 늘 나에게 찾아와 예쁘다의 지혜자 예수$^{여호와는 \ 구원}$를 알아냈다. 아름다운^{지혜} 진리가 솟아난 서정성을 지닌 한국특유의 파동 뛰어넘기 시학을 나에게 그 분은 허락해 주셨다. 이 세상 모든 만물이 움직인다는 사실의 양자역학이론을 접해$^{홍문표 \ 학설}$ 본 연구자의 관점으로는 본래의 절대자가 있는 자리로 돌아가라는 엄중한 명령에 모든 만물이 파동을 가진다. 이 진리는 움직이지 않는 절대자가 있음을 알린다. 모든 움직임이 이 세계에 존재하는 이유이다.

성경은 이 길에 선 사람의 어떤 움직임이 복된 사람인가를 알려준다. 특히 시편은 복을 주고픈 하나님의 마음을 아시라$^{시편은 \ 시작부터 \ 1\text{-}41편까지}$라 한다. 경어이다. 시라 하시라 경어를 사용 피동형 시로 하시림 שִׁיר הַשִׁירִים$^{쉬르 \ 하시림}$1)이다. 2회 리듬 노래 중의 노래다. 복 받는 자를 쉬르 하쉬림 아세르 레솔로모 שִׁיר הַשִׁירִים אֲשֶׁר לִשְׁלֹמֹה$^{쉬르 \ 하시림 \ 아쉐르 \ 레솔로모 \ 아 \ 1:1}$라 한다. 시로 하시림이다. 복 받는 일이 시로 하시림이다. 이 사랑받는 시편에서 시라는 의미와 노래라는 의미는 같다. 가

---

1) מִשְׁקֵה $^{마쉬케 \ 마실 \ 것, \ 물 \ 창 \ 13:10 \ 40:21 \ 레 \ 11:34 \ 왕상 \ 10:21 \ 대하 \ 9:20 \ 사 \ 32:6 \ 겔 \ 45:15}$.

난한 자는 하나님을 전적으로 의지하는 자[시 9:13]이다. 그래서 복 받는 내용을 시편은 총 5권[1권 1편~41편 2권 42~72 3권 73~90 4권 90~105 107~150]으로 구분한다. 우리말이기도 한 "아시라"를 히브리어 발음을 통해 복 받는 방법을 아주 구체적으로 그 조건을 가난한 자를 위한 것을 알린다. 곧 하나님만을 전적으로 의지한자이다.

복 있는 사람 특징은 ① 악인 꾀의 길을 좇지 않는다.

① 악인의 꾀를 좇지 아니하며
בַּעֲצַת רְשָׁעִים הָלַךְ - לֹא
레아임 바아자트 할라흐 - 로
AMF   P.NMSG VQAMZS - ABN
악인의 꾀를   좇지 - 아니하며

② 죄인의 길에 서지 아니하며
עָמָד לֹא חַטָּאִים וּבְדֶרֶךְ
아마드 로   하타임 우브델레흐
VQAMZS ABN NMP   C.P.NMSG
서지   아니하며 죄인의 길에

③ 오만한 자의 자리에 앉지 아니하고
בַּעֲצַת רְשָׁעִים הָלַךְ לֹא רֵצִים וּבְמוֹשַׁב
레아임 바아자트 할라흐 레찜   우브모솨브
AMF P.NMSG   VQPAMP C.P.NMSG
악인의 꾀를 좇지 오만한 자리 자리에

- 시편 1:1

② 죄인의 길에 서지 않는다. ③ 오만한 자의 자리에 앉지

않는다. 이 복 된 자의 길은 악인의 꾀를 좇지 아니하고 죄인의 길에 서지 않고 오만한 자의 자리에 앉지 않는다. 복되다는 표현이 시편 1:1부터 시작한다. 1편 마지막까지 복 되다로 한다. 그리고 2편 또한 같은 언어로 연결한다. 그 복되게 되는 방법은 아주 쉽다. 성경 말씀을 주야로 묵상하는 자다.

1절은 완료형이다. 그러나 2절 부터는 계속 진행형 יֶהְגֶּה^{예흐게} 묵상하는자 VQINZS 시 1:2 . יִבּוֹל^{이볼} 이르지 VQINZS 시 1:3 . יַעֲשֶׂה^{야아쎄} 그 행사가 VQINZS 시 1:3 . יַצְלִיחַ^{야쯜리아흐} 형통하리로다 VQINZS 시 1:3 . וְנָתַן^{예텐} 맺으며 VQINZS 시 1:3 이다. 2절과 3절에서부터는 계속 미완료문법이다. 아주 중요한 알림은 가난한 사람을 영육 간에 형통하게 만드는 사람이라 한다. 복되다 하신다. 복을 받는다. 늘 상대방으로 하여금 복을 받도록 인도하는 사역자이다. 이러한 사람이 되기를 하나님은 간절히 원하시어 그 방법을 알려준다. 바로 하나님의 말씀을 배우고 배우고 하기가 우선이다. 배우고 배우고를 거듭한 자에게 사역자가 되는 길을 하나님은 열어 주신다. 사람답게 하나님의 형상을 닮은 사람답게 사는 의인의 길을 알려준다. 이 사람에게는 장수의 복을 주신다.

정말 아주 가난한 자는 하나님이시다. 예수님^{여호와는 구원}이다. 가난한 자에게 물을 마시게 하신다. 성경 마시게 מַשְׁקֶה^{마스케1)}이다. 우리말과 히브리어가 아주 같다. 물을 마시게 하신 히브리어 마스킬은 에으에 ֶ ְ ִ 에으예히필 사역동사이다.

물을 마시게 하는 자는 그 분이다. 사역시킨다. 사람의 사역 곧 사람이 할 일은 가난한 자에게 물을 마시게 하는 사역 곧 말씀을 잘 배워 상대방에게 듣게 하는 자이다. 하나님이 구원해 주시는 일을 알리는 이 교육자에게 하나님이 구원해 내신다. 조건은 아주 쉽다. 말씀을 주저리주저리 늘 읽고 묵상하고 말씀에 따라 사역하는 자다.

이 시편의 말씀을 예수[여호와는 구원]는 마태 27장에서 다시 암송하신다. 십자가에 달려 돌아가시는 순간까지 시편 특히 104편을 가장 사랑하신 예수[여호와는 구원]이다. 8복으로 신약에서 알린다. 신약 8복 자체가 시편을 예수님이 지극히 사랑한 예이다. 심령이 가난한 자는 복이 있나니 천국이 저희 것임이요[마 5:3] 하셨다. 왜 8복일까. 이 8숫자는 안정수이다. 진리이다. 헬라어 마카이리오 이다. 모두 이리오라이다. 마카는 경상도 사투리 모두란 뜻이다. 마카이리오[마 5:5]는 시편 37편에 있다. 의인은 땅을 차지한[시 37:5]다.

복 받는 이 바로 가난한 자의 복 받는 비결은 날마다 말씀을 묵상 주저리주저리 읽는다. 아니 성경 전체가 우리 인간에게 복을 주기 위해 쓰여 진다. 인간이 가장 복 받고 싶어

---

1) מִשְׁקֵה(마쉬케 마실 것, 물 창 13:10 40:21 레 11:34 왕상 10:21 대하 9:20 사 32:6 겔 45:15).

하는 그 마음의 일을 예수여호와는 구원님은 늘 시편을 애독하시고 문장 그대로 신약에서 직접 말씀으로 반복하시었다.

가난한 자와 은혜를 베푸는 관계는 히브리어 하느네니 חָנֵּנִי הַנֵּנִי 하느네니 긍휼히 여기소서 시 9:14 와 עָנִי 아니 가난한 시 9:14 관계이다. 은혜를 베풀다의 하난 חָנַן 하난 은혜를 베풀다 이다. 은혜를 베풀게 하는 일과 가난 아니 עָנִי 아니 가난한 에서 전자는 하나님이 은혜를 베풂이고 후자는 사람에 해당한다. 따라서 천상과 지상을 연결한다. 하나님이 찾으시는 분이 있다. 세상의 온갖 악에 시달림을 당하는 이가 잘 살아갈 수 있도록 인도하는 자에게 하나님 은혜가 임한다.

하나님이 찾으시는 이에 가난한 자의 피 흘리심이 있다.

피 흘림을 심문하시는 이가 저희를 기억하심하심이여 가난한 자의 부르짖음을 잊지 아니하시도다 -시 9:13

זָכָר　　　דָּמִים אוֹתָם　　　כִּי - דֹרֵשׁ
자카르　　　오탐 담밈　　　도레슈-키
VQAMZS　　O.MZP NMP　　VQPA-C
기억하심이여 저희를 피흘림을 심문하시는 이가

עֲנִיִּים　　　צַעֲקַת　　　שָׁכַח　　　לֹא-
안님　　　짜아카트　　　쇠카르　　　-로
AMP　　　NFSG　　　VQAMZS　　-C
가난한자의 부르짖음을 잊지　　-아니하시도다

-시 9:13

하나님은 피 흘리는 자를 찾으신다. 피 흘리는 자는 가난한 자이다. 경제적으로나 권위적으로나 가장 낮은 자이다. 그러기에 하나님만 의지한다. 이에 하나님은 긍휼을 베푸신다. 은혜를 베푸신다. 은혜를 베푸시는 이는 하나님이다. 우리가 늘 부르는 하나님이다.

① 하나님이 주의 종에게 은혜로 주신 אֲשֶׁר־חָנַן 아쉐르-하난 은혜로 주신 VQAMZS 창 33:5
② 내게 은혜를 베푸셨고 חַנַּנִי 하나니 내게 은혜를 베푸셨고 VQAMZS.CXS 창 33:11
③ 은혜를 주고 חַנֹּתִי 하노티 은혜를 주고 VQACXS 출 33:19
④ 하나님이 은혜 푸심을 אֵל חַנּוֹת 하노트 엘 하나니 하나님이 은혜 베푸심을 VQAMZS.CXS 시 77:9
⑤ 은혜를 베풀려 לַחֲנַנְכֶם 레하나느헴 너희에게 은혜를 베풀려 VQAMZS.CXS 사 30:18
⑥ 우리에게 은혜를 베푸소서 חָנֵּנוּ 하네누 우리에게 은혜를 베푸소서 VQMMYS.CXP 사 33:2
⑦ 은혜를 주고 חַנֹּתִי 베하노타니 은혜를 주고 C.VQAC.CXS 출 33:19[1]

하나님이라는 말을 찾을 수 있다. 은혜를 베푸시는 이가 하나님이다. 하나님 발음의 근거가 되는 중요한 단서이다. 홍산문화에서 찾아지는 일신一神은 하나 님이다.

너희 가난한 자는 복이 있나니 하나님의 나라가 너희 것임이요마 6:20 …의를 위하여 핍박을 받은 자는 복이 있나니마 5:10~21

-Μακάριοι οἱ δεδωγμένοι ἕνεκεν

---

1) 창 33:19 민 6:25 신 7:2 28:50 삼하 12:22 왕하 13:23 욥 33:24 에 4:16 욥 19:17 시 77:9 102:13 삿 21:22 욥 19:21 시 4:1 26:11 27:7 30: 10 31:9 37:21 37:26 41:4 51:1 56:1 59:5 67:1 86:16 102:14 109:12 112:5 119:29 119:58 119:132 123:2 123:3 잠 14:31 19:17 26:25 렘 22:23 사 30:19 33:2 암 5:15 말 1:9…

δικαιοσύνης, 의를 위하여 핍박을 받은 자는 복이 있나니, blessed(are) the(ones) having been persecuted for the sake righteousness, ANMP DNMP APNMP VPRPNMP PG PG NGFS, ὅτι αὐτῶν ἐστιν ἡ βασιλεία τῶν οὐρανῶν 저희가 하나님의 아들이라 칭함을 받을 것임이요 for of them is the kingdom of the heavens CS NP호계 VIPAZS DNPS NNFS DGMP …너희 가 난한 자는 복이 있나니 하나님의 나라가 저희 것임이요 지금 주린 자는 복이 있나니 너희가 배부름을 받을 것임이요 지금 우는 자는 복이 있나니 너희가 웃을 것임이요 마 6:20~21

20…Μακάριοι οἱ πτωχοί, ὅτι ὑμετέρα ἐστίν βασιλεία τού Θεού 21 μακάριοι οἱ πεινῶντες νῦν, ὅτι χορτασθήσεσθε μακάριοι οἱ χραίοντες νῦν, ὅτι γελάσετε 마카리오이 오이 프투코이, 호티 휘매테라 에스틴 바실레이아 우 데오 21 마카리오이 오이 페이눈테스 눈, 호티 코르타스데세스데 마카리오이 오이 크라 이온테스 눈, 호티 겔라세테

-ΚΑΤΑ ΛΟΥΚΑΝ 6:20~21

심령이 가난한 자는 복이 있나니 천국이 저희 것임이요 마 5:3 -Μακάριοι οἱ 복이 있나니 πτωχοί τῷ πνέματι blessed(are) the(ones) DNMP ANMP 심령이 난한 자 τι αὐτῷ ν ἐστι poorin spiri APNMP DDNS NDNS tō 그들에게 있나니 ἡ βασιλεία τῶν οὐρανῶν for of them is NPOMZP VIPA —ZS

천국이 the kingdom of the heavens NNFS DOMP NGMP: 애통하는 자는 복이 있나니 저희가 위로를 받을 것임이요^{마 5:4}-Μακάριοι οἱ πενθοῦντες,^{애통하는 자는 복이 있나니} blessed(are) the(ones) mourningANMP DNMP APPNMP, ὅτι αὐτοὶ παρακληθήσονται ^{저희가 위로를 받을 것임이요} for they shall be comforted CS NPNMZP VIPAZP: 온유한자는 복이 있나니 저희가 땅을 기업으로 받을 것임이요^{마 5:5}-Μακάριοι οἱ πραεις,^{온유한 자는 복이 있나니} blessed(are) the meek ANMP DNMP APPNMP, ὅτι αὐτοὶ καλ ηρονομήσουσιν τήν γήν ^{저희가 땅을 기업으로 받을 것임이요} for they shall inherit the earth CS NPNMZP VIFAZP DAFS NAPS

: 의에 주리고 목마른 자는 복이 있나니 저희가 배부를 것임이요^{마 5:6}-Μακάριοι οἱ πεινῶντες καὶ διφῶντες τήν δικαιοσύνην,^{의에 주리고 목자른 자는 복이 있나니} blessed(are) the(ones) hungering and thirsting righteousness ANMP DNMP APPNMP VPPANMP, ὅτι αὐτοὶ κακορτασθήσοται ^{저희가 배부를 것임이요} for they shall be satisfied CS NPNNZP VIFPZP

ληρονομήσουσιν τήν γήν^{저희가 땅을 기업으로 받을 것임이요} for they shall inherit the earth CS NPNMZP VIFAZP DAFS NAPS

: 긍휼이 여기는 자는 복이 있나니 저희가 긍휼이 여김을 받을 것임이요^{마 5:7} -Μακάριοι οἱ ἐλεήμονες, ^{긍휼이 겨니는 자는 복이 있나니} blessed(are) the merciful ANMP DNMP APPNMS VPPANMP, ὅτι αὐτοὶ ἐλεηθήσονται 저희가 긍휼히 여김을 받을 것임이요 for they obtain mercy CS NPNMZP VIFPZP. 마음이 청결한 자는 복이 있나니, 저희가 하나님을 볼 것임이요마 5:8 -Μακάριοι οἱ καδα ροί δῇ καρδία, 마음이 청결한 자는 복이 있나니, blessed(are) the clean heart ANMP DNMP APNMP DDFS NDFS, ὅτι αὐτοὶ τὸν θε όν ὄψονται 저희가 하나님을 볼 것임이요 for they God shall see NPNMZP DAMP NOMS VIFPZP. 화평케 하는 자는 복이 있나니, 저희가 하나님의 아들이라 칭함을 받을 것임이요마 5:9 -Μακάριοι οἱ εἰρ ηνοποιοί, 화평케 하는 자는 복이 있나니, blessed(are) the peacemakers, ANMP DNMP APNMP, ὅτι αὐτοὶ υἱοὶ θεόύ κληθήσο ται 저희가 하나님의 아들이라 칭함을 받을 것임이요 for sons of God shall be called NPNMZP DAMP NGMS VIFPZP. 의를 위하여 핍박을 받은 자는 복이 있나니 천국이 저희 것이라마 5:10 -Μακάριοι οἱ δεδ ωγμένοι ἕνεκεν δικαιοσύνης, 의를 위하여 핍박을 받은 자는 복이 있나니, blessed(are) the(ones) having been persecuted for the sake righteousness, ANMP DNMP APNMP VPRPNMP PG PG NGFS, ὅτι αὐτῶν ἐ στιν ἡ βασιλεία τῶν οὐρανῶν 저희가 하나님의 아들이라 칭함을 받을 것임이요 for of them is the kingdom of the heavens CS NP호케 VIPAZS DNPS NNFS DGMP. 나를 인하여 너희를 욕하고 핍박하고 거짓으로 너희를 거스려 모든 악한 일을 할 때에는 너희에게 복이 있나니마 5:11 -Μακάριοί ἐςτε ὅταν ὀνεδί

σωσιν ὑμᾶς καί διώξωσιν καί εἴπωσι
ν παν πονηρόν καθ ἐμώψευδόμενοι ἕ
νεκεν ἐμοῦ, 나를 인하여 너희를 욕하고 핍박하고 거짓으로 너희를 거스
려 모든 악한 말을 할 때에는 너희에게 복이 있나니, blessed are ye when they
reproachyou and persecute and say all evil against you lying for the said of me,
ANMP VIPAYP CS VSAAZP NPAYP VSAAZP CC VSAAZP AANS APANS PG NPGYP
VPPNMP PG NPGXS 마 5:11

　복이라는 히브리어 발음은 우리말 표현 그대로 '마카리오이' 다. 이 '마카' 라는 말은 경북 영주 지방에서 '모두' 라는 뜻의 사투리이다. 모두 전부 이리오라이다. 주님께 오는 사람들은 가난한 사람 즉 주님만 의지할 수밖에 없는 영의 사람들이다. 이러한 발음과 우리와의 긴밀한 관계의 유추는 우리 조상들이 전 세계의 반이나 차지하고 살면서 하던 말버릇의 현상 그대로이다.

　복은 히브리어로 '벼락' 이다. 우리말에 벼락부자라는 말이 있다. 더구나 우리의 무식했던 옛 어머니들은 자기 딸이나 아들들에게 거침없이 이 벼락 맞을 년이나 혹은 놈이라 하였다. 이 귀중한 벼락이라는 말이 히브리어와 동일한 이유는 우리 민족의 조상님들이 이 언어가 쓰이던 곳에서 살았다는 실증이다. 놀랍게도 무식한 어머니들이 걸핏하면 자기 자녀들보고 하는 말버릇 "벼락맞을 …" 이다.

천국으로부터 얻는 복은 배부르게 되는 복이다. 배부르다와 관련한 먹는 문제는 마실 것이라는 히브리어 마실 것 שִׁקָּה 마쉬카 mash-keh 마실 것, 물 창 13:10 40:21 레 11:34 왕상 10:21 대하 9:20 사 32:6 겔 45:15이 있다. 우리말에 있는 마실 것이라는 말이다.

충분히 마시면서 영의 사람들은 풍요1)를 누린다. 영의 사람들은 모두 다 하나님을 통하여 얻어지는2) 복을 받는다. 예수여호와는 구원는 우리에게 마카 이리오라 하신다. 우리는 복 마카이리오을 받는다. 어느 날 벼락 치듯 닥아 온 벼락이라는 말은 복이라는 말3)은 우리말이다.

원자 이 세상 모든 만물의 움직임이 있다. 이 움직임이 복이다. 왜 복이냐 하면 움직이지 않는 절대를 향해 그 쪽으로 가려 움직이어서다. 복은 움직임을 기본으로 한다. 성경의 복 받는 사람시 1:1은 동사 중심으로 한다. ① 악인의 길로 걸어가지 않는 사람 ② 죄인의 길에 서지 않는 사람 ③ 오만한 자리에 앉지 않는 사람, 이 움직임의 파동은 가장 완전한 분을 향해 가는 길에 선 사람이다. 걸어가는 이미지는 한 길 곧 말씀을 주야로 묵상하는 자이다. 성경은 계속하여 미완료로 표시한다. 따라서 דְּרַשׁ 다라쉬 시 9:13라 하였다. 구하는 일 דֶּרֶךְ 데레크 시 1:1, 6이다. 생사의 길이다. 하나님 말씀을 늘 듣고 외우

---

1) בְּרַךְ(벼락·풍족케 하시고, bless, 창 33:11).
2) 벼락 בָּרַךְ(바락·벼락, 수 9:14)과 בְּרָכָה(벼락카·축복이, 수 8:13). 창 12:2.
3) בְּרַךְ(벼락·풍족케 하시고, bless, 창 33:11).

는 일은 진행형이다. 복을 받는 행동이다. 이 세상 모든 만물이 멈추지 않는다. 미완료이다. 지금도 진행 움직임이다.

성경은 이 비유를 시냇가에 심겨진 나무로 한다. 우리말 표현 노들이 있다. 흐르는 시냇물의 동적 이미지이다. 우리말 노들이다. 히브리어로도 노들 יכל 출 15:8 삿 5:5 민 24:7 신 32:2 욥 36:28 시 78:16 78:44 147:18 아 4:15 잠 5:15 사 44:3 45:8 렘 9:18 18:21 이다. 우리말 노래에 "노~들 강변 봄버들 ·휘휘 늘어진 가지에다··1)" 이다. 우리 곁에 늘 흐르는 시냇물 노들강변의 봄바람이 있다. 나무와 물의 흐름은 일치를 이루면서 바람이 나뭇잎사귀를 흔든다. 노들의 움직임이다. 흔들리는 나무와 물

---

1) 1930년대 신불출(申不出) 작사 문호월(文湖月) 작곡 박부용(朴芙容)이 불렀다. 「노들강변」은 「아리랑」·「도라지」·「천안삼거리」·「양산도(陽山道)」와 더불어 우리나라 5대 민요의 하나로 꼽힌다. 노들은 노량진 나룻터 이름이다. 문호월을 기리는 노래비가 경북 김천시 남산동에 강변비(江邊碑)· 유적비로 세워져 있다. 신불출이 가사를 짓고 문호월이 곡을 붙인 민요 「노들강변」은 9박자의 세마치장단을 갖춘 맑고 경쾌한 노래이다. 가사는 "노들강변 봄버들· 휘휘 늘어진 가지에다· 무정세월 한허리를 친친 동여서 매어나 볼까· 에헤요 봄버들도 못 믿으리로다· 푸르른 저기 저 물만 흘러 흘러서 가노라"이다. 문호월 본관은 남평, 본명은 윤옥(允玉), 1908년 부(父) 덕인(德仁)과 모(母) 최종성(崔宗聖) 여사의 삼남으로 진주 평안동에서 태어나 1952년 서울에서 작고하였다. 선생은 어려서부터 음악적 자질이 빼어나 김천공립보통학교, 휘문고등보통학교를 거치는 동안 홀로 작곡을 연학(硏學)하여 약관에 오케이레코드사와 악단에서 작곡과 지휘로 활약하면서 민요풍 가요 작곡가로 이름을 냈고 대표작으로 「노들강변」이 있다.[출처] 한국학중앙연구원 - 향토문화전자대전한국중앙연구원.

이 등가성이다. 움직임이다. 삼라만상 움직임이다. 성경은 구체적으로 시냇가에 심어 진 나무라 한다. 이 움직임의 때에 그 분은 열매를 줄 것레 1:7이어서 저는 시냇가에 심은 나무가 시절을 좇아 과실을 맺으며시 1:3

כְּעֵץ שָׁתוּל עַל־ פַּלְגֵי מַיִם אֲשֶׁר פִּרְיוֹ   וְהָיָה
NMS.MZS R   NMD NMPG -P   VQPP P.NMS   C.VQAMZS
과실을   물   시냇 -가에 심은 나무가 ·같으니 저는
                                          - 시 1:3

흐르는 강가에 그리고 시냇가에 버드나무가 휘늘어져 있다. 버드나무는 잘 뻗어 나간다는 의미이다. 움직이며 잘 뻗어나간다. 이 세상 움직임의 모두는 양자 진동 파동 원리다.

> 우주에 흩어졌던 여러 파동들이 인간이란 입자로 얽혀 한동안 인간으로 행세살 수 있게 된 것은 대단한 기적이다. 그러나 양자의 관점에서 보면 … 생사란 인간들의 감정으로는 살고 죽음이 절실하고 처절한 것이지만 양자의 관점으로 보면 인간의 생사란 잠시 원자들이 얽혔다 흩어지고 흩어졌다 또 만날 수도 있는 것이기에 죽음이니 단절이니 하는 절망적 사고가 무의미한 것이다. 여기에 인간의 생사관에 대한 새로운 인식이 요구된다.[1]

말씀 묵상하는 길 시편 1:3 아시라 하 이쉬라이다.

---

1) 홍문표, 홍문표 문예창작아카데미 137 · 양자역학과 은유의 시학(4), 부여읍사무소 강의실, 2023. 12. 21.

(4). 행복 자

우리나라 국민은 선택chosen t'ôuzm받은 민족이다. 우리나라 곧 조선은 고조선과 조선 두 개이다. 같은 이름이다. 다만 구분하기 위한 구별이다. 먼저 고조선이 있었고 그 후에 같은 이름을 사용하였기에 구분한 표시이다. 선택받은 민족 *The chosen Korean*[1])이다.

하나님이 허락하신 뜻에 의해 양자역학으로 설명할 수 있는 신비롭고 기이한 우리 문예^{지혜}시학을 성경은 복 있는 사람에게 너는 행복자로다라 한다. 복 있는 사람을 아시레 אֶשֶׁר 아시레2)라 한다. 행복자를 아시레하 אַשְׁרֵי־ 아시레하3)라 성경은 당신은 행복자라 한다. 둘은 같은 언어이다. 따라서 행복 자와 복 있는 사람은 아시레 두 번 반복된다. 이 두 번 반복은 하나님과 예수^{여호와는 구원} 두 분^{마 1:21}이 한 분이라는 암시이다. 행복한 사람을 성경은 아시레 아시레하 하신다. 너는 행복자로다 라고 하실 때가 아시레하 곧 어미에 하 극존칭이 있다.

이 극존칭 '하' 는 한국문학의 용비어천가에 "임금하 아르소서" 하였다. 임금에 대한 극존칭이다. 우리가 시로 임아 임

---

1) 채희석(서울대. 미술학과), -아리안, 아리랑, 아리수:『현대미술의 이해』, 우리민족의 역사와 신화 1. 2. 아리랑의 근원을 찾아서.
2) אַשְׁרֵי הָאִישׁ(아스레 하이쉬 아쉐르・복 있는 사람, NMPG D.NMS R, Blessed is the man thatm 시 23:1).
3) אַשְׁרֵי־(아스레하・너는 행복자로다, MYS Happy art yhou, $\mu\alpha\kappa\alpha\rho\iota o\varsigma \ \sigma\upsilon$, 신 33:29).

하 한다. 이 '…하'는 상대방에 대한 극존칭이다. 물론 절대자에게만 해당된다. 성경은 이 구절을 헤아릴 수 없을 만큼 사용 더구나 미래완료형이다. 더구나 처음에 정관사로 사용하면서 지정하는 '그 …' 이다. 현재형인 어미에 요드 ְי^{요드}의 문법에 따른 변형이다. 숨 쉬는 모든 것들은 하나님의 손에 의한 것이다. 대상이 숨 쉬게 된다.

사람에게는 꾀가 있다. 꾀는 에자드 עצד^{에자드}이다. 눈으로 보이는 향기를 가슴에 넣는, 가슴에 넣은 피다. 향기는 눈에서 보이지 않는다. 보이는 향기는 향기가 아니다. 향기는 코로 하나님의 향기가 들어오는 일이다.

> 가을 잎 아쉬움을 눈 위에 달고 나면
> 한 마리 낙엽 잎이 되는 새 나뭇잎 새
> 그 아래 심겨 내려온 사랑함의 그리움
>
> － 이영지 「가을 잎 새」

두 번째 복 있는 사람은 죄인의 길에 서지 아니한다.[1] 하나님은 사람을 에덴동산에 두시어 에덴에서 마음대로 하나님의 품 안에서 에덴동산 길을 다니게 하였다. 그 길은 바로 서는 일이다.

---

1) וּבְדֶרֶךְ חַטָּאִים לֹא עָמָד(우브데레흐 하타임 로 아마드 · 죄인의 길에 서지아니 하며, C.P.NMSG AMP ABN VQAMZS, in the way sinners not standeth, 시 1:1).

성경에서 죄인 하타 חָטָא하타1)가 있다. 예수님인양 십자가를 지는 일 하타임 חַטָּאִים하타임2)이다. 이 범죄의 사악한 일은 거짓 사람이 하나님의 지혜인양 하는 모습이다. 실과를 따먹은 죄인들이 하 타임이다. 머리 위 하늘을 무시하고 자기 외에 아무것도 보이는 게 없다. 자기 위에 아무것도 없는 사람이 죄인이다. 복 있는 사람은 죄인의 길에 서지 않는다.

> 파아란 하늘 푸름 한 조각 내려앉은
> 머리로 사랑함을 드러내 차츰 차츰
> 오로지 하늘 닮기로 줄무늬를 내리기
> 　　　　　　　　　- 이영지 「하늘 푸름 닮기」

복 있는 사람은 오만한 자의 자리에 앉지 아니한다. 우브모샤브 레짐 로 야샤브 וּבְמוֹשַׁב לֵצִים לֹא יָשָׁב우브모샤브 레짐 로 야샤브3)이다. 하나님은 사람을 하나님 다음으로 높은 자리에 앉게 하셨다. 그럼에도 하나님 자리를 탐내 그 자리에 오르고자 할 때 오만 기본형 오만 루즈 לוּץ루즈4)이다. 하나님의 향기가 아닌 사람 스스로 향기를 내는 일이다. 오만한 자 레짐 לֵצִים레짐5)은 스스로 향기를 내는 자이다. 오만의 자리에 앉지

---

1) 죄인=하타 חָטָא=범죄, 죄인(창 20:9, 34:9, 40:1, 43:9, 시 1:1)
2) חַטָּאִים(하타임 · 죄인의, AMP, inners, 시 1:1).
3) וּבְמוֹשַׁב לֵצִים לֹא יָשָׁב(우브모샤브 레짐 로 야샤브 · 오만한자의 자리에 앉지 아니하며, C.P.NMSG VQAMZP ABN VQAMZP, in the seat of in scornful nor sitteth, 시 1:1).
4) לוּץ(루즈 · 오만).
5) לֵצִים(레짐 · 오만한자의, VQAMZP, the scornful, 시 1:1) .

않는 자 복 있는 사람은 말씀을 사모한다.

> 잎 새의 푸르름을 접어서 보일께요
> 깃털의 사이사이 넣어서 보일께요
> 말씀만 하신다면은 금방 날아올라요
>
>   - 이영지 「잎 새 닮기」

  사랑하는 사람을 성경은 임[1])으로 한다. 나의 님은 그의 율법을 밤낮으로 묵상하는 자이다. 복이 있는 사람이다.

  복 있는 사람은 그에게로 돌아 온 사람이다. 돌아오는 법을 히브리어는 토라[2])라 한다. 돌아온 자이다. 하나님께 돌아와야 하는 율법 곧 하나님이 계시는 곳으로 돌아오는 자는 성경말씀을 늘 읽으며 즐거움이 마음속에 가득하다. 여호와의 율법을 즐거워하며 그 율법을 주야로 묵상하는 자[3])다.

> 사랑의 마음들을 어쩔 수 없어져서
> 나앉은 나무위에 마음을 얹어놓고
> 새파란 사랑음표로 달아보려 합니다
>
>   - 이영지 「새파란 사랑음표」

---

1) אִם(임·오직, 시 1:2).
2) תּוֹרָה(토라·법, 출 12:49; 대상 16:39).
3) כִּי אִם בְּתוֹרַת יְהוָה חֶפְצוֹ וּבְתוֹרָתוֹ יֶהְגֶּה יוֹמָם וָלָיְלָה(키 임 토라트 여호와 헤프조 우브토라토 예흐게 욤맘 바라이라 · 오직 여호와의 율법을 즐거워하며 주야로 묵상하는 자로다, C Q P.NFSG NE BNS.MZS C.P.NFS.MZS VQIMZS AB C.NMS, But is in the law of the LORD his delight and in the law doth he meditateday and night, 시 1:2),

복 있는 사람은 시냇가에 심은 나무가 시절을 좇아 과실을 맺으며 그 잎사귀가 마르지 아니함 같아 형통1) 하리로다. 숨 쉬게 하시는 하나님은 하나님의 손으로 사람에게 역사하신다. 그 증거는 향기 나는 나무에서이다. 두 손 높이 들어 하늘 향해 서는 나무들, 잎사귀들, 살아 있는 나무와 잎 새는 하늘 두 손을 번쩍 들며 하늘방향으로 서며 쑥쑥 큰다. 하늘 향기를 낸다.

이 은혜 갚기의 삶은 번제 드려지는 입으로 말씀을 전하며 좋은 물이 되는 일이다. 좋은 물은 좋은 말씀이다. 일상의 삶에서 십자가를 지는 사람이다. 입으로 말씀을 전하는 사람이다. 복된 말을 전하는 사람은 어느 단체에서든지 우두머리가 되게 하신다. 혼자 있는 것이 아니라 절대자와 함께 계셔서이다. 복된 사람의 모습은 하나님 집안에 있는 사람이다. 그러기에 개인인 사람이 아니라 하나님의 향기가 넘쳐나는 사람이다. 아름다운 세상을 만드는 사람이다.

---

1) כְעֵץ שָׁתוּל עַל~פַּלְגֵי מַיִם אֲשֶׁר פִּרְיוֹ יִתֵּן בְּעִתּוֹ וְעָלֵהוּ לֹא~יִבּוֹל וְכֹל אֲשֶׁר~יַעֲשֶׂה יַצְלִיחַ יִהְיֶה(베하야 케에쯔 솨툴 알~팔르게 마임 아쉐르 피르오이텐 베이토 베알레후 로~잇볼 베콜 아쉐라 야아세 야즐라이아흐・저는 시냇가에 심은 나무가 시절을 좇아 과실을 맺으며 그 잎사귀가 마르지 아니함 같으니 그 행사가 다 형통하리로다시, C.VQAMZS P.NMS VQPP P~NMPG NMP R NMS.MZS VQIMZS P.NFS.MZS ABN VQIMZS C.NMS R. VQIMZS VHIMZS, And he shall be like a tree planed by the revers of water that his fruit bringeth forth in his season his leaf also not shall~wither and whatsoever he doeth shall prosper, 1:3).

하나님 닮으려는 향기가 있다.

>   풀잎들 한모서리 풀잎이 자라 생긴
>   나무의 무대 위에 올라가 바라보면
>   그리움 마음에 새길 풀잎맹서 보여요
>   - 이영지 「마르지 않을 그리움」

복 있는 사람은 다른 이를 위하여 목숨을 내 놓는다. 여호와께서 인정하시는 길1)이다. 하나님의 손으로 하나님의 가슴과 눈으로 넣으심을 입은 사람이다. 복 있는 사람의 가슴에 절대자가 늘 자리하여 하나님 향기를 가슴에 지닌다.

>   노오란 들길에서 노오란 깃을 달고 빠알간 꽃 앞에서 빠알간 머풀러
>   를 늘이어 사랑을 받는 새야새야 잘했어
>   - 이영지 「닮은 너」

>   파아란 새털로만 너는 늘 날고파서 파아란 눈동자에 입술을 들어 올려
>   하늘을 보는 버릇이 그대로로 날기로
>   - 이영지 「하늘을 보는 버릇」

>   폴포르 앉자마자 고개를 나에게로 머리의 깃털에서 바람이 일어난다
>   나무에 새파란 잎이 바람 따라 일어나
>   - 이영지 「나무에 싹이 돋을 거에요」

>   머리에 리본달자 등에도 슬그머니 오르는 리본달기 가만히 따라하자

---

1) כִּי־יוֹדֵעַ יְהוָה דֶּרֶךְ צַדִּיקִים(키 요데아 여호와 데레크 자디킴·대저 의인의 길은 여호와께서 인정하시고, C. VQPA NE NMSG AMP, For knoweth LORD the way of the righteous, 시 1:6).

봄빛이 옴폭 들어가 사랑표시 넣어요
- 이영지 「등에다 사랑표시」

풀잎의 꽃 피우려 그렇게 난 언제나 나무에 올라 앉아 빠알간 꽃이 된 새 부리와 꼬리 빠알간 꽃이 피어 앉는 새
- 이영지 「나무에 앉아 꽃피는 새」

행복한 사람은 노오란 들길에서 노오란 깃을 달고 빠알간 꽃 앞에서 빠알간 머풀러를 늘이어 파아란 새털로 난다. 파아란 눈동자에 입술을 들어 올려 하늘을 난다. 시인이 난다. 시인이 깃털 바람 시를 쓴다. 시인의 나무에서 꽃이 핀다.

마음을 풀어가며 어느 매 꽃잎으로
떠 오는 숨소리로 바다 속 겨울고기
하늘 못 둘레 둘레로 꽃빛 눈금 그리는
- 이영지 「꽃빛 눈금」

푸른 양은 청양이다. 희다 못하여 푸르른 꿈을 들고 달리는 청양의 해에 온 나라에 평화와 행복이 깃든다.

별빛이 내려앉아 푸르다 못하여서
흰 푸른 물결위에 당신은 새해의 꿈
박아서 별빛 찬란한 창마다에 박히는
- 이영지 「창마다 푸른 별」

아시아 인 중에서도 특히 한국인은 싸움을 싫어하고 같이

어울려 나라를 지키는 특수한 민족이다.

> 열두 척 배위에다 꽃소식 알리려고
> 가슴을 바다위에 열어서 보이는 날
> 꽃들의 북소리 열어 나라구한 당신은
> － 이영지 「당신이 있는 한」

나라 구한 이 이순신이다. 뿐만 아니라 나라의 큰 건물 앞에 가면 반드시 건물 밖에서 건물을 지키는 이 청양이 있다.

> 언제나 당신은 늘 말하고 싶어 했죠
> 푸르다 못해 진한 그리움 몸에 달고
> 별빛의 아침이어야 한다 시며 빛나는
> － 이영지 「별빛의 아침」

우리 대한민국 백성들은 나라를 사랑하고 나라를 위해 목숨도 기꺼이 내 놓았던 그 순결함을 사모한다. 청양을 만들어 늘 옆에서 바라보는 일로 한다.

> 물위에 올라앉은 빛에다 사랑풀기
> 시작을 알려오면 모두다 흰빛으로
> 둥둥둥 울려나오며 하늘빛 쌓느라
> － 이영지 「물 위에 올라앉은 빛」

다윗은 사울의 갖은 압박에서 하나님의 도우심으로 살아남아 하나님을 찬양하는 시 시편 18편을 지었다.

밤마다 별을 다는 밤에는 노랫말 하나씩이 내 곁에 새어나게 하느라
밤새도록 발바닥 불이 나도록 다니느라 내 사랑
- 이영지 「발바닥 불이 나도록」

하나님이 다윗을 구원하셔주셨음에 감격하여 푸른 노래를 부른다. 시편 18편은 다윗이 사울에게서 괴롭힘을 당한 후 하나님이 구원하여 주셨음에 대한 감격이다. 구원은 나를 꺼내놓는 것이다. 어려움에서, 가난에서, 외로움에서 나를 하나님이 꺼내놓으신다. 기본형이 나잘[1]인바 영원히 향기 나게 하시려고 택하심이다. 구원의 의미다. 본문 히질[2]로 되어 있다. 히필동사로 나의 뜻과는 관계없이 내가 내 놓여 진 것이다. 분별하여 하나님이 내놓아 살리신 것이다. 하나님이 숨쉬게 하심에 향기 나는 사역이 내게 있다.

깜깜한
어둠에서
건져낸 푸른 희망
푸르른 등을 달고 나오라 사랑이여
도시 숲 숨쉬어가게 푸른 가슴 나오라
- 이영지 「푸른 명령」

상대방을 빛으로 꺼내오는 일이 구원의 푸른 명령사역이다. 구원을 받은 사람은 너무 감동하여 마음에 전율이 온다.

---

1) נצל(나잘 · 꺼내다).
2) הציל(히질 · 구원하신VHAMZS, that delivered, tl 18:1).

감동은 힘이 난다. 그 분이 헤 제키 חִזְקִי^{히지키 나의 힘이 되신}1)시었기 때문이다. 해서 제키는 힘은 하나님에게 있다. 상대방을 빛으로 꺼내오는 일을 해 제키는 사역이 인간에게 있다.

> 빛에다 노랑빨강 파랑을 둘러준다
> 금방에 물위에로 빨갛고 노랗다가
> 현깃증 끌어올려서 새파랗게 살린다
>   - 이영지 「현깃증」

다윗이 힘을 얻게 된 이유는 그 마음에 ① 첫째 하나님이 나의 반석이시오 ② 하나님이 나의 요새시요 ③ 하나님이 나를 건지시는 하나님이시라 하였기 때문이다. 이로 하여 하나님은 나의 피할 바위가 되며 나의 방패, 구원의 뿔, 산성이 된다. 힘이 왜 나는 지를 다윗은 하나님이 나의 반석과 요새와 나를 건지심에 힘이 난다 하였다. 나의 반석이시요의 이 반석 셀라이 סֶלַע^{셀라으 반석}2)는 살리는 버팀목이다. 말씀 살려 셀르이 סַלְעִי^{셀르이 반석}3)이다. 살라, 살아라 말씀에 따라 살았다.

 삶은 내가 사는 것이 아니요 절대자가 살아라 살라 명령하시어서이다. 사는 모습까지 명령하신다. 둥글게 살아라이다. 둥글게 사는 모습은 모나지 않음이 눈에 보이도록 사는 일이

---

1) חִזְקִי(히즈키 · 나의 힘이 되신, NMS, CXS, my strenth, 시 18:2).
2) סֶלַע(셀라으 · 반석).
3) סַלְעִי(셀르이 · 나의 반석이시오, NMS.CXS, mt buckler, 시 18:3).

다. 사랑으로 살아야 모나지 않는 삶에 있게 된다.

> 어울려 팔을 들어 하늘을 불러봐요 그러면 팔 끝에로 오르는 향기 들고 둥글글 돌아보아요 바람 날개 일어요
> - 이영지 「같이 들 둥글게 살아요」

나에게 힘이 나는 이유는 하나님이 나의 요새시기 때문이다. 열심히 맞추다이다. 나의 요새 움므주다티 וּמְצוּדָתִי 움므주다티 나의 요새시요1)이다. 그래서 나에게 좋은 일이 일어난다. 움마 그 분이 주다니! 하나님에 맞추는 삶이면 그 분이 나에게 주시는 일이다. 나를 지켜주는 맞춤형 보루이다. 이 힘은 하나님의 말씀이 가슴에 향기로 들어와 하나님과 마주할 때의 요새이다. 그 분 안에서 내가 향기를 낼 수 있다.

> 하나씩 향기 들고 달리는 마음기차 거기에 이쁜이 꽃가지에 새싹이 나 여기도 섬에서 피는 그리움을 불러요
> - 이영지 「여기도 섬에서 피는」

힘이 나는 이유는 나를 건지시는 자가 하나님이어서이다. 우리말 그대로 히브리는 움프파르티 וּמְפַלְטִי 움프파르티·나를 건지시는 자시오이다. 음 푸르다이다. 하나님에게 팔아버린 자신이다.

---

1) וּמְצוּדָתִי(움므주다티 · 나의 요새시요.C.NFS.CXS, and my fortless. 시 18:3).

사람 숲 사이에서 떠 오는 그리움을 꼬옥꼭 불러보면 밤에야 별로 뜨는 나만의 옹골찬 시간차를 어서 타셔요
~ 이영지 「차를 어서 타셔요」

히브리어 단어 어미에 요드 ,י요드가 붙으면 처음부터 끝까지 하나님께서 우리의 한 생애를 인도하시는 일이 일어난다.

수 천 개 방방마다 입들이 싹이 난다 싹에는 하나둘씩 입의 말 들어 앉고 나서야 붉은 노을이 나팔 불어 빵빠앙
- 이영지 「빵빠앙」

바위언어는 기본형이 주르 צור주르 바위1)이다. 본문 바위 주리 צורי주리2)는 향기를 가진 머리를 하나님이 주셨기에 단단한 바위이다. 우리말 그대로 주리이다. 신앙이 돈독한 자에게 하나님이 주리 하시어서이다. 코로 냄새 맡으니 그 분의 마음이 보인다. 하나님 안에 피할 반석의 하나님 말씀이 있다.

그 분이 늘 나에게 주리라 하시기에 발 시려 신발 꺼내 신은 날 물길에는 이끼가 파랗다 못해 이 그리움 불러요
- 이영지 「푸른 그리움」

나의 어려움을 막아주는 방패가 있다. 방패는 마간 מגן마간3)

---

1) צור(주르 · 바위).
2) צורי(주리 · 나의 바위시요, NMS.CXS, mt strength, 시 18:3).
3) מגן(마간 방패, NMS, buck).

이다. 우리말 그대로 '막은'이다. 나의 방패 마개니 מָגֵי^{마개}^{니1)} 나의 생애의 어려움을 막아주는 마개가 하나님이다.

> 따라가 보려하고 돌다가 돌아가다 돌멩이 하나로만 남아서 돌아가다 하나씩 올려놓은 길 기둥으로 불러요
> - 이영지 「하나씩 올려놓은 돌길」

이 세상에서 내가 할 일이 있다. 살아가는 보람이 있다. 보람을 가지는 사역을 담당하면서 살면 기쁨이 있다. 막연한 인생살이가 아니다. 의미가 있는 인생이다. 신앙을 가지는 삶이다. 하나님이 구원의 뿔이시다. 뿔은 몸체 내에서 가장 귀중한 부분이다. 뿔은 케낸 קֶרֶן^{케렌2)}이다. 하나님이 케낸3) 뿔은 보화이다. 보화가 있어 캐낸다. 구원을 캐낸다. 인생의 참 의미를 캐내는 일에서 구원이 나에게 왔다.

내가 캐낸 삶은 바로 내가 온갖 더러움과 죄악을 버리고 주님께로 돌아온 일이다. 되돌아 온 나는 시로 하나님 향한다. 나의 마음이 온전히 기울어 있다.

> 제 혼자 갈 수 없어 꽃잎의 생각으로 싹부터 나오다가 그리고 꽃 대궁에 얹혀 진 나랑 당신이 똑 같은 길 불러요
> - 이영지 「똑같은 길 불러요」

---

1) מָגֵי(마기니 · 나의 방패시요, NMS.CXS, my bucker, 시 18:3).
2) קֶרֶן(케렌 · 뿔).
3) יְשַׁע~קֶרֶן(이스이~베케렌 · 나의 구원의 뿔이시오, S.NFSG NMS.CXS, and the horn of mt salvation, 시 18:3).

다윗이 쓴 시의 가장 시적인 표현은 바람 날개이다. 바람 날개 알 꺼내 캐내 패 כַּנְפֵי캐내 패1)이다. 바람의 힘이 작용하였다. 바람은 하나님의 영이다. 이 영을 캐내 바람이 날개를 단다. 하나님이 인간에게 나타나시는 일은 바람 날개로 하신다. 영의 힘이다.

든든한 바람 날개 사역의 힘이 솟는다.

> 꼭대기 층에서만 파아란 별바다가 앉느라 층층이만 올라가 가슴 풀어 당신의 바람 날개로 속삭이며 불러요
> — 이영지 「바람 날개가 속삭이며 불러요」

하나님이 인간을 구원하심을 목적으로 하시고 사람에게 직접적으로 나타나지 아니하시면서 드러내시는 흔적은 여러 가지이다. 그 중에서 가장 대표적인 것인 빽빽한 구름가운데서 이다. 이 구름은 히브리어로 아브2)이며 본문에서는 빽빽한 구름으로 한다. 하나님이 구름으로 보여준 말씀은 우리에게 아부하시는 하나님이 많은 말씀 빽빽한 구름으로 아부하고 계신다. 아버지3)께서 우리에게 아부하신다. 기분이 좋다. 왜 그토록 많은 말씀으로 하나님은 아부하시는 걸까. 그것은 우리에게 구원을 주시려고 이다.

---

1) רוּחַ כַּנְפֵי ~ עַל(알~카느페~루아흐ㆍ바람날개로, P NFPG NFS, upon the wings of the wind, 시 18:11).
2) עָב(아브ㆍ구름).
3) עָבָיו(아바이브ㆍ빽빽한 구름, NMP.MZS, his thick clouds, 시 18:13).

꿈은 늘 하늘에서 뜨길레 불꽃 뭉쳐 뜨길레 하늘에게 하늘가 불꽃덩이
사랑에 고개 돌리는 하늘빛이 불러요.
- 이영지 「사랑을 아부하시는」

시편 18편의 주된 주제인 구원하시려는 하나님의 방법은 20절에서 나를 넓은 곳으로 인도하시고 나를 기뻐하심으로 구원 하셨도다 라고 다윗에게 고백의 시를 쓰게 하신다. 구원은 할라쯔[1]를 기본형으로 하는 본문 예할르제니[2]인 바 하나님이 하실 려 하니라 이다. 사람은 하나님께서 하실 려 하시는 지붕아래 살면서 향기를 낸다.

우리나라 말에 그 사람은 윗사람으로부터 고임을 받았다는 말이 있다. 이 고임이 성경에서 열방[3]이라는 해석이다. 고임을 받는 대상은 하나님께서 허락하신 존재 이어야 한다. 이 지상에서 의인이 되어 영원히 추앙받게 되는 존재, 삶이 어려워도 사람이 기쁨을 가질 수 있는 것은 구원에 대한 확신으로 사랑받고 있다 존재이다. 고임의 존재이다.

고개를 하늘로만 올린다 그리움이
거기에 빵빠레를 울리는 아침구름
나룻배 띄어 보내며 나에게로 불러요
- 이영지 「아침구름 나룻배」

---

1) חָלַץ(할라쯔 · 구원, 벗어나다).
2) יְחַלְּצֵנִי(예할르제니 · 구원하셨도다, VPIMZS. CXS, he dilivered me, 시 18:20).
3) חֹמִים(고임 · 열방).

절대자가 사람에게 깃드는 일 하이 해봐 חַי~יְהֹוָה하이 해봐1)!

　　　　꿈꾸듯 살아가자 너에게 편지 끝에
　　　　이렇게 써 두었다 봉봉봉 뚫어놓고
　　　　동그란 가슴깊이를 담아두자 불러요
　　　　　　　　　　　　　　　　　　- 이영지　「동그란 가슴깊이」

　　　　강물이 춤을 추자 등대도 껌벅껌벅
　　　　춤춘다 물고기와 강물아 춤을 추자
　　　　비릿내 삶의 투명 새 곡명으로 불러요
　　　　　　　　　　　　　　　　　　- 이영지　「물고기와 강물」

　　　　꿈 빛의 파란빛을 그리도 좋아해요
　　　　그것도 다리 밑 그 자리에 앉으셔서
　　　　그리도 좋아하시는 밤낮으로 불러요
　　　　　　　　　　　　　　　　　　- 이영지　「그리도 좋아하시는」

　우리말에 해 봐! 라는 말이 있다. 이 허락된 믿음의 사람은 늘 기쁨으로 이 세상일을 이겨나가게 한다. 다윗은 여호와를 사랑한 일을 그 분에게 감격하여 마음에서 우러나와 고백의 춤바람을 일으켰다. 마음의 울렁거림이 일어나는바 천하를 주고도 바꿀 수 없는 감동의 시를 탄생시켰다. 하늘을 우러르는 하늘바라기는 열린 창문으로 하늘을 보는 일이다. 눈은 늘 하늘을 향한다. 조그만 지상의 괴롭힘에 연연하지 않는다.

---

1) חַי~יְהֹוָה(하이~해봐・여호와가 생존하심, AMS NE, liveth The LORD, 시 18:47).

행복한 사람은 아침식탁을 준비하며 하늘의 푸른 마음을 먹는다. 하늘을 향해 꽃밭을 가꾸는 사람이다. 꽃밭에선 늘 하늘의 설화가 들어 있다. 일찍 일어나 새벽이슬을 맞으며 준비하는 열심히 살아가기 위해 존재한다.

해마다 양력 2월이면 구정명절이 있다. 고향을 찾으려 기차표 예매를 한다. 예매 표를 손에 쥔 타향살이 인들은 행운아가 된 기분이다. 고향에 못가는 심정 그야말로 나는 왜 고향에 못 가는가? 라는 향수병에 걸린다.

향수병은 그곳을 떠나 온데서 비롯된다. 바로 장자가 고향을 떠나서 생긴 병이다. 장자가 떠나온 고향이다. 그곳에는 부모님과 막내 동생이 살고 있다. 장자가 고향을 떠나 타향에 사는 이유가 있다. 여러 형제들이 장성하여 가정을 꾸리면 한 집에 살 수 없기에 부모는 아직 덜 자란 막내를 끼고 돈다. 이 부모의 심정은 아직도 미숙한 막내를 먼 곳으로 보내려 하지 않는다. 이것을 눈치 챈 장자는 눈물을 머금고 분가를 한다. 동쪽으로 동쪽으로 해가 처음 떠 오른 곳을 찾아 떠났다.

이에 아리랑 노래가 탄생한다. 어떤 뜻으로 해석되어지던지 이 범위를 벗어나지 않는다. 떠난 자와 떠나지 못한 자의 애틋한 이야기를 함께한다. 슬기가 함께한다. 대한민국의 역사가 함께한다.

2). 향가향기

우리에게 향가가 있다. 향가는 종합예술^{김명회학설} 각본이다. 향가의 보언^{지문}과 청언^{기도}이 무대에 올려 진다. 각본이 아리랑이다. 시원향기의 가장 높은 분 알을 알린다. 알과 함께 찾아지는 지혜이다. 랑은 함께이다. 알이랑 함께 찾는 슬기는 그대로 아리랑 노래이다.

박혁거세의 죽음에서 시작된 아리랑^{김명회}이라는 학설이 있다. 본 연구자의 의견으로 하나님 한 알님과 함께 고개를 넘어 온^{유석근} 우리 조상의 지혜이다. 쓰리랑이다. 썰물 ㅆ 소리의 15세기에 된 소리 목소리, 쓸물, 혈물 불을 혀다 불을 켜다가 있다. ㅆ이나 ㅎㅎ 목구멍 마찰음이다. 혀끝과 목구멍 소리 둘 ㅆ ㅎㅎ는 목소리 먹쏘 ㅆSS 발음이다. ㅎ이 두 개 발음되는 쓰리랑 자질이다. 마찰자질이다. 쓰리랑을 알게 하는 둥근 구체이다.

이 시의 양자역학 국문학 접근으로는 우리말 자취에서 찾아지는 조상이 파미르 고원을 넘어 아라랏산을 넘으며 부른 노래이다. 알이랑 알이랑 알알이요는 아리랑 아리랑 아라리요이다. 연음 법칙^{유석근학설}이다. 쓸이랑 쓰리랑은 높은 험준한 고개를 넘는 지혜 방법이다. 선조들이 맹수들을 활로 이겨온 사나이들의 슬기로움이 쓰리랑이다.

"아리랑 아리랑 아라리요^{아라랏산=알알의산=아라라}"에서 "아라리요"는 "알알이요^{아라랏산=알알의산=아라라}"의 연음법칙으로 한 알 님^{2023. 2. 24 주빌리 철야매시지}1)이다.

  알이랑 알이랑 알 알이요
  알이랑 고개를 넘어간다
  알리랑 고개는 대홍수후
  동방으로 올때에 넘은 고개
  알이랑 알이랑 알 알이요
  알이랑 고개를 넘어간다
  하나님과 함께 알리랑
  하나님과 함께 알리랑

     - 유석근 작사 -천도화 작곡 -신림동교회 시온&

아리랑노래의 '아라리요'는 '알알^{아라랏산=알알의산=아라라}이요'의 연음법칙에서이다. 아리랑이 된 이 예는 어느 가수가 부르는 '울아가'가 실제 무대 발음은 '우라가' 예와 같은 법칙이다. 이와 똑 같은 연음법칙이 적용된 아리랑 아리랑 아라리요가 발음된 예에 해당한다. 이와 관련 드라비드어의 '알=아리' 이다. 분명 알은 우리가 알고 있는 닭의 알이 있고 새의 알일 경우이다. 새 생명이 태어날 수 있는 알이다.

---

1) 유석근 목사, 알이랑코리아 대표, 한국기독교상고사학회 선임연구원, 예장합동 알이랑교회 담임. '우리는 왜 "알이랑" 민족인가' 「유석근 목사의 한민족의 정체성찾기」 기록문화연구소 TV에서 헐버트(Koren Bocal Music, Korean Repository 1896. 2)는 "아리랑은 조선인에게 쌀과 같은 존재이다" 라 하였다.

아주 높은 하늘에서 인간을 만들어 내는 알이 있다. 왜냐하면 우리는 제천민족祭天民族의식을 가진 천손민족이다. 하늘에 제사지낸다. 하늘에 한 알 님이 계셔서이다. 알이랑 알이랑이 아리랑 아리랑이다. 우리에게 전해오는 '아리랑'은 구전의 민요이다. 전해오는 아리랑은 '알이랑' with a God 알이랑=아리랑이다.

　　　　알이랑 알이랑 알 알이^{아라랏산 터키의 동쪽 산=알알의산=아라라}요
　　　　알이랑 고개를 넘어 간다
　　　　　　　　　　　　　　「알이랑민족」의 저자 유석근에서

　구전 "아리랑 아리랑 아라리요"는 '알이랑'이 '아리랑'으로 '연음법칙' 음절 연결규칙이다. 자음으로 끝나는 음절에 모음으로 음절이 이어질 때 앞 음절의 끝소리가 뒤 음절의 첫소리가 되는 음운 규칙이다. 실제 알이 '아리'이다. 실제 알 산이 존재한다. '아리'가 '알이' 동일어임은 드라비드어에서 찾아진다.

　　예, "깊아→기피" "옷을→오슬" "책아→채기" "낯에→나제"
　　　　"벗이랑→버시랑" "가물어" → "가무러" "하늘아→하느러"
　　　　　　알이랑 → 아리랑　·　알알이요 → 아라리요

　'알이랑'은 '알'과 '이랑'으로 구분된다. '알'은 '하느님'을 의미한다. '알' 앞에 '한'은 크다는 의미이다. 큰 아주 큰 의미이다. 유대인의 '엘(EL)', 아랍인의 '알아(알라)'는 바로 이 '알'에서 소리바꿈 된 말이다 '알

라' 는 아랍어로 하느님을 지칭하는 말이다. 그렇기에 아랍 기독교인들도 이 단어를 사용한다. 아랍어 성경책은 기독교의 하느님을 '알라' 라고 표기했다. 구약성경에 나오는 하느님의 이름인 '엘로힘' (단수는 Eloah)은 '알라(alah)' 라는 말에서 유래했다

- 벌코프 조직신학 239쪽 * 크리스천 다이제스트

알알의 산, 아라랏산을 넘는다. 터키 동쪽 북경 홍수가 끝난 다음 욕단과 욕단의 후손, 욕단은 매사에서 동쪽으로 동쪽으로 이동 파미르고원 중앙아시아 파지키스탄 지역 이란북동 파미르고원 텐산산맥 키르기스탄우즈베스키단 텍산에서 북동쪽의 알타이산맥 해가 밝게 비치는 환한 지역으로 옮긴다. 벨렉의 후손은 서쪽으로 이동 바벨탑 사건 형인 벨렉 후손 방주에서 서쪽으로 이동한다.

파미르 텐산 시베리아 순서로 동쪽산 하르하뎬 케백 동쪽 방향의 끝 극동지역까지의 식볼이 있다. 끝까지 신명^{神名} '알' 과 함께 '엘^{EL},' 과 함께하며. 알이랑의 '이랑' 과 '~함께' 영어 'With' 함께 이를테면 갑돌이랑=갑돌이와 함께, 갑순이랑=갑순이와 함께의 알이랑 With God 님과 함께 해가 떠오르는 곳 찾아 욕단 민족은 천산산맥을 지나 파미르고원 파미르고원 총령^{蔥嶺}: 파가 많이 나는 고개1) 파를 먹거리로 하는2) 긴 여정에서 산 아이 곧 사내들의 금 매달급 동이족^{東夷族}의 활로

---

1) 한서 권 96 서역전.
2) 송근원, 『우리말 뿌리 사전』(퍼플, 2002)., 316: 파미르 사람은 파미르 파 총자, 파가 많이 자생하는 마루 · 유석근목사의 글 재인용.

사나운 짐승들을 제쳤던 사건이 있다. 하나님^{한알님}과 함께 동쪽으로 이동하며 아리랑은 이어진다. 한알님 큰 알 하나님과 함께 아리랑은 존재한다. 백제 근초고 왕을 어라하라 했다. 큰 왕 높은 분 지칭이다. 하나님은 한 알 님이다. 그가 하늘나라로 갔다는 말은 한 알 나라로 갔다는 말에서 하늘나라로 갔다는 의미를 찾을 수 있다.

빛이 떠오르는 동쪽으로 동쪽으로 이동하는 씩씩하고 젊은 산 아이 사내는 머스마=머슴=ᄆᆞ슴=丈夫=젊은 남자=아=아히=머슴이라고 불리운다. 이 머슴은 ᄆᆞ름=ᄆᆞᄅᆞ=젊은 남자=夫^{부}=젊과 씩씩한 대한의 남아이다.

에벨의 두 아들 벨렉과 욕단은 서로 자기의 길을 간 둘 벨렉은 서방으로 욕단은 동방으로 둘은 헤어지는 갈림길 桓^{환}이 있다. 서로 같이 있고 싶은 마음의 표시 "나를 버리고 가시는 님은 십리도 못가서 발병난다"로 호소한다. 애절한 노래이다. 하나님의 뜻에 따르기에 땅 끝까지의 복음전도의 지상 명령에 따른 욕단 후예는 우리 조상일 수 있다. 왜냐하면 아라랏산을 넘어 알도시를 지나 곧 알산을 넘어 동방으로 동방으로 이동했기 때문이다. 그리고 천손민족 곧 하늘로부터 알을 받은 천손민족 이름이 엄연히 있어서이다.

이를 증명하는 성경의 벨렉자손은 예수^{여호와는} 구원^{구원}님이 태어나는 족속이다. 이렇게 아주 엄연한 구별이 있어 같은 형제가 이별하면서 이루어지는 이별가 아리랑이 탄생할 수 있다. 삶이 주는 형제이별의 아픔이다. 이별가는 서로 소명이 다르기에 어쩔수 없이 헤어지는데서 발생한다. 갈라지는 곳 의미의 환단 고기桓檀古記의 환桓자가 들어간 팻말에서 서로 다른 길을 택하는 이별이 있다. 상고역사 등장하는 桓환은 갈림길 표시이다. 동서로 갈라지는 갈림길이다. 욕단과 벨렉이 겪는 桓환 갈림길은 분명 이별장소이다. 이 때 이별하기 싫은 마음의 표시 "나를 버리고 가시는 님은 십리도 못가서 발병난다" 라고 하는 노래가 나옴을 유추할 수 있다. 헤어지기 싫은 간절한 외침 그것은 발병이다. 사람은 발로 걷는다. 그런데 이 발병이 나는 일은 헤어질 수 없다는 간절한 호소이다.

　알 산을 넘고 넘어 동방의 빛을 찾아 온 역사! 가장 쉽게 우리에게 우리말 연음법칙으로 증명되는 아리랑 아리랑이 있다. 아리랑의 원의[1]는 알이다. 낱알의 알, 쌀의 쌀알, 과실의 씨알이다. 알 아주 큰 알이다. '한 알 님' 이다. 이 '한 알 님 → 하날님 '알' 이다.

---

[1] 유석근: 서울 강남의 차병원에서 개최된 학술대회'

3). 은혜가 아주 큰 한 알

하나님 발음에 가까운 히브리어가 있다. 하나님은 어떤 존재인가? 하나님은 은혜를 베푸는 하난 חָנַן^{하난 은혜를 베풀다}이다.

①. 하나님이 주의 종에게 은혜로 주신 אֲשֶׁר־חָנַן^{아쉐르-하난 은혜로 주신 VQAMZS} 창 33:5
②. 내게 은혜를 베푸셨고 חֲנַנִי^{하나니 내게 은혜를 베푸셨고 VQAMZS.CXS} 창 33:11
③. 은혜를 주고 יְחֻנַּת^{은혜를 주고 VQACXS} 출 33:19
④. 하나님이 은혜 품심을 אֵל חַנּוֹת^{하나님이 은혜 베푸심을 VQAMZS.CXS} 시 77:9
⑤. 은혜를 베풀려 לַחֲנַנְכֶם^{레하느느켐 너희에게 은혜를 베풀려 VQAMZS.CXS} 사 30:18
⑥. 우리에게 은혜를 베푸소서 חָנֵּנוּ^{하하네누 우리에게 은혜를 베푸소서 VQMMYS.CXP} 사 33:2
⑦. 은혜를 주고 יְחֻנַּת^{은혜를 주고 C.VQAC.CXS} ελεήσω 출 33:19[1]

①의 은혜 주시는 자를 동사문법으로 한 '하나니' 가 있다. ②. '하나니' 는 내게 은혜를 베푸셨고 חֲנַנִי^{하나니 내게 은혜를 베푸셨고 VQAMZS.CXS} 창 33:11이라 하였다.

하나님과 함께하는 삶[2]의 주체성[3]은 하나님 WINER의 은혜로움에서 그 분이 끌어당김이다. 승리자로서이다. 모든 만물은 그분에게로 가려 움직인다. 이 세상에 모든 만물은 움

---

1) 창 33:19 민 6:25 신 7:2 28:50 삼하 12:22 왕하 13:23 욥 33:24 에 4:16 욥 19:17 시 77:9 102:13 삿 21:22 욥 19:21 시 4:1 26:11 27:7 30: 10 31:9 37:21 37:26 41:4 51:1 56:1 59:5 67:1 86:16 102:14 109:12 112:5 119:29 119:58 119:132 123:2 123:3 잠 14:31 19:17 26:25 렘 22:23 사 30:19 33:2 암 5:15 말 1:9…
2) 예수원, 유석근 목사 『알이랑민족』 저자. 특강 (2009-12-23) · 예수원 설립자 대천덕 신부님(성공회).
3) 대천덕, 「대천덕 신부와의 대화」, 생명의 샘터, 1987, pp.71~72. 대천덕, 「우리와 하나님」, 도서출판: 예수원, 1988, p.161.

직인다. 그 분에게로 가려 한다. 움직임은 혼자가 아니다. 그 분과 함께이다. 아리랑의 어원은 '알이랑' 으로서 그 의미는 하나님과 함께$^{with\ God}$이다. 아리랑 아리랑 아라리요=알이랑 알 이랑 알 알이요이다. 하나님과 함께, 하나님과 함께이다. with God, with God, with God, just God=알이랑 고개를 넘어 간다 는 "하나님과 함께 고개를 넘어 간다" *accompany with God, I will cross over the mountains*이다.

알이랑 고개를 넘어 간다의 고개는 파미르고원이다. 파미르고원~천산산맥~알타이산맥1)을 넘은 기록이 있다. 알타이산맥의 메아리 흔적은 실크로드 알타이산맥이 있다. 이곳에서 우리말이 지금도 사용된다. 문법구조가 같은 언어2)의 확실한 증거는 파미르고원을 지나^{支那} 총령$^{總嶺,\ 파총,\ 재령}$이라 한다. 한국어 파^{總} 마루^{嶺} 그대로 파마르^{파미르}이다. 파미르고원^{總嶺}에서는 파^{蔥}가 많이 야생한다. 파미르고원은 '파마루' 로서 파^{蔥}가 많은 마루이다. 고개에, 산마루에 파^{蔥}가 있다. 파마루 고원이다. '파미르' 가 우리말 '파마루' 이다. 파가 많은 마루이다.

한국인은 남자를 사내라고 한다. 사내는 '산아이' 산아이 → 사나이다. 우리 선조들이 고대에 산지, 파미르고원 → 천산

---

1) 한민족의 비전(3) 욕단의 후손은 누구인가?' 빈들의 소리 TV.
2) 알타이 산맥의 메아리? ¦ 한국어의 고대 흔적을 찾아서!.한국물결 TV.

산맥 → 알타이산맥을 알이랑, 아리랑 고개 넘어 '파미르고원'을 넘고 '천산산맥'을 넘고 '알타이산맥'을 넘은 알이랑민족의 선조인 셈의 현손^{玄孫} 욕단의 가계[1])는 고대에 알타이산맥과 바이칼 호수 주변의 시베리아에 넓게 퍼져 살았다. 극동으로 이주해 와^{창} $^{10:21-30}$. 산 곳이 바이칼 호수 부근이다. 바이칼=밝알호이다. 부루는 밝의 고어이다. 즉 부루에는 ㄱ 혹은 ㅋ 이 없지만 중세를 지나면서 종성이 만들어지며 '밝' 으로 변화 했다. 부루는 부이르= 부여로 변하며, 이에 ㅋ 이 덧붙여져 고대 몽고족의 부이크가 된다.

못, 물, 강, 알 혹은 생명의 근원 아리와 결합하여 바이칼은 밝은 하나님 빛이 그곳에 있다. 광명 바이칼 밝알이다. 연음법칙 밝알=바이칼이다. 밝은 땅 광명의 본원지 밝달~배달이다. 수많은 산과 언덕과 고원들을 넘으며 우리의 노래 향가 아리랑을 불렀다.

박혁거세의 다른 이름 알지거서간^{閼智居西干}이 있다. 알지^{閼智}의 알^{閼}이 있다. 생략법에 의한 알^{閼} ^{김명회} ^{학설}이다. 똑 같은 법칙이 적용되는 영대왕가^{영대왕가}의 수기현야^{首基現也}의 수^{首}의이다. 바로 알=알지^{閼智}라면 수=수로^{首露王}법칙은 지혜자이다. 십자 🀫 복사 기록이 있다.

---

1) 유석근: 서울 강남의 차병원에서 개최된 학술대회'한민족의 비전(3) 욕단의 후손은 누구인가?' 빈들의 소리 TV.

제 2장 해학 시학

I. 하얀 빛

1. 하얀 빛

1). 해학 그 웃음

(1). 하얀 웃음

한국인의 하얀 웃음은 해학성이다. 이 빛은 하얀 빛이다. 특이한 이 하얀 빛은 언제나 님을 사랑하는 무한사랑의 하얀 빛이다. 한국만이 가지고 있는 해학성이 있는 하얀 웃음이다. 비록 님이 떠났다 하더라도 조용히 기다리며 밥을 지성껏 지어 따끈한 모락모락 피어오르는 그 따뜻한 밥그릇의 뚜껑을 닫아 차곡차곡 쌓아놓은 이불의 두께 깊숙이로 기다리는 일이다. 몇 시간 뒤에도 그 그릇안의 밥은 따뜻하다. 우리 어머니들은 이러한 행동을 평생 한다. 말로는 형언할 수 없는 이 무한한 사랑의 아름다운 모습은 하얀 빛이다. 사실 어떠어떠한 사정으로 님은 실제 안 돌아올 수도 있다. 그러나 남아 있는 자에게 님은 늘 옆에 있어 끼니때마다 같은 행동을 되풀이한다. 음식 중에 가장 처음을 정성스레 그 떠나간 사람의 몫으로 챙겨 둔다. 설사 님이 영영 돌아오지 못하는 상황이라도 남아 있는 아내는 하얀 빛은 웃음을 웃는다. 이 하얀 빛의 결정적 매력은 임이 떠나는 중이거나 떠났는데도 하얀 웃음을 짓는 일이다. 이유는 한국인의 가슴 속에 사랑하는 님이 돌아 올 것이라는 확신이 있어서이다.

　무서우리만큼 한국인의 이 하얀 웃음의 해학성은 지금도 공감대를 형성하고 있는 아리랑의 모습이다. 이 아리랑 민요의 위대함은 실제 하얀 웃음으로 떠났던 님이 살아 간 길이다. 동으로 새 빛을 찾아 밝은 땅 시붉 땅에 도착한 아리랑 민족이 밝은 새벽의 땅에 도착한다. 동방이 그 증거이며 우리 민족의 여정이다. 생명의 땅을 찾았기에 남아 있는 자도 그리고 떠난 자도 하얀 웃음을 짓는 정말 신기한 동이족의 하얀 웃음 해학이다.

　　유일신 제사백력지천^{唯一神 在斯白力之天}

　　　　　　　　　　　　　　－ 桓檀古記 三聖記 全上

　사백력은 하나님 곧 일신 하나 님으로 세상을 밝게 펴낸 유일신사백력지천^{唯一神 在斯白力之天 桓檀古記 三聖記 全上}이다. 하나님 스스로 하얀 빛을 드러 내사 온 우주가 환하게 밝아 있다. 그러기에 빛을 사모하는 백성 우리들이다. 사^斯는 아주, 날이 밝아오는, 새날이 밝아오는 새벽이다. 새벽에 도착하고 새벽에 떠나는 이 아름다운 마음의 흰 이미지 백白은 하얀 의미이고 력力은 힘이다. 따라서 백력白力은 밝은 의미이다.

한국인의 하얀 웃음은 하얀색이다. 우리는 겹겹이 검은 옷을 입었다 하더라도 흰 동정의 상징인 하얀빛을 그 마무리에 둔다. 그 옛날 광목을 검게 물들여 이불을 만들었어도 이불 깃을 하얀 광목으로 마무리 한다. 우리는 지금도 하얀 운동화를 즐겨 신는다. 흰색을 곁 들여 이미지를 밝게 하는 옷들의 특징이 우리에게 있다.

흰색의 마방진은 가장 천연 광목이나 삼베를 불에 태우면 흰 연기1)가 난다. 하나님이 절대 신의 이미지로서 하얀색을 드러낸다. 위대한 사랑으로서의 빛은 하얀 색이다.

부여는 고조선의 예땅에 있었다. 예하시 蒲吾去 푸위 부여강이다. 예땅에 부여가 있고 예하의 다른 이름 부여강이다. 禮河는 청나라 대청일통지 명나라 대명일통지에는 禮水가 포타하이다. 명나라때 복여福餘이다. 후한시대에는 포오그다. 포오그는 금나라 때는 포여로蒲與路라했다. 모두 중국발음 푸위 부여이다. 예하가 부여강이다. 북경남쪽 대청일통지나 대명일통지에 모두 같은 지역이다.

---

1) [유교약사생불사 1577강] 좋은 광목 좋은 삼베에 불을 붙이면 흰 연기가 나온다. 유교약사생불사 TV. 22. 9. 11일 방송.

(2). 해학웃음

이 광대한 부여는 고조선의 제후국이다. 훤하게 밝아 오는 새벽이 부옇게 밝아오는 부여이다. 부옇게 밝아오는 새벽 성경기록이 있다.

> 아들은 욕단의 아들이며 그들의 거주하는 메사에서부터 스발로 가는 길에 동쪽 산이었더라
>
> - 창 10:23

메사에서부터 스발로 가는 길에 동쪽산이 있었더라라! 동쪽을 선택한 욕단의 아들은 해가 밝게 비치는 알 곧 해가 비치는 지역을 찾는다. 끝내 새벽 그 날이 밝아오는 지역에 도착 날이 밝아오는 새벽의 하늘^{이찬구 주장}을 맞았다. 광명의 하늘이다. 하늘 한 알님과 함께 동쪽의 해가 솟아오르는 곳에 온 환국^{桓國}이다.

환^桓은 갈림길^{채희석 설}의 역사 그대로의 환^桓이다. 환단고기[1] 사 60:1-3의 환=桓^환 푯말 환 · 굳센 환^환이다. 이 환=桓^환은 온전한 하나 됨을 실천하는 일로 이 하나 님을 위해 서로 달리 길을 선택한다. 이에서 탄생하는 아리랑 노래에 대한 이해가 가능하다. 그것은 결코 분리될 수 없는 즉 로멘틱한 표현으로 결코 님과 이별할 수 없는 뜻의 역설로서 욕담 자손은 동방 쪽

---

1) 『桓檀古記』는 「三聖記」 「檀君世記」 「北夫餘記」 「太白逸史」로 되어 있다.

으로 들어섰다. 그 증거로 성경 원문이 우리 언어와 다수 닮아 있는 점에서이다. 가야나 신라시대 물론 그 전일수도 있지만 우리나라에 기독교 사상이 들어왔던 신라 천년은 히브리사상과 언어가 함께 있었다. 가야와 신라에 이미 아리랑 노래가 있다.

숱하게 증명되는 예중 티벳 행정구역을 6으로 나눈 랏사지역에 지명 '울' 이 있다. 알=עַל은 높이 계신자=עַל알 호세아 7:16, 창 12이다. 높이 계시는 분 한 알 님 하나님으로 서이다. 함께 하시는 분 엘אֵל엘1)이 있다. 하나님 엘=אֵל=엘 하나님2)이다. 엘로힘=אֱלֹהִים엘로힘3)이다. 엘로힘=אֱלֹהִים엘로힘4)은 하나님으로 현재 하나님으로 번역되 있다. 이 엘로힘은 창세기 첫 장부터 2장 3절까지에서 33번 반복된다. 이 지상에서 예수님 나이 33살과 일치한다.

성서는 처음부터 하나님께서 바라셨다5). 바라=כָּרָא바라·창조

---

1) H.C. 류돌드, 창세기 주석 .
2) 엄원식, 『구약성서배경학』(대전: 침례신학교출판부, 2005)., 175.: 엘은 가나안 신들 가운데 최고의 신, 엘은 히브리어와 우가릿어에서 신을 지칭한다. 아카드어로는 일루(ilu), 아랍어로는 일라(ilha)로서 정관사가 붙으면 알라(Allha)이다. 엘은 셈어에서 원래 일룸(ilum)으로 주격 어미 우(u)가 떨어져 히브리어에서 엘이 된 것이다. 이 엘 신은 기원전 26세기경 추측된 설형문자에서 발견된다. 다른신들에 비해 뛰어난 신으로 기원전 기원전 30세기 후반과 20세기 전반에 형성: Albright op. cit., p. 104.
3) 히브리어, 요드와 ם의 이음이 컴에서 허락되지 않아 ם으로 기재하였음.
4) 히브리어, 요드와 ם의 이음이 컴에서 허락되지 않아 ם으로 기재하였음.
5) 히브리어, 요드와 ה의 이음이 컴에서 허락되지 않아 ש으로 기재하였음.

cleate, 창 1:1라 한다. 우리말 그대로다. 하나님 그가 바라셔서 천지를 창조하셨다. 이 바람은 이 땅 어둠 위에 신의 바람으로 존재하는 영이다. 세상에 빛이다. 빛은 파동이다. 움직인다. 언제나 몸부림치는 파동으로 그에게 가고파 파동친다.

  움직임의 조건들이 있다. 바람에 의해서이다. 사역이다. 이 움직임 파동의 정체성은 하나님이 시키시기 때문이다. 바람을 일으킨 분의 사역자 '…' 로 바람 소리를 내는 움직임이다. 하늘위로 새가 나른다. 새는 하늘을 날며 하늘의 소리를 전한다.

  사람은 살을 가진다. 살을 가진 사람은 삶 소리이다. 이 살 글자가 살=㷆^{살}이다. 이 글자가 전하는 진리는 우리의 일상인 삶에 살아남기 지혜를 알려준다. 가령 아주 어려운 삶이 죽을 지경에서도 하늘의 햇빛이 따스하게 비치는 곳에서 쬐면 살아남는다. 빛이 비춰지면 삶으로 바꾸어진다. 입으로 말씀 소리를 닮아 사역하는 일이다. 가장 높은 분의 말씀을 사역하면 살아 움직인다. 좋은 방향으로 움직이는 말씀사역 입 וּמִדְבָּר 움데바레흐 C.NMS.PYS 네 입은 and thy speech 아 4:2이다. 너의 입으로 전하는 그 입의 존재이유는 말하는 입이어서다. 하나님의 음성을 듣고 사람이 그 말씀을 전하는 입이다. 절대자 그 분이 어떤 분인가를 알린다. 대표적인 그분의 아름답고 예쁜 분 말씀을 잘 전하는 일이다.

2). 하얀 색채리듬의 웃음

한국에 숫자개념을 지닌 색채리듬이 있다.

1 - 백색白色
2 - 흑색黑色
3 - 벽색碧色(푸른 돌 색 · 곧 푸른 이끼의 색)
4 - 녹색綠色
5 - 황색黃色
6 - 백색白色
7 - 적색赤色
8 - 백색白色
9 - 자색紫色

하얀색채리듬은 1 - 백색 · 2- 흑색 · 3 - 벽색 · 푸른 돌 색 · 4 - 녹색 · 5 - 황색 · 6 - 백색 · 7 - 적색 · 8 - 백색 · 9 - 자색에서 색채[1] 백색은 3회이다. 1 · 6 · 8이 백색이다. 이 백색 선호도는 첫째 흰 옷을 즐겨 입는다. 섣달 정월 초하루에는 하얀 눈을 맞으며 집집마다 새 배를 다닌다. 6월의 흰 빛이 있다. 푸르도록 흰빛이다. 뜨거운 8월의 강열하게 내리는 하얀빛이다. 흰 옥양목의 정서이다. 흰 색의 비밀은 하얀 광목이나 삼배에 불을 붙이면 흰 연기가 난다.[2] 유난히 하얀 흰 구름이 하늘높이 떠 있는 8월의

---
1) Wall · R 지음: 이영현 옮김 『수리언어학』(서울: 한신문화사 · 1987) · 15.

하늘 그 드높은 눈높이에는 빛나는 하얀 정서가 있다. 한국인들을 일컬어 백의의 민족이라 한다.

　한국인들의 흰 색에 대한 선호도는 한복에 나타난다. 옷에다 흰 동정을 단다. 다른 어떤 저고리를 입었더라도 하얀 깃을 가미하는 대한민국의 정서이다. 이 버릇은 요즈음 젊은이들의 흰 운동화 그리고 흰 양말 선호도에서 두드러진다. 하아얀 흰 두루마기를 입었던 옛 어른들과 이불을 하얀 옥양목 깃으로 덧씌워 그 정갈한 맛을 즐기는 감성! 하얀 흰 고무신! 그리고 태극기 무늬에 하얀 바탕! 백의의 민족이라는 명칭에 걸맞게 우리의 나날은 옛 정서 그대로 면면히 이어온다.

　한국인에게 하얀 웃음이 있다. 온달의 웃음이 우리에게 있다. 늘 웃기에 바보취급까지 받았던 온달의 하얀 웃음은 당당하게 싸움에 나가 하얀 웃음의 승리를 한다.

　웃음은 천백지백인백天白地白人白의 웃음이다. 백의민족白衣民族이 가지고 있는 웃음이다. 하늘이 하얗고=천백天白 땅이 하얗고=지백地白 사람이 하얗다. 인백人白이다. 하늘이 하얗고 땅이 하얗고 사람이 하얀 백의민족의 웃음은 이유가 있다. 처음 나라가 생길 때 부터 하나 님 일신一神 곧 절대자를 믿는 믿음의 단단함으로 마음을 비우는 웃음이다. 하얀 순결이다. 온

---

　2) [유교약사생불사 1577강] 좋은 광목 좋은 삼베에 불을 붙이면 흰 연기가 나온다. 유교약사생불사 TV. 22. 9. 11일 방송.

땅에 빛을 주는 존재에게 대한 경의의 표현이다. 이 빛은 특별히 비추는 빛이 아니다. 누구나 바깥에 나와 하늘을 보면 하늘에서 하얀 빛을 비춰어 주는 그래서 모든 이에게 다 베푸는 하얀 빛이다. 그러기에 누구나 그 빛을 받을 수 있다.

하늘에서 하얗게 내리는 눈이 있다. 누구나 눈을 맞고 싶으면 만날 수 있는 눈이다. 순결하고 정직하고 누구에게나 사랑을 베풀고자 하는 그 분이 내리는 은혜의 하얀 눈을 맞을 수 있다. 늘 하얀 마음을 가진 사람은 순결하고 누구에게나 사랑을 베풀려 하는 성인에 가까운 존재 하얀 웃음의 사람이다.

우리는 흰 빛을 좋아한다. 하얀 옷을 즐겨 입는다. 태극기의 하얀 바탕이 있다. 옷의 깃 색깔을 하얀색으로 한다. 이른바 동정이다. 지금은 남녀노소男女老少할 것 없이 흰 운동화를 좋아한다. 제의의 옷은 하얀 두루마기다. 이러한 흰색 선호사상은 1월의 하얀 눈과 6월의 신록에서도 아카시아 그 하얀빛 향기를 즐겨 꿀을 만든다. 8월의 강열한 태양아래에서 흰 광목을 개천가에 펼쳐 옥양목으로 만든다. 빳빳하게 풀을 먹여 사각거리는 소리가 나도록 청결한 이불호청을 이불에 씌운다. 하얀 커텐이 실내를 정결하게 한다. 흰 사랑을 눈물겹도록 즐겨 안 오는 님을 위해 흰 밤을 센다.

3). 김소월 시의 하얀 웃음

(1). 하얀 웃음

김소월의 「진달래꽃」 시와 「산유화」 시가 있다. 하얀 웃음의 해학이 있다. 아리랑이 가지고 있는 매력적인 하얀 이별의 웃음이 있다. 하얀 이별이란 우리의 해학이 가진 하얀 웃음이다. 아리랑과 김소월시의 공통점은 모두 이별이 아니라는 데서 이다. 우선 김소월 시의 하얀 웃음은 이별할 수 없는 시적 화자로 하여 님이 나를 버리고 가실 수 없는 진리가 있다. 님이 나를 버리고 가면 아리랑에서는 '발병이 난다' 설명한다. 소월 시에서는 님이 나를 버리고 못 가는 해학성이 있다.

「진달래꽃」 시에서 만약에 그리고 만일이라는 미래 시제가 있다. 지금 이별이 아니다. 시적 화자의 말이 있다. 영변의 약산 꽃을 "아름따다 가실길에 뿌리우리다" 이다. 여기의 가실 길은 미래시제이다. 가실은 지금이 아닌 미래이다.

그리고 난 다음에 '고히즈려밟고 가시옵소서' 이다. 가령 갈 테면 "가 봐" 라는 말이 우리에게 있다. 나를 버리고 가시는 님은 십리도 못가서 발병난다. 이별을 막는 지혜와 지혜 자가 있다. 아리랑 노랫말의 쓰리랑이 알려준다. 슬기이다. 아름다운 진달래꽃으로 둘러싸인 시인의 지혜에 의하여 시에서 이별을 막는다. 「진달래꽃」 시에서는 "나보기가 역겨워 가실 때"의 미래형문법 "…가실 때에" 분명 미래형이다. 현재 이별 아니다. 지혜문법은 현재 이별상태가 아니다.

　김소월 시 산유화이다. 아름다움은 이별상태가 아니다. 지천으로 산에 꽃이 만발한다. 더구나 가실 때라고 하는 미래기법의 산유화 시는 이별의 시가 아니다. 이별하지 않게 되는 지혜를 가지고 있다. 우리에게는 그 증거 아리랑이 있다. 처절한 이별의 경우에도 오히려 그 밑바탕에는 일어서는 혼은 이별이 없다. 인생승리가 있다. 이루 셀 수 없는 만큼의 아리랑 노랫말이 재탄생되는 것이 그 증거이다.

　우리의 삶에는 비록 님이 떠났다 하더라도 돌아오기를 조용히 기다린다. 그 일상이 있다. 조용히 기다리며 밥을 지성껏 지어 따끈한 모락모락 피어오르는 그 따뜻한 밥그릇의 뚜껑을 닫아 차곡차곡 쌓아놓은 이불의 두께 깊숙이 넣어 두는 일이다. 몇 시간 뒤에도 그 그릇안의 밥은 따뜻하다. 우리 어머니들은 이러한 행동을 평생 한다. 말로는 형언할 수 없는 이 무한한 사랑의 아름다운 모습은 하얀 빛이다. 사실 어떠어떠한 사정으로 님은 실제 안 돌아올 수도 있다. 그러나 남아 있는 자에게 님은 늘 옆에 있어 끼니때마다 같은 행동을 되풀이한다. 음식 중에 가장 처음을 정성스레 준비한다. 떠나간 사람의 몫으로 챙겨 둔다. 하얀 빛은 웃음이다.

(2). 아름 따다 가실 길에 뿌리는 웃음

김소월에게 「진달내꼿」 「진달래꽃」1) 시 원문이 있다.

> 나보기가 역겨워
> 가실째에는
> 말업시 고히 보내드리우리다
>
> 寧邊에 藥山
> 진달내꼿
> 아름싸다 가실길에 샢리우리다
> 가시는 거름거름
> 노힌 그꼿츨
> 삽분히 즈려밟고 가시옵소서
>
> 나보기가 역겨워
> 가실째에는
> 죽어도아니 눈물흘니우리다
>
> — 김소월 「진달내꼿」

현대 한국어 대역 「진달래 꽃」이 있다.

> 나 보기가 역겨워
> 가실 때에는
> 말없이 고이 보내 드리오리다
> 영변에 약산
> 진달래꽃

---

1) 1922년 7월 잡지 「개벽」 25호에 실렸다. 이후 저자는 같은 이름의 시집 『진달내꽃』을 1925년 12월 26일 발간하였고 이 시집에도 당연히 이 시가 실려있다. 시집 『진달내꽃』의 초판본은 2011년에 등록문화재로도 등록되었다.

아름 따다 가실 길에 뿌리오리다

가시는 걸음걸음
놓인 그 꽃을
사뿐히 즈려밟고 가시옵소서

나 보기가 역겨워
가실 때에는
죽어도 아니 눈물 흘리오리다

- 「진달래 꽃」

 단 한 번의 주어진 인생에서 가장 핵심적인 사랑 그 사랑을 끝까지 지켜가는 방법이 소월 시에 있다. 사랑 얻기 방법이 하얗게 전개된다. 시인은 사랑의 묘약 "寧邊에 藥山 진달내꼿을 아름따다 가실길에 쑤리우리다" 라고 한다. 진달래 꽃을 "아름따다 가실 길에 뿌리우리다" 이다.

 "한 아름싸다=아름따다" 기본형은 한 아름의 팔 안에 가득 의미이다. '안음' 팔 안에 가득 든 형용이다. 우리말 고조선 대의 사랑이란 말이다. 성경원문에 따르면 '넷' 의 히브리어 'אַרְבַּע'아르바 넷 창 2:10, 11:13, 15, 16, 17, 이다. 전부 모두 개념이다. 아름답다 또한 역시 아주 많이의 개념이다. 이처럼 한 아름 따다의 의미가 전해지는 우리말 아름답다는 아주 만족스럽도록 완전히 마음에 드는 의미를 지닌다. 이 때 아름답다와 예쁘다와 지혜의 의미다. 충만을 뜻한다. 아름 따다 가실 길에 뿌리우리다 이다. 가실 길, 지금이 아닌 그 어느 때이다. 사랑하는 대상이 만약에 떠난다면 지혜로 사랑하는 대상이 떠나지 못하도록 하겠단다. 계획이다. 그 계획 설정은 떠날 수 없을 만큼의 매력적인 방법을 동원하겠단다. 약꽃 진달래꽃을 아름 따다 가시는 길에 뿌리우리다1)이다. 진달래꽃이 온통 지천으로 뿌려진 약산 영변寧邊의 진달래 동산에서의 꽃길은 진달래꽃을 다 따서 꽃길에 뿌린 진달래꽃 향기가 진동한다. 향기에 취하여서 머무를 수 밖에 없다. 머무르며 사는 단 한 번의 삶이다. 떠나는 시기는 "가실 길" 이다. 지금이 아니다. 미래 그 때이다. 미래 이별의 시간이다.

진달래꽃은 약 꽃2)이다. 연달래가 아닌 진달래는 진정으로 달래이다. 꽃이다. 꽃은 사랑의 표시이다. 진정으로 온 정성을 다하여 한 아름 따다 미래 그 언젠가 뿌릴 것 이다.

---

1) 이영지, 『이상시학李箱詩學 일어나라』(서울: 창조문학사, 2023)., 354-360. 참조
2) 일명 참꽃=두견화(杜鵑花). 학명은 Rhododendron mucronulatum TURCZ. 잎은 어긋나고 타원형이며 가장자리가 밋밋. 잎 윗면은 녹색이고 사마귀와 같은 비늘조각이 약간 있으며 뒷면은 연한 녹색이고 비늘조각 밀포. 잎보다 꽃이 먼저 핀다. 3월 초순(제주도), 4월 중순(서울), 5월 말경(설악산 한라산·지리산 산정). 꽃색 분홍·진분홍·흰색·자주분홍색. 꽃은 삿갓을 뒤집어 놓은 것같이 생긴 통꽃이며, 끝이 다섯 갈래로 갈라지고 열 개의 수술과 한 개의 암술이 들어 있다. 종류: 털진달레- 꽃색이 짙은 진달레. 흰진달래-꽃색 흰 흰진달래. 삼월삼짇날에는 진달래꽃으로 만든 화전(花煎)을 먹으며 봄맞이를 하였다. 꽃잎은 조경(調經)·활혈(活血)·진해(鎭咳)의 효능 약제나. 약성은 온(溫)하고 산감(酸甘)하며 월경불순·폐경·붕루(崩漏)·토혈·타박성 동통·해소·고혈압 등의 증상에 유효하다. 민간에서는 꽃잎을 꿀에 재어 천식에 먹는다. 약효능 있어서 진달래꽃을 참꽃이라고도 불린다.

II. 지혜자

1. 이별은 없다

1). 한 아름 따다 가실 길에 뿌리우리다

(1). 이별은 없다

소월시 「진달래꽃」에서는 이별이 없다. 다윗의 자손 예수여호와 구원 족보계열 다윗에게도 이별은 없다. 이유는 열렬히 사랑하여서이다. 영靈 루아흐가 있어서이다. 여호와의 등극자[1] "다윗의 자손 예수"[2] 진실의 사랑이 있어서이다. 다윗은 열렬히 그분을 사랑하였다. 「진달래꽃」 시에서 그분을 열렬히 사랑하기에 이별이 없다. 이처럼 열렬히 사랑하는 일 앞에는 이별은 없다. 소월 시에는 이별은 없다.

한 가족의 구성체에서도 그렇다. 절대자를 사모하는 자에게 이별은 없다. 지혜로운 자가 진정한 지혜 자를 사모하여서이다. 가족은 서로 얼굴을 마주보며 속삭이며 결론을 내리고 행동을 일치하기에 이별은 없다. 산에 사는 꽃은 서로 사

---

[1] 한사무엘. 루아흐여호와 יְהוָה־רוּחַ와 엘로힘여호와-אֱלֹהִים־רוּחַ에 관한 연구 학위논문

[2] מִי(미・어떻게).

랑으로 꽃을 피우기에 이별을 하지 않는다. 산에 피는 꽃이어서이다. 열렬히 사랑하는 사이에는 물리적인 이별을 넘는 고차원적인 사랑이 있다.

　소월의 「산유화山有花」나 「진달래꽃」시 모두 강한 사랑이 밑바탕이다. 산유화山有花에 산에 사는 작은 새요 꽃이 좋아 산에 산다. 아주 작은 존재이다. 이 작은 존재에게 온 산에 핀 산꽃이 있다. 꽃 옆에 작은 새는 그 꽃이 좋아 산다. 성경의 좋아한다의 '좋아'는 우리말 그대로 '좋으טוב' 1)이다. 토브이다. 하나님은 좋았더라=토브=좋아=כי־טוב토브2)다. 5회 반복3)이다. 사방팔방 가운데의 수치가 5이다. 이토록 하나님이 좋아하시는 가운데의 일이 소월의 산유화 시에 있다. 꽃이 좋아 산에 사는 작은 새이다. 새가 꽃이 좋아 산에 산다. 좋아 하는 일에는 이별이 없다.

---

1) טוב^{토브·선하심과} אח^{아호·정녕} 시 23:6 · טוב ~ כי(키 토브·선하기, 좋기 때문에, 창 1: 4, 10, 12, 18, 21, 23, 31.
2) כי־טוב(키~토브·좋았더라).
3) ① 한 날에 어두움을 밝게 할 빛이 있기 시작하매 그 결과가 좋았더라 כי־טוב(키~토브, 창 1: 4) · 둘째 날은 이스라엘 백성을 위하여 하나님이 한 언약(창 1: 1~2: 3)에서 심히 좋았더라가 없다 · ②셋째 날에 하나님이 어둠을 이길 것을 보시고 좋았더라 כי־טוב(키~토브, 창 1: 10) · ③ 같은 날에 그 앨매(이삭)를 가지기 시작하니 결과가 좋았더라 כי־טוב(키~토브, 창 1: 12) · ④ 넷째 날에 차츰 낮이 많아지기 시작하는 그 결과를 보시기에 좋았더라 כי־טוב(키~토브, 창 1: 18) · ⑤ 다섯 째 날 모든 것이 구분 짓게 하시지 좋았더라 כי־טוב(키~토브, 창 1: 21) · ⑥ 여섯째 날 물(말씀)안에 충만하시니 좋았더라 כי־טוב(키~토브, 창 1: 25) · ⑦ 지으신 모든 것을 보시니 심히 좋았더라 כי־טוב(키~토브, 창 1: 31)이다.

마방진시학   119

「진달래꽃」 시에서 가실님에게 "아름따다" 가실 길에 꽃을 놓는다. 지금이 아니라 미래 가실 길은 현재가 아니다.

사랑에는 씨가 있다. 기도가 있다. 기도란 헬라어로 유쾌라 한다. 기도는 응답이 있다. 그대로 된다.

고향 산은 언제나 고향에 있다. 산에 사는 작은 새는 산이라는 고향에 사는 새이다. 진달래꽃 시의 고향은 영변 약산이다. 그리움의 고향이다. 고향은 그대로이다. 그곳에 새가 있다. 영변의 약산에는 약 꽃이 지천으로 피어 있다. 산유화山有花이다.

산유화山有花 산에는 꽃이 있다. 약 꽃이 있다. 새가 있다. 그래서 이별이 없다. 새는 그토록 좋아하는 꽃이 좋아 산에 산다. 작은 새가 꽃이 좋아 산에 사노라네! 진달래꽃 영변에 약 산에 약 꽃이 있다. 약이다. 약은 미래 어느 시기 가실 길을 막는 약 꽃이다.

지금은 아니다. 그러나 어느 때 만약, 님이 떠나신다면! 만약, 님이 떠나신다면 '아름따다' 꽃을 뿌린다. 못 떠날 수밖에 없다. 약 향기가 진동한다. 사랑을 실천 한다. '아름따다' 가 히브리어로 אלם 알람=אלמים 알람=מְאַלְּמִים 매알르밈 werw blndling δ εομεύιν VPPAMP 묶더니 창 37:7이다. 묶여진, 한 곳에 많이 있는 알루밈 אֲלֻמִּים 알루밈 sheaves δραγματα NFP 곡식을 창 37:7이다. 묶이어져 있다. 한 아름의 꽃 산유화가 한 묶음으로 되어 있다.

(2). 유쾌한 기도

  향기가 진동한다. 이별을 막는다. 향기 진동이 아름 따다 님의 가실 길에 놓일 예정이다. 미리 미래에 있을 이별 막을 처방이 되어 있다. 소월 시 「산유화^{山有花}」와 「진달래꽃」 시에서 사랑하는 방법은 한 아름 따서 상대방에게 사랑을 바치는 일이다. 인간 우리에게 기도의 마력이 있다. 이 세상은 신비로운 세계이다. 기적이 일어나는 선례가 많다. 성경의 기도의 발음이 '유쾌' 이다.

  지혜의 기도는 유쾌하다. 즐거움이 있다. 기도는 이미 이루어 질 것이라는 마음의 즐거움, 마음이 '유쾌' 성경의 기도 '유쾌' $ε ΰ χ ή$ 유쾌 약 5:15 $ε ΰ χ ε σ θ ε$ 유쾌스데 기도하라 VMPAVP 약 5:16이다.

① 기도하라 약 5:15
  $ε ΰ χ ε σ θ ε$ 유쾌스데 VMPQVP
  $ε ΰ χ ε σ θ ε$ 유쾌스데 plary ye VMPQVP

② 서원이 행 18:18. 21:23
  $ε ΰ χ ή ν$ 유쾌헨 서원이 a vow NAFFS

③ 기도 약 5:15
  $ε ΰ χ ή$ 유쾌 기도는 prear NNFS
  $ε ΰ χ ή$ 유쾌 기도는 prear NNFS

기도를 많이 해서 마음이 유쾌해요.

머리를 쓰다듬어 예뻐요 예뻐예뻐
이름을 예쁘라 하며 예뻐예뻐 예뻐요

- 이영지

 기도로 그 분의 사랑 힘이 솟아난다. 기도 유쾌이다. 병이 낫는다. 늘 듣는 아리랑의 아리가 드라비드어 아리와 일치해서 알을 아리라 발음한 연관성에서 진짜 이유를 알아낼 수 있다. 알이라는 말을 하거나 글에서 다음문장으로 읽어가는 아리 발음의 연음법칙이 드라비드어에서 발견되는 아리랑의 유추는 바로 그 지역 우리 조상들의 발자취가 있다.

 알이랑은 연음법칙 현상이다. 우리민족이 가진 문법이다. 알이=아리이다. 알=עַל은 높이 계신 자=עַל$^{알\ 호\ 7:16,\ 창\ 12}$이다. 엘=אֵל[1])이 있다. 엘로힘=אלהים^{엘로힘}[2])이다. 엘로힘=אלהים^{엘로힘}[3]) 은 하나님으로 번역된다. 하나님은 엘로힘$^{창\ 1:1-2:3}$ 33회이다. 예수님 이 지상 나이이다. 신의 명칭에 ㄹ음이 붙는다. '아' 에 ㄹ음이 붙는다. 큰 알에서 태어났다. 하늘사람들은 큰 하나님 한 알님 하나님을 믿으며 살았다. 하나님이 한 알 님이다. 한 알 님의 한은 아주 큰 이라는 의미이다. '한' 과 '키읔' 발음의 '큰' 뜻이다. 동시에 이 큰 이라는 말 은 한 이라는 말과 동일한 의미이다. 이 뜻을 우리는 하얗다의 기

---

1) H.C. 류돌드, 창세기 주석 .
2) 히브리어 ׳ 요드와 ם의 이음이 컴에서 허락되지 않아 ם'으로 기재하였음.
3) 히브리어 ׳ 요드와 ם의 이음이 컴에서 허락되지 않아 ם'으로 기재하였음.

록 끝내 해학으로 있다.

  우리는 일상에서 친구와 만나면 얼굴이 환해졌다고 인사한다. 우리나라에 남아 있는 이름 부여 곧 부옇게 아침이 밝아오는 환한 얼굴 부여가 있다. 새벽하늘이 훤해지면 밝아오는 부여가 있다. 새벽 동틀 때의 그 부옇게 밝아오는 얼굴로 환하게[1] 살아간다.

  그동안 신학학문을 연구하면서 얻었던 히브리어에 대한 우리말과의 관련은 감동 그 자체이다. 본 연구자는 『물마임의 시학』창조문학사간 2023[2] 연구 후 곧 조상나라 가야와 신라가 히브리인들이 세운 나라라는 사실[3]에 접하면서 우리나라에 왜 그토록 많은 히브리어가 있는지를 알게 된 감동에 지금도 젖

---

1) KBS 역사스페셜, 2010 탐사보고, -동명 루트를 찾아서.-부유강 역사학자는 부여는 길림성에 있고, 송하강(옛이름 엄리대수, 중국 흑룡강성 부유현)건너 주몽이 세운 부여가 있다. 유물에 부여 夫裕小짬-소등과 유적출토가 있다. 가죽모방토기 물통도 있다. 이미 우유현의 유물들은 부여국과 북이탁리국이 연관되어 있는 증거이다. 부유현은 흑룡강성부현은 탐리국의 중심리로 부유강 이름은 오유이하=부유강은 중국흑룡강성 부유현 → 송하강 → 길림까지 2000km 동명왕이 부여 초강국을 만주무대에 펼친 동명왕 주몽은 천제의 추몽으로 주모왕이 나라를 세웠다. 추모는 알을 깨고 세상에 나왔는데 엄리대수 지금의 송하강을 건너 부여가 망하자 고구리高句麗나라이름일때는 리로 읽는다 사람들이 부여건국신화 거룩하고 성스럽다는 것을 알고 이야기를 알고는 동명이른 이름마저 빼앗았다. -이방강 역고 정약용기록.
2) 이영지, 『물마임의 시학』(서울: 창조문학, 2023).
3) 염동욱, 『한국과 이스라엘, 역사의 비밀』(서울:CLC 기독교문서선교회, 2017). · 『새로운 이스라엘 왕국, 신리와 가야』(서울:신일출판사, 김해, 2019).

어 있다. 신라는 1000여 년 동안 히브리 언어와 같이 있었다.

> Al-ldrisi mentioned that Chinese junks carried leather, swords, iron and sillk. He mentions, the glassware of the city of Hangzhow and labels Quanzhou's silk as the best in his records of Chinese trade, al-idrisi also wrote about the Silla Dynasty(one of Korea's historical) Dynasties, and a major trade partner the China at the time), and was one of the first Arabs to do so, Al-idris,s references to Silla led other Arab merchants to seek Silla and its trade, and contributed many Arabs' perception of Silla as the ideal East-asian country.[1]

지도상의 신라는 교역파트너로 활약한다. 모르코 사람이 만든 지도[1154년]가 아랍국과와의 교역을 나타내고 있다. 1292년 마르코폴러 등장의 신라와 아랍과 무역의 활발했던 증거가 있다.

> https: · youtu.be · e2a9Py1dwmk?t=466
> https: · www.youtube.com · embed · e2a9Py1dwmk

신라가 여러 개 표기된 천 년 전 아랍지도이다. 신라는 하나가 아니다. 성경은 아름답다거나 예쁘다는 우리말 그대로 아가서가 알려준다. 아름답고 예쁜 지혜 자 큰 지혜 자이다.

---

1) 신라가 여러 개 표기된, 천년전 아랍지도 | Al Idrisi 지도 #TabulaRoseriana.

2). 율려 법칙

(1). 님과 나와

우리에게는 음의 높이를 지정하고 더 이상 올라가면 안 된다는 법칙이 있다. 절대자에 대한 인식이다. 우리의 문화에는 절대자가 늘 있다. 하나 님이 있다. 음계의 음은 서양 '도' 음에 해당한다. 악학궤범의 황종음이 제시하는 60조도에 절대자의 음보다 높아지면 아니 되는 규칙[1]이 있다. 악학궤범의 음 조절 법은 상 1 2 3 4 5 하 1 2 3 4 5 계층에서 절대음에 대한 규정을 둔다. 절대자 그에게 예의를 갖추는 법칙이다. 천손민족이 가진 하늘아래 살아가는 법칙[2]이 있다. 우리의 윷판에 궁상각치우가 있다. 수직 층과 가로 층 배열의 악학궤범 법칙이 적용된다. 우리의 윷놀이 안에 펼쳐지는 변치와 변궁 안의 방수기로 방과 모에 들어있다. 한 가운데 점은 북극성 자리이다. 태극이 그려져 있다. 부도지 관련의 이 심연 의식은 북쪽을 지향하는 곳에서 사방팔방으로 음을 조정한다. 북쪽에서 인간이 왔고 돌아갈 때는 북쪽으로 돌아간다는 법칙이다. 이 절대치 중심은 다른 음들을 조정한다.

---

[1] 김상일, '동서양의 음악에는 깐부기와 깍두기가 있다' 김상일교수의 한 철학 강의 4부, 우리역사 바로알기 TV.
[2] 참조 · 『명지어문학』 205 『시조문예미학』 20 · 『시조작품 창작리듬론』 175- 176 페이지 · ☰ ☱(하늘) ☱(연못) ☲(불) ☳(우레) ☴(바람) ☵(물) ☶(산) ☷(땅).

율려 법칙은 님과 나와의 관계를 설명한다. 우주의 존재하는 법칙 우리음악 율려 법칙1)이 있다. 우주적 율려가 가지는 율려의 도^{道}는 음^{音}의 질서로 드러내는 악^{樂}과 소리의 질서이다. 가^{歌}가 알리는 몸의 움직임으로 드러내는 무^{舞}이다. 이 움직임은 기^{氣}이다. 기^{氣}는 육체를 가진 존재들의 움직임의 풍류^{風流}이다. 이동하고 변화할 뿐이다. 이 풍류에 황종음의 법칙이 있다. 바람과 밀접하다.

동서남북의 바람이 있다. 동^{東}은 해가 아침에 떠오르는 새로운 의미이다. 서^{西}는 해가 사라진다 이다. 남^{南}은 마ㅎ이다. 남풍은 마ㅎ 바람이다. 북^{北}은 가장 높음이다. 동서남북 바람은 동풍 새^{샛}바람 서풍 하늬 갈바람이다. 북풍 높바람이다. 북이 높다는 인식은 이상하게도 가장 높은 것으로 인식 북극성은 움직이지 않고 늘 그 자리에 서 있다. 그러기에 하늘로 떠받들던 선호하는 사상이 우리에게 있다. 하나 님이 있다. 사람도 마고가 엉덩이를 발로 차서 이 세상에 내보내어진 것이라는 인식이다. 우리의 엉덩이는 새파란 반점이 있다.

중앙에 절대자가 있다. 은하계의 천억 개가 있다. 어마어마한 우주의 기본 에너지가 되는 기의 움직임은 나선형 소용돌이로 태양지구를 돌고 있다. 이 때 태양은 이 우주 공간 시

---

1) 이병택, '갑골문으로 풀어낸 부도지', 마고 #1 | 삼국지, 우하량 적석총 | 국학연구소 이병택 학술위원.

간당 7만 킬로미터로 달린다. 태양계형성들은 태양주위를 돌면서 움직인다. 이 움직임은 지구의 생명체의 삶이다. 생명에너지를 가진 사람은 바람존재이다. 열심히 춤추며 살아가는 바람의 존재이다.

갑골문에 따르면 소매 끝에 실 같은 긴 끈을 늘인다. 고구려 시에 너울너울 춤을 추는 존재 사람이 있다. 금꽃으로 장식한 고깔모를 쓰고 백마처럼 유유히 돌아서면서 너울너울 유유히 돌아서면서 춤을 춘다.

> 금꽃으로 장식한 고깔모 쓰고 금화?풍모 金花?風帽
> 백마처럼 유유히 돌아서면서 백마소일회 白馬小?回
> 너울너울 춤추는 넓은 소매는 편편무광? 翩翩舞光?
> 해동에서 날아온 새와 같구나 사조해동? 似鳥海東?
>
> — 이태백 고구려[1]

---

[1] 발해문자해석 김광석

발해사 연구학자인 홍콩 능인(能仁)서원 한국학과 김광석(金光錫,62) 교수께서 발해사 연구자료를 단편으로 올려주셨다. 金光錫 2008-05-30 20:13:52

渤海文字的解釋: 渤海國太平盛世,百姓在田野種田,生活富有。渤海社會,百姓充滿希望。家庭成員互相信任,和氣。家庭內很滿足和開心。人民把鐵器熔成戰爭武器,家庭用具和農業工具。放工後回家,家庭喜氣洋洋。社會上紀律嚴格,是非分明。人民崇拜天,山,地,河等大自然。百姓崇拜佛教和易學。百姓感謝神的恩惠,他們相信來世得到祝福。渤海文字瓦作者是金氏,朴氏等。金氏,朴氏可能是韓民族的系統。渤海農業生産豊富。例如穀物,薑等。百姓有自製的農業工具及武器。農業工具及武器很珍貴。百姓拜神。百姓待人態度有禮,謹慎。百姓爲出征陣亡的士卒哀悼。保德皇帝命令打仗。成功取得世界。保德皇帝對死去的士兵悼念。皇帝給生還士兵布匹。這就証明了保德皇帝時期,渤海國是太平盛世。可見渤海的文化,感情和韓民族很相似。渤海文字瓦128個字中,解讀了65個字(是本人憑個人的歷史意識推理寫出來,這涉及史學和文學的部分)。

金光錫 2008-05-30 20:16:28

渤海社會使用的語言,缺少文獻資料。但<舊唐書>,渤海靺鞨傳云:風俗與高麗及契丹同。[三國志]東夷傳云, 濊南與辰韓,語言法俗大抵高句麗 同。以上說明,渤海社會的風俗與扶餘及高句麗同。濊與高句麗法俗語言大體相同。渤海社會的使用語言是高句麗語言。肅愼,挹婁,勿吉是古亞語族。可見渤海社會的使用語言不一。大致上推論,渤海國都,使用高句麗語言,鄕郊使用古亞語言。渤海社會大部分使用高句麗語言。渤海國應該繼承了高句麗。

以粟末靺鞨部落言，是由貊貉音而來,而且 風俗習慣相同。這說明了彼此之間的淵源關係。可見扶餘,高句麗,沃沮同屬濊貊語系。

金光錫　2008-05-30 20:36:48
濊貊族的來源:有些說是中原,本人不同意這種說法。因中原是較溫的地方,東北是較冷的地方。一般較冷的地方的人民是移動到較溫的地方。濊貊族是在
松花江西的古族。濊貊族在古代分佈很廣,先後形成了扶餘,高句麗 ,沃沮等王國或部落聯盟。其餘的濊貊部落則散居於東北的松花江,輝發河,圖門江,輝春河及韓半島的北部。先後分隸扶餘與高句麗。粟末靺鞨的祖先。濊族遠在三世紀分佈廣大。其中以吉林中南部地區爲中心。濊貊族在隋唐後的去向,另一說認爲濊貊族遷往韓半島。看渤海族形成的核心勢力,有濊貊族。韓民族形成的骨幹就是濊貊族。金光錫，『渤海族的形成及其社會形態分析』，香港, 1991 .p.100。

金光錫　2008-05-30 20:38:08
濊貊族在隋唐後的去向如何?
濊貊族在隋唐後的分散很廣,看渤海族形成的核心勢力,有濊貊族。韓民族形成的骨幹就是　濊貊族。漢族形成爲 4 個系統就是秦漢時漢族是華夏族,華夏族 形成，三苗,東夷,南蠻,西戎,北狄 ,隋唐時漢族形成，秦漢時漢族 兒狄,氐 羌,東胡,南蠻,西南夷。宋明時漢族形成，隋唐時漢族 突厥,契丹,女眞,蒙古。.民國時漢族形成，宋明時漢族, 滿族,回 ,羌 ,藏 ,蒙 ,苗, 25 個種族。漢族形成爲，4 個系統,25個種族中沒有看出 古亞語族，濊族，貊族，三韓，高句麗，百濟，新羅，渤海族，靺鞨族。金光錫，『渤海族的形成及其社會形態分析』，香港, 1991 .71p .看出 韓民族形成的核心勢力是: 古亞語族，濊族，貊族，三韓，韓民族形成爲多族聯合體。渤海族形成的核心勢力是: 高句麗，百濟，新羅，濊貊系 粟末靺鞨，古亞語肅愼系靺鞨族，東胡系,一部分漢族。渤海族形成爲多族聯合體。以粟末靺鞨部落言,是由貊貉音而來,而且 風俗習慣相同。這說明了彼此之間的淵源關係。可見扶餘,高句麗,沃沮同屬濊貊語系。　濊貊族在隋唐後的去向如何?濊貊族在隋唐後的分散很廣。看隋唐時漢族形成的內容,沒有濊貊族。看渤海族形成的核心勢力,有濊貊族。韓民族形成的骨幹就是　濊貊族。係進己二人,{渤海族源},1983,看出 ,後來 ,濊貊族大都加入漢族理論。這資料的來源提出要明確。錫。

金光錫　2008-05-31 21:27:23
海東盛國(渤海國)，海車産物(渤海土産)。金花，白馬(名馬) 是渤海特産。李白識渤海文。李白對渤海認識深。貞惠公主在唐太學，二年學習李白的詩文學。李白對渤海印象很好。李白詩(高句麗)中，有金花，白馬(名馬) 海東等字句出現，李白作詩的時期是在 8 世紀初中期。當時在東北已沒有高句麗,只有渤海,。李白詩(高句麗)中所指的高句麗，其實是指渤海國。渤海的核心勢力是濊貊族及高句麗系統。渤海國的語言是高句麗語言。服飾，風俗和高句麗相同。在中國文學史上李白是偉大的詩人,李白很喜歡飲酒作樂,有一些網友(netizen)不喜歡李白飲酒作樂。其實杜甫都喜歡飲酒作樂, 中 韓詩人大多喜歡飲酒。其實有一些詩人飲酒後的評論是非常坦白。
[資治通鑑]後晉紀,齊王，開運二年，冬十月,冬十一月。宋白註。高麗太祖云: 渤海我婚姻。渤海本吾親戚之國。由古代王室之間的通婚，親戚關係成立,互相往來，經驗互相交換,漸漸服飾，風俗和語文相同 ,同苦同樂,克服困難,終於同族意識形成 ,結果同一民族形成。高麗和渤海同族 ,高麗對渤海爲同一民族。唐人普遍視 渤海爲異國，可見唐人看渤海爲高麗，百濟的觀點是非常坦白。因爲李白二十年歲以後,四處游歷,因而熟悉民間輿論,用坊間的話語入詩文。李白看渤海爲高麗，百濟,這觀點是唐人普遍的看法。，李白詩(高句麗) 李白詩(高句麗)中所指的高句麗，其實是指渤海國,李白視渤海爲高句麗，百濟。可見 韓國人認爲 唐朝是異國 , 唐文化是異國 文化。渤海對唐關係是應該親善外交關係。

金光錫　2008-05-31 21:30:40
我過去論證: 只有我一人從李白的詩文和資治通鑑史料中,找出渤海史其中的一点,{李白看渤海爲

高麗, 百濟,高麗對渤海爲同一民族}.
〔三言二拍的世界〕, 市井風情,1989年,香港的雜誌內, 看出 李白 ,詩, 玉塵叢叢談中, 提及李白識渤海文, 嚇蠻書 內有記載 李白看渤海爲高麗, 百濟.可見李白渤海爲異國 。宮崎市定,{中國史},1977,京都 . 看出(國)在東亞古代歷史上, 含自主的意義 。 以上論證得出渤海國是有自主性的國家。 李白詩(高句麗)中 所指的高句麗, 其實是指渤海國. 這句話的意思是李白指渤海人民就是和高句麗人民相同之意思. 唐人普遍 視 渤海爲異國。高麗人對渤海普遍 看法: [資治通鑑]後晉紀,齊王, 開運二年, 冬十月,冬十一月. 宋白註. 高麗太祖云: 渤海我婚姻. 渤海本吾親戚之國. 可見高麗和渤海同族. [帝王韻紀]:我太祖八年己酉, 舉國相率朝王京. 此項意味高麗與渤海同族. 以上論證結果, 可見南北國時代成立. 新羅, 高麗渤海爲同一民族. 唐人普遍視 渤海爲異國, 這是我的論證. 可見唐人看渤海爲高麗, 百濟的觀點非常坦白. 因爲李白二十年歲以後,四處游歷,因而熟悉民間輿論,用房間的話語入詩文. 李白看渤海爲高麗, 百濟,這觀點是唐人普遍的看法.

海東盛國(渤海國), 海東産物(渤海土産). 金花, 白馬(名馬) 是渤海特産. 李白識渤海文. 李白對渤海認識深. 貞惠公主在唐太學, 二年學習李白的詩文學. 李白對渤海印象很好. 李白詩(高句麗)中, 有金花, 白馬(名馬) 海東等字句出現, 李白作詩的時期是在 8 世紀初中期. 當時在東北已沒有高句麗族, 只有渤海族. 李白詩(高句麗)中所指的高句麗, 其實是指渤海國. 渤海的核心勢力是濊貊族及高句麗系. 渤海國的語文是高句麗語. 服飾, 風俗和高句麗相同. 在中國文學史上李白是偉人的詩人,李白很喜歡飲酒作樂,有一些網友不喜歡李白飲酒作樂. 有網民(netizen)罵李白爲流氓, 酒鬼. 其實杜甫都喜歡飲酒作樂, 中 韓詩人大多喜歡飲酒. 我也25歲以後作詩當時我喜歡飲酒作樂. 其實有一些詩人飲酒後的評論是非常坦白

漢民族形成爲 4 個系統就是秦漢時漢族是 華夏族,華夏族 形成, 三苗,東夷,南蠻,西戎,北狄 ,隋唐時漢族形成, 秦漢時漢族 兒奴氐 羌,東胡,南蠻,西南夷. 宋明時漢族形成 ,隋唐時漢族 突厥,契丹,女眞, 蒙古。.民國時漢族形成 , 宋明時漢族, 滿族,回, 羌, 藏, 蒙, 苗, 25 個種族。漢族形成爲 , 4 個系統, 25個種族. 中沒有看出 古亞語族、濊族、貊族、三韓、高句麗、百濟、新羅、渤海族、靺鞨族. 金光錫, 『渤海族的形成及其社會形態分析』, 香港, 1991. 71p .看出 韓民族形成的核心勢力是: 古亞語族, 濊族, 貊族, 三韓, 韓民族形成爲多族聯合體. 渤海族形成的核心勢力是: 高句麗, 百濟, 新羅, 濊貊系 粟末靺

鞨, 古亞語肅愼系靺鞨系, 東胡系,一 部分漢族. 渤海族形成爲多族聯合體. 有看出東夷族1個種族 。 如有意見, 請提出論證,

발해문자 해독 첫 시도
[연합뉴스 2006-11-14 09:44:29]
홍콩 발해사학자..″철 녹여 무기, 농기구 만들었다″
(홍콩=연합뉴스) 정주호 특파원
발해인들이 기와에 새겨 유일하게 남아있는 발해 문자의 해독이 처음 시도됐다.
발해사 연구학자인 홍콩 능인(能仁)서원 한국학과 김광석(金光錫.62) 교수는 14일 발해
발해가 창제한 신문자 /발해인들이 남긴 문자 128자 가운데 65자의 의미를 풀어낸 뒤 뜻이 맞도록 재구성하는 방식으로 발해문자를 일부 해독했다고 밝혔다. 이 문자는 발해의 관공서로 추정되는 유적지에서 발견된 기와에 새겨진 것으로 발해 정사(正史)가 아직까지 발견되지 않고 있는 상황에서 발해인이 자체 문자로 남긴 유일한 기록물로 알려져 있다.
홍콩 발해사 학자 김광석 교수
김 교수가 해독한 내용은 ″발해국은 태평성세를 누린다. 철을 녹여서 무기, 공구, 농기구 등을 만들었다. 사회상 규율이 엄격하고 사회악에 대해 옳고 그름을 가린다. 백성들은 부처와 주역을 믿고 또 하늘, 땅, 산, 하천 등 대자연을 숭배한다″는 등 내용이다.
이 기와 글의 제작자는 ″김씨, 박씨, 모씨, 목씨, 비씨″ 등이었다는 내용까지도 김 교수는 해독했다. 발해문자는 한자와 가림다, 부호, 반서자 등을 섞어 새롭게 만든 문자로 발해인들은 이 문자로 역사서와 외교문서를 기록했다. 'ㅁ'자가 들어간 문자는 토속어나 구음으로 풀이되고 ' · '는

강조점으로 사용된 듯 하다고 김 교수는 설명했다. 김 교수는 발해문자의 존재 자체가 발해가 중국의 속국이 아닌 독립국으로서 위상을 입증해준다고 강조했다.
　시선(詩仙) 이태백은 당나라에서 발해문자를 해독할 수 있는 몇안되는 지식인으로 발해와 당나라 사이를 오갔던 외교문서의 번역을 맡았다. 현재 삼국사기나 중국사서 외에 발해인이 남긴 기록은 정혜공주 묘비문의 한자 725자와 정효공주 묘비문 한자 728자, 가림다 정음 38자와 함께 이 기와 문자 128자가 전부다. 김 교수는 "발해 사료가 극히 미미한 상황에서 발해주민이 남긴 이 기와 글은 매우 소중한 사료"라며 "해독 수준이 깊지는 않지만 일단 한국 학자로서 발해문자의 해제를 시도해본다는데 의미를 두고 싶다"고 말했다. jooho@yna.co.kr
　2006.11.19 연합뉴스 홍콩의 발해사 학자인 김광석(金光錫.62) 홍콩 능인(能仁)서원 한국학과 교수는 중국의 발해사 편입 시도는 중화 패권주의에 다름아니라고 목소리를 높였다.
　김 교수는 지난 91년 홍콩에서 '발해족의 형성과 그 사회형태 연구' 논문으로 박사학위를 받으면서 해외 학계에서 처음 발해사 연구로 인정받은 한국학자다.
　김 교수는 18일 그간 한국에 공개되지 않았던 이 논문을 토대로 그간의 남.북한, 중국, 일본, 러시아 등의 발해 사료 및 연구결과를 집대성해 발해사가 중국사가 아니라는 근거를 조목조목 짚었다. ◇말갈은 고대 한민족 = 말갈족은 북방 이민족이 아닌 우리 한민족의 일원으로 고구려 유민들과 함께 발해를 건국한 주도세력이었다. 발해가 건국되던 6세기말 7세기초 시기에 지린(吉林)성 등 동북지방에 7개 말갈족 부족이 있었다. 한민족의 원류인 북방 예맥계가 3개 부족, 고아시아 숙신계가 4개 부족이었고 숙신계 흑수말갈을 제외한 6개 부족이 발해에 흡수됐다.
　김 교수는 "'말갈(靺鞨)'이라는 부족명은 중국이 이민족을 경시해 붙여준 명칭"이라며 "우리에겐 백제와 신라를 침략한, 문화수준도 낮고 야만적인 이미지를 풍기고 있지만 사실은 고대 한민족의 하나"라고 주장했다.
　말갈족 가운데 가장 남쪽에 있었던 예맥계 속말말갈이 발해 건국의 주체가 됐는데 속말수(粟末水.지금의 제2쑹화강)에서 유래된 속말말갈은 부여 계통으로 고구려와 혈연, 지역적으로 긴밀한 관계를 유지하면서 우수한 철기문화를 자랑했다. 삼국시대에도 고구려는 오히려 말갈부족과 연합해 신라와 백제를 공격하는 일이 잦았다.
　고구려 멸망후엔 고구려 유민들이 속말말갈 사회로 쏟아져 들어오면서 발전의 계기를 맞았다. 속말말갈 외에 동옥저, 남옥저의 후예인 백산(白山) 말갈도 역시 예맥계로 발해 건국에 참여했다.
　헤이룽장(黑龍江) 일대에 근거지를 둔 흑수말갈은 발해에 복속되지 않은 채 발해와 군신관계를 유지하다 여진족에게 흡수돼 후에 여진족의 나라 금, 청나라의 주도세력이 됐다.
　◇대조영도 고구려계 = 발해를 건국한 대조영은 속말말갈 부족장 걸걸중상(乞乞仲象)의 아들로 당시 고구려 영토에서 살던 고구려 유장이었다. 중국이 발해사에 대한 동북공정의 근거사료로 쓰는 구당서(舊唐書)에도 "대조영은 본래 고구려 별종(大祚榮者, 本高麗別種)"으로, 신당서(新唐書)엔 "고구려에 붙어있던 속말말갈 사람으로 성은 대씨이다(粟末靺鞨附高麗者, 姓大氏)"로 기술돼 있다. 고구려 멸망후 영주(營州.지금의 랴오닝 차오양(朝陽) 일대)에 강제 이주된 고구려 유민과 속말말갈은 거란족과 함께 도독의 잔혹한 통치에 반기를 들고 일어났다. 당의 여제 무측천은 이들 반당(反唐) 세력을 이간질시키기 위해 걸사비우를 허국공(許國公)에, 걸걸중상을 진국공(震國公)에 봉했다. 속말말갈은 이전부터 자신을 진국으로 칭해왔다.
　책봉을 거부하고 당군과 맞서 싸우던 말갈 추장 걸사비우(乞四比羽)가 전사하고 걸걸중상도 사망하자 걸걸중상의 태자 대조영은 탁월한 지도력을 발휘, 당군의 추격을 물리치고 고구려, 말갈 세력을 규합해가며 실력을 키웠다.
　697년 대조영은 동모산(東牟山)에 성을 쌓고 스스로 진국왕(震國王)이 됐으며 713년엔 발해로 개칭했다. 발해 나라 명에 '國' 사용은 자주독립 공동체 뜻 ◇발해 지배층 예맥계가 주류 = 발해 건국 초기의 인구는 78만명에 불과했으나 고구려 유민을 지속적으로 흡수하고 거란족 190만명과 여진족 60만명을 직접 통치하게 됨에 따라 전성기 시절 인구는 300만명으로 늘어났다. 발해사회 지배계급의 주체는 예맥계 속말말갈 대 씨 왕족과 고구려 귀족관료 출신인 고 씨, 말갈 각 부족

추장, 일부 한족 지주들이었다. 중국 학자가 쓴 발해국지장편(渤海國誌長編)엔 발해 지배계급은 모두 317명이었는데 대 씨 90명, 고 씨 56명, 장 씨 30명, 왕 씨 22명, 리 씨 18명등으로 속말말갈과 고구려가 주축이었다고 전하고 있다. 드물게 눈에 띄는 박 씨와 최 씨도 신라계나 고구려계일 가능성이 있다.

◇이태백도 "발해는 외국" = 당나라 사람들은 당시 발해를 어떻게 인식했을까. 발해는 당시 나라명에 '국(國)'을 사용했다. 이는 자주독립 공동체였다는 의미이다. 당시 발해문자에 능통해 발해 외교문서의 번역을 맡기도 했던 시선(詩仙) 이백(李白)도 발해를 고려(고구려의 의미)나 백제로 부르며 외국으로 취급했다는 기록이 이백의 시문집 옥록총담(玉錄<鹿+土>叢談)에 기록돼 있다. 이백의 혁만서(하<口+赫>蠻書)에선 또 당나라 사람들이 발해를 습관적으로 고려, 백제로 칭했다는 말이 나온다. 특히 발해가 독자적인 신문자를 사용했다는 점은 어느 나라에도 예속되지 않은 자주성을 갖춘 국가였다는 점을 보여준다.

발해가 한자를 사용하긴 했지만 한글의 원형이라는 알려진 가림다(加臨多)와 유사한 글자를 별도로 만들어 사용했을 정도로 문자 사용에선 중원왕조와는 이질적이었다. 단군 고조선 시대의 석각도 발해문자 창제에 참고가 됐을 것이라고 김 교수는 주장했다.

이와 함께 지배계급인 예맥계 고구려와 속말말갈은 북방 몽골어계통 언어를 사용, 의사소통엔 아무런 문제가 없었다. 김 교수는 또 고구려의 영향을 받은 발해의 토장(土葬) 매장방식이나 제사, 전설, 가무 등을 비춰볼 때 고구려의 풍속을 그대로 이어받은 자주국이었다고 논박했다. 독자적 연호 사용… 당도 결국 '國'으로 인정

◇당나라와 전쟁도 불사 = 고왕 대조영에 이어 2대 무왕 대무운(大武芸)은 인근 부족을 정벌, 인안(仁安)을 독자연호로 채택하고 정권을 공고히 한 다음 당 현종이 아직까지 복속치 않았던 흑수말갈 지역에 흑수도독부를 두자 즉각 토벌에 나섰다.

발해가 출격에 나서자 당은 신라로 하여금 발해를 공격토록 했고 이로 인해 신라와는 줄곧 긴장관계에 놓이게 됐다. 대무운은 당으로 망명 투항한 형 대문운(大門芸)을 살해하려 낙양에 자객을 보내는 등 당과는 갈등 관계에 있었다. 대흠무(大欽茂)가 3대 문왕으로 등극하면서 발해는 당시의 최강국 당과의 화평외교에 힘쓰면서 내치 개혁에 주력했다. 762년 당은 발해를 나라(國)로 인정하기에 이르렀다. 김 교수는 "발해는 계속 독자적 연호를 사용했고 34차례에 걸쳐 일본에 외교사절을 파견했으며 또 당나라와 자주 전쟁을 벌인 점은 독립 주권국가라는 사실을 말해주기에 족하다"고 말했다.

책봉, 조공, 수작(受爵)은 당시 강대국에 대한 외교방식의 하나였고 당나라식 행정제도 도입은 중원의 선진문화를 흡수한 것일 뿐 이를 당나라에 예속된 일개 지방정권으로 해석하는 것은 억지라는 것이다. ◇'동거란'이 발해 계승 = 10세기초 발해는 귀족 권력투쟁과 국정 불안으로 사회모순이 커지면서 925년 거란의 야율 아보기(耶律 阿保機)의 침략을 초래한다. 1년만에 홀한성(忽汗城)이 함락되고 애왕(哀王)이 투항함으로써 발해는 229년만에 역사에 종언을 고했다. 고구려계인 고영창(高永昌) 등에 의한 발해 부흥운동이 세 차례 있었으나 모두 실패하고 말았다. 아보기는 그러나 곧바로 발해국 영토에 동단국(東丹國)을 세우고 태자를 인황왕(仁皇王)으로 앉히며 발해국 계승을 선언했다.

당시 발해 유민 300만명중 190만명은 동단국에서 거란의 직접 통치를 받았고 나머지 110만명은 사방으로 흩어졌다. 이중 10만여명은 고려로 넘어갔고 60만명은 여진으로 도피했으며 1만명은 일본으로 망명하기도 했다. 왕족 2명, 귀족 25명을 포함 발해 유민이 대거 고려로 들어오자 고려는 이들을 후대했다. 고려 태조 왕건은 "발해는 본래 우리의 친척 국가"라고 말하기도 했다. 김 교수는 "동단국은 이후 동거란으로 국명을 바꾸면서도 발해의 행정체제와 규모를 그대로 유지했다"며 사실상 동단국은 발해국의 연속이라 할 수 있다고 말했다. 발해는 거란 이후 동북지방의 주도세력이 된 여진과도 특수관계를 맺고 있었다. 흑수말갈이 합류한 여진의 금나라는 당시 동북지구에서 최고 문명을 자랑하던 발해를 대거 포섭해 끌어들였다. 금나라의 역대 황제 가운데 발해족을

생모로 둔 황제는 해릉왕, 세종, 위소왕 등 3명에 이른다. (홍콩=연합뉴스)
　＜추가자료＞
　　발해화폐 추정 금화　발해화폐 추정 금화 뒷면의 의미는 뉴스 inside, (2006/10/05 15:44) 北 만주북단·南 강릉·西 요동반도·東 연해주…광활한 발해영토 형상화한 듯/◇왼쪽부터 서전, 중전, 상전, 남전, 동전/ 발해 화폐로 추정되는 금화 5점(본지 4일자 1면 보도)을 발견한 대진대 서병국 교수(발해사)는 오는 13일 '발해통보'를 공식 공개하겠다고 4일 밝혔다. 이로써 금화가 후속 검증 절차를 거쳐 발해 유물로 확인될지 학계의 관심이 집중되고 있다. 서 교수는 "발해 화폐를 13일 언론과 학계에 공개해 검증 절차를 밟겠다"며 "발해사 연구에 화두를 던지는 심정으로 공개하게 됐다"고 말했다. 금화가 진품으로 인정될 경우 중국의 동북공정으로 왜곡 위기에 처한 발해사 연구에 극적인 돌파구가 마련된다. 특히 화폐 뒷면은 8세기 초반의 영토 범위로 추정되는 그림 형상이어서 발해의 국력과 당·왜 교역뿐 아니라 지리학을 포함한 고대 과학 수준을 재평가할 결정적 단서가 될 것으로 평가된다. ◆발해의 지도?=금화 5점은 뒷면 글자가 저마다 다르다. 상전(上田) 동전(東田) 남전(南田) 중전(中田) 서전(西田) 등으로 구분되는 것. 여기에 제각기 다른 그림이 새겨져 있다. 이들 5개의 그림을 합쳐 보면 발해 영토로 추정되는 형상이 만들어져 관심을 더한다. 이를 발해 지도로 추정할 경우 8세기 초반 영토는 북으론 만주 북단, 남으론 한반도 강릉, 서쪽으론 요동반도, 동쪽으론 연해주 권역까지 이르렀다는 추론도 가능하다. 문제는 김정호의 대동여지도가 나오기 1100여년 전인 8세기 초반에 그 같은 지리적 인식이 가능했겠냐는 점이다. 고대사 전문가들에게 흥미로운 숙제가 던져진 셈이다. 서 교수는 이에 대해 "전쟁을 통해 국가를 세우는 과정에서 지형 인식은 필수불가결한 요청"이라고 전제하며 "지도가 권력과 지식의 결합이란 점에서 가능성을 열어놓아야 한다"고 강조했다. 동국대 윤명철 교수(고구려사·해양사)는 "고대인들도 방위 감각을 가지고 있었다"며 산해경이나 당서에 이미 거리 개념이 이용돼 어떤 식으로든 측정하고 기록했다"며 지도 존재 가능성을 뒷받침했다. 사실 8세기 이전의 지리학에 대한 물증은 옛 사서에서도 찾아볼 수 있다. 발해의 대조영 통치 시기보다 70여년 앞선 고구려 영류왕 때 당 태종 즉위 축하사절단이 '봉역도'를 보냈다는 기록도 있다. 봉역은 경계를 뜻함과 당과 고구려의 국경이 표시된 지도가 7세기에도 존재했음을 말해준다. ◇발해통보 5점의 뒷면에 그려진 그림을 합쳐 서병국 교수가 재구성한 8세기 초반의 발해 영역도. 만주 북단부터 한반도 강릉까지 아우르는 모습이 확연히 드러난다.
　　◆田의 의미=화폐에 새겨진 田자는 발해 건국 세력을 상징하는 것으로 풀이돼 또다른 관심이다. 서 교수는 "田자는 농경지뿐만 아니라 사냥의 의미로도 쓰였다"며 "화폐에 田자가 쓰였다는 것은 농경 위주의 고구려인과 수렵 위주의 말갈계가 융합돼 발해를 건국했다는 것을 실체적으로 보여준다"고 설명했다. 5개의 田은 발해의 5경제도를 시사하는 것으로도 해석된다.
　　◆화폐의 출처=금화의 진위를 가를 변수는 역시 출처다. 서 교수는 이와 관련해 "6개월 전 국내 한 소장가로부터 건네받아 그동안 검증 작업을 해 왔다"고 밝혔다. 소장자는 이북 피란민 출신인 원소장자로부터 구입했고, 이 원소장자는 부친으로부터 발해 수도였던 상경성(중국 흑룡강성 영안시 발해진)에서 1930년대 출토된 화폐를 물려받은 것으로 전해졌다. 보다 상세한 출처·소장 경위는 13일 밝혀질 것으로 보인다.
　　편완식 기자 wansik@segye.com (2008년 06월 05일 21시 30분　　조회:834　추천:12)
　　김광석　　　　　　　　　　　　　　　　　　　2008-06-06 16:59:44
　　田의 의미.hwa pe ka chi ro hae seok han da. u s dal ra. han kuk won ideu si.bal hae jeon i da.jeuk bal hae don (jeon).kuk do e seo sa yong ha neun don rul sang jeon.kuk do wa ka kka un wi seong do si e seo sa yong ha neun don rul jung jeon. byeon bang yo dong ji bang e seo sa yong ha neun don rul seo jeon. heuk ryong kang i nam e seo tong ha neun don rul nam jeon .heuk ryong kang i buk e seo tong yong ha neun don rul dong jeon i ra han keot kat da.田의 의미는 농경지가 아니라.han kuk won kwa kat da.경지의 의미는 dda ro it da. hong kong. suk i ka. sil ryae hat sseo yo.

(2). 신명

갑골문기록복사에는 십자가 모형 ▣일명 십자가가 3회이다. 직접적인 제사를 받지 않고 다만 중간매개체를 통해서만 받는[1] 우러러 보는 대상이다. 실제 갑골문에서는 십자가 모형 ▣과 상제^{上帝}가 구분된다. 하늘에 대한 관심이 집중 되는 바 하늘에 하나 님이 계신다. 하늘 햇빛을 받으며 사는 지혜가 우리에게 있다. 삶이 살^{殺}인적인 삶이지만 햇볕만 쬐면 환한 얼굴이 되는 비법은 곧 살에 햇볕 일명 일^{日}이 들어서 바로 살^{曬} 햇빛쬘 살아, 간다. 우리의 이 슬기는 하나님의 존재에 집중하게 된다. 그 증거로 환한 햇빛을 받았기에 환한 얼굴로 살 수 있기 때문이다. 이 경험으로 하늘을 믿고 환한 얼굴로 산다. 이별이 없는 우리에게 환단고기^{桓檀古記}가 있다. 이 환^{桓}은 갈림길 의미가 있고 이 때 갈림길에서 길을 잘 선택하는 지혜가 우리에게 있다.

'신명난다' 라는 말이 우리에게는 늘 있다. 이 신명에 우

김광석 2008-06-06 17:15:58
발해는 화폐를 田 이라 고 했다. 錫   2008-06-07
14:31:33/ 발해문자의 특징 발해문자의 땅모양 일까? 중국학자는 한자라고 한다. 단 한자와 비슷하다. 단 한자는 아니다. 발해문자에는 표기에 가림다정음 38자를 충실하게 표기했다. 따라서 중원의 한자와 다르다. 발해문자는 독특하고 신비해서 이해하기가 매우어렵다. 발해국은 이 문자로 한자와 혼용하여 역사서인 서기와 대당공식문서를 썼다. 발해문장 작성시에는 한자와 가림다, 한자의 비열자체인 주이자, 부호, 반서자, 기이자를 혼용했다. 발해문자 창조시 문제 한자에서 문자 모양을 참고하고 후에 가림다 정음 38자를 인용했다고 본다. 이래서 발해의 영역문제를 언급하면 동쪽 길림 중부이남지방, 서쪽으로 요동에서 요하수 중상류, 남쪽은 압록강 중류지역 북쪽은 흑룡강 중하류지역임.

1) 최명희, 갑골박사 최명희 갑골문 강좌 10강 | 갑골문 帝는 환웅천왕이다. 우리역사 바로알기 TV.

리의 춤이 있다. 둥근 원을 그리면서 신명나게 춤추는 바로 神^신 자를 쓴다. 신들린 춤을 춘다. 몸 가운데 환한 불을 가진 사람이 춤을 춘다. 하나님의 형상화이다. 불=畀^불이다. 불=畀^불은 새벽이 오면 날이 밝아진다 이다. 해가 솟아나는 이 불 밝음이 있게 되는 때 장 닭이 훼를 친다. 꼬꼬댁 하는 소리를 듣는다. 불씨로 아침밥을 짓는다. 닭깃털 계우^{鷄羽}『사마르칸드에 핀 고리^{高句麗} 닭깃털관 계우관』이 우리에게 있다.

신^神문자의 갑골문 복사가 알려주는 가장 중앙에 불알을 잘 보관 그 얼굴이 환¹⁾하다. 몸에 알을 지닌 가정을 이룬 남자는 머리에 불을 가진 상투를 틀고 관을 썼다. 몸의 불알을 그대로 머리에 얹는 갑골문 빛 광^光자가 있다. 머리에 불을 가진 존재 우리는 하나님의 형상을 닮았다. 환국^{桓國}을 열었다. 4000여 년 전²⁾부터 존재한³⁾ 부여는 산동성에 있다가 춘추시대에 요서에 도달, 다시 길림성에서 그리고 부여지역에 도착했다. 당에 침략당한 뒤에도 수백 년 더 존재했다. 송서이외에도 양사, 남서, 자치통감 등 문헌 기록이다. 흠정만류원류고기록 백제는 왕과 제후를 거느린 광대한 나라다.

---

1) 김양동, 춤의 원형은 무엇을 상징하고 의미하는가 | 한국고대문화 원형의 상징과 해석 31' 우리역사바로알기TV.
2) 심백강, [한사모] 사고전서로 살펴본 요서백제와 신라의 역사-심백강/한뿌리사랑 세계모임 제10차 역사포럼_20151022. 마로니에 TV.
3) 흠정만류원류고: 창나라 황제 건륭제 지시로 부여와 삼한, 신라 발해 등 한국고대사기록된 역사서./『사고전서』

2. 새벽이슬시학

1). 양자역학 시

(1). 얽힘

양자역학 시는 우연의 법칙을 거부한다. 반드시 그 얽힘이 쌍으로 이어진다. 한 세기를 지금도 걸어가는 우리의 디딤돌 위에 서서 과거와 현재와 미래를 잇는다. 그 예는 가락국 시조 수로왕首露王의 수로首露 이름에서 찾아진다. 수로首露의 수首는 우두머리, 처음의 뜻이다. 더구나 뒤 글자 로露 는 이슬 로露이다. 따라서 한 날의 처음, 곧 새벽이슬의 의미를 지닌다. 더구나 수로首露왕의 로露는 은혜를 베풀다 이다. 하늘 위에서 은혜를 내리는 은총을 받는 하늘에서 내리는 성령의 힘을 얻는다. 오직 해 뜨는 나라 극동을 찾아 성령에 이끌리어 가락국에 왔기에 수로왕의 영대왕가迎大王歌 구지가龜旨歌가 탄생하였다.

시골에서 살아본 사람들은 누구나 겪는 벼이삭 위로 뿌우연 안개같이 피어오르는 5-6월의 새벽이슬을 본 경험이 있다. 이제 시의 가치는 하나님의 힘 성령의 힘이 나타내 준 흔적으로 이 힘을 경험한다. 본 저자도 기도의 깊은 경지에서 무릎에 핏방울을 경험했다. 하나님 여호와 יהוה야훼가 내려주는 향기 냄새 예리훈=יָרִיחַ예리훈이 영험의 가치를 알린다. 하나님이 준 역사는 하늘에서 내리는 질소비료이다. 벼이삭이 무럭무럭 잘 자라는 흔적에서이다. 우리에게는 밤새도록 기도하고 맞는 신앙인의 새벽이슬 성령역사와 얽힌다. 김수로왕의 영대왕가迎大王歌가 전하는 번작이끽야燔灼而喫也의 종소리 사역이다. 영=루아흐=רוּחַ루아흐 영 루아흐 영가 향기=예리훈 יָרִיחַ예리훈의 종소리를 울린다. 성령으로 숨 쉬는 소리=헤 ה헤하며 신앙 안=ח헤트 안에서 울려 퍼지는 얽힘이 있다. 빛1)을 낸다.

광물채의 빛이 아니라 생물, 살아있음의 빛이다. 성경에 생물의 왕래가 번개같이 빠르더라겔 1:14가 있다.

הַבָּזָק	כְּמַרְאֵה	וָשׁוֹב	רָצוֹא	הַחַיּוֹת
하바자크	카미르에	바소브	라조	하하요트
D.NMS	P.NMSG	CVQNA	VQNA	C.D.NFP
번개	-같이 빠르더라	-래가	왕-	그 생물의

a flash of lighting as the appearance and returned ran and the living creatures
- 겔 1:14

양자역학을 성경이 증명한다. 분명히 생물의 왕래가 번개같이 빠르더라겔 1:14하였다. 불이 생물 사이에서 번개 소리겔 1:13로 김수로왕은 나라를 다스렸고 수로왕과 허황옥의 이야기이다. 황후 허황옥은 가락국에 올 때 가지고 온 돌을 모아

---

1) 염동옥, 바자크 בזק[bazak]: 번개, 바작→ 반작→ 반짝→ 번쩍→ 번개:『한국과 이스라엘, 역사의 비밀』(서울:CLC 기독교문서선교회 , 2017)., 182.

파사각波娑閣을 세웠다. 파사각波娑閣의 파사波娑는 페르샤선교사가 당태종을 선교하면서 알려진 이름이다. 수로 사랑 결과에는 증명이 따른다. 김수로왕은 그의 영대왕가로 얽힘 시 노래를 드러냈고 첫 이슬을 밟고 신앙생활을 한 증거의 시의 양자 얽힘 시가 있게 하였다. 기도의 끝자락에 붙여지는 효과는 몇 천 년을 무색하게 하는 새벽이슬에 내리는 은혜의 장이라는 점이다.

아무리 척박한 장소의 땅이어도 그리고 목숨을 유지하기 위해 숨어든 지하무덤에서도 신앙은 지켜 현재진행형의 시적 감탄이 있다. 현재진행형 감탄이다. 하나님은 우리에게 감탄어를 주셨다. 아! 감탄이다. 아기 탄생이다. 아기는 태어나면서 아! 울음을 터트린다. 우리에게 감탄어 ㅇ 옛 고어가 있다. 이 ㅇ는 감탄 어이다. 산스크리트어에서 찾아진다. ㅇ=ㅈㅏ 아이다. 사랑의 현주소이다. 감탄어 ㅇ=ㅈㅏ 산스크리트어[1])이다.

문헌상으로 감탄어가 『청구영언靑丘永言』에 있다.

> ㅇ자내황모시필묵黃毛試筆墨을뭇쳐창窓밧긔더거고이제도라가먼어들법잇거마
> 는아므나어더가뎌서그려보면알리라
> 　　　　　　　　　　　　　　　　　　　　　　　- 이북적二北殿 『청구영언』

『청구영언청구영언』 시조 2북전二北殿의 'ㅇ=ㅈㅏ아[2])는 세상에

---

1). 강상원, 『東國正韻 실담어 註釋』(서울: 明倫學術院·2018).,232. 음양의 이치 실담어悉曇語.

서 가장 자연스러운 소리1)이다. 탄생의 종소리이다. 전분별적 미분화적 상태의 알陰陽 female genus, male genus, earth&heaven2)이다. 兒아 탄생소리3)이다. ᄋ=ㅍ는 아=兒로 ㅍᄉㅍᄋ4)아하아이=아하아이이다. 아하하고 감탄하고 태어난 아해5)이다.

태胎태의 생명 근원이다. 알이 가진 문화 목록 어6)이다.

알에 대한 「소요유逍遙遊 장자」의 고기의 곤이鯤鮞 큰 고기 사역이 있다.

---

2) 강상원, 『東國正韻 실담어 註釋』(서울:明倫學術院 · 2018), 232.
1) 김상일교수는 발성기관에서 나오는 특별한 조작이 아니어도 나오는 소리 ᄋ이다. 김상일교수의 인류문명의 기원과 한 강좌 8강 2부. 제우스신화에서 찾은 단군신화. 우리역사바로알기TV.
2) 강상원, 『東國正韻 실담어 註釋』(서울: 明倫學術院 · 2018)., 330-331.
3) 김상일은 문화목록어가 언어 특히 연결에 연결이 되어 눈덩어리가 되어 일어난 현상의 예가 '알'이 있다 하였다. 한국문화형성은 이성과 감성이 화합적 얽힘이다.
4). 강상원, 『東國正韻 실담어 註釋』(서울: 明倫學術院 · 2018).,554. · 通志知 六書略, 7音書.
5). 실담자기. 金剛頂經釋字母品.
6) 김상일, 김상일교수의 인류문명의 기원과 한 강좌 3부 2.홍산문명에서 발생한 언어는 슈메르까지 전달.

(2). 고기

> 북명에 물고기가 사는데 그 이름을 곤이라 한다. 곤의 크기가 몇 천리나 되는지 모른다. 곤이 변하여 새가 되는데, 그 이름을 붕이라 한다. 붕의 크기가 몇 천리나 되는지 모른다. 붕이 힘껏 날아오를 때 그 날개는 흡사 하늘을 드리운 구름같다. 이 새는 바다가 돌 때 남명으로 날아 간다. 남명은 천지이다.[1]

고기는 기독교신자를 대표하는 상징생물[2]이다. 장자가 전해주는 붕새 이야기가 있다. 곧 검은 땅 북명 망망대해를 물고기 곤이鯤鰤가 붕새鵬로 날아 남명南冥 망망대해까지 간다. 대붕으로 날아간다. 이 지혜는 바다冥=溟를 날아가는 아주 큰 물고기 날개가 있게 하여 그 물방울은 3천리나 퍼진다. 고기 대붕은 9만리 상공을 6개월을 남쪽으로 날아간 하늘 연못에 대 붕이 산다.

가락국의 시조 수로왕首露王 능 앞에 새가 새겨져 있다. 알=ㅇ 알은 높이 위에 계신자로 번역되어 하나님을 지칭한다. 큰 알=ㅇ알 높이 위에 계신자이다. 하나님을 지명한다. 높이 계

---

[1] 장자莊子 - 내편內篇 소요유逍遙遊 제해자齊諧者 지괴지야志怪者也
붕지사어남명야鵬之徙於南冥也 수격삼천리擊格三千里 붕이 남쪽 바다로 옮아갈 때 물이 삼천리나 튀게 하고 박부요이상자구만리搏扶搖而上者九萬里 붕새는 회오리바람으로 구만리나 올라 거이육월식자야去以六月息者也 육개월을 날아가서야 쉰다. 야마야野馬也 진애야塵埃也 생물지이식상취야生物之以息相吹也 아지랑이와 먼지는 생물의 숨결에도 움직인다. 야천지창창天之蒼蒼 기정색사其正色邪 푸른하늘빛은 하늘이 본래 띠고 있는 빛일까 기원이무소지극사其遠而無所至極邪 그것이 멀어서 끝이 없어그런 것일까? 기시하야其視下也 역약시칙이의亦若是則已矣 아래를 내려다보아도 또한 이와 같을 따름이다.

　　　　　　　　　　　　　-장자(莊子) 내편(內篇) 소요유(逍遙遊) 2.
[2] 이영지, 『물마임의 시학』(서울: 창조문학사, 2023).

신 자가 이 세상을 행복하게 살아라 명령한다.

우리는 아름답고 예쁘다는 말을 자주한다. 어여쁘고[1], 아름다운[2] 삶을 사는 모습은 지혜자인 가장 예쁜 분을 따라 사는 삶이다. 최첨단 양자역학 이론에 따른다면 하나님=큰 알[3]→עַל알 높이 위에 계신 자가 헬라어 예삐 $ἐπί$[에피 창 7:12]이다. 예쁜 존재 예삐이다. 열매가 있다. 지혜자를 따르는 자의 지혜가 있다. 알타이 산맥을 넘어 갈림길 환桓길을 선택한 하나님 지혜 자 닮기이다. 하나님과 함께 하는 일 알과 함께하는 은 금[4] 난생설화를 가진다.

감사하게도 옛 김수로왕의 영대왕가 예루살렘[5]이 로마 황제가 통곡의 벽만 남기고 전부 파괴[6] 된 새 예루살렘 도성에는 성전이 없다[7]. 이후 천상의 예루살렘[8]으로 변한다. 12사도들이 천국 시민권[9]을 들고 살아가는 곳이다. 생명나무[10]를 붙들고 사는 예루살렘 성 언덕 꼭대기에 12개 성문이

---

1) יָפָה(야파・어여쁘고, 아 1:15, 16, 4:7, 6:4, 10).
2) יָפוּ(야푸・아름다운지, 아 4:10).
3) 티벳 지역의 행정구역중 도시지명 '알' 이 있다.
4) 신라천년왕국의 비밀, 8천길로미터 황금의 초원길 KBS 실험실. 조선의 제국 제 1부, 역사실험, 2017, 9, 17 방영.
5) 왕상 8: 11~12・BC 586 년에 앗수르가 예루살렘을 포위하고 정복하여 파괴된 천상의 도성으로 그 초점이 바뀌게 된다. 권혁승, Ibid.
6) Braden, Gorden Glaudian and Influence: the Realm of Venus. *Aletusa* 12(1979)., 203~32.
7) 계 21: 22.
8) 계 21: 1~5.
9) 빌 3:19~21.

있다. 여기에서 언덕은 고향을 의미하고 에덴을 의미한다. 성전 정육면체1) 문은 12 지파의 회복2) 상징이다. 12지파3)는 지팡이를 들고 하나님 일4)을 하는 말씀의 지혜로 다스려야 할 그리스도인들이다. 이곳에 12개 성문 안에서 하나님 일을 한다.

12개 성문 안 하나님의 백성들은 서로 사랑해야 할 임무를 지닌다. 사랑은 아파하는 특징이 있다. 히브리어말로 아파이다. 사랑하는 사람사이에서만 일어나는 일이다. 아파하는 사이이다. 사랑=아파흐이다. 사랑=אהבה 아파흐 사랑=אַהֲבָה 아파흐 사랑5)이다. 사랑하는 마음이 있을 때는 아파하는 마음이다. 가슴이 아플 만큼 상대방을 사랑하는 마음일 때 아파하는 마음이 일어난다. 서로 사랑하는 자는 나의 안에 있고 그는 내 안에 있어야만 사랑이 이루어진다.

가장 대표적인 다윗이 지닌 끓는 가슴의 아파하는 마음이 있다. 아가서는 솔로몬이 지었다. 아가서는 솔로몬과 아버지의 끓는 사랑이야기다. 하나님 아버지와 아들 사이의 끓는

---

10) 계 22: 2.
1) 계 21: 16~ 에스겔의 포로 귀환 후 환상에서의 성전 암시~ 겔 43: 16, 48: 20.
2) 계 21: 12~14.
3) 민 17: 22, 18: 2.
4) מטה(마타 · 지팡이 · 지파, 민 17: 22, 18: 2).
5) אַהֲבָה(아하바 · 사랑, 신 10:14;아 2: 4, 7, 3: 10; 하나님 사랑에 아파 אָהַב(아하바아 · 그 사랑이, 아 2: 4), 사랑하므로 아파아 אָהַב(아하바아 · 내가 사랑하므로, 아 2: 5).

마방진시학 | 141

사랑 시이다. 이 아파라는 말은 한국에서 자주 잘 쓰인다. 하나님은 아파하셨고 예수$^{여호와는\ 구원}$님은 그 아파함으로 사랑함을 실천하시었다.

다윗 자손 예수[1]의 계보가 있다. 성경은 창세기 1장 전부와 2장 3절까지에서 일곱 날을 보이시고 이 일곱 날의 7대 절기를 보여주시면서 우리들을 사랑하시었다. 이스라엘 백성에게 준→ 유월절^{한날}ㆍ한 분ㆍ예수 → 무교절^{둘째날}ㆍ십자가사건 → 초실절^{셋째날}ㆍ부활 → 오순절^{넷째날}ㆍ성령 → 나팔절^{다섯째날}ㆍ재림 → 속죄절^{여섯째날}ㆍ구속 → 장막절^{일곱째날}ㆍ영원이다. 복음의 물이 말씀이 흐르는 물을 위한 하나님의 일이다.

      하나님이 이스라엘 백성들의 부르짖는 소리를 들으시고 내리시는 하늘이슬[2]은 하나님이 주시는 선물이다. 그래서 하늘의 이슬[3]을 들면 너의 주소가 하늘이슬[4]

---

1) 마 1: 1.
2) ① 하나님은 하늘의 이슬과 מִטַּל הַשָּׁמַיִם(미탈 하샤마임ㆍ하늘의 이슬과, 창 27: 28) 땅의 기름짐이며 풍성한 곡식과 포도주로 네게 주시기를 원하노라 ② 그 아비 이삭이 그에게 대답하여 가로되 너의 주소는 땅의 기름짐에서 뜨고 내리는 하늘이슬 מִטַּל הַשָּׁמַיִם(미탈 하샤마임ㆍ하늘이슬, 창 27: 39)에서 뜰 것이며 ③ 요셉=יוֹסֵף에 대하여는 일렀으되 원컨대 그 땅이 여호와께 복을 받아 하늘의 보물인 이슬 וּמִטַּל הַשָּׁמַיִם(우미탈 하샤마임, 신 33: 13)과 땅 아래 저장한 물과 ④ 이스라엘이 안전히 거하며 야곱의 샘은 곡식과 새 포도주의 땅에 홀로 있나니 곧 하나님의 하늘이 이슬을 내리는 곳에로다 שָׁמָיו יַעַרְפוּ ~ טָל(샤마이브 아레푸 탈, 창 33: 28) ⑤ 그러나 그 뿌리의 그루터기를 땅에 남겨두고 철과 놋줄로 동이고 이것으로 들 청초 가운데 있게 하라 이것이 하늘이슬에 וּבְטַל שְׁמַיָּא(우브탈 쉬마야, 단 4: 15) 젖고 ⑥ 왕이 보신즉 한 순찰자, 한 거룩한 자가 하늘에서 내려와서 이르기를 그 나무를 베고 멸하라 그러나 그 뿌리의 그루터기는 땅에 남겨두고 철과 놋줄로 동이고 이것을 들 청초 가운데 있게 하라 이것이 하늘이슬에 וּבְטַל שְׁמַיָּא(우브탈 쉬마야, 단 4: 23) 젖고 또 들짐승으로 더불어 그 분량을 같이 하며 일곱 때를 지내리라 하더라 하시오니 ⑦ 인생 중에서 쫓겨나서 그 마음이 들짐승의 마음과 같았고 또 들나귀와 함께 거하며 또 소처럼 풀을 먹으며 그 몸이 하늘이슬에 וּבְטַל שְׁמַיָּא(우브탈 쉬마야, 단 5: 21)젖었으며 지극히 높으신 하나님이 인간 나라를 다스리시며 자기의 뜻대로 누구든지 그 위에 세우시는 줄을 알기까지 이르게 되었나이다 ⑧ 그러므로 너희로 인하여 하늘은 이슬을 שָׁמַיִם(미탈 쉬마임, 학 1: 10) 그쳤고 땅은 산물을 그쳤으며.
3) מִטַּל הַשָּׁמַיִם(미탈 하샤마임, 창 27: 28).

에 뜬다. 하늘의 보물인 하늘이슬[1]이 야곱의 샘이 되었다. 복 받는 이 곳은 늘 하늘에 아래[2]기 때문이다. 말씀을 삼아 하늘이슬[3] 젖어서이다. 하늘이슬에[4] 젖는 일은 몸이 하늘이슬에[5] 젖는 일이다. 그 이유는 지극히 높으신 하나님이 인간 나라를 다스리시며 자기의 뜻대로 누구든지 그 위에 세우시는 줄을 알게 복을 몸에 바르는 일이다. 하나님은 늘 하늘이슬을 내리리나[6]로 멈추지 않으신다.

이 하늘이슬[7]이 이스라엘 백성이 머무는 진에 내릴 때 만나도 같이 내린다. 말씀이 맺히는 이슬[8]이기 때문이다. 이 이슬[9]이 특별한 곳, 곧 하나님이 내리시겠다고 하신 허락되는 장소에서만 내리시는데 그 예는 양털에만 있게 되며 또 그 이슬을[10] 짜니 물이 그릇에 가득하게 하시었다.

이슬은[11] 하나님 지식이 그 흔적으로 내려지는 것이며 하나님의 은택이 풀 위에 내린 이슬[12]이다. 사랑하는 자를 찾는 자인 내 머리의 이슬이[13]어서 이스라엘에게 이슬[14]로 내린다. 곧 하나님이 택하신 백성에게 내린다. 하나님 백성에겐 단비가 내린다.[15]

영대왕가의 수기현야^{首其現也}의 기^其는 우리말 터이다.

---

4) מִטַּל הַשָּׁמַיִם(미탈 하쇼마임·하늘이슬, 창 27: 39).
1) וּמִטַּל הַשָּׁמַיִם(우미탈 하쇼마임·하늘의 이슬, 신 33: 13).
2) שָׁמָיו עָרְפוּ ~ טָל(쇼마이브 아레푸 탈·하늘이 이슬을 내리는 곳, 창 33: 28).
3) וּבְטַל שְׁמַיָּא(우브탈 쇼마야·하늘이슬, 단 4: 15).
4) וּבְטַל שְׁמַיָּא(우브탈 쇼마야·하늘이슬에, 단 4: 23).
5) וּבְטַל שְׁמַיָּא(우브탈 쇼마야·하늘이슬에, 단 5: 21).
6) וְהַשָּׁמַיִם יִתְּנוּ ~ טַלָּם(베쇼마임 이튼누 탈람·하늘이 이슬을 내리니, 슥 8: 12).
7) 출 16: 13; 민 11: 9).
8) 신 32: 2.
9) 삿 6: 37.
10) 삿 6: 38.
11) 잠 3: 20.
12) 잠 19: 12.
13) 아 5: 2.
14) 호 14: 5.
15) 이영지, 『물마일의 시학』 '기도와 하늘이슬' (서울: 창조문학사, 2023)., 373.

타=其기는 terk 기초 토대 조선타(유창돈학설) 알타이어 (만주 퉁그스어군) 만주어 토대 taxə 토대 기초 틀 뼈대 물건을 놓는 다리부분의 터 틀 터 tasu 原 고향 본향 tasuba irgan 토착민 어웡키어 takan tətkar 뿌리 기원 창립자[1]

성령의 힘이 미치는 수로왕의 터 수기현야^{首其現也}의 현야^{現也}는 나타남을 의미한다. 느티나무 느티버섯에서 글자에서 나타난 이 '현야^{現也} 곧 나타남이야'로 잘 번성함의 이 현야^{現也}는 영대왕가에서 2회 수기현야^{首其現也}와 약불현야^{若不現也}에서다. 수기현야^{首其現也}와 약불현야^{若不現也}의 현야^{現也}와 현야^{現也}는 많다는 의미와 더불어 강한 성령 임함이다. 영대왕가에 임하는 성령은 성령의 불로 완전히 불의 성령임재를 보여준다. 이에 온 제사장과 지도자들은 번쩍이는 성령에 취한다.

약불현야^{若不現也}의 약^若

若= 十 + 十 =20이다. 그리고

友=같은 사람들이 모여의 뜻이다. 따라서

若= 十 + 十 + 十 + 友=若=성령의 불을 받은 사람 20명이 된다. 따라서 무대 위에 사람들 20명이다. 동시에 이중^{二重}의 미가 추가된다. 若=만약은 부정의미가 있다. 그리고 그 다음에 이어지는 약불^{若不}로 하여 이중의미 부정에 부정을 뜻하므로 대왕이 그와 뜻을 같이 하는 사람 20명과 더불어 무대 위

---

1) 김상일, 김상일교수의 인류문명의 기원과 한 강좌 3부 2.홍산문명에서 발생한 언어는 슈메르까지 전달되었다.

는 완전히 성령의 불로 감싸여져 있는 현황 약불현야^{若不現也}이다. 보어역할이다. 무대상황을 설명하고 있다. 이러한 분위기는 다음 구절에서 더욱 구체화 되는데 즉 若자가 처음에 오는 경우 약숙=若熟^{약숙} 완전히 익지 않는 뜻이어서 뒤의 단어를 부정하는 의미이다. 따라서 영대왕가의 약불현야^{若不現也}의 일 경우 약불^{若不}은 부정의 부정임으로 긍정의미가 된다. 숙어 양약부지^{佯若不知} 역시 부정의 부정으로 알고도 모르는체 함이다. 액배^{若輩}의 경우도 젊고 경험이 적은 사람 즉 부정의 의미로 쓰인 예를 들 수 있다. 따라서 영대왕가의 문구 약불현야^{若不現也}는 두 번의 부정 약불^{若不}로 하여 오히려 수로왕의 강한 성령임함을 드러낸다. 강한 부정의 부정임으로 하나님의 능력으로 번쩍이는 불 곧 불이 두 번 나타남의 영대왕가의 燔灼번작은 더욱 강한 의미로 다가간다. 이 불 화=火가 2회사용으로 불성령의 강한 이미지이다. 따라서 성경이 제시하는 2회리듬 강조로 하나님과 그 아드님의 강력한 역사가 행해진다. 그 힘 번작^{燔灼}번쩍하며 연기가 치솟는다. 이 성령강력은 말씀 들고 오$^{아\ 3:6}$기에 바알신 이^{而} 귀신이 끽하고 달아난다.

생명의 의미는 두 발로 일어서는 일이다. 힘을 내 일어서래!! 전한다. 천부경^{天符經}의 숨은 메시지 1의 11[1]) 11 지체원리

---

1) 11지체원리^{十一之体原理}의 체^{体}는 숨겨진 수 곧 개체이다. ˙10+1 ・ 9+2 ・ 8+3 ・ 7+4 ・ 6+5가 되는 원리 ・ : 임병학, 원광대학원 교수 주역특강 2 ・ 주역과 하도 낙서론. 하도란 말은 서경에 大玉夷玉天球河圖在東

十一之体原理이다. 일어나라 메시지는 이상 시에서 11회를 110번이나 시제 4호에서 사용한다.『이상시학李箱詩學 일어나라』1) 시편 13편은 처음부터의 여호와여 어느 때 까지이니까 처럼 간절하다 못하여 비통하다. 아련한 고향그리움으로 마음이 풍요로워질 때 고향에 못가는 심정을 하나님 얼굴 보고 싶어, 지붕 안으로 들어가고 싶어, 여호와여 어느 때 까지 이니까 나를 영원히 잊으시나이까, 주의 얼굴을 나에게 언제까지 숨기시겠나이까 이 애절한 절규하는 아드~ 아나=אנה ~ עד아드아나= אנה ~עד=אנה아드~아나이다. 다윗의 자손 예수 아드~ 아나=אנה ~עד=אנה아드~아나2)이다. 증거=아드=עד아드3)는 홀로 쓰이지 아니하고4) 줄 이음표 ~로 이어 아나=אנה아나5) 이다.

종일 마음에 근심하기를 어느 때 까지 하오며 내 원수가 나를 쳐서 자긍하기를 어느 때까지 하리이까 라고 묻는다.

夷序-서경 顯命 ・ 天生神物이어늘 成人이 則之 ・ 天地變化하여 ・ 成人이 爻之(효지)하며 ・ 天垂(수)象하여 ・ 見吉凶이어늘 ・ 成人이 則之하니(계사상, 11장) 참조.

1) 이영지,『이상시학李箱詩學일어나라』(서울: 창조문학사, 2023)., 125-149.
2) ממני פניד את תסתיר I אנה~ עד נצה תשכחני יהוה אנה ~עד(아드~ 아나 여호와 트스카헨니 나자 아드~ 안나 I 타스티르 에트~파네하 밈멘니 ・여호와여 어느때 까지이니까 나를 영영히 잊으시나이까 주의 얼굴을 나에게 언제까지 숨기겠나이까, how long O LORD wilt thou forget me forever how long I the face from me how~long, 시 13:3).
3) עד(아드 ・ 증거).
4) George H. Van Kooten, *The Creation of Heaven and Earth*(Leiden: Brill, 2005), 61:.
5) אנה(아나 ・ 어디로).

그리고는 아들~아나=아드~아나=עַד־אָנָה아드~아나라고 묻는다. 이 아드~아나=עַד־אָנָה를 עננה[1]로 낭독하는 순간에 하나님의 아들을 부르는 순간 마음의 평안을 누린다. 원수[2]를 이기는 때다. 말씀으로 나날을 보내는 나날=요맘=יוֹמָם=יוֹמָם요맘[3]때다. 아느냐 여호와…아니 עֵינַי … יְהוָה עֲנֵנִי아느냐 여호와…아니=4)이다.

하나님이 간절히 아들을 바라 아느냐 여호와… 아나5)라고 해버렸다=הַבִּיטָה=הַבִּיטָה하비타6)의 하나님으로 하여 우리의 삶에서 가장 무섭고 두려운 사망을 이기는 일이다. 원수7)가, 나를 땅 속에 묻으려 할 때 중심을 잡게 하시고 나대신 원수를 잡아 주시기에 유혹을 이긴다. 성경은 이길=יָכֹל=야콜8) 이걸 이기려면=이카르티브=יְכָלְתִּיו=יְכָלְתִּיו이카르티브9) 내가 하나님보다 더 낫다는 마음을 버리는 일이다. 예수여호와는 구원=구원=예수아=ישׁוּעָה예슈아으로 구원 안에 들어가 여호와 위하여=라여호와=יהוה=לִיהוָה라여호와10)로 사는 일이다. 사역 엘로힘 33번창 1:1~2:311)으

---

1) 시편 13.
2) אֹיְבִי עָלַי(오예비 알라이 · 내 원수가, VQPACXS P.CXS, mine enemy over me, 시 13:3).
3) יוֹמָם(요맘 · 날,AB, daily, 시 13:3).
4) עֵינַי … יְהוָה עֲנֵנִי(아네니 여호와…에나 · 여호와여 응답하시고 … 나의 눈을,VQMMYS.CXS, and hear me…NFD.CXS, mine eyes, 시 13:4).
5) עֵינַי … יְהוָה עֲנֵנִי(아네니 여호와…에나 · 여호와여 응답하시고 … 나의 눈을,VQMMYS.CXS, and hear me…NFD.CXS, mine eyes, 시 13:4).
6) הַבִּיטָה(하비타 · 생각하사, VHMMYS, Consider, 시 13:4).
7) אֹיְבִי(오예비 · VQPA.CXS, mine enemy, 시 13:5).
8) יָכֹל(야콜 · 이기다, 억제하다).
9) יְכָלְתִּיו(예칼레티브 · 나를 이기었다, VQACXS, have trusted, 시 13:5).

로 우리에게 구원이 온다.

하 정관사가 붙은 성경 구절이 있다.

① 이스라엘에 큰 구원을 이룬 요나단이 죽겠나이까? 삼하 14:45
הַיְשׁוּעָה הַגְּדוֹלָה הַזֹּאת בְּיִשְׂרָאֵל… 하예수하 하가돌라 라주아트 베이스라엘…

② 구원의 우물들에서 사 12:3
מִמַּעַיְנֵי הַיְשׁוּעָה 미마아예미 하예수하아
D.NFS P.NMPG
구원의 우물들에서

③ 이 구원이 여호와께 있사오니 시 3:9
לַיהוָה הַיְשׁוּעָה 라여호와 하예수아

정관사 3번 기록이 보여주는 구원은 사람의 생활도 하나님이 그의 형상으로 만든 사람이 이룩할 수 있는 하나님의 거룩한 모습 닮기로 세상을 이기게 하신다.

사람은 영물이다. 하나님의 영을 받은 존재이다. 그러기에 귀하다. 귀한 생각을 가지면 귀한 존재가 되고 귀신을 받들면 귀신같은 존재가 된다. 그러기에 사람의 생각이 아주 중요하다. 하나님을 받들며 사는 일생에는 하나님이 그의 계획을 맡긴다. 인간의 보편적인 생각 밖의 일이 일어난다.

---

10) לַיהוָה(라여호와).
11) 창 1:1~2:3.

(3). 가장 사랑하는 임

가장 사랑하는 임!=עִם임 함께=עִם임은 함께1)이다. 임을 하2)로 표시하는 님하, 혹은 임하3)가 있다. 인간이 가장 바라는 소망 사 하4)이다. 어르신 어라하 하나님의 하!5)이다. 엘라하6)는 하나님 엘7)에 하가 붙는 여호와의 약자 야=יהּ야יהּ야 사 38:11 야8)의 동일하다. 놀랍게도 백제 근초고왕 이름 어라하의 '하' 가 있다.『용비어천가』9)에 "님금하 아라쇼셔" 의 "..하" 님금하! 이다. 임하!10)이다. 비록 언어는 한국어와 히

---

1) עִם(임·함께, P. with, 대하 2:13 20:1).
2) עִמָּךְ(임하·당신을, P.MYS, thee, 대하 20:6).
3) עִמָּךְ(임하·당신을, P.MYS, thee, 대하 20:6).
4) ה(하).
5) ה(하).
6) אֱלָהּ(엘라하, 렘 10:11).
7) אֵל.
8) יָ(야).
9) 보물 제1463호, 명 칭 용비어천가(龍飛御天歌), 분 류 기록유산·전적류·목판본·왕실본, 수량·면적 3권3책,2권2책, 소재지: 계명대 동산도서관, 서울 종로구 서울역사박물관, 시대: 조선시대, 소유자(소유단체) 계명대학교, 서울역사박물관 관리자(관리단체) 계명대학교, 서울역사박물관.
『용비어천가(龍飛御天歌)』는 훈민정음(訓民正音)이 창제된 후 정음(正音)으로 기록된 최초의 문헌임과 동시에『월인천강지곡(月印千江之曲)』과 함께 조선시대 악장(樂章) 문학의 대표적 작품으로 평가되고 있는 책으로서, 세종조의 국어학과 서지학 연구에 중요한 자료; 계명대학교 소장『용비어천가』는 전10권 중 권8~권10의 3권으로 자체(字體)는 조선초기에 유행한 조맹부(趙孟頫)의 송설체(松雪體)로 판각, 판심(版心)에는 조선초기 형식~ 흑구(黑口)에 내향흑어미(內向黑魚尾)가 있어 초간본으로 추정, 그러나 장차(章次)에 몇 군데 오각과 수정한 흔적이 있음~ 초판본 책판의 수정을 거쳐 인출한 것으로 유추.
10) עִמָּךְ(임하·당신을, P.MYS, thee, 대하 20:6).

브리어의 구별 차이이지만 똑 같은 해!로 표시한다. 그 가치는 동일하다. 최고의 존경과 최고의 친밀을 알리며 간절히 부르는 소리이다.

우리말에도 사랑하는 대상 남자와 여자들이 서로 상대방에게 부를 때 부르는 말버릇이 있다. 자기야!의 야이다. 곧 하나님이 만들어 내신 '자기야=남자' 이다. 한국에서는 일상에서 서로 사랑하는 사람을 향해서 "자기야!" 부른다. 하나님이 짝지어준 상대방1)을 애정 어린 목소리로 부른다. 이 언어 안의 이 '자기야' 의 ...야는 성경에서 야הָיָ;야이다.

우리말에 아빠야=הָיָבִאֲ아빠야 즐거하다2)가 있다. 아빠야=הָיָבִאֲ아빠야 즐거하다 우리 아빠야! 우리나라 사람들은 자기 남편을 아빠라 하기도 하고 자녀들도 아버지를 아빠라 부른다. 물론 히브리어 근거하면 הָיָ;야는 절대자의 약자이다. בָאֲ아브 아버지=בָאֲ아브 아버지이다. 그러므로 아버지 하나님 아바아버지이다.

나를 봐3) 내게 와 하나님이 낳으셨기에4) 새 하늘과 새 땅5)을 알게6)하신 하나님을 성경은 자기라=רכז רכז자카르7)라

---

1) רכז(자가르 · 남자, NMS, male, ἄρσεν, 창 1:27).
2) הָיָבִאֲ(아빠야)이다. 즉 절대적인 분에 대한 경외이다. 히브리어 הָבָא(아바 · 즐거하다 · 원하다 · 기뻐하다, 신 1:25).
3) הָבָקְנ(내게봐 · 여자, NFS, female, θῆλυ, 창 1:27).
4) השׂעֲנַ(나아서 · 만드셔, VQICXP. Letus made, Ὁ ἡ σωμεν, 창 1:26).
5) καινοὺς δὲ οὐρανοὺς καὶ γῆν(카이우라노우스 데 카이 겐 · 새 하늘과 새 땅, new heavens and earth, 벧 후 3:13).

한다. 한국에서 흔히 부르는 우리 자기야!이다.

이처럼 한 단어 끝말에 '하' 나 '야' 로 부르는 특징인 혹은 하나님을 향하여 부르는 친밀한 특수 언어의 어미 말법 '하ㅎ흐' 는 숨 쉼 의미이다. '하ㅎ흐 °ㅇ ,요드는 하나님의 능력이 만들어내는 가치를 알리는 ㅎㅎ흐' 와 요드 ,요드 손이다. 하나님의 손으로 만드신 숨 쉼과 숨 쉼 소리이다.

구약 전체가 예수여호와는 구원님 메시아1)에 관한 해석을 비롯하여 하나님의 단일한 저작2)설과 기독론적 해석3)과 수리에 대한 길이 열려4) 그리스도와 십자가가 구약의 아브라함의 종들에서 보인 숫자로 본다. 아브라함에 속한 318명에게 할례를 베풀었다는 10과 8에 주목하고 10은 1이며 8이 합하여 예수여호와는 구원 의미에 접근한다. 더구나 히브리어 마지막 타브ㄱ타브 글자는 십자가의 뜻으로 예수여호와는 구원님과 관련한다. 타브ㄱ타브 글자는 최초의 갑골문자 십자모형 ▨이다. 그리스도를 에덴동산과 관련5) 신앙 고백 기능6)의 단서로도

---

6) ἐγνώκατε(에그누카테·알게, ye have known, 요 일 2:13).
7) זכר(자카르·남자·기억, 창 1: 27, 32: 13).
1) Chistian 146. Frend, Sit 26, Rowan Creer, *Christian* 146. Frend, Sit 26(1973), 144.
2) 「Church Father」 212.
3) Dockery, Biblical Interpretation, 157.
4) Bam 8: 1~5, trans. James A. Klist, Ancient Christian Writers, no. 6(Westminster, MD: Newman, 1948), 9: 8~9.
5) Hanson, Biblical Exegesis.
6) R. P. C. Hanson, 「Biblical Exegesis」 427. Irenaeus, Against Heresies,

마방진시학 151

잡힌다. 에덴은 고향 의미이고 한국에서 언덕이라는 말이 있다. 지금도 지명 부여가 있다. 이 부여이름이 언덕의미이다. 크다는 뜻이다. 큰 나라를 이루었던 부여 그 옛날 우리가 살았던 근거는 김해 대성동 고분에서 발견되는 부여[1]는 중국 라마동 고분과 유사하여 그 범위가 400여 소장품 발견으로 존재가치를 알린 역사를 숨기고 있다. 촛불모양 손잡이 등 가야토기와 같아서 라마동 고분군은 대성동 고분과 유사하다. 직사각형 무덤과 같다. 목곽묘형식은 나무각재로 만든 대성동 고분과 일치한다. 애원형 말안장의 모습도 대성동 고분과 유사하다. 같은 계통의 이 증거들은 천양시 라마동 고분에서의 인골분성은 형질인류학으로 본 부여인이라는 것이다. 이 부여의 유사성은 부여가 중국의 기림시가 700여 년 간 존재한 세련된 장식형식은 철검을 사용하였다. 가락국의 철기문명은 도마와 더불어 김해까지 왔다. 부여의 인력들이 탈출하여 346부여족 일파가 대성동 까지 이르러 가야의 지배자가 된다. 지금의 김해와 현재의 부여의 형질인류학은 부여가 가진 그 끈질긴 생명력이 대성동 고분은 88호 유물 1990년 파형동기 12개 발견 되어 토착세력과 합하여 가락국을 고구려 백제의 가락국의 현주소를 알려준다. 파형동기는 약 4-11cm 모양이다. 방패용이다. 이 파형동기는 일본에서

39~41장.
1) 2020. KBS역사스페셜 - 대성동 고분의 비밀, 가야인은 어디서 왔는가.

김해에서 발견되는데 가야인이 일본에 철강석 기술을 그들에게 주고받은 부품이다. 갑옷과 투구는 철제기술은 일본에 수출되고 그들에게서 받은 파형동기 형식은 방패로서 사용되었다. 해상교역의 대외교류증거들이다. 김해평야는 다 바다였던 천해 항구로서 대성동 지배층은 일본에 수출과 중국에서 발견되는 라마동 고분유사성은 그 교역지대가 가야는 삼국사가 알려주는 약한 나라가 아니라 대륙의 문화와 해상 문화가 겸비하였다.

우리들에게 예수님의 피와 살을 먹게 하여 살게 하시는 유월절이 있다. 곧 마=~어찌하여=~מה=~מָה^마1)의 호소하는 믿음2)을 보시고 해결 해 주신 이 어찌하여의 마=~어찌하여=~מה=~הַמ^마3)에 라메드4)를 붙여 물로서 해결하라며 그렇게 하라마=הַ מַלְמָה?^라마5)하신다. 곧 말씀으로 하는 신학이다.

신앙시의 가능성은 구원의 문학이 되게 한다. 죄악이 12가지라 할지라도6) 하나님 방법7)은 죄악을 없애신다.

---

1) ~מָה(마 · 물을 소망).
2) Ibid.
3) ~מָה(마 · 어찌하여).
4) ל(라메드..을 위하여).
5) לְמָה?(라마 · 물로서 해결).
6) 우상 섬김(신 27: 15) · 부모를 경홀이 여김(신 27: 16) · 이웃의 지게 표를 옮기는 자(신 27: 17) · 소경으로 길을 잃게 하는 자(신 27: 18) · 고아와 과부의 송사를 억울케 하는 자(신 27: 19) · 계모와 구합하는 자(신 27: 20) · 짐승과 교합하는 자(신 27: 21) · 아비의 딸과 어미의 딸과 규합하는 자(신 27: 22) · 장모와 구합하는 자(신 27: 23) · 이웃을 암살하는 자(신 27: 24) · 무죄 자를 죽이고 뇌물을 받는 자(신 27: 25) · 이 율법의 모든 말씀을 실행치 않는 자(창 27: 26).

2). 파사각^{波娑閣}

　가야 수로왕릉입구 문양은 두 마리 물고기[1])가 입을 마주한다. 가야왕 때 인도에서 온 황후 허황옥의 사실과 연관된다. 허황옥은 가벼운 배에 돌을 실어 그 무게감으로 안정적으로 항해 하였다. 허황옥은 이 돌을 파사각^{波娑閣}을 세워 기념하였다. 당 태종 병 치유 차 온 페르샤 선교사의 기독교인으로 하여 한자로 차용된 파사이다. 당나라 사람들은 그리스도인들을 파사라는 이름을 따 파사각 명칭을 붙이게 된다. 가락국 시대의 파사각은 기독교 영향권 영향 명칭이다.

　영주 평은 면에 도마바위를 직접 가본 본 연구자는 도마가 우리나라에 왔었던 검증$^{이용봉\ 목사}$이다. 외국과 교류 활발[2])증명이 되는 일이다. 수로왕릉 앞 쌍어문양의 그림에는 가운데 떡과 양쪽 고기 두 마리$^{마태\ 14:17}$ 가야 쌍어문양이 있다. 가버나움 쌍어문양과 동일[3])하다. 김수로왕은 스구이아인$^{골로세\ 3:11}$ $^{절\ scythian}$으로 김수로왕은 북방계 유태인이다.

---

7) ..ㅎ(라메드 · ~ 와 ..을 위하여).
1) 김병모(고려문화재연구원이사장), 고려사이버대 고려특강, 김수로왕과 허황옥 -가락국의 상징, 쌍어문의 의미는.
2) KBS 수로왕능, 역사 탐방참조(2010).
3)H. D. 류돌드, 창세기 주석, p. 323dp 가운데 떡 양쪽 고기 문양과 일치. 문양 안에는 빨간 점의 십자가 피가 그려져 있다. 똑 같은 모양이 이스라엘 가버나움에 있다.

154 제 2장 해학시학

3). 을

 바빌로니아, 피라미드 지역에 있는 쌍어고기[연대순 BC 8세기]문양과 김해지방 쌍어고기 문양은 1세기경이다. 수로 왕 이름 자체가 수[首, 처음 수] 로[露, 이슬 로]이다. 히브리어 '사르'는 왕 의미다. 기독교 신앙시각은 수로왕 의미는 은혜를 처음 받는 이름이다. 처음으로 은혜를 받는 이 자리는 홀로가 아니라 구간의 2-300명이 함께 모여 합창을 한 역사기록은 지금도 3월 25일 왕의 임관식 형식을 치른다[이용봉 목사]. 히브리어 사르라는 발음은 왕 의미이다. 김수로왕은 알에서 나왔다. 그대로의 의미 알 님이다.
 우리에게 하나님 명칭이 있다. 큰 알님[1])이다. 우리 고어 올이다. 현대어로 '알=עַל' 가장 높은 곳에 계시어 우리와 함께 늘 있는 분이다.

　① 그러므로
　　(그러) -(므로)
　　עַל כִּי
　　AB　P
　　therefore

　　　　　　　　　　　　　　　　　　　　　- 아 1:3에서

　② 양떼 곁에서

---

1) 김양동, '빗살무늬 토기는 빗살이 아니라 빛살이다 ! 한국고대문화 원형의 상징과 해석' 우리역사바로알기TV.

양떼 곁에서
עַל־ עֶדְרֵי
P-NMPG P
the flok of that turneth aside by

— 아 1:7에서

③ 목자들의 장막 곁에서
עַל־ מִשְׁכְּנוֹת הָרֹעִים
P-D.VQPAMP NMPG
beside- tents the shepherds'

— 아 1:8에서

④ 산에서-…침상에서
עַל הָרֵי… ~ עַל־ מִשְׁכָּב
P NMPG - … NMS.CXS
upon- the mountains -…on my bed

— 아 2:17~3:1에서

⑤ 허리에
עַל־ יָרֵךְ
P- NFS.MZS
upon- his thigh

— 아 3:8에서

⑥ 문 곁에
עַל־ שַׁעַר
P- NMSG
by-the gate of

— 아 7:5에서

⑦ 그 사랑하는 자를
עַל־ דּוֹדָהּ
P- NMS.FZS
upon- her beloved

— 아 8:5에서

156 제 2장 해학시학

⑧ 그 위에
עָלֶיהָ
P FZS
upon her

— 아 8:9에서

⑨ 산들 위에
עַל הָרֵי
산들 위에
P NMPG
upon the mountains

— 아 8:14에서

위의 ①②③④⑤⑥⑦⑧⑨에서 알עַל은 높이 계신자עַל알 호세아서 7:16, 창 12이다. 아가서는 단순한 남녀간의 사랑이야기가 아니다. 위에 있는 하나님을 지칭עֲלִי רֹאשׁ 로쉐흐 알라이흐 당신의 면류관한다. 이처럼 하나님은 곁에 계시분이고 그리고 함께 하시는 분이다.

이 알과 관련한 한국의 문예작품이 있다.

알이랑 알이랑 알알이요
알이랑 고개를 넘어간다

파마르고원 천산산맥
알타이 산맥을 넘어간다

알이랑 알이랑 알알이요
알이랑 고개를 넘어간다

알이랑 고개는 대홍수후
동방으로 올 때에 넘은 고개

알이랑 알이랑 알 알 이요
알이랑 고개를 넘어간다

아라랏산에서 백두까지
수많은 산고개를 넘어왔네
알이랑 알이랑 알 알이요
알이랑 고개를 넘어간다

우리 조성 셈의 현손 욕단
찬송하며 고개를 넘어왔네
하나님과 함께 알이랑
하나님과 함께 알이랑
알이랑 찬송을 부르며
믿음으로 고개를 넘어왔네

- 유석근 작

이 알=얄은 엘 엘과1)과도 같다. 하나님은 엘=얘=얘엘로도 표현된다. 하나님2)이다. 하나님과 함께 아라랏 산을 넘어 넘어 온다. 셈 → 아르박삿 → 셀라 → 에벨 → 벨렉 과 욕단으로 이어진 바 벨렉은 동부 이스라엘이 되고 서부 이스라엘 계열

---

1) H.C. 류돌드, 창세기 주석.
2) 엄원식, 『구약성서배경학』(대전: 침례신학교출판부, 2005)., 175.: 엘은 가나안 신들 가운데 최고의 신, 엘은 히브리어와 우가릿어에서 신을 지칭한다. 아카드어로는 일루(ilu), 아랍어로는 일라(ilha)로서 정관사가 붙으면 알라(Allha)이다. 엘은 셈어에서 원래 일룸(ilum)으로 주격 어미 우(u)가 떨어져 히브리어에서 엘이 된 것이다. 이 엘 신은 기원전 26세기경 추측된 설형문자에서 발견된다. 다른신들에 비해 뛰어난 신으로 기원전 기원전 30세기 후반과 20세기 전반에 형성: Albright op. cit., p. 104.

로 욕단$^{창\ 10:21}$으로 이어 진다$^{칼빈\ 성경주석}$. 셈은 아벨 온 자손의 조상이요$^{창\ 10:21}$ 셈은 하나님 여호와를 찬송하리로다$^{창\ 9:26}$. 셈의 후손은 '셈 → 에벨 → 벨렉 → 아브라함 → 이스라엘' $^{창\ 10:25}$로 이어진다. 셈 → 욕단 → 고조선 → 한국으로 이어 진$^{창\ 10.\ 골\ 3:11}$ 다. 우리는 하늘 높이 계신 자와 함께 한 아리랑이 있다. 아리랑의 "아리 아리랑 쓰리 쓰리랑 아라리가 났네" 의 "쓰리 쓰리랑" 의 쓰리는 슬기의미이다. 슬기롭게 아리랑 고개를 넘는 지혜는 그분의 지혜를 사모하여서이다.

우리국민의 삶의 지혜가 삶 글자에서 찾아진다. 죽음에서 살아남은 방법이다. 바로 살=殺^{살} 한자가 보여주는 살아나는 의미의 살=㷊^{살}글자가 남겨주는 바와 같이 동방의 빛을 찾아 나선 이들의 기나긴 여정의 살인적인 삶의 나날들을 이기는 법은 햇빛을 받는 일이다. 우리민족의 삶의 나날이 고달픈 장면은 산위의 얼음이 녹는 봄철이면 홍수가 일어남으로 가장 높은 험준한 고개를 타고 넘기에 바빴다. 아리랑 부르기는 님이 나의 곁에 있어서 어려운 일을 넘어간다. 님과 함께 넘는 고개는 고개를 넘기에 충분한 활력소다.

제 3장 알파와 오메가시학

I. 하나님과 예수님의 거리

1. 하나님과 예수님의 거리

1). 예수님에서 하나님까지, 하나님에서 예수님까지

(1). 예수님으로부터 하나님까지
성서는 예수님으로부터 하나님까지를 언급한다.

$Ἰησοῦς^1$ 예수 눅3:23 → $Ἰώσηφ^2$ 요셉 눅3:23 → $Ηλί^3$ 헬리 눅3:23 → $Μαθθάτ^4$ 맛닷 눅3:24 → $Λευί^5$ 레위 눅3:24 → $Μελχί^6$ 멜기 눅3:24 → $Ἰανναί^7$ 얀나 눅3:24 → $Ἰωσήφ^8$ 요셉 눅3:24 → $Ματταθίου^9$ 맛다다 눅3:25 → $Ἀμώς^{10}$ 아모스 눅3:25 → $Ναούμ^{11}$ 나훔 눅3:25 → $Ἐσλί^{12}$ 에슬리 눅3:25 → $Ναγγαί^{13}$ 낙개 눅3:25 → $Μάαθ^{14}$ 마앗 눅3:26 → $Ματταθίου^{15}$ 맛다디아 눅3:26 → $Σεμεΐν^{16}$ 서머인 눅3:26 → $Ἰωήσχ^{17}$ 요섹 눅3:26 → $Ἰωδά^{18}$ 요다 눅3:26 → $Ἰωανάν^{19}$ 요아난 눅3:27 → $Ῥησά^{20}$ 레사 눅3:27 → $Ζοροβαβέλ^{21}$ 스룹바벨 눅3:27 → $Σαλαθιήλ^{22}$ 스알디엘 눅3:27 → $Νερί^{23}$ 네리 눅3:27 → $Μελχί^{24}$ 멜기 눅3:28 → $Ἀδδί^{25}$ 앗디 눅3:28 → $Κωσάμ^{26}$ 고삼 눅3:28 → $Ἐλμαδάμ^{27}$ 엘마담 눅3:28 → $Ἤρ^{28}$ 에르 눅3:28 → $Ἰησοῦ^{29}$ 레위 눅3:29 → $Ἐλιέζερ^{30}$ 엘리에서 눅3:29 → $Ἰωρίμ^{31}$ 요림레위 눅3:29 → $Μαθθάτ^{32}$ 맛닷레위 눅3:29 → $Λευί^{33}$ 레위 눅3:29 → $Συμεών^{34}$ 시므온 눅3:30 → $Ἰούδα^{35}$ 유다 눅3:30 → $Ἰώσηφ^{36}$ 요셉 눅3:30 → $Ἰωνάμ^{37}$ 요남 눅3:30 → $Ἐλιαχίμ^{38}$ 엘리아김 눅3:30 → $Μελεά^{39}$ 멜레아 눅3:31 → $ΜενννάΜελεά^{40}$ 멘나 눅3:31 → $Ματτα$

160 제 3장 알파와 오메가 시학

$θάMελεά$ⁿ⁴¹ 맛다다 눅3:31 → $Ναθάμ$⁴² 나단 눅3:31 → $Δαυίδ$⁴³ 다윗 눅3:31 → $Ἰεσσαί$⁴⁴ 이새 눅3:32 → $Ἰωβήδ$⁴⁵ 오벳 눅3:32 → $Βόος$⁴⁶ 보아스 눅3:32 → $Σαλά$⁴⁷ 살몬 눅3:32 → $Ναασσων$⁴⁶ 나손 눅3:32 → $Ἀμιναδάβ$⁴⁹ 아미나답 눅3:33 → $Ἀρνί$⁵⁰ 아니 눅3:33 → $Ἐσρώμ$⁵¹ 헤스론 눅3:33 → $Φάρες$⁵² 베레스 눅3:33 → $Ἰούδα$⁵³ 유다 눅3:33 → $Ἰακώβ$⁵⁴ 야곱 눅3:34 → $Ἰσαάκ$⁵⁵ 이삭 눅3:34 → $Ἀβραάμ$⁵⁶ 아브라함 눅3:34 → $Θάρα$⁵⁷ 데라 눅3:34 → $Ναχώρ$⁵⁸ 나홀 눅3:34 → $Σερούχ$⁵⁹ 스룩 눅3:35 → $Ραγαύ$⁶⁰ 르우 눅3:35 → $Φάλεκ$⁶¹ 벨렉 눅3:35 → $Ἔβερ$⁶² 헤버 눅3:35 → $Σαλά$⁶³ 살라 눅3:35 → $Καϊνάμ$⁶⁴ 가이난 눅3:35 → $Ἀρφαξάδ$⁶⁵ 아박삿 눅3:36 → $Σήμ$⁶⁶ 셈 눅3:36 → $Νῶε$⁶⁷ 노아 눅3:36 → $Λάμεχ$⁶⁸ 레멕 눅3:36 → $Μαθουσαλά$⁶⁹ 무드셀라 눅3:37 → $Ἐνώχ$⁷⁰ 에녹 눅3:37 → $Ἰάρετ$⁷¹ 야렛 눅3:37 → $Μαλελεήλ$⁷² 마할랄렐 눅3:37 → $Καϊνάμ$⁷³ 가이난 눅3:37 → $Ἐνώς$⁷⁴ 에노스 눅3:37 → $Σήθ$⁷⁵ 셋 눅3:37 → $Ἀδάμ$⁷⁶ 아담 눅3:37 → $Θεοῦ$⁷⁷ 하나님 눅3:38

이 표시는 성서 누가복음 3:23~38의 본문그대로의 순서이다. 77자리에 하나님이 표시ⁿ³:³⁸되어 있다.

이 순서의 내력은 백성이 다 세례를 받을 새 예수도 세례를 받으시고 시도하실 때에 하늘이 열리며 성령이 비둘기 같은 형체로 그의 위에 강림하시더니 하늘로부터 소리가 나기를 너는 사랑하는 아들이라 내가 너를 기뻐하노라ⁿ ³:²¹ 하시니라 이다. 예수 스스로 하나님과 그의 거리를 가르치기 시작하시었다. 예수여호와는 구원께서 가르치심을 시작할 때에 삼십 세 쯤 되시니라ⁿ ³:²² 로 시작되면서 사람들이 아는 대로라 기록되어 있다. 사실에 근거한 것이다.

하나님에게 까지로 그 순서가 이어진다. 그럼으로 하나님에게서 예수님까지의 순서가 된다.

(2). 하나님에서 예수님까지

하나님[1] → 아담[2] → 셋[3] → 에노스[4] → 가이난[5] → 마할랄렐[6] → 야렛[7] → 에녹[8] → 무드셀라[9] → 레멕[10] → 노아[11] → 셈[12] → 아박삿[13] → 가이난[14] → 살라[15] → 헤버[16] → 벨렉[17] → 르우[18] → 스룩[19] → 나홀[20] → 데라[21] → 아브라함[22] → 이삭[23] → 야곱[24] → 유다[25] → 베레스[26] → 헤스론[27] → 아니[28] → 아미나답[29] → 나손[30] → 살몬[31] → 보아스[32] → 오벳[33] → 이새[34] → 다윗[35] → 나단[36] → 맛다다[37] → 멘나[38] → 멜레아[39] → 엘리아김[40] → 요남[41] → 요셉[42] → 유다[43] → 시므온[44] → 레위[45] → 맛닷[46] → 요람[47] → 엘리에서[48] → 예수[49] → 에르[50] → 엘마담[51] → 고삼[52] → 앗디[53] → 멜기[54] → 네리[55] → 스알디엘[56] → 스룹바벨[57] → 레사[58] → 요아난[59] → 요다[60] → 요섹[61] → 서머인[62] → 맛다디아[63] → 마앗[64] → 낙개[65] → 에슬리[66] → 나훔[67] → 아모스[68] → 맛다디아[69] → 요셉[70] → 안나[71] → 멜기[72] → 레위[73] → 맛닷[74] → 헬리[75] → 요셉[76] → 예수[77]

- 눅 3:23-38)

진리의 순서는 하나님이 제일 처음이시니까 제일처음 하나님에서 시작하여 예수^{여호와는 구원}님까지의 거리 77째 성서문예마방진시학이다. 7의 11회에서이다. 77 수치다. 여호와 이레이다. 동시에 여호와 하나님 이후 77번째로 예수님은 하나님과의 거리를 직선으로 쌓아 올렸다. 눈으로 보인 고향 7 아인^{아인}에서 77=예수님 자리는 마태복음에서 하나님과 예수님과의 거리를 나열하였다.

성서의 철학메시지로 전하는 문예향기시학은 그의 사랑하는 백성들이 바로 서 두 발로 잘 걸어가라는 생애 메시지를 전한다.

162 제 3장 알파와 오메가 시학

성서에 여호와 이레라는 말이 있다.

① 여호와 이레

아브라함이 그 땅 이름을 여호와이레 וַיִּקְרָא אַבְרָהָם שֵׁם־הַמָּקוֹם הַהוּא יְהוָה יִרְאֶה אֲשֶׁר יֵאָמֵר הַיּוֹם בְּהַר יְהוָה יֵרָאֶה 라 하였으므로 오늘까지 사람들이 이르기를 여호와의 산에서 준비되리라 하더라

-창 22:14

② 일곱이레

그러므로 너는 깨달아 알찌니라 예루살렘을 중건하라는 영이 날 때부터 기름 부음을 받은 자가 곧 왕이 일어나기까지 일곱이레 שָׁבֻעִים 쉬부임 쉬브아와

- 단 9:25

③ 칠십 이레

네 백성과 네 거룩한 성을 위하여 칠십 이레 שָׁבֻעִים 쉬부임 쉬브아로 기한을 정하였나니 허물이 마치며 죄가 끝나며 죄악이 영속되며 영원한 의가 드러나며 이상과 예언이 응하며 또 지극히 거룩한 자가 기름 부음을 받으리라

- 단 9:24

④ 육십 이 이레 הַשָּׁבֻעִים 하쉬부임 쉬팀 우쉬나임 후에 기름 부음을 받은 자가 끊어져 없어질 것이며 장차 한 왕의 백성이 와서 그 성읍과 성소를 훼파하려니와 그의 종말은 홍수에 엄몰됨 같을 것이며 또 끝까지 전쟁이 있으리니 황폐할 것이 작정되었느니라

- 단 9:26

성서에서 7 '이레1)' 강조는 7이 두 번 겹친 77이 있다. 70

---
1). 전광훈 생방송 Live 오전 11시 전국주일연합예배.

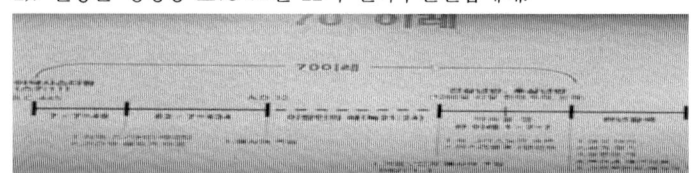

이나 심지어 7 혹은 60도 같이 '이레'로 표시한다. 7의 2회 사용이 있다. 성서 족보 14대이다. 아브라함이 하나님 명령 따라 그의 아들, 이삭을 번제물로 바치라고 명령하였던 모리아 지역에서 2회 사용한 '여호와 이레'가 있다. 여호와 이레가 언급되는 다윗이 성전을 지은 곳 "그 아비 다윗에게 나타난 곳이요" 1)이다. 여호와 이레2)יְהוָה יִרְאֶה이레 창 22:14는 고향 개념이 있다. יִרְאֶה라에에 ִ י가 붙는 경우이다. 이 ִ י는 숨 쉼 의미와 동일하다. 문법은 VNIMZS=니팔 동사 단순형 중간태 미완료 3인칭 남성 단수이다. '이레'는 현재진행형이다. 헬라어로는 εἰδεν=에덴이다. 이레는 에덴이다. 에덴의 중요성은 천국을 맛보는 날과 관련되는 고향 이미지이다.

전 인류가 이를 나날의 주기로 한다. 일주일주기이다. 열왕기 상 8:65에서는 연속 되는 날 7의 2회 곧 14일을 특별히 솔로몬이 솔로몬 궁을 완공 하는 날로 한다. 완공 시작 두 주 축일 14대이다.

아브람이 아들을 하나님께 드렸고 이에 하나님이 미리 준비하신 그 장소를 '여호와 이레'라 하였다.

יְהוָה יִרְאֶה 여호와 이레 VQIMZS/NE NE

---

1). 역대하 3:1.
2) Wigram, V George., The Englishman's Hebrew and Chaldee Concordance of the Old Testament, Grand Rapids, Michigan 49506:Baker Book House, 1843. 김만풍 역, 『구약 성구사전』, 서울:기독교문화사,1993.

- 창 22:14

한국 사람들은 이 이레라는 말을 아주 좋아한다. 우리말 이레[1]가 있다. 7이나 70을 '이레' 로 한다. 우리말 그대로 이레의 7과 7일과 7일을 합한 이레[2]이다. 연속되는 14대 14대 14대는 크리스도까지이다. 바로 앞은 예수님 족보 자리 13대이다.

이레라는 말은 60에도 해당된다. 이레로 번역된다.

① 일곱이레 שְׁבֻעִים שִׁבְעָה 쇠부임 쉬브아

-단 9:25

②. 칠십 이레 שָׁבֻעִים שִׁבְעִים 쇠부임 쉬브임

-단 9:24

③. 육십 이레 שִׁשִּׁים שָׁבֻעִים 하쇠부임 쉬쉼 우쉬나임

-단 9:26

창세기 22장 14절도 '이레' 를 2회 사용 한다. 이 2회 사용은 여호와와 예수 두 분[마 1:21]이 한 분이다. 헬라어 $\varepsilon i \delta \varepsilon \nu$=에덴이다. 두 번째는 에프데 $\omega \phi \delta \eta$=앞에 이다. 영어 번역은 it shall be seen이다. 미리 보여주는 곳이다. 누가? 여호와가 미리 보여준 여호와 이레이다. 하나님이 미리 눈으로

---

1) 이영지, 『물의 신학과 물의 시학』(서울:창조문학사, 2017)., 859.
2) 열왕기 상 8:65: 그 때에 솔로몬이 칠일과 칠일 도합 14일 간을 우리 하나님 여호와 앞에서 절기로 지켰는데 하맛 어귀에서부터 애굽강까지의 온 이스라엘의 온 큰 회중이 모여 그와 함께 하였더니.

보여준 천국 에덴이다. 숨 쉴 수 있는 곳 고향은 에덴이다. 미리 보여준 천국은 숨 쉴 수 있는 곳이다. 에덴 עֵדֶן에덴이다. 에덴의 에=עַ눈 눈으로 보이는 데=ךְ덴 가슴이다. 가슴이 바라는 곳은 고향이다.

　하나님이 준비한 여호와 이레 장소는 아브라함 곧 아비와 관련된다. 아브라함의 날이 고향이다. 그토록 그리움이미지가 되는 고향 여호와 이레를 얻은 이 지상에서의 천국은 미리 맞볼 수 있는 곳이다. 믿음으로 얻는 고향이다. 이 지상에서 행복을 누릴 수 있는 곳이다. 이 곳은 아브람이 그의 아들을 바친 장소이다. 우리의 삶 속에서도 고향을 찾아 행복을 누릴 수 있는 방법을 제시한다. 내 자신을 다 바쳐서 나를 희생할 수 있는 곳 그곳에는 고향의 삶이 있다. 내가 가장 좋아하는 것을 나만이 가지는 것이 아니라 가장 소중한 이에게 바치는 데서 얻어지는 선물이다. 여호와이레 곧 하나님이 준비한 장소 이 내 마음이 있는 곳 고향은 내가 가장 소중하게 가지고 있는 사랑을 바칠 수 있는 마음의 고향이다. 아브라함이 귀한 자기 아들을 바칠 때 얻은 장소 이름은 창세기 22장 14절 '여호와 이레'에 있다. 아브라함을 믿음의 조상 아브라함이 되게 하였다. 눈으로 보여준 현장 고향이다. 고향은 세월이 지나도 고향이다. 마음의 고향 내 마음이 숨 쉴 수 있는 곳이다.

여호와 이레יְהוָה יִרְאֶה여호와 이레 VQIMZS/NE NE 창 22:14와 관련 여성들이 착용하는 '브라자'의 '브라'를 들 수 있다. 숨 휘!하고 숨 쉬는 성령의 바람이 있는 곳이다. 고향이다.

하나님이 그 사람을 이끌어 에덴동산에 두사
-창 2:15

וַיִּקַּח 바이카아 이끌어 C.W.VQIMZS And took Καὶ ἔλαβεν

יְהוָה 여호와 여호와 하나님이 NE LORD κύριος

אֱלֹהִים 엘로힘 하나님 NMP the God ὁ Θεός

אֶת־הָאָדָם 에트 하아담 아담을 D.NMS the man τὸν ἄνθρωπον

וַיַּנִּחֵהוּ 바야니헤후 두사 C.W.VHIMZS.MZS.MZS and put him καὶ ἔθετο αὐτόν

בְגַן־ 베간- 에덴 에덴-동산에 P.NFSG-NE into the of garden ἐν τῷ παραδείσῳ

-창 2:15

에덴이라는 우리말의 ㄴ은 히브리어 눈 וּן이다. 물고기표시이다. 영원 의미와 다산 의미가 있다. 물고기는 시적 은유로서의 예수님이다. Eden이다. 파라다이스다. 헬라어로는 장소를 지시한다. 장소 고향이다. 미리 예수님을 보여준 곳 에덴이다. 성서는 현재진행형 가장 처음 글자 이 ᐟ이를 사용한다. 성서법칙으로 사람이 이 지상에서 행복하게 살 수 있는 길을 미리 보여주는 준비된 천국을 알린다. 에덴 εἶδεν 에덴 성서의 '이레' 에덴 헬라어 표시 영어 ireh이레이다. 우리말 '…이레' 이다. 우리말 '…이레' 는 이렇게 하라고 할 때 '이레' 이다. 우리들은 이렇게 하라고 '이래해' 라 말한다.

이 지상에서의 천국! 그 분이 눈으로 보여주는 천국이 이 지상에 있다. 살아 있는 존재 숨 쉬며 살아 있는 존재 고향을 가진 사람은 마음속에 고향이 있다. 행복한 마음의 고향을 가진 사람은 현재의 고통쯤은 참을 수 있다. 오늘 이 자리에 바로 서서 앞으로 걸어갈 수 있다. 튼튼한 발로 걸을 수 있다. 우리는 항상 일평생 고향 가는 길 위에서 산다. 아주 열심히 하나님 뜻에 맞게 날마다를 살아간다.

고향이미지가 예수님과 관련되는 관계는 숨 쉬며 살아 있는 것들을 바라보는 신앙의 눈이어야만 가능하다. 마음속에 에덴을 가진 사람은 살아 숨 쉬기의 귀중함을 알면서 감사와 찬송이 일상에 있다. 이일에 앞장 선 분이 예수이다. 그는 몸소 사랑을 실천 하여 그를 믿는 사람들로 하여 신앙인이 되게 하였고 동시에 성서 전체는 이 천국 가는 길을 안내해준다. 따라서 성서는 이에 앞장선 예수이야기를 전하기 위해 존재한다.

성서가 제시하는 에덴עֵדֶן^{에덴}의 ㅣ$^{눈1)}$은 물고기 은유로 한다. 살아있는 사람이 어떻게 이 지상에서 천국을 누릴 수 있는가! 그것은 사람이 이 지상에 와 어떠한 행로 곧 천국에 가기 위한 사랑실천을 할 수 있는 가능성을 열어준다. 그럼으로 고

---

1) 눈과 관련 시학은 目(목) · 視(시) · 示(시) · 睩(녹) · 瞻(첨) · 眺(조) · 睹(도)로 논의 될 수 있다.

향과 천국과 지상의 천국을 열어가는 길을 제시해준다. 그 본보기로 아브라함이 그의 가장 사랑하는 아들과의 관계를 형성해 주고 있고 이에 하나님은 여호와 이레라 하는 파라다이스로 하나님이 준비한 천국을 사람들에게 알려준다.

③ 여호와 이레

아브라함이 그 땅 이름을 여호와이레 בְּרָהָם שֵׁם-הַמָּקוֹם הַהוּא יְהוָה ׀ יִרְאֶה אֲשֶׁר יֵאָמֵר הַיּוֹם בְּהַר יְהוָה יֵרָאֶה יְהוָה יִרְאֶה 라 하였으므로 오늘까지 사람들이 이르기를 여호와의 산에서 준비되리라 하더라

-창 22:14

④ 일곱이레

그러므로 너는 깨달아 알찌니라 예루살렘을 중건하라는 영이 날 때부터 기름 부음을 받은 자가 곧 왕이 일어나기까지 일곱이레 שָׁבֻעִים שִׁבְעָה 쇠부임 쉬브아 와

- 단 9:25

⑤ 칠십 이레

네 백성과 네 거룩한 성을 위하여 칠십 이레 שָׁבֻעִים שִׁבְעִים 쇠부임 쉬브임 로 기한을 정하였나니 허물이 마치며 죄가 끝나며 죄악이 영속되며 영원한 의가 드러나며 이상과 예언이 응하며 또 지극히 거룩한 자가 기름 부음을 받으리라

- 단 9:24

⑥ 육십 이 이레 שָׁבֻעִים שִׁשִּׁים וּשְׁנַיִם 하솨부임 쉬쉼 우쉐나임 후에 기름 부음을 받은 자가 끊어져 없어질 것이며 장차 한 왕의 백성이 와서 그 성읍과 성소를 훼파하려니와 그의 종말은 홍수에 엄몰됨 같을 것이며 또 끝까지 전쟁이 있으리니 황폐할 것이 작정되었느니라

- 단 9:26

7과 11은 은유의 성경언어이다. '이레1)'를 성서는 7이

두 번 겹친 77로 한다. 70이나 심지어 7 혹은 60도 같이 '이레'로 표시 된다. 이 이레 7을 성서는 '여호와 이레'라는 표현으로 2회 사용[1]한다.

7의 2회 사용은 성서 족보의 14대를 말한다. 아브라함이 하나님 명령 따라 그의 아들, 이삭을 번제물로 바치라고 명령하였던 모리아에서 2회 사용, '여호와 이레'이다. 다윗이 성전을 지은 곳 "그 아비 다윗에게 나타난 곳이요"[2] 여호와 이레[3] יִרְאֶה 이레 창 22:14이다. 보다 רָאָה 라에 보다 바라보다의 ; 이 미래 완료형는 숨 쉼 헤 ה에와 동일 현재진행형이다. 헬라어 에덴 ε ἶδεν이다. 이레는 에덴이다. 에덴은 천국이다.

---

1). 전광훈 생방송 Live 오전 11시 전국주일연합예배.

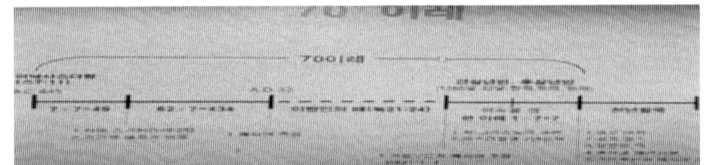

1) 창 22: 14 : 그 때에 솔로몬이 칠일과 칠일 도합 14일 간을 우리 하나님 여호와 앞에서 절기로 지켰는데 하맛 어귀에서부터 애굽강까지의 온 이스라엘의 온 큰 회중이 모여 그와 함께 하였더니:열왕기 상 8:65.
2). 역대하 3:1.
3) Wigram, V George., The Englishman's Hebrew and Chaldee Concordance of the Old Testament, Grand Rapids, Michigan 49506:Baker Book House, 1843. 김만풍 역, 『구약 성구사전』, 서울:기독교문화사,1993.

2). 족보

(1). 열 네 대요 열 네 대요 열 네 대요

아브라함부터 다윗까지 열 네 대요 다윗부터 바벨론으로 이거할 때까지 열 네 대요 바벨론으로부터 그리스도까지 열 네 대러라^{마 1:17}다. 아브라함에서 다윗까지 14대^{마 1:2~ 1:6}와 솔로몬에서 여고냐까지 14대^{마 1:6~ 1:11}, 그리고 스알디엘에서 그리스도까지 14대^{마 1:12~ 1:17}로 한다. 그리스도 앞자리 곧 13대가 예수 자리이다. 41회째로 한다.

* 마태복음 1:2부터 시작된다. 아브람부터이다. 족보 14^{7+7}대 ~ 다시 14^{7+7}대 ~ 그리스도 $14^{마\ 1:17)}$대 앞 13대 예수이다.

* 예수님 족보-아브라함 → 다윗까지 14대

① 믿음 조상 $A\beta\rho a\acute{a}\mu m$ אַבְרָהָם 아브람, 창 17:5, 출 3:6, 마 1:2
② 아브람 ㄱ 이삭 $I\sigma a\acute{a}\kappa$ יִצְחָק 이쯔학, 웃음,창 17:19, 마 1:2
③ 이삭 ㄱ 야곱 $I\alpha\kappa\acute{\omega}\beta$ יַעֲקֹב 야콥, 반석, 창 25:26, 마 1:2
④ 야곱 ㄱ 유다 $Iο\acute{υ}\delta a\varsigma$ יְהוּדָה 예후다, 실존, 창 29:35, 마 1:2
⑤ 유다 ㄱ 베레스 $\phi\acute{a}\rho\varepsilon\varsigma$ פֶּרֶץ 페레쯔, 떠오름, 창 38:29, 마 1:3
⑥ 르우벤 ㄱ 헤스론 $E\sigma\rho\acute{\omega}\mu$ חֶצְרוֹן 헤쯔론, 뜰, 창 46:9, 마 1:3

---

1) 야곱은 마리아의 남편 요셉을 낳았으니 마리아에게서 그리스도라 칭하는 예수가 나시니라(마 1:16). 그런즉 모든 대 수가 아브라함부터 다윗까지 열 네 대요 다윗부터 바벨론으로 이거할 때까지 열 네 대요 바벨론으로 이러한 후부터 그리스도까지 열 네 대러라(마 1:17)

마방진시학

⑦ 헤스론 ⇁ 람 Ἀράμ רָם, 높음, 대상 2:9; 마 1:4

⑧ 람 ⇁ 아미나답 Ἀμινδάβ עַמִּינָדָב 아미나답, 자원 백성, 대상 2:10; 마 1:4

⑨ 아미나답 ⇁ 나손 Ναασσών נַחְשׁוֹן 나흐손, 경험, 민 1:7; 마 1:4

⑩ 나손 ⇁ 살몬 Σαλμών שַׂלְמוֹן 쌀몬, 옷 입음, 룻 4:20; 마 1:4

⑪ 살몬 ⇁ 보아스 Βόες בֹּעַז 보아즈, 기동, 룻 4:21; 마 1:5

⑫ 보아스 ⇁ 오벳 Ὠβήδ עוֹבֵד 오벳 섬기는, 룻 4:17; 마 1:5

⑬ 오벳 ⇁ 이새 Ἰεσσαί יִשַׁי 이샤이, 다윗의 아비 룻 4:17; 마 1:5

⑭ 이새 ⇁ 다윗 Δαυίδ דָּוִד 다빋, 끓는 가슴, 룻 4:20; 마 1: 6

— [* 신약 기록의 예수님 족보(아브라함에서 → 다윗까지 14대]

신약 기록의 예수님 족보 아브라함 → 다윗까지 14대 14대이다. 다윗 דוד^{다윗} 글자 숫자 값이 4+6 +4=14이다. 성서는 히브리어나 헬라어나 글자 값이 숫자로 표시되어 있다. 수 천 년이 내려오면서 원문이 손상되지 않는 것은 글자 값 그대로 숫자의 한 글자만 틀려도 오류가 되기 때문이다. 즉 숫자 값이 틀려 지기 때문이다. 이 관계로 한자도 오자가 있을 수 없게 되는 성서이다. 성서는 일점일획이라도 틀릴 수 없음을 공고한다.

> 진실로 너희에게 이르노니 천지가 없어지기 전에는 율법의 일 점 일획도 결코 없어지지 아니하고 다 이루리라
> — 마 5:18

ἀμὴν ^{아멘} truly γάρ ^{가르} for λέγω ^{레구} I say ὑμῖν ^{휘민} to you, ἕως ἂν ^{에우스 안} until παρέλθῃ ^{파렐데} pass away ὁ ^호 the οὐρανός ^{우라노스} heaven καὶ ^{카이} and ἡ ^헤 the γῆ

게 earth ἰῶτα 이우타 ioth ἐν 엔 one ἤ 헤 or μία 미아 one κεραία 케라이아 point οὐ 우 by no μή 메 means παρέλθη 파렐데 shall pass away ἀπό 아포 from τοῦ 투우 the νόμου 노모우 law ἕως ἄν 에우스 안 until πάντα 판타 all thing γένηται 게네타이 come to pass

- ΜΑΤΘΑΙΟΣ 5:18

예수님 족보 -솔로몬에서 여고냐까지 14대이다.

* 예수님 족보-솔로몬 → 여고냐 까지 14대

① 다윗 ㄱ 솔로몬 Σολομών α: שְׁלֹמֹה 쉘로모, 평화, 삼하 5:14, 마 1:6
② 솔로몬 ㄱ 르호보암 Ροβοάμ: רְחַבְעָם 레하브암, 백성의 넓힘, 왕상 11:23, 마 1:7
③ 르호보암 ㄱ 아들, 아비야 Ἀβιά: אֲבִיָּה 아비야 실존 소망 양육 삼상, 8:2, 마 1:7
④ 아비야 ㄱ 아사 Ἀσάω: אָסָא 아싸, 아들, 치료, 마 1:8
⑤ 아싸 ㄱ 여호사밧 Ἰωσαφάτ: יְהוֹשָׁפָט 예호솨팟, 판결자, 삼하 8:16, 마 1:8
⑥ 여호사밧 ㄱ 요람 Ἰωράμ: יְהוֹרָם 예호람, 여호와께서 높이심, 왕하 8:16, 마 1:8
⑦ 요람 ㄱ 웃시야 Ὀζίαν: עֻזִּיָּה 웃시야 주의 위엄, 대상 6:24, 마 1:8
⑧ 웃시야 ㄱ 요담 Ἰωαθάμ: יוֹתָם 요탐, 여호와 완전, 삿 9:5, 마 1:9
⑨ 요담 ㄱ 아하스 Ἀχάζ 881: אָחָז 아하스, 기업, 왕하 15:38, 마 1:9
⑩ 아하스 ㄱ 히스기야 Ἐξεκίαν: חִזְקִיָּה 히즈키야, 여호와로 강해짐, 왕하 16:20, 마 1:9
⑪ 히스기야 ㄱ 므낫세 Μανασσῆς: מְנַשֶּׁה 메낫세, 망각, 창 48:1 마 1:10
⑫ 므낫세 ㄱ 아몬 Ἀμών: אָמוֹן 아몬, 확고한 왕상 22:26, 대상 4:14 마 1:10
⑬ 아몬 ㄱ 요시아 Ἰωσίας: יֹאשִׁיָּהוּ 요시야 여호와가 기초를 두심, 왕상 13:2, 마 1:11
⑭ 요시아 ㄱ 여고냐 Ἰεχονίαν: כָּנְיָהוּ 예콘야, 여호와께서 세우심, 마 1:11

- 솔로몬에서 여고냐까지 마 1:6-1:11

신약 기록 예수님 족보 솔로몬에서 여고냐까지 14대이다. 기록문화는 오랜 역사를 가지는 비밀을 풀어준다. 그래서 14 대 14대가 되풀이 되는 분명한 이유를 알리는 여러 장치를

마방진시학 173

성서는 가지고 있다. 시대가 다르더라도 분명한 사실이 확증된다. 그래서 시대를 넘어서 많은 사람들이 믿고 따르는 일이다. 예수님 자리 족보는 예수와 크리스도를 알린다.

* 예수님 족보-스알디엘 → 크리스도스 까지 14대

① 여고냐 → 스알디엘 $\Sigma \alpha \lambda \alpha \theta \iota \eta \lambda$: שְׁאַלְתִּיאֵל 쉐알티엘 주께 간구, 대상 3:17; 학 1:1; 마 1:12

② 스알디엘 → 스룹바벨 $Zo\rho o \beta \alpha \beta \epsilon \lambda$: זְרֻבָּבֶל 제루바벨 혼합 황폐해짐, 학 1:1; 슥 4:6; 마 1:12

③ 스룹바벨 → 아비훗 $A\beta \iota o \upsilon \delta$10: אֲחִיהוּד 아히후드, 영광스럽게 양육, 대상 8:3, 마 1:13

④ 아비훗 → 엘리야김 $E\lambda \iota \alpha \kappa \iota \mu$: אֶלְיָקִים 엘야킴, 일어남, 일어섬의 전능자, 왕하 18:18, 마 1:13

⑤ 엘리야김 → 아소르 $A\zeta \omega \rho$: עַזּוּר 아주르, 도움, 겔 11:1, 마 1:13

⑥ 아소르 → 사독 $\Sigma \alpha \delta \omega \kappa$: צָדוֹק 짜도크, 의로움, 삼하 8:17; 대상 6:8; 마 1:14

⑦ 사독 → 아킴 $A \kappa \iota \mu$: יָקִים 요김, 실존을 소망하여 일어섬, 왕하 23:34; 렘 37:1; 단 1:1; 대상 4:22; 마 1:14

⑧ 아킴 → 엘리웃 $E\lambda \iota o \upsilon \delta$: אֱלִיהוּ 엘리훗, 위엄 있는 전능자, 민 23:18; 마 1:14

⑨ 엘리훗 → 엘르아살 $E\lambda \epsilon \alpha \zeta \alpha \rho$: אֶלְעָזָר 엘아자르, 하나님은 돕는 자, 출 6:23; 레위 10:6; 마 1:15

⑩ 엘르아살 → 맛단 $M \alpha \tau \theta \alpha \nu$: מַתָּן 마탄, 선물, 왕하 11:18; 대하 23:17; 마 1:15

⑪ 맛단 → 야곱 $I \alpha \kappa \omega \beta$: יַעֲקֹב 야아코브, 발꿈치, 창 25:26, 36; 대상 3:24; 마 1:15

⑫ 야곱 → 요셉 $I\omega \sigma \eta \phi \phi$: יוֹסֵף 요쎄프, 거하다, 창 30:24; 욥 42:10; 마 1:16

⑬ 요셉 → 예수 $I\eta \sigma o \bar{\upsilon} \varsigma$: יְהוֹשֻׁעַ 예호슈아, 구원, 출 17:9, 출 33:11; 슥 3:1; 마 1:16, 12:1

⑭ 그리스도! $X\rho \iota \sigma \tau o \bar{\upsilon}$ 마 1:17

성경의 예수님 족보-스알디엘 → 그리스도까지 14대이다. 바벨론이거에서 크리스도 까지이다. 신약 기록의 예수님 족보 계열은 14 + 14 + 14= 42 대의 자리다. 42대는 크리스도스이다. 그 전 자리 41대 자리는 예수님이다.

이의 의미심장한 거대한 비밀은 바로 전 인류가 나날의 주기를 일주일로 한데 있다. 이 일주일의 2회 14일을 성경은 솔로몬이 솔로몬 궁을 완공 하는 날$^{왕상\ 8:65}$로 한다. 이 축일은 예수 족보 세기의 주기이다. 예수 족보는 14대 14대 14대 순서로 한다. 마지막 14대 전 13대는 예수이다. 그 다음이 크리스트이다. 전 인류가 일주일을 7일로하고 이어 그 이어지는 날들이 지닌 날임에도 마지막 14대 주기 1대 전 13대의 마법은 놀랍게도 죽음을 이겨내는 상환 점에 예수가 있다.

실제 인간은 유한한 삶을 산다. 그럼에도 이 지상에서 인류가 살아남는 비법 인류의 생존 흔적을 남긴다. 강원도에 5억 년 전 살아있 던 생물들의 흔적이 있다. 바위에 새겨져 지층으로 화석화[1]되어 남아 있다. 약 5억 년 전 고생대의 지질과 지형의 고생대 지질공원이다. 한강의 젖줄기가 되는 검룡소 고생대 흔적이다.

---

1) "경이로운 모습!" 한반도에서 찾은 5억 년 지구의 흔적ㅣ5억 년의 흔적 [반복재생]/YTN 사이언스.

(2). 아브라함과 아빠

믿음의 조상 아브라함이라 성경은 족보를 기록한다. 우리 말식으로 표현하면 '아비라 함' 이다. 아브라함을 성서는 우르 지방에서 온 이방인이라 한다. 환단 고기에 우루국이 있다. 남북으로 5만 리 동서로 2만 리를 가진 12연방[1]중 하나이다.

12연방은 『진서晉書』「사이전四夷傳」에 비리국卑離國・양운국養雲國・완막한국宛莫汗國・구다천국句茶川國・일군국一群國・우루국虞婁國・객현한국客賢汗國・구모맥국句牟額國・육구여국育句餘國・사납아국斯衲阿國・선비이국鮮卑爾國・수밀이국須密爾國이다. 이 12환국 중에 우르국이 있다. 아브라함은 우르에서 왔다라고 성경은 기록한다.

아브라함 언어 기본형 라에 רָאָה라에 '본다' 이다. 아브라함은 아비를 '본다' 이다. '이레יִרְאֶה이레 창세기 22장 14절,' 의 제일 앞 글자 이 יִ는 하나님 표시 약자로 하나님이 보게 하심이 있는 동시에 보호하고 격려하는 우리의 일상의 아빠가 그 흔적이다.

---

[1] 12환국 이름이 전해온다.『진서(晉書)』「사이전(四夷傳)」에 비리국(卑離國)・양운국(養雲國)・완막한국(宛莫汗國)・구다천국(句茶川國)・일군국(一群國)・우루국(虞婁國)・객현한국(客賢汗國)・구모맥국((句牟額國)・육구여국(育句餘國)・사납아국(斯衲阿國)・선비이국(鮮卑爾國)・수밀이국(須密爾國)의 12환국이다. 이 광역 공화국은 남북 5 만리 동서 2 만리를 차지:강상원・「사라진(沈沒) 무제국- 東夷族에 母國」(서울:朝鮮世宗太學院・2013) .,172.

'아브라함'의 '아브'는 우리말 아빠이다. 우리가 흔히 말하는 아빠이다. 아빠라는 말은 '아버지와 아들' 표시이다. 아빠라는 말 속에 이미 아버지와 아들이 표시된다. 바로 하나님과 예수님이 한 분이라는 거대한 비밀이다. 아빠와 아들이 있음으로써 아버지라는 말이 성립된다. 아브의 '아' 가 아버지이고 아브의 '브'는 아들[1]이다.

우리말 그대로 아빠 abba^{아빠}가 성경에 있다.

① 로마서 8:15

롬 8:14 무릇 하나님의 영으로 인도함을 받는 사람은 곧 하나님의 아들이라 15 너희는 다시 무서워하는 종의 영을 받지 아니하고 양자의 영을 받았으므로 우리가 <u>아빠</u> 아버지라고 부르짖느니라

- 롬 8:14-15

for you did not receive the spirit of slavery to fall back into fear, but you received the spirit sonship. Wen we cry, <u>Abba</u>! Father! 16 it is the Spirit himself bearing witness with our spirit that we are children of God,

- ROMANS 8:15-16

15 $oύ^♀$ $γάρ^{가르}$ $ελάβετε^{엘라베테}$ $πνεϋμα^{프뉴마}$ $δουλείας^{둘레이아스}$, $πάλιν^{팔린}$ $είς^{에이스}$ $φόβον^{포본}$ $άλλά^{알라}$ $ελάβετε^{엘라베테}$ $πνεϋμα^{프뉴마}$ $υίοθεσίας^{위오이아스}$ $έν^{엔}$ $ώ^?$ $κράζομεν^{크라소멘}$ $\underline{αββα}^{아빠}$ $□ό^{오}$ $πατήρ^{파테오}$\. 16 $αύτό^{아우토}$ $τό^{토}$ $πνεϋμα^{프뉴마}$ $συμμαρτυρεί^{슘마르투레이}$ $τώ^{투}$ $πνεϋματι^{프뉴마티}$ $ήμών^{눈}$ $ότι^{오티}$ $έσμέν^{에스멘}$ $τέχνα^{테크나}$ $θεοϋ^{대우}$

---

1) Bred TV 마크빌츠의 히브리어 알파벳 제 4강 달레트 ㄱ

-줄 친 부분 발음 "압바=아버지" 1)

- ΠΡΟΣ ΡΩΜ 8:15-16

② 이르시되 아바 아버지여 아버지께는 모든 것이 가능하오니 이 잔을 내게서 옮기시옵소서 그러나 나의 원대로 마옵시고 아버지의 원대로 하옵소서 하시고

- 막 14:36

14: 36 And he said Abba, Father, all things are possible to thee; remove this cup from me; yet not what I will, but what thou wilt.

- MARK 14:36

καί^{카이} ἔλεγεν ^{'엘레겐} αββα^{아빠} ὁ^오 πατήρ^{파테르}, πάντα^{판타} δυνατά^{두나타} σοι·παρένεγκε^{소이파레네그케} τό^투 ποτήριον^{포테리온} τοῦτο^{투토} ἀπ^{아웃} ἐμοῦ^{에무} ἀλλ^알 οὐ^우 τί^티 ἐγώ^{에구} θέλω^{테루} ἀλλά^{알라} τί^티 σύ^수

- ΜΑΡΚΟΣ 14:36

③ 4:6 너희가 아들인 고로 하나님이 그 아들의 영을 우리 마음 가운데 보내사 아바 아버지라 부르게 하셨느니라

- 갈 4:6

And because you are sons, God has sent the Spirit of his Son into our hearts, crying, "Abba! Father!"

-갈 4:6

4:6 Ὅτι^{오티} δέ^데 ἐστε^{우테} υἱοί^{이오이} ἐξαπέστειλεν^{엑사페오스테일렌} ὁ^호 θεός^{데오스} τό^토 πνεῦμα^{프네마} τοῦ^투 υἱοῦ^{이오이} αὐτοῦ^{아우투} εἰς^{에이스} τ

---

1) Wigram, V George. The Korean's Greek Concordance of the NEW Testament, Grand Rapids, Michigan 49506:Baker Book House, 1843. 김만풍 역,『신약 성구사전』, 서울:기독교문화사,1981.

$\alpha\varsigma$^{타스} $\chi\alpha\rho\delta\iota\alpha\varsigma$^{카르디아스} $\dot{\eta}\mu\acute{\omega}\nu$^눈 $\chi\lambda\acute{\alpha}\zeta o\nu$^{크락쫀}, $\underline{A\beta\beta\alpha}$^{압빠} $\acute{o}$^호 $\pi\alpha\tau\acute{\eta}\rho$
^{파테르}

-ΠΡΟΣ ΓΑΛΑΤΑΣ 4:6

영어를 비롯한 외국어들이 동일하게 보여주는 abba는 원문대로 그리고 우리 발음 그대로 '아빠'이다. '압빠'이다. 아빠를 향해 강하게 아빠 abba^{압빠} abba^{압빠}한다. 이 아빠가 성경 그대로 발음이 우리말 "아빠^{압빠} 롬 8:15이다. 이 '아빠'와 그리스어의 첫 자와 둘째 자가 반복되어 만들어진 글자 '$\alpha\beta\beta\alpha$^{아빠}'이다. 첫째 알파=Alpha와 베타=Beata와 합하여 된 합성어이다. 헬라어 대문자 Ά=Alpha이고 소문자는 α=a=alpha이다. 영어 아빠=abba이다.

강상원[1] 박사는 다음과 같이 해석한다.

① 알파 Alpha의 Al · 무겁다 · 신 protect=보호 · 막다 · 수호
② pa · 부수다 · food ③ ha · 河 · ཧ · 하
④ water ⑤ Alpha=물 위에 먹을 음식
⑥ 물 위에 떠 있는 신 ⑦ β · 베타 · 걷다
⑧ ta · 장소 · spot(점, 흔적) · place

$\alpha\beta\beta\alpha$는 물 위에 뜬 신이다. 물 위에 있는 아빠는 필히

---

[1] 12 강상원 · 「사라진(沈沒) 무제국- 東夷族에 母國」(서울:朝鮮世宗太學院 · 2013)., 64.

물과 관련되고 사람과 관련된다. 사람은 70%이상이 물로 되어 있다. 물위를 자유자제로 다닐 수 있는 신이다. 그는 물 안과 그리고 물 위에서 자유 유영한다. 아빠 이미지는 절대 권위자이다.

더 나아가 아빠는 언어의 의미 법칙에서 문법으로 아빠의 '아'는 영어권이나 한국 언어권에서 부정 의미 '아니'의 '아'이다. 그리고 아빠의 '빠'는 우리말 '빠았다'의 '빠' 곧 파괴의미이다. 역설 법 부정의 부정은 절대 인정이라는 것이 강상원 박사의 견해다. 따라서 부정에 부정을 더 하는 바로 강하게 부정하여 정설이 되게 하는 역설이다.

아들과 아빠와의 관계는 성경에서 어려움을 받는 일이 일어난다. 그 이유는 장차 올 영광롬 8:21이 있어서다. 빌 바를 잘 알지 못하지만 성령이 함께 하여 마땅히 아버지의 아들 됨으로 하여 우리를 위하여 간구해주시는 아버지이다. 아버지와 아들과의 끈끈한 관계는 예수 안에 하나님의 사랑에서 이다.

아빠가 있는 가정이라면 하루에도 수십 번 그리고 대한민국 백성이라면 누구나 늘 들을 수 있는 아빠!이다. 우리가 늘 부르는 이 '아빠' 는 헬라어에나 영어번역에서도 같다(줄친 부분). 아빠이름에 아들과 아빠가 함께 있다.

강상원 박사는 우리언어 찾기 연구에서 아빠의 '아'는 부정 의미이고 '빠'는 더욱 부정하는 의미로서 부정에 부정을 더하는 결과로 얻어진 아빠 바로 절대적 존재라는 것이다. 아바도 아니다. 아빠!이다. 우리말이 보여주는 아빠[1]이다. 아빠 ayabba[2] '빠' 다. 강하고 센소리 '아압빠' 이다.

그런데 언어의 변천사에서 보여주는 이상한 현상이 있다. 물고기와 압빠의 관계를 알려 주고 있다.

a~ab~ba → ayabba → (a)yabba → (a)amba → Yamm→ yam

사람을 물고기 비유에 한다. 예수를 물고기에 비유한다. 우리 고어에 강이 압이다. '아빠'가 '얌'으로 변한다. 바다=얌 מים=얌=yam이다. 우가리트어 언어 변화 순서이다. 물고기와 아빠! 글자 변이과정 a-aya-ba=ayabba → ayabba → ayabba

---

1) ayabba:David Toshio. Tsumura, 57:In Amarna Akkadian, the sea is always referred to in forms of *ayabba*(EA 74-20, 9:47, 105:13, 114:19, 151-42, 288:33, 340:6), never spelt as *ta-am-tu*(except in Adapa text [356:50 & 51] which is written in a standard Akkadian), I owe this information to DR. R. S. Hess. See also CAD, A · 1(1964), 221(also in Mari & SB literary text), W.F. Albright & W. L. Moran, Rib-Adda of Byblos and the Affairs of Tyre(EA 89)」 JCS 4(1950), 167; cf JA Knudtzin, *Die Ei-Amarna-Tafeln:mit Einleitung und Erläuterungen*. II (Aalen:Otto Zeller, 1915), 1528 on Tâmtu. It might be postulated that the Sumerian loan word *ayabba*(<=a-ab-ba) in West Semitic experienced the following P h o n o l o g i c a l change:a-aya-ba=>*ayabba*⟩a(yabba)⟨(a)yabba)⟨(a)yamba⟩yamm->yām. For EA 89, see now W. L. Moran, *Les Lettes d'El-Amarna:Correspondance diplomatique 어 pharaon*(LAPO 13:Paris:Cerf, 1987), 277-8.
2) David Toshio. Tsumura · 57

마방진시학 | 81

→ ayamba → yamm → yām이다. 얌1)이다. 얌=ם׳=ם׳;얌=yam!은 아가트어에서도 발견 된다. 얌은 늘 홀로 쓰이는 것이 아니라 언제나 바다 신2)이나 물고기3)와 관련한다.

아빠와 얌4)에 이어지면서 물고기와 예수 크리스토스까지 연결된다. 그리스도^{고전 3:23}이다.

너희는 그리스도의 것이요 그리스도는 하나님의 것이니라
- 고 전 3:23

ὑμεῖς δέ Χριστοῦ, Χριστοῦ δέ Θεοῦ
- ΠΡΟΣ ΚΟΡΙΝΘΙΟΥΣ Α 3: 23

'아' 부터 시작 → 아브 → 바 → 아빠 → 압바 → 암바 → 얌5) 흐름을 성서는 물고기로 푼다. 그것은 놀랍게도 물이나 바다와 관련되고 또 물고기와 관련된다. 더 놀라운 사실은 물고기와 아빠의 연결이다. 예수스크리스도스의 연결이다.

---

1) ם׳(얌).
2) sea-yam.
3) David Toshio. Tsumura, 54:In Ugaritic, Ym is often "personified" and refers to q divine enity, the sea-god Yam. However, the term is used as a common noun without any divine personification even in mythological contexts, as in the cases of *Ym(· · thm)* in q. 23 [52]:30, an expression "fish from the sea" dg bym(1. 23[52]:62-63) and a divine epithet *rpt atrt ym* "Lady" Atirat of the sea(1. 4[51]:1:13-14[14:-15], 21[22], III:25, 28-29, 34; 1:6:1:44, 45, 47, 53 [49]:1:16, 17, 19, 25]). cf. Albright's Yahweh and the Gods of Canaan(London:Athlone Press, 1968), 166 · Hower, cf. The Phrase *atrt ṣrm*"(Atirat of the Tyrians"(UT 19. 428).
4) ם׳(얌).
5) a-ab-ba=>ayabba⟩(a)yabba⟩(a)amba>Yamm>yām.

(3). 예수와 물고기의 비밀암호

바다 위를 걸으시는 예수님에 관한 이야기다. '아빠' "αββα^{아빠}" 아빠이다.

막 6:48 바람이 거스름으로 제자들의 괴로이 노 젓는 것을 보시고 밤 사경 즈음에 바다 위로 걸어서 저희에게 오사 지나가려고 하시매 49 제자들이 그가 바다위로 걸어오심을 보고 유령인가 하여 소리 지르니

- 막 6:48-49

막 6:48 He saw the disciple straining at the oars, because the wind was against them. About the fourth watch of the of the night he went out to them, walking on the lake. He was about to pass by them. 49 but when they saw him walking on the lake, they thought he was a ghost. They cried out

–MARK 6:48-49

48 καί ^{카이=and} ἰδών ^{이돈=seeing} αὐτούς ^{아우투스=them} βασανιζομένους ^{바사니소메누스=being distressed} ἐν ^{엔=in} τῷ ^{투=the} ἐλαύνειν ^{엘라우네인=to row}, ἦν ^{핸=was} γάρ ^{가르=for} ὁ ^{호=the} ἄνεμος ^{아네모스=wind} ἐναντίος ^{에난티오스=contrary} αὐτοίς ^{아우토이스=to them} περί ^{페리=about} τετάρτεν ^{테타르탠=the fourth} φυλακήν ^{퓔라캔=watch} τῆς ^{테스=of the} νυκτός ^{누크토스=night} ἔρχεται ^{에르케타이=the comes} προς ^{프로스=toward} αὐτούς ^{아우투스=them} περιπατών ^{페리파툰=walking} ἐπί ^{에피=on} τῆς ^{테스=the} θαλάσσης ^{달라세스=sea} καί ^{카이=and} ἤθελεν ^{헤뗄렌=wished} παρελθείν ^{파렐테인=to go by} αὐτούς ^{아우투스=them} 49 οἱ ^{오이=but} δέ ^{데=they} ἰδόν ^{이돈테스=seeing} τῆς ^{테스=} οὔτον ^{오우톤=him} ἐπί ^{에피=on} τῆς ^{테스=the} θαλάσσης ^{달라세스=see} περιπατούνα ^{페리파툰타=walking} ἔδοξσαν ^{에독크산=thought} ὅτι ^{호티=that} φάντασμά ^{판타스마=a ghost} ἐστιν ^{에스틴=it is}, καί ^{카이=and} ἄν ἔκραζαν ^{아네크라잔=cried out}

- *ΜΑΡΚΟΣ* 6:48-49

물 위를 걸어 다니는 분은 먹을 것을 제공하는 신이다. 예수스 크리스토스$^{Ιησοῦς\ Χριστός예수스\ 크리스도스}$가 물고기 언어와 동일하다. 고기는 헬라어 소문자 이크듸스=$ἰχθύος^{이크듸스}$이다. 좋은 물고기 뜻$^{마\ 13:47-5}$을 지닌다.

물고기와 예수스크리스트는 대문자 차이와 소문자 차이이다. 이 물고기는 어부 베드로가 건져 올린 좋고 큰 153마리의 물고기이다. 좋은 물고기 이크튠= $ἰχθύων^{요\ 21:11}$이다.

대문자 구성은 하나님의 아들 예수스 크리스토스^{Ιησοῦς} $Χριστός$이다. 소문자 구성은 물고기이다. 예수가 베드로에게 명한 헬라어소문자 된 "물로 가서 낚시를 던져 먼저 오르는 고기=이크둔=$ἰχθυν^{마\ 17:27}$을 낚아라 하신다. 예수 가로되 그 고기를 건져서 가져가서 <u>그것의</u> 입을 열면 돈 한 세겔을 얻을 것이라 하셨다. 이 고기를 가져다가 나와 너를 위하여 주라하신다. 이 때 베드로가 하는 일은 물고기의 입을 여는 일이다. 고기의 입을 여는 일을 하는 일은 사람 베드로이다. 사역이다.

성서에 물고기 두 마리가 있다. 물고기 두 마리=이어^{二漁}는 예수스 크리스토스$^{Ιησοῦς\ Χριστός}$1)와 관련, 이크듸스라는

---

1) 김명현공학박사, '하나님의 이름, 야훼(YHWH) 손을 보라 못을 보라 (153쉴터교회 with)

글자 자체는 같되 물고기와 크리스토스와는 구분된다. 물고기는 소문자 예수스크리스토스는 대문자로 구성된다. 다만 구성된 글자는 같다.

예수스 크리스도는 이크듸스 = $IXΘYΣ$이크듸스다. 이 엄청난 사건이 전개되는 소문자 표기는 물고기=이크듸스= $iχθφς$이크듸스= ⬤━◗이다. 언어는 동일하다. 놀랍게도 예수 크리스도 = 물고기 동일언어이다. 다만 대문자로 구성된 하나님과 그의 아들 예수님 예수그리스도 언어는 $IXΘYΣ$이크듸스=이크듸스 대문자이다. 성서 예수 크리스트 곧 $IXΘYΣ$이크듸스 지칭이다. 소문자일때는 물고기[1]다. 대문자로만 된 이크듸스는 하나님과 예수스 크리스트 두 분마 1:21이 한 분임을 드러낸다. 우리 인간과 크리스트와의 관계에서 너희는 그리스도의 것이요 그리스도는 하나님의 것고전 3:23이다.

성서는 답을 항상 성서 안에 숨겨둔다. 야크듸스 שׁיִקְדָּיׁ야크듸스 글자가 그 분과 연관성이다. 야크듸스 שׁיִקְדָּיׁ야크듸스는 구분하다이다. 구분 야크듸스 שׁיִקְדָּיׁ야크듸스 크 קְ크는 원숭이처럼 잘 따라 하라! 나뭇가지를 잘 날아다니는 잔나비다. 성서는 예수스 크리스도와 물고기를 구분 그 의미를 숨긴다. 시적 은유다. 성서는 중요한 안건에 대하여는 항상 그 답을 어디엔가 숨겨

---

1) 요한복음 6:9절에서 제시되는 물고기는 작은 물고기라는 뜻을 지닌 오파사리아 $όψάρια$ 오파사리아 작은 고기도 있다.

둔다. 야크듸스=구분의 יקר는 잘 따라하는 원숭이 이미지이다. 예수에 대한 지칭 야크듸스는 거룩하다 차이다.

거룩한 존재는 우리 일상에서 아빠라는 존재로 어린 아들에게 비칠 수 있다. 아빠는 늘 먹을 것을 제공해 주는 분이다. 이 때의 바라보는 대상은 어린 아들이다. 이 어린 아들이 바라보는 아빠는 아들에게 무엇이든 가능하게 하는 존재다.

우리에게 절대적인 아빠 존재는 무엇이든 가능하게 해 주는 신이다. 우리 문화권에서는 더 친근감 이미지로 불리는 오빠가 있다. 시대의 흐름을 따라 이 아빠의 존재는 거룩함의 상징성 보다는 보다 친절하고 그리고 도와주는 존재로서 오늘날의 한국에서는 아내가 자기 남편을 오빠라 부르기도 한다. 또 여성이 가장역할을 담당할 경우 아빠의 이미지로서의 자리매김을 한다. 누구든지 세상의 세파를 막아줄 바람막이 역할은 영적 이미지로 부상한다. 그것은 사랑을 베푸는 자와 베풂을 받는 자 사이에서 거룩 이미지가 탄생한다.

주기도문에 '거룩'이 있다.

> 하늘에 계신 우리 아버지 아버지의 이름이 거룩히 여기심을 받으시오며 나라가 임하오시며 뜻이 하늘에서 이루어진 것 같이 땅에서도 이루어지이다 오늘 우리에게 일용할 양식을 주시옵고 우리가 우리에게 잘 못한 이를 용서하오니 우리 죄를 용서하여 주시옵고 우리를 시험에 들게 마시옵고 다만 악에서 구하시옵소서
>
> - 마 6:9

아버지의 이름이 거룩히 여김을 받으시는 것은 그의 아들을 십자가 사건이 일어나게 하신 인류사랑에서이다.

이 거룩은 예수님이 이렇게 기도하라고 일러주심에서와 같은 거룩이다. 그것은 십자가 사건을 통해서이다. 십자가 사건은 십자가 앞에 써 붙여진 이름표에서 단어 첫 자가 모아지면 여호와가 된다. 히브리어 로마어 헬라어로 쓰여 진 유대 사람의 왕 나사렛 예수라고 쓰여졌다. 이로써 하나님과 예수님과의 일치가 나타난다. 그 가교는 사랑으로서이다.

> 서로 불러 이르되 거룩하다 거룩하다 거룩하다 만군의 여호와여 그의 영광이 온 땅에 충만하도다 하니라
>
> \- 사 6:3

거룩하다!는 하나님과 십자가사건으로 예수스 크리스도스(Ἰησοῦς Χριστός)와 일치시킨다. 바늘귀를 형상화한 글자로서 어려운 일을 통과하시는 거룩하심이다.

> 여호와께 구별하여 드렸으면 הִקְדִּישׁ לַיהוָה 야크디스 라여호와= 여호와께 구별하여 드렸으면 VHMZS P. NE a man sanctify unt the LORD, ἁγιάσῃ τῷ κυρίῳ - 레 27:22

II. 예수 크리스도

1. 대문자 암호

대문자로 된 예수 비밀 암호는 이크뒤스 $IXΘYΣ$^{이크뒤스}이다. 첫 아이= I ^{아이}는 예수= $Ἰησού$^{예수}의 첫 글자이다. 우리가 익히 아는 예수[1])다. 이크뒤스= $IXΘYΣ$^{이크뒤스}의 둘째 엑스= X 는 크리스토우 $χριστού$^{크리스토우}로 읽으며 우리가 익히 아는 그리스도[2])이다. 이크뒤스= $IXΘYΣ$^{이크뒤스}의 셋째 데오스= $Θ$ 는 데오스 $θεός$^{데오스}=하나님=데오스이다. 우리의 하나님[3])이다. $IXΘYΣ$^{이크뒤스}의 네 번째 Y 는 위오스 $Yυ$ $ἱός$^{위오스}=아들=위오스이다. 우리가 밤낮 잘 부르는 아들[4])이한다. 다섯 번째 $IXΘYΣ$^{이크뒤스}의 소테르= $Σ$ 는 소테르 $Σωτ$

---

1) Ἰησούς 예수 마 1:1, 16, 18. 21. 25 등:George V. Wigram, 『신약 성구사전:*The Koreans Greek Concordance of the New Testament*』, 고영민,김만풍 역(서울:기독교 문화출판사', 1981)., 1097
2) Χριστός 크리스도스 마 1:1, 16, 17. 18, 2:4 등:George V. Wigram, 『신약 성구사전:*The Koreans Greek Concordance of the New Testament*』, 고영민,김만풍 역(서울:기독교 문화출판사', 1981)., 1239
3) Θεός 데오스 하나님 마 1:23, 3:9, 10. 18, 2:4 등:George V. Wigram,『신약 성구사전:*The Koreans Greek Concordance of the New Testament*』, 고영민,김만풍 역(서울:기독교 문화출판사', 1981)., 531, 620(κρίος 퀴리오스 주, 마 1:20 등).
4) υἱός 아들 마 1:21, 23, 25. 3:17. 5:9 등:George V. Wigram, 『신약 성구사전:*The Koreans Greek Concordance of the New Testament*』, 고영민,김만풍 역(서울:기독교 문화출판사', 1981)., 1003

εήρ^{소테르}이다. 하나님 구세주1) 뜻이다.

13의 숫자는 사랑의미이다. 이 13의 비밀은 여호와 긴밀하다. 히브리어 יהוה^{여호와} 네 글자 ה⁵ו⁶ה⁵י¹⁰이다. 숫자로 5 + 6 + 5 + 10 = 26이다. 이 26의 반이 13이다. 13 אחד^{에하드}이다. 낱자 합이다. 신명기 6장 4절에 "이스라엘아 들으라 우리 하나님 여호와는 오직 하나인 여호와시니" 2)이다.

"오직 하나이신 여호와" 이다.

שְׁמַע יִשְׂרָאֵל יְהוָה אֱלֹהֵינוּ יְהוָה | אֶחָד 쉐마아 이스라엘 엘로헤이누 여호와 |에하드, 신 6:4

성서 원문이다. 특이현상 ד와 ע 글자가 성경에서 유독 크게 표현된다. 처음 시작 שְׁמַע^{쉐마아} 들으라로 눈에 보이는 그대로 ע 글자크기가 다른 글자와 다르다. 글자크기가 큰 ע^{아인}이다. 아울러 마지막 글자 에하드 אֶחָד | ^{에하드}에서도 큰 글자 ד^{달레트} 이다. 이 특별한 강조 | 로 구분 אֶחָד^{에하드} | 의 ד^{달레트} 이다. ע^아

---

1) God ό θεός ό σωτήρ μου(Ps 24:5; 26:9 Mi 7:7; Lk 1:47 θεό σ):GREEK-ENGLISH LEXICON of the NEW TESTAMENT and Other Eary Christian Literature 하 William F.Arndt and F. Wilbbur gingrich The university of chicago press and London, 1958., 801:KBornhausen, Der Erlóser27 θεοσ Σωτεήρ b. den Rómern 1:

2) שְׁמַע יִשְׂרָאֵל יְהוָה אֱלֹהֵינוּ יְהוָה | אֶחָד(쉐마아 이스라엘 엘로헤이누 여호와 | 에하드, 신 6:4).

인과 ﬧ달레트를 모으면 ﬢﬠ아드이다. 눈과 가슴이다. 하나님 가슴의 숨은 비밀을 눈으로 보게 함이다. '아드' 이다. 글자 그대로 '아드' =아들이다. 예수스 크리스도스의 사건이 유추이다. 예수와 크리스트는 한 분이다. 이 두 분^{마 1:21}의 두 둘 '두'는 쌍수 문법이 갖는 비밀이다.

성서의 물고기는 원문 눈 ןיﬠ눈으로 표시된다. 앞 뒤 모두 물고기 표시이다. 더구나 여호수아의 아버지 이름도 눈이다. 이 때 아버지와 아들 관계가 표명된다. 이 눈 글자에서 아주 중요한 신약과 구약성서가 이어지는 증명이다. 바로 물고기 두 마리로 은유한다. 시적 기법이다.

눈=ןיﬠ눈의 아들 여호수아 둘이 표시되는 눈=ןיﬠ눈 글자에서 보이는 바 물고기가 두 번 사용된다. 아빠와 아들의 관계이다. 중간 י유를 넣어 물고기 안의 물고기이다. 하나님=$\Theta \varepsilon o$ 안에 예수스$I \eta \sigma o \tilde{u} \varsigma$^{예수스}이다. 놀랍게도 이 하나님=$\Theta \varepsilon o$는 둘을 의미한다. 크리스토스$X \rho \iota \sigma \tau ó \varsigma$^{크리스토스} 안의 예수이다. 따라서 크리스도스는 하나님 아드님과 아버지다. 하나님과 예수님 두 분^{마 1:21}이 한 분임을 의미한다. 눈의 아들 여호수아 눈=ןיﬠ눈 글자가 보여주는 물고기 안에 물고기의 상징은 눈과 여호수아, 하나님과 아들 예수 부자관계다. 물고기 두 마리로 비유 된다. 참으로 시적 이해가 생산된다.

이 부자마 1:21관계는 "하나님을 자기 친 아버지라 하여요 5:17 ~18" 아빠라 부른다. 아들과 아버지 관계이다. "내가 아버지로 말미암아요 5:31" 라 하였다. 성서에 "아바 아버지"마 14:36 롬 8:15 요 1:12라 하였다. 아빠갈 4:6이다. 일반인에게도 허락되는 아빠갈 4:6이다. 하나님의 말씀 임할 때 양자로 불리 울 수 있는 아빠갈 4:6 6:4이다. 아버지와 아들사이다. 아버지와 아들이 한 분이다.

우가리트어 언어 변화에서 보여주는 얌1) 물고기가 아빠와 관련이 있다. 우리말 권의 세계분포도 증명서가 있다. 다비드 토시오 David Toshio 학자는 מָ;얌·yam을 아카드어와 관련 바다를 ayabba아빠2)라 하였다. 아빠라는 표현은 우리말 '아빠'의 발음 그대로이다.

요즈음의 자가용 차 뒷면에 달고 다니는 물고기 기호 ⊂∋ = $IXΘYΣ$이크띄스가 있다. 영어 ichthys이크띄스이다. 1970년대에는 기독교 아이콘으로 사용되었고 1973년에도 물병자리 바위 축제로 옮겨진다. 자동차의 뒷면 혹은 펜던트 또는 목걸이 중앙에 예수 또는 $θÎÎÎθ$로 표현한다. ichthus이크띄스는 $IXΘYΣ$이크띄스로 기록3)된다.

그리스도나 크리스트 등은 모두 끝에 복수상징인 '스' 가

---

1) מָ;(얌).
2) David Toshio. Tsumura · 57:
3). 옥스포드 영어 사전. 2007

붙는다.1) 기독교 상징으로 물고기=이치투스2), 십자가는 예수 또는 ICTUS^{이크투스} ἰχθῦς^{이크두스}3)이다. 어원은 오래된 아르메니아 어 ձուկն^{주크}, 리투아니아어 žuvis^{쥬비스}이다. 변곡점은 ὁ ἰχθῦς$^{호\ 이크두스}$에서 τοῦ ἰχθῦος$^{투\ 이크두오스}$로 물고기 두 마리이다. 모두 복수이다. 물고기 두 마리로 한 파생어 ἀνιχθῦς^{아니크듀스} → ἀπιχθυόομαι^{아피크듀오오마이} → ἀπιχθῦς^{아피크듀스} → ἰχθῦἱα^{이크튜이아} → ἰχθῦἱκός^{이크두이코스} → ἰχθῦκεντρον^{이크두켄트론} → ἰχθῦομετάβολος^{이크두오메타볼로스} → ἰχθῦοπρἆτης^{이크두오프라타티츠} → ἰχθῦοπτρῦς^{이크두옵테리스}이다.

성경이 제시하는 물고기는 한 마리가 아니다. 두 마리이다. 성서는 첫 글자를 대문자와 소문자로 구분하여 절대자와 물고기를 구분한다. 물고기 언어를 두 마리의 복수이미지로 전한다. 하나님과 예수님을 두 분$^{마\ 1:21}$이 한 분임을 표시하는 절대적인 복수 표시 첫 자에 대문자가 등장한다. 물고기일 경우 소문자가 등장한다. 아빠는 반드시 아버지와 아들관계에서 성립되는 언어 물고기 두 마리이다. 복수 표시 이크듸스이다. 그리스어: ἰχθύς^{이크두스}→ 영어: ichthýs^{이크듸스} 그리고

---

1). 워엘레샤 코프먼, 기독교 물고기 기호의 기원은 무엇입니까? christianity today.com(2008. 8. 8).
2). religious tolerance.org(2014. 4. 22)
3). 로비슨, 그렉, 크리스찬 록 페스티벌(뉴욕:로젠 출판 유한 공사, 2009), p.7.

대문자 표기로 그리스어: $IXΘY\Sigma$ ^{이크듸스} 이다. 물고기 두 마리를 소문자, 대문자 크리스트이다.

$iχθῦς$=이크두스 $^{옥스퍼드\ 사전\ 참고}$

$iχθύς$=이크두스$^{뉴욕:하퍼\ \&\ 브라더스\ \cdot\ 오텐리스,\ 게오르기1891\ 학교와\ 홈}$
릭 사전

$iχθύς$=이크두스 $^{1935\ 제3판\cdot시카고\ 대학교}$

$iχθύς$=이크두스$^{1924\ 노먼:오클라호마\ 대학교,\ 출판1963\ 슬레이터에서}$

$iχθύς$=이크두스$^{윌리엄\ J.1969\ 강,\ 제임스\ 1979}$

$iχθύς$=이크두스 그리치쉬$^{-도이치\ 한뷔르테르부흐.\ 1875.\ Vol\ I,\ pg.\ 582}$

$liχθύς$=이크두스$^{1959유도-유럽\ 에티미지즘\ 사전}$

$iχθύς$=이크두스 $^{2010\ 그리스어의\ 어원사전}$

이크씨스(그리스어) $^{그리스어사전:\ 라우틀리지\ \&\ 케건\ 폴}$

초기 기독교 신자들이 비밀스럽게 사용한 기독교 상징은 두 개의 곡선을 겹쳐 만든 물고기 모양이다. 원 발음 '예수스 크리스토스' 하나님의 아들에서 복수의미가 겹쳐지는 비밀이 숨어 하나님과 예수 두 분$^{마\ 1:21}$이 한 분임을 드러낸다. 예수와 크리스트 두 분이 한 분임을 이 물고기에 비유되는 일 이크듸스는 '하나님의 아들 구원자 예수 크리스트'의 기막힌 증명서다. 희랍어 머리글자만 따서 된 물고기 '이크듸스'의 비밀이다.

대문자 원음 크리스토스 $Χριστός$의 '크리'는 바로 우리말 '크리' 이다. 끝의 '듸스' 나 '도스' 는 복수의미다. 하나님 θεού 표시의 우리말식 발음 둘δύο=두δύο=도δύο이다. 우리말 둘 곧 하나님과 아들의 둘 지칭이다. 시적 비유 물고기가 전해주는 하나님과 아드님의 흔적을 둘의 병치관계로 한다. 고기 두 마리 δύο ϊχθύας이다. ①. δύο ②. θύας ③. θεού이다.

물고기와 하나님 이 글자의 차이는 물고기는 소문자로 시작되고 절대자 이크듸스에서는 대문자로 사용된다. 우리말 '크리' 와 '두' 와 합하여 가장 큰 분 둘을 지칭하며 비밀리에 소통되는 물고기 두 마리로 서로 교통하는 암호이다.

예수님과 하나님의 관계가 물고기에 비유되어 가장 시적인 긴장관계를 형성 '두 마리' 의 '두' 는 하나님과 그의 아들의 관계의 시적 은유다. 뚜렷한 두 번의 징조는 이스라엘에서 드러난다.

> 네 이름을 다시는 야곱이라 부를 것이 아니요 이스라엘이라 부를 것이니 창 32:28

성서는 큰 분 둘의 의미를 곳곳에서 비밀로 감추신다. 시적 은유이다. 하나님이 그에게 이르시되 네 이름이 야곱이지마는 네 이름을 다시는 야곱이라 부르지 않겠고 이스라엘이 네 이름이 되리라 하시고 그가 그의 이름을 이스라엘이라 부르시고' 축복$^{창\ 35장\ 10}$하신다. 처음은 천사가 밤새도록 야곱이 에서와 만나기전 기도하며 씨름하는 야곱을 이스라엘이라 부르라 하였지만 두 번째는 직접 야곱에게 이스라엘$^{창\ 35:\ 10}$이라 부르셨다. 벧엘이라는 이름도 하나님과 만난 이 땅이 야곱에 의해 불리어지고$^{창\ 35:12}$ 이후 신약에서 예수님이 태어나는 곳으로 지칭된다. 성서는 선지자들을 통하여 말씀 하신 바 내가 입을 열어 비유로 말하고 창세부터 감추인 것들을 드러내리라 함을 이루려 하심이라$^{마\ 13:3}$ 한다.

따라서 성서에서 물고기를 반드시 둘의 관계로 하는 성서의 물고기 두 마리 표시는 눈$^{대상\ 7:27}$의 아들 여호수아의의 부자관계에서 드러난다. 하나님과 하나님 아드님의 관계의 암시 눈^{가는} 눈 글자로 그 안 구세주 안에 들면 영원히 살 수 있다의 암시다. 두 분 표시는 한분이심을 비밀로 한다.

에곤 프리델은 고대의 문화사에서 물고기의 두 마리가 기독교가 점성술 시대를 막을 수 있다 하였다. 성서가 가지는 물고기의 이름에서다. 이 예수스 그리스토스$^{Ιησοῦς\ Χριστός}$ 그리고 나의 구세주 이크듸스^{ΙΧΘΥΣ}다.

이크는 크다는 뜻이다. 뒤스는 둘 의미다. 카타콤이후 300여년의 시간 뒤 기독교의 상징은 예수스 크리스토스 $Ιησοῦς\ Χριστός$ $^{예수스\ 크리스토스}$ 십자가 기독교의 상징은 기도하고 예배드리기 위해 비밀리에 만나면서 이용한 이 물고기 두 마리에서 그대로 그 흔적을 남긴다. 한 사람이 발로 땅위에 물고기 모양의 윗부분의 반을 그리면 다른 사람이 그 나머지 아래 부분 반을 그려 믿음공동체를 알린다.

ÏXθUΣ 이크듸스
Ï :Iesus=Ιησοῦς 예수스 :예수
Χ :Xristus=Χριστός 크리스토스 :크리스트
θ :Theos=Θηοῦς 데오스 :하나님
U :Huios=Υυιός 위오스 :아들
Σ :Sojomete=Σωτεήρ = Σοξομετε 소조메테 :구원자

기독교 ÏXθUΣ=이크듸스 암호는 ÏXθUΣ=이크듸스 대문자로만 구성되면 절대자표시다. 다섯 글자 ÏXθYΣ=이크듸스 대문자는 각기 뜻을 가진다. 이크듸스인 예수=Ï: Iesus=Ιησοῦς 예수스 십자가 문형은 대표적인 기독교의 상징으로 자리 잡으면서 십자가 마크 ✝가 되고 표면화 되면서 문장에서는 크리스트로 자리 잡는다. 그리고는 드디어 십자가사건을 대표하는 히브리문자 ת타브가 된다. 와 X와 T의 일치이다.

 → ✝ → T

X 타브

한국민족의 시원향기는 천손민족이 섬기는 ✝ 이에 근접하는 크리스토우스=Χ:χριστούς^크리스토우스이다. 큰 것 두

개 '크리' 와 지금의 영어 Christ의 끝 t^{트}가 의미하는 '크다' 와 십자가표시로 하여 크다 의미가 둘이다. 헬라어에서 τ^{트}로 표시하고 영어에서도 t^{트}로 표시되고 히브리어에서도 ת^{트}로 표시된다.

우리말의 문장글자는 대부분 '…다. 로 끝난다. '…다. 십자가이다. 크다 이다. 하나님의 아들 우리말 예수 그리스트 구세주= 이크듸스=Ï$X\theta Y\Sigma$=I$\eta\sigma o\tilde u\varsigma$ 예수스 → 크리스토스 $X\rho\iota\sigma\tau ó\varsigma$ → 크리스톤=$\chi\rho\iota\sigma\tau o\nu$ $^{눅\ 20:41}$ 하나님 $\theta\varepsilon ó\varsigma$=데오스 → 아들 $\Upsilon\upsilon ió\varsigma$=위오스 → Σ의 앞 자만 모은 Ï$X\theta Y\Sigma$=이크듸스= 예수[1] 크리스트, 하나님의 아들 구세주 통칭이다.

소문자로 사용 이크듸스, 혹은 이크씨스=그리스어:i$\chi\theta ú\varsigma$= 이크두스는 물고기이다. 물고기 고대 그리스어가 I $X\theta$ U S=이크두스($I\chi\theta Y\Sigma$=이크두스이다. 혼용되어 졌다. 초기 기독교인들에 의해 책이 고대 그리스어로 쓰여 진 문자의 두문자어(*acronym*)로 부터 만들어[2] 졌다.

물고기는 칼리스투스의 지하 묘지의 아가펠라 그레카와 성 칼리스터의 성 찬송가와 같은 로마 기념물 소스에서 발견된 물고기 기호 예수 물고기다. $IX\Theta Y\Sigma$=이크듸스는 로마 박

---

1) 물고기는 눈(영속자)의 아들 여호수아의 의미다.
2) 기독교 오늘, 엘레샤 코프먼, 「전문가에게 물어라」

해 시대 신자들이서로 알아보던 암호 크리스트이다.

물고기와 예수와의 긴밀성은 시적 특유의 은유이다.

https:·commons.wikimedia.org·wiki·File:Ichthus.svg

비밀 암호 $IXΘYΣ$=이크듸스의 첫 I 는 예수=$Ιησοῦς$ 예수[1]다. $IXΘYΣ$=이크듸스 둘째 X 는 그리스토스=$Χριστός$ 크리스트이다. 읽기는 크리스타스이다. 우리가 익히 아는 그리스도[2]이다. 그리스도 표현은 한국식 콩글리쉬이다. $IXΘYΣ$=이크듸스의 셋째 $Θ$ 는 데오스 $θεός$ 데오스=하나님이다. 큰 분 둘의 의미가 여호와 글자에 전해진다. 십자가 지신 예수님 앞 패 네 문장 첫자 모으면 여호와다. 하나님[3]이다. $IXΘYΣ$=이크듸스 위오스 $Υυἱός$ 위오스=아들이다.

---

[1] $Ιησοῦς$ 예수 마 1:1, 16, 18. 21. 25 등:George V. Wigram, 『신약 성구사전:*The Koreans Greek Concordance of the New Testament*』, 고영민,김만풍 역(서울:기독교 문화출판사', 1981)., 1097

[2] $Χριστός$ 크리스도스 마 1:1, 16, 17. 18, 2:4 등:George V. Wigram, 『신약 성구사전:*The Koreans Greek Concordance of the New Testament*』, 고영민,김만풍 역(서울:기독교 문화출판사', 1981)., 1239

[3] $Θεός$ 데오스 하나님 마 1:23, 3:9, 10. 18, 2:4 등:George V. Wigram, 『신약 성구사전:*The Koreans Greek Concordance of the New Testament*』, 고영민,김만풍 역(서울:기독교 문화출판사', 1981)., 531, 620($ϰϰριος$ 퀴리오스 주, 마 1:20 등).

198 제3장 알파와 오메가 시학

2. 예수이름표

성서는 하나님과의 예수와의 관계를 여호와 יהוה;^{여호와} 글자에서 찾게 했다. 빌라도가 써 붙인 명패다.

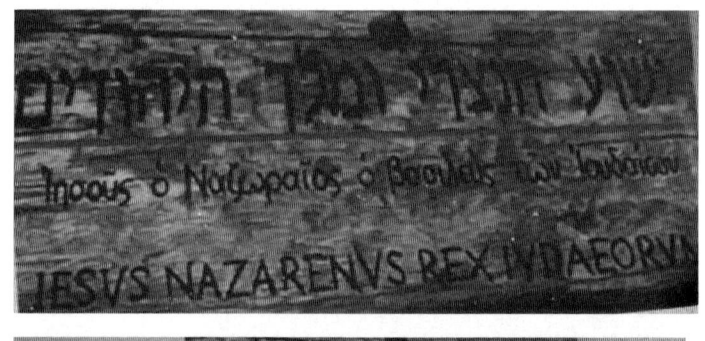

[1)

성서는 몸에서 피와 물이 다 쏟아져 내린 내 손;^예의 못 ן^바자국을 보라한다. 두 번 숨 쉼을 두 번 숨 쉼 ה^{헤헤} ה^헤 보라 보라! 숨 쉼, 내 손을 보라 한다. 이 ה^헤는 하나님의 손 예

---

1) 김명현공학박사, '하나님의 이름, 야훼(YHWH) 손을 보라 못을 보라 (153쉴터교회 with)

수님의 손 요드 ,요드1)이다. 한 분이 아주 분명하다

> 내 손과 발을 보고 나인 줄 알라 또 나를 만져 보라 영은 살과 뼈가 없으되 너희 보는 바와 같이 나는 있느니라
> -눅 24:39

> 내가 그의 손의 못 자국을 보며 내 손가락을 그 못 자국에 넣으며 내 손을 그 옆구리에 넣어 보지 않고는 믿지 아니하겠노라
> -요 20:25

> 도마에게 이르시되 네 손가락을 이리 내밀어 내 손을 보고
> -요 20:27

숨 쉬게 하시는 손 ,요드 손으로 하여 손에 못 ,|바브 못 갈고리, 출 27:11,17이 박힘을 알리는 성서에서의 하나님이 예수이다. 손과 못의 긴밀성으로 하여 여호와를 알게 된다. 그의 아들이 십자가에 못 박히는 일을 보라! 인류 죄를 깨끗게하기 위해 예수님이 공중높이 달리신 예수님 손은 나무십자가에 박힌다. 갈고리 역할 못 ,|못, 갈고기 출 27:11, 17이 으로써 불가불 여호와와 아드님과의 큰 두 분마 1:21이 한 분을 알린다.

십자가에 달리시는 큰 분 '크리'와 십자가 의미 '트'가 지니는 크리스토스=$X\rho\iota\sigma\tau\acute{o}\varsigma$크리스토스 확실한 증거이다. 한 분이다. 오늘날 카돌릭이 그 증거이다. 히브리에서 크

---

1) 한사무엘, 히브리어 무료강좌-15 '페-눈 동사라멧-헤동사. 「라멛(ㅎ) - 헤(ㄱ)동사: 칼 완료형」인터넷 동영상.

다 '가돌로꼬ﾊﾚﾔ 가톨로 창 12:1 ﾊﾚﾒ 출 32:31' 이다. 커다란-크낙한= 가득한이다. 크리스마스의 크와 커다란의 커와 크낙한의 크와 가득한 한 분이다. 아주 가득하고 커다랗고 크고의 강조 두 번 반복 크리스트다. ①예수님과 하나님 두 분 마 1:21 이 한 분임을 ② 예수와 크리스토스의 둘이 한 분 관계이다.

이 구세주는 단순히 갑자기 나타난 의미기호가 아니다. 이미 옛 초기 카톨릭의 신자들부터 예수를 하나님으로 전해기 위해 알려지는 물고기 이크뒤스이다. 고대 그리스어 $i\chi\theta\acute{u}\varsigma$ 소문자에서 들어난다. 이 때문에 물고기와 예수와의 관련성이 계속 이어진다. 그리스 이크두스 $i\chi\theta\acute{u}\varsigma$ AD Koine 그리스어 이크뒤스 $ix\widehat{iiii}ys$ 물고기이다. 예수스 $I\eta\sigma o\tilde{u}\varsigma$ 예수스 크리스토스=$X\rho\iota\sigma\tau\acute{o}\varsigma$ 크리스토스의 대문자 구세주 이크디스 $IX\theta Y\Sigma$ 이크디스 예수스=$I\eta\sigma o\tilde{u}\varsigma$ 예수스 리스토스=$X\rho\iota\sigma\tau\acute{o}\varsigma$ 헤크리스토스 데오스 $\theta\varepsilon\acute{o}\varsigma$ 데오스 위오스 $\Upsilon\upsilon\iota\acute{o}\varsigma$ 위오스 Σ의 앞 자만 모은 약자 곧 예수스 크리스토스 구세주이다.

주 예수스 크리스토스이다. '크리' 는 우리말 '크리이'다. 크리스트의 '트ㄲ트 히브리어=τ 트헬라어=t 트영어소문자=T 영어대문자로 모두 십자가의미1)이다. 크다는 의미가 두 번 있다. 복수로서 크다는 의미 두 번 반복은 한 분이 부자관계

---

1) 최명애, 『알기 쉬운 성서, 히브리어 기초와 그 의미』(서울:쿰란출판사, 2005)., 146~148.

가 되는 암시이다. 이 두 번의 의미는 이미 눈의 아들 여호수아의 관계에서 여호수아의 아버지 눈 נוּן^눈 눈에서 시작된다. 물고기 두 마리로 표시된다. 재미있는 사실은 우리말 눈도 ㄴ과 ㄴ이 두 번 발음된다. 눈은 하늘에서 눈이 내리고 사람이 사물을 보는 눈이 있다. 아울러 하나님과 아들 예수, 그리고 예수와 크리스트 모두 둘이 한 분이신 의소이다.

이 어마어마하게 큰 분과 그리고 위대하다의 아주 큰 분을 우리는 엑스멘 $Xman$^{엑스멘}이라 부른다. 영화에서도 동서양을 불문한다. 한국에서도 첫 글자를 가야문명권의 가림토 문자에서 가장 제일 먼저 발견된 글자가 X^{엑스}가 있다. 헬라어 크리스톤 $Xριστόν$^{크리스톤 눅 20:41}이다.

하나님이 우리의 구세주가 되시는 것은 하나님과 아들 관계에서이다. 그래서 이 신령한 관계로 하여 양자이지만 이 관계가 그 분이 가진 거룩하다의 두 번째 글자 '이크'의 '아주 크다' 그 자체의 한분이라는 신비한 진리가 있다. 고기로 의미되는 '이크'는 아주 좋은 고기를 말하는 '이크'라는 말이 성서에 있다.

① 생선 $χθύν$^{이크툰 마 7:10}을 달라하면(마 7:10)
② 물고기 두 마리 $πέντε\ ἄρτους\ καὶ\ δύο\ ἰχθύας$^{펜테 아르투스 카이 듀오 이크듀아스 마 14:17}뿐이다(마 14:17)
③ 물고기 두 마리를 가지사 $λαβὼν\ τοὺς\ πέντε\ ἄρτους\ καὶ\ δ$

ὑο ἰχθύας펜테 아르투스 카이 듀오 이크듀아스 마 14:17(마 14:17)

④ 생선 두어 마리Επτά καί άλίγα ἰχθύδια에프타 카이 알 리가 이크듀우다아 마 15:34-36가 있나이다(마 15:34)

⑤ 바다에 가서 낚시를 던져 먼저 오르는 고기를 가져πρωτον ἰχθύν ἄρον 프로톤 이크둔 아론 마 17:27 입을 열면 돈 한 세겔을 얻을 것이니 가져다가 나와 너를 위하여 주라 하시니(마 17:27)

⑥ 물고기 두 마리πέντε, καί δύο ἰχθύας펜테 카이 듀오 이크듀아스 막 6:38가 있더이다‥예수께서 떡 다섯 개와 물고기 두 마리를 가지사λαβών τούς πέντε ἄρτους καί δύο ἰχθύας라본 투스 펜테 아르투스 카이 듀오 이크듀아스 마 14:19 (마 14:19)

⑦ 생선 두어 마리πέντε καί δύο ἰχθύας펜테 카이 듀오 이크듀아스 막 6:38가 있더이다(마 6:38)

⑧ 물고기 두 마리를 가지사λαβών τούς πέντε ἄρτους καί τούς δύο ἰχθύας라본 투으 펜테 아르투스 카이 누스 듀어 이크두아스 막 6:41 하늘을 우러러 축사하시고‥또 물고기 두 마리ἵνα παρατιθώσιν αὐτίς, καί άπό τούς, δυο ἰχθύας흔나 파라티듀신 우티스 파이 아포 두스, 듀오 이크두아스 막 6:41도 모든 사람에게 나누어 주시매(막 6:41)

⑨‥물고기를 열 두 바구니에 차게 거두었으며δώδεκα κοφίνων πληρώματα καί άπό τών ἰχθύων두데가 코파노 프레루마타 아포 툰 이크듀운 막 6:43 떡을 먹은 남자가 오천명이었더라(막 6:44)

⑩ 그러한즉 고기를 잡은 것이 심히 많아πλήθος ἰχθύων프레도스 이크듀운 눅 5:6 그물이 찢어진지라(눅 5:6)

⑪ 모든 사람이 고기 잡힌 것τών ἰχθύων툰 이크듀운 눅 5:9을 인하여 놀라고(눅 5:9)

⑫ 물고기 두 마리 밖에ἄρτοι τεντε καί δύο ἰχθύές헤 아르토이 텐테 카이 듀오 이크두에스 눅 9:13(눅 9:13)

⑬ 물고기 두 마리를 가지사ή τούς πέ ἀρτοι τεντε καίἰχθύές δύο헤 아르토이 펜테 카이 이크듀으스 두오 눅 9:16(눅 9:16)

⑭ 아들이 생선을 달라 하면 생선 대신에ἰχθύν, καί άντί ἰχθύός이크듀

파이 안티 이크듀스 눅 11:11(눅 11:11)

⑮ 구운 생선 한 토막 χθύος όπτού μέρος 이크우스 호프투 레로스 눅 24:42을 드리매(눅 24:42)

⑯ 그물을 배 오른 편에 던지라 그리하면 얻으리라 하건대 이에 던졌더니 고기가 많아 τού πλήθους των ιχθύων 투 프레두스 톤 이크듀온 요 21:6 그물을 들 수 없더라(요 21:6)

이크라는 말만 옮겨 보면 다음과 같다.

① 생선= ιχθύν= 이크둔 마 7:10
② 고기를= πρωτον ιχθύν άρον= 프루톤 이크둔 아론 마 17:27
③ …물고기 ιχθύων= 이크듀운 마 6:43
④ 고기 ιχθύων= 이크듀운 눅 5:6
⑤ 고기 ιχθύων= 이크듀운 눅 5:9
⑥ 생선을 달라 하면 생선 대신에 ιχθύν, καί άντί ιχθύος= 이크둔, 파이 안티 이크듀스 눅 11:11
⑦ 구운 생선 한 토막 ιχθύος όπτού μέρος= 이크우스 호프투 레로스 눅 24:42
⑧ 고기 ιχθύων= 이크듀온 요 21:6

고기와 물과 예수 이야기와 한국의 천부경天符經과 연관된다. 천부경天符經이 81자 중 一한자 一자 11회 사용 일어나라가 시적 은유로 표현된다. 천부경天符經이 진리와 연관되는 것은 사람의 가치를 고향이미지에 두는데 있다.

나라를 세우면서 환웅이 가지고 온 고향 그 메시지는 사람이 물 위에 떠 있는 몸의 70% 이상 물로 된 물 위에 떠 있는 천부경 81자 중 가장 중심 수 6 사람=이 하나님의 은혜로 물을 가진 대삼합 육T六 大三合六 존재다. 이 6 T六 6이 7 8 9 ㄿTT丫 七八九를 생生 한다. 7은 생성된 절대의 세계, 8은 인간생성의 권위 안정된 아내의 자리, 9는 인간 예수가 희생되는 자리, 이 사람의 머리에 하늘 천 ㆁ天이 있다.

하나님이 준비해 두신 에덴이 우리에게 있다. 에덴=ㄿ에덴 글자는 아드=ㄿ아드와 눈=ㄿ눈이 합쳐진 합성어이다. 이 아드는 아버지가 있어서 아들 =아드=ㄿ아드 증거 아드=ㄿ아드·증거1)이 있다. "이스라엘아 들으라 우리 하나님 여호와는 오직 하나인 여호와" 2)를 섬기는 일이며 아들3)=증거4)는 그분의 아들을 믿는 이들의 삶5)의 무리6)중에 나타나는 증인7)이다.

여호와 이레이다. 우리말 7이다. 7을 이레라 한다.

성서는 고향문제를 일곱 문예과학으로 알린다.

---

1) George H. Van Kooten · *The Creation of Heaven and Earth* (Leiden: Brill · 2005) · 61:
2) עָחָד | יְהוָה אֱלֹהֵינוּ יְהוָה יִשְׂרָאֵל שְׁמַע(쉐마아 이스라엘 엘로헤이누 여호와 | 에하드 · 신 6:4)
3) לְעַד(레아드 · 영원까지 · 증거 19:10 · 영원히 · 22:26 · 111:3 · 10 · 12:3 · 9).
4) הָעֵדוּת   (하에두트 · 증거)출 25:22 · 26:33 · 34 · 27:21 · 30:6 · 26 · 36 · 31:7 · 39:35,40:3 · 5 · 21;   레 16:13; 민 24:3; 수 4:16.
5) הָעֵדָה(하에다 · 회중가운데서 · 민 26:9)
6) 출 3:1; 신 20:9; 수 6:26; 삿 4:7 · 5:21 이하 생략
7) 출 23:1; 레 5:1; 민 5:13 · 35:30 이하 생략.

예수께 너희에게 떡이 몇 개나 있느냐 이르되 일곱 개와 작은 생선 두어 마리가 있나이다 하거늘 예수께서 무리에게 명하사 땅에 앉게 하시고 떡 일곱 개와 그 생선을 가지사 축사하시고 떼어 제자들에게 주시니 제자들이 무리에게 주매 다 배불리 먹고 남은 조각을 일곱 광주리에 차게 거두었으며^마 15:34-37

성서의 시적 장치 텍스트다움은 ①일곱 개 ②일곱 광주리 등이다. 구약성서 ①창세기 41:18~30 ②신약 마태복음 15:32~39 ③마가복음14:8~32에서 제시된다.

이 일곱 문예미학은 예수 그리스도의 족보 아브라함 → 다윗 까지 14대까지가 바로 7 + 7의 7이 2회의 리듬에서 찾아진다. 다윗의 자손 예수는 다윗 דוד^{다윗} 글자수치 4+6+4=14에서도 찾아진다. 이 DNA는 훈민정음의 창제원리인 七始^{칠시1)}의 자리 연결망을 가진다. 7의 2회 반복 리듬은 예수님 족보²⁾ 7의 리듬 2회를 3회 곧 14의 3회 반복 42대 그리스도에 이른다. 은유시학이다. 양자역학에서는 7 다음의 8이 안정수이다. 족보의 7의 리듬 2회를 3회 곧 14의 3회 반복 42대 그리스도 다음 의미망은 시조문학의 마방진 수 43이 있다. 시의 은유기법이다.

하나님이 미리 준비해 두신 고향 찾기의 즐거움이 있다. 여호와 이레이다. 예수스 크리스토스에서 찾아지는 즐거움이

---

1) 강상원· '七始는 天統也로 호얏스니, 天地人과 四時인 春夏秋冬之始를 말하는 바' 『東國正韻실담어 註釋』(서울:朝鮮世宗太學院·2013)., 178..
2) 이영지, 『한국시조 문예미학 연구』(서울:창조문학사, 2020)., 414-419.

다. 성서는 인성을 가지신 이의 무한한 비밀을 11회의 7곱, 77에 둔다. 무진한 사랑으로 두 발로 바로 서라! 메시지로 친근하게 사랑 진리로 명령한 하나님으로부터 예수에 이르는 77번째로 하는 족보이다. 7 ㅠ!^{자인} 남자 성 남성 성 예수님 암시의 10배 70의 강력한 메시지 70에 7을 더하여 바로 서의 상징기호 수 11이 있다. 실제 바로 선 이는 예수이다. 그래서 두발로 바로 섬의 77번째가 예수자리의 족보이다. 11의 바로 서 두발로 걸어라의 7배 이미지는 하나님에게서 예수님까지를 77째로 한 이유이다. 그 예표는 아들, 이삭을 하나님께 바치러 모리아 산에 오르고 거기서 여호와이레라는 이름을 얻는다. 고향이미지다.

성서는 일곱 숫자를 히브리어로 기록하면서 여호와 이레라 전해지게 한다. 미리 준비해 둔 고향을 의미한다. 다니엘서를 통해서도 고향은 숨 쉴 수 있는 곳이라 알린다.

> 단 9:24: 네 백성과 네 거룩한 성을 위하여 일흔 이레를 기한으로 정하였나니 허물이 그치며 죄가 끝나며 죄악이 용서되며 영원한 의가 드러나며 환상과 예언이 응하며 또 지극히 거룩한 이가 기름부음을 받으리라 25 그러므로 너는 깨달아 알지니라 예루살렘을 중건하라는 영을 낼 때부터 기름부음을 받은 자 곧 왕이 일어나기까지 일곱이레와 예순 두 이레가 지날것이요 그 곤란한 동안에 성이 중건되어 광장과 거리가 세워질 것이요
>
> - 단 9:24~25

사람 가치는 고기와 물과 예수 이야기와 그리고 한국의 천부경天符經과 연관된다. 천부경 갑골문 81자 중 一한자 一자 11회 사용 일어나라! 한다. 예수님도 제자더러 물 위로 걸어가라!

사람의 몸에 70% 이상의 물이 있다. 물 위에 떠 있는 사람이다. 천부경 81자 중 가장 중심 수 6 중심으로 양쪽으로 갈라진다. 물의 사람이다. 사람도 몸이 좌우 둘로 나누어지는 이 사람의 가장 중심점에 하나님이 계신다.

살아 있는 숨 쉴 수 있는 곳 고향 찾기는 예수님의 사랑 베풂의 자리이다. 사랑 실천 장소는 50의미를 가진다. 50명씩 무리지어 앉게 하시었다. 명실 공히 칠칠절의 7의 7배 다음 날 오순절 날 일어난 일이다. 오순절 날 50명씩 무리지어 앉게 하신 의미 부여는 히브리어나 헬라어 공히 50을 물고기로 의미한다. 물고기 50 숫자가 쓰인 곳은 예수님이 그의 말씀을 듣느라 배고픈 무리 5000명에게 50명씩 무리지어 앉게 하신 날이다. 물고기 두 마리 기적이 일어난 성령 불이다.

오순절의 고향 의식과 관련은 물의 수치기준 표시 50자리 물고기 수치다. 77의 7곱하기 7의 49 그 다음날은 오순절 의미 확장은 모세가 출애굽 후 하나님으로부터 십계명을 받는 50일째 고향을 찾은 날이다.

절기	유월절	3일후	43일수	50일
의미	유월절 무교절	예수부활	예수승천	칠칠절 맥추절 오순절
	대속 예수	부활	40일 예수 시험	7일 7번 다음날 50

1. 이스라엘 자손이 애굽 땅을 떠난 지 삼 개월이 되던 날 그들이 시내 광야에 이르니라 2. 그들이 르비딤을 떠나 시내 광야에 이르러 그 광야에 장막을 치되 이스라엘이 거기 산 앞에 장막을 치니라 3. 모세가 하나님 앞에 올라가니 여호와께서 산에서 그를 불러 말씀하시되 너는 이같이 야곱의 집에 말하고 이스라엘 자손들에게 말하라 4. 내가 애굽 사람에게 어떻게 행하였음과 내가 어떻게 독수리 날개로 너희를 업어 내게로 인도하였음을 너희가 보았느니라 5. 세계가 다 내게 속하였나니 너희가 내 말을 잘 듣고 내 언약을 지키면 너희는 모든 민족 중에서 내 소유가 되겠고

6. 너희가 내게 대하여 제사장 나라가 되며 거룩한 백성이 되리라 너는 이 말을 이스라엘 자손에게 전할지니라

- 출 19:1-9

주의 성령이 내게 임하였으니 이는 가난한 자에게 복음을 전하게 하시려고 내게 기쁨을 부으시고 나를 보내 사 포로 된 자에게 자유를, 눈 먼 자에게 다시 보게 됨을 전파하며 눌린 자에게 자유케 하고 19 주의 은혜의 해를 전파하게 하려 하심이라 하였더라

-눅 4:18-19

:18 Πνεύμα κυρίου έπ εμέ, ου είνεκεν έχρισέν με εύαγγελίσασθαι πτχοίς, απίσταλκέν με κηρύξαι αίχμαλώτοίς αφεσιν καί τυφλοίς άνάβλεφιν, άποστεί τεθραυσμένους έν άφέσιν 19 κηρύξαι ένιαυτόν κυρίου δεκτον

-ΛΟΚΑΣ 4:18-19

* 히브리어 알파벳 수치

자음	이름	뜻	발음	수치
א	אָלֶף 알렙	수소·나·왕	묵음	1
ב	בֵּית 벳	집·보호	b v ㅂ	2
ג	גִּמֶל 기멜	낙타·은혜 갚기	g·gh	3
ד	דָּלֶת 달렛	문·가슴	d·dh	4
ה	הֵא 헤	숨구멍·숨 쉼	h	5
ו	וָו 와우	갈고리·연결	v	6
ז	זַיִן 자인	무기·남자무기	z	7
ח	חֵית 헤드	울타리·지붕	h	8
ט	טֵית 테드	뱀·지혜	t	9
י	יוֹד 요드	손 하나님 손	i	10
כ	כַּף 카프(ך)	굽은 손·힘	k·kh	20
ל	לָמֶד 라멧	막대기·목적	l	30
מ	מֵם 멤(ם)	물·말씀	m	40
נ	נוּן 눈(ן)	물고기·신자·영원	n	50
ס	סָמֶך 싸멕	지주·둘레	s	60
ע	עַיִן 아인	눈	y	70
פ	פֵּי 페(ף)	입	p·ph	80
צ	צָדִי 짜데(ץ)	낚시 바늘·코	tz	90
ק	קוֹף 코프	바늘귀	q	100
ר	רֵישׁ 레쉬	머리	r	200
שׁ	שִׁין 신	이	s	300
שׂ	שִׁין 쉰	이	sh	
ת	תָּו 타우	십자·끝	t·th	400

물고기자리 50 하마심 הַמִּשִּׁים 하미쉼1)은 우리 말 '하마 쉼'

---

1) 창 6:15, 7:24, 8:3, 9:28, 29, 18:2426, 28, 18:24, 26, 28; 출 18:21, 25, 26:5, 6, 27:12, 13, 18, 30:23, 36, 12, 13, 16, 38:12, 13, 26; 레 23:16, 25:10, 11, 27:3, 16; 민 1:23, 25, 29, 31, 43, 46, 2:6, 2:8, 2:13, 15, 16, 30, 30, 32, 4:3, 23, 39, 36, 8:25, 16:2, 17, 35, 26:10, 34, 47, 52; 신 1:15, 22:27; 수 7:21; 삼상 6:19, 8:12, 삼하 15:1, 24:24; 왕상 1:5, 7:2; 왕상 1:25, 7:2, 6, 9:23, 10:29, 18:4, 13, 19, 22; 왕하 1:9, 10, 11, 12, 13, 14 27, 21:1; 대상 5:21,

이다. 예수님이 너무 일을 잘 하시기에 하나님이 하마, 이 하마라는 말은 경상도 지방 사투리다. 벌써 쉬심 하마쉼 הַמִּשִׁים 하미쉼 말씀이다. 말씀으로 숨을 쉬게 하심의 '하마 쉼' 이다.

잘 마심 곧 먹는 문제는 하나님의 말씀을 잘 먹는 일이다. 말씀 잘 마시고 잘 먹는 방법은 무리들을 50씩 나누어 앉게 하시는 일이다. 50 숫자는 반드시 1이라는 숫자부터 시작되는 순서를 가진다.

성서에서 50째가 되기까지의 길이[1]의미가 있다.

① 성부 → ② 성자 → ③ 성령 → ④ 피조물 → ⑤ 구속 → ⑥ 세상살이 → ⑦ 성령 → ⑧ 살찜 → ⑨ 종말 예고 → ⑩ 하나님 질서 → ⑪ 파괴와 영웅 → ⑫ 통치 → ⑬ 혈통 → ⑭ 영적 → ⑮ 하나님 은혜 → ⑯ 일 → ⑰ 축복 → ⑱ 즐거움 → ⑲ 질서 → ⑳ 기다림 → ㉑ 영 → ㉒ 해체 → ㉓ 절망 넘어 → ㉔ 통치 → ㉕ 은혜 → ㉖ 숨 쉼 → ㉗ 성령 → ㉘ 일곱 → ㉙ 기대 → ㉚ 사역 → ㉛ 신성이름 → ㉜ 하나님의 날 → ㉝ 예수님 이 세상에 사신 나이 → ㉞ 세상 알아 봐 → ㉟ 신성 → ㊱ 통치 → ㊲ 가장 이미지 → ㊳ 순응 → ㊴ 극복 → ㊵ 출애굽 → ㊶ 욕심억제 → ㊷ 이익 → ㊸ 결단 → ㊹ 우연 → ㊺ 모임 → ㊻ 오름 → ㊼ 마디 → ㊽ 우물 → ㊾ 개혁 → ㊿ 기쁨 구원[2]

참으로 묘한 성서 성령 문제는 ① 성부 → ② 성자 → ③ 성

8:40, 12:33; 대하 1:17, 2:17, 3:9, 8:10, 18, 26:3, 33:1; 스 2:7, 14, 15, 22, 29, 30, 31, 2:37, 60, 8:3, 6, 26; 느 5:17, 5:15, 7:10, 12, 20, 33, 34, 40, 70; 에 5:4, 7:9; 서 3:3; 겔 40:15, 21, 25, 29, 36, 42:2, 7, 8; 45:2, 48:17; 학 2:16.

1) E. W 벌링거·장상선 감수,『성서에 나타난 숫자 해설』(서울:나단·2001)·345.
2) 이영지,『한국시조 문예미학 연구』(서울:창조문학사, 1920)., 468~469.

령으로 시작하여 50째 ㊵ 기쁨 구원까지 온다. 결과는 사람이 성령을 받으면 오는 기쁨이다. 구원으로 인한 자유와 다시 보게 됨이 있다. 말씀을 전파하느라 눌린 자에게는 자유하게 하고 주의 은혜를 얻게 된다. 성령이 임하면 기쁨의 구원이 있다.

우리나라 사람의 생애에서도 나이 50 때를 '쉰' 살 먹었다고 표현한다. '쉰'은 인간의 삶이 익을 대로 익어 찬란한 인생의 황금기여서 여유로움이 있는 때이다. 동시에 천부경^{天符經} 총 81글자 중 50글자는 천부경^{天符經}에 있는 일반글자이다. 나머지 31 숫자이다. 이 50이라는 숫자의 의미는 물고기 수치 자리이다. 이상하게도 물고기와 예수는 극히 지극한 관련이 있다. 하나님이 천지를 창조하신 궁극적인 목적1)을 이루는 뜻이 있는 이 기쁨과 구원 의미에서이다.

50은 히브리어로 하미쉼 חֲמִשִּׁים^{하미쉼}이다. 우리말 '쉰' 쉬는 자리이다. 히브리어 '하마 쉼'이나 우리말 '쉰'이 연관성으로 느껴지는 쉰⁵⁰=50=50일=50일째는 편안함과 즐거운 기쁨의 때이다.

50수의 자리 물고기 눈 ﬩^눈자리는 신앙인과 영원²⁾의 의미를 지닌다. 고향에 먹을거리 물고기﬩^눈 영원의미가 있다.

---

1) אֵשֶׁת יְהוָה אֱלֹהִים אֶרֶץ וְשָׁמָיִם(아소트 여호와 엘로힘 에레쯔 베솨마임, 창 2:4)
2) E. W 벌링거·장상선 감수, 『성서에 나타난 숫자 해설』(서울:나단 · 2001) · 336.

신앙인의 영혼 문제와 고향은 같다. 여호와가 땅과 바다와 그 가운데 모든 것을 만들고 제 칠일에는 쉬시는 날출 20:11 7년에는 휴식년이 되어 땅도 쉰다. 고향에서 사람이 쉰다. 남편이 아내에게서 쉰다. 충분한 휴식을 취하고 다시 일어선다.

천부경은 다시 일어서 메시지를 일 하나ㄱ 숫자를 11회 반복한다. 이 일어나 메시지를 한국의 천재 시인 이상은 그의 시 오감도烏瞰圖 시제4호에서 메시지를 거꾸로 수 11회로 사용한다.

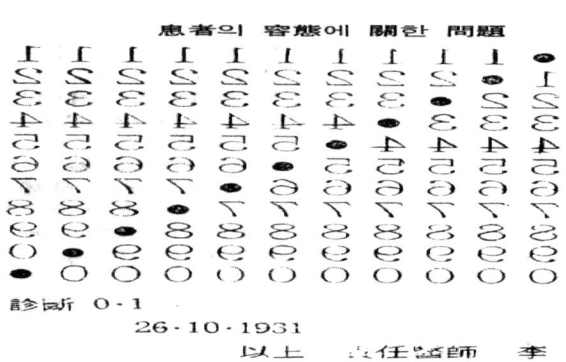

3. 43과 430의 역학

다윗의 자손 예수 생애는 광야 40일간$^{막\ 1:13~14}$을 지낸 3일 후 십자가에 못 박히시었다. 43일이다. 무덤에서 3일 지나신 후 부활하시어 40일까지 제자들과 같이 그리고 무덤에서 3일 지내셨다. 총 43일이다. 이 43일의 향기 수는 예수님 메시지 43일이다. 예수는 예루살렘으로 돌아가는 길의 광야에서 사색과 기도의 시간과 3일후 부활하시고 다시 오시어서 40일만에 승천하신다. 총 43일의 메시지이다. 양쪽으로 40일이다.

> 성령이 곧 예수를 광야로 몰아내신지라 광야에서 사십일을 계시면서 사탄에게 시험을 받으시며 들짐승과 함께 계시니 천사들이 수종들더라
> -막 1:13~14

예수님의 향기 수 40+3=43은 예수님이 작정하신 40일 금식 기도와 3일후 승천하신 날 43일이나 예수님이 무덤에서 3일간 계시다가 살아나시어 40일 동안 이 세상에 계시는 기간의 오묘한 이 43일 기간이다. 양쪽 40일 사이에 3일이 있는 43일이다.

이 43 이미지는 시조작품 한 편의 자수이다. 시조작품 한 편은 43자이다. 초·중장 3 4 3 4 3 4 3 4 이고 종장 3 5 4 3수치로 한다. 우리나라의 전통시인 시조작품은 43자이다. 시조한편은 3 4글자로 시작하여 4 3으로 끝나는 총 수리 43향

기[1])시학을 가진다. 이 리듬은 3으로 시작 3 4 3 4 3 4 3 4 3 5 4 3수치의 끝 3 숫자로 끝나는 법칙이 있다. 끝날 때 시조작품 한 편은 끝 리듬을 4 3 리듬으로 한다.

그리고 총 합수 43글자이다. 이 수치향기는 이스라엘 백성이 애급에서 종살이 430년이어서 43의 10배이다. 한 사람의 생애 은유가 시조작품에 녹아 4 3 으로 곧 인생을 시적 아름다움으로 끝나기를 바라는 사람 일생의 아름다움은 시적 삶을 살아라 이다. 한 생애 4 3리듬의 아름다운 의미유추는 애급 생활 430년 마감의 오묘한 향기 43의 10곱이다.

하나님의 사람도 안식 년출 23:12~16에 쉰다. 그래서 쉬면서 다음해 50의 물고기자리 때는 선정善政을 베푼다. 물고기 의미 수=50, 우리말로는 쉰=50이다. 50의 물고기자리 곧 선정을 베푸는 은혜자리다. 예수님은 모인 무리 5000명요 6:10에게 50명씩 앉히시었고 먹이시었다. 음식을 먹는 날이다. 때이다.

> 잔디 위에 앉히시고마 14:19
> 50명씩 앉은지라마 6:40
> 떼를 지어 한 오십 명씩 앉히라눅 9:14
> 사람들이 앉으니요 6:10

---

1) 이영지, 『우리 시조문학의 향기미학』(서울: 문학방송, 2022).

제 4장 시조문학 마방진시학

Ⅰ. 시조문학

1). 완성된 하나의 작품 시조문학

(1). 시조한편의 가치

인생은 아름답다. 이 아름다움을 나타내주는 사람의 일생 리듬에 한국 시조문학작품이 있다. 하나님의 오묘한 안내서인 매일 매일의 인생작품이 담기는 시조문학의 특징은 완성된 하나의 작품이다. 비록 인생의 삶은 미완성이고 보잘것없지만 시조문학작품을 통하여 신비하게 태어나 열심히 살다가 아름답게 끝나라! 명령을 받들 수 있는 유일한 기록을 남길 수 있다. 사람의 생애가 하나님이 허락한 시기에 끝나는 아름다움으로 시조문학작품에 담긴다. 이 리듬은 3 4 3 4 3 4 3 4 3 5 4 3의 총 43자로 표시된다. 시조작품 리듬은 글자 3글자 4글자로 시작하여 4글자 3글자로 끝난다. 이 짧은 리듬 속에 인생이 담긴다. 아름답게 시작하여 아름답게 끝나는 리듬이다.

이 묘한 한국의 시조문학의 3 4로 시작 4 3으로 마무리하는 리듬은 한국 시조 문학 작품 한편이 총 43자[1]가 리듬 3 4로 시작 4 3으로 끝나는 그래서 총 43자로 이루어진 오묘한 숨쉬기이어서 시조문학작품 향기를 낸다. 아름답게 곧 3글자 첫 출발의 서정리듬은 사람이 가질 수 있는 서정으로 시작된다. 인생은 사랑으로 시작되고 인생의 끝도 사랑의 서정시로 끝나는 리듬 3글자가 있다. 삶의 시작과 끝이 3리듬이 되는 특이할만한 상항은 한국시조문학이 마지막에서 4 3 리듬을 가지는데 있다. 이때 끝 3마디를 생략한다. 그렇게 되면 시조문학은 3장 12구에서 3장 11구가 된다. 이로하여 11지체원리^{十一之体原理}리듬[2])이 된다. 이 특징은 두 발로 일어나 걸어라의 격려와 위로와 희망을 동반한다. 그리고 언어이미지 전달 기호 일어서라!로 시조문학작품의 가치가 구원의 문학이 되게 한다.

한국인의 시조 작품에는 12음절이 있다. 이 가치는 일 년 12달 반복이 되는데서이다. 그러기에 사람의 일생은 1년 1년이 모이어 평생이미지를 담는 진리가 작품에 부여된다. 그

---

[1] 이영지, 『우리 시조문학의 향기 미학』(서울:문학방송, 2022)., 서문 및 본문 참조.
[2] 11지체원리^{十一之体原理}의 체^{体}는 숨겨진 수 곧 개체이다. `10+1 · 9+2 · 8+3 · 7+4 · 6+5가 되는 원리 · : 임병학, 원광대학원 교수 주역특강 2 · 주역과 하도 낙서론. 하도란 말은 서경에 大玉夷玉天球河圖在東夷序-서경 顯命 · 天生神物이어늘 成人이 則之 · 天地變化하여 · 成人이 爻之(효지)하며 · 天垂象하여 · 見吉凶이어늘 · 成人이 則之하니(계사상, 11장) 참조.

러기에 그 축약의 일환으로 12구의 한 구를 생략 11구만 시조창이 되는 신비한 의미를 가진다. 끝구 생략이다. 이세보 시조는 450여수에서 모두 종장의 마지막 3자를 생략[1]한다. 이 11구의 의미전달은 두 발로 일어나 걸어라! 의미 은유이다. 일어나라!! 시조작품의 가치는 일어나라 메시지이다. 시조문학에 바로 서신 하나님의 메시지 일어나라 명령이 있다.

시조문학의 마방진시학은 시조작품 자수의 43에 있다. 시조문학작품 한 편이 43자로 구성된 이 마방진시학 시조문학 음수율은 3 4 3 4 · 3 4 3 4 · 3 5 4 3리듬이다.

이 시조문학 작품의 시조한편이 인생철학을 가진다. 예부터 우리나라는 보물의 나라라고 하였다. 그 보물 중 하나는 우리나라에만 있는 시조작품의 음수율이다. 초장 3 4 3 4의 14자와 중장 3 4 3 4의 14자와 종장 장 3 5 4 3의 15자가 합하는 총 43자이다. 이 시조 한편의 응집성 43이 되는 마방진 시조문학 숨쉬기 리듬은 3 4로 시작하여 4 3으로 끝나는 총 수리 43향기시학이다. 3 4로 시작하여 4 3으로 끝난 이 리듬은 3 → 4 → 3 → 4 → 3 → 4 → 3 → 4 → 3 → 5 → 4 → 3 흐름이다. 서정시가 되는 사람의 일생은 인간의 아름다운 탄생을 의미하는 3지수와 설명이 되는 인생 생애의 의미지수 4로 리듬을 탄다. 이 의미는 천부경에서 3 4의 관계를 3이 운運하여

---

[1] 진동혁 역, 『이세보시조집』 서울: 정음사 · 1984.

4가 되었다고 하여 이 둘의 관계를 설명한다. 아름다운 3의 리듬이 가지는 아름다운 일화들이 4의 이론적 메시지로 소속되게 한다. 의미확대는 이스라엘 백성이 애급 종살이 430년이 끝나는 양자역학이 된다. 종살이에서 벗어나는 인생의 의미지수이다. 따라서 시조한편 자수 43합계와 끝이 4 3으로 끝나는 의미지수는 한 사람의 생애 가 시조작품에 녹아 아름다운 시적 탄생 3 4리듬으로 시작하여 갖가지의 일 4와 아름답게 끝나는 시적 리듬 3으로 끝나는 리듬이다. 시조작품 진가는 한 작품 안에 한 사람의 생애 리듬에 있다.

시조문학의 가치는 인생의 아름다움을 몸으로 설명하는 하나님의 오묘한 향기 리듬이다. 몸 시학이다. 열심히 살다가 아름답게 끝나는 마방진시학 의미리듬이다. 사람의 생애는 숨 쉬는 생활연속이기에 시조시인으로 시조문학작품을 창작하는 일은 숨 쉬는 생활이다. 그 중에서도 어려움이 있는 일상을 위로 한다. 시인 한 사람[1]의 생애 처음과 중간과 끝이 있는 한 사람의 생애 경험 기록[2]이다.

가치는 한 사람이 태어나서 절대자가 허락한 이 세상에서의 삶이 투영된 3장 12구이다. 이 의미는 1년 열두 달의 생생한 기록이 담기고 반복되면서 생애가 그 기록을 남기게

---

[1] 이영지, 『이상시학 연구』(서울: 창조문학, 2017)., 302~324.
[2] Wall·R 지음: 이영현 옮김 『수리언어학』(서울: 한신문화사·1987)·40.

한다. 더구나 12음절 중 끝 음절 3자가 숨어지면서[1] 11음절만 읊어지거나 창되지 않는 이 놀라운 사실은 시조문학작품이 나보다 높은 분 앞에서 보이는 경사상이다.

시조문학 즉 우리의 문학은 겸손과 예의를 갖춘다. 그것은 목소리를 낮춘다. 그 예로는 시조창에서 끝 음절은 창하지 않는다. 그리하여 3장 6구 12음절 중 11음절만 창하게 된다. 이 엄청난 사실 3장 6구 12음절 중 11음절만 창 된다는 사실은 시인의 한 생애가 무의미하게 끝나는 것이 아니라 시적 은유 몸 시학 곧 두 발로 일어서! 힘을 내 일어서라!! 서로 위로한다. 천부경天符經의 숨은 매시지 1의 11반복리듬 메시지 일어나래!와 연결고리로 얽힌다. 두 발로 굳게 직립 하라!는 삶의 진리 천부경이 전하는 숫자기록 1이 11회 반복된 기호 매시지 일어서라! 위로·격려·희망메시지이다. 일어서라! 두 발로 일어서라! 그러기에 시조작품 3장 6구 12음절은 혼자가 아니다. 시조작품이 가지는 신비 11음절만 창 되면서 겸손하여 임금 밑 어른을 모시는 아름다운 예절로서 끝말을 삼간다. 끝 음절 3자 세말(言語)을 창하지 아니한다. 이러한 진리를 전하는 예는 우리민족이 하나 님 섬기기 시원사상 그대로다. 종장 마지막 끝 절 '하여라' 등의 대화체를 생략한 임금님

---

[1] 정동혁 주역, 『이세보 시조집』(서울: 정음사, 1985) 458수의 시조 종장의 끝부 생략.

앞이나 어른 앞에서 자신을 낮추기에 거의 발음하지 않은 얼버무림으로 낮춘 이 '하여라' 류를 창틸하지 않는 허사리듬을 만든다. 이세보 시조집뿐만 아니라 이 허사리듬은 소월시의 진달래 꽃 시에서 마지막 절 허사리듬 예에서다.

그래서 한국인의 정서 시조문학작품은 초장과 중장과 그리고 종장의 셋이 모인 하나의 커다란 의미집합체이다. 수 천년 이어온 우리들의 삼대목1)이 증명하듯 합하여진 큰 힘이다. 시조 초장 중장 종장이 가지는 한국 문학의 위대한 힘은 각각 시조시인들이 즐겨 그들의 인생이야기나 삶의 상징을 은유적으로 표현하고 있지만 사실은 세계의 거대한 진리를 내포하여서이다. 그 이유는 시조작품이 초장 중장 종장이라는 뚜렷한 구분을 가지는데서이다. 이 3분 논리는 인생의 한 장을 대표하여 작품을 이루는 글자 수에 있어서 43자로 구성되었다는 사실이다. 예수님이 40일후 돌아가시고 3일후에 부활하는 사건의 일이다. 또 이스라엘 백성이 애급에서 430년 동안을 종살이 인생을 지낸 일의 얽힘이다. 그 끝에는 절망이 아닌 바로 섬김의 가치관까지 전한다. 사실은 시조한편의

---

1) 삼대목[三代目] ; 신라 제51대 진성여왕 때 엮은 향가집. *저자 ; 위홍(魏弘)·대구화상(大矩和尙). *시대 - 통일신라시대(888년). **《삼국사기》「신라본기(新羅本紀)」에 이 책에 관한 기록만 있고, 지금은 전하지 않는 한국 최초의 가집(歌集). '삼대(三代)'는 여러 가지 설이 있으나, 신라의 상대(上代). ·중대(中代). ·하대(下代)의 3대를 가리키고, '목(目)'은 집목(集目). 또는 요목(要目). ·절목(節目)의 뜻으로서, '삼대의 집(集)'이라는 뜻으로 풀이 추측.

작품이 3장 6구 12절이지만 시조작품이 지니는 어른 앞에서 그리고 임금 앞에서 '하노라' 라는 시조작품 끝구절을 창하거나 낭송하지 않음으로써 사실은 3장 6구 11절 곧 11이라는 글자 수가 크게 크로즈업된다. 바로서기를 권면한다.

조사한바 시조의 자수율은 시조 한편이 되게 하는 응집성 43이 되는 오묘한 숨쉬기 리듬이다. 3·4로 시작하여 4·3으로 끝나는 총 수리 43향기 시조작품 리듬은 3으로 시작 3 → 4 → 3 → 4 → 3 → 4 → 3 → 4 → 3 → 5 → 4 → 3 이음 조건이다.

시인[1]의 생애 처음과 중간과 끝이 있는 한 사람의 생애가 가진 경험 기록 시조 작품[2] 가치 이 세상에서의 삶은 12마디를 가진다. 12음절 의미이다. 12음절 중 끝 음절 3자가 숨어지면서 11음절만 읊어지거나 창되지 않는 놀라운 사실은 한 생애는 무의미하게 끝나는 것이 아니다. 절망하는 일을 당해 주저앉아 있는 이들에게 시적 은유 몸 시학 두 발로 일어서! 힘 내 일어서라!! 전한다. 천부경^{天符經}의 숨은 매시지 1의 11[3] 11지체원리^{十一之体原理} 리듬 일어나라! 이다.

---

1) 이영지, 『이상시학 연구』(서울: 창조문학, 2017)., 302~324.
2) Wall · R 지음: 이영현 옮김 『수리언어학』(서울: 한신문화사 · 1987) · 40.
3) 11지체원리^{十一之体原理}의 체^{体}는 숨겨진 수 곧 개체이다. ˙10+1 · 9+2 · 8+3 · 7+4 · 6+5가 되는 원리 · : 임병학, 원광대학원 교수 주역특강 2 · 주역과 하도 낙서론. 하도란 말은 서경에 大玉夷玉天球河圖在東夷序-서경 顯命 · 天生神物이어늘 成人이 則之 · 天地變化하여 · 成人이 爻之(효지)하며 · 天垂象하여 · 見吉凶이어늘 · 成人이 則之하

이러한 자신 낮추기의 비밀은 우리민족은 천손민족이 되면서 조화시대이었고 신정시대이었다. 이에 천부경과 시조문학이 가지는 마방진 역학이 존재한다. 천지간 조화 사람三은 고조선 때부터 운용한 대삼합육大三合六의 사람이다. 사람六은 몸에 70%의 물을 가진 물 위에 영의존재를 알고 있었던 방=

[方] 方 십자가모형과 사람인자가 합쳐서 된 글자1)제후국의 사람들이었다. 동서남북 가운데 하나 님 존재를 알았기표 우주를 움직이는 시스템기에 윷놀이를 즐겼다. 십자가 모형 [十] 十 갑골문2)의 방위표 木火金水운용이다. 천지인의 사람三이 하나님의 은혜로 물을 가진 대삼합육 [丅六] 大三合六의 존재가 된다. 이 6 [丅六]을 갑골문 복사는 6이 7 8 9 [七八九] 七八九를 생生 한다.

사람이 하늘의 한 분 하나 님을 태양처럼 우러러仰明볼 때 마음에 파동이 일어나는 기쁨으로 하여 고조선 시대는 조화시대이었으며 신정시대를 이루는 천손민족이 있다. 하나 님

니(계사상, 11장) 참조.
1) 갑골문 속 방(方)이 밝혀낸 놀라운 비밀! ¦ 갑골문, 고조선, 상고사 ¦ 갑골문 전문 연구 최명희 박사 ¦ 제230회 국민강좌.
2) 은본기(1) · 갑골문자는 한민족의 작품 · 사마천 은본기 은나라 · 문명의 시작: 인문학 TV 고경: 갑골문의 발견은 1899 청말 왕의영(王懿榮) 고대금성문연구가가 용골로 된 한약재 거북껍데기에 새겨진 갑골문자발견, 점술가가 점술 한 뒤 결과를 복사(卜辭)함-학자-뤼전위(羅振玉)왕궈웨이(王國維). 갑골문 기록. 상왕조 점술가가 상나라를 위해서 길흉판단점술(BC 1600년-1046년) 기록, 상나라가 은허지역을 도읍함으로써 은나라라고도 함.

의 존재와 사람이 함께하는 천부경[1]이 있다.

이에서 크리스도와 코리아[2] 구별을 찾을 수 있다. 한국 코리아 표기는 Xorea라 표기하지 않는다. Korea이다. 절대자 상징과 구별된 Korea다. 발해 유민은 케레이[3]족이라 불렀다. 성경에 소문자 주여= $κύριε$ [4]=쿠리에가 있다. 대문자로는 주여=$Κύριε$ [5]쿠리에이다. 소문자일 경우 앞에 ὁ를 사용한다. 이 세상에서 가장 크고 좋으신 분 $Χριστός$크리스도스 요 20:31가 계신다. 대문자 X로 시작되는 크리스도=$Χριστός$크리스도스 요 20:31이다. 대문자 K로 시작되는 것이 아니라 절대자 표시 X로 시작된다.

그런데 어마어마하게 큰 분 위대한 아주 큰 분 표시 X가 우리나라에서 발견된다. 가림토문자 X허대동학설용어[6]이다. 첫 글자이다. 가야문명권에서이다. 같은 X 크리스톤 $Xριστόν$ 눅 20:41 X자가 있다. 지금의 한글 문자 형성 과정이 다양한

---

1) 천부경 갑골문- 직접 쓰고 해석해 드릴게요. Tatao CalliArt #서예 #고대문자 #갑골문.
2) 발해의 유민들은 카자흐스탄의 케레이족이 되었다 | 김정민 박사와 함께하는 고대조선 4부 우리역사바로알기 TV.
3) 발해의 유민들은 카자흐스탄의 케레이족이 되었다 | 김정민 박사와 함께하는 고대조선 4부 역사바로알기 TV.
4) 헬라어 한글 영어 원어사전, 장보웅 편저, 『The NIV LOGOS BIBLE 분해대조 로고스 성경』(서울: 개정판 도서출판 로고스·1992)., 493~495.
5) 위 상동.
6) 마로니에 방송 '한사모' 고조선 문자 한국대동어문문자부분 허대동 강연, 한뿌리 사랑 세계모임 제 17차 역사포럼 20160525 마로니에 방송.

토기 및 바위 증거자료에서 찾아진다. 함안 박물관에서 발견^{허대동학설}된다. 토기부호 가야시대문자=양산토기문자^{허대동학설}에서도 발견된다. 우리나라를 상징하는 마크 테극 마크의 시초가 되는 동심원의 눈이 4개 곧 눈 네四개 가진 자 X가 나를 사방팔방으로 보호하는 천손민족의 신앙사상이 보관되어 있다. 이에서 ㄱ과 ㄴ과 ㄷ과 ㄹ글자가 생겨나는 근거가 이 'X 크다'에 있다.

우리대한민국의 상징 하늘로 승천하는 회오리바람표시인 용이 하늘로 승천하는 모형, 그리고 팔랑개비모형 이미지 시발점이 가림토 문자에 있다. 고조선 이전의 이미 있었던 우리 문자가 김해박물관 도자기에서 증명된다. 이 가림토 문자 X는 우리민족을 하늘의 절대자가 보호하는 증거표시다. 가림토 문자는 전국 각 중앙박물관에 토기에 새겨진 글자 X표시로 증명된다. 지금 성경에서의 크리스트 $X\rho\iota\sigma\tau\acute{o}\varsigma$의 첫 글자 X이다. 우리 조상들이 살았던 지역의 확실한 증거로 남는다.

가림토 문자가 전해주는, 가림 해 주는 하나님이 보호하는 천손민족 그 북극성의 동심원 근원 X이다. 회전문자 빛살무늬이다. 강원도 고성군 문암리 선사유적^{유실하 교수 학설}에 있다. 우리 조상들의 옥기문명시대 증거이다. 가야지역 바위 반구대와 울산 박물관에서의 우리 문자^{허대동언어연구자}가 있다. 우리는 지금도 언어 大자표시가 았다: 한강대교 대한민국 대동강 등등 온통 이 크다의 大자 선호도이다. 하늘의 가장 높은 분을 모신 우리 천손민족이 쓰는 한글 원형의 첫 글자 X는 절대자 하나님이 보호하는 마크임이 익산 박물관에 남아 있다.

성경에 예수스 그리스트스Iησοῦς Χριστός[1]의 크다표시 X가 있다. 좋은 고기 두 마리를 앞에 두고 축사하신 예수님은 5000명을 먹이고도 12광주리를 남겼다. 이 크리스도 첫 글자 X눅 20:41 예수 크리스토스Iησοῦς Χριστός[2]의 대문자 X자 표시 크리스토스=Χριστός히 20:41이다.

그런데 구약의 장장마다 여호와 언어 번역 쿠리오스 · 쿠리오가 있다. X로 표시하지 않고 소문자 k[3]이다. 주인의 뜻이다. 우리나라 이름 코리아 Korea코리아가 있다. 고구려高句麗 高麗그리고 구려句麗도 첫 자 모두 K다. X로 표시하지 않고 소문자 k이다. 예수스 크리스토스Iησοῦς Χριστός Χρ

---

1) 김명현공학박사, '하나님의 이름, 야훼(YHWH) 손을 보라 못을 보라 (153쉘터교회 with)
2) 김명현공학박사, '하나님의 이름, 야훼(YHWH) 손을 보라 못을 보라 (153쉘터교회 with)
3) יְהֹוָה(라호바·여호와를 위하여 · κυρίου(쿠리우) 창 3:8, 8, 출 15:3, 16:7, 26, 15:26; 신 28:1, 2, 9, 10, 15, 45, 47, 62, 29:9, 28, 30:10; 마 3:3, יְהֹוָה(야훼·여호와, κυρίου쿠리우) 출 15:26; 신 28:1, 2, 9, 10, 15, 45, 62, 29:9 יְהֹוָה(야훼·여호와, κύριος 쿠리오스) 레:2:8, 13, 16, 신 28:1, 8, 8, 11, 12, 13, 21, 22, 24, 25, 27, 28, 35, 37, 48, 49, 52, 53, 59, 61, 63, 63, 64, 65, 68, 69, 29:19, 30:1, 3. 3, 4, 5, 6, 7, 9, 16, 20) 신 28:1, 8, 8, 11, 12, 13, 21, 22, 24, 25, 27, 28, 35, , 37, 48, 49, 52, 53, 59, 61, 63, 63, 64, 65, 68, 69, 29:19, 30:1, 3. 3, 4, 5, 6, 7, 9, 16, 20)

ιστός 첫 자 X자 크리스토스 $Χριστός$이다. X자와 구별한다. X안에는 크다는 의미가 두 번 있다. 히브리어 '둘 =쌍수' 비밀이 숨어있다. 두 분[마 1:21]이 한 분임을 알린다. 크리스토스 이름 안에 십자가 의미[1]가 있을 뿐만 아니라 크리스도스=$Χριστός$의 '도' 는 헬라어 듀오$δύο$이고 우리말 '두$δύο$=둘$δύο$' 이다. 크리스토스 이름 안에는 여호와와 그 아들 예수 둘이다. 둘이 만든 십자가 사건이다. 하나님과 예수 두 분[마 1:21]이 한 분임을 알린다. 시조 한 작품 안은 의미가 둘로 나누어진다. 바로 초중장의 한 묶음과 종장이 합하는 두 개 의미전달이다. 한국인의 나라이미지 코리아라는 이름은 절대 의미는 아니다. 신이 허락한 자리 아홉 민족 코리아다. 절대자 위에 계신 분을 섬기는 신의 사람들이 사는 나라이다. 그 증거는 히브리어 그만하면 '됐어[2]=구九=구이' 에서 찾아진다. 다 되었어 다. 하나님의 아들 예수님의 십자가에 달림[3]이다. 우리민족은 구이민족이다. 9 빛깔을 가진 민족 구이족! 구이족九夷族은 시라尸羅·고례羅고례·남옥저南沃沮·북옥저北沃沮·동부여東夫餘·북부여北夫餘·예濊·맥貊의 고조선이다. 바이칼 =빛깔[4]역사를 가진 천손민족이다.

---

1) 최명애, 『알기 쉬운 성경, 히브리어 기초와 그 의미』(서울: 쿰란출판사, 2005)., 92.
2) חשׁע(테사아 · 구, 왕하 25:8).
3) 이영지 『물마임의 시학』, P. 1059.
4) 우리들은 지금도 빛깔이라는 말을 쓴다. cf.[S] vi -kala: 빛 쌀, the sun

(2). 시조문학이 지닌 엄청난 진리

자생성을 가지는 지니는 우리말은 약弱 → 약弱 → 강强 → 약弱 리듬을 지닌다. 시조리듬흐름 약弱 → 약弱 → 강强 → 약弱이다. 우리말 응결성의 노래 가락 흐름 약弱 → 약弱 → 강强 → 약弱이다. 약 약으로 시작하여 셋째 번의 어휘에 강박이 있고 이어 약으로 끝나는 리듬이다.

이 흐름은 자생성 시조 텍스트다움 리듬이다. 처음부터 느닷없이 강하게 시작되는 것이 아니다. 어디까지나 처음은 자신을 낮춘다. 그리고 하나님에게로 조용히 향하는 마음이고 그리고 이웃에게 자신을 겸손하게 하는 자세이다. 그러다가 셋째 번에서 절정이 일어난다.

리듬의 선으로 연결하여 본다.

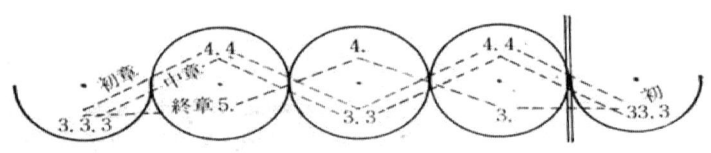

자신을 낮추면서 시작하는 이 리듬은 우리의 시조문학리듬이다. 더 나아가 시조작품 3장안에 2분 내재의 안정성이다.

---

setting. 자료: 강상원・『사라진(沈沒) 무제국- 東夷族에 母國』(서울: 朝鮮世宗太學院・2013)・194.

자유시에서도 이 진리가 있다. 자유시에서도 이상의 시 오감도의 시제 1~5 시제 2~6 시제 3~7 시제 4~8호가 음위율로서 첫째마디, 둘째마디, 셋째마디, 넷째마디 중에서 셋째마디가 시 제9호가 절정을 이루며 ① '참 나는' 이라는 어휘로 시작된다. ② 10·11·12호 ③ 13·14호 ④ 15호의 흐름이다. 시조와 이상의 자유시가 지니는 리듬과 동일음위율이다. 이상 시와 소월 시 그리고 황진이 시조의 동일음위율[1]이다.

시조작품은 자수율 응결성이다. 초장의 4구와 중장의 4구와 종장의 4구가 긴밀히 열린 공간을 마련한다. 초장 중장 음수율[2]은 3·4 반복리듬이다. 같은 일상의 의미리듬과 일치한다. 그리고 종장의 형식과 내용 또한 시조와 이상 시와의 긴밀성이 있다.

시조작품 리듬은 3 리듬으로 시작하여 3리듬으로 끝난다. 처음 시작 리듬 3자와 끝의 리듬 3자가 같다. 숨쉬기 시작하고 끝도 숨쉬기가 아름다운 리듬 3으로 끝난다. 시조의 텍스트다움 리듬[3]이다. 이 정론 응집성의 의미는 리듬의 정형율 3 4로 시작하여 4 3으로 끝나는 응집성 시조리듬의 숨쉬기 규칙이다. 총 합수 43자수를 이룬다. 정형 리듬이다.

시조작품이 전하는 리듬은 숨 쉬며 일어서라는 의미를 전

---

[1] 이영지, 『이상시학李箱詩學 일어나라』(서울, 창조문학, 2023)참조.
[2] 이영지, 「시조의 심리리듬」(서울: 창조문학사, 2022)., 창조문학 봄호.
[3] 시조의 텍스트다움 리듬은 일반적 문장, 혹은 시문장과는 분리된다.

한다. 12음절을 만드는 시조 문예미학이다. 초장 중장 종장은 시인[1]의 생애가 처음과 중간과 끝이 있는 한 사람의 일생 경험 기록이다. 일생의 유한성 공간에 자리 잡는 시인의 시조 작품[2] 가치는 일어서라! 격려 전달이다. 한 사람이 태어나서 절대자가 허락한 이 세상에서의 삶이 끝나는 그 크고 위대한 가치를 시조작품 한 편 12음절로 나타낸 일 년 열 두 달의 리듬연속이다. 아직도 끝나지 않는 하나님의 사랑이 그대로 축약되는 일기가 기록되기에 때 시時자가 쓰여 지는 時調文學이다. 그런데 끝의 한 음절 3을 숨기면서 11음절을 노출해 11숫자 이미지가 주는 두 발로 선 모습이다. 즉 12음절 중 마지막 한 음절 3자 곧 종장 마지막 끝 절 '하여라' 등의 대화체 생략 사건! 이 엄청난 메시지는 사람의 한 생애는 무의미하게 끝나는 것이 아니라 시적 은유 몸 시학 두 발로 일어서 !이다. 힘을 내라!!

천부경天符經유불선 뿌리가 되는 환한 녹도문은 갑골문자이전 문이다. 천부경天符經은 녹도鹿圖[3]문자이다. 갑골문 전 문자이다. 지금도 잘 활용하고 있는 윷놀이에서 옛 모습을 찾을 수 있다. 그 증거로 윷판이 있다. 승리를 위한 즐거운 설날에

---

1) 이영지, 『이상시학 연구』(서울: 창조문학, 2017)., 302~324.
2) Wall·R 지음: 이영현 옮김 『수리언어학』(서울: 한신문화사·1987)·40.
3) 邊光賢, 월간 '뉴휴먼 단(丹)'의 2000년 11월호에 기고(2000년 10월 8일)글 인용.

하는 기원 놀이 윷판이 천부경과 연계된다. 그림도이다. 천부경은 숫자가 나열되어 있다. 1을 11회 반복한다. 회화시^{繪畫詩}다. 갑골문 메시지이다. 천부인^{天符印}과 얽히는 천부경 국민경전[1]은 1에서 10까지 언급 중 1이 11회 반복이다. 1의 11회 반복 매시지 위로·격려·희망 언어기호이다. 일어서라 두 발로! 시의 고도 은유이다.

11음절의 실세 마지막 한 음절 허사리듬은 우리 시의 일반 리듬이다. 끝을 얼버무림이다. 시조창에서 창^{昌}되지 않는다. 천부경의 숨은 매시지 1의 11의 이미지 일어나라! 두 발로 굳게 직립하라! 일어서라! 매시지다. 우리의 말 건네기이다.

유한한 일생의 한계성이 주는 어렵고 고달프고 그리고 해결하기 어려운 난제의 이야기를 시조작품은 기록한다. 3 4의 리듬 중 4 의미리듬이다. 슬프도록 아름다운 서정 리듬은 반드시 처음을 3 숫자의미리듬의 아름다운 서정수치로 하면서 반드시 4의 글자 수 리듬으로 흐르는 서정시 시조텍스트다움이다. 너무 드러내지 아니하는 일생이야기는 인생 유한성을 겸허히 받아드리는 은유 3자의 숨김의 멋이 있는 시조작품은 한 사람의 인생의 이야기이고 이 구체성으로 수리로 은유한 시조이론의 매력이다. 사람의 인생 이야기는 시작도 아름답

---

1). 천부경은 유불선의 뿌리1-1/심백강 박사 달마선원 강의, 소도마을신농학당 TV.

게 그리고 끝맺음도 아름답게 끝내기이다.

시조작품은 사람의 몸 시학이다. 아름다움으로 시작되는 3의 리듬이 6회 반복 몸 시학수이다. 몸에 물을 많이 가진 시조작품은 천부경의 가장 중심 수 물 이미지 6이다. 물 70%이상의 몸 시학을 가진 시조 작품 한 편 메시지는 천지인의 인 人이 3이면서 천부경의 글자 수 81중 6이 제시하는 대삼합육 大三合六의 중앙수는 6이다. 6의 진리는 물의 결정체 6각형을 비롯하여 눈의 형상 6각형이다. 자생된 입체이미지 6은 삼라만상에 포함되어 있는 원자이다. 사람의 마디도 6 · 한 시간 60 · 1분 60초 ·관의 높이 6촌 · 왕의 수레를 끄는 6말 · 나라도 6×6= 36부 · 원의 각도 360°는 6×60°이다. 하나님이 만들어 낸 신비 수이다.

시조작품 중에는 3의 음수율 6회 반복 의미구조는 사람의 신체 6 등분을 비롯하여 과학의 기초가 되는 하루의 시간 1시간=60분×60초로 규정하거나 태양의 지름=6×144000로 측정하는 일이나 지구의 둘레=6×6×6×100의 로얄마일로 하는 일까지 그리고 하나의 원 6×60의 360°까지 수많은 6의 곱수로 접근되는 보편성이다. 한 편의 하나의 완성체이다.

우리 민족정서 시조텍스트다움은 숨쉬기의 결정적 매가급 서정성이다. 마력수 리듬 3 → 4 → 3 → 4 → 3 → 4 → 3 → 4 → 3 → 5 → 4 → 3은 그때그때 느끼는 인생 숨쉬기리듬이다.

2). 시조문학의 마방진

(1). 시조문학의 변별성

시조^{時調}는 때의 리듬이어서이다. 곡식을 먹기 위해 절구방아를 찧는 절재절명의 손놀림과 방아 찧기의 시간맞춤1)의 리듬이다. 한국의 유일한 시조문학은 때의 리듬이 있다. 가장 기본적인 예는 하늘 · 땅 · 물 · 불 · 우뢰 · 바람 · 연못 · 산 등의 시어를 사용한다. ① 무방향 지시어군이다. 특별한 일 없이 그럭저럭의 삶 방향이 쓰여 진 시조내용이다. ② 둘째, 30도 방향, 곧 순조로운 오르기와 내리기 방향으로 작품화 된다. ③ 45도 방향의 시조, 곧 가파른 삶, 특히 아주 가파르게 그 내용이 쓰여 지는 시조이다. ④ 90도 방향이다. 방향을 완전히 바꾼 내용이 초장과 중장에서 전개되고 그 바꾼 내용에 대한 답이 종장에서 쓰이는 경우다. ⑤ 180도로 다른 삶, 곧 시조에서 초장과 중장의 내용이 전연 다르게 종장에서 전개되는 경우이다. 그리고 종장에서 이 전연 다른 어느 쪽을 선택하거나 두 개의 초장과 중장을 종합한 내용이 종장에서 전개되는 경우이다. 수학적 설명으로 ① 0° ② 30° ③ 45° ④ 90° ⑤ 180° 의 시조작품에서 전개될 수 있다.

---

1) 최춘태, 상(商), 은(殷)의 발음은 갑골음, 갑골음은 우리말, 한자는 우리글. 갑골문 식민사학 동북공정 TV.

구체적인 내용전개이다.

1). 0° 무방향 지시시어소
 (1) 하늘 ↔ 하늘
 (2) 땅 ↔ 땅
 (3) 산 ↔ 산
 (4) 우레 ↔ 우레
 (5) 바람 ↔ 바람
 (6) 연못 ↔ 연못
 (7) 물 ↔ 물
 (8) 불 ↔ 불

2). 30° 방향 지시시어소
 (1) 영원한 엇갈림의 ① ②
  ① 땅 → 산 ↔ 산 → 땅
  ② 우레 → 땅 ↔ 땅 → 우레
 (2) 영원한 평행선의 ③ ④
  ③ 하늘 → 우레 ↔ 우레 → 하늘
  ④ 하늘 → 산 ↔ 산 → 하늘
 (3) 영원한 평행선의 ⑤ ⑥
  ⑤ 우레 → 바람 ↔ 바람 → 우레
  ⑥ 연못 → 산 ↔ 산 → 연못
3). 45° 방향 지시시어소
 (1) 영원한 평행선의 ① ②
  ① 연못 → 물 ↔ 물 → 연못
  ② 물 → 바람 ↔ 바람 → 물
 (2) 영원한 엇갈림 ③ ④
  ③ 바람 → 불 ↔ 불 → 바람
  ④ 불 → 연못 ↔ 연못 → 불
4). 90° 방향 지시시어소
 (1) 하늘 → 불 ↔ 불 → 하늘
 (2) 하늘 → 땅 ↔ 땅 → 하늘

(3) 물→땅 ↔ 땅→물
(4) 하늘→물 ↔ 물→하늘
(5) 땅→불 ↔ 불→땅
(6) 물→불 ↔ 불→물

5). 180° 방향 지시시어소
(1) 영원한 평행선의 ① ②
　① 물→우레 ↔ 우레→물
　② 산→물 ↔ 믈→산
(2) 영원한 평행선의 ③ ④
　③ 바람→하늘 ↔ 바람→하늘
　④ 하늘→연못 ↔ 연못→하늘
(3) 영원한 평행선의 ⑤ ⑥
　⑤ 연못→우레 ↔ 우레→연못
　⑥ 산→바람 ↔ 바람→산
(4) 영원한 평행선의 ⑦ ⑧
　⑦ 우레→산 ↔ 산→우레
　⑧ 연못→바람 ↔ 바람→연못
(5) 영원한 엇갈림의 ① ②
　① 땅→연못 ↔ 연못→땅
　② 바람→땅 ↔ 땅→바람
(6) 영원한 엇갈림의 ③ ④
　③ 산→불 ↔ 불→산
　④ 물→우레 ↔ 우레→물

본 연구자의 연구 자료에 의한 하늘 · 땅 · 물 · 불 · 우뢰 · 바람 · 연못 · 산 시어의 흐름설명이다.

① 0° = 무 방향 지시어군으로 방황의 늪을 말한다. 곧 무덤덤 방향이다.
② 30° = 가장 안전방향지시어군으로 휴식을 말한다. 곧 편안한 방향이다.
③ 45° = 가파른 진행 방향 지시어 군 굴곡특징이다.
④ 90° = 바로 옆자리, 가장 가까운 자리이지만 멀고도 가까운 특징이다.
⑤ 180° = 가장 먼거리, 그리움의 자리 지시어군이다.

(2). 색채

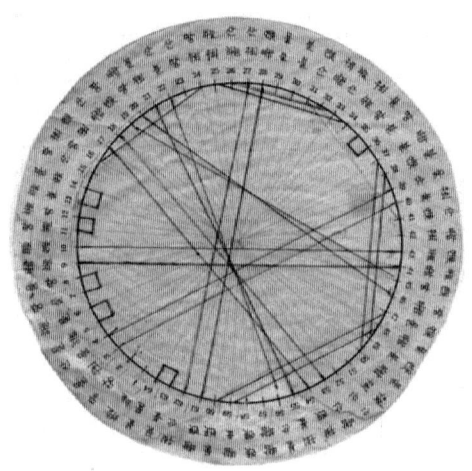

본 연구자가 개발한 한국에서 색채에 대한 보편적 의미의 방향이 주역의 독특한 방향이 확인된 자료이다.

이들은 $1^{백색}$ $2^{흑색}$ $3^{벽색\ 푸른돌색\ 이끼의\ 색}$ $4^{녹색}$ $5^{황색}$ $6^{백색}$ $7^{적색}$ $8^{백색}$ $9^{자색}$이 특징이다. 이에서 유독 들어나는 색채리듬은 백색이 세 번이나 나와 백의의 민족임을 의미하는 색채리듬이다. 정월초하루 이미지의 리듬일 경우 하얀 눈이 내리는 날 흰옷을 두루마기로 입고 세배하려 가는 마방진시학이다.

때문에 다음과 같은 시조가 탄생한다.

파란 물 떠 담으신 첫날의 귀한 손님
희디흰 앞치마에 돋도록 하얀 이끼
하야디 하얀 골목을 살풋 딛고 오소서

- 이영지 「1월 1일 향기」

 이 마방진시학 리듬 1월 1일 향기이다. 이 리듬은 처음을 출발하는 1의 첫 시작 이미지의 서수 마방진시학 리듬이다. 그리고 한 달 초순의 리듬이다. 시조가 가진 초장 리듬이다. 시조특징에 연계하면 이에 다음과 같은 색채리듬과 수리리듬이 가로 세로로 들어난다.

 *. 초순-1~10일까지의 시조, 때의 리듬
 시조는 43자로 구성된다. 초장과 중장과 종장이 구분된다. 이 때 수리의 한국적 색채리듬 의미를 찾을 수 있다. 4^{녹색}과 9^{자색}과 2^{흑색}의 초장과 3^{벽색}과 5^{황색}과 7^{적색} 이미지의 중장과 8^{백색}과 1^{백색}과 6^{백색}이미지의 신비의 리듬이 탄생한다. 이 특징은 서로 어우러져 한 작품이 된다. 이러한 색채리듬의 감성은 색채리듬 묘하게도 한국여인들의 옷에서 맛 볼 수 있다. 우리나라 색채에 근거한다.
 따라서 우리나라 시조문학작품의 색채수리학은 다음과 같은 특징을 지닌다. 이 때의 시조문학 마방진은 초장 3 4 3 4 의 총 14자이다. 이에 휴식 리듬 1이 내재한다. 이 마방진이 초 중 장에서 일어나고 종장 15자=3+5+4+3 리듬이다

①. 휴식리듬이 내재한 수리미학

수리	색채	수리	색채	수리	색채	15자
4	녹색	9	자색	2	흑색	15
3	벽색	5	황색	7	적색	15
8	백색	1	백색	6	백색	15
15	색채	15 휴식 리듬 1포함	색채	15 휴식 리듬 1포함	색채	45 휴식 리듬 2포함

②. 휴식리듬이 내재한 수리미학

수리	색채	수리	색채	수리	색채	15자
1	백색	6	백색	8	백색	15
9	자색	2	흑색	4	녹색	15
5	황색	7	적색	3	벽색	15
15	색채	15 휴식 리듬 1포함	색채	15 휴식 리듬 1포함	색채	45 휴식 리듬 2포함

③. 휴식리듬이 내재한 수리미학

수리	색채	수리	색채	수리	색채	15자
7	적색	3	벽색	5	황색	15
6	백색	8	백색	1	백색	15
2	흑색	4	녹색	9	자색	15
15	색채	15 휴식 리듬 1포함	색채	15 휴식 리듬 1포함	색채	45 휴식 리듬 2포함

위의 기저 색채 기호 수치는 가로 세로 각 수리마다 그 합이 15는 휴식리듬 1 향기리듬이 포함된다. 마방진수 특별 호흡리듬이다. 실제 초장과 중장이 가지는 이미지 단어의 수는 초장에서 14수리와 중장에서 14와 종장에서 15자로 되는 마

방진 수 43수이다. 시조문학 숫자리듬 합계 45자와 43자수의 역학 얽힘은 호흡리듬 휴식리듬 2 리듬이 있어서이다.

　또한 이 리듬 43자수는 성경이 말하는 14마방진진리와 엮인다. 예수님 족보 자리는 43대 째이다. 실제 시조작품의 마방진 시학은 3 4 글자의 흐름이 가지는 초 중 장의 길이가 3 4 3 4의 길이 14이다. 그만큼 성경의 예수족보와 크리스토 족보의 긴장관계의 얽힘이다. 시조작품에서는 휴지호흡 글자수 하나자리가 비게 된다. 이 이치는 컴퓨터에서 빈 공간도 수자리를 표시함과 같은 이치이다. 이 휴식리듬 호흡리듬 숫자 하나와 합하여 초장 14+1휴식리듬 1포함과 중장에서 14+1휴식리듬 1포함 그리고 종장에서 15이미지수로 하여 45휴식리듬 2포함자 이미지를 형성한다. 레비스트레스$^{Levi\ Strause}$1) 구조이론과 접맥하면 문학작품이 가지는 계속 읽어 이야기의 줄거리와 위에서 아래로의 종횡으로의 의미소이다. 시인에 따라 자유로이 드나들 수 있는 마방진시학이다.

　한국은 아름다운 색채의 나라이다. 그 오묘한 한국의 아름다움이 시조작품에서 자생되어 자연의 아름다운 색채로 한복을 만들었던 자연의 색채리듬이다. 미세하게 구분되어지는 1에서 10까지의 색채구별이 시조작품 안에 있다. 자연의 아름다운 풀색과 꽃과 나무에서 나오는 색채 슬기는 실제 우리민

---

1) 레스스트레스(Levi Strause) 『구조인류학』, 213-214 참조.

족은 한복에서 그 색채를 입었다. 더구나 자연의 때의 천연 색색절기는 시조작품 때의 매력을 주게 한다. 초하루 첫날이면 발걸음을 삼가고 시작을 새로 다짐하던 선조들의 그 마방진시학이다. 새하얀 눈과 사각사각 눈 위를 밟는 여인의 한복 색과 오묘한 조화이다. 이를 시조작품화 할 때의 서경은 한 폭의 그림이다. 그리고 중순이면 어려움을 끝까지 참으면서 하던 일, 곧 전통을 잘 지켜나가려는 의지를 보인 때의 마방진시학이다. 그리고 하순이면 끝을 잘 마무리 하는 마음의 겸손으로 이어지는 마방진시학이다. 이 때의 마방진시학은 초장 14자 중장 14자 종장 15자인 시조의 총 43자가 되게 만드는 마방진 시학이다. 이 안에 휴식리듬이 있어 자리매김하는 허수 리듬까지 존재한 시의 특수성 묘미이다.

날자 별의 몇 예는 다음과 같다.

① 1일 사랑을 꿈꾸면서

사랑을 꿈꾸면서 가만히 들이밀면
가슴이 울렁이는 이끼가 없혀 지고
하아얀 그대의 순결 나에게로 오른다
                           - 「사랑을 꿈꾸면서」

작품배경: 1일의 색채리듬은 초장 녹색⑷ 이미지와 중장 벽색⑶ 이미지와 종장 백색⑻ 이미지가 어울린 리듬이다. 일반적

으로 한국시조는 초장에서 꿈을 들어낸다. 그리고 중장은 보다 현실적인 이야기를 하게 되고 종장에서 초장과 중장의 결과를 나타낸다. 1일의 리듬은 설레임이 있다. 숫자 색채구별이 우리에게 있다. -1 - 백색 2 - 흑색 3 - 벽색^{푸른 돌색, 푸른 이끼 색} 4 - 녹색 5 - 황색 6 - 백색 7 - 적색 8 - 백색 9 - 자색- 에서 유독 들어나는 색채리듬은 백색이 3회 리듬이다. 백의 민족 근거 색채리듬이다. 굳이 흰 색과 관련 정월초하루의 하얀 눈이 내리는 날 흰옷을 두루마기로 입고 세배하려 가는 향기로운 이미지 시조작품이 아니더라도 첫 만남의 설렘이 작품에 집중된다. 이 리듬은 가로 새로의 아름다운 리듬감과 색채의 조화를 나타내는 마방진시학이다.

때문에 다음과 같은 시조가 탄생한다.

    파란 물 떠 담으신 첫날의 귀한 손님
    희디흰 앞치마에 돋도록 하얀 이끼
    하야디 하얀 골목을 살폿 딛고 오소서
                                 - 「1월 1일」

초하루 첫날이면 발걸음을 삼가고 시작을 새로 다짐하던 선조들의 그 전통리듬 때이다. 그리고 중순이면 어려움을 끝까지 참으면서 하던 일, 곧 전통을 잘 지켜나가려는 의지를 보인 때의 리듬이다. 그리고 하순이면 끝을 잘 마무리 하는 마음의 겸손으로 이어지는 때의 리듬이다.

한국이 가진 아름다운 색채의 나라, 그 오묘한 색을 자연의 아름다운 색채에서 찾아 아름다운 한복을 만들었던 즉 자연의 아름다운 풀색과 꽃과 나무에서 나오는 색채로 옷을 만들어 낸 계절 따라 무궁무진한 자연의 질서와 특징을 작품으로 할 줄 알았던 지혜에 한국시조 문학작품마방진이 있다.

②. 2일의 열정으로

볼그레 볼웃음이 저절로 나오는 날
온 들은 나에게로 날 위해 손짓하고
새로운 날개를 달아 살아 라고 알린다
- 이영지 「둘째 날 볼그레 볼웃음」

2일의 색채리듬은 초장 자색(9)과 중장 황색(5) 종장 백색(1)이 어울린다. 둘째 날 즉 이틀째 되는 날의 마음은 처음의 먹었던 마음 혹은 일의 실행이 진행되는 아주 열정적이다. 또는 신혼 이튿날의 신비로운 경험과 아울러 행복이 문을 두드려 준 행복감에 도취된 때이다. 이틀째는 새로움의 확인이다. 괜히 우쭐되어 지는 날이기도 하다. 둘째이미지는 불과 불이 만나는 리듬이다. 시어로는 불, 둘째, 붉음, 남, 눈, 꿩이 등장할 수 있다. 불은 마찰에서 시작된다. 원초적인 불의 발생이미지로 사랑 시작이다. 만남의 시작이다. 둘째딸의 상징이다. 불은 가장 개성적인 자유로움의 특권을 누린다. 가장 맛있는 꿩으로도 비유된다. 불은 순수한 객관적 축보다 주관적 축이 중요하다. 때문에 어떤 사물 확인을 위해 다시 가 보는 관심의 중심이 일어난다.

불은 단순성보다는 복잡한 구조이다. 4가지로 분류된다. 프로메테우스 콤플렉스는 인간의 동경과 갈망이 된다. 손윗사람의 의사에 반항하는 이 불은 남이 자기보다 나아지는 것을 금한다. 신들만의 소유인 불을 몰래 훔쳐다가 인간에게 주었다. 인간이 불을 잘 사용하자 신보다 우월해질까봐 우려한다. 이러한 복잡성은 엠페도글래*complexed empedocle*(49-43 BC) 콤플렉스에서도 드러난다. 삶의 본능과 죽음의 본능이 대립성을 보이는데 자신이 신이 되기 위하여 에트나 화산에 뛰어들어 이 세상과 저 세상을 연결하려 든다. 동시에 이 마음은 물에 빠진 아이를 구해주며 자신이 죽는 이미지이다. 그리고 노발리스 콤플렉스도 있는데 원시시대로 돌아가기 바라는 원초적 사랑의 요소를 가리킨다. 두 개의 사물이 마찰을 통해서 불이 났듯이 남자와 여자 사이의 마찰로 하여 성적인 불이 강렬해지며 열기를 얻는 리듬이다. 더구나 호프만 콤플렉스가 지닌 불과 다른 요소와의 결합으로 다른 것이 태어나는 리듬이다. 불이 공기와 결합하면 하늘로 올라가서 양이 되고 대지와 결합하면서 음이 된다. 특히 알코올은 물과 결합한 상태로서 몸속의 불을 일으킨다.

시조작품에서는 초장의 불과 중장의 불이 만나 밝음을 종자에서 만드는 리듬이다. 한국인의 가슴불은 통일 문제이다. 둘째 날, 둘째 것, 둘째사람의 특징이미지이다.

송선영 시조에서 특별히 제시된다.

> 사랑채엔
> 먼 송화강
> 그 달빛이 출렁인다.
>
>   - 송선영 「하늘눈 1」

> 고구려 발해 애들이
> 손벽을 치고 노는
> 삼지창
> 하늘을 나른다
> 말굽소리 바람소리
>
>   - 송선영 「하늘눈 6」

> 여보오
> 강 저편 조마타고
> 백의 하나 사라진다.
>
>   - 송선영 「하늘눈 8」

북녘은 시조작품 속에서 회복되어 있다. '백의, 발해, 송화강' 의식의 비전 위에서 정신적인 충족감을 3·8선 그 너머 송화강까지의 자유로운 상상력이다. 현실을 뛰어 넘어 불을 켜고 있다. 송화강 5천리는 3천리보다 더 광활하다.

> 설 속에 긴 그리메
> 먼 메아릴 듣고 있다
> 뚜수리가의 턱수염이

돌풍에도 아니 날린다

처녀림
오싹은 정적
절뚝이고 가는 사람

천지여 할아버진
어느녘에 잠드신고
만나서 웃고 싶다
오 왕조의 할아버지

한 모금
목을 축이고
심 모아 불을 지켜
먼 부여의 고을마다
보랏놀이 드리우고

송화강 굽이 굽이
발 울음이 번지는가

발아래
5천리 강산
바람 속에 바람소리

- 송선영 「하늘눈 9」

 강한 바람소리에 버티는 한국인 우리들의 바람 속에 바람소리 복합은유이다. 우주를 손아귀에 넣고 있는 작가의 신화 세계는 통일의 염원을 독립신문의 이미지로 통일시킨다.

 골짜구니에 가로 누워

울어 예는 이 여울이여
새벽 창
열어젖히고
기다리는 새 소식

— 송선영 「설야」

굳어 버린 돌 가슴에
사랑을 밝히며
대안의 동자를 바라
살아있는 십자가여

— 송선영 「대안」

아마 이 땅이 황역
흙속에 스민 목소리

고구려 발해 애들이
손뼉을 치고 노는

삼지창
하늘을 날은다
말굽소리 바람소리
설중행의 독립신문
화주로 몸을 녹이고

오밤중
등불을 챙기는
움지 속의 뿔피리

— 송선영 「하늘눈 6」

　현실너머의 미지인 세계는 과거에 실행했던 일들로 가능성을 제시한다. 독립신문이 발행되었던 장소는 미래의 상징이다. 역사적인 현장을 통해 민족의식의 자생적인 본래를 찾으려 한다. 마음에 불을 켜는 세계이다.

그러므로 시조작품을 다시 창작한다면 초장 첫 구는

- 화주로 불을 켠다   - 의미기호 --

시조작품이 탄생한다. 불과 불의 음양 지시기호는 음 --이다. 따라서 불과 불의 만남에 있어서 양쪽으로 무엇이 막혀 있어 답답하여 --양쪽인 꽉 막힌 우리 안에서의 불이 밖으로 비춰 나간다.

즈믄 해를 버티고
또 즈믄 해를 갈며 예는

대왕은 잠시도
눈을 감지 못하나니

거친 벌
바람에 날리는
옷자락이 감겨들어

- 송선영 「하늘눈 11」

즈믄 해를 버티고 즈믄 해를 갈며 예는 대왕은 한국민족이다. 어떤 작용이나 기능이 다른 어떤 작용이나 기능에 의하여 무력화 되었을 때 그것은 금지 상태이다. 그러나 그칠 줄 모른 비전으로 이뤄진 작품내의 현실이다. 이 미래는 현실이 내포된다. 즉 통일에의 꿈이 반복되면서 시조작법은 충분히 집약되어 초현실성을 가진다. 꿈의 현실 시조문학이다.

새긴
화인

벼랑 밑
무릎 꿇고
눈, 비 헤쳐 향 사루는

젊은 꿈
심령의 화살이
붕의 하늘을 날은다

— 송선영 「하늘눈 11」

화랑의 새긴 화인은 젊은 화랑 장으로 드높은 선인들의 이상과 지조이며 우리들의 지조이다. 불로 도장을 새긴 통일의 하늘은 마치 찬기파랑가의 화랑정신과 같다. 그 선비정신은 한 시대를 초월한다. 드높은 의식은 과거와 현재와 미래를 잇고 연결한다. 통일 그 힘이다. 시조에서의 힘은 미래의 세계를 보는 시조시인들의 작가 정신이다.

최남선의 「창난마음」, 정훈의 「모다 나오라」, 박병순의 「산촌 6」, 서벌의 「평양유한」, 김기호의 「대장경판」, 이상범의 「빙하사」, 정재호의 「충무공동상」, 이복숙의 「3·1절 노래」, 장정문의 「봄의 찬가」, 김효경의 「조국」, 박평주의 「절원서설 1, 2, 3, 4, 5」, 「선인장의 변」, 「백서초」, 「포화」, 「이 천지 어느곳에」, 「자유종」, 파편의 영원「」, 조종현의 「나도 풋말이 되어 살고 싶다」, 「아 그날이여 오늘이여」, 장정모의 「봄의 찬가」, 김월한의 「서원」, 「하구」, 전원범의 「임진강」, 송선영의 「휴전전」, 「설야」, 「노래」, 「하늘눈 2, 3, 4, 5, 6, 7, 8, 9, 10」, 「하늘소고 1. 2. 3, 4, 5, 6, 7」,

위의 통일 염원의 불을 혀고 있는 작품의 예이다. 이 불은 이미 우리 선조들 곧 고시조의 임금을 향한 충성의 불과 연계된다. 한국인의 선비정신이다. 나라를 지탱하는 힘이다.

> 방안에 혓는 촛불 눌과 이별하엿관데
> 눈물을 흘리면서 속타는 줄 모르는고
> 우리도 저 촛불 같도다 속타는 줄 모르노라
> -이개 『병가』 68

이개 충신의 불은 촛불이 의인화 되면서 절실하고 절절한 그리움으로 승화한다.

> 천만리 머나먼 길에 고은 님 여위옵고
> 내 아뭉 둘 데 없어 냇가에 안자시니
> 저 물도 내 안 같아여 우러 밤길 녜놋다
> - 왕방연 『병가』 59

단종에 대한 연군의 정염이 의금부사로 있으면서 단종을 영월까지 호위하였던 왕방연의 작품에서 사랑한 님을 보내고 애타하는 마음의 불이다.

> 미나리 한펄기를 캐여서 싯우이다
> 년에 아니아 임께 바자오이다

맛이야 긴지 아니커니와 다시 십어 보소서

- 『역대시조선』 68

이 불은 본질적으로 어둠을 뚫는다.

까만 밤 불 꽃이죠
비춰죠 어둠에서

네온의 불꽃이죠
빛이죠 한강에서

빌딩의 차창 빛이죠
눈빛이죠
빛 바다

-이영지 「꽃밤」

하늘이 구름스민 물살을 건디느라 잠잠히 열한 달을 눈금의 바램하고
그리움 타는 강가에서 오늘까지 열하루

한밤에 문 열고는 진달래 꽃집 간다
없어진 꽃 뿌리야 찾아본 꽃 뿌리로
새벽이 열리어 오면
뫼 부리에 가야지

오늘은 땅속에서 달궈낸 응어리로
화안한 뜨락 아래
무디던 어머님 손
예사 듯 너그러운 듯 꽃 문 여는 진달래

-이영지 「꽃뿌리」

둘째구

　　　　- 어둠을 뚫으려고　　　　　- 의미기호 ㅡㅡ

시조작품이 탄생한다.
3구
의미지시기호는 ㅡ이 된다. 따라서 불은 활활 타오른다
셋째구의

　　　　- 황금의 옷을 입고　　　　　- 의미기호 ㅡ

시조작품이 탄생한다.

　4구: 의미기호는 양이 된다. 또 하나의 불을 보고 죽음으로 뛰어든 삶의 실체이다. 또한 불을 보는 자의 마음이기도 하다. 불에 뛰어드는 자는 이미 그의 마음속에 죽음이 준비되어 있다. 무엇이든지 그것이 통일이든, 연구이든, 사업이든, 열심히 하는 자는 죽음을 두려워하지 않는다.

넷째구의

　　　　- 불속에 뛰어든다　　　　　- 의미기호 ㅡ

시조작품이 탄생한다.
　5구: 불과 불이 만나는 5구 의미지시기호는 음과 음 ㅡㅡ

이 만나는 리듬이다. 눈물 흘리는 촛불, 불로 끓어 너치는 가마솥의 김, 광열한 태양아래 열로 오른 수증기, 이 찬연한 빛과 그 빛의 뜨거움에서 나오는 끈끈한 액채는 왕이 눈물 흘리는 백성을 돌아봄과 같다.

이 몸이 죽고 죽어 일백 번 고쳐죽어
백골이 진토 되어 넋이라도 있고 없고
임향한 일편단심이야 가실 줄이 이스랴
- 정몽주

이 몸이 죽어가서 무엇이 될고하니
봉래산 제일봉에 낙낙장송 되었다가
백골이 만건곤 할 제 독야청청 하리라
- 성삼문

다섯째 구

- 왕자는 -   의미기호 ▬

시조작품이 탄생한다.

6구는 의미지시기호가 양 ▬이 되는데 이 양은 오늘 이 밤에 추위에 떠는 자 오늘 저녁거리가 없는 자. 이별로 외로운 자, 가슴이 저며 오는 날개를 단자도 따뜻한 열기를 받음에 비유된다. 그것은 기다리는 음성을 듣는 안개의 꿈속일 수도 있고, 대나무 울타리에서 새 소식을 알려주는 까치의 아침소리일 수 있다.

여섯째 구

- 그림자 얼굴들에게 미소하고 있구나   - 의미기호 -

시조작품이 탄생한다.

불-불의 입체리듬은 양 ━와 음 ━ ━의 상응관계가 이루어지지 않는다. 그것은 1구와 4구의 ━━, 2구와 5구의 ━━━━, 3구와 6구의 ━━이기 때문이다. 이러한 ━━의 리듬은 마침내 그 거센 힘을 밖으로 분출하여 불을 낳는다. 땅위에 고깔을 엎어놓은 희화를 표시소로 하는 불과 불의 입체적 리듬은 불꽃의 에니마를 지시한다. 한사코 위로 타오르는 불의 리듬은 불붙는 시작의 어려움과 등불로 비추는 수고스러움을 지닌다. 스스로 타 죽으며 불꽃을 내는 리듬이다.

2. 단 한 편 시조작품의 가치

한 달은 30일이고 이 30일은 초순, 중순, 주역은 동양권의 산 기록이다. 이를 토대로 시조 창작이론이 체계화한다.

우선 ― ‥ ☰ ☷ ☶ ☲의 조합이 이루어진다.

☰(하늘) ☱(연못) ☲(불) ☳(우레) ☴(바람) ☵(물) ☶(산) ☷(땅)

외국에는 4원소론이 있지만 한국에는 그 보다 2배 ☰하늘·☱연못·☲불·☳우레·☴바람·☵물·☶산·☷땅이다.

☰하늘은 하늘 그 자체와 강건, 서북방향, 머리, 말
☱연못은 연못 그 자체와 소녀, 즐거움, 서쪽방향, 입, 양
☲불은 불 그 자체와 붙음, 남쪽방향, 눈, 꿩
☳우레는 우레 그 자체와 장남, 용, 움직임, 동쪽방향, 발
☴바람은 바람 그 제초와 장녀, 들어감, 동남방향, 다리, 닭
☵물은 물 그 자체와 빠짐, 북향향, 귀, 돼지
☶산은 산 그 자체와 소남, 정지, 동북방향, 손 개
☷땅은 땅 그 자체와 어머니, 유순한, 서남방향, 배, 소의 의미를 지닌다. 이들 하늘, 땅, 물, 우레, 바람, 연못, 불, 산 시어들이 그때 그 때의 시인의 정서에 따라 표출되면서 서열이 있게 된다. 전 세계적인 공유의 서열관계는 첫째, 둘째, 셋째로 이어지게 된다. 바로 천지인天地人의 공간구조가 있다.

이 공간구조는 곧 이 세상 내에서 가장 아주 조그마한 차이, 즉 상대방 혹은 대상과의 차이가 0.000000…1mm만 있어도 최초의 공간이 생기는[1] 삼각형 구조가 이루어진다. 이러한 이 지구상에 있는 공간을 차지하는 입체리듬은 어느 지점에서 만나게 되면서 처음과 중간과 끝 혹은 첫째 둘째 셋째의 관계 서열관계를 이루면서 시조의 원리에 가장 기본적인 기초가 된다.

울만의 트라이앵글의 원리[2]로서도 설명될 수 있는 시조의 원리는 초장과 종장 사이에서 유기적 관계가 형성된다. 그러므로 한국문예학의 시조기본의소가 된다. 이 점은 이미 한국의 신라시대 삼대목三代目에서 그 연원을 찾을 수 있다. 888년 진성여왕 2 각간 위홍魏弘과 대구화상大矩和尙이 왕명에 따라 편찬한 향가집으로 삼국사기 신라본기新羅本記에서이다. 그러나 이 책에 대한 기록만 실려 있을 뿐, 책은 전하지 않는다. 책이름에 대해서는 여러 가지 설이 있는데, '삼대'는 상대上代・중대中代・하대下代, '목'은 절목節目 또는 요목要目을 뜻하는 것으로 보는 것이 일반적이다. 문헌에 기록된 최초의 가집歌集이다.

따라서 한국인의 정서에 연계되는 기본구조이다. 이처럼 시조 초장 중장 종장은 첫째, 둘째, 셋째, 삼각형, 3장, 입체

---

1) 모리스 클라인 저, 박세희 역, 『수학의 확실성』(서울: 민음사, 1986) 20.,
2) Kurt Baldinger, *Semantic Theory Guildford*,(London Oxford, 1977), 110.

삼각형, 삼재(三才), 30일의 조건을 모두 충족시키게 된다. 또한 중국의 하도(河圖)에는 삼재 수(三才數)가 있었는데 천백(千百) 지백(地百) 인백(人百)으로 표시된다. 같은 백이라 하더라도 공간개념으로 구분되면서 상·중·하1)의 구분된다. 따라서 수학의 X · Y ·Z의 축을 이루는 공간이 형성된다. 입체는 양면성의 공간이 있음으로 하여 시조에서 필요조건으로 하는 6구의 리듬이 형성된다.

이 리듬은 시조시인들에 의하여 문학작품이 제작되며 특히 시조시인이 아닌 일반 시인들이라 할지라도 한국 사람이 쓴 시에는 시조의 원리가 들어가2) 있다. 이 시조의 원리는 시조의 심리리듬에서 논의 된다.

오랜 역사를 가지고 있는 나라는 세계에서 대한민국뿐이다. 그럼으로 이에 맞는 시조의 전통을 가진 이유가 있다. 그것은 우리한국의 한국정서와 맞았기 때문이다. 고금을 통 털어 뚜렷한 동일성을 가지는 시조는 최행귀의 역가서문에 기록된 향가의 향어의 3구 6명 기록이 있다.

시구강사 마탁어오언칠자(詩構强辭 磨琢於五言七字)
가배항어 절차어삼구육명(歌排鄕語 切磋於三句六名)

---

1) 박경현, 현대국어의 공간개념어 연구, 한샘, 1987 참조.
2) 이영지, 이상의 오감도의 구조와 상징에 관한 연구로 학위논문에서 증명됨.

절차切磋나 마탁磨琢이란 퇴고에 퇴고를 거듭한다는 표면적 의미이지만 이 뜻을 시조와 연관시킨다면 오랜 역사 속에 다듬어진 민족적 생리에 맞는 시조의 심층구조이다. 3구 6명에서 구를 위한 이해는 우선 강희자전1)에서 구句항 왕편조에 언어장구야言語章句也라 하였다. 따라서 구에 대한 이해는 한 뜻의 종결어미로 끝맺게 된다. 3구는 세 개의 종결어미를 가지고 있음을 유추할 수 있다. 구와 장은 같은 내용상의 같은 가치관계로 보아지고 3구와 3장은 같은 뜻2)이다.

이에 대한 학설로는 이병기가 3구를 3자3)로, 서수생은 3구를 3언4)으로, 이근영은 뜻의 단위 2개가 합한 것5), 김상선은 문6)으로, 지헌영은 구는 장7)으로, 이종출도 같은 견해8)이다. 유창균도 3구는 3장을 뜻한다9)는 같은 견해이다.

따라서 향가는 우리말 노래이고 이 노래라는 말이 리듬을 가진 의미로 하여 언어 나열이 아니라 아름다움을 리듬을 더

---

1) 강희자전, 상해신마로 덕형리조영 오채장복기석인(康熙字典, 上海新馬路 德革里組英 五彩章福記石印).
2) 금기창, 『한국시가의 연구』(서울: 형설출판사, 1983), 36.
3) 이병기, 『국문학개론』(서울: 일지사, 1965), 108-109.
4) 서수생, 『한국시가연구』(서울: 형설출판사, 1970), 90.
5) 이근영, '향가, 곧 사뇌가의 형식, 『한글』통권 105호(1949),37.
6) 김상선, '고시의 성격,' 『국어국문학』27호, 37.
7) 지헌영, '차례이견에 대하여' 『최현배 선생 회갑 기념논문집』1954, 459.
8) 이종출, '사모곡신고,' 『국어국문학』49, 50호 합병호, 60..
9) 유창균, '한국시가 형식의 기조,' 『가람 이병기박사 송수 기념논문집』1966, 224.

한 시가 된다. 그것은 신라, 고구려, 백제, 고려, 조선 현대에 까지 연결되는 기본 구조이며 현재의 시조가 된다.

3장1)은 3단 구조이고, 12분절로 되어 있다. 초장의 1 · 2 · 3 · 4와 중장에 1 · 2 · 3 · 4와 종장에 1 · 2 · 3 · 4의 총 12구로 이루어진 설명은 자수, 음절, 음보, 의미의 리듬 관계 어느 방향으로든지 설명이 가능2)하다. 이것은 향가의 1 · 2구가 단위로 묶이고, 같은 방법으로 3 · 4구가, 소단위로 묶이면서 이 소단위의 의미구조는 단순한 배열이 아닌 호응관계와 대단원이 묶인다. 5 · 6구와 7 · 8구가 다신 한번 호응관계로 묶이면서 한국시가의 율격구조3)인 시조가 된다. 이것은 전통시가 필요조건으로 하는 시율의 구성원리인 4대법4)이 성립되기 때문이다. 즉 시조는 복구조이면서 대립성을 지시하는 정격구조이다.

그리고 종장의 3음절 고정탄구는 대립된 극단의 관계, 혹

---

1) (1) 유만공 세시풍요…시절단가 음조탕 풍농월 일창 3장
　(2) 성종실록 권 3, 122… 장가 6장 단가 2장
　(3) 서원섭 『시조문학연구』(서울: 형설출판사, 1979), 331.
2) 이영지, '시조 3장의 논리와 그 상징성,' 『시조학 논총』 창간호, 1985. 141-181.
3) 김동준, '시조의 율격구조연구,' 『국어국문학』79, 80. 국어국문학회, 12페이지..
4) 유협, 『문심조룡』, 최신호역주, (서울: 현암사, 1975), 14-146 참조.
…언대(言對)란 추상적인 언어를 대(對)로 한 것이고 사대(事對)는 사람의 사적(事跡)을 병열한 것이며, 반대(反對)는 서로 대립되는 내용에서 하나의 취지로 귀착하는 것이고 정대(正對)는 사실이 다르면서 내용이 공통된 것이다.

은 상응의 좋은 결과를 합치는 의미의 정격음조 및 정격음수로 된다. 이것은 우리들 자신이 본래부터 지니고 있는 우리 민족의 생활감정이 그 바탕이 된 서정의 예가 된다. 이 감탄의 서정의 세계를 음·양의 합으로 보든 이理와 정情의 대극적인 합일이든 모두 반대의 두 세계가 합쳐지는 우주적 보편성에 기인하고 있다.

이 소리는 하늘에 닿아 있고 그 뜻도 그러하기 때문에 이 대립의 합이 되는 자리는 종장의 첫 분절의 자리이며, 이 절대 의만큼의 대등되는 끝 분절은 생략될 성질[1]이 있다. 이러한 원리에 입각하여 종장의 2분절과 3분절도 대립관계가 성립됨을 유추할 수 있다. 초장과 중장은 같은 등가관계, 혹은 대립관계, 그리고 유사관계가 성립되어 있다. 이 관계는 종장에서 어느 한 장 쪽으로 잇거나 대립의 결과를 알리면서 마음의 정서를 나타낸다. 혹은 어느 한쪽으로 정서를 변화시켜 자아 화하게 되는 장이다. 구체적인 결정은 종장 초구 3자에 압축시키는 그야말로 3자의 절대불변의 시조특징이 존재하게 한다. 성경에서도 이 3위의 자리는 불변의 자리이다.

이 3자는 다양한 상징성과 함께 완성의 의미를 지닌다. 이에 대한 설명은 2·3분절에서 보충 설명되면서 이들 관계

---

[1] 정동혁 주역, 『이세보 시조집』(서울: 정음사, 1985) 458수의 시조 종장의 끝부 생략.

역시 대립이거나 상응이거나 합하는 그야말로 절제의 시조원리를 지닌다. 따라서 종장 끝구는 종장 첫구가 절대적인 만큼 이에 비례하는 아주 대립, 혹은 상응, 그리고 의미를 절대화한 만큼의 무의미한 리듬으로 놓이어 허사 리듬이 된다.

따라서 시란 절제의 의미가 특징이기에 한국시조는 그 절제의 특징을 지니는 우수성이여 대표적인 시조는 황진이 시조다

II. 시조는 왜 초·중·종장으로 나뉘나

1. 초·중·종장의 3구분

하필 시조가 초·중·종장의 3구분이어야 하는 논리는 추리하는 과학이어야 한다. 추리한다는 추리가 잡고 있는 혹은 결론이 전체에서 이끌어지는 생각의 특수한 종류이다. 이것은 철학적 영역이 되는 것이며 그 타당성을 논술하면 되는 것이다. 인간의 상상은 축적된 체험을 통하여 시로 나타나는 것이며 본 연구자가 많은 한국시인들의 이미지를 조사한 결과 주로 경험유추를 통해서 작품이미지가 구성되는 예를 증거하였다. 인간의 상상은 축적된 체험을 통해 유기적으로 다른 세계, 즉 과학이나 문학이나 기타, 다른 세계에까지 연결된다. 그것은 인간 체험의식이 중심 에너지가 되어 신비한 꿈으로 실현되기 때문이다. 가시적 세계는 하늘과 땅과 인간이 원초적 체험세계이며 이 단순하고도 변하지 않는 3세계는 종교·문학·철학의 논리에까지 투영된다. 이것은 놀랍게도 동·서양의 같은 궤를 보여주는바 성경에서의 성부·성자·성신은 물론이려니와 아리스토텔레스는 우주의 질서를 3계층[1]으로 지적했고 단테는 신곡에서 기독교 세계

---

1) 3단논법은 Aristoteles의 Syllogism에서 비롯된다. Aristoteles는 Analytica

관에 의한 신화체계를 축도로서 지옥 · 연옥 · 천국편으로 논하였다. 성서 창세기에서는 3계층[1])으로 나누며 불교에서도 삼계^{三界}[2])가 있어서 중생들이 생사 왕래하는 세계기 된다. 대 우주로 잡는 동양의 천 · 지 · 인의 세계와 인간의 몸체 속에서 다시 우주를 찾는 동양사상은 한국에서 천지문^{天地文} · 지문^{地之文} · 인지문^{人地文}의 구분을 갖는다. 이러한 3구분[3])의 절대의 글, 문장을 제일로 하는 동양사상은 곧 마음이 글이요 글이 마음임을 말한다.

---

priora(prior Analytics)와 Analytica posterior Analytics에서 다음과 같이 말하고 있다. 삼단논법은 논증이 아닌 까닭에 논증이전에 토론이어야한다. 3명사는 언제든지 마지막이 중간에 포함되는 하나의 다른 것과 관계되는 것처럼 전체에 관계되고 중간이 전체 안에 포함되는 것처럼 혹은 전체에서 제외되거나 첫째 것이전체안에 포함되는 것처럼 혹은 전체에서 제외되거나 한다. 그리고 양극단은 완전한 삼단논법에 의하여 관계되지 않으면 아니된다. 즉 우리는 모든 것으로 서술된다. 또 모든 C의 B로 서술된다면 C 아닌 것은 A로 될 것이라는 것은 필연이다.

Aristoteles, Analytica Priora(BK, 1; ch. 3-4. p. 68-69) translated by A. J. J.Jenkinson.

1) 창세기 1장 8절 … 하나님이 궁창을 하늘이라 칭하시니라
    1장 10절 … 하나님이 뭍을 땅이라 칭하시고
    1장 27절 … 하나님이 자기 형상 곧 하나님의 형상대로 사람을 창조

2) 노승 30년전 참선하기 이전에는 산은 청산이요 물은 녹수이었다. 그리던 것이 그 뒤 어진 스님을 만나 깨침에 들어서고 보니, 산은 산이 아니요 물도 물이 아니더니, 마침내 진실로 깨치고 보니, 이제는 산이 의연코, 그 산이요녀 물도 의연코 그물이더라, 그대들이여 이 세사지 견해가 서로 같은 것이냐 서로 다른 것이냐? 만일 이것을 터득한 사람이 있다면 그는 이 노승과 같은 경지에 있음을 허용하리라. 「경덕등록」 권 22-23.

3) 구본혁, '3법구도' 「한국가악론」 『명대논문집』, 107-108.

한국문학에서 그 특징이 가장 뚜렷하게 드러나는 예는 시조에서이고, 이 세계문학성이 되는 시조문학은 한국 고유의 문학은 자연발생이어서이다. 시조의 초 중 종장은 인간의 심층적 과정의 단계로서 변증법의 원리로 알려진 정반합의 원리이다. 이 조직은 헤겔의 변증법의 율동이 정립과 반 정립의 대립을 찾아 그것을 통일하는 원리에 있는 조직과 관련1)된다. 인도의 인(因明)2)철학이 가진 인명의 3단론과 같다. 한국시조도 3단 논법이 지닌 절차에 의해 만들어지는 한국 민속성3)과 같다.

---

1) 이석윤은 「변증법에 관한 연구」(충남대 논문집) 370-371에서 정신은 단순한 존재를 부정하여 오성의 규정적 구별을 정립하지만 다시 이 구별을 해소한다는 점에서 변증법적이라는 것이다. 그러나 정신은 거기에 정체하는 것이 아니라 최초의 단순한 존재를 회복한다는 의미에서 긍정적이라는 것이다. 그리고 이 회복된 존재는 최초의 그대로가 아니라 구체적 부편성을 지닌다는 것이다. 헤겔은 이렇나 정진의 운동이야말로 개념의 내재적 발전이요 인식의 절대적 방법임과 동시에0 내용 자체의 내재적 혼이라고 한다는 것이다.
2) 철학적 추리 1. 원리에서 결과를 이끌어 내는 추리(pūrvant)
2. 결과에서 원인을 이끌어 내는 추리(śesavent)
3. 지각에서 추상적 원리를 이해하는 추리(sámányto)
3) 어머니가 애기를 낳고 삼칠만에 회복된다고 보는 민속이나 시집가서 삼일만에 신행을 간다거나, 아니면 석달 혹은 삼년으로 그 날자를 잡는 풍습은 한국의 3구분에 대한 민속성의 뿌리가 된다. 어떤 것이 이루어지기 위한 절차이다. 영자의 『한국문학의 원형적 고찰』(문학예술사) 249와 신광수의 『석북과 시집』1책 권 7-8장 참조.

2. 시조와 리머릭

1). 시조와 리머릭의 대화체

(1). 시조의 대화체

영국 에이레 지방의 속요 리머릭은 시조형태를 지닌다. 그 이유의 나변에는 오랜 역사의 한국 역사는 그 옛날 지구의 반을 다스리던 기록에서 얻어진 작품의 유산물이다. 각기 나라마다의 국가이익을 위한 호불호 역사기록이 묻히긴 했지만 언어가 남기는 기록은 아무리 오랜 다른 환경을 거쳐 왔어도 남는다.

첫째 조건은 우리 시조작품이 지니는 특징의 하나인 대화체이다. 리머릭은 대화체로 되어 있다. 대화체는 현재형이다. 시가 가지는 가장 흥미로운 점은 현재형의 일을 그대로 리머릭이 가지고 있다는 점이다. 둘째는 반복법이다. 시조 특징의 하나인 시어의 묘미이다. 이 점을 리머릭은 그 대표적 특징을 하고 있다. 우리의 발자취는 현재의 한국 내에서의 예상치 못한 이유로 잘 유지가 아니 되고 있다 하더라도 이외로 엉뚱한 영국 에이레 지방 속요에서 우리 시조문학의 특징이 그대로 유지되는 일이다.

(2). 리머릭의 특징

리머릭의 저자 리처드 러트$^{Richard\ Rutt}$는 시조번역 지 『The Bamboo of Grove』 ^{대나무}1)의 서문에서 시조가 한국어의 특성에서 자생되었다고 하고 있다. 이러한 견해는 리처드 러트가 한국에 와서 더 코리아 타임지$^{The\ Korea\ Time}$지를 통해 리머릭 ^{Limerick} 형태로 한국인의 의식구조 생활 습성과 사회상 그대로 시조문학작품으로 반영 창작되었다.

리머릭은 에이레 지방의 정형시로 5행의 속요이다.

There was an old man with a *beard*
Who said "It is just as I *feared*
Two owlas and a hen
Four larks and a wren
Hare all built their nests in my *beard*

There was a young fellow named *fisher*
Who was fishing for fish in a *fissure*
Then a cod is with a grin
Pulled the fisherman in
Now they're fishing the fissure for *fisher*

- Adward Lear[2]

---

1) Richard Rutt, The Bamboo of Grove, University of(Alifornia Press Berkely) Losangeles London.
2) Adward Lear(1812-1888), *Poet Laureate of the Limerick* 1846 A book a nonsense 1871 nonsense sonis.

2). 리처드 러트와 리머릭

(1). 코리아 타임즈의 리머릭

영국 에이레 지방 리머릭은 행갈이로 1행과 2행과 5행이 나란히 놓이고 3행과 4행이 한 칸 들여 쓰여 진다. 한국에 오랫동안 머무른 선교사 리처드 러트는 리머릭으로 코리아 타임즈를 통해 당시 한국의 유명한 춘향이와 황진이의 문학 이야기들을 창작하였다.

    Spring fragrance,
    The pride of the Nam *won*
    Rejected all mail hangers-*on*
    Till one day in spring
    With a rich boy: and then it *wason*
                    - Richard Rutt, *The Korea Time* 1971. 11. 6
남원의 춘향이는 뭇 남성 거절하고
어느 날 봄 속으로 헤엄쳐 노니누나
님과 만 어우러지며 사랑 속에 잠겨라
                                  - 이영지 역

    After famed kiseng of *kiseng*
    Said "Life may be brief: Art is *long*"
    Hwang chini should <u>know</u>
    Though she sleep neath the <u>*snow*</u>
    Her Sijo are still going **strong**
                    - Richard Rutt *The Korea Time* 1972. 1. 8
황진이 이름에서 빛이 나 반짝반짝
그녀는 알았어라 진정한 삶의 깊이

눈 속에 잠잘지라도 그의 시조 빛나다
                                    - 이영지 역

　한국에서 전통적으로 고금을 통하여 사랑받고 있는 문학작품은 춘향이 이야기이다. 춘향가로도 널리 알려진 이야기를 리처트 러트는 리머릭 리듬으로 남원=*Nam won*과 -*on*과 *wason* 3의 끝 알파벳 n= 니은= ㄴ시어리듬을 만든다. 리처드 럿트의 황진이이야기를 리처드 러트는 기생= *kiseng*과 *long*과 *strong*의 끝 알파 벳 ng= 이응= ㅇ리듬으로 한다. 그리고 =know와 눈=*snow*도 리듬이 되게 하고 있다.
　아름다운 음률 김 삿갓 이야기가 있다.

　　　　Kim-sak-kat the famed of *spoof*
　　　　From his family kept of aloof
　　　　He wondered the Land
　　　　With rain hat in hand
　　　　Like gome kat on a hottin roof
　　　　　　　　　　- Richard Rutt *The Korea Time* 1970. 9. 19
　　김 삿갓 방랑시인 집안을 감추려고
　　머리에 삿갓 쓰고 나라를 두루 돌아
　　뜨거운 양철지붕의 고양이로 살았네
　　　　　　　　　　　　　　　　　　- 이영지 역

　김 삿갓 이야기를 양철지붕위의 고양이로 표현하면서 1행에 *spoof* 2행에 *aloof* 3행에 *roof* 음위율 공식을 가진다. 3행에 *Land*와 4행에 *hand*를 겻 들여 넣는다. 이러한 리머릭 음율 리듬을 이번에는 부산의 젊은이를 상대로 하는데 1행에 부산=*Busan* 2행에 *fan*, 5행에 *man*이며 이어 3행 *fear*와 4행 *queer*로 한다.

      A Stylish young chap from *Busan*
      Took a stroll with umbrella and *fan*
      New yorkers, I <u>fear</u>
      Would think he was <u>queer</u>
      But Koreans would, call him a *man*
                            - Richard Rutt *The Korea Time* 1970. 10. 29
      부채와 우산가진 부산의 멋쟁이가
      이 나를 유혹할까 겁나고 무서워도
      상냥한 벗으로 대해 나를 반겨 주었지
                                            - 이영지 역

리처드 러트는 한국의 유명한 김치에 대하여도 리머릭으로 시 창작 하였다.

      Here's to Kimchi the korean's *delight*
      Hurrah for each deppery *bite*
      They eat it for <u>lunch</u>
      For breakfast and <u>brunch</u>
      And there's a hot time in town every *night*
                            - Richard Rutt *The Korea Time* 1972. 2. 22
      얼얼한 한국김치 톡 쏘는 그 맛이라
      점심에 아침에도 아침에 점심겸도
      저녁도 매운 김치로 매일 먹고 산다네
                                              - 이영지 역

1행의 *delight* 2행의 *bite*와 5행의 *night* 음위율과 별도의 3행 *lunch*와 4행의 *brunch*의 늘 점심때도 먹는 한국인의 식습관을 음률 화 하였다.

한국의 고려청자는 외국인방에도 놓여 있다.

> That beautiful Koryo celadon
> Is ages old pottery mellowed on
> The dank floors of tombs
> Now in stylish foreign rooms
> Cake is served in what skeletons yellowed
> — Richard Rutt *The Korea Time* 1970. 12. 5
>
> 지금 막 고려청자 무덤을 나와서는
> 유난히 좋아하는 외국인 방안에서
> 고문갑 잘도 어울린 보물단지 제1호
> — 이영지 역

고려청자가 외국인 방안에서 사랑받고 있다. 그리고 이른바 한국여인의 정조 관념에 대하여도 대구여성을 대상으로 한 리머릭 형태의 시조스타일이 있다.

> There was a sweet girl of *Taegu*
> Who aught to have lived in a *zoo*
> If any young buck
> Should call her a buck
> She'd answer by making a *mouse*
> — Richard Rutt *The Korea Time* 1971. 11. 20
>
> 대구의 아가씨가 보기에 아주 예뻐
> 한 젊은 숫 사슴이 그녀를 불러 봐도

찌푸린 얼굴을 보며 대꾸하려 안 하네
- 이영지 역

1행의 대구=*Taegu*와 2행의 *Zoo* 5행의 *mouse* 그리고 3행 4행의 *buck*의 동일 언어로 음률 화 한다. 매운 김치와 고려청자 대구의 아가씨 등 그의 관심사는 그의 작품으로 변모하며 에이레지방 속요 작품이되 시조작품으로 변신 한다.

이러한 리처드 러트의 영어식 시조작품들은 시조의 형태가 1행과 2행과 그리고 5행이 연결 지어지게 놓여 졌다고 유추된다. 리머릭 형태이면서 시조작품 형태를 지닌 이 5행의 시는 중간의 3행과 4행을 빼도 시조작품의 흐름을 가진다. 첫째 1행은 시조초장처럼 전개된다. 2행은 시조작품의 중장처럼 전개되는데 초장의 도입단계로 시작하여 2행에서 그 구체성을 드러낸 발달단계이다. 3행 4행은 사설시조처럼 전개된다. 그리고 5행에서는 합일의 의미전개로 시조작품 순서로 되어 있다.

5행으로 된 이 리머릭의 특징은 3행과 4행이 들어가지 않아도 손색이 없다. 1행과 2행과 5행은 압운 *beard … feared … beard*를 이루고 3행과 4행은 *a grin … in*으로 압운리듬이 이루어진 특징들이 영국 에이레 지방 리머릭에 있다.

리머릭들은 영어만이 갖는 알파벳 리듬을 활용하면서 아름다운 문학의 서정을 드러내는데 이로 말미암아 모든 시조문학이 가지고 있는 압운의 리듬을 가져와 작품화하였다. 에이레 지방 속요 리머릭이 리듬이 한국의 시조작품의 특징으로 리듬을 만들어 낸다. 리머릭만이 가진 단어의 끝을 음운으로 처리하여 마치 아름다운 방아놀이처럼 콩콩 찧으면서 그 리듬을 놓아 읽는 이나 듣는 이로 하여금 달콤한 듣기를 허락해준다. 시조작품에서도 이러한 예는 한국말에 맞는 부사어구를 늘어놓아 그 리듬감을 살린 예가 있다. 시어 어미의 특별한 리듬을 통하여 시조작품을 달콤하게 한다.

황진이 작품에서 청산리 벽계수야 수이감을 자랑마라의 시조작품 '…마라…웨라 …리'의 리을 음이 달콤하게 감긴다. 시조문학작품이 가지는 재미있음의 특징을 리처드 러튼은 리머릭에서 한국인이 가지고 있는 김치와 역사의 전통을 가진 고문갑, 그리고 대구아가씨가 가진 친절함 등을 에이레 지방 속요를 통해 잘 드러내고 있다.

이러한 작품의 한국스러움은 그가 오랫동안 한국에서 생활하면서 그러나 즐거움으로 닦아 온 특별한 느낌을 에이레 지방 속요와 공통점으로 인식한데서 비롯된다. 그 표현형식에서 오히려 그는 에이레 지방의 속요가 가지고 있는 에이레 지방 속요의 형식이 시조작품과 같은 점을 발견하여 놀라고 있는 결과로 여겨진다. 그 옛날 영국에 우리 선조들이 살았을 가능성에서이다.

(2). 말놀이의 노래 형식

시조작품에는 말놀이 형식의 시조가 있다.

    ᄉ랑ᄉ랑 긴긴ᄉ랑 기천ᄀ치 내내ᄉ랑
    九萬里 長空에 넌츠러지고 남는 ᄉ랑
    아마도 이님의 ᄉ랑은 ᄀ업슨가 ᄒ노라.

                                              -청구영언靑丘永言 457

    靑山도 절로 절로 綠水도 절로 절로
    산절로 절로절로 수절로 절로 절로
    산수간 나도 절로절로 ᄌ란몸이 늙기도 절로절로.

                                              -청구영언靑丘永言 462

시조작품의 노랫말의 유연한 우리말 아름다움과 리머릭 Limerick의 유사성이다.

    Limerick is the origin of this popular type of nonsense verse is unknown

합창단원이 "Will you come up to Limerick?"의 제목으로 시작한다. 말보다는 노래 형태이다. 아리스토파네스 Aristophanes 의 극 The Wasps나 세익스피어의 Tempest 중 스테파노 Stephano 노래에서 찾을 수 있다. 1974년의 코리아 져널 *Korea Jounal* 8월호의 Tames Wudes가 Beethoren의 작품을 리머릭으로 쓰고 있다.

> Sonata abends are *unbending*
> And even can seen quite *unending*
> It sure is a Lotta
> Beethoven sonata
> To hear if you'er not been *intending*

　이러한 노랫말 놀이의 아름다움은 노랫말이 지닌 대중과의 긴밀성을 전제조건으로 한다. 그러기에 이러한 동일성은 한국 고시조의 작품과 서로 닮은꼴을 지닌다.

```
정몽주 · 이 몸이 주거주거 一白番 고쳐주거청구영언靑丘永言 8
성삼문 · 이 몸이 주거가서 무어시 될고ᄒ니 청구영언靑丘永言 16

정몽주 · 白骨이 塵土되여 넉시라도 잇고업고 청구영언靑丘永言 8
성삼문 · 蓬萊山 第一峰에 落落長松 되야이셔 청구영언靑丘永言 16

정몽주 · 님向흔 一片丹心이야 가싈줄이 이시랴청구영언靑丘永言 8
성삼문 · 白雪이 滿乾坤ᄒᆯ제 獨也靑靑 ᄒ리라 청구영언靑丘永言 16
```

　서로 닮기는 그 만큼 널리 퍼지면서 그 유사성을 갖게 된 시조작품 대화체이다. 리머릭도 대화체이다. 대화체로서 입에서 입으로 전해지는 묘미를 더하여 대중과의 친숙성에서 오는 말놀이 노래로 확인된다. 한자가 많이 쓰이는 무거운 고시조작품도 이 대화체를 통해 입으로 전해지는 친숙성에 몰입된다. 마찬가지로 리머릭도 대화체로서 엮어지며 그 친숙성이 제시된다.

3). 시조와 리머릭의 대화체

리머릭은 드럼과 같이 Andante와 Tremuloso처럼 어울려 즐기는 사람들의 기쁨까지 더하여 그 대중화가 높다. 에이레 합창단원이 *Will you come up to Limerick?* 이라는 노래로 에이레 지방에서 불렀고 한국의 시조작품도 특별한 장소가 연상되는 특성이 드러나면서 시조창으로 널리 보급, 유지이다.

청구영언에는 대화체 형태의 시조가 전해진다. 그 중 임의의 몇몇 시조작품을 찾기로 한다.

泰山이 놉다ᄒ되 ᄒ늘아레 뫼히로다
오르고 ᄯ오르면 못오를이 없건마는
사ᄅᆷ이 제아니오르고 뫼만 높다 ᄒᄂ니
　　　　　　　　　　　- 양사언楊士彦 청구영언靑丘永言 347

이몸이 주거가서 무어시 될소 ᄒ니
蓬萊山 第一峰에 樂落長松 되야이셔
白雪이 滿乾坤ᄒᆯ제 獨也靑靑 ᄒ리라
　　　　　　　　　　　- 성삼문成三問 청구영언靑丘永言 16

ᄆᆞ음이 어린 後니 ᄒᄂᆞ일이 다 어리다
萬重雲山에 아ᄂᆡ님 오리마는
지ᄂᆞ닙 부ᄂᆞ보람에 힝여권가 ᄒ노라
　　　　　　　　　　　- 서경덕徐敬德 청구영언靑丘永言 23

이몸이 주거가서 무어시 될소 ᄒ니
蓬萊山 第一峰에 樂落長松 되야이셔

白雪이 滿乾坤홀제 獨也靑靑 ᄒ리라
- 성삼문成三問 청구영언靑丘永言 16

靑山은 엇제ᄒ여 萬古에 푸르르며
流水는 엇제하여 晝夜에 긋지 아니ᄂ고
우리도 그치지마라 萬古常靑ᄒ리라
- 이황李滉 청구영언靑丘永言 37

어버이 사라신제 섬길일란 다ᄒ여라
지나간 後면 애돏다 엇지ᄒ리
ᄑ生에 곳쳐못홀일이잇분인가 ᄒ노라
- 정철鄭澈 청구영언靑丘永言 42

한국의 시조작품에는 대부분 "하더라" "하나니" "ᄒ리라" "ᄒ노라" 류의 종장 끝구의 대화체가 있다. 서로 대화하는 즐거움이 시조작품의 특징을 대화체에 있게 한다. 그 이유는 구전되면서 가장 쉽게 불리어지며 전달기능이 확실해진다. 이러한 대화체는 놀랍게도 유럽영어권의 language가 나타내주는 언어의미와 그리고 성경에서의 말씀이라고 하는 로고Logo이다. 우리말이 전해주는 말 '…라고'이다. 그만큼 우리말의 뿌리는 단순한 지금의 한국위치가 아니라 전 세계에 우리문화권의 말이 존재했었다는 방증이다. 본 연구자가 역사학자는 아니지만 우리말의 전 세계 문화권의 가능성은 이와 더불어 리머릭과 우리의 오랜 시가 시조작품의 그 공통성이 대화체라는 부인할 수 없는 뚜렷한 증거물이다.

흔히 생각하기를 옛날은 문화권이 형성되지 않았을 것이라

속단하게 되는데 그렇지 않다. 성경이 말하여 주는 노아 홍수 이전에도 문화는 찬란하게 꽃피워져 있었다는 것을 알 수 있다. 시대가 발달되면서 그리고 DNA 과학적 증거로 몇 천 년 역사의 귀중한 장소까지 알 수 있는 지금의 상황은 과거와 열린 공감 시대를 잇게 해 준다. 더구나 영국 에이레 지방 속요는 리머릭과 우리의 시조작품의 그 기능성의 각도에서 친밀하다.

리머릭은 대화체 형태이다.

There was an old man of St.Bees
Who was stung in the arm by a wasp
 "When asked "Does it *hurt?*"
He replied "No it *doesn't*"
I'm so glad it wasn't a *hornt*

- W. S. Gilbert

There once was a man who said *God*
Must think it exceedingly *odd*
If finds that this <u>tree</u>
Still continues to <u>be</u>
When there's no one about in the *quad*

- Ronald. knoy

 가장 훌륭한 리머릭은 대화체를 가지고 있는 것이라고 로날드 크노이는 말하고 있다. 이 형태는 코리아 타임즈에 계속 기록되었다.

A missionary did a slow *burn*
and tried to sham alfie to *learn*
Said Gelt "If study I study
A language this muddy
I'll hall no time left over to *learn*"
                              - Richard Rutt *The Korea Time* 1972. 6. 8

전도사 한국 와서 지금껏 사는 동안
어려운 한국 언어 만일에 배운다면
"시간만 뺏길 뿐이야" 걱정하여 말하네
                                              - 이영지 역

Musicologist Alan. c. *Heyman*
Bobbed up in a kut with a *Shaman*
When the uproar subside
Alan frankly confided
 "I'll stay, man, just as a *layman*"
                              - Richard Rutt *The Korea Time* 1972. 2. 29

아란씨 음악학자 무당과 춤 추었네
주위가 조용하자 가만히 말하기를
"머물러 이곳에 남아 이곳에서 살고파"
                                              - 이영지 역

A bicycle rider called said *Ming*
Had a fit when his bell wouldn,t *ring*
 "If I don't have a bell
Then my job,s have a bell
Bell no ring, Ming can, carry a *thang*"
                              - Richard Rutt *The Korea Time* 1970. 9. 12

밍씨 탄 자전거의 밸 고장 안달이야
"이렇게 안 울리면 정말로 끝장이야
따르르 울리지 않아 끝장이야" 하더라
                                              - 이영지 역

리머릭 시에 대화체가 필수적으로 들어간 위의 예이다.

더 나열하여 보면 다음과 같다.

A tutor who taught on the *flute*
Tried to teach two young tooters to *toot*
Said the two to the tutor
 "Is it harder to toot, or
To tutor two tooters to *toot*"

— Anonymous

There was an old man of st. Bees
Who was stung in the arm by a arm by a wasp
When asked "Dose it *hurt?*"
He replied "No it d*oesn't*"
I'm so glad it wasn't a *hornet*

— W. C. Gilbert

O my name's John Wellington
I am a dealer in magic and spells
In blessing and curses
And ever filled purses
In prophecies which and Knells

— W. C. Gilbert

There ones was a man who said "Dumn
It is borne upon that I am
An engine that moves
In predestinate grooves
I'm not even a bus I'm train"

— Maurice E. Hare

There ones was a man who said "*God*
Must think It exceedingly *odd*

If he find that this <u>tree</u>
Still continues to <u>be</u>
When there's no one about in the *quad*"

- Ronald Knoy

위 리머릭들은 한 결 같이 'There' 라는 '거기…이 있다' 의 대화체로서 리머릭 속요의 특징을 동일하게 알린다. 가장 훌륭한 리머릭체는 대화체라고 Maurice E. Hare와 Ronald Knoy는 말하고 있다.

우리전통시조문학은 해학문학성을 지닌 대화체이다. 이 해학시조문학작품은 재미를 그 특징으로 한다. 무명작가의 해학성이 지닌 아름다운 반복 리듬언어가 있다.

무명작가의 작품에 수박과 참외가 등장한다.

수박갓치 두렷한 님아 참외가튼 말씀마소
가지가지 하시는 말이 말마다 왼 말이로다
구시월 씨동아갓치 속속인 말 마르시소

- 무명씨

동음이되 의미가 따라오는 아름다운 리듬이다. 우리 주위에 있는 가지와 수박과 참외가 등장한다. 그리고 이 의미가 지니는 이미지를 문학서의 가치로 의미전달을 겸한다. 이 리듬은 우리말이 지닌 특색 반복의 묘미를 살려서 전달하고자 하는 작가의 정서를 유감없이 할 수 있는 우리말의 멋짐이다. 반복리듬묘미는 초장이 중장에서 반복되고 다시 종장에서 이를 정리한다. 수박과 참외와 가지가 지닌 각기의 이미지를 일상생활에서 그대로 느끼는 국민정서로 살린 지은이 미상이 오히려 공감대 형성을 증명한다.

시조작품의 장점은 짧은 절제된 언어 속에서 숨겨진 은유가 밝고 맑고 미래희망을 동반한다. a 음의 맑은 모음리듬이 모이면서 밝은 마음의 정서표출이다. 중장에서 i와 a 가 서로 어울려 번갈아 반복된다.

> subakgachi dureutan nima chamegatuen malsam marsiso
> kaji-kaji hasinuen mari malmada oen maridoda
> gusiwol ssidonggachi soksogin mal marso
>
> － Anomous

문학작품에서 애교 비음을 드러내는 것은 사랑의 대상에게 호소하는 정서의 예이다. 이러한 정서는 여성이미지가 겹쳐지면서 비음 반복으로 하여 사랑스러운 이미지 전달의 효과를 가져 온다. 더구나 비음과 유음의 반복리듬은 초장과 중장에서 양음으로 남성이미지를 부각하고 음의 여성이미지는 불분명한 리듬음가로 하여 "마르시소" 와 같은 경어의 대화체까지 등장한다.

III. 시조 텍스트 향기

시조문학작품묘미는 초장중장과 종장에서 대비가 일어남에 서이다. 이 리듬감각은 지은이 이름이 알려지지 않음으로 하여 더욱더 작품의 공감대 형성 묘미를 더 하게 된다. 중장 3구에서 알리는 사랑의 결과는 씨앗이미지를 드러내 더욱더 그 은유적 이미지를 강하게 한다. 이 결과를 사랑의 종결어미로 하는 치잘음을 넣어 강조한다. 그 이미지를 "마소=*maso*" 와 "마르시소=*marsiso*" 로 분명한 의사표현을 한다. 특히 존경어를 사용하여 사랑의 현재를 알리는 종장의 "마르시소=*marsiso*" 는 초장의 "마소=*maso*" 보다 훨씬 더 강한 "시소=*siso*" 이다. 동시에 우리말의 일상어 속삭인다의 아름다운 표현이 있다. "소곤소곤" 들리는 듯한 말이 그 은유로 속 썩인다는 "*soksogin*" 이 되어 있다. 그러나 오히려 "속삭이는=*soksagin*" 의 속삭이는 달콤한 언어의미를 중첩시킨다. 참으로 아름다운 말놀이이다. 무명작가의 시적 감각이다. 소곤소곤 속삭임이 들리는 사랑하는 사람끼리 알콩 달콩 음성이 들린다.

에이레 지방 속요 리머릭에 말놀이의 해학문학성이 있다.

> A tutor who tought on the *flute*
> Tried to teach two young two ters to *toot*
> Said the to the tutor
> "Is it hard or to toot, or
> To tutor two tooters to *toot*
>
> — Anomous

　　알파벳 반복의 아름다운 리듬으로 수 놓여 진 작가 미명의 리머릭이다. 작가미명이란 다른 말로 널리 불리어지거나 알려진 공동의 노랫말이라는 말이기도 하다. 같은 언어나 미묘한 발음의 차이를 보이고 있는 작품이다. 이 작품에서 보이는 짧은 작품 속에서 작가가 전하고자 하는 이미지는 사랑에 빠져든 리처드 러트의 리머릭 시이다.

> There was a young followed named *Lee*
> Who used to do srosswords with *glee*
> Tillthe day his Seoul burned
> When he suddenly learned
> That female ruff is a *rhee*
>
> — Richard Rutt *The Korea Time* 1971. 12. 11
>
> 기쁨의 사랑놀이 들떠서 즐기더니
> 마음이 타버린걸 이제야 알아낸 건
> 그녀의 마음속으로 빠져들어 버린 거
>
> — 이영지 역

　　대화체 특성의 주제가 드러나는 리머릭이 있다.

There frolicsome film titled "*Mash*"
In Seoul took a near fatal *slash*
Preaching peace and free sex
Did the censorship vex
The ex hitors must hare lost *cash*
　　　　　　　　　　- Richard Rutt *The Korea Time* 1971. 3. 20

'난봉군' 영화제목 서울의 거리에는
나침판 안절부절 평화의 서울거리
돈 잃고 기진맥진한 난봉꾼의 거리다
　　　　　　　　　　　　　　- 이영지 역

사랑을 찾아 나선 사나이들에 눈을 돌린 날카로운 시선1)도 있다.

There was a young lady of *Seoul*
With humor delightfully *droll*
She went a *ball*
In nothing at *all*
And backed in as a parker house *roll*
　　　　　　　　　　- Richard Rutt *The Korea Time* 1971. 11. 27

서울의 아가씨는 하나도 안가진채
무도회 잘도 돌며 즐겁게 굴러굴러
짖 궂은 익살꾸러기 야구장의 공처럼
　　　　　　　　　　　　　　- 이영지 역

리처드 러트는 당시의 서울야경을 체험하며 이를 리머릭으로 창작하였다. 그 창작 기법이 대화체 형식으로 되어 있다.

---

1) James Wade, *The Korea Time*, Jan 6. 1972. Taeyunkak Hotel.

이러한 대화체 형식은 한국전통시가 지닌 시조의 특징1)이다. 리머릭 역시 대화체가 특성이다.

  A commie called Kim made *anerror*
  By trying to so seeds of *terrow*
  The Republic, Kim <u>found</u>
  Is solid and <u>sound</u>
  While his future,s progressively *barer*
       - Richard Rutt *The Korea Time* 1971. 3. 20
  참으로 잘못알고 빨갱이 내려 왔네
  힘으로 우겨대며 가진 짓 다하지만
  한국은 반공의 나라 지켜내는 힘 있네
          - 이영지 역

 러처드 러트는 대화체 형식을 빌어 리머릭을 창작하면서 그 내용에서 리처트 눈에 비친 한국이라는 나라가 그냥 지켜지는 것이 아니라 투철한 한국인의 애국심에서 비롯된다는 것을 알리고 있다. 한국인의 아주 어려운 6·25 전쟁이 있었지만 한국인이 지닌 내공의 힘으로 다시 일어서는 민족임을 정확하게 알리려 한다.

 한국인의 나라 지키기 정신은 이 시대뿐만 아니라 오랜 역사 속에서 드러나는 한국인의 특별한 애국심이 늘 작품에서 잘 나타난다. 리처트 러트 또한 이 한국인의 나라 지키기의 투철함을 간과하지 않았다. 이러한 나라를 지키는 강한 힘은

---

 1) Hul. Bert, *The Korean Repository* 1896. 8. pp. 203~207.

우리의 역사 속에서 정몽주와 성삼문을 비롯하여 다수의 작품 속에서 드러난다.

시조의 작품은 원래는 한 줄로 이어지는 긴 문장으로 한 편의 작품이 형성되어 있다. 청구영언에서 이 한 줄 시조가 형성되어 있다. 이어 3행시조로 지금까지도 이어져 온다. 그러나 현재는 6행시조도 병행하여 쓰이고 있으며 이외에도 다양하다.

① 한 줄 시조

청산리靑山裏 벽계수碧溪水야 수이감을 자랑마라 일도一到 창해滄海 ᄒ면 도라오기 어려오니 명월明月이 만공산滿空山ᄒ니 수여간들 엇더리
- 황진이黃眞伊 청구영언 286

동지冬至ㅅ달 기나긴 밤을 한허리를 버혀내여 춘풍春風짓 니불아레 서리서리 너헛다가 어른님 오신날밤이여든 구뷔구뷔 펴리라
- 황진이黃眞伊 청구영언靑丘永言 287

② 3행 시조

난초1
한 손에 책(冊)을 들고 조오다 선뜻 깨니
드는 볕 비껴가고 서늘바람 일어오고
난초는 두어 봉오리 바야흐로 벌어라.

난초2
새로 난 난초잎을 바람이 휘젓는다.

깊이 잠이나 들어 모르면 모르려니와
눈뜨고 꺾이는 양을 차마 어찌 보리아.

산듯한 아침볕이 발 틈에 비쳐들고
난초 향기는 물밀 듯 밀어오다
잠신들 이 곁에 두고 차마 어찌 뜨리아.

난초3
오늘은 온종일 두고 비는 줄줄 나린다.
꽃이 지던 난초 다시 한 대 피어나며
고적(孤寂)한 나의 마음을 적이 위로하여라.

나도 저를 못 잊거니 저도 나를 따르는지
외로 돌아앉아 책을 앞에 놓아두고
장장(張張)이 넘길 때마다 향을 또한 일어라.

난초4
빼어난 가는 잎새 굳은 듯 보드랍고
자줏빛 굵은 대공 하얀 꽃이 벌고
이슬은 구슬이 되어 마디마디 달렸다.

본디 그 마음은 깨끗함을 즐겨하여
정(淨)한 모래틈에 뿌리를 서려 두고
미진(微塵)도 가까이 않고 우로(雨露) 받아 사느니라.
            - 이병기 [문장] 3호(1939)

무릉에 이르니 물은 한결 조요하고
만경 꽃구름이 서운인양 부시는데
그윽한 풍유소리가 넋을 절로 앗아라

무지개 구름다리 층층이 건너가니
영홍한 산호루는 호심에 잠겨 있고

286 제 4장 시조문학마방진시학

선인이 역사를 띄워 손짓하여 부른다

꿈속에 그리던 임을 황망히 우러르니
서릿빛 긴 나룻에 춘풍이 감도는 듯
봉의 눈 어린 미소는 나를 잊게 하여라
백포 황건으로 나타나는 선풍도골
취기 도도하여 호방한 신선들은
백옥경 감로를 떠서 내게 잔을 권하나

— 이영도 「무릉」

③ 6행 시조

부우웅 떠올라라
첫사랑 떠올라라
달 보며 별을 보며
부부웅 떠 올라라
첫사랑 가슴 부풀어
꽃구름이 올라라

— 이영지 「첫사랑」 시사랑 백과사전에서

④ 다양한 형태

하얀 피
쏟아놓는 골목에 들어서면 목련이 치마 자락 붙들고 첫째골목 송이에 새하얀 기도 쏟아 부어
하얀피。

피어난 흰 허리를 감아 돈 예쁘고도 요염한 얼굴로 와 묻으면 둘째골목 하늘의 하얀 기도가 송이송이
하얀 피。

날개가 가는 허리 둘레로 하얀 새를 뽑아내 하늘에의 길 속에
셋째골목 오르는 하얀 기도가 하얀 새로
하얀피 。
시간을 붙들고도 하얀 꿈 쏟아 부어 하얗다 피어나다 내 허리 감아 도는 요염한 아미로 와서 허리 묻는
하얀피 。

하늘의 하얀 기도 피어라 날개야아 둘레는 하얀 새를 뽑아내 하얀 숨결 오르는 하얀 기도의 하얀 새야 하얀 피
- 이영지 「일곱송이의 목련」 _{시사랑 백과사전에서}

시조작품 기본형 3 4 3 4 3 4 3 4 3 5 4 3 리듬은 귀한 한국시조 향기수이다. 끝은 3 숫자로 끝난다. 3 4로 시작 4 3으로 끝난 이 합은 43 글자이다. 시조한편이 보여주는 총 43자의 의미 은유는 한 사람의 생애가 시조작품에 녹아 있는 숫자의 값어치다. 시조작품 진가는 한 작품 안에 한 사람의 생애 리듬 43으로 한 의미유추는 인생의 아름다움을 한 편의 작품을 설명하는 하나님의 오묘한 향기 리듬이다.

그리고 시조작품에는 12음절이 있다. 이 가치는 사람의 생애가 처음과 중간과 끝이 있는 한 사람의 생애를 가지는데 있다. 삶의 기록 시조 작품이 되게 한다. 절대자가 허락한 이 세상에서의 삶의 가치는 12마디 12음절이다. 이 묘미는 시조작품의 12음절 중 끝 음절 3자가 숨는데 있다. 11마디만 창한 11숫자는 시적 은유 몸 시학[1]이다. 두 발로 일어서! 이다.

---

1) 11지체원리^{十一之体原理}의 체^(体)는 숨겨진 수 곧 개체이다. `10+1 ・ 9+2 ・

갑골문자인 천부경^{天符經}의 숨은 매시지 1의 11반복리듬 일어 나라! 리머릭의 형태변형이다.

> A skittish typhoon name the *Billie*
> Be haved in a manner quiee *silly*
> She sat on Som Roks
> Spreading wind waves and shocked
> And the R. O. K took the shock *willie*
> 　　　　　　　　　　- Richard Rutt *The Korea Time* 1970. 9. 12
> 수줍단 태풍 빌리 몰려와 어리석게
> 한국을 놀라게 해 물결로 밀려와서
> 그대로 당할 수밖에 어쩔 수가 없었네　　　　　- 이영지 역

　5행 그대로 있되 3행 4행이 앞 행과 같은 자리에 놓이었다. 그리고 전통 리머릭 형태 5행이 7행[1])으로 바뀌어 있다.

> Despite Dotty parker's great fame
> The years have reputed her claim
> That men don't make pusses
> At girls who were glasses
> Through some of the yokels
> Avoid the hifocals
> It must of the frame is to blame
> 　　　　　　　　　　- Richard Rutt *The Korea Time* 1974. 11. 23

　　8+3 · 7+4 · 6+5가 되는 원리 · ：임병학, 원광대학원 교수 주역특강 2 · 주역과 하도 낙서론. 하도란 말은 서경에 大玉夷玉天球河圖在東夷序-서경 顯命 · 天生神物이어늘 成人이 則之 · 天地變化하여 · 成人이 爻之(효지)하며 · 天垂(수)象하여 · 見吉凶이어늘 · 成人이 則之하니(계사상, 11장) 참조.
1) *Stylus Shavings* -Ⅷ, *The Korea Time*, 1973. 2. 24.

1. 운율문제

보통 운율 문제의 보편화는 강약강약 이거나 혹은 강약약 이다. 그런데 시조나 리머릭은 약약강 형태이다. 특히 시조작품의 운율은 약약강약 형태이다.

우리말의 흐름 그대로다. 약^{弱} → 약^{弱} → 강^{强} → 약^{弱}이다. 우리말의 흐름이 셋째 리듬에서 강^{强}을 이룬다. 속담이 있다. '셋째 딸은 묻지도 보지도 않고 신부로 데려 간다' 는 속담이 있다. 우리 문화와 긴밀하다. 우리말의 자생성이 지니는 약^{弱} → 약^{弱} → 강^{强} → 약^{弱} 리듬이다. 우리말 말버릇이다. 시조 리듬흐름 약^{弱} → 약^{弱} → 강^{强} → 약^{弱}이다. 우리말 응결성의 푸른 요인이다. 우리 노래 가락 흐름 약^{弱} → 약^{弱} → 강^{强} → 약^{弱} 흐름이다. 셋째 번의 어휘에 강박이 있고 이어 약으로 끝나는 리듬이다. 시조작품의 푸른 요인 판정기준이다. 자생 시조 텍스트다움 리듬이다.

사람의 일생도 아주 어린 아기가 자라면서 청년의 강한 몸 만들기가 있다. 하늘나라를 내 마음에 모실 수 있음도 하나하나 기쁜 마음을 모아 내 마음의 기쁜 마음의 일상을 보내기이다. 평생 배우기를 계속하면 훌륭한 지적 보유자가 된다. 좋은 행동을 하기 시작 할 때는 약한 질량이 되지만 나날의 아름다움을 모아 좋은 사람이 된다.

동창同窓이 붉갓느냐 노고지리 우지진다
쇼칠 아히는 여태아니 니러느냐
재너머 스래긴밧츨 언제 갈려 흐느냐
                                        - 남구만 청구영언靑丘永言 203

쁜 눈물 데온 물이 고기도곤 마시이셰
초옥草屋 조븐 줄이 그 더욱 내 슈이라
다만당 님 그린타스로 시름계워 흐노라
                                        - 청구영언靑丘永言 59

내 무음 버혀내어 뎌 둘 밍글고져
구만리장천九萬里長天에 번드시 걸려이셔
고온님 계신고듸 가 비쵀여나 보리라
                                        - 청구영언靑丘永言 69

반중 조홍감이 고와도 보이느다
유자 아니라도 품엄즉 흐다마는
품어가 반기리어슬식 글로 셜워 흐느이다
                                        - 박인로 청구영언靑丘永言 96

장검長劍을 쌔혀들고 백두산白頭山에 올라보니
대명大明 천지天地에 초옥草屋이 즙겨셰라
언제나 남북풍진南北風塵을 헤쳐볼고 흐노라
                                        - 남이南怡 청구영언 106

청초靑草 우거진 골에 자는다 누엇는다
홍안紅顔을 어듸두고 백골白骨만 누엇는이
잔盞자바 권勸흐리업스니 그를 슬허 흐노라
                                        - 백호白湖 청구영언 107

이들의 좋은 작품은 두고두고 후대에 전해진다.

리처드 러트는 그가 한국에 와 머무는 동안 보아왔던 신기한 한국인의 정서와 역사를 그의 작품으로 만든다. 이 작품의 특징은 조국과 관련한 영국 에이레 지방의 속요와 리머릭 형태이다. 그런데 놀랍게도 이 리머릭이 한국 시조작품을 닮았다. 저자 리처드 러트는 리머릭과 시조의 특징을 발견하고 있다. 리처드 러트는 1행과 2행과 5행에서 공동인식을 운율 형태로 드러내 시조의 초 중 종장 형태로 하였다. 중간의 3행과 4행은 사설시조 형식의 뜻을 다시 되풀이 하는 리듬으로 작품화하였다.

리머릭의 합창단원의 "*Will you come up to Limerick*" 이 있다. 음악성을 겸한다. 시조작품 또한 시조창으로 불리 우는 흥얼거림이 있다. 시조창으로 지속되었다. 또한 리머릭이나 시조작품은 그 형식이 해학과 위트를 가진다. 그리고 대화체이다. 더구나 우리 시조작품이 지니는 종장에서 끝마무리 "하더라"류 표현을 리머릭에서는 said로 한다. 그 말 처음과 끝 양쪽에 따음표 " " 가 있다.

> There once was a man who said "*God*
> Must think it exceedingly *odd*
> If finds that this tree
> Still continues to be
> When there's no one about in the *quad*"
>
>   - Ronald. knoy

Musicologist Alan. c. *Heyman*
Bobbed up in a kut with a *Shaman*
When the uproar subside
Alan frankly confided
 "I'll stay, man, just as a *layman*"
       - Richard Rutt *The Korea Time* 1972. 2. 29
아란씨 음악학자 무당과 춤추었네
주위가 조용하자 가만히 말하기를
 "머물러 이곳에 남아 이곳에서 살고파"
            - 이영지 역

A bicycle rider called said *Ming*
Had a fit when his bell wouldn,t *ring*
 "If I don't have a bell
Then my job,s have a bell
Bell no ring, Ming can, carry a *thang*"
       - Richard Rutt *The Korea Time* 1970. 9. 12
밍씨 탄 자전거의 뺄 고장 안달이야
 "이렇게 안 울리면 정말로 끝장이야
따르르 울리지 않아 끝장이야" 하더라
            - 이영지 역

There was a young followed named Lee
Who used to do cross words with glee
"Till the day his Seoul burned
When he suddenly learned
That female ruff is a rhee"
       - Richard Rutt *The Korea Time* 1971. 12. 11
기쁨의 사랑놀이 들떠서 즐기더니
마음이 타버린걸 이제야 알아낸 건
 "그녀의 마음속으로 빠져들어 버린 거"
            - 이영지 역

"There was a young lady of *Seoul*
With humor delightfully *droll*

She went a *ball*
In nothing at *all*
And backed in as a parker house *roll*"
                    - Richard Rutt *The Korea Time* 1971. 11. 27
"서울의 아가씨는 하나도 안가진채
무도회 잘도 들며 즐겁게 굴러굴러
짖 궂은 익살꾸러기 야구장의 공처럼"
                                        - 이영지 역

"There was a young fellow named *Lee*
Who used to do crosswords with *glee*
Till the day his Seoul <u>burned</u>
When he suddenly <u>learned</u>
That a female ruff is a *Rhee*"
                    - Richard Rutt *The Korea Time* 1971. 12. 11
"기쁨의 사랑놀이 들떠서 즐긴 나는
마음이 다 타버림 알았네 어느 날에
그녀의 마음속으로 빨려들어 타버린"
                                        - 이영지 역

    이처럼 " " 따옴표가 있는 리머릭은 우리시조문학의 형식인 마지막 끝구의 "…하더라" 형식이다. 이처럼 리머릭은 리머릭의 압운을 사용하면서 대화체 형식으로 한 것은 시조작품이 가지는 대화체와 같다. 더구나 압운을 사용하되 문장 내에서 각 구의 끝 자를 같은 영문자로 같이하여 3회 반복리듬을 압운으로 하기도 하고 3행과 4행을 다른 리듬으로 하기도 한다.
    시조작품의 특징 중에 하나는 애국심이 작품에 노출되는 작품이다. 작가 개인의 것 보다 이웃과 나라에 대한 격려와 위로가 있다.

이몸이 주거가서 무어시 될꼬 ᄒᆞ니
蓬萊山 第一峰에 落落長松 되야이셔
白雪이 滿乾坤홀제 獨也靑靑 ᄒᆞ리라
- 성삼문成三問 청구영언靑丘永言 16

곳지고 속닙나니 시절도 변ᄒᆞ거다
풀소게 푸른버레 나뷔되야 ᄂᆞ다ᄂᆞ다
뉘라서 造化를 자바 千變萬化 ᄒᆞᄂᆞ고
- 신흠申欽 청구영언靑丘永言 141

이고 진 저 늘그니 짐을 푸러 날을 주오
나ᄂᆞᆫ 져멋거니 돌히라 무거울가
늙기도셜훼라커든 짐을 조차지실가
- 정철鄭澈 청구영언靑丘永言 54

쓴ᄂᆞ물 데온물이 고기도곤 마시이셰
草屋조븐 줄이 긔더욱내 分독이라
다만당 님 그린타스로 시름계워 ᄒᆞ노라
- 정철鄭澈 청구영언靑丘永言 59

嚴冬에 뵈옷닙고 巖穴에 눈비마자
구름쩬 볏뉘를 쩐적 업건마는
西山에 히지다 ᄒᆞ니 눈물겨워 ᄒᆞ노라
- 정철鄭澈 청구영언靑丘永言 91

盤中 早紅감이 고와도 보이ᄂᆞ다
柚子아니라도 품엄즉 ᄒᆞ다마는
품어가 반기리업슬시 글로셜워 ᄒᆞᄂᆞ이다

- 박인로朴仁老 청구영언靑丘永言 96

長劍을 쌔혀들고 白頭山에 올라보니
大明天地에 腥塵이 줌겨세라
언제나 南北風塵을 헤쳐볼고 ᄒ노라

- 남이南怡 청구영언靑丘永言 106

閑山셤 ᄃᆞᆯ불근 밤의 戍樓에 혼자안자
큰 칼 녀폐 ᄎ고 기픈 시름 ᄒᆞᄂᆞᆫ적의
어듸서 一聲胡笳는 ᄂᆞᆷ의 애를 긋ᄂᆞ니

- 이순신李舜臣 청구영언靑丘永言 111

우리 문학 특히 시조문학의 향기는 나 자신보다 이웃을 위한 주제가 특징이다. 이러한 애국심은 그리고 애향심의 극치는 우리나라 역사가 오랜 동안의 역사가 유지되는 이유가 된다. 나보다 먼저 국가를 위한다.

그 대표적인 작품 양양가가 있다.

인생의 목숨은 초로와 같고
조국의 앞날이 양양하도다

이몸이 죽어서 나라가 산다면
아 아 이슬같이 기꺼이 죽으리라
이몸이 죽어서 나라가 산다면
아 아 이슬같이 기꺼이 죽으리라

- 작사 작곡 미상 최락 노래

2. 시조 텍스트 향기

　시조 텍스트 향기에 시조 리듬이 있다. 이 논문은 한국에서의 문학 장르 중 시조문학의 작품이 자생성이라는 인식의 전제하에서 이루어진다. 본 논문의 문제제기 1은 널리 회자되는 시조 한편 작품 길이가 43자의 정형률을 가진다.
　시조 텍스트다움 리듬으로 문제 제기된 실제 작품 길이 인식은 다음과 같다.

　　　초장　3·4·3·4
　　　중장　3·4·3·4
　　　종장　3·5·4·3

　이 리듬의 수리의 합은 43자이다. 따라서 이제까지의 한국 시조 문학작품 1편이 45자 내외라는 인식과 실제 수리는 43자가 되는 시조 텍스트다움을 문제 제기 한다. 따라서 이 논문에서 시조문예미학의 정형률에 대한 향기 수리논리를 문제로 제기한다.
　한국이 가지고 있는 가장 중심적인 주제는 우리의식이다. 이 우리 인식은 한국문화가 가지고 있는 가장 오래된 공감대이다. 그렇기 때문에 한국의 나라는 모든 생활의식이 이 우리라는 개념에서 벗어나지 않는다. 비교적 잘 지켜지고 있는 이 공감대 형성의 키워드 '우리' 라는 개념은 생활방식이나 행사나 그리고 언어에서 무너지지 않고 지속되는 관계가 형성되고 있다. 다름 아닌 음식문화를 비롯하여 모든 것들이 이 '우리' 라는 개념과 부합하고 있다.

때문에 이 '우리' 의식은 가장 공감대가 형성되고 있는 분야 문학작품 특히 시조작품이 시대를 넘어서서 지속되는 이유가 '우리' 의식이다. 쉽게 예를 들자면 그것은 시조리듬이 한국의 자연기후특수성에 따르는 자생성의 의미리듬이 산재하고 또 그 의미의 공감대 언어가 다름 아닌 '우리' 라는 개념이 작용하여서이다. 심지어는 자기의 남편을 '우리 남편' 이라고 부르는 등 '우리 사람' 그리고 '우리나라' 등등 그렇다면 우리 작품이 전하고자 하는 메시지는 작품 내에서 희망과 용기를 주는 우리의 오랜 역사와도 무관하지 않다. 시조작품을 통해 얻는 위로와 격려로서의 작품 '우리' 인식의 재확인을 문제로 제기한다.

문학으로서의 시조^{時調}는 시절가조^{時節歌調}이다. 한국 기후에 따르는 사시사철 계절을 노래한 시조^{時調}에 맹사성의 강호사시가^{江湖四時歌} 시절가조^{時節歌調}=시조^{時調} 가 있다.

다음은 시조 맹사성의 강호사시가^{江湖四時歌}이다.

    강호^{江湖}에 봄이 드니 미친 흥^{興}이 절로 난다
    탁료계변^{濁醪溪邊}에 금린어^{錦鱗魚}ㅣ 안주로다

이 몸이 한가閒暇히옴도 역군은亦君恩이샷다
- 맹사성孟思誠 춘사春詞 -청구영언靑丘永言 9

강호江湖에 녀름이 드니 초당草堂에 일이 업다
유신有信흔 강파江波는 보내느니 브람이다
이 몸이 서놀히옴도 역군은亦君恩이샷다
- 맹사성孟思誠 하사夏詞 -청구영언靑丘永言 10

강호江湖에 ㄱ올이 드니 고기마다 술져 잇다
소정小艇에 그물 시러 흘리 쯰여 더뎌 두고
이 몸이 소일消日히옴도 역군은亦君恩이샷다
- 맹사성孟思誠 추사秋詞 -청구영언靑丘永言 11

강호江湖에 겨월이 드니 눈기퓌자히남다
삿갓 빗기 쓰고 누역으로 오슬 삼아
이 몸이 칩지 아니히옴도 역군은亦君恩이샷다
- 맹사성孟思誠 동사冬詞 -청구영언靑丘永言 12

　　맹사성의 시절가조時節歌調 강호사시가江湖四時歌는 우리나라 사계절의 차이를 시조時調로 창작하였다. 봄·여름·가을·겨울 사계절을 읊었다.

　　맹사성 시인의 시절가조時節歌調 시조時調의 사계절 흐름은 '미친 흥 → 강파江波 → 고기마다 술져 잇다 → 눈기퓌자히남다'의 순서를 지닌다. 이 순서는 우리나라 기후의 봄 → 여름 → 가을 → 겨울 순서이다. 시인은 춘사春詞 → 하사夏詞 → 추사秋詞 동사冬詞라 이름 하여 작품 근거를 밝힌다. 계절인식에 대한 시절가조時節歌調 강호사시가江湖四時歌이다.

다음은 우리나라의 사계절에 대한 공식 인식이다.

사계절에 대한 이미지 연계					
계절	봄	여름	가을	겨울	계하季夏
방향	동	남	서	북	중앙
오행	목木	화火	금金	수水	토土
신체陰	간장	심장	폐장	신장	비장
신체陽	쓸개	소장	대장	방광	위
얼굴	눈	혀	코	귀	입
음계	각角	치徵	상商	우羽	궁宮
색깔	청靑	적赤	백白	흑黑	황黃
한글	ㄱㅋ	ㄴㄷㅌㄹ	ㅅㅈㅊ	ㅁㅂㅍ	ㅇㅎ
소리	아牙	설舌	치齒	후喉	순脣

우리나라 기후에 사계절이 있는 현실을 비롯하여 사람들의 인식 근거원형이 되는 도표이다.

맹사성의 시절가조 강호사시가江湖四時歌는 봄 → 여름 → 가을 → 겨울 순서가 지닌 시인의 춘사春詞 → 하사夏詞 → 추사秋詞 동사冬詞에 음의 흥을 몸 시학홍문표학설용어으로 한 시절가조時節歌調 = 시조時調다.

① 맹사성시인의 봄

사계절 중 봄은 '미친 흥'이 나는 계절이다. 시인의 작품 춘사春詞는 '목木의 환경이다. 땅에서 싹들이 흥이나 올라

오는 현상을 눈으로 볼 수 있다. 시인이 눈으로 보며 느끼는 봄 나무의 흥이 있다. 시인은 '싹'이 나고 나무의 파릇한 기운에 흥이나 금린어錦鱗魚ㅣ 쏘가리를 강호江湖에서 길어 올린다.

아ㅍ음 어금닛소리의 겨울을 깨는 봄의 청성淸聲 밝은 소리 ㄱ의 금린어錦鱗魚로 안주를 삼는다. 탁성濁聲 '흥이 절로난' 봄의 흥이다. 삼라만상의 용솟음하는 봄 푸르름 때문에 시인은 흥이 절로 난다. 시인의 몸 시학홍문표학설용어은 몸이 절로 느끼는 미친 흥興이다. 사계절 중 춘사春詞작품이다. 시절가조時節歌調시조時調이다. 봄과 그의 몸이 하나가 되는 춘사春詞이다. 시인과 같이 자연도 흥이나 꽃이 핀다. 몸에서 나는 어금니 아ㅍ 소리는 몸 깊이에서 우러나오는 소리 맹사성 시인의 강호사시가 흥이다.

살아난 계절 봄春음音은 각角계절이고 나무木 소리이다. 긴 겨울을 지난, 봄의 부르짖음 ㄱ,ㅋ 감탄소리 흥이 나는 시절가조時節歌調시조時調이다. 맹사성은 사계절중 봄에 탁료계변濁醪溪邊에 금린어錦鱗魚 안주를 삼으며 흥을 돋군다.

시인이 간 곳은 강호江湖이다. 그곳에 봄이 왔기 때문이다. 시인은 '봄이 드니'라고 하였다. 봄이 드니 미친 흥興이 절로 나 쏘가리를 잡아 안주를 삼은 날의 기록이다. 강호에 봄이 드는 이유로 맹사성은 '탁료계변濁醪溪邊에 금린어錦鱗魚' 낚아 맛있게 먹는다. 온통 봄 흥의 계절이다. 맹 시인의 멋스러움은 맹사성 시인 봄의 홍을 임금의 은혜 '역군은亦君恩이샷다'로 한다.

②. 맹사성시인의 여름

맹 시인의 춘사春詞 → 하사夏詞 → 추사秋詞 동사冬詞라 이름 한 시절가조時節歌調 시조時調 중 여름은 '강파江波' 바람이 있다. '강파江波' 바람은 여름에만 있다. 그런데 시인은 이 바람을 유별난 더위를 이기는 시인의중의 맞바람으로 한다. 시어 '녀름'의 궁宮가운뎃소리-가죽소리 상商서쪽소리-쇠소리 각角동쪽소리-대나무소리 치徵남쪽쪽소리-실소리 우羽북쪽소리-깃소리의 치徵남쪽쪽소리-실소리로 '유신有信 흔'의 ㄴ음과 '강파江波는'의 ㄴ음과 '이 몸이 서늘히옴'의 ㄴ 음을 함께한 다중 은유 혀가 입천장에 붙는 홍이다. 시인은 양치陽徵-가야금와 음치陰徵-거문고에 집중시키면서 여름의 홍을 맞본다. '강호江湖에 녀름'을 시인의 혀舌로 날렵하게 움직여 맞바람을 일으킨다. 여름 더움만큼이나 강하게 드러나는 시인의 火 열로 치며 더운 여름이지만 오히려 그의 홍을 알아차리는 가야금과 거문고로 그의 몸은 '이 몸이 서늘히옴' 지경까지 간다. 맹사성 시인의 몸 시학홍문표학설용어이다.

가야금과 거문고도 홍이나 맹사성 시인의 여름은 물의 양이 많은 여름강파江波로 여름 더움의 느낌을 오히려 '이 몸이 서늘히옴'으로 바꾼다. '몸'의 은유이다. 이열치열의 맹사성시인 시학은 불기운이 가장 강한 한창 더운 여름 하^{夏}를 소리 음^{音} 치^{徵}로 날린다. 맹 시인의 멋스러움은 맹사성 여름의 흥을 임금의 은혜 '역군은^{亦君恩}이샷다'로 한다.

③. 맹사성시인의 가을

맹사성 시인은 우리나라 자연 봄 → 여름 → 가을 → 겨울 순서를 그의 것으로 하는 춘사^{春詞} → 하사^{夏詞} → 추사^{秋詞}동사^{冬詞} 순서 중 가을은 '고기마다 술져 잇다'. 맹사성도 살져 있고 고기도 살져 있는 가을이다. 흥이 날 수 밖에 없다.

풍요로움의 가을을 감사 마음 넘침으로 한 시인의 가을은 金의 계절이다. 쇠가 으스러지도록 단련되어 나온 가을은 가을 추^{秋}의 음^{音}이 상^{商}계절이다. 열매가 있어 흥이 나는 계절이다. 고기마다 살져 있는 열매계절이다. 더욱 태평성대이다. 마음의 풍요를 누리는 흥의 계절은 임금은혜이다.

강호^{江湖}에 ᄀ올이 드니 고기마다 술져 잇다
소정^{小艇}에 그믈 시러 흘리 ᄯᅴ여 더뎌 두고
이 몸이 소일^{消日}히옴도 역군은^{亦君恩}이샷다

금^{金} 가을 계절에 맹사성 시인은 시절가조^{時節歌調} 시조^{時調} 시어 '술져 잇다'와 '소정^{小艇}'과 '그믈 시러'와 '소일^{消日}'의 ㅅ, ㅈ '의 이음^{爾音}으로 흥을 일으킨다. 가을 작은 호수 '소정^{小艇}에 그믈 시러 흘리 ᄯᅴ여 더뎌 두고 · 이 몸

이 소일^{消日}히옴' 이다. 계절과 시인의 일치 홍이다. 절로 얼은 마음의 홍이 있는 맹사성시조의 추사^{秋詞}이다. 맹 시인의 멋스러움은 맹사성의 가을 홍은 임금 은혜 '역군은^{亦君恩}이샷다' 다.

④. 맹사성시인의 겨울
봄 → 여름 → 가을 → 겨울이 시인에 의해 춘사^{春詞} → 하사^{夏詞} → 추사^{秋詞}동사^{冬詞} 시절가조^{時節歌調}중 겨울은 하얀 눈이 많은 '눈기퓌자히남다' 의 계절이다.
맹사성 시인의 겨울나기는 겨울을 이기는 홍이 있다.

> 강호^{江湖}에 겨월이 드니 눈기퓌자히남다
> 삿갓 빗기 쓰고 누역으로 오슬 삼아
> 이 몸이 칩지 아니히옴도 역군은^{亦君恩}이샷다

맹시인에게는 목구멍 깊은 곳에서 올라오는 계절 이김의 의지력이 있다. 추운 겨울 몸에서 넘쳐나는 홍으로서이다. 몸 시학은 가난한 시인의 겨울이다. 오히려 '이 몸이 칩지 아니히옴' 의 계절이다. 그 깊이는 겨울 물^{水}이미지이다. 꽁꽁 얼어붙은 그 얼음 그 밑바닥을 흐르는 청정한 물줄기가 있어 시인을 겨울 나는 힘으로 일어서게 한다. 봄을 기다리는 시인의 흥겨운 물줄기가 있다. 시인의 몸 시학 음가는 ㅇ, ㅎ음가 '강호^{江湖}에 겨월' 에서의 ㅎ, ㅇ음가가 있다. '눈기

푀자히'에서 ㅎ과 '누역으로 오슬 삼아'에서 ㅇ음가를 건져 올리는 은유시학의 중심 홍이 있어서이다. 맹 시인의 멋스러움은 맹사성 시인 겨울의 홍을 임금의 은혜 '역군은亦君恩이샷다' 로 한다.

우리나라의 봄 → 여름 → 가을 → 겨울 순서는 진정한 봄이 다시 봄이 오는 계절이 있어 춥지 않다. 시인에 의해 춘사春詞 → 하사夏詞 → 추사秋詞동사冬詞로 춤추며 탄생하는 시절가조時節歌調 시조時調중 겨울에 '삿갓 빗기 쓰고 누역으로 오슬 삼아' 사는 일상은 추운 겨울과 누더기 가난한 옷의 삶에도 추위를 못 느끼는 '이 몸이 칩지 아니히옴'의 홍이다. 몸 시학홍문 표학설용어이다. 동冬의 음音 우조羽調로 우아한 삶을 산 '이 몸이 칩지 아니히옴도 역군은亦君恩이샷다' 이다.

'이 몸이 칩지 아니히옴도 역군은亦君恩이샷다' 문구는 맹사성 시인의 ①봄 → ②여름 → ③가을 → ④겨울 시조작품 모두 종장에서 똑 같이 네 번이나 반복된다. '칩지 아니히옴'의 '아니'는 우리 일상에서 늘 쓰는 강한 부정이다. '아니' 부정은 라틴어 한글사전에 기록[1]된 부정의미 언어이고 우리 언어에서는 부정의 의미로 단어 앞에 '안'을 붙여 접두사로 사용하면서 뒷말을 강하게 부정한다. 히브리어

---

1) 라틴-한글사전 *Dictionárium Latino-Coreánum*, 카톨릭대학교출판부, 1995

나 헬라어 영어 모두 강한 부정 의미 용어다.

ואין מושׁע 베엔 모시아으 C.NSG VHP $καὶ\ οὐκ\ ἔσται\ σοι\ ὁ\ βοηθῶν$ and no man shall save thee 너를 구원할 자가 없을 것이다
- 신 28:28

한국어나 라틴어나 그리고 히브리어에서도 모두 강한 부정이다. 맹사성 시인의 겨울 동사^{冬詞} '이 몸이 칩지 아니히옴도 역군은^{亦君恩}이샷다'에서의 '아니'와 동일하다. 혹독한 겨울추위가 춥게 느껴지지 아니하는 시인의 흥이 있다.

⑤. 맹사성시인의 진짜 마음 소리

강호사시가^{江湖四時歌}에 4회 반복 '역군은^{亦君恩}이샷다'는 사계절을 건디는 흥이 임금과 백성 특히 그 중에서 맹사성과의 관계이다. 서로 모시는 관계이다. 우리말 '모시어'라는 말이 있다. 히브리어에서도 '모시어'는 모세의 이름이다. 하나님을 잘 모시었다. 하나님과 그의 사랑하는 백성과 사이에서 이루어지는 일은 서로 모심관계이다. 이는 자식과 부모사이에서 서로 모시어 사는 관계일 때 흥이 나는 삶이다.

봄 ①미친 흥 → 여름 ②강파^{江波} → 가을 ③고기마다 솔져잇다 → 겨울 ④눈기퓌자히남다'의 시절가조^{時節歌調} 시조^{時調}안에는 천지간 만물을 낳게 하는 근원을 알린 물^水이 있다. 강과 호수와 개울 근처 이 물 가까이의 삶을 이어갔다. 고맙고

감사하고 즐거운 시인 몸에서 나는 흥의 물이다. 이 몸의 구송요소 물을 마음열정 불^{火}로 뜨겁게 태우는 시인 심상이다. 물로 입혀진 몸을 불의 마음 목구멍소리로 다스려 시인의 소리 관^{管}으로 몸 속 깊이에서 흥으로 건져 올려 목구멍을 지나 혓소리 시조작품으로 읊어진다.

  사계절을 중심으로 읊어진 시 이미지는 늦은 여름^{季夏}의 마음 중앙 가슴 깊이 우러나는 흥의 소리이다. 몸의 중앙을 훑어 내리며 배꼽 아래 기해혈^{氣海血}에서 솟아나는 강호사시가^{江湖四時歌}이다. 시조가 탄생한 수직선의 그 중앙에 임금과 백성 간의 서로 모심 관계가 성립된다. 때문에 추운겨울도 춥지 않게 되는 기적이 일어난다. 한 여름에도 시원함을 느끼며 가을의 열매를 거두는 삶이 있다. 마음속에서 우러나오는 흥의 소리는 어금니로 씹어 올려 혀와 이로 정리한 다음 입술로 드러내는 입술소리 토^{土}의 중앙소리 흥이다. 마음소리가 이제 입술소리로 나앉아 읊는 시절가조^{時節歌調}의 시조^{時調}이다. 따라서 맹사성의 시조매력은 가운뎃소리 곧 중앙소리인바 맹사성 시인 계절은 행복한 삶을 사는 흥이다. 마음의 소리이다. 계절로는 늦여름^{季夏}이고 음^{音}으로는 궁^{宮}인 마음 소리 흥을 읊은 시조작품이다.

  시인이 사계절 시에서 매 1편씩의 계절별 시조에 임금의 태평성대정책을 은유한다. '역군은^{亦君恩}이샷다'를 느끼는 몸

시학은 시조작품 종장에서 봄 → 여름 → 가을 → 겨울을 '역군은^{亦君恩}이샷다' 로 네 편의 시조작품을 끝마무리로 한다.

'역군은^{亦君恩}이샷다' 는 이 생의 삶의 가치를 감사하는 마음이 우러나오는 대상이 있음을 시사한다. 이토록 아름다운 삶의 방식은 우리 조상들이 가지고 있는 장점이다. 모든 은혜를 자기가 잘나서가 아니고 누구엔가 에게 돌리는 이 겸손의 미덕은 한국을 지탱하는 원류이다.

시조문학의 특성 '우리' 리듬의 매력은 우리 문학 시조작품에 늘 '우리' 의미가 존재한다. 네 편 모두 한 편 한 편 끝마무리를 '역군은^{亦君恩}이샷다' 로 하는 임금의 선정^{善政} 노출은 백성과 임금사이가 되는 시조작품의 특징 '우리' 시학이 있다. 이 시학은 그대로 천부경^{天符經} 예를 들 수 있다. 천부경^{天符經}은 숫자 1을 11회 반복한다. 이 시학 고도의 은유는 우리 다 같이 일어서! 시적 은유 두 발로 일어서 ▮!가 내제되어 있다. 힘을 내 일어서! 이 권면은 고도의 시 은유기법 숨은 숫자 11 두발로 기호화했다. 우리 가족과 동료와 이웃과 나라와 국가를 향하여 권고하고 함께하는 우리 역사의 오랜 유지 비밀이다. 시에 내재한 돕고 돕는 홍이다.

우리 역군은亦君恩이샷다			
구 분	시 절	서 정	감 사
봄	강호 봄	미친 흥	역군은亦君恩이샷다
여름	강파 江波	서늘히움	역군은亦君恩이샷다
가을	고기마다 슬져잇다	그믈시러 소일消日	역군은亦君恩이샷다
겨울	눈기퍼자히남다	누역으로 오슬 삼아	역군은亦君恩이샷다

'우리' 개념이 존재하는 맹사성 시인의 시절가조亦君節歌調 시조時調는 사시사철 시절마다를 시에서 살려내 풍요롭게 삶을 살아가게 하는 임금은혜 오로지 "역군은亦君恩이샷다"로 한다. 국민 서정시 맹사성의 시조時調는 기후의 변화에 따른 봄의 아름다운 꽃들과 여름의 바다와 강과 호수와 가을의 살진 고기잡이와 겨울의 눈이 많이 오는 풍경을 읊으며 우리나라의 기후에 따른 서정 그대로가 임금은혜 오로지 "역군은亦君恩이샷다"에 있다 한다. 시인가까이의 정서 그대로 계절에 맞는 흥이 일어나 즐기는 시조작품에서 임금은혜 오로지 "역군은亦君恩이샷다"이다.

이 '우리' 개념이 포함되는 은유 시는 이스라엘 백성 출애굽 때에도 '우리' 표현이 있다.

  6 애굽 사람이 ①우리를 학대하여 ②우리를 괴롭게 하며 ③우리에게 중역을 시키므로 7 ④우리가 ⑤우리 조상의 하나님께 부르짖었더니 여호와께서 ⑥우리 음성을 들으시고 ⑦우리의 고통과 신고와 압제를 하감하시고 8 여호와께서 강한 손과 큰 위엄과 이적과 기사로 ⑧우리를 애굽에서 인도하여 내시고

                    -신 26:6~9

① 애굽사람이 우리를 학대하여(신 26:6)
② 우리를 괴롭게 하며(신 26:6)
③ 우리에게 중역을 시키므로(신 26:6)
④ 우리 조상의 하나님께 부르짖었더니(신 26:7)
⑤ 여호와께서 우리 음성을 들으시고(신 26:7)
⑥ 우리의 고통과 신고와 압제를 하감하시고(신 26:7)
⑦ 우리를 애굽에서 인도하여 내시고(신 26:8)

-번역 7회: 신 26:6~9

<u>우리</u> 시어는 무려 7회나 번역되었다. 그러나 실제 원문에서는 이보다 많은 13회 사용이다.

6 ①וַיָּרֵעוּ ②אֹתָנוּ הַמִּצְרִים ③וַיְעַנּוּנוּ ④וַיִּתְּנוּ ⑤עָלֵינוּ עֲבֹדָה קָשָׁה
7 וַנִּצְעַק אֶל־יְהוָה ⑥אֱלֹהֵי ⑦אֲבֹתֵינוּ וַיִּשְׁמַע יְהוָה אֶת־קֹלֵנוּ וַיַּרְא
⑧אֶת־עָנְיֵנוּ ⑨וְאֶת־עֲמָלֵנוּ ⑩וְאֶת־לַחֲצֵנוּ
8 ⑪וַיּוֹצִאֵנוּ יְהוָה מִמִּצְרַיִם בְּיָד חֲזָקָה וּבִזְרֹעַ נְטוּיָה וּבְמֹרָא גָּדֹל וּבְאֹתוֹת וּבְמֹפְתִים
9 ⑫וַיְבִאֵנוּ אֶל־הַמָּקוֹם הַזֶּה ⑬וַיִּתֶּן־לָנוּ אֶת־הָאָרֶץ הַזֹּאת אֶרֶץ זָבַת חָלָב וּדְבָשׁ

- 13회 반복: 신 26:6~9

원문 단어 끝 어미* נוּ 라 발음되며 '우리' 의미이다.

① וַיָּרֵעוּ C.W.VHIMZP Kai ἐκάκωσαν And-evil entreated (우리를)학대하며(신 26:6)
② אֹתָנוּ O.CXP ἡμᾶς us 우리를(신 26:6)
③ וַיְעַנּוּנוּ C.W.VPIMZP.CXP καὶ ἐταπείνωσαν and afflicted us 우리를 괴롭게 하여
- 신 26:6
④ וַיִּתְּנוּ C.W.VQIMZP and laid 시키므로(신 26:6)
⑤ עָלֵינוּ P.CXP ἡμῖν upon us 우리에게(신 26:6)

⑥ אֲבֹתֵינוּ NMP.CXP τόν πατέρων ἡμῶν our fathers 우리조상의(신 26:7)
⑦ אֶת־קֹלֵנוּ NMS.CXP τῆς ψυνῆς ἡμῶν our-voice 우리 음성을   (신 26:7)
⑧ אֶת־עָנְיֵנוּ NMS.CXP τήν ταπείνωσιν ἡμῶν on our affliction 우리의 고통
 (신 26:7)
⑨ וְאֶת־עֲמָלֵנוּ NMS.CXP τόν μόχθον ἡμῶν our labour 우리의 신고와(신 26:7)
⑩ וְאֶת־לַחֲצֵנוּ NMS.CXP τόν θλιμμον ἡμῶν our oppression (우리에게)압제를
 (신 26:7)
⑪ וַיּוֹצִאֵנוּ CW.VHIMZS.CXP καί εξήγαγεν ἡμάς And brought us 우리를 인도하여 내시고 (신 26:8)
⑫ וַיְבִאֵנוּ CW.VHIMZS.CXP καί εξήγαγεν ἡμάς And he hath brought us (우리를) 인도하사(신 26:9) 우리들이 인도함을 받았고
⑬ וַיִּתֶּן־לָנוּ CW.VQIMZS-P.CXP καί έδύκεν-ἡμίν and hath given(우리로하여금 나타나도록 해)주셨나이다 (신 26:9)

– נוּ(우리): 신 26:6~9

단어 끝 어미* נוּ '우리' 13회 '우리' 반복복수複數이다. 백성 우리 단체다. 당시 이스라엘 백성 우리가 처하는 애굽에의 학대사역형 וַיָּרֵעוּ CW.VHIMZP (우리를)학대하며 신 26:6가 이스라엘 백성 모두에게 조명된다. 이스라엘 백성 모두 '우리' 이다.

다음은 복수표시이다.

אֶת־קֹלֵנוּ NMS.CXP(남성단수명사. 1인칭 복수) 우리 음성을(신 26:7)
אֶת־עָנְיֵנוּ NMS.CXP(남성단수명사. 1인칭 복수) 우리의 고통과(신 26:7)
וְאֶת־עֲמָלֵנוּ NMS.CXP(남성단수명사. 1인칭 복수) 우리의 신고와(신 26:7)
וְאֶת־לַחֲצֵנוּ NMS.CXP(남성단수명사. 1인칭 복수) (우리에게)압제를(신 26:7)

이스라엘 백성 다수CXP: 우리 문법 표시 '우리'를 절대자가 그의 백성으로 인지하고 애굽에서 구하여 낸 '우리' 공동체이다.

אֹתָנוּ O.CXP(목적어. 1인칭 복수) 우리를(신 26:6)

עָלֵינוּ P.CXP 우리에게(신 26:6)

וַיְעַנּוּנוּ CW.VPIMZP.CXP 우리를 괴롭게 하여(신 26:6)

אֲבֹתֵינוּ NMP.CXP(남성복수명사: 1인칭 복수) 우리조상의(신 26:7)

וַיְחִוֵּנוּ CW.VQIMZP 시키므로(신 26:6)

וַיְחִוֵּלָנוּ CW.VQIMZS-P.CXP(우리로 나타나도록 해)주셨나이다(신 26:9)

וַיּוֹצִאֵנוּ CW.VHIMZS.CXP 우리를 인도하여 내시고(신 26:8)

וַיְבִאֵנוּ CW.VHIMZS.CXP us (우리를) 인도하사(신 26:9)

공동체 '우리'는 Q 큐알 동사$^{단순형\ 능동태}$·H 히필 동사$^{사역형\ 능동태}$·P 피엘 동사$^{강의형\ 능동태}$의 구분 문법 근거에 의하여 우리를 행복으로 인도하시는 분이 문법에서 은유되어 있다.

성경은 신앙인들을 우리 몸의 귀중함을 보호하시는 분의 인도하심 그 은혜 받는 무리들 '우리 백성' 복수CXP: us로 표시 우리 몸을 중요시하시는 하나님 은혜로 한다. 일상의 삶에서 일어나는 일들을 하나님 은혜라 하고 또 일반인들은 일상의 삶에서 그 일이 이루어지도록 해 준 분의 은혜라고 한다. 또 부모님의 은혜를 감사하여 부모님의 은혜라고 한다. 맹사성 시인의 시조작품 종장 맹사성의 강호사시에서는 '역군은^{亦君恩}이샷다'의 임금은혜가 있다.

시절가조^{時節歌調}를 줄여서 된 시조^{時調}는 시인의 숨쉬기 리듬이다.

한국시조 문예미학은 시조 3장 6구 12절^{이태극학설}을 가진다.

시조 3장= 초장·중장·종장

6구＝ 초장 ① 1구＝ 3·4 ② 2구＝ 3·4
중장 ③ 3구＝ 3·4 ④ 4구＝ 3·4
종장 ⑤ 5구＝ 3·5 ⑥ 6구＝ 4·3
12음절 초장 ① 1음절 ② 2음절 ③ 3음절 ④ 4음절
중장 ⑤ 5음절 ⑥ 6음절 ⑦ 7음절 ⑧ 8음절
종장 ⑨ 9음절 ⑩ 10음절 ⑪ 11음절 ⑫ 12 음절

　한국시조 문예미학이 시조 3장 6구 12절을 가지는 것은 전통적인 학설이다. 천지인^{天地人} 하늘과 땅과 사람은 한국시조에 있는 초장과 중장과 종장의 기본의미구조를 이루는 전통성이다. 각 장 마다 2개의 구로 이루어지는 관계로 하여 시조작품은 6구를 만든다. 이 6구의 당위성은 사람의 몸이 6마디로 되어 있음과 같다. 이러한 섭리는 그리고 더 세분화되어 12마디가 된다. 시조문학작품 또한 동일성 모든 한 묶음의 단위로 그 안에 형성과정이 12개 혹은 12마디로 이루어졌음과 동일하다.

　문예미학은 숨쉬기 리듬이다. 일 년^{一年}은 12달을 가진다. 시절가조^{時節歌調}를 줄여서 된 시조^{時調}는 3장 6구 12음절을 가진다. 이 12 숫자향기는 우리에게는 오랜 그리고 익숙한 우리의 12환국『진서^{晉書}』「사이전^{四夷傳}」에 비리국^{卑離國}·양운국^{養雲國}·완막한국^{宛莫汗國}·구다천국^{句茶川國}·일군국^{一群國}·우루국^{虞婁國}·객현한국^{客賢汗國}·구모맥국^{句牟額國}·육구여국^{育句餘國}·사납아국^{斯納阿國}·선비이국^{鮮卑爾國}·수밀이국^{須密爾國} 12환국^{환국의 통치자 환인}이 있다. 남북 5 만리 동서 2 만리[1] 12환국이다

문화의 최초국으로 알려진 슈매르국은 스밀이국으로 기록되어 있다. 우리의 12환국에서 넘어갔음을 알린다. 믿음의 조상 아브라함이 살았던 우루국 또한 증거자료가 된다.

시조작품=시절가조^{時節歌調}=시조^{時調}작품은 12리듬을 가진다.

    초장 3·4·3·4
    중장 3·4·3·4
    종장 3·5·4·3

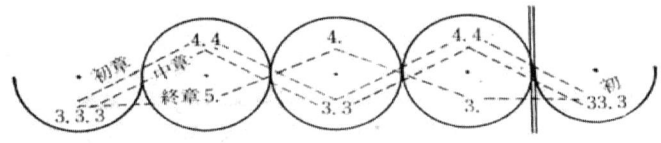

향기 12음절은 시조작품=시절가조^{時節歌調}=시조^{時調} 텍스트에서 서로 음절 얽힘을 지닌다. 자수율 응결성이다. 초장의 3구와 중장의 3구와 종장의 3구의 주변적 공간이 긴밀히 열린 공간을 마련하여 음수율1) 3·4 반복리듬이다. 의미리듬과 일치한다.

시조작품=시절가조^{時節歌調}=시조^{時調} 우리 시조작품 총괄 리듬 3·4·3·4·3·4·3·4·3·5·4·3 흐름은 3 리듬으로 시작하여 3리듬으로 끝난다. 처음 시작 리듬 3자와 끝의 리듬

---

1) 강상원, 「사라진(沈沒) 무제국- 東夷族에 母國』(서울: 朝鮮世宗太學院·2013)., 172.
1) 이영지, 「시조의 심리리듬」(서울: 창조문학사, 2022)., 창조문학 봄호.

3자가 같다. 숨쉬기 시작하고 끝나는 숨쉬기가 아름다운 리듬 3의 시적 숫자이다. 시조의 텍스트다움 리듬1) 정론 응집성의 의미는 리듬의 정형 율은 3·4로 시작하여 4·3으로 끝나는 응집성 시조리듬의 특별한 숨쉬기 규칙이 있다. 이 정의는 총 합수 43자수를 이룬 정형 리듬이다.

　시조작품의 정형 율 3·4로 시작하여 4·3으로 끝나며 시조 한편이 되게 하는 응집성 43의 오묘한 숨쉬기 일평생 리듬 은유이다. 43향기는 초장 3·4·3·4의 14자와 중장 3·4·3·4의 14자와 종장 장 3·5·4·3의 15자를 합한 43자이다. 이 묘한 향기 리듬의 아름다운 시조문학작품의 숨쉬기 이어감을 3으로 시작한다. 그리고 끝나는 리듬은 이어짐 묘미가 있다. 3·4·3·4·3·4·3·4·3·5·4·3으로 이어지며 끝나는 4·3이다. 숨쉬기 리듬의 향기리듬이다. 시조한 편의 작품은 총 43자이다. 이 리듬은 애급에서 종살이 한 해가 430년과 의미 확대되어 진다. 종살이 종결 해가 430년만이다. 종결이미지가 43에 은유되어 있다. 세상의 신비는 언제나 숨겨져 있다. 여기에 더한 시조작품 진가는 한 사람의생애도 그 끝 리듬을 43으로 한다는 아름다운 의미유추가 인생의 아름다움을 몸으로 설명하는 하나님의 오묘한 이치가 숨어 있다. 열심히 실제 일하고 아름답게 끝나는 의미리듬이다.

---

　1) 시조의 텍스트다움 리듬은 일반적 문장, 혹은 시문장과는 분리된다.

시조작품에는 작품 끝 구 3자 생략기법이 숨어 있다. 시조 작품이 전하는 숨 쉬며 일어서라는 12음절을 만드는 시조 문예미학 초장·중장·종장 기록은 시인1)의 생애가 처음과 중간과 끝이 있는 한 사람의 경험 기록이다. 일생의 유한성의 공간에 자리 잡는 시인의 시조 작품2) 가치는 일어서라! 격려 전달이다. 한 사람이 태어나서 절대자가 허락한 이 세상에서의 삶이 끝나는 그 크고 위대한 가치를 시조작품 한 편이 12음절중 끝의 한 음절 3을 숨기면서 11음절을 노출한 경우는 12음절 중 마지막 한 음절 3자 곧 종장 마지막 끝 절 '하여라' 등의 대화체를 생략하는 일이다. 한 생애는 무의미하게 끝나는 것이 아니라 그리고 살아있는 절망하는 일을 당해 주저앉아 있는 이들에게 시적 은유 몸 시학 두 발로 일어서 ! 힘을 내 일어서라!!

천부경^{天符經}이 전하는 숫자기록이 있다. 천부경^{天符經}은 1에서 10까지 언급된다. 그 중 1이 11회 반복이다. 숨은 시적 매시지다. 1의 11회 반복 매시지 위로·격려·희망 언어기호 일어서라 두 발로! 시조문학작품의 위로·격려·희망 언어기호 시조 3장 6구 12절 중 마지막 한 절을 하노라 류 생략 12음절이 11음절로 노출된다. 끝 음절을 숨기는 이유 그것은 눈

---

1) 이영지, 『이상시학 연구』(서울: 창조문학, 2017)., 302~324.
2) Wall·R 지음: 이영현 옮김 『수리언어학』(서울: 한신문화사·1987·40.

물 나도록 아름다운, 임금님 앞에서 '하여라' 류 대화체가 창^唱되지 않는 예, 시의 고도 은유이다. 마지막 한 음절은 허사리듬이다. 창^唱되지 않는다. 천부경^{天符經}의 숨은 매시지 1의 11반복리듬이 전하는 매시지 일어나라! 두 발로 굳게 직립하라! 일어서라! 용기위로·격려·희망 언어기호 천부경^{天符經} 1을 11회 반복 리듬 일어서라!가 시조작품 속에 내재한다.

유한한 일생의 한계성이 주는 어렵고 고달프고 그리고 해결하기 어려운 난제의 일을 시조작품은 4 숫자의미리듬 수리리듬으로 하면서도 슬프도록 아름다움 이미지 3 숫자의미리듬의 아름다운 서정수치가 더 강하게 하여 서정시 시조텍스트가 되게 한다. 인생이 얼마나 아름다운 일생인지를 시라는 이미지로 알리는 매혹적인 시조 리듬반복이다. 그러나 너무 드러내지 아니하려 자연스레 숨기는 일생이야기 그리고 마지막에는 인생 유한성을 겸허히 받아드리는 은유 3자로 마감하는 숨김의 멋이다. 시조작품은 한 사람의 인생의 이야기이고 이 구체성으로 수리로 은유한 시조이론의 매력이다. 사람의 인생 이야기를 시작도 아름답게 그리고 끝맺음도 아름답게 끝내기 은유이다.

조금만 눈을 돌리면 이 세상은 참으로 아름다운 조화로 이루어져 있다. 이 3의 리듬은 일상의 주부들이 가정에서 자연의 요법으로 식혜나 술을 만들 때에도 3시간을 경과하면서 다음 단계로 넘어간다. 더구나 가장 아름다운 기다림도 3시간을 그 타임 아웃으로 한다. 세계 내에 순서를 정할 때 에도 3등까지가 그 한계점으로 한다. 한국에는 유일하게 말이 가지는 아름다운 리듬이 이 3자를 기본으로 하여 앞이나 뒤에 하나 덜하거나 더하여 그 아름다운 리듬을 이룬다. 히브리어도 기본자수가 3자로 하며 이에 덧붙이는 작업이 진행된다. 그리고 과거완료시제를 가진다.

사람도 남녀와 그 사이에 자녀를 가지는 3각 구도가 이루어진다. 이 세상의 공간 자체도 3각 구도로서 최초의 공간설정이 이루어진다. 시조작품은 가장 이 3자로서 그 끝맺음을 아름답게 서정화 한다.

시조작품이 가지는 숨쉬기 매시지는 시절가조時節歌調 시조時調작품 숫자의 향기 3의 리듬이 6회 반복 된데서 찾아진다. 시조작품은 물 은유시학을 가진다. 그것은 사람의 몸이 물이미지이기 때문이다. 천부경天符經의 가장 중심수가 물 이미지 6이다. 이 6은 사람의 몸 이미지 시학을 가진다. 6은 3의 2배로 [1]사람 몸이 사람의 몸 이미지이다. 이 매시지는 천부경天符經의 글자 수가 81인데 가장 중앙수가 6이다. 6=물 이미지다. 가장 중심 수 6으로 하여 진리는 물의 결정체 6각형으로

---

1) 왕희지, 천부경 갑골문- 직접 쓰고 해석해 드릴게요, tatao Calli Art TV.

물의 파동이 지닌 눈의 형상 6각형 진리에 따라 그대로 수용되고 또 자생된다. 물은 6각형이다. 양자역학에서는 파동이다. 물 6각형이다. 사람의 마디도 6으로 나누어진다. 한 시간 60분을 비롯하여 1분 60초 그리고 관의 높이가 6촌, 왕의 수레를 끄는 6말, 나라도 6×6= 36부이다. 그리고 원의 각도 360°는 6×60°이다. 이 6에서 7 8 9가 생한다고 천부경은 알리고 있다. 하나님이 만들어 낸 인간의 신비이다.

시조작품의 음수율 3의 6회 반복 의미구조는 사람의 신체 6 등분을 비롯하여 과학의 기초가 되는 하루의 시간 1시간=60분×60초로 규정하거나 태양의 지름=6×144000로 측정하는 일이나 지구의 둘레=6×6×6×100의 로얄마일로 하는 일까지 그리고 하나의 원이 되는 6×60의 360°까지 수많은 6의 곱수로 접근되는 보편성이다. 그만큼 시조 한 편의 은유는 보편성을 지닌 한 편의 시조작품=시절가조^{時節歌調}=시조^{時調} 하나의 완성체이다. 한 사람의 생애를 시조 한 편에 싣는 향기이다.

3음절로 숨쉬기 시작하고 3음절로 끝내는 아름다운 리듬이 시조문학 향기이다. 슬프도록 아름다운 인생일생이다. 시조작품의 수리 응결 집합은 3글자로 시작하고 3글자로 끝난다. 이 특이한 한글 즉 우리말 그리고 우리 민족정서 시조텍스트다움은 숨쉬기의 결정적 매가 급 서정성이다. 시인의 마음을 긍정적으로 바꾸게 하는 마력수가 지닌 즐거움은 이 리듬을 이어가는 안정된 설명으로 이어가는 4로 하여 3으로 시작하고 4로 이어가는 리듬이다. 이 자연스러운 리듬 3 → 4 → 3 → 4 → 3 → 4 → 3 → 4 → 3 → 5 → 4 → 3은 그때그때 느낀 인생 숨쉬기리듬이다. 3으로 시작하여 3으로 끝난다.

　한 일생은 가장 귀중하고 가장 가치가 있게 하는 시조텍스트다움은 초장과 중장이 두 번 같은 리듬을 반복한다. 우리 인생 일상 리듬이다. 시인의 한 생애가 그리고 그의 삶이 슬프도록 아름다운 서정시인으로 펼쳐지는 아름다움 3의 서정 시작 3 → 4 → 3 → 4 → 3 → 4 → 3 → 4 → 3 → 5 → 4 → 3의 아름다운 서정 3 글자로 끝나는 리듬! 이토록 아름다운 시조작품의 은유기법에 유한성 곧 인생기간의 흐름이 시조 한 편으로 정서 화 된다. 시인의 위대함이 있게 되는 시조작품에서의 인간의 아름다움은 인간은 완전하지 않다의 서정성이다.

　이 아름다운 슬픔은 사람이 완전하게 태어나지 않았다는 칼빈의 성경신학이 보여주는 이론이 된다. 시조작품 3 → 4 → 3 → 4 → 3 → 4 → 3 → 4 → 3 → 5 → 4 → 3리듬에서이다. 3으로 끝나는 기호는 종결매시지로서의 인간 아름다움의 여운이다. 심지어는 여운 내지 생략되는 마지막 공백 허사虛辭리듬의 마지막 3자 리듬이다.

　종장의 끝구가 생략되는 예의 마무리 허사虛辭리듬 옛 시조

320 제 4장 시조문학마방진시학

어법 '하노라' 류는 이세보 시조 450여수[1]가 종장의 마지막 3자 생략, 임금님 앞·어른님 앞에서 하는 예를 보여주고 있다. 시인에 의해 탄생하는 한 편의 시조작품은 신의 시가 아니다. 슬프도록 아름다운 인간 의미리듬이다. 슬프도록 아름다운 인생의 감성의 시조작품=시절가조^{時節歌調}=시조^{時調} 우리 시조작품 리듬이다. 이 아름다운 인생리듬 가치는 한 사람의 아름다운 인생을 드러내는 황홀하고 멋진 생애의 행복을 드러내는 맹사성의 강호사시가 보여주는 '역군은^{亦君恩}이샷다' 이다. 임금에게 공을 전하는 리듬이다. 이러한 둥글둥글한 아름다움은 무한대로 그 영원성을 향하여 가는 리듬이다. 한 사람의 생애는 유한성이지만 마디를 지으면서 다음대로 이어질 수 있는 리듬이다.

다음은 시조작품의 묘미 리듬이다.

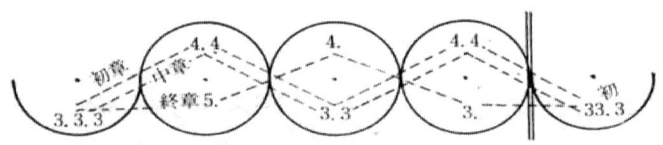

시조 텍스트다움 리듬의 시조^{時調} 그 때 그 때의 감성을 실어 전한 리듬이다. 우리 고유의 사상 천지인^{天地人}의 한국의 3재 문학^{三才文學} 대 명제에 부합한다. 언제나 4로 시작하지 않

---

1) 진동혁 역, 『이세보시조집』 서울: 정음사·1984.

고 3으로 시작하는 이 서정성 메시지는 천상의 시인이 많은 나라를 만드는 서정의 국민성을 의미한다.

코리아와 코리안 그 보석의 사람과 보석의 나라 우리나라 이름 코리아가 있다. 이른바 우리민족의 신앙심의 원류를 찾을 수 있는 태양족속 한국=코리아! 한국인=코리엔! 천손민족에서다. 우리 민족을 구이족이라 한다. 10에서 하나 모자라는 구이 족이다. 이와 관련 九日^{아홉태양}용어에서 찾을 수 있다. 九日=九人 $^{채희석, 강상원\ 학설}$=구리인 코리엔! 태양족속이다. 우리 조상이 절대신이라는 최상급이라는 말은 절대 아니다. 이 겸손은 구이족^{九夷族}의에서 찾아진다. 9는 됐어 뜻이다. 히브리어 발음이다. 우리말 '이만하면 됐어' 의 '됐어' 이다. 절대의 의미지수 10은 아니다. 히브리어 '테솨아' 우리말 '됐어' 이다. 다만 신이 만든 나라 그 만하면 됐어이다. 사람은 신의 형상으로라는 말이다. 데서와 9=됐어=테솨아=תשע ^{테솨아}1): 우리는 무엇이 거의 되었을 때 '다 되었어' 한다. 수 9=됐어=테솨아=תשע^{테솨아}는 10 곧 완전에 다다른 '됐어' 이다. 수 9=아홉은 글자 10에 가까이 왔다 이다. 완전히 이루어지는 일에 '다다랐다' 이다. 인간이 신은 아니고 신의 경지까지 갈 수 있다. 인간이 신이 도달할 수 있는 경지는 하나님의 아들 예

---

1) תשע(테사아 · 9=구, 왕하 25:8). 9는 구원의미가 포함된다.

수님의 십자가에 달림을 보는 일이다1).

성서는 열왕기 하 25장 8절에서 9를 테사아 חִשְׁעָה 테사아 九 라고 발음한다. 사람은 십자가 사건까지는 못 가지만 신의 형상을 닮은 축복을 받은 민족이다. 인간의 자리는 예수님 십자가의 신력 까지는 못 미치지만 그 경지까지 갈 수 있는 신에 가까운 사람 우리 코리아2)이다.

막달라 마리아가 십자가 사건 이후 '내 주를 가져다가 어디 두었는지' 찾고자 할 때의 '주' =쿠리온이 있다.

'천사들이 가로되 여자여 어찌 우느냐 가로되 사람이 내 주^{κυριον} 쿠리온를 가져다가 어디 두었는지 내가 알지 못함이니이다

-요 20:13

막달라 마리아가 가서 제자들에게 내가 주^{κυριον} 쿠리온를 보았다 하고 또 주께서 자기에게 이렇게 말씀하셨다 이르니라

-요 20:18

'이 말씀을 하시고 손과 옆구리를 보이시니 제자들이 주^{κυριον} 쿠리온를 보고 기뻐하더라

-요 20:20

예시된 세 곳 모두 주=$κυριον$=쿠리온이 있다. 이

---

1) 이영지, 『물의 신학과 물의 시학』(서울: 창조문학사, 2019)., 903.
2) Op.cit., 899.

쿠리온 우리나라 사람을 코리안이라고 하는데 발음상 유사성이 있다. 강성원 박사는 '코리안=고향=꾸리야=꿀이야' 라 하였다. 가장 좋은 맛 의미이다.

여호와와 코리아와의 관련은 우리나라 이름 코리아는 강상원 박사에 의하면 이 코리아 이름이 가장 맛있는 꿀이야에서 왔다는 것이다. 그대로 읽으면 '꾸리아' 이다. 가장 좋은 먹을 것 꿀이야. 가장 좋은 의미는 주인 혹은 주님 그리고 주 꾸리우 $\kappa\upsilon\rho\iota o\upsilon$ 마 3:3에서 찾아진다. 사라진 무제국 책을 펴낸 강상원 박사는 사라진 동이족 언어가 히말리야 가장 동쪽에서 발견되는데 그것은 실담문자悉曇文字 중 천축中天竺 Siddam language: Kuru-rian= Kuliya= Ariyan race=Korean 구려句麗 고려=高麗 구루=Kuru句麗 Kuliya[1]라는 것이다. 성경에 주님 뜻 "쿠리에 쿠리에 $\lambda\acute{\epsilon}\gamma\omega\nu$ $\mu o\iota$ $\kappa\acute{\upsilon}\rho\iota\epsilon$ $\kappa\acute{\upsilon}\rho\iota\epsilon$ 레곤 모 쿠리에 쿠리에 마 7:21" 쿠리에 쿠리에 $\kappa\acute{\upsilon}\rho\iota\epsilon$ $\kappa\acute{\upsilon}\rho\iota\epsilon$ 레곤 모 쿠리에 쿠리에 마 7:22)다. 우리나라와 관련은 지금의 부여이름의 근원이 되는 고려 원시어소 크다 가장 좋다 의미다. 성경 구약 신명기 28장에서는 여호와와 똑 같은 표현 헬라어 쿠리에·쿠리오스 41회[3])가 있다.

우리민족을 구이족九夷族이다. 강상원과 채희석 전문가들에 따르면 구이=구일九日과 같고 이 구이는=구리=아홉 사람=구인九人=코리안=한국 사람이다. 구이=구일九日의 일日=태양=인=인人=

---
1) 강상원 ·「사라진(沈沒) 무제국~東夷族에 母國」(서울: 朝鮮世宗太學院·2013).·82.
2) 마태 17: 12, 15: $\lambda\acute{\epsilon}\gamma\omega\nu$ $\kappa\acute{\upsilon}\rho\iota\epsilon$, 등 등. דָבָר $\lambda\acute{o}\gamma o\iota$ (신 28:69)
3) יהוה: $\kappa\acute{\upsilon}\rho\iota o\varsigma$(쿠리오스·신 28:1, 8, 8, 11, 12, 13, 21, 22, 24, 25, 27, 28, 35, , 37, 48, 49, 52, 53, 59, 61, 63, 63, 64, 65, 68, 69), $\kappa\acute{\upsilon}\rho\iota\acute{o}\varsigma$(쿠리호스·신 28:20, 36), $\kappa\upsilon\rho\iota o\upsilon$ (쿠리우·신 28:1, 2, 9, 10, 15, 45, 62; 신 29:9), $\kappa\upsilon\rho\acute{\iota}\omega$(쿠리우·신 28:47) $\kappa\acute{\upsilon}\rho\iota o\nu$ (쿠리온·신 28:58), $\kappa\acute{\upsilon}\rho\iota o\varsigma$ $\acute{o}$ $\theta\epsilon\acute{o}\varsigma$ $\sigma o\upsilon$ (쿠리오스 호 데오스 수·신 28:7, 9, 11).

태양 같은 존재채희석학설이다. 이 근거는 이 아홉구九의 글자인 바 우리는 '구' 라 한다. 히브리어 '됐어' 가 구이다. 천손민족天孫民族은 하나님 자체는 아니다. 천손민족 구이족은 한국 사람이다. 신의 경지까지 간 사람이다. 코리아는 신의 경지까지 간 사람이 사는 나라 구이족이 대한민국이다.

그 옛날 전 세계의 반을 다스리며 살았던 우리 역사는 갑골문자 십자가 모형 ☩ 갑골문1) 하나 님을 섬기는 민족이다. 더구나 태양 위에 십자가 모형

갑골문 복사가 그 예이다. 이 "록祿" 갑골문 복사에서 유일하신 분, 제일높은 분은 해와 달보다 위에 있다. 하늘

---

1) 은본기(1) · 갑골문자는 한민족의 작품 · 사마천 은본기 은나라 · 문명의 시작: 인문학 TV 고경: 갑골문의 발견은 1899 청말 왕의영(王懿榮) 고대금성문연구가가 용골로 된 한약재 거북껍데기에 새겨진 갑골문자발견, 점술가가 점술 한 뒤 결과를 복사(卜辭)함-학자-뤼전위(羅振玉) 왕궈웨이(王國維). 갑골문 기록. 상왕조 점술가가 상나라를 위해서 길흉판단점술(BC 1600년-1046년) 기록, 상나라가 은허지역을 도읍함으로써 은나라라고도 함.

의 별과 달과 바람과 구름과 직접 다스리는 분은 은혜를 베 푸는 의미를 이 록禒" 갑골문 복사는 ▩=十 위치가 해와 달 보다 위에 있다. ± 표시가 있음으로 하여서이다. 우리의 시 원향기는 하나님이다. 우리 민족의 시원향기는 하나님을 섬 기는 민족이다.

우리민족은 구이 민족이다. 가라민족이다. 태양민족이다. 코리아 고리 민족이다. 코레아 민족이다. 활 잘 쏘는 구이九夷 족이다. 본 연구자가 연구를 거듭할수록 구약성경 매 장 마 다 나오는 여호와 יהוה를 쿠리우・쿠리우스・쿠리라 번역한 다. 성경은 여호와를 쿠리에, 쿠리우스, 쿠리우라 번역한다. 신약에서는 예수를 주=쿠리에=쿠리오스로 한다. 이 신구약 동일하게 번역된 구약의 여호와는 영어 Lord이고 신약에서는 예수를 주로 한다.

다음 그 예이다.

λέγει οὖν ὁ μαθητὴς ἐκεῖνος ὃν ἠγάπα ὁ Ἰησοῦς τῷ Πέτρῳ, Ὁ κυριός ἐστιν, Σίμων οὖν Πέτρος, ἀκούσας ὅτι ὁ κυριός(Lord) ἐστιν, τόν ἐπενδύτην διεζώσατο, ἦν γάρ γυνός, καί ἔβαλεν ἑαυτόν εἰς τήν θάλασσαν(예수의 사랑하시는 그 제자가 베드로에게 이르되 주(ὁ κυριός(Lord) N. NMS 쿠리오스)시라 하니 시몬 베드로가 벗고 있다가 주(κυριός(Lord) N. NMS 쿠리오스)라 하는 말을 듣고 겉옷을 두른 후에 바다로 뛰어 내리더라)

- 요 21:7

λέγει αύτοὺς ὁ Ἰησοῦς, Δεῦτε ἀρστήσατε οὐδείς δέ ἐτόλμα τῶν μαθητῶν ἐξετάσαι αὐτόν, Σύ τίς εἶ˙ εἰδότες ὅτι ὁ μαθητῶν ἐξετάσαι αὐτόν, Σύ τῖς εἶ˙ εἰδότες ὅτι ὁ κυριός(Lord) ἐστιν(예수께서 가라사대 와서 조반을 먹으라 하시니 제자들이 주신(ὁ κυριός(Lord) N. NMS 쿠리오스) 줄 아는 고로 당신이 누구냐고 묻는 자가 없더라)

- 요 21:12

Ὅτε οὖν ἠρίστησαν λέγει τῶ Σίμωνι Πέτρῳ ὁ Ἰησοῦς, Σίμων Ἰωάννου, ἀγαπάς με πλέον τούτων, λέγει αὐτῶ, Ναί, κυριε(Lord), σὺ δἰδος ‥(저희가 조반 먹은 후에 예수께서 시몬 베드로에게 이르시되 요한의 아들 시몬아 네가 이 사람들보다 나를 더 사랑하느냐 하시니 가로되 주여(κύριε N. VMS 쿠리에) 그러하외다 …

- 요 21:15에서

λέγει αὐτῶ παλιν δεύτερον Σίμων Ἰωάννου, ἀγαπάς με; Ναί, κυριε, οίδας ‥(또 두 번째 가라사되 요한의 아들 시몬아 네가 나를 사랑하느냐 하시니 가로되 주여(κύριε N. VMS 쿠리에) 그러하외다 …

- 요 21:16에서

λέγει αὐτῶ τό τρίτον, Σίμων Ἰωάννου, φιλείς με; ἐλυπήθη Πέτρος ὅτι εἶπεν αὐτῶ τό τρίτον, φιλείς με; καί λέγει αὐτῶ Κύριε(Lord), πάντα σὺ οἶδας,‥(세 번째 가라사되 요한의 아들 시몬아 네가 나를 사랑하느냐 하시니 주께서 세 번째 네가 나를 사랑하느냐 하시므로 베드로가 근심하여 가로되 주여(Κύριε(Lord) N. VMS 쿠리에) 모든 것을 아시오매 내가 주를 사랑하는 줄을 주께서 아시나이다 …

- 요 21:17에서

Ἐπιστραφείς ὁ Πέτρος βλέπει τὸν μαθητήν ὅν ἠγά

πα ὁ Ἰησοῦς ἀκολουθοῦντα, ὃς καί ἀνέπεσεν ἐν τῷ δ εἴπνῶ ἐπί τό στῆθος αὐτοῦ καί εἶπεν, Κύριε, τίς ἐσ τιν ὁ παραδιδούς σε;(베드로가 돌이켜 예수의 사랑하시는 그 제자가 따르는 것을 보니 그는 만찬석에서 예수의 품에 의지하여 주여(Κύριε (Lord) N. VMS 쿠리에) 주를 파는 자가 누구이이까 묻던 자러라

- 요 21:20

τοῦτον οὖν ἰδών ὁ Πέτρος λέγει τῷ Ἰησοῦ, Κύρι ε (Lord), οὗτος δέ τί;(이에 베드로가 그를 보고 예수께 여짜오되 주여(Ἰησο οῦ, Κύριε N. VMS 쿠리에) 이 사람은 어떻게 되겠삽나이까

- 요 21:21에서

소문자 주여=κύριε ^{쿠리에 요 21:15}1)=쿠리에와 첫문자가 대문자로 시작되는 주여=Κύριε ^{크리스도스 요 21:17, 21}2) 쿠리에 여전히 영어 Lord 번역이다. 첫자가 대문자로 시작 Χρ ιστός^{크리스도스 요 20:31}이다. 대문자 X로 시작되는 크리스도= Χριστός^{크리스도스 요 20:31}다. 절대자는 X로 시작된다.

어마어마하게 큰 분 위대한 아주 큰 분 표시 처음글자는 X자로 시작한다. 이 기호 가야문명권 가림토문자에 X^{허대동학설 용어}3)가 있다. 성경의 크리스톤 Χριστόν^{눅 20:41} X자 첫 시

---

1) 헬라어 한글 영어 원어사전, 장보웅 편저, 『The NIV LOGOS BIBLE 분해대조 로고스 성경』(서울: 개정판 도서출판 로고스·1992)., 494.
2) 헬라어 한글 영어 원어사전, 장보웅 편저, 『The NIV LOGOS BIBLE 분해대조 로고스 성경』(서울: 개정판 도서출판 로고스·1992)., 495.
3) 마로니에 방송 '한사모' 고조선 문자 한국대동어문문자부분 허대동 강연, 한뿌리 사랑 세계모임 제 17차 역사포럼 20160525 마로니에 방송.

작 글자이다. 기호와 글자사이의 관계는 우리민족은 천손민족이어서이다. 하늘로부터 보호받는 천손민족이다.

지금의 한글 문자 형성 과정이 다양한 토기 및 바위 증거 자료에서 찾아^{허대동}진 예 즉 함안 박물관이나 토기부호 가야시대문자=양산토기문자에서의 발견은 그 자료가 지금도 보관되어 있다. 우리나라를 상징하는 마크 테극 마크의 시초가 되는 동심원의 눈이 4개 곧 눈 네四개 가진 자 X가 나를 사방팔방으로 보호하는 천손민족의 신앙사상이 보관되어 있다. 이에서 ㄱ과 ㄴ과 ㄷ과 ㄹ글자가 생겨나는 근거가 이 X 에 있다. 크다는 의미이다.

우리대한민국의 상징 하늘로 승천하는 회오리바람표시, 용이 하늘로 승천하는 표시, 그리고 팔랑개비 표시 이미지 시발점이 가림토 문자라는 것과 고조선 이전에도 있었던 우리 문자가 김해박물관 도자기에서 증명된다. 우리 문자추측 기호 가림토 문자 X는 우리민족을 하늘의 절대자가 보호하는 증거표시다. 지금도 태권도에서 자기 방어표시로 손으로 가슴을 보호하며 막는 표시이다. 가림토 문자는 전국 각 중앙 박물관에 토기 글자 X가 있다. 지금 성경에서의 크리스트^{Χριστός}의 첫 글자 X는 가장 크신 분 그리고 우리를 보호해주는 표시의 과학증명이다. 이와 우리 조상들이 사용한 X 거리는 지리적 근거로서 우리 조상들이 살았던 지역의 확실한 증거를 언어가 알리고 있다.

　이른바 가림토 문자가 전해주는, 가림 해 주는 하나님이 보호하는 천손민족 그 북두칠성의 동심원 근원 X를 돌리면 회전문자 빛살무늬^{강원도 고성군 문암리 선사유적 우실하 교수 학설}이다. 우리 조상들의 옥기문명시대 증거 학설이다. 가야지역 바위 반구대와 울산 박물관에서의 우리 문자^{허대동언어연구자}에서이다. 우리는 지금도 언어 大자표시: 한강대교^{漢江大橋} 대한민국^{大韓民國} 등등 온통 나라 전체가 이 크다 선호도를 가진다. 하늘 하나님을 닮은 존재 천손민족이 쓰는 한글 원형의 첫 글자 X는 절대자 하나님이 보호해주는 마크이다. 그 증거 자료는 익산 박물관에 남아 있다.

　첫 글자를 X자로 표시하는 예수 크리스토스=Ιησοῦς Χριστός[1])가 있다. 고기 두 마리를 앞에 두고 축사하신 예수님은 5000명을 먹이고도 12광주리를 남겼다. 이 크리스토스 첫 글자 X^{눅 20:41} 예수스 크리스토스=Ιησοῦς Χριστός는 우리가 그 분으로부터 영생과 관련되어짐을 대문자 X로 한다. 보호되어 진다 의미를 크리스토스=Χριστός^{눅 20:41}로 알린다. 구약의 장장마다에는 여호와 언어 번역 쿠리오스·쿠리오는 절대 크기 X로 표시하지 않고 소문자

---
1) 김명현공학박사, '하나님의 이름, 야훼(YHWH) 손을 보라 못을 보라 (153쉴터교회 with)

k¹⁾로 한다. 연구의 여지를 남겨둔다.

우리나라 이름 코리아 Korea 그리고 고구리=高句麗 나라이름일 때는 리로 읽는다 그 증명으로 코리아가 있다 고리=高句麗 고구리 구리=句麗 도 첫 자 시작이 대문자 X자가 아닌 K다. 따라서 예수스 크리스토스=Iησοῦς Χριστός와 구분된다. 첫 자 X자표시는 크리스토스=Χριστός 일 때 만이다. 왜냐하면 이 안에는 크다는 의미가 두 번 있어서이다.

히브리어 '둘=쌍수' 비밀이 알려 지는 예이다. 크리스토스 이름 안에 십자가 의미²⁾가 있음으로써 십자가 의미가 든 크리스도스=Χριστός의 '도' 가 둘의 헬라어 듀오 δύο 와 우리 말 '두=둘' 임이다. 크리스토스 이름 안에는 여호와와 그 아들 예수가 함께 든 이름이다. 하나님과 예수님 두 분ᵐᵃ ¹:²¹이 한 분임을 알린다. 십자가이다. 둘이 한 분임을 알리는 십자가 사건이다.

---

1) יְהֹוָה(라흐바・여호와를 위하여・κυρίου(쿠리우) 창 3:8, 8, 출 15:3, 16:7, 26, 15:26; 신 28:1, 2, 9, 10, 15, 45, 47, 62, 29:9, 28, 30:10; 마 3:3, יְהוָה(야훼・여호와, κυρίου쿠리우) 출 15:26; 신 28:1, 2, 9, 10, 15, 45, 62, 29:9 יְהוָה(야훼・여호와, κύριος 쿠리오스) 레2:8, 13, 16, 신 28:1, 8, 8, 11, 12, 13, 21, 22, 24, 25, 27, 28, 35, 37, 48, 49, 52, 53, 59, 61, 63, 63, 64, 65, 68, 69, 29:19, 30:1, 3. 3, 4, 5, 6, 7, 9, 16, 20) 신 28:1, 8, 8, 11, 12, 13, 21, 22, 24, 25, 27, 28, 35, , 37, 48, 49, 52, 53, 59, 61, 63, 63, 64, 65, 68, 69, 29:19, 30:1, 3. 3, 4, 5, 6, 7, 9, 16, 20)
2) 최명애, 『알기쉬운성경, 히브리어 기초와 그 의미』(서울: 쿰란출판사, 2005)., 92.

성령의 근거가 있다. 여호와יהוה에서이다. ㅎㄱ 숨 쉼 + ㅣ=봐; 못 + ㅎㄱ 숨 쉼 + 예 ׳=손으로 구성되어 있다. 여호와יהוה 글자에 있는 ㅣ=베 글자는 못' 1) 의미다. 이 ㅣ=베와 ׳=요드 관계는 십자가상의 예수님을 알린다. יהוה=여호와 안에 예수십자가 사건이 들어 있다.

예수가 빌라도에 의해 십자가에 달리시며 얻은 이름표가 있다. '예수아으 하나사렉 베멜레크 하예후딤יהוה יְהוּדִים וּמֶלֶךְ הַנָּצְרִי יֵשׁוּעַ예수아으 하나사렉 베멜레크 하예후딤' 이다. 이 때 성서문의 단어의 앞 글자만 모으면 여호와יהוה다. 여호와와 예수의 관계이다.

혼적יהוה=여호와 글자에 있는 못은 십자가상에서 못 박힌 분의 선 그리고 유대왕 나사렛 예수 곧 '예수아으 하나사렉 베멜레크 하예후딤יהוה יְהוּדִים וּמֶלֶךְ הַנָּצְרִי יֵשׁוּעַ예수아으 하나사렉 베멜레크 하예후딤=예수님 십자가상에서의 이름표' 가 알려주는 이름표에서 앞 글자만 모아진 여호와יהוה 글자가 되는 현상은 못 박힌 예수님의 손으로 하여 여호와와 예수의 관계를 극명하게 밝힌다.2)

한국인의 코리아라는 이름은 절대의미는 아니다. 우리 민족의 나라 코리아는 신이 허락한 자리 아홉 민족의 원조를 가진 나라이다. 다만 가장 좋은 나라 신의 사람들이 사는 천손민족의 나라이다. 그 증거는 히브리어 그만하면 '됐어=구ט=구이' 에서 찾아진다. 9빛깔을 가진 민족 구이족! 저 바이칼 호수 그 찬란한 바이칼=빛깔3)호수 역사를 가진 나라이다. 물 깊이에 천연보석이 많이 있는 곳에 사는 천손민족! 천연보석의 존재 한국인은 신이 허락한 고귀한 인생 빛깔의 보석

---

1) 최명애, 『알기 쉬운 성서 히브리어 기초와 그 의미』(서울: 쿰란출판사, 2006).
2) 이영지, 『성서문예마방진시학』(서울: 창조문학사, 2022).,43. 근간
3) 우리들은 지금도 빛깔이라는 말을 쓴다. cf.[S] vi -kala: 빛 쌀, the sun setting, 자료: 강상원·『사라진(沈沒) 무제국- 東夷族에 母國』(서울: 朝鮮世宗太學院·2013)· 194.

시조 작품을 쓴다.

　신학이 좋아하는 자수리듬자리가 있다. 14대 14대 14대 합하여 된 42대의 크리스도 자리^{마태복음 1:1~17}이다. 이 14대 숫자 향기는 놀랍게도 시조 초장 3·4·3·4 합한 수 14와 같다. 그리고 중장 3·4·3·4 합한 14이다. 성경 신학 족보는 14대 14대 14대로 이어 크리스도 총 42대 자리^{마태복음 1:1~17}이다. 예수님 자리는 41대로 이어지는 자리에 있다. 예수님 자리는 크리스도 자리보다 한 자리 작다. 그만큼 예수의 자리는 크리스도 앞자리이다.

　시조한편의 작품은 총 43자이다. 그렇다면 크리스도 자리보다 하나 많은 자리이다. 그러나 여기에 시조작품의 진가가 숨어 있다. 작품 끝 구 생략기법이 숨어 있다. 참으로 놀라운 수리시학이다. 어른 및 하나님 앞 혹은 임금님 앞에서 '하노라' 라고 할 수 없는 시조창 작법이 들어 있다. 한국말의 겸손 기법이다. 겸손 혹은 예의 기법으로 시조한편 자수 총 43에서 마지막 3자 '하노라' 류 낭송 내지 창하지 않는다. 그러면 43자에서 3자를 뺀 40자수가 된다. 예수님 족보 자리 41자리와 비교하면 1이 모자란 참으로 겸손기법이 한국문학 시조작법에 내재한다.

　이렇듯 시조작품의 진가는 겸손이다. 이 엄청난 진리는 인간의 수는 신의 수보다 한 수 작은데 있다. 절대 신 수 10에서 1이 모자라는 구이=九日 족의 자리 또한 그렇거니와 총 시조한편이 43자가 되는 기법에서 참으로 숨겨진 3자가 들어 겸손기법으로 43자에서 3자를 빼면 40자가 되어 참으로 겸손하기에 아름다운 시조작품이 있다.

신이 허락한 경지 9의 경지까지는 갈 수 있는 구이족 천손민족의 행복이 있다. 성경 진리 매시지는 이 9 글자를 우리 '됐어= 9= 됐어= 테쇠아= חשע테쇠아[1])로 한다. 신이 허락된 천손민족 자리이다.

맹사성 시가 보여주는 '역군은亦君恩이샷다' 에 감사하는 마음 백성의 자리가 있다. 삶의 고마움을 전하는 방법은 임금님 자리 넘보기가 아니다. 보다는 임금님이 보호하는 은혜에 있는 맹사성 시조작품이 알리는 윗 어른 나아가서는 임금에게 그리고 신에게 감사하는 마음의 표시를 낭송이나 창에서 창하거나 낭송하지 않는 겸손이 시조작품 끝구의 생략기법이다. 천손민족다운 표현표시는 이세보 시조 450수[2])에서 밝혔다. 이세보시조 450수가 전해지는데 모두 이 시조작품 끝구 3자를 생략한다.

인생최대의 진가 그것은 남을 섬기고 나를 낮추는 이 한국의 멋이 있어서이다. 그러면서도 알릴 수 있는 작가의 멧세

---

1) חשע(테사아・9=구, 왕하 25:8).
2) 진동혁 역,『이세보시조집』 서울: 정음사・1984.

지 시조작품의 진가는 이 시조 작품 한 편 속에 시인의 멋이 들어나는 서정성이 주가 되면서 그 의미리듬을 3자로 하는데 있다.

그러면서도 작가의 의미를 설명하는 4자로 하는 시조작품의 묘미는 결코 균형을 잃지 않는다. 천부경에서는 3을 운용하여 4가 된다하였다. 이 리듬 3·4리듬은 계속 되다가 절대절명의 3·5·4·3리듬을 만드는데 있다.

시조작품의 초장과 중장과 종장이 있는 이유는 푸른 합일을 이루는 의의 연쇄 망 음절 응결성의 3합이 있어서이다. 우리가 사는 인생의 푸르름 메시지이다.

樂只낙지 오늘이여 즐거운자 今日이야
즐거운 오늘이 행여 힝혀아니 져믈세라
每日에 오늘 ᄀᆞ트면 무슴시름 이시랴

-남창南窓 청구영언靑丘永言 9

시조시인이 보여주는 '오늘'은 365일 1년이 살아생전 계속 되는 것이고 한 사람의 인생 곧 한국에서의 4계절 12달의 연속이 이 푸르름을 희망하여서이다.

사람에게는 감각이 있다. 그 감각 어제와 다른 그 느낌의 차이가 오는 온도가 12°이다. 이 차이는 바로 봄 온도보다 12° 차이일 때 여름, 여름온도보다 12° 차이일 때 가을, 이 가을온도보다 12° 차이일 때 봄이 되는 이 마력은 신이 내려주는 은혜의 조화 아니고는 불가능하다. 봄 → 여름 → 가을 → 겨울 계절이 한국에 있다. 복 받은 민족이 가지고 있는 시조 時調의 때가 넘어가는 찰나 길이 12° 1)가 있다. 계절 넘어가기 온도 12° 이다. 봄에서 → 여름 → 여름에서 가을 → 가을에서 → 겨울 온도 12° 차이로 달라진다.

 봄을 느끼고 여름을 느끼고 가을을 느끼고 겨울을 느끼는 신비로운 인간의 감각 향기는 성경에서 12제자·12민족·12아들이 있다. 세계 공통 인식의 법으로는 1년의 12달이 있다. 한국에서는 여인의 12폭 치마 · 12구비 · 물건 한 다발의 개수 12개 등이다. 이 경이로움은 봄에서 여름으로 갈 때 12° 도 차이 → 여름에서 가을로 갈 때 12° 차이 → 가을에서 겨울로 갈 때 12° → 겨울에서 봄으로 갈 때 12° 차이의 그 신의 한수 12° 가 있다. 신의 계약이다.

 신이 허락한 구이족이 사는 나라 대한민국은 시조작품이 있는 나라이다. 이 시조작품은 초장과 중장과 종장을 가지는데 그 의미가 겸손이 주어진데서 오는 신의 축복이 있다. 이 축복을 시조작품에서 찾을 수 있는 증거가 바로 처음부터 결론을 강하게 내는 것이 아니라 미미하게 혹은 보일 듯 말 듯 매력을 남기는데 있다. 이 여운의 아름다움은 우리 속담에 3아들에게 유언을 남기는 내용으로 셋이 모이면 강해질 수 있

---

1) 서우석, 『시와 리듬』(문학과 지성: 1985)., 11.

다는 내용을 남긴다. 한 사람은 약하지만, 나무 한 가지는 약하지만, 셋이 모이면 강해질 수 있다는 내용이다. 풀들도 가까이 가 보면 아주 미미한 푸른 색채를 띠지만 합하여서 아름다운 들판을 만드는 것과 같다. 같은 예라도 하나하나 띄어 놓으면 별 의미가 없지만 같은 예가 계속 반복될 경우 뚜렷한 하나의 결론을 낼 수 있는 것이다. 하나하나 같은 예를 모아 아름다운 생각을 모아 볼 수 있다.

  시조작품 읽기 낭독은 우리말의 흐름 그대로다. 약^{弱} → 약^{弱} → 강^{强} → 약^{弱}이다. 우리말의 흐름은 셋째 리듬에서 강^{强}을 이룬다. 속담이 있다. '셋째 딸은 묻지도 않고 신부로 데려 간다' 는 속담이 있다. 우리 문화와 긴밀하다. 우리말의 자생성이 지니는 약^{弱} → 약^{弱} → 강^{强} → 약^{弱} 리듬이다. 우리말 말버릇이다. 시조리듬흐름 약^{弱} → 약^{弱} → 강^{强} → 약^{弱}이다. 우리말 응결성의 푸른 요인이다. 우리 노래 가락 흐름 약^{弱} → 약^{弱} → 강^{强} → 약^{弱} 흐름이다. 셋째 번의 어휘에 강박이 있고 이어 약으로 끝나는 리듬이다. 시조작품의 푸른 요인 판정기준 자생성 시조 텍스트다움 리듬이다.

  사람의 일생도 아주 어린 아기가 아주 약하지만 차츰 자라면서 청년의 강한 몸만들기를 할 수 있다. 하늘나라를 내 마음에 모실 수 있음도 하나하나 기쁜 마음을 모아 내 마음의 기쁜 마음의 일상을 보내기로 일생이 행복해 질 수 있다. 평생 배우기를 계속하면 훌륭한 지적 보유자가 되는 것이다. 좋은 행동을 하기 시작 할 때는 약한 질량이 되지만 모아 지자 선인이 되고 성인이 된다.

별 의미 없던 우연한 만남이나 매일 만났던 사람이 어느 날 부터 나의 첫사랑으로 그리고 첫 은인으로 자리 잡는다. 좋은 작품 쓰기도 마찬가지이다. 수수하기에 이를 데 없는 하찮은 물건이나 일에서 자신의 좋은 작품으로 탄생하는 것이다. 유별난 사건이 아닌 일상에서 작품을 건져 올리는 귀한 작업은 인생을 아름답게 하는 약弱 → 약弱 → 강强 → 약弱 시조다움 리듬이다.

세 번째 리듬에서의 강박 리듬과 주제 의미리듬이 있다.

      동창同窓이 불갓느냐 노고지리 우지진다
      쇼칠 아히는 여태아니 니러느냐
      재너머 스래깃밧츨 언제 갈려 ᄒᆞ느냐
                                 - 남구만 청구영언靑丘永言 203

      쁜느물 데온물이 고기도곤 마시이셰
      초옥草屋 조븐줄이 긔더욱 내 分이라
      다만당 님그린타스로 시름계워 ᄒᆞ노라
                                      - 청구영언靑丘永言 59

      내ᄆᆞ음 버혀내어 뎌둘 밍글고져
      구만리장천九萬里長天에 번드시 걸려이셔
      고온님 계신고듸 가 비최여나 보리라
                                      - 청구영언靑丘永言 69

      반중 조홍감이 고와도 보이ᄂᆞ다

338 제 4장 시조문학마방진시학

유자 아니라도 품엄즉 ㅎ다마는
품어가 반기리어슬싀 글로 셜워 ㅎㄴ이다
- 박인로 청구영언靑丘永言 96

장검長劍을 쌔혀들고 백두산白頭山에 올라보니
대명大明 천지天地에 초옥草屋이 즘겨셰라
언제나 남북풍진南北風塵을 헤쳐볼고 ㅎ노라
- 남이南怡 청구영언 106

청초靑草 우거진 골에 자는다 누엇는다
홍안紅顔을 어듸두고 백골白骨만 누엇는이
잔盞자바 권勸ㅎ리업스니 그를 슬허ㅎ노라
- 백호白湖 청구영언 107

어져 내일이야 그릴줄을 모로ᄃ냐
이시라 ㅎ더면 가랴마는 제구틔야
보내고 그리는 정情은 나도 몰라 ㅎ노라
- 황진이黃眞伊 청구영언靑丘永言 6

청산리靑山裏 벽계수碧溪水야 수이감을 자랑마라
일도一到 창해滄海 ㅎ면 도라오기 어려오니
명월明月이 만공산滿空山ㅎ니 수여간들 엇더리
- 황진이黃眞伊 청구영언 286

동지冬至ㅅ달 기나긴 밤을 한허리를 버혀내여
춘풍春風짓 니불아레 서리서리 너헛다가
어른님 오신날밤이여든 구뷔구뷔 펴리라
- 황진이黃眞伊 청구영언靑丘永言 287

청구영언 무작위 위 시조들은 세 번째 리듬에 강强박이 있다. 초장 셋째 자리 '노고지리' 청구영언 103-이하 '청구영언' 생략 '고기도곤' (59) '뎌돌' (69) '고와도' (96) '백두산' (106) '자는다'(107) '그릴줄을'(6) '수이감을'(286) '한허리를'(287)에 강세가 오면서 초장 끝 음절에 '약^{弱}'이 있다.

중장에서도 '여태아니'(203) '긔더욱'(59) '반드시'(69) '품엄즉'(96) '초옥^{草屋}이'(106) '백골^{白骨}만'(107) '가랴마 는'(6) '도라오기'(286) '서리서리'(287)에 강세가 오면서 중장 끝 음절에 '약^{弱}'이 있다.

종장에서도 셋째박 '언제 갈려'(203) '시름계워'(59) '비최여나'(69) '글로 셜워'(96) '헤쳐볼고'(106) '그를슬허'(107) '나도 몰라'(6) '수여간들'(286) '구뷔구뷔'(287)에서 강세가 온다. 시조작품의 가장 중요한 3자가 시조종장 첫구인데도 종장 3구에서 그 리듬의 강^{强}이 오면서 종장 끝 음절에는 '약^{弱}'이 있다.

4계절의 우리 기후에서 드러나는 가을열매 거두어들임의 중요성을 알리는 가을의 의미리듬이 각 장의 셋째 박에 강^{强}이 오는 약^{弱} → 약^{弱} → 강^{强} → 약^{弱}의 우리말 흐름리듬과 같다.

이화^{梨花}에 월백^{月伯}ᄒ고 은한^{銀漢}이 삼경인제
일지^{一枝} 춘심^{春心}을 자규^{子規}야 아라ᄆᆞᄂ
다정^{多情}도 병^{病}이냥 ᄒ여 ᄌᆞᆷ 못 드러 ᄒ노라
— 이조년^{李兆年} 청구영언^{靑丘永言} ?

위 시조의 텍스트다움 리듬은 일지^{一枝}와 춘심^{春心}을 각기의 또 한 박으로 읽는 방법이다. 또 한 방법은 일지춘심^{一枝春心}을

한 박으로 하고 쉰 다음 세 번째 박에서 '자규야^{子規야}' 읽는 방법이다. 역시 3박에서 강박이 존재한다. 짧은 음절수로 인한 단조로움을 피하는 낭독의 새로운 일탈리듬이되 역시 3박에서 그 묘미가 살아난다. 첫째의 '자규야^{子規야}'를 두드러지게 하는 아름다움 하얀 밤을 세우는 '자규야^{子規야}'가 알고 있는 시조의 주제이다.

  시조작품들은 초장 중장 종장이 각기 네 박이 되어 있고 그 중에서 셋째 박에 소리의 강박이 있음과 동시에 주제 의미리듬도 이 셋째 박에서 강조된다. 우리나라에서 셋째 딸은 물어 보지도 말고 데려 간다는 속담과 일치한 그만큼 문학작품 시조장르에서도 각 초장 중장 종장 중의 각기 셋째의 자리가 그 비중 무게다. 우리나라만이 가지고 있는 사계절 중에서도 결과물이 나타나는 가을결실의 강한 의미다. 그리고 시조한편에서도 시조의 서열관계의 구조에서 초장과 중장이 일반일상을 나열하고 종장에서 더욱더 그 의미가 고조됨과 같다. 시조작품은 서열관계의 의의 연쇄 망 결속구조 리듬이다. 약^{弱} → 약^{弱} → 강^{强} → 약^{弱}의 형태적 동일성의 리듬은 영국 에이레지방 속요 리머릭=Limeric에서도 발견된다. 특이하게 에이레 지방 속요 리머릭이 약^{弱} → 약^{弱} → 강^{强} → 약^{弱} 혹은 단^{短}단 → 단^{短} → 장^{長} → 단^{短} 리듬[1]이다.

---

[1] 졸고, '시조와 리머릭의 비교' 『새국어교육』 33(1981)., 242참조.

우리나라 시조 특히 운문 분야의 특징은 정형시가 지니는 구성원리인 4대법 대우對偶1)리듬은 언대言對리듬 곧 추상적인 언어를 대對로 한 리듬과 사대事對리듬이 있다.

①. 언대言對리듬

> 삼동三冬에 베옷닙고 암혈巖穴에 눈 비 맞아
> 구름 씬 볏 뉘를 쬔 적이 업건마는
> 서산에 히지다ᄒ니 눈물겨워 ᄒ노라
> — 조식曹植 청구영언靑丘永言 912)

'三冬에 베옷닙고'는 표층구조가 추운겨울 삼동에 베옷을 입고도 견뎌야 하는 한 백성의 모습이다. 암혈에 눈비 맞을 지라도 그리고 볏 뉘를 쬔 적도 없지만은 곧 임금은혜를 받은 일이 없지만 임금의 돌아가심을 섭섭해 하는 백성의 모습이다. 이 구체적인 당시일기형식의 백성의 삶은 보라색 리듬이 되기에 충분하다. 이에 버금가는 이순신의 시조가 있다.

> 한산섬 ᄃᆞᆯᄇᆞᆯ근 밤의 수루에 혼자안자
> 큰 칼 녀페 ᄎᆞ고 기픈 시름 ᄒᆞᄂᆞᆫ적의
> 어듸서 일성호가는 ᄂᆞᆷ의 애를 긋ᄂᆞ니
> — 이순신李舜臣 청구영언靑丘永言 111

---

1) 유협, 최신호 옮김, 『문심주용』(현암사, 1975)., 134~147.
2) 金應鼎 또는 조식(金永鎬 편저, 『靑丘永言』解義(三綱문화사)1994 참조), 진동혁 교수는 김응정의 작품으로 봄).

이순신의 "한산섬…" 시조는 미래의 승리를 확신하는 암시성 예시로서 초장의 한산섬의 양성모음과 중장의 큰 칼 음성모음을 대립 언대^{言對}로 한다. 초장의 '둘불근 밤의'의 보름달과 중장의 '녀페 츠고'의 이순신 장군 몸에 찬 칼의 의미심장한 응결성을 언대^{言對}리듬으로 한다. 초장의 '수루에'와 중장의 '시름 흐눈적의'와 '기픈 시름'을 가진 언대^{言對}리듬으로 한다. 초장 4구의 '혼자안자'의 자신과 중장의 '과 '둘불근 밤의'의 '수루'와 '둘불근 밤의' '달 흐눈적의와 ' 혼자안자 '와 ' 흐눈적의 '의 물리적 육체와 마음의 시름 두 개를 가진 언대^{言對}리듬으로 하여 의의 연쇄망에서 시조의 가치기준을 높인다.

② 사대^{事對} 리듬

사대^{事對}리듬은 사람의 사적 병렬 리듬이다.

> 사랑이 엇더터니 둥그더냐 모지더냐
> 길더냐 져리더냐 발일너냐 자힐너냐
> 사랑이 긴줄은 모로되 끗간되를 몰라라
> 　　　　　　　　　　　　　　　- 이명한 병가 191

> 수박갓치 두렷한 님아 참외가튼 말씀마소
> 가지가지 갓치 하시는 말이 말마다 왼말이로다
> 구시월 씨동아갓치 속속인 말 마르시소
> (subak-kotch duryot-han nima chamwi-gotun malsum maso
> gajigaji hasinyun-mari malmada youin-mari-roda

kusiwoi psidonga kotchi soksokggin mal maru siso)
- Anomous

　사랑의 일상적인 성격을 잘 드러내면서 초장과 중장에서 사랑이 어떠하냐고 묻는 리듬이다. 종장에서 사랑에 취한 대답이 전개된다. 사랑이 긴 줄은 모르되 끝 간 데를 모른다고 하는 대화리듬이다. 이 리듬은 중장을 초장과 동등하게 하여 압운을 이루는 양성모음이 그 진가를 드러낸다. 이러한 병열리듬의 무한대암시리듬은 밝은 양성모음의 사랑 달콤함 사대事對리듬이다. 동음이되 의미가 따라오는 가지와 수박과 참외로 살리는 의미전달의 아름다운 리듬은 우리말이 지닌 특색 반복의 묘미를 살린다. 반복리듬묘미는 초장이 중장에서 반복되고 다시 종장에서 이를 정리한 대화체이다. 단순한 수박과 참외와 가지가 지닌 각기의 이미지를 잘 살린 지은이 미상이지만 일반성의 공감대가 형성된다.

　그 공감대는 시조 전편이 a 음의 맑은 모음리듬이 모이면서 밝은 마음의 정서이다. 중장에서 i와 a 가 서로 어울려 번갈아 반복된다. 비음이 겸하여 반복되면서 달콤한 사랑의 대상에게 조근소근 속삭이는 이 시조는 사랑이 어떠하냐로 묻고 있는 종장에서 사랑에 대한 대답으로 사랑이 긴 줄은 모르되 끝 간 데를 모른다고 한다. 대화리듬 비교구인 초장과 중장을 동등하게 하여 비음과 a소리의 압운이 되는 음절군으로 놓고 직유로 압운이 되게 하는 대화체이다. 이 병렬대화 리듬에 대한 상징은유로서 bak han cham ma의 밝은 음가는 양성모음만이 모이면서 이 시조를 더욱 맑은 미래지향성 사 랑리듬으로 한다. 중장에서도 i와 a의 서로 교체되는 관계를 은유리듬으로 하면서 1구와 3구에서 다시 반복리듬이 된다. 이러한 리듬의 유음화는 4구에서 비음과 순음의 유포니를 구 체화한 쾌락 효용성이 되어 이야기의 순응리듬을 돕는다.

이 리듬반복은 애교와 사랑을 전제로 한 리듬으로 어우러 지며 사랑의 특성을 드러낸다. 수박, 오이, 참외 등을 등장시 켜 님이 수박같이 두렷한 사대리듬이 된다. 시의 외연으로 하는 님이 나의 속을 태우는 존재이지만 님이 수박 같아서 겉은 시퍼렇게 속을 태우는 님이지만 속은 나를 사랑하는 **빨 간 속을** 내포한다. 수박이 둥근 것처럼 그 내포로 나의 님 은 수박같이 둥글고 뚜렷한 절대 다음가는 존재이다. 더구나 존경어 말씀 하시는 경어 사용 존칭리듬이다.

대화리듬은 시조의 텍스트다움 리듬이다.

매아미 맵다 울고 쓰르라미 쓰다 우니
산채를 맵다는가 박주를 쓰다는가
우리는 산야에 뭇처스니 맵고 쓴 줄 몰르라

- 무명씨

이 시조에서도 [m] 과 [a]음이 어울려 음절조화를 이룸같이 의미리듬에서도 이 세상 부귀영화에 연연하지 않으며 산수에 적응하는 삶의 대화리듬이다.

삶의 대화리듬은 시조창에서 초장이 지닌 상풍효월霜風曉月로 높이 오름으로 시작되면서 이를 중장에서 장강유수長杠流水 리듬으로 망망대해를 낮고 조용히 지나가며 읊어 진다. 이러함은 드디어 종장 곧 셋째 번에서 완여반석完如盤石과 같이 안전한 반석에 안착하는 리듬으로 하여 그 의미가 종장에 도달 높은 공간과 낮은 공간 그리고 드디어는 안전함에 다다르는 마음을 드러내 시조창이 지니는 마음의 평화로움 리듬이 종장리듬에 있다.

② 정대正對리듬

    천만리 머나먼 길에 고은 님 여회읍고
    내 ᄆᆞ음을 둘 듸 업서 냇ᄀᆞ에 안자이다
    저 물도 내안ᄀᆞ도다 우러밤길 녜놋다
                     - 왕방연王邦衍 청구영언靑丘永言 17

단종을 영월 오지에 두고 돌아서는 신하의 마음은 실제 거리가 멀어지면 질수록 왕에 대한 사랑이 정대正對리듬이 된다.

초장 1구 '천만리'와 중장의 1구의 'ᄆᆞ음을' 정대正對리듬 거리에 두는 왕방연은 초장의 2구에서 같은 '머나먼 길에'와 있지만 떠나온 마음을 중장의 2구를 통해 '들 데

업서'의 안타까움으로 한다. 초장에서 3구에서 단종을 '고은님'이라 하면서 중장의 3구에 왕방연이 '냇가에' 앉아 생각한 리듬이다. 초장 4구 '여회옵고'의 거리와 중장 4구의 '안자이다'와 종장의 '저 물도'가 '내안갓도다'라고 하는 의의 연쇄 망 리듬이다. 따라서 3구에서 물의 주제를 단종과 왕방연과 같이 '우러 밤길'을 '네놋다'의 '우러 밤길'은 시조 종장 끝구와 관련 시조의 텍스트다움 정대 리듬이다.

세상은 돌고 돌아 잘못된 역사도 그리고 깊숙이 숨겨진 비밀도 드러나는 진리는 더구나 왕방연시조작품으로 하여 그 당시의 참담한 일화가 알려진다.

성경은 이 세상의 진리를 전한다.

감추인 것이 들어나지 않을 것이 없고 숨긴 것이 알려지지 않을 것이 없나니
- 눅 12:2

하나님과 예수의 두 분^{마 1:21}이 한 분임에 대한 진리가 있다. 아무리 오래된 그리고 깊은 산속 숨겨진 비밀이라 할지라도 그 진가는 드러나기 마련이다. 이 정대의 리듬은 사실과 하늘과 땅이 반대일지라도 진리를 알리기 위한 작업이다. 가장 귀한 것이 드러나기 위한 전초작업이기도 하다. 그 진가는 밝음이 드러나는 일이다.

③ 밝음 지향 리듬

시가 가지는 기본 요소 특히 시조작품이 가지는 아름다운 리듬은 우리국민 정서가 밝음을 지향하는 것을 드러내 준다.

> 어젯밤 비온 후(後)에 석류(石榴)곳이 다 피엿다
> 부용당반(芙蓉塘畔)에 수정렴(水晶簾)을 거더두고
> 눌 향(向)한 기픈 시름을 못내 프러 ᄒᆞ노뇨
>   - 신흠(申欽) 청구영언(靑丘永言) 133
>
> ㅓㅔㅏ ㅣㅗㅜㅔ ㅓㅠㅗㅣ ㅏ ㅣㅕㅏ
> ㅜㅛ ㅏㅏㅔ ㅓㅕㅕㅡ ㅓㅓㅜㅗ
> ㅜ ㅑㅏ ㅣㅡㅣㅡㅡ ㅗㅐ ㅡㅓ ㅏㅛ

모음군의 응결성이 지닌 어젯밤에 비 온 뒤로 석류꽃이 피었다. 현재의 가치 모음 리듬군 종장의 초구인 '눌 향한'의 'ㅜㅑㅏ' 음가 밝은 모음과 종장 끝구 'ᄒᆞ노뇨'의 'ㅏㅏㅛ'가 표층구조리듬이 깊은 시름을 해결한다. 이 상황은 시조의 종장의 '눌 향흔 기픈시름을 못내 프러 ᄒᆞ노뇨'의 주제 곧 깊은 시름의 해결방법이다. 비온 뒤에 일어나는 일의 동일시이다. 이처럼 형식과 내용이 같이 의미되어지는 시름의 절규 '깊은 시름을'이 'ㅣㅡㅣㅡㅡ'을 해결한다. 그리고 초장과 끝구의 '…다'의 'ㅏ'나 중장 끝 구의 '…고'의 'ㅗ'와 그리고 종장의 '…뇨'의 '…ㅛ' 모두 양성모음 군이 만드는 결과이다. 이 시조는 밝은 미래를 알리고 있다. 이러한 특징은 우리 역사 지탱의 리듬이다.

노래사민 사름 시름도 하도할샤
닐러 다 못닐러 불러 너 푸돗ᄂ가
진실로 풀릴 거시면은 나도 불러 보리라
- 청구영언靑丘永言 144

ㅗㅐㅏㅣㅏㅣㅡㅗㅏㅗㅑ
ㅣㅓㅏㅗㅣㅓㅜㅗㅜㅗㅏ
ㅣㅗㅜㅓㅣㅕㅡㅏㅗㅜㅓㅗㅣㅏ

위 시조는 모음의 결속성에서 초장의 경우 사람이 시름이 많음 주제이다. 그런데 이 '사름'이 'ㅏㅏ' 모음과 운율에 기대 '아아'의 한탄 등가성의미자질을 그 핵으로 한다. 그러나 열린 텍스트 밝은 모음으로 중장에서 ㄹ음의 연쇄망의 '닐러 다 못 닐러 불러 너 푸돗ᄂ가'가 'ㅣㅓㅏㅗㅣㅓㅜㅗㅜㅗㅏ'의 진행형 밝은 모임으로 전환한다. 처음은 'ㅣㅓ'의 절규리듬이다. 그러나 그 흐름이 초장 중장 종장의 첫 음절인 모음 'ㅗ' 'ㅣ' 'ㅣ'가 다시 종장 첫구 '진실로' 'ㅣㅣㅗ'의 밀접성 응결로 종장 첫구와 종장 끝구와 그 반대의 모음음절이 주는 긍정적 자질로 변하면서 긍정으로 이끌고 가는 시조 텍스트다음이다.

공명功名도 니젓노라 부귀富貴도 니젓노라
세상世上번우한 일 다 주어 지젓노라
내 ᄆ자 니즈니 ᄂᆞᆷ이 아니 니즈랴
- 청구영언靑丘永言 147

ㅗㅕㅗㅣㅓㅗㅏㅜㅓㅗㅣㅓㅗㅏ
ㅔㅏㅓㅏㅣㅏㅜㅓㅣㅓㅗㅏ
ㅐㅏㅣㅡㅣㅓㅣㅏㅣㅣㅡㅑ

세상 욕심을 다 '니젓노라'의 시인 마음은 평안이다. 이 의미자질은 자음 'ㄴㅁㅈ ㄴㅈㄴ ㄴㅁㅇㄴ ㄴㅈㄹ'의 ㄴㅁ의 부드러운 반복 음률이다. 'ㄴㅈㄴ'이 'ㄴㅈㄹ'의 어순을 동일리듬으로 하면서 반복리듬이 주는 친숙성을 되풀이한다. 모음의 운율은 초장 'ㅗㅕㅗ'와 'ㅜㅟㅗ'가 등가성으로 'ㅣㅓㅗㅏ' 'ㅣㅓㅗㅏ' 반복리듬이 된다. 이 반복은 중장 끝구에서 다시 반복리듬을 가지며 이 시조의 의의 연쇄망은 종장 2구 'ㅣㅡㅣ'가 끝구 'ㅣㅡㅑ'로 그 연쇄망을 'ㅑ'로 바꾼다. 따라서 밝은 쾌청음으로 변이된다. 이 결속성은 모든 것을 버리면서 은혜의 리듬, 밝음으로 나아가는 미래를 예견해 준다. 각 장 끝 음절의 'ㅏ' 'ㅏ' 'ㅏ'로 이 모음군의 밝고 경쾌한 리듬전이의 초 중 종장 간의 쾌청 활력소이다.

> 동창이 볼갓느냐 노고지리 우지진다
> 쇼칠 아희는 여태아니니러느냐
> 재너머 스래 긴 밧츨 언제 갈려 호느니
>   - 남구만南九萬 청구영언靑丘永言 203
> ㅗㅏㅣ ㅏㅏㅑ ㅗㅗㅣㅣ ㅜㅣㅣㅗㅏ
> ㅛㅣ ㅏㅣㅏ ㅕㅐㅣㅣㅓ ㅑ
> ㅐㅓㅓ ㅏㅐㅣ ㅏㅡ ㅓㅔ ㅓㅕ ㅏㅣ

초장에서 '볼갓느냐'가 'ㅏㅏㅏㅑ'의 양성모음 결속성으로 밝음 미래지향 감탄리듬이다. 더욱이 '노고지리'가

'ㅗㅗㅣㅣ'의결속성 모음 군이다. 그러기에 '우지진다' 다움이다. 중장에서도 '쇼칠' 'ㅛㅣ'와 '아히는'에서 'ㅏㅣ'와 '여태아니'의 '…ㅏㅣ' 운율구성을 이룬다. 이 리듬은 종장 끝구 'ᄒᆞ느니'의 'ㅏㅏ'의 밝은 의미전달 종결설의법으로 마무리한다.

시조 텍스트 종장다움 리듬이다.

       청석령靑石嶺지나거냐 초하구草何口- 어듸미오
       호풍胡風도 츔도출샤 구즌비는 무스일고
       아무나 행색行色그려내어 계싀는데 드리고쟈
                           - 효종 청구영언靑丘永言 217

       ㅓㅓㅕ ㅣㅏㅓㅏ ㅗㅏㅜ ㅓㅣㅔㅗ
       ㅗㅜㅗ ㅏㅗㅏㅑ ㅜㅡㅣㅏ ㅜㅡㅣㅗ
       ㅏㅜㅏ ㅐㅒㅡㅕㅐㅓ ㅖㅣㅔㅡㅣㅗㅏ

이 시조는 함몰의미의 텍스트다움 리듬을 갖지 않는다. 그것은 각 장의 4구에서이다. 양성모음이 '…오'의 '…ㅗ'와 중장에서의 '…고'의 '…ㅗ'와 종장의 '드리고쟈'의 존경어종결어미 '…ㅗㅏ'로 의미 의미자질 동일리듬이다. 따라서 효종왕이 전하는 절절한 모습을 전하는 '행색 그려내여'의 'ㅐㅒㅡㅕㅐㅓ'의 겹친모음 등가성 'ㅒ''ㅐ' 효심이 하늘에 오르는 주제리듬이 된다.

       남산南山ᄂᆞ린 골에 오곡五穀을 ᄀᆞ초심거 먹고
       먹고 못나마도 긋지나 아니ᄒᆞ면
       그 밧긔 녀나믄 부귀富貴야 ᄇᆞ랄줄이 이시랴

- 청구영언靑丘永言 259

ㅏㅏㅣ ㅗㅔ ㅗㅗㅏ ㅏㅗㅣㅕ
ㅓㅗ ㅗㅏㅗ ㅡㅣㅏ ㅏㅣㅕ
ㅡㅔ ㅕㅡ ㅜㅔㅑㅏㅏㅜㅣ ㅣㅣㅑ

재물에 대한 청렴결백 지혜의지는 일상의 어려움 없기가 최대목표가 이뤄지는 결과이다. 이 일용할 양식은 마치 광야에서 메뚜기와 석청과 만나로서 살았던 사람처럼 그날그날의 양식으로서의 필요량을 알았던 조상들의 실상을 그린 시조이다. 시조텍스트다움 리듬은 중장 1, 2구에서 '먹고 못나마도' 'ㅓㅗ ㅗㅏ ㅏㅗ'에서 연속모음 '…ㅗ~…ㅗ'를 드러낸다. 이 리듬은 양성모음결집으로 인한 운율로 아름답게 무늬진다. 이 연속모음 응결군 '…ㅏ~…ㅏ'의의 연쇄 망을 더 만들면서 종장 3·4구에서 그 결정 재 반복이 된다. 이 합일리듬이미지 기호 '…ㅣ'를 하나 더 하여 '…ㅣㅣㅑ'의 겹모음이 결집되고 양성모음으로 끝난다. 이 겹모음 '…ㅣ' 3회 리듬이 'ㅑ'우ㅏ 기쁨 소리이미지로 바뀐다.

추강秋江에 봄이드니 물결이 츠노미라
낙시 드리치니 고기아니 무노미라
무심無心흔 둘빗만 싯고 빈빈 저어 오노라
- 청구영언靑丘永言 308

ㅜㅔ ㅏㅣㅡㅣ ㅜㅔㅣ ㅏㅗㅔㅏ
ㅏㅣ ㅡㅣㅣㅣ ㅗㅣㅔㅣ ㅜㅗㅔㅏ
ㅜㅣㅏ ㅏㅣㅏ ㅣㅗㅔㅕㅓ ㅗㅗㅏ

초장에서 '봄이드니'의 'ㅏㅣㅡㅣ'와   중장 '낙시'의
'ㅏㅣ'와 중장에서 이들의 합인 '둘빗만 싯고'의 'ㅏㅣ
ㅏ ㅣㅗ'의 건너뜀 등가성 'ㅏㅣㅏㅣ…' 결속성 연결 모음
리듬 군이다. 'ㅏㅣ'와 그리고 'ㅏㅣ…'의 시적 아름다움
이 되는 리듬 반복 '아이' 음가는 초장의 '…미라' 중장의
'…미라' 와   종장의 '…오노라'의 '…ㅔㅏ~…ㅔㅏ~…ㅗ
ㅗㅏ'의 물결리듬 연결고리임을 알린다.

　　　　초당草堂에 일이 업서 거문고를 베고누어
　　　　태평성대太平聖代를 쑴에나 보려투니
　　　　문전에 수성어축數聲魚畜이 줌든ㄴ를 씌오라
　　　　　　　　　　　　　　　　　- 청구영언靑丘永言 402

　　　　ㅗㅏㅔ ㅣㅣㅓㅓ　ㅓㅜㅗㅗㅏ ㅔㅗㅜㅓ
　　　　ㅐㅕ ㅕㅐㅏ　ㅜㅔㅏ ㅗㅕㅣ
　　　　ㅜㅓㅔ ㅜㅓㅓㅜㅣ ㅏㅡㅏ ㅔㅏ

　종장의 '문전에 수성어축數聲魚畜이'는 종장 초구와 2구 사
이의 관계로 시작한다. 초구는 시조텍스트다움 리듬이 되는
중장의 태평성대太平聖代가 그 관건이다.
　종장 초구 '문전에'의 'ㅜㅓㅔ'가 2구에서 꿈속의 태평
성대를 현실성으로 바꿔주는 역설리듬이다. '수성어축數聲魚畜
ㅜㅓㅓㅜㅣ'의 밝은 리듬 'ㅏㅡㅏ ㅔㅏ'로 그 끝을 맺
어 현실태평성대의의연쇄망의 등가성리듬이다.

　　　　창밧긔 섯는촛불 눌가 이별ᄒᆞ얏근되

눈물 흘리며 속 틱는쥴 모락는고
우리도 져 촛불 갓틱야 속틱눈쥴 몰래라
  - 왕방연王邦衍 청구영언靑丘永言 444[1])
ㅏㅔ ㅏㅗㅜ ㅜ ㅣㅑㅑㅔ
ㅜㅜ ㅡㅣㅕ ㅗㅏ ㅜ ㅗㅏㅏㅗ
ㅜㅣㅗ ㅓㅗㅜ ㅏㅑ ㅗㅏㅜ ㅗㅏ

시조텍스트는 눈물로 얼룩진 내 사랑하는 임금의 눈물이 내 눈물이 된 처절함을 '창밧긧'의 'ㅏㅏ긧'로 하는 울음 절규 리듬이다. '눈물 흘리며'에서 'ㅜㅜ ㅡㅣㅕ' 그대로 울음리듬색체이다. 'ㅜㅜ'의 울음 절규리듬 운율은 'ㅏㅏㅑㅗㅏㅜㅗㅏ'의 '눈물' 'ㅜㅜ'로 한다.

이 시조의 주제음가 원소리듬은 'ㄹ'인데 '촛불'의 '…ㄹ' '눌과'의 '…ㄹ' '이별'의 '…ㄹ' '…줄'의 '…ㄹ' '촛불'의 '…ㄹ' '모락는고'의 '…ㄹ' '속틱눈쥴 몰래라의 '…ㄹ…ㄹ…ㄹ…ㄹ'의 반복리듬이 합쳐져서 눈물의 음조에 보조를 맞추는 음향리듬이다. 시조의 텍스트다움 음율 배율 종장의 절규리듬이다.

당시의 역사성을 지닌 시조 텍스트다움 리듬은 마치 시조창에서 속청으로 높게 떨면서 시작되는 첫 구句처럼 긴장고조리듬이다. 그리고 끝구가 여운의 리듬으로 낮게 발음하거나 소리 내지 않는 의미리듬이다. 호소력의 호풍리듬[2])이다.

---

[1]) 천만리머나먼길에고은님여의읍고내ᄆ음둘데업서냇ᄀ에안자이다져물도내 안ᄀ도다우러밤길녜놋다- 왕방연 청구영언 17.

이러한 호소력은 시조한편 속에 마음이 나타난 예는 감히 말할 수 없는 처절함으로 음성을 나타내지 않기조차 하는 종장 끝구 리듬의미이다. 그러나 종장이 의미하는 양성모음으로 끝을 맺으면서 언젠가 진리가 전해지는 한 편의 시조작품의 위대함이다. 그토록 오랫동안 시조작품이 유지되는 이유이고 시대를 뛰어넘어 지금 우리 앞에 있는 시조한편으로 다 알아내게 한다.

인간의 음성은 저절로 음률을 가지고 있다. 혈액순환이 그 근원이다. 종장초구의 확 트이며 숨을 내쉬는 음성이 나오는 것은 다시 숨을 들어 마시며 숨을 죽이는 종장 끝구의 시조의 텍스트다움 리듬과 짝을 이룬다. 말하자면 들숨 날 숨 호흡을 입술로 드러낸 텍스트다움 리듬이다. 시조작품문장의 가락은 시인 마음속에 피어나는 소리이다. 마음 호흡은 조화이다. 시조창에서 올려 빼기 앞에서 얕은 소리가 나 올라감은 내려감과 조화를 이룬다.

위의 고시조 몇 편의 예를 들어 본 시조텍스트다움 리듬은 그 음수율 신비로움과 더불어 초장 중장을 거치면서 마침내 종장의 3합이 이루어지는 신비로움을 각 글자마다의 신비로움으로 끝낸다. 이 양성 모음군은 동시에 의미리듬도 동일성으로 하는 기적을 만든다. 시조작품이 얼마나 멋지고 슬기로

---

2) 유협, 『문심조룡』(최신호 역(현암사, 1975)., 121.

운 지혜를 드러내는 것을 알린다.

　우리민족의 심리리듬은 단순한 것이 아닌 셋째 리듬에서 강強을 이루는 신비한 리듬이 있다. 서열관계가 항상 셋째 3에서 강조를 들어내는 시조의 텍스트다움 리듬이 그 예다. 일반문법논리문장이 가지는 리듬[1]과는 다르다. 우리말이 지니는 약弱 → 약弱 → 강強 → 약弱 리듬은 우리말버릇이다. 우리말 응결성의 푸른 요인의 문장연쇄는 우리 노래 가락 흐름에서의 약弱 → 약弱 → 강強 → 약弱의 흐름을 가진다.

　시조의 텍스트다움은 숨쉬기 작업이다. 생명과 관련됨에는 우리민족이 잘 먹는 콩에 대하여 논하게 된다. 이 시조작품에 나오는 태평성대라는 문구가 나온다. 태평성대란 먹을 것이 남아 있어 먹을 걱정 없이 사는 태평성대太平聖代이다.

　대 홍수이후 땅이 척박해지더라도 척박한 땅에서 잘 자라는 이 콩을 심어 먹고 살아남은 우리 조상 역사가 있다. 우리민족은 홍수 이후 척박한 땅에서도 잘 자라는 콩 문화를 발전시켜 와서 지금도 우리 식단의 거의 전부가 이 콩으로 만들어진다. 우리민족은 콩으로 귀한 신체를 건강하게 하며 주식으로 하였다. '두만강豆滿江' '태백산맥太白山脈' 더 나아가 부엌을 나타내는 부엌 주廚 곧 주방廚房자가 그러하다. 태초太初

---

[1] 고영근, '텍스트 형성과 응집성의 문제' 『청범 진태하 교수 계질송수 기념어문학논총』(논총간행위원회, 1887)., 349.

영고^{迎鼓} 예^{禮} 북 고^{鼓} 태종^{太宗} 태조^{太祖} 태묘^{太廟} 콩과 밀접한 우리 역사이다. 세계의 중심지 역사의 홍수 지역이 천손민족의 지역임을 알린 산 증거 역사지역^{채희석설}이다.

태극^{太極}마크 등 콩 노래 모두 우리의 지금의 콩을 절대치로 먹고 사는 민족 곧 태초부터 콩을 주식으로 한 민족의 산 증거이다. 대 홍수 이전부터 찬란한 문화를 건설했다. 수메르 문명 이전까지 거슬러 올라가고 홍수가 훑어 간 후 그 척박한 땅에 콩 작물 재배의 역사 증거^{채희석}가 있다.

4000년 전 지금의 한국^{韓國}이름이 있다. 찾기는 하나라를 60년 지배하며 한국^{寒國}에서다. 이 지역에 한수^{寒水}가 있다. 찰 한^{寒}은 한강의 한수^{韓水}에서 찾아진다. 이 한^{寒}과 한^{韓}이 통용되었다. 4500년 전 홍산 문화는 지도자 치우천왕이다. 삼송편 상나라 시조 현조 삼족오 이야기와 한착^{寒浞}이 한착^{韓浞}이 동일인물 기록에서다. 한착^{寒浞}은 하나라가 혼탁할 때 60여년 한국^{寒國}이라 하였고 한^{寒}이나 한^{韓}이나 환^{桓}이 서로 통용된다. 하나라를 60여 년 간 지휘한 한착^{寒浞}의 발자취는 한국^{韓國}이름 찾기 시초1)이다. 우리 한강을 한수^{寒水}라고도 한다. 어원 찰 한^{寒}은 태양을 의미이고 하늘의미다. 한수^{韓水}가 있다.

시경 한족발2) 기록이 남긴 한국^{寒國}과 한국^{韓國}의 동일성은

---

1) 심백강, 한국은 어디서 왔는가 최초의 한국인은 누구인가. 심백강 TV.
2) 심백강, 배달의숙 명사초청특강 23회 중국은 역사상 한국의 일부였다 1부 l 심백강 민족문화연구원 원장. 대한사랑 TV. 참고::사고전서((四庫全

대한민국의 한국^{韓國}이다. 한^{寒}은 하늘 뜻의 건^{乾}으로 고서에서 사용 중국이 역사상 한국의 일부[1]임을 홍산문화가 증명한다. 대한민국^{大韓民國}의 한^{韓}은 시경 기록$^{김진명\ 소설가\ 발견}$이다.

요서지방에서 천하를 지배하던 조선 국가는 산해경, 그리고 홍산문명이 증명[2]합니다. 발해조선[3] "이 바로 과조선하^{過朝鮮河} 구십리^{九十里} 북지고하구^{北至古河口}[4]기록이 증명한다. 예맥족의 후예들은 밝달족 배달이다.

書)는 1773년 (건륭 38년) 청 제국의 건륭제의 명으로 1781년 (건륭 46년)에 편찬 및 완성된 총서이다. 전 3,503부 79,337권
1) 심백강, 『중국은 역사상 한국의 일부』의 저자. 「한국은 어디서 왔는가 최초의 한국인은 누구인가」 심백강TV.
2) 심백강 박사 국민강좌 - 로마보다 더 위대한 동아시아 최초의 제국 고조선, 바른역사 TV.
3) 배달의숙 명사초청특강 24회 중국은 역사상 한국의 일부였다 2부 l 심백강 민족문화연구원 원장.
4) 무경총요(武經總要) 북번지리(北番地理) 연경주군(燕京州軍)12..

Ⅳ. 시조의 심리리듬

이 논문은 시조의 심리리듬에 대한 연구를 목적으로 한다. 여기에서 시조의 심리리듬이란 시조의 체제화 *organization*의 개념에 접근함에 있다.

문제의 제기는 흔히들 정형 시조가 일상의 정서를 담기에는 제한성이 있다거나 시대적 산물로 보는 것에 대한 문제를 제기한다. 오히려 정형 시조 외에서 시조의 정형리듬에 근접하려는 정형시조의 심리리듬을 탐색함으로써 시조리듬의 체제화를 알게 된다는 문제제기이다. 장르 특징을 초월하는 의미의 확대에 본질적인 의미를 두고 있는 이 일환의 일고^{考}는 중형시조 및 장형시조나 다른 자유시형에서 발견되어지는 리듬이 사실은 시조의 정형 리듬으로 가려는 시조의 심리리듬이라는 데에 주안점을 두기로 한다.

구체적인 방법으로 정형 시조리듬이 정형시조 장르 아닌 시들에게서 내재하고 있음을 탐색한다. 이 뜻에 대한 이해는 말하자면 여태까지는 정형시조의 결정적인 리듬과 비교함보다는 정형시조 외의 운문 장르에서 발견되어지는 공통 핵이 정형시조의 리듬으로 가려는 심리리듬이다. 명명하여 시조의 심리리듬이다.

1. 장시조의 심리리듬

이미 알려진 대로 노산 이은상이 말한 바 있는 시조의 정형이비정형 비정형이정형 定形而非定形 非定形而定形 리듬 의미의 폭이 다른 운문장르에서도 유사성으로 발견되어질 경우 이것은 심리리듬이 되는 것이며 곧 시조심리리듬 지수가 된다. 동시에 본 논문에서는 이 지수적인 심리리듬을 찾는 것도 포함된다. 이것은 시조를 바라보는 시각적 인식에 대한 재검토 작업이기도 하다.

정형시조와 가장 근접해 있는 장시조 리듬은 단시조의 감각 기억 정보에 의한 심리적 보완리듬이다. 따라서 일차적으로 시조심리리듬은 정형시조에서부터 찾아진다.

장시조의 이중 구성은 시조의 정형적 규칙에서 어느 두 구 이상이 각각 가 자수가 10자 이상으로 벗어난다는 명제적 표상을 갖는다. 이 시조리듬은 정형시조 리듬에 비하여 대개 중장의 1, 2구로 정의된다.[1] 이 리듬이 정형성 지향 심리리듬에 더욱더 근접해 있음을 보게 된다.

말없이 자리를 뜰 때마다	3 · 3 · 1 · 3	초장
무엇에 빼앗기는 것만 같더니	3 · 4 · 2 · 3	
물 끼 있는 하늘 속에 뛰어든 꽃망울,	4 · 4 · 3 · 3	중장
그 꽃망울의 사운댐을 네 가슴에	5 · 4 · 4	

---

[1] 이태극, 『시조개론』(서울: 새글사, 1974).

옮겨 놓고 보고 싶더니   4 · (2 · 3)
아직은 값지지 못할 칠보로 덮힌 산봉우리 3 · 5 · 5 · 4   종장
그 오색 봉우리를 너는 또 네 몸에   3 · 4 · 6(3 · 3) · 6
지니고 다닌다   (3 · 3)

흩어진 노래개의 부스러기로 원형   3 · 4 · 5 · 2   초장
그대로 이빠진 자욱을 맞추더니   3 · 3 · 3 · 4
문득 부스러기로 만든 포도알   2 · 6 · 2 · 3   중장
그 인조 포도알을 가지고도 감쪽같이 3 · 12(4 · 4 · 4)

마침내   3   종장
너는 또 내 몸에 풍기던   3 · 3 · 3
그 살내음을 휘저어, 다시   1 · 4 · 3 · 2
노을에 실명한 이의 눈도 띄운다   3 · 5 · 2 · 3

-김상옥 「관계」에서

측정한 김상옥 시조의 심리 장시조리듬에서 정형시조의 심리리듬을 찾을 수 있다. '이 · 말없이 · 자리를 · 뜰 · 때마다'를 초장으로 구분하면서 둘째 연의 '무엇에 · 빼앗기는 · 것만 · 같더니'는 생략되어도 좋을 리듬이다. 그 이유에서 김 시인 심리리듬이 3 · 4 · 1 · 4로 한정되면서 이 심리리듬과 의미리듬을 강조하기 위한 부차적인 리듬 3 · 4 · 2 · 3이 덧붙여진다. 따라서 장형리듬의 가치는 반복된 효과의미가 있는 강조리듬이다.

중장 리듬의 경우에도 '물 끼 있는 · 하늘 속에 · 뛰어든 · 꽃망울'의 심리리듬은 정형시조심리듬의 근접인데

'그 꽃망울의 · 사운댐을 · 네 가슴에 와 · 옮겨놓고 · 보고 · 싶더니'로 강조 반복리듬이 있다.

중장의 리듬은 4 · 4 · 3 · 3의 리듬인데 이를 보완하기 위한 5 · 4 · 4 · 4 · 5(2 · 3)의 중층 심리묘사 리듬이 중복 리듬이다. '꽃망울'을 설명하기 위한 구체적인 은유의 '가슴'을 설명하고 있다.

종장에서도 '아직은 · 값지지 못할 · 칠보로 덮힌 · 산봉우리'에서 연이어진 다음의 '그 오색 · 봉우리를 너는 · 또 네 몸에로 · 산봉우리 · 지니고 · 다닌다' 다.

이 시조 심리리듬은 자수를 많이 배열하여 놓은 것과는 관계없이 초장 3 · 3 · 1 · 3 리듬과 중장 4 · 4 · 3 · 3의 리듬 그리고 종장의 3 · 5 · 5 · 4라고 하는 시조작품 한편에 대한 시조의 정형리듬 찾기가 탐색된다. 이 심리리듬은 기존의 정형리듬을 내재함으로써 다만 부차적인 보완심리리듬을 보유한다.

김상옥의 시조작품 심리리듬은 그의 장형시조에서 장형적 시조리듬 안에서 자극심리리듬을 덧붙인다. 그것은 초장 첫 행 보다는 초장의 둘째 리듬에서 기본 정형시조리듬이 찾아진다. 이러한 시조의 정형리듬에 대한 부담리듬은 원형이 되는 병렬리듬의 첫 행의 심리리듬으로 나타나는 바 3 · 4 · 5 · 2를 지배한다. 이 리듬활용은 중장의 현실의미를 '문득 · 플라스틱으로 · 만든 · 포도알'을 배치하여 플라스틱으로 만든 것을 거부한다. 이에 머무르지 아니하고 종장으로 바뀌면서 포도 알의 신선을 강조한다. 바로 인조라는 것에 거부의미를 놓아 장시조의 매력을 드러내면서 구차하리만큼 많은 자수리듬 3 · 12 · 7 · 4 · 4로 장시조의 존재의 가치를 부여하면서도 그 랑그는 4 · 4 · 4 · 4 심리리듬을 만든다. 그러기에 포도 알을 가지고도 싱그러운 과즙을 짜는 회복의 시인 괴력으로 심리리듬을 만든다.

　통영출신 김상옥 시조시인1920~2004은 일탈 룰로 시조작품을 쓴다. 그러나 그 밑바탕에는 정형시조 심리리듬이 그대로 존재한다. 오히려 시조의 리듬을 잘 드러내며 그 리듬의 가치를 내재율로 알린다. 내재율 심리리듬은 심리리듬들의 대량집합의 의미로 한정한다. 3 · 4 · 3 · 4 · 3 · 4 · 3 · 4 · 3 · 5 · 4 · 3 의 사전적 리듬이 존재하면서도 정형이비정형　비정형이정형定形而非定形　非定形而定形리듬집을 구성한다. 정형시조가 아닌 장형시조나 중형시조가 현대인의 정서를 자유롭게 표현할 수 있는 시형을 요구한다는 명목 하에 기형적이고 파격적인 문학형식이기 보다는 그 내재적 심리리듬이 시조 반복리듬의 묘미로 시조정형 심리리듬들이 대량으로 몰려 있게 된다. 이것은 시조라는 이름이 주어지는 장형시조가 갖는 특징이다. 장형시조의 특징이다.

님으란 추양(楸陽)금성(金城) 오리남기 되고 나는 三四月 칠덩굴이 되어 그 남게 그 츨이 낙겸의 자뷔감듯 이리로 츤츤져로 츤츤 외오 풀치 올호 감아 밋부터 긋가지 조금도 뷘 틈이 업시 츤츤 구뷔 나게 휘휘감기 주야장창(晝夜長常) 뒤트러져 감기엿다가 동짓달 브람 비 셔리를 아모리 마즌들 풀일 줄이 잇스랴

이 장형시조 리듬은 초장으로 3 · 4 · 4 · 3 · 2 · · 3 · 4 · 4 · 3 · 2 리듬이다. 그런데 이미 처음부터 3 · 4 · 4 · 3리듬으로 시작되면서 기본리듬이 반복되는 리듬 2 · 3 · 4 · 2가 덧붙여진 강조리듬이다. 중장은 3 · 3 · 3 · 4 · 5 · 5 · 4 · 4 3 · 3 · 3 · 5 인데 역시 3 · 3 · 3 · 4의 심리리듬이 우선으로 놓이면서 5 · 5 · 4 · 4 · 3 · 5 · 5 모두 근접리듬 강조이다. 반복의 율박이다. 이 심리리듬은 설명의 사설리듬으로 휘휘감기는 아름다운 의미리듬이 놓인다. 더구나 종장의 3 · 13(3 · 4 · 3 · 3)은 초구의 3리듬 다음에 13의 리듬을 놓지만 그 내면의 리듬으로 3 · 4 · 3 · 3의 심리리듬 내재이다.

장시조 리듬은 장형시조의 기본리듬과 그 주위에 무한한 가능성의 리듬이 아름답게 반복된다. 이러한 음수율은 단시조, 중형시조, 장형시조 가치의 창작리듬 가능을 열어둔다. 그 내면에 정형적 심리리듬이 주된 의미리듬이 있다. 바람직하게 다른 리듬을 설명해주는 리듬이다. 시조가 갖는 자유스러운 듯하면서 자유스럽지 않고 자유스럽지 않은 듯 하면서

도 자유로운 시조의 내재리듬이다.

  리듬의 움직임에서 얼핏 보면 무질서한 것처럼 보이지만 사실은 질서정연한 리듬의 규칙을 지닌다. 리듬이 반복되면서 규칙이 질서정연하게 움직인 장시조의 특징이다. 김상옥의 「관계」 시조가 보여주는 '마침내' '다닌다' '띄운다'와 같은 3음절 반복리듬은 시 리듬의 일차적 관련이다. 그러면서도 안정되고 따뜻하게 데워주는 4의 리듬과 어울려 일정하게 3 · 4라는 심리리듬이 이어짐으로써 저축된 심리리듬이 드러나는 예이다.

```
옛날 옹기장수 순 임금도 지나가고         2 · 4 · 4 · 4    초장
명경알 닦던 스피노자도 지나가던 길목      5 · 5 · 4 · 2    중장
길목에 한 불우의 소년이 앉아              3 · 9(4 · 5)     종장
도장을 새긴다                             3 · 3
정황석을 새기다 전황석의 고우 넣 눈에 재우고  4 · 3 · 4 · 5    초장
상아를 새기다 상아의 여문 질을 손테 태운다  3 · 3 · 7(3 · 4) 중장
                                         5(2 · 3)
향목도 홰양목도 마저 새겨                 3 · 4 · 2 · 2   초장
둥글한 도장, 온갖 도장을 다 새긴다        5 · 5 · 1 · 3   중장
하고많은 글자 중에 사람들의 이름자        4 · 4 · 4 · 3   초장
꽃 이름, 새 이름도 아닌 사람들의 이름자  3 · 6 · 4 · 3   중장
꽃모양 새 모양으로 전자체를 새긴다
```
-김상옥 「도장」에서

  장형시조는 초·중·종장의 어느 두 장이 그 길이를 벗어나는데 있다. 이 리듬은 거의 현대시적 리듬에 있으면서도

이와 구분되는 장형시조의 리듬 안에 정형시리듬을 가진다. '길목에 · 한 불우의 소년이 앉아'에서 '소년이 앉아'라는 결정적 값을 매김 할 때 필요한 충분조건이 되는 '길목에'를 다시 설명하는 '불우의' 설명적 자리 매김에도 아랑곳없이 그 값을 발휘한다.

끝부분의 초장·중장·종장을 놓아 '4 · 4 · 4 · 3 · 3 · 6 · 5 · 3 · 3 · 5 · 4 · 3' 정형시조리듬이다. 장형시조 안에 정형 심리리듬이 근접한다.

두들겨라	4	초장
지게장단	4	
어서 노를 휘저아라	4 · 4	
그 무슨 젓대를 불어	3 · 5	
이 아픔을 하고하랴	4 · 4	중장
환장할 경지를 지고		
떼거지를 그렇게	4 · 3	종장
조지고 비비 틀고 작신작신 할킨 세월	3 · 4 · 4 · 4	초장
더러는 혼을 챙겨 공출나간 아수라장	3 · 4 · 4 · 4	
도솔 진 차양을 드린 그 마음 야로 속에	3 · 5 · 4 · 3	중장
모가지 얼레 감긴 참혹한 생애던가	3 · 5 · 4 · 3	종장
어이어 어여하어이 어이어이 어여하	3 · 5 · 4 · 3	종장
풀고	2	초장
풀어볼수록	5	
가슴조이는 사슬	5 · 2	중장
끝끝내 무르팍에	3 · 4	
찬바람 절로인다	3 · 4	

비비종	3	종장
우니는 새야	5	
형극의 강 비껴날고	4 · 4	
이승을 닳아 건 보릿대 쓰디 쓴 연기	3 · 3 · 3 · 5	초장
굴레 먹은 연대의 글러먹은 식리였네	4 · 3 · 4 · 4	
등줄기 휘인 채로 요역 공신 죄구렁의	3 · 4 · 4 · 4	중장
거만의 농장에 갇혀 불지짐 료수할 때	3 · 5 · 3 · 4	
거꾸로 매달린 목숨 오리무중 달은 지네	3 · 5 · 4 · 4	종장
으스스 멀미난다	3 · 4	초장
어서 새끼 누역이 탄다	4 · 5	
피의 소금 긁어내듯	4 · 4	중장
조공 받던 손갈퀴롤 앗아간 태평성대	4 · 4 · 3 · 4	
찰진 내 사랑은 차마	3 · 5	종장
손톱마저 진물러	4 · 3	

- 윤금초의 「어초문답」에서

정황석을 새기다 전황석의 고우 널 눈에 재우고	4 · 3 · 4 · 5	초장
상아를 새기다 상아의 여문 질을 손테 태운다	3 · 3 · 7(3 · 4) 5(2 · 3)	중장
향목도 회양목도 마저 새겨	3 · 4 · 2 · 2	초장
둥글한 도장, 온갖 도장을 다 새긴다	5 · 5 · 1 · 3	중장
하고많은 글자중에 사람들의 이름자	4 · 4 · 4 · 3	초장
꽃이름, 새이름도 아닌 사람들의 이름자	3 · 6 · 4 · 3	중장
꽃모양 새 모양으로 전자체를 새긴다		

-김상옥 「도장」에서

「어초문답」이 장형시조의 특징이면서도 여전히 정형 심리리듬이 존재한다. 따라서 현대시조에서 시조의 정형리듬은 중형, 장형과 연계되면서 정형시조 리듬 규칙 심리리듬이다.

시조가 갖는 리듬은 심리리듬의 경우 그것은 곧 마음의 감각기억 저장에 의하여 구성된다. 지속형상은 지속기간이 우리의 역사만큼이나 길기 때문에 거의 각 분야의 장르 속에 내 포되어 지속된다. 흔히들 시조의 지속 시간을 중요시하려하여 설왕설래 하는 경향이 있어서 시간이 지나면 자연히 소멸되 거나 특정한 형식으로 어느 시기에 매어 있는 것이거나, 고려 중엽의 어느 특정인들에 의하여 형성되었다는 관점과는 다른 시조리듬의 중요한 면모를 살필 수 있게 된다. 이것은 사람의 기억장치가 하루아침에 조작 될 수 없다는 점이다.

>서울아래 님이 업서
>양사실로 그네 했네
>
>그 그네를 뛰자하니
>끊어질까 염려로다
>
>끊어짐은 걱정말고
>양팔심귀 굴러주게[1]

민요인데 우선 유의하여지는 점은 3구분의 구분이다. 따라서 익숙하게 눈에 들어오는 리듬이다. 그러나 너무 심리 언어적 리듬을 강하게 내세우면 그것은 심리주의에 빠질 우려가 있다. 또한 마음에 부수되는 리듬만을 강조하면 죰스키 *chomsky*가 내세운 마음에 표상된 언어는 부수현상이라는 아이러니에 빠지게 된다. 때문에 더 이상 실증적으로 개념화할 수 없는 리듬만을 본 논문에서 강조할 수는 없다. 그러므로

---

[1] 김소운, 『조선구존 민요집』(서울: 제일서방, 1933)., 노래번호 119.837

어디까지나 운문적인 문학작품을 통한 통시적 해독방법에 의존하게 된다. 사실 시조리듬이 고대에는 줄글이었고 띄어쓰기가 아니 되어 있었다. 그러나 호흡을 따라 읽고 해독하는 가운데 차츰 그것은 3개의 의미단락에 있으며, 슬기로운 우리의 리듬이 3·4의 리듬임을 찾아낸다. 일차적으로 이 3개의 의미단락은 그 행을 구별하면서 뚜렷하여져서 시조가 갖는 규측이다. 심리리듬이다.

    시내 강변에 돌도 많다
    쾌칭아 칭치 나네

    청천하늘에 별도 많다
    쾌칭아 칭치 나네
    창락 들에 보리도 많다
    쾌징아 칭치 나네[1]

고립적 자질을 멀리하는 시조심리리듬은 기억집합에서 긍정반응을 보이는 평균 반응 3단락의 리듬에 머무른다. 이 통제된 리듬의 시조 특징은[2] 다단계 즉 향가-속요-시조-가사-자유시라는 다단계 저축과정임에도 불구하고 제한 용량이 없는 망각되지 않은 인지 리듬이 되고 있어서 시조의 심리적 리듬영역의 확대성을 가늠하게 된다.

---

1) 김무헌, op.cit., 63.
2) 최 철, 『한국민요론』(서울: 집문당, 1986)., 270-275.

다단계 심리리듬 시조는 독특한 언어 혹은 시조시어로 구성되어 있거나 철저한 고정관념에 의한 리듬으로 규정지어졌을 것이라는 철조망을 두어 단정하는 경우가 많다. 그러나 시조는 한 시인의 내재적 질서에 의하여 시적인 랑그로서 표출되기에 시어의 랑그는 선입관념적인 시조리듬이라는 독특한 한정성으로서만 고정된 것이 아니다. 오히려 운문적 질서 안에 산발적으로 자율적이 되는 내재성이 있으며 그 내재성은 시조의 특이한 리듬의 의미가 되는 관여를 동시에 갖는다.[1] 따라서 이 법칙은 시조의 장르 아닌 다른 운율을 가진 시가에서도 시조의 특징적 가능성을 찾아 볼 수 있게 한다.

『대악후보』나 『금합자보』의 만대엽만 하더라도 악보상의 차이에도 불구하고 전체의 5분절성이라 하더라도 중엽과 대엽 등을 떼버리고 나면 전강, 중강, 후강으로 된다. 따라서 어떤 위치에 관계없이 엽은 덧붙여진 것으로 보아[2] 온 것처럼 엽의 부분들을 제하고 시조와의 유사성을 발견해 낼 수 있다.[3] 이뿐만 아니라 전강, 중강, 후강 형식 「정읍사」 「동동」을 찾게 된다. 기본적인 3분의 심리리듬은 용비어천가에서도 1장에서부터 124장까지 초장과 중장의 대립적 리듬이 되면서 125장이 시조의 초·중·종장의 리듬과 유사성에 있

---

1) 홍문표, 『시어론』 '시문장의 랑그' (서울: 양문각, 1995)., 279
2) 이혜구, 『한국사』 권6 '고려시대의 음악' 국사편찬위원회, 439.
3) 김대행, 『시조유형론』 (서울: 이화여자대학교출판부, 1986) 참조.

다. 특히 125장 리듬에서 종장의 초구의 특징인 감탄사가 발견되는 것 등은 시조의 리듬[1]과 같다. 이러한 결과를 정리한다면 우리 한국인들의 심리리듬은 어느 장르이던지 늘 발견되는 정형시조심리리듬이다.

```
아가야 너는 혼자 외로와 외로와        3 · 4 · 3 · 3    초장
그 귀 익은 창가를 소리 높혀 부르고     4 · 3 · 4 · 3    중장
날마다 날마다 고와지는 좋은 백골이 되랴 3 · 7 · 5 · 2  종장
                              -유치환 「육년 후」에서

조국이며 영광이여 굽이굽이 애정이여   4 · 4 · 4 · 4    초장
오늘의 묘묘한 광명이 얼싸안아        3 · 3 · 3 · 4    중장
내 새온 갈아입고서 다시 보려 하오니   3 · 5 · 4 · 3    종장
                              -유치환 「찬가」에서

얇은 사 하이얀 고깔은 고이 접어서 나빌레라 3 · 6 · 5 · 4  초장
파르라니 깎은 머리 박사고깔에 감추오고    4 · 4 · 5 · 4  중장
두 볼에 흐르는 빛이 정작으로 고와서 서러워라 3 · 6 · 4 · 4  종장
                              -김상옥 「도장」에서

떠도는 맑은 공기 암암한 옛 양자라     3 · 4 · 3 · 4    초장
아리따운 사람이 다시 오는 듯         4 · 3 · 2 · 3    중장
보냐고 그리는 정은 싫지않다 하여라    3 · 5 · 4 · 3    종장
                              -조지훈 「매화사」에서

해와 하늘빛이 문둥이는 서러워        2 · 4 · 4 · 3    초장
보리밭에 달이 뜨면 애기 하나 먹고     4 · 4 · 4 · 2    중장
꽃처럼 붉은 울음을 밤새 울었다       3 · 5 · 2 · 3    종장
```

---

[1] 졸저, 『이상시 연구』(서울: 양문각, 1989)., 232. 참조.

-김상옥 「문둥이」에서

 위 시들은 시조시인이라 별칭 되지 않음으로 오히려 시조의 정형 심리리듬이 발견되는 예이다. 시조리듬이 지니는 특이한 운율조형으로 한 자유로운 리듬 안에 정형리듬이 접근된다. 해독 전략에 의한 발견 리듬 시조작품이 지니는 심리리듬 논리는 배병창도 심리리듬 견해1)를 밝힌 바 있다. 평시조·엇시조·사설시조가 지닌 리듬을 여섯 토막을 특징으로 하는 리듬을 비단 시조작품 아닌 곳에서도 늘 나타난다. 사설시조의 경우 평시조의 형식에서 두 줄 이상이 여섯의 토막으로, 어느 한 줄이 여덟 토막으로 늘어난2)다. 사설이란 촘촘히 박아놓는다는 뜻이 있어서 평시조가 사설시조로 바뀌어도 곡의 장단과 호흡이 시조작품의 정형리듬에 근거한다.
 운문 장르의 시조 심리리듬 해독전략 *parsing strategies*이 있다. 모든 운문 장르에서 보이는 전체성으로 돌출 된다는 가설을 세워보아도 무리가 없다. 그 이유는 초장·중장·종장에 대한 개념에 대한 정의가 곧 한국 운문들의 보편성의 의미리듬으로의 생성성이라는 논의의 가능성에서이다. 이 자생성의 이론은 이러한 운문의 통사처리에 의한 시조의 심리리듬의 논의의 확실성이 되는 동일성이다. 시조작품으로 불

---

1) 배병창, '현대시조의 미학' 「시조문학 3집(서울: 학문사, 1975)., 75.
2) 조동일, 『한국문학통사』.,291-295.

리어지지 않는 여러 시들에서 정형시조심리리듬으로 내포한다. 이 삼재문학三才文學을 알아내기 작업의 이론 결실을 보기 위하여 편의상 1)의 리듬·2)의 리듬·3)의 리듬이라 명명 가칭하고 심리리듬을 더 탐색할 수 있다.

    내 고장 7월은
    청포도가 익어가는 시절
                                     - 1)의 리듬

    이 마을 전설이 주저리주저리 열리고
                                     - 2)의 리듬
    ……

    아이야 하얀 은쟁반에 모시수건을 마련해 두렴
                                     - 3)의 리듬
                                 - 이육사 「청포도」에서

    꽃 피었다 닢 피었다 앞산 뒤뜰의
                                     - 1)의 리듬
    ……
    열매 맺고 씨 품어서 직분 다하랴
                                   - 2)의 리듬
    ……
    아아 우리 소년들아 가서 친하랴
                                   - 3)의 리듬
                           - 최남선 「들 구경」[1]에서

최남선도 이육사 시와 같은 연계선상에 있다고 보아지는

---

[1] 『소년』 제3년 3권 1910. 5. 15., 1. 35..

것은 3연의 첫 마디에 감탄사가 발견되는 점이다. 이러한 감탄사는 이상 시에서도 시제 9호에서 '참 나는^{줄친부분}' 이라고 하는 감탄사가 발견된다.

> 매일같이열풍이불드니드듸여내허리에큼직한손이와닷는다.황홀한지문골작이로내땀내가슴여드자마자쏘아라. 쏘으리로다. 나는내소화기관筲에묵직한총신을늣기고내담으론입에맥근맥근한총구를늣긴다.그러드니나는총쏘으듯키눈을감이며한방총탄대신에<u>참나의</u>입으로무엇을내여배앗헛드냐
> — 이상시 「오감도」 시 제 9호

시조의 정형리듬 닮음 꼴은 이승훈도 이상시의 시제1호에서 전통 시 리듬을 내재리듬으로 한다.[1] 그것은 오감도 시제 1호에서 23행이 전반부인 1행에서부터 15행까지가 시조의 리듬이라는 것이다. 그래서 이 시가 사랑을 받을 수 있었던 이유 중의 하나를 전통성 때문이라 하였다. 한국문학의 특성은 이러한 연구는 누가 일시에 창작해 낸 리듬보다는 오랜 역사를 가진 민족의 특성으로 하여 광의의 정형시조리듬이 「정읍사」 나 「만전춘」 이나 민요 그리고 현대시가 아닌 『용비어천가』에서도 시조작품 내재율을 가진다. 현대시[2] 이육사의 「청포도」 시는 의미리듬으로 3구분으로 설정되어 있으며 미래의 시간이 1)의 리듬으로 자리 잡고 이와는 다른 2)의

---

1) 이승훈 『이상시연구』(서울: 고려원. 1987)., 300.
2) 조동일, 『한국문학통사』(서울: 지식산업사, 1992)., 181.

리듬으로 대칭되다가 3)의 리듬에서 아이를 불러 은 쟁반에 하이얀 모시수건을 마련해 둘 것을 지시한다. 이러한 이육사의 심리리듬은 율박의 관점에서 시조 율을 가진다.[1] 이처럼 자수율이나 율박의 리듬에서도 논의될 수 있는[2] 시조의 심리리듬이다.

소월시가 인구에 회자할 수 있었던 것은 심리 어휘집이 이루는 마디의 3장적 정형시조심리리듬에서이다. 소월시의 심리 심리리듬은 작품 전체에서 주는 불안정, 혹은 음상을 외연으로 하는 호소력에서 이를 안정시키는 양장시조의 안정리듬을 가지는데 있다. 2분형식의 3단 구조에서이다. 고려가요의 3보격이 동량 3보격이라면 소월 시나 시조의 리듬이 가지는 3음보이되 양장시조리듬형식은 시조작품이 가지는 심성어휘집으로 구성됨 때문이다. 겉으로는 3음보·3행·3연 등의 불안정성에서 이를 내면적인 안정시키는 완전 지향리듬이다.

이것은 시조의 심상어휘집인 동시에 시조심리리듬이다. 시인에서 발견되어지는 시조심리리듬 집은 한용운의 경우 1920년경 작품에서 그대로 드러나기도 한다. 시조의 작품에서 '님'이 '조국'[3]이다.

---

1) 신웅순, '육사시에 있어서의 시조 —考. 『명지어문학』제 23호 pp. 243-260 참조
2) 조창환, '소월시의 구조' 『국어국문학』100호 228 p. 228.
3) 남기택, '항일민족시의 전통성 고찰' 『한국현대문학과 전통』(서울: 신원문화사, 1993)., 439.

이순신 사공삼고 을지문덕 마부삼아
피사검 높이 들고 남선북마(南船北馬) 하여볼까
아마도 님찾는 길은 그뿐인가 하노라1)

이 시조를 포함한 시조 13수는 한용운 시의 주제가 되고 있는 님에 대한 의미전달이다. 외형률이 시조 리듬 근거이다.

비밀입니까 비밀이라니요 나에게 무슨 비밀이 있겠습니까　　**1)의 리듬**
나는 당신에게 대하여 비밀을 지키려고 하였습니다마는 비밀은 야속히도 지켜지지 아니하였습니다

나의 비밀은 눈물을 거쳐서 당신의 시각으로 들어갔습니다　**2)의 리듬**
나의 비밀은 한숨을 거쳐서 당신의 청각으로 들어갔습니다
나의 비밀은 가슴을 거쳐서 당신의 촉각으로 들어갔습니다
그 밖의 비밀은 한 조각 붉은 마음이 되어서 당신의 꿈으로 들어갔습니다
그리고 마지막 비밀은 하나 있습니다　　　　　　　**3)의 리듬**
그러나 그 비밀은 소리 없는 매아리와 같아서 표현할 수가 없습니다
　　　　　　　　　　　　　　　　　　　- 한용운 「비밀」

한용운의 리듬은 사설시조형식이다. 의미의 구분이 되는데2) 이 1)과 2)의 리듬은 시조장르에서 보여주는 반복리듬이 의미에서 전개된다. 겹치던지 혹은 그 이상이든지 같은 리듬으로 반복 이 1)과 2)의 리듬이 되는 일은 시조작품의 초장과 중장의 심리리듬3)이다. 이러한 은밀한 심리리듬은 처음에는

---

1) 『한용운전집』(서울: 신구문화사, 1979)., 176.
2) 조명환, 『언어 심리학』1988년
3) 이영지, 『한국시조문예미학』(서울: 창조문학사, 2020)., 참조.

님의 눈물 속에 시각으로 들어가 떨리는 촉각으로 흐르는 애 틋한 비밀 현실성이다. 이에 마지막의 3)의 리듬에서는 그 매 아리가 자신에게로 돌아와 자신의 비밀로 존재함을 보여준 다. 결국은 님이 요구하는 비밀에 도달하는 경지이다. 이러한 우회적인 역설은 한용운의 『님의 침묵沈黙』 전체에서 수용되 는 것이기에 이별과 헤어짐의 공간이 결국 자신에게로 향하 는 해탈경지다. 이러한 시조의 심리리듬 근접은 우리시가가 지닌 정서로 이별이 허용되지 않는 지경까지 오는 힘이다. 이별과 헤어짐의 공간과 만남이라는 3리듬1)의 치유시조심리 리듬이다.

박목월 시의 경우 「폐원」 시에서는 이 1)의 리듬에서 2 · 3 · 3 · 4 · 4이고 2)의 리듬은 3 · 2 · 5 · 5 · 3 · 2 · 5 · 3 · 4이다. 실제 1)의 리듬에서는 '눈이 와 · 눈 속에 돌층계가 잠드는데 초장의 의미리듬이 있다.

눈이
오는데
눈 속에 돌층계가 잠드는데   1)의 리듬
눈이 오는데
눈 속에
가난한 장미가지가 속삭이는데

---

1) 채수영, '만해시와 원' 『한실 이상보 박사 회갑기념논문집』(형설출판사)., 621.

옛날에
하고
내가 웃는데
하얀 길 위에 내가 웃는데
옛날에…
하고
그가 웃는데
서늘한 눈매가 이우는데
                                                      2)의 리듬

눈 위에
발자국이 곱게 남는다
망각의
지평선이 멀리 저문다
                                                      3)의 리듬
                                                  - 「폐원」에서

이 심리리듬은 1)의 후자를 반복의 허사의 리듬으로 놓아 생략되어도 좋을 리듬으로 놓고 있다. 2)의 리듬에서도 '웃는데… · 서늘한 · 눈매가 · 이우는데'라고 하는 심리리듬이 내재되어 있다. 따라서 '옛날에 하고 내가 웃는데 이우는데'라고 하는 심리리듬으로 이어진다. 따라서 3)의 리듬에서도 본질적인 3의 리듬을 앞세우면서 6 · 3이 반복리듬으로 놓인다. 이 의미리듬은 종장 특징으로 '눈 위에 발자국이 곱게 만든다'를 종장 1, 2구로 보거나 혹은 '눈 위에 발자국이 곱게 남는다'를 종장 1, 2, 3, 4구로 보거나 모두 반복리듬이다.

따라서 이러한 심리리듬은 다른 「3월」 「청노루」 「불국사」 시에서 각 장이 4음보인 시조심층리듬에 근접한다. 「산」은 초·중·종장의 심리리듬에 근접한다. 목월시의 이러한 전통적 요소는 자연을 자연 그대로 문학작품에 반영시킨 것이 아니라 자연이 인간화 된 것이다. 그만큼 자연이 인간화 된 인간위주의 사상으로 이어진[1]다. 그 근저리듬은 민요적 율격요소리듬이다.

  이 산재하는 시조 심리리듬은 음양과 그 결합을 전제로 조직된 심리리듬이다. 이 구조의 리듬은 자연의 대응리듬과 그 순환이 되는 심리리듬이거나 역순환의 리듬으로 엮어진다. 구원의 문학으로서의 그 가치를 가진다. 정형시조심리리듬에서 완전히 벗어나는듯한데 오히려 더 접근 심리리듬이 있다.

      눈이
      오는데
      눈 속에 들 충계가 잠드는데

      눈이 오는데
      눈 속에
      가난한 장미가지가 속삭이는데

                                        1)의 리듬

      옛날에
      하고
      내가 웃는데
      하얀 길 위에 내가 웃는데
      옛날에…

---

  1) 채수영, '박목월 시에 나타난 전통적 요소' ., 561.

하고
그가 웃는데
서늘한 눈매가 이우는데
                     2)의 리듬

눈 위에
발자국이 곱게 남는다
망각의
지평선이 멀리 저문다
                     3)의 리듬

 시가 지니는, 애매 모호성은 소월의 「산유화」가 산에 꽃이 있음을 주제로 한 것이라면 "저만치 홀로 피었네"는 꽃 한 송이만 달랑 피는 산이 아니라 산에 꽃이 많은 뜻이 있음으로써 시의 은유적 긴장인 애매 모호성을 만든다. 시적 긴장이 있을수록 극과 극의 대응관계는 극적인 유기성을 이루게 되는데 꽃의 존재 즉 산에 있는 많은 꽃들의 삶의 존재는 언제나 홀로 피는 존재이다. 하나의 존재에 하나의 삶만이 있는 것은 하나의 존재가 두 개의 삶이나 남의 삶을 가질 수 없다. '산'에 저만치 홀로 핀 존재 모두가 홀로 저만치 영광스럽게, 홀로 저만치 자랑스럽게 피는 존재이다.

 이에 대한 설명으로 "가을 봄 녀름 업시 피네"에 있다. 자연의 순환성에 비추어 본 이 시의 기간은 2년이다. 겨울을 지난 가을과 봄과의 관계는 일 년이면 피었다가 스러지는 꽃도 아니고 겨울에도 필 꽃이다. 이러한 꽃의 저만치 홀로 피어있는 꽃의 존재에게는 산에 사는 작은 새가 그 꽃이 좋아 산에 있게 된다. 이 시의 새는 큰 새가 아니며 보통 새도 아닌 '작은 새'이다. 이러한 꽃의 저만치 호로 피어있는 꽃의 존재에게는 산에 사는 작은 새가 그 꽃이 좋아 산에 있게 된다. 이 시의 새는 큰 새가 아니며 보통 새가 아닌 작은 새이다. 작은 새는 저만치 가을 봄 여름 없이 피는 큰 존재이다. 꽃을 좋아하며 산에 산다. 진달래 꽃 시의 '그 꽃' 처럼 시에서 '꽃이 좋아'의 가을과 겨울과 봄 그리고 여름에 영원토록 같이 산다. 산에 사는 작은 새는 이 꽃이 좋아 산에 삶으로서 산은 삶의 동산이 된다.

> 산에는 꼿지네
> 꼿치지네
> 갈 봄 녀름업시
> 꼿치지내
>
> 산에는 꼿피네
> 꼿치피네
> 갈 봄 녀름업시
> 꼿치피네

소월시의 매력은 전통시가 가지는데 있다. 시조의 경우 종장 4구에 해당하는 '하노라' 류의 생략형 어미와 연계된다. 「진달래 꽃」 시 4연은 시조처럼 허사 리듬을 가진다. 이것은 「산유화^{山有花}」의 시제목이 「산무화^{山無花}」'가 아니기 때문이다. 또한 산에 사는 작은 새가 꽃이 좋아 산에 살듯이 산에 사는 작은 새는 꽃이 없는 것이 싫어 살지 않을 것이기 때문이다. 그런고로 4연은 없어도 좋을 허사 리듬이지만 시의 아름다움을 위해 존재하게 된다.

  이러한 전통적인 시조의 리듬과 시의 전통성이 결합한다. 실제 김소월은 시조형태의 시를 발표한바 있다. 시조나 김소월시나 그리고 이상 시가 보여주는 종장형의 3음절 고정 탄구는 대립된 리듬의 관계를 합치는 흥겹고 우렁찬 절대의 소리로서의 정격음조 및 정격 율 및 정격 음수이다. 이것은 우리들 자신이 본래부터 지니고 살아온 무의식의 심층탐구에 깊이 들어있는 의식구조로서 음향의 화합으로 보던 혹은 이퇴계가 말하는 이와 정의 대극적인 합일이던지 모두 반대 혹은 상응의 원리가 우주적 음위율에 기인하기 때문이다.

  본 연구자에 의해 이상 시와 시조의 율격의 같음을 도해한 것이다.

1(3)	2(4)	3(3)	4(4)	初章
四對	2(4)	3(3)	4(4)	
1(3)	2(4)	3(3)	4(4)	中章

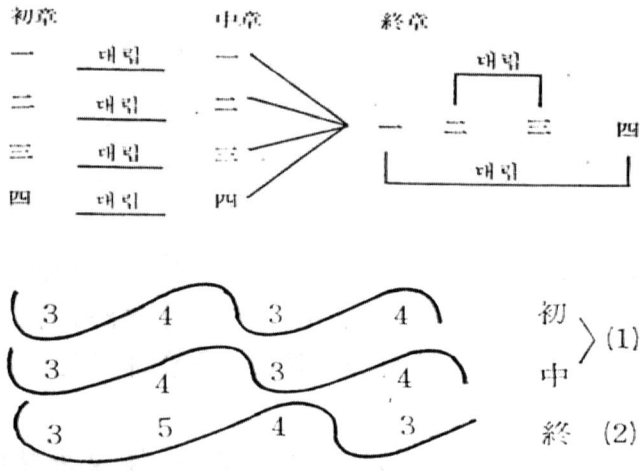

　이상 시와 전통시를 같이 논할 수 있는 이상 시의 전통성을 찾았기 때문이다. 우리의 시, 우리의 율격, 우리의 전통 소리는 하늘에 닿아 있고 그 뜻도 그러하기 때문에 한국의 그 고유한 호랑이 많던 시절을 일제가 다 호랑이를 죽였으나 한국이 아직 살아 있듯이 잠재된 대한민국 그 심층 밑바닥에 그리고 한국고유의 음식이 있듯이 우리는 살아 있다. 한국의 삼한 사온이 가지고 있는 기후의 오묘한 진리를 시조도 가지고 있고 이상 시도 가지고 있고 그리고 지금 우리들의 시도 가지고 있다. 천지만물을 보고 하나님의 뜻을 헤아리는 민족이 우리 민족이고 우리 시이다. 이상 시의 전통성이다.
　대립의 합이 존재한다. 한국인의 마음에 자리 잡고 있는 상응의 원리가 시조 3장 종장 첫 분절의 우렁찬 소리이고 이와 대립 혹은 상응되는 끝구는 허사 리듬을 가진다.

전통성의 리듬 근거는 시조의 원리와 이상 시에서 발견된 동일 리듬과 그 율격들이다. 오감도의 시제 호 들에 대한 대립적 리듬과 조화의 리듬은 이상 시의 율격에서 논한바 있다. 그런데 이것은 전통성과 연계시킨다고 할 때 전장에서 보아온 황진이 시조와 동일음위율에 있다. 이상 시의 이러한 리듬체계는 물론 오감도가 전통 시와는 다르지만 오감도에서 전통성은 발견된 것이 된다.

그런데 이러한 3개의 구분과 함께 오감도는 시조의 초·중·종장에 관한 관계와 같다[1]고 할 수 있는 논증과 일치한다. 그리고 특히 시제9호에서 감탄의 경지인 감탄사의 예들과 같은 전통시의 특징[2] 들은 비단 시조 종장의 '아이야' '어즈버' 같은 음위율뿐만 아니라 다른 장르의 시가에서도 발견되는 특징이다.

처음과 둘째의 의미단락들이 대립되거나 상응되는 우리의 시가들은 그 유사성이 발견된다. 그리고는 세 번째는 이들을 합하거나 어느 한 쪽을 택하는 조화의 리듬이 되는 이것은

---

[1] 이영지, 「시조의 초·중·종장에 관한 연구」『시조문학』, 1985. 여름호.
[2] 이영지, 「이상의 시 오감도의 구조」『국어국문학 93』 국어국문학회. 1985., 329~365 참조.

한국시의 기본원형이다.

　황진이 시나 이상 시나 소월시 만을 본보기로 삼는다는 단순론을 벗어나기 위해 우리의 전통시성을 시가에서 찾아본다. 편의상 대립이나 상응리듬을 ① ②로 표기하고 제 3의 조건 화합이나 감탄, 그리고 조화의 리듬을 3이라 해본다. 고시가들에는 「처용가」를 비롯한 「쌍화점」「청산별곡」「용비어천가」 등이 있다. 이러한 작품들도 우리의 전통의식인 시조작품다운 내재율이 있다. 이들은 처음 행과 다음 행이 서로 나란히 놓이는 병치관계를 가진다. 혹은 처음 행과 다음 행이 치환율을 보이는 예도 있다. 이 치환법칙은 다른 언어로 바꾸어 놓는 경우에 해당된다. 가령 예를 들면 '그 여자는 달이다' 라던가 '하늘이 꽃이다' 등의 예를 들 수 있다. 특수하게 개인의 정서가 반영된다. 이들의 언어가 합쳐져서 시다운 효과를 드러내어 정서감각을 높이 평가하게 된다. 우리 시가에는 이러한 언어들로 바꾸어 예로부터 정서적인 민족임을 자랑해 왔다. 달 속에 토끼가 산다고 믿는 정서 등이 그 예이다.

① 식볼불기드래 밤드리 노니다가
② 드러내 자리를 보니 가르리 네히로라
③ 아으 둘혼 내 해여니와 둘은 뉘해어니오

- 「처용가」

① 쌍화점에쌍화사라ㄱ신ᄃᆡ
② 회회아비ㅣ 손모글주여이다
③ 이말ᄉᆞ미이점밧긔나명들명
　…
　　다로러디러죠고맛감샷기광대네마리라호리라
　　디러러거지리에나도자라가리라
　　　　　　　　　　　　　　　　　　-「쌍화점」

① 살어리살어리랏다　　가던새가던새본다　　살어리살어리랏다
　청산에살어리랏다　　믈아래가던새본다　　ᄇᆞ르레살어리랏다
　멀위랑ᄃᆞ래랑먹고　　잉무든장글란가지고　ᄂᆞ므자기구조개랑먹고
　청산에살어리랏다　　믈아래가던새본다　　ᄇᆞ르레살어리랏다
② 우러라우러라새여　　이링공뎌링공하여　　가다가가다가드로라에
　자고니러우러라새여　나즈란디내와손뎌　　정지가다가드로라
　널라와시름한나도　　오리도가리도업슨　　사ᄉᆞ미갌대에올아셔
　자고니러우니노라　　바므란쪼엇디호리라　계금을혀거를드로라
③ 어디다더디던돌고 …　　　　　가ᄯᅳ니빅브른도긔
　누리라마치던돌코　　　　　　설진강수를비조라
　뫼리도괴리도업시　　　　　　조롱곳누로기ᄆᆡ와
　마저서우니노라　　　　　　　잡ᄉᆞ와나내엣디ᄒᆞ리잇고
　　　　　　　　　　　　　　　　　　-「청산별곡」

① 해동 6용이 ᄂᆞᄅᆞ샤 일마자 천복이시니 고셔이 동부ᄒᆞ시니　1장
② 불휘기픈남ᄀᆞᆫ ᄇᆞᄅᆞ매 아니 그츨ᄊᆡ 곶됴코 여름하ᄂᆞ니
　ᄉᆡ미 기픈 무른 ᄀᆞᄆᆞ래 아니 그츨ᄊᆡ 대히 이러바래 ᄀᆞᄂᆞ니 2장
　주국대왕이 유곡에 사ᄅᆞ샤 제업을 여르시니
　우리 시조이경흥에 사ᄅᆞ샤 왕업을 여르시니　　　　　　2장

　　…
　주주정학이 성성에 블ᄀᆞ실ᄊᆡ 이단을 배척ᄒᆞ시니
　상계사설이 죄복을저히 읍거든 이 ᄠᅳ들 닛디 마ᄅᆞ쇼셔　124장

③ 천세 우희 미리 정ᄒᆞ샨 한수북에 누인개국ᄒᆞ샤 복년이 ᄀᆞ업스시니
　성신이 니ᅀᆞ샤도 경천동민ᄒᆞ샤ᅀᅡ 더욱 구드시리이다

님금하 아르쇼셔 욱수에 산행 가이셔 하나빌 미드니잇가　　125장
　　　　　　　　　　　　　　　　　　　　　　　- 「용비어천가」

　처용가는 밤이 늦도록 달과 논 높은 세계를 이미지로 하고 있고, 그와는 정반대인 세계의 현실적 비참함이 드러나고 있으며 짚대에서는 신적 자세로 이를 초극하려 한다.[1] 쌍화점은 쌍화를 사러간다는 순수한 목적론이 대두된다. 그 목적과는 다른 현실적 실상이 보이며 이에 대한 현실 세계에서는 이에 대한 해결책의 조화를 제시하고 있다. 또한 청산별곡도 '청산, 새, 바르, 머루, 구조개'의 시어가 주는 이미지와 관련되면서 인간이 현실을 떠나 이상향으로 가고 싶은 욕망과 그 꿈 실현과정까지 표현되고 있다. 현실 세계에서는 시름, 울음, 오리도 가리도 업슨, 사스미 짚대에 올아서 해금을 혀는 삶의 고달픔과 고독이 있다. 인간 실존의 중요함이 되겠고, '설진강수를 비조' 권하는 '비브른독'의 여인과 어울리는 삶의 조화이다.
　한국시에서는 현실과 동떨어진 세계를 ③에서 완전히 이루는 것이 아니라 인간끼리 어울리는 뜻을 중요하게 생각하는 조화리듬을 찾아 볼 수 있다. 이것은 이상 시나 시조 같은

---

1) 일연, 『삼국유사』(서울: 민중서관, 1957)., 58. - 그대의 아내를 부러워한 나머지… 그대는 성냄이 없으니….
　여증동, 「고려처용노래연구」 『가료여요연구』(서울:정음사, 1980)., 439: 처용이 스스로 물러섰다.

음위율에 있다. 그 예로 용비어천가는 제1장부터 제125장까지 되어 있다. 제 1장은 시조의 초장과 같은 리듬을 지니고 있고 제2장부터 제124장까지는 초장·중장의 리듬을 지닌다. 그리고 제 125장은 초·중·종장의 형태로 되어 있다. 특히 제3장부터 124장은 초장이 중국고사의 내용이고 중장은 이조사의 내용을 적고 있음으로써[1] 중국과 이조의 대립적 율격 관계로 볼 수 있다. 그리고 제125장은 초장의 초구 '님금하' 와 같은 3장의 구체적 리듬구조 때문에, 용비어천가는 '님금하' 에 관한 내용이 있음을 알 수 있다. 특히 용비어천가가 이어져서 한국시의 미적 리듬의 체계를 이해하는데 도움을 주고 있다.[2] 즉 ① 초장 ② 초·중장 ③ 초·중·종장의 리듬구조에 있다.

제 3장부터 제 124장까지의 의미적 리듬은 처음의 중국사 전개, 가장 바람직한 의미의 리듬으로 조명시켜 놓았고 둘째 행의 경우는 현실적 이조역사의 당연성을 의미의 리듬으로 하고 있다. 그런데 제 125장에서는 시조의 종장 초구처럼 감탄사 '님금하' 를 음위율로 놓아 용비어천가가 전통적 시조 맥락선상에 있음을 보여준다. 한국문학의 특징은 신라시대 있었던 삼대목의 리듬에 준한다. 수천 년을 이어오면서도 끊

---

1) 허웅주해, 『용비어천가』(서울: 정음사, 1979)., 참조
2) 장사훈은 전장이 시조형식으로 되었다고 하였음.

어지지 않는 전통리듬이다. 그것이 시이든 혹은 시조이든 그리고 의미의 분류이든 아니면 내용상의 분류이든 그 흐름은 이 시조리듬 흐름에 준한다. 흐름의 내면에 흐르는 리듬의 강물은 여전히 한국을 대표하는 전통적 리듬으로 이어진다. 묵은 역사만큼 값어치 향기가 짙고 그리고 아름다움을 보존한다.

잊혀 지며 깊숙이 숨어 있는 듯한 우리의 문화는 연구하면 할수록 고개를 들고 일어나 살아난다. 그토록 시골을 떠났던 사람들은 문명의 이기로는 해결할 수 없는 참다운 우리의 음식문화를 시골 깊숙한 마을에서 찾아낸다. 가장 대표적인 문화의 양상들은 그대로 남아 음식이며 옷이며 생활에서 서정 작품에서 되찾아진다.

그 이유는 무엇일까! 바로 우리의 역사 기간이 아직도 정확히 계산을 할 수 없을 만큼의 이어져오는 데 있다. 우리의 멋은 자연이 아름다운 만큼의 아름다운 삶을 살아 유지되어 온 비결이다. 그 매력은 3구분의 매력이다. 그 뚜렷한 구분은 천·지·인의 조화이다. 이미 가장 오래된 우리의 역사에서 시작 된 그 때의 시원사상은 조화시대가 있었고 신정기 시대에 신 하나 님이 있다는 증거들이 발견된 십자모형이다.

현대시로서도 여전히 이상 시 오감도는 셋으로 구분된다. 전통시의 리듬이 처음과 둘째 리듬이 대립이나 상호 상응하는 리듬이고 세 번째의 리듬이 조화의 리듬이라면 어디까지 이 리듬이 세분가능한지를 시도해 볼 수 있다. 따라서 오감도의 시 한 문장에 따른 대립 혹은 상응요소 그리고 조화의 리듬을 알아 볼 수 있다.

다음은 의미리듬의 3分 리듬의 예이다.

시 제 호	의미적 리듬
① 13인의아해가도로로질주하오	살려는 본능의식
② 제1의아해가무섭다고그리오.	무서움
③ 제13의아해는무서운아해와무서워하는아해와그렇게뿐이모였소.	①과 ②의 조화리듬
① 그중에1인의아해가무서운아해라도좋소	무서운아해의 힘
② 그중에2인의아해가무서워하는아해라도좋소	무서워하는아해
③ 아해가 도로로질주하지아니하여도좋소	①과 ②의 해결
① 아버지가나의곁에서조을적에나는나의아버지	아버지가 됨
② 나의아버지대로나의아버지인데	현실
③ 나는왜··아버지노릇을한꺼번에	①과 ②의 결과 조화리듬
① 싸움하는사람은즉싸움하지아니하던사람이	사람의 정의
② 싸움하는사람이싸움하는구경을하고싶거든	현실성
③ 사람이싸움하지아니하는것을구경하든지하였으면그만이다	①과 ②의 절대가치가 된 조화리듬

① 환자의 용태에 관한 문제	환자를 고쳐야 할 순수한 문제
② ·············	치료과정
③ 진단 0.1. 26. 10. 1931 이상 책임의사 이상	완치
① 전후좌우를제하는유일의흔적에있어서	존재의 흔적
② 익은불서 목대불도	부부의 일상성
③ 장부라는것은침수된축사	①과 ②의 현실적 조화리듬

| ① 이소저는신사이상의부인이냐그렇다 | 사전적 의미의 부부 |

② 저기가저기지 나 나의 이 너와 나　　　　　　　　거리감
③ 그러나과연그럴른지그것조차그럴른지　　　　　　믿음
① 영원적거의지의1지에피는현화　　　상대방에 의하여 빛나는
② 적거의지를관류하는일봉가진,　　　　　　　　　헌신
③ 천량이올때까지　　　　　　　①과 ②의 조화리듬, 기다림

①평면경에수은을현재와반대측면에도말이전　　수술목적의 순수성
②시험담임인은피시험인과포옹함을절대금함　　①의 리듬, 금기사항
③ ETC아직그만족할만한결과를득지못하였음　　수술결 좋지않음
① 야외의진공을선택함위선미취된상지의첨단　　진공세계에서 수술
② 연하야수은주를재래면에도말함　　　　　①의 율겨그 병의 재발

③ ETC 이하미상　　　　　　　　　①과 ②의 결과미상

① 매일같이열풍이불드니드듸여내허리에　　　　분위기조성
② 그러드니나는총쏘으듯키눈을감이며　　　　　일상성
③ 참나의입으로무엇을내여배앗헛드냐,　　　　　감탄
① 찢어진벽지에죽어가는나비를본다　　　　　　나비를 봄
② 날개축처어진나비는입김에어리는　　　　　　①의 사는 방법

③ 이런말이결코밖으로새어나가지는　　　①과 ② 조화, 재생의 비밀

① 그사기컵은내해골과흡사하다　　　　　　　사물의 닮은꼴
② 그팔에달린손은그사기컵을번쩍들어　　　①의 율격, 사물과의 파괴
③ 그러나내팔은여전하고그사기컵을사수한다　　①과 ②의 지속리듬

① 때문은빨래조각이한뭉텅이공중으로날아　　　빨래조각의 정체
② 흰비둘기의떼를때려죽이는불결한전쟁이시작된다.　　①의 음위율

③ 또한번이손바닥만한하늘저편　　　①과 ②의 조화리듬, 평화선전

① 내팔이면도칼을든채로끊어져떨어졌다.　　　　파괴자의 결과
② 무엇에몹시위협당하는 것　　　　　①의 음위율, 죽은자의 무력

③ 나는이런앏다란예의를   ①과 ②의 조화리듬, 산자의 우월감

① 고성앞풀밭이있고풀밭위에나는네모자를 벗어놓았다.   자유추구
② 공중을향하여놓인내모자의깊이는   떨어질 수 없는 관계
③ 싸늘한손자국이낙인되어언제까지지위지지않았다.   역사

① 1 4
    2 2
② 3 5   마침표의 특징. 앞의 호들과는 다른 일탈의 리듬
    4 8   3분되고 있음
③ 5 2
    6 4

  위의 ① ② ③은 각기 ① 에서 이상이나 꿈 혹은 초월을 상징하는 음위율의 동일성에 있고, ② 에서는 현실 혹은 일상성의 일들이 상징되는 음위율의 동일성을 보인다. ③에서는 ① 과 ② 의 상징들을 결과로 만들거나 합하거나 혹은 선택하는 조화의 리듬에 있다. 그러면서도 ① ② ③은 각기 오감도 시 제 1·2·3·4가 ①이 되고 5·6·7·8호가 ②가 되며 3은 ① ②를 조화의 리듬에 있게 하는 동일 음위율에 있다. 아주 어긋나서 서로 다른 의견의 차이어도 여전히 조화를 갈구하는 한국 국민의 심리 리듬은 셋으로 갈라지며 그 특징을 뚜렷이 시조 리듬으로 한다.
  우리에게는 지금은 아직 발견되지 않는 신비한 삼대목이 있다. 세월이 오래 지난 신라시대의 역사를 셋으로 구분하였

었다. 그리고 시조 3장이 있다. 삼분의 아름다움을 유지하는 슬기로움 바로 그 내려오는 역사가 증명한다.

오감도가 지니는 3분의 신비는 전통시가 지니는 3분의 신비와 같은 동일 음위율이다. 이것은 시조가 필히 3장의 리듬일 때 그 비밀을 논리화할 수 있는 것과 같다. 소월의 시적 신비가 시조의 리듬에 있는 것[1]과 같이 오감도의 시대를 초월한 시적 신비도 전통성의 음위율에 있다.

오감도와 소월시의 특징은 3분의 리듬이되 2분의 리듬으로도 되는데 있다. 즉 처음과 둘째의 구분은 대립리듬이라는 특징에 의하여 하나가 될 수 있는 본질적 원리에 있다. 그리고 이의 힘을 이루는 조화의 리듬은 세 번째에서 있기 때문에 2분의 리듬이 되게 된다. 그런데 이에 대한 동일리듬으로 시조의 초·중장의 동일리듬과 종장의 리듬이 그것이다. 우리나라 말은 처음이 짧고 뒷말이 긴 3·4음절 형태를 지닌다. 주어와 술어의 관계로도 볼 수 있으며, 고려속요의 3음보 음절은 시조의 초·중장의 상징적 자수율에 해당한다.

리듬의 조화를 상징하는 정형률은 전통시의 리듬, 초장 3·4·3·4, 중장 3·4·3·4, 종장 3·5·4·3[2]이 그것이며

---

1) 조창환, ① 「소월시의 구조」 『국어국문학91』 국어국문학회, 1984., 250, '계승과 발전으로서의 전통,' 심상, 1980. 9. 참조

2) 『국어대사전』(서울: 현문사, 1976).
  『표준국어사전』 신기철·신용철 편(서울: 1958).
  『김남석, 『현대시론』(서울: 오성출판사, 1958).

이 표시의 음수율 리듬체계는 각별한 의미를 갖는 것[1]이다. 실제 조사한 바에 의하면 상징적 자수율의 리듬이다.

① 진본청구영언[2]
초장 3·4·3·4 중장 3·4·3·4 종장· 3·5·4·3
② 가람시조집[3]
초장 3·4·3·4 중장 3·4·3·4 종장· 3·5·4·3

③ 노산시조집[4]
초장 3·4·3·4 중장 3·4·3·4 종장· 3·5·4·3

④ 노산시조선집[5]
초장 3·4·3·4 중장 3·4·3·4 종장· 3·5·4·3

④ 푸른하늘의 뜻은[6]
초장 3·4·3·4 중장 3·4·3·4 종장· 3·5·4·3[7]

조사 한 바 시조의 자수율은 주어와 술어가 가지는 접미사 따라붙은 자연리듬이다. 우리의 자생 리듬이다. 한국의 자연 자수는 3·4의 형태를 지니고 있어서 시조 어느 한 수보다는 무의식의 집단의식의 상징적 리듬으로 이해하여야 한다. 조

---

1) 한계전은 한국근대시론형성에 관한 연구(서울대학교학위논문, 1983., 30)에서 한국시의 리듬은 자수율 이외에 다른 어떤 리듬의 요소도 기대할 수 없다 하였다.
2) 『진본청구영언』. 정주동, 유창식 교주.
3) 이병기, 『가람시조집』(서울: 백양당, 1974)
4) 이은상, 『노산시조집』(서울: 한성도서회사, 1932).
5) 이은상『노산시조선집』(서울: 남경문화사, 1958).
6) 이은상『푸른하늘의 뜻은』(서울: 금강출판사, 1979).
7) 이영지, 「노산시조연구」 명지대학교 석사학위논문, 1978. ., 125~139.

운과 춘원1)과 노산의 3장 6구 12음절설도 한국 언어의 리듬인 관계를 이해한데서 정형이비정형비정형이정형2)론이 되었다. 한국의 오랜 역사성에서 생성된 집단무의식의 음수율은 소중한 리듬관계이다. 정형의 율이 그대로 지켜진 시조가 적다고 하는 문제와는 무관한 원형 논리3)로 이해되어야 한다. 전통시가 지니는 3·4·3·4/ 3·4·3·4의 초장 중장의 배열은 동일 숫자의 반복이지만 대립관계이거나 상호 상응관계이다. 이는 정형시가 지니는 4대법에 해당하고 종장에서 이를 마무리 짓거나 합함을 의미한다.

리듬의 선으로 연결하여 본다.

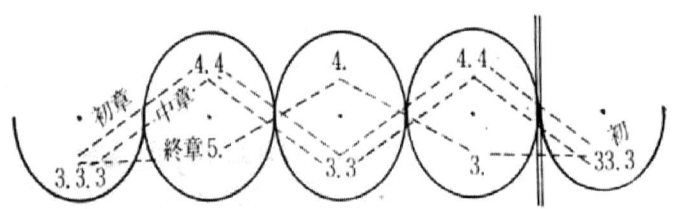

음위율로 놓아본 숫자의 리듬은 초·중장이 동일계열이 되

---

1) 이광수, 「시조의 자연율」 동아일보, 1928. 11.2~7.
2) 이은상, 「시조단형논의」 동아일보, 1928. 4.18~25.
3) 자수율 3·4에 대한 신비는 애서도 언급되고 있다. 은 3이 남성, 4가 여성이라는 것은 만다라 상징이라 하였고, 서아프리카에서는 남자=3 여자=4이며 대서양에서는 단원자로 남자=4, 여자=3, 그리고 북에서는 남자=3, 여자=2로 되어 있다. 남자가 달로 되면서 그 수가 3이고 여성은 태양으로 그 수가 4를 상징한다. 고대 언어에서는 여성이 달이고 태양은 남성이다. 그것은 문화에 따라 다르게 설명되는 것일 것이다. 한국에서는 3은 양수이고, 하늘이며 4는 음수이고 地이다.

고 종장은 그 반대의 리듬으로 끝난다. 이 리듬은 시조의 3장안에 2분이 내재하는 안정성이다. 이 리듬은 시조작품 초 중 종장안에 2분이 내재하는 안정성이다. 오감도의 시제 1~5 시제 2~6 시제 3~7 시제 4~8호가 음위율로서 첫째마디, 둘째마디, 셋째마디, 넷째마디가 되며 시 제9호가 세 번째 첫째마디가 된다. 이어 10 11 12호가 세 번째 둘째마디 13, 14호가 셋째마디, 15호가 첫째마디이다. 시조가 지니는 리듬과 동일음위율이다. 따라서 이것은 시조가 양장 시조가 될 수 있는 리듬과 같다. 실제 노산 이은상은 양장 시조론을 펼치고 또 창작하였다. 이를 증명하는 황진이 시조의 동일음 위율과 자유시의 이상 시와 소월 시에서이다. 오감도 15편의 기본구조는 반복구조 · 분리구조 그리고 통일구조로 되어 있다. 그리고 이들 구조의 특징은 반복·분리·통일성으로 전개된다.

　1·2·3·4호의 반복구조는 시어·시행의 반복에 따라 아해의 탄생·새로운 아버지·싸움 아니하는 사람·거꾸로 된 숫자가 거꾸로 된 숫자와는 관계가 없는 0에 이르러 시적 긴장이 해소된다.

　5·6·7·8호의 분리구조는 통합성에서 분리의 결과가 전후좌우 방위는 남·여의 구별로, 2필은 나와 너로·우주내의 독립된 개체들·해부의 분리가 되면서 분리 그 자체가 끝없

이 이어지는데 있다.

 9·10·11·12·13·14·15의 통일구조는 형식상의 통일성이 되면서 시제로서 현재형이 된다. 과거·현재·미래가 영원한 현재로 되는 관계에 있고 긍정의 변증법적 통합이 되는 3분적 통일성의 전체성에 대한 이해이다. 따라서 오감도의 반복구조와 분리구조와 통일구조의 관계는 통일구조가 반복구조와 분리구조를 다 포괄하는 관계에 있다.

 구조의 상관성을 보면 반복구조와 분리구조는 대립 관계에 있고, 통일구조는 결합하는 특성으로 인하여 결합 관계가 된다. 대립 관계는 1호와 6호가 확대와 수축·2호와 6호가 상승과 하향·3호와 7호가 성과 속·4호와 8호가 피안과 일상의 관계에 있다. 대립 관계는 전연 결합성이 없으나 반대로 9호에서 15까지는 상반된 비유사성에서 오히려 결합적 논리성과 조화에 귀결되는 것이다.

 오감도의 신화 상징은 초월 상징과 일상의 상징·회복 상징으로 되어 있다. 1·2·3·4호의 초월 상징은 1호에서 아해가 무서움을 완전히 퇴행시키는 아해·영원히 사는 아해·무서운 집단의 힘을 발휘하는 아해·막다른 골목을 뚫린 골목으로 만드는 아해로 상징된다. 2호의 내가 아버지가 되는 것은 삶의 무한한 자각의식·영원히 살아있는 아버지·시대를 초월하는 인간애를 가지는 아버지·신적인 아버지를 상징하는 것이 되고 있다. 3호의 사람은 싸움에서 이긴 사람·인간성숙의 가을 상징자로 되어 있다. 4호의 책임의사는 절대능력자·삶을 지속시키는 자·온 인류를 고치고 온 사회의 병듦을 바로 잡아주는 자·의술을 최대한으로 발휘한다.

이와 같은 초월 세계의 상징은 가장 원초적인 인간들의 행위를 표현한 것으로 오해되는 오감도 1·2·3·4호가 그와는 다른 절대성으로 변하여 절대를 상징하는 것에 큰 의미가 있다. 사람이 그의 영역을 열심히 받들어 섬겨서 하늘의 상징적 자리까지 올라가 사람에게 은혜를 베푸는 영웅의식이 된다. 이것은 시 제목이 구태여 효조의 상징인 오烏로 되어야 하는 이유와 같다. 오烏는 열심히 받는 기본 원리에 있으며 드디어는 감瞰의 위에서 굽어보는 위치까지 이르는 상징인 것이다. 이것은 천혜天惠이며 또한 인간의 꿈이 이룩된 상징성이 된다. 이것은 신적 존재를 상징하는 것이다.

5·6·7·8호는 일상적 세계를 상징한다. 특히 5호에서는 자아를 상실한 아我·혼적을 위한 인간의 노력·숨을 곳을 찾는 순환성을 거부하는 아我로 되어 있다. 6호에서는 인간이 인간끼리 서로 알지 못하는 관계에서 빚어지는 고립과 거꾸로 추방을 당하는 인간의 억울함 혹은 두 대상의 서로 소원한 관계와 그리고 역전의 가을이 상징된다. 7호에서는 수술의 반복과 불완전한 인간의 특징들이 애정 모랄의 붕괴로

상징되어 역전이 영속적일 수 없음을 상징한다.

 이와 같은 일상적 세계의 상징은 통합·합일·대응의 상징인 전후좌우·이필二疋등의 상징적으로 분리되면서 고정되어 서로 대응되지 못한 두 사람의 대립 관계를 비극으로 상징하는 것이 된다. 일상의 상징은 일상에서 볼 수 있는 한 인간의 좌절과 절망이 되어 있다. 그 이유의 주된 원인은 시의 표현으로 보면 남성이 여성을 향하여 은혜를 베푸는 상징성이 반영되지 않은데 그 비극이 있다. 이 뜻은 윗사람 혹은 신의 은혜를 거부하는 것이 비극임을 상징한다.

 9호에서부터 15호까지는 회복되는 세계를 상징한다. 9호에서 나는 철저하게 인간적인 자아를 회복하고 있다. 존재의 귀함에 참여하여 절대자를 향한 정신력을 가지고 있는 뜨거운 봄의 상징이 되고 있다. 이러한 가장 인간적인 나의 회복 상징은 10·11·12호에서 인간이 지닌 것을 대상에게 부여해 줌으로써 대상을 절대적으로 소유하며 재생시키고 회복시키는 것을 상징되고 있다. 이러한 철저한 회복 상징은 봄·여름·가을의 세 계절 특징과 부합되는 나비·홍수·하늘의 시어를 통해 이상이 추구하는 세계는 밝음에 있다.

 우리 역사의 밑바탕에는 늘 밝은 마음이 문학을 드러난 예를 보여준다. 그러기에 혁거세도 밝음을 나타내는 사람이라는 뜻이다. 밝음 사상은 우리의 선조들이 지켜온 삶의 철학이다. 오랜 역사의 비결로서 긍정적인 마음의 결과이다.

　이 회복은 결실을 최대의 목적으로 삼는다. 인간이 애쓰고 노력하는 것은 곧 자기에 대한 애착이다. 낙엽을 보면서도 다음의 봄을 기다리는 일이 13·14호에서 드러난다. 가을낙엽의 애잔함이 있는 한국의 가을은 한국특유의 사계절을 중에 한 계절이다. 이에 비유되는 사람을 회복의미로 다루고 있는 오감도의 회복 상징은 15호에 있다. 인간은 나약하지만 신의 은혜로 불사조가 될 수 있음을 상징한다. 나약한 한 인간이 지상에서 살아 있는 것은 15호를 통해서 절대자의 뜻이 있어서이다. 이것은 가장 귀중한 인간의 의지가 신의 뜻을 거역하는 것이 아니라 융합이나 조화를 전제로 하여 생기는 것임을 상징한다.

　지금까지 보아온 바에 따르면 실제 인간이 유한의 존재여서 완전한 회복이나 완성의 존재일수 없으면서 시를 통해 신화적 상징체계를 이룩하는 이상 시연구의 제1부에서 시도하였던 네 관점 자기·혈연·정신적 혈연·천연의 관점에서 입체적 유기성으로 요약할 수 있다.

　　　가. 자기의 측면

　　* 초월의 세계.
　　　① 사람이 그의 어두운 내면을 이기려고 무서움을 퇴행시켜 버리고
　　　② 신의 위치까지 상승하며

③ 자기완성의 인간으로 변화하여
④ 그의 정신과 육체를 치유하고 있다.

* 현실의 세계
⑤ 인간은 자기 스스로 그의 몸을 보호하려하며
⑥ 어울린 그의 대상이 그를 거부하여도 상대자를 믿으려 하고
⑦ 서로 다른 이성과도 어울리는 동안 죽음의 지경까지 가며
⑧ 그때 얻은 병을 고치기 위해 끝까지 노력한다
* 회복 세계
⑨ 서로 다른 이성이 어울릴 때의 감탄

* 순수의 세계
⑩ 재생이며
⑪ 지속이 되어야 하는 것으로
⑫ 평화의 지속이라 할 수 있다.

* 현실의 세계
⑬ 산자의 기쁨으로
⑭ 고통 속에서도 살아 있다는 현실성이 있다.

* 현실의 세계
⑮ 꿈을 가진 인간은 끝내 죽음을 면하게 되는 신의 뜻이다.
   따라서 시제1호와 같이 인간은 이 지상에서 존재한다.

나. 혈연 -인간의 지속적 문제- 적 측면

* 초월을 상징하는 세계
① 무서운 이해 13인은 살아남으려 통과의례를 거쳐야 하고
② 혈연관계를 지키기 위한 아버지 역할을 불가피하며
③ 이는 성스러운 혈연체이기도 한데
④ 구체적으로 늙고 병듦을 이긴다.

* 현실을 상징하는 세계

⑤ 인간은 그의 흔적을 남기기 위해 인간 창조행위를 하며
　⑥ 이성이 헤어질 때 혈연의 지속과정은 위협을 받게 된다.
　⑦ 다른 두 몸이 어울리는 긴 세월은 혈연이 지속되는 조건이며
　⑧ 병을 고치려고 하면서도 어울리는 가운데 혈연은 이어진다.
　* 회복을 상징하는 세계
　⑨ 이성의 결합은 혈연지속의 뿌리가 되는바

　* 순수의 세계
　⑩ 혈육의 제2탄생을 약속하는 것이며
　⑪ 인간의 몸체를 사수하는 것이며
　⑫ 혈연의 집단적 공간을 평화적으로 지키자는 것이 된다.

　* 현실의 세계
　⑬ 삶의 지속체는
　⑭ 그 역사성으로 보아 쉬운 것이 아니다.

　* 회복의 세계
　⑮ 사람이 이 지상에서 사라지지 않고 있는 것은 신의 뜻이다.　　　시제 1호에서와 같이 사람은 이 지상에 살아남는다.

　다. 정신적 혈연 -꿈의 지속적 문제-의 측면

　* 초월을 상징하는 세계
　① 서로 다른 정신적 혈연체가 결속하여 무서운 힘을 발휘하여
　② 옳은 길에 대한 정신적 대부 역할을 하며
　③ 성 집단의 공동체를 이루는 것이 된다.
　④ 이것은 병든 사회를 완전히 고쳐가는 정신의 원동력이 된다.

　* 현실을 상징하는 세계
　⑤ 어려운 지경에 처하면 인간은 숨어서 해로움을 멀리하고
　⑥ 서로 다른 두 개체가 정신적 결함을 가진다는 것은 어렵지만
　⑦ 사실은 인간 애정이 삶을 풍부하게 하고
　⑧ 어둠을 끊임없이 고쳐가는 노력이 수반된다.

* 회복을 상징하는 세계
　⑨ 정신적으로 혼연 일치하는 기쁨은 인간 회복의 상징이 된다.

* 순수의 세계
　⑩ 마음을 정화시켜주는 재생에 대한 믿음과
　⑪ 정신적 신념의 중요성은
　⑫ 평화 위해 최선을 다하고 이를 이룩하는 승리적 감탄이 있다.

* 현실의 세계
　⑬ 삶의 의미란 삶을 지각하는 기쁨이고
　⑭ 어려운 상황을 겪는 것이 된다.

* 회복의 세계
　⑮ 인간의 꿈은 영원 불사 성질을 지니고 있다. 소멸될 수 없다.

라. 천연적 측면

* 초월을 상징하는 세계
　① 어려운 삶의 환경을 무서운 이해는 뚫어 나가고 있으며
　② 만물의 영장이 되어 있어서
　③ 그 모습은 우주적 상징인 원의 세계이며
　④ 천연을 지배하는 인간이 된다.

* 현실을 상징하는 세계
　⑤ 어두운 곳에 숨는 것은 인간이 환경에 적응하는 것이며
　⑥ 인위적으로 어울린 인간은 결코 합해 질 수 어 없다.
　　　천연의 본 모습일 뿐이다.
　⑦ 서로 어울린 짝은 서로 그의 생을 밝게 비춰주지만
　　　결국 죽음에 이르게 되며
　⑧ 밤의 일들을 낮이 차우한다. 밤과 낮의 상징성이다.

* 회복을 상징하는 세계

⑨ 천연의 진리는 대립된 두 개의 세계가 화합하는 데 있다.

* 순수의 세계
⑩ 천연 물질 이슬은 재생의 상징이며 생명을 살리는 물질이다.
⑪ 천연은 두 개의 대립된 세계를 가진다.
　　인간은 그 중 하 나를 사수한다.
⑫ 하늘은 비둘기가 날아다니는 평화의 상징적 세계이다.
* 현실의 세계
⑬ 삶과 죽음의 의미는 인간이 그 의미를 부여함에 있으며
⑭ 천연의 질서에서 밤의 이미지도 하나의 역사성이 된다.

* 회복의 세계
⑮ 천연의 대극적 관계를 다스리는 것은 신의 뜻이 된다.
　　따라서 시 제 1호에서와 같이 인간은 이 세상에서 살아간다.

　이러한 네 관점으로 분석하여 보았는데 이상에게 자아란 무엇보다도 중요하기에 비록 잘못이 있더라도 신은 용서해주신다는 시의 이미지다.
　처음 혈연관계나 생명지속성의 문제는 인간이 그의 혈연들을 스스로 버림으로써 죄의식이 있게 되고 그로서 자살까지 하려 하지만 신의 뜻에 의해서 영원히 지상에서 살게 되는 상징으로 된다. 정신적 혈연관계는 좌절과 불안의 고통을 겪고서야 불사조적 정신으로 살아간다. 그리고 인간과 대상과의 관계는 삶에서의 어려움 혹은 자연을 부정하는 결과로 얻어지는 어둠·낙망·부패·금지이지만 신은 살려준다.
　이상과 같은 분석을 통하여 볼 때 본 문제제기의 첫째 시

제 1호에서 시작하여 15호로 끝난 점은 결코 의미 없는 연작시가 아니라는 결론을 얻게 되었다. 하나로 되기 위한 연결인 동시에 부분은 부분대로 존재의 의미가 있다. 둘째 서로 대응되며 시어의 특성은 시제 1호에서 15호까지 그리고 15호에서 1호와 연결되면서 가장 에로틱한 문학적 특징을 통하여 상당한 철학과 영원성을 상징하고 있다. 이것은 단순한 시적 구성의 차원을 넘어선다.

또한 셋째의 문제제기한 독자들의 반발과 비난으로 중단된 오감도에 대한 구구한 억측은 그것이 완성된 작품이면서도 작가가 작품에 대한 설명을 하지 않는 작가의 정신에 있게 된다. 넷째 많은 글자 중에서 왜 하필 '오'와 '감'으로만 제목을 하였을까 하는 의문은 뜻 글자인 한자 '오'가 까마귀의 뜻 이외에도 효조로서 인간과 밀착할 수 있음에 유의하였고, 특히 이에 그치지 않고 '감'자와 결부시켜 역시 문학적 표현으로는 남, 여의 관계 위아래라는 이미지로 시작하여 이 세상의 모든 대립이나 대응의 원리에 천착해 있다. 이것은 하나는 모든 것과 통한다는 상징성으로 부각된다.

다섯째 문제제기한 문학관에 대한 아류의 논의를 벗어날 때 작품은 작품으로서 숨은 내용이 밝혀진다는 사실이다. 이것은 이상 문학에 대한 시사적 위치를 공고히 하는 결과가 된다. 주변적인 역사나 환경 혹은 자아부정의 인간으로만 결정하는 오류는 한국문학의 가치를 스스로 평가 절하하는 요인이 될 수 있다. 여섯째 어느 작품이나 마찬가지이지만 특히 오감도 어느 호 하나만으로 이상 문학이 평가되어서는 아니 된다. 오감도는 가장 조직적이고 의도적인 인간 이상에 의하여 만들어진 것이다. 그의 불우했던 사생활과는 관계없이 한 인간의 신화적인 꿈들을 작품화함으로써 문학작품이 일상을 승화할 수 있음을 보여준다.

이상 시 연구를 통한 몇 가지의 시학적 조명을 하여 보려고 노력한 결과 첫째 시어의 대치를 들 수 있는데 보편적 언어가 놓이는 산문성을 벗어나서 가장 반대의 시어로 하는 시어의 대치를 들 수 있다. 바로 긴장언어로 바꾸는 일이다. 이 두 개의 상이한 의미개념은 이 세계가 온갖 대립자로 나누어지면서도 하나가 될 수 있는 상징성을 의미하여서 시어의 긴장체계는 대극의 시어를 통해 이 일을 지향하는 것이다. 이는 시에서 이루어진 인간의 심리적 참여로 볼 수 있다. 즉 대상의 대극적 관계에 상관없이 심리적 언어로 바꾸어지기 때문이다. 둘째 시의 애매성을 들 수 있는데 언어가 시에서 시적으로 대치되는 현상의 굴곡이 심할수록 현대시로서의 특징이 된다. 이것은 이상 시의 난해성이 되기도 하는데 시어의 대치현상이 되기 때문에 그 중에 간혹 쓰이는 진부한 보편적 개념의 시어로 시의 진의를 찾는 실마리를 얻게 된다.

시는 이러한 다양한 병치 관계의 시어구조 때문에 입체적 논리를 가능하게 하며 이상 시의 입체적 특징을 이해하게 된다. 이 대립성의 조화는 이사시의 분리 및 분열을 의미하는 것이 아니라 원자구조- 이상 시적 표현-가 하나로 통일 -시- 되기 위하여 각기의 위치에 있으면서 만나 시의 비문법성이 된다. 즉 시의 대중적 시어와 시인만의 마음의 시어가 같은 시내에서 같이 자리 잡고 있는 결과가 된다. 대중적 언어를 한껏 축소시킨 이상 시는 이 세계에 대한 비극적 실존을 극도로 시화하여 감미롭게 하는데 그 의미를 지니게 된다.

이로 인한 시의 흥미위주의 에로틱성은 자극의 감미로움이 문학의 본질인 것을 의미한다. 그리고 이상 시 만의 창조성은 띄어쓰기를 무시하고 있는바 이상 시라면 떠오르는 이상 시 만의 특이한 문장을 만들고 있다. 또한 시행이나 시어의 반복이 잦거나 띄어쓰기가 무시되는 것은 그가 말하고자 하는 어떤 점을 강조하기 위하여 조직되었다. 그리고 이상 시 리듬의 창조성인 ㅅ 시옷 자음의 선호도가 높음에 있다 .그리고 이상 시는 종결문장의 허사 리듬은 끝 구절이나 끝 문장을 무의미하게 놓아 시가 극단의 압축과 암시로서 시의 본질을 지켜가지만 시 본질의 아름다움을 위하여 시의 끝에서 다시 한 번 놓이는 아름다움으로 장식한다.

이상 시가 지니는 현대시적 특징은 아이러니에 있다. 이를 이미지의 분석으로 살펴본 결과 상승 이미지에서 그리스트가 그의 몸을 희생하는 기독교 순사를 이상화 동격화하고 신=인간의 등식까지 성립시킨다. 하향 이미지는 절름발이의 불균형적 비극성을 지적할 수 있는 데 이의 내용으로 다루어지고 있는 이상 특유의 에로틱한 표현이 사실은 거리가 먼 것 곧 단절의 논리를 역설한다. 이것은 상반된 세계를 의미하기 위해 이상이 가장 큰 비극으로 본 현대적 특징이 되는데 이 절망만으로 끝나는 것이 얼마나 비극인가를 제시한다.

유추적 이미지의 순수유추는 님의 뜻이 되는 대치어로 거울, 꽃, 여자 등을 쓰고 있는데 직접적 경험의 세계보다는 만나보기만 하면 되는 황홀한 꿈의 대상이다. 인간이 추구하는 꿈의 세계는 직접적 경험이 될 수 없는 아이러니를 지니면서도 끝까지 탐색하려고 하는 이상의 몸짓이 투영되고 있다. 그 끝없는 노력은 이성유추에서 드러나는데 이상은 왕과 같은 자의 역할을 다하려는 영웅 심리로 오감도를 통해 상징한다. 이 이미지는 이상 시의 경우 경험으로 얻어진 시의 세계가 아니라 순수의 상상에서 얻어진 시이다. 그 증명은 모든 시인들이 그들의 .경험유추로 시를 짓는데 반하여 이상은 순수를 통한 시로 접근한다. 즉 일찍이 경험하였던 죽음의식을 어느 지점에 설정하여 놓고 그곳을 향하여 가는 시계시간을 파괴하여 멈추어 버린다. 그리고는 정반대의 아이러니로 접근하면서 회복은 신이 살려주는 것을 상승이미지의 무한한 점표시를 통하여 한다.

이상은 그의 시를 통하여 리듬 배열관계 및 3분의 구분 어느것 모두 단절의 논리를 접근시키면서 현대적 감각의 시를 쓰지만 역설을 통하여 회복을 꾀하는 아이러니 세계를 보여준다. 음악적 리듬의 선도 과학적 리듬과 심리적 리듬이 정반의 관계에 놓이면서 현대시, 특히 도시문명의 매카니즘적 이상 시의 표현은 오히려 그 상반된 세계를 심도만큼 추구하는 것을 보여주면서 조화와 만남을 목적으로 한다. 이상 시의 아이러니는 현실성의 반대되는 세계를 바라는 것을 역설하기 위하여 띄어쓰기 및 거친 시어와 에로틱한 문장으로 일관하면서도 절름발이가 아닌 균형을 위하여 다른 한쪽을 심리적으로 세워간다. 조화와 영원성을 나타내려 하였다.

이상 시의 전통적 율격은 삼분의 리듬으로 분리된다. 한국의 전통시적 시조의 틀과 같다. 황진이 시조의 초장과 중장 그리고 종장장의 의미리듬과 맥락을 같이 한다. 특히 의미적 중량에서 감탄의 세계가 발견됨으로써 자유시도 그 신화의 모티브는 한국적 전통성을 내재하고 있게 되는 일면을 보게 되었다.

히브리어와 헬라어 발음으로 전해지는 예수스 그리스트스

$Iησοῦς Χριστός$가 있다. 성서는 원문 예수 크리스트스$Iησοῦς Χριστός$의 고기 두 마리 표시다. 예수님은 고기 두 마리를 앞에 두시고 축사로 5000명을 먹이고도 12광주리를 남겼다. X엑스자로 제시눅 20:41된 예수 크리스토스$Iησοῦς Χριστός$[1] 영생을 얻게 하시는 두 분마 1:21 이 한 분임을 성서는 대문자 X자로 시작 크리스토스=$Χριστός$눅 20:41다.

구약성서 거의 장장마다 여호와를 쿠리오스·쿠리오 등으로 번역, 대문자 X엑스로 하지 않는다. 소문자 k[2]로 한다. 그 의미를 주인으로 하는데 있다.

가장 소중하고 가장 큰 의미는 예수 크리스토스$Iησοῦς Χριστός Χριστός$이다. 크리스토스 $Χριστός$ 크다 의미 두 번이다. '둘=쌍수' 비밀이 알려 지는 크리스트의 t트에 대한 십자가 의미최명애[3]다. 크리스도스$Χριστό$

---

1) 김명현공학박사, '하나님의 이름, 야훼(YHWH) 손을 보라 못을 보라 (153쉴터교회 with)
2) רחֹב(라흐바·여호와를 위하여· $κυρίου$(쿠리우) 창 3:8, 8, 출 15:3, 16:7, 26, 15:26;신 28:1, 2, 9, 10, 15, 45, 47, 62, 29:9, 28, 30:10; 마 3:3, יהוה(야훼·여호와, $κυρίου$쿠리우) 출 15:26; 신 28:1, 2, 9, 10, 15, 45, 62, 29:9 יהוה(야훼·여호와, $κύριος$ 쿠리오스) 레:2:8, 13, 16, 신 28:1, 8, 8, 11, 12, 13, 21, 22, 24, 25, 27, 28, 35, 37, 48, 49, 52, 53, 59, 61, 63, 63, 64, 65, 68, 69, 29:19, 30:1, 3. 3, 4, 5, 6, 7, 9, 16, 20) 신 28:1, 8, 8, 11, 12, 13, 21, 22, 24, 25, 27, 28, 35, , 37, 48, 49, 52, 53, 59, 61, 63, 63, 64, 65, 68, 69, 29:19, 30:1, 3. 3, 4, 5, 6, 7, 9, 16, 20)
3) 최명애, 『알기쉬운성서, 히브리어 기초와 그 의미』(서울:쿰란출판사, 2005)., 92.

ς의 '도'가 둘 헬라어 듀오^{δύο}이다. '두=$δύο$=둘$δύο$' 큰 분 두$δύο$둘! 물고기 두 마리의 비밀 하나님과 예수 두 분$^{마\ 1:21}$이 한 분임이라는 비밀이 밝혀진다.

헬라어에 나오는 주인 의미의 쿠리오와 유사한 발은 한국 Korea 코리아가 있다. 물론 K^{케이}로 표시되어 X^{엑스} 표시와 구별된다. 여호와 הוָה;$^{여호와1)}$를 쿠리오 $κυρίου$$^{쿠리오\ 마\ 3:3}$ 헬라어 번역이다. 한국의 코리아는 그 의미를 먹는 꿀^{강상원학설} 꾸리아다. 쿠리오 $κυρίου$$^{쿠리오\ 마\ 3:3}$는 실담문자^{悉曇文字} 중천축^{中天竺} *Siddam alphabet*: Kuru~rian=Kuiya=race=Korean 구려^{句麗} 고려^{高麗} 구루^{句漏} *located in the most northern ranges of the Hima`laya*로 사라진 무제국^{無帝國} 동이족 언어$^{2)}$이다. 겨레 Kuru, 코래아레 Korea$^{3)}$다. "쿠리에 쿠리에마 7:21" 쿠리에 쿠리에마 7:22$^{4)}$ 유사성을 유추하게 한다.

민족이 같으면 언어가 같다. 지금의 우리언어에 단골집이 있다. 옛날 처녀들 머리꽁지에 댕기를 땋고 다녔다. 우리말 댕겨 가셔요 등의 말이 있다. 모두 고대 상고음과 같다. 이 증거는 그 때 초음^{최초의} ^{음}이 한국어와 어원을 같이 한다.^{유창균}

---

1) הבְעִים(코베임・도적질하였으므로, 말 3:9).
2) 강 상원 ・「사라진(沈沒) 무제국~東夷族에 母國」(서울: 朝鮮世宗太學院・2013). ・82.
3) 강 상원 ・「사라진(沈沒) 무제국~東夷族에 母國」(서울: 朝鮮世宗太學院・2013). ・82.
4) 마태 17: 12, 15: $λέγων$ $κύριε$, 등 등. דָבָר $λόγοι$(신 28:69)

3쪽 천손민족임을 드러낸 대표적인 단군 천손민족의 어원을 찾아 진다.

① 天 t'ien(ter) · tan 이 있다. 초음은 ten이었을 것이고 후에 변동 tan이다. ten은 알타이어 tenguri의 축약형이며 단군의 檀단 = tan에 대응. 檀君=天君=위대한 하늘의 아들이다.

② 地 d'iag · d'ieg · 土 tag · 중세어 'ㅅㄷㅏㅎ'이다. 유창균 교수(94쪽)는 ㅅㄷ-을 st-와 같은 복성 모로 이해하는 경향이 있으나, 이 ㅅㄷ-은 d-의 어두 무성음화에 의해 ㄷ-이 되고, 그것이 다시 경음화한다. 따라서 ㅅㄷㅏㅎ는 dag의 변화에 의한 것이며, 地의 tag, 土의 d'ag도 한국어 dag에서 어원하는 것으로 본다. 지금도 우리들은 땅이라 발음한다.

③ 時 ᵊag · ᵊiag · 중세어 '적·제'(유창균 96쪽)

④ 矢 sər · siər · 중세어 '살'

⑤ 王 gan · gian · 한국어 '干간' 신라-거서간. gan은 한국어의 '한[치]' 신라시조 박혁거세가 있다. 밝고 크다.

⑥ 帝 tag · teg 덕[臺](유창균 98쪽)

⑦ 風 pliəm · pləm(←pələm) · piəliəm 중세어 'ㅂㄹㅁ'(유창균103쪽). 현대어 바람이 있다.

⑧ 白 bark · berk 중세어 'ㅂㄹㄱ[明]'(유창균 108쪽) 밝다의 밝.

⑨ 鳥 tərg 중세어 'ㄷㄹㄱ'(유창균 113쪽)= 닭의 닭

⑩ 熊 gom · giom 중세어 '곰 · 굼' (유창균 115쪽)

⑪ 甲 kap 중세어 '가프.ㄹ[鞘칼집초] · 거플[皮·稃왕겨부] · 거피[皮]' (유창균 116쪽)

⑫ 狗 kag 중세어 '개' (유창균 117쪽)

⑬ 禾 sag 중세어 '삭[芽]'

⑭ 腹 pəg 중세어 'ㅂ.ㅣ'

⑮ 河 gar 중세어 '걸[渠개천 거] ㄱ.ㄹ.ㅁ[江]'

⑯ 文 mən · min 중세어 '므니〉무늬'

⑰ 字 ʒəg · ʒig 중세어 '치-[養, 育, 牧, 畜]'

⑱ 其 keg 중세어 '거 · 그'

⑲ 伊 (저 이) died 중세어 '뎌'

⑳ 爾 (너 이) ner · nar 중세어 '너'

㉑ 汝 neg · nag 중세어 '너ㅎ'

㉒ 日 nər 중세어 'ㄴ.ㄹ'

㉓ 歲 sar · ser 중세어 '설 · ㅅ.ㄹ'

㉔ 曰 gat · get 중세어 'ㄱ.ㄹ'

㉕ 石 ʒak · ʒek 'ㅈ.갈' 중세어 '쟉~벼리'

㉖ 竹 tag · teg 중세어 '대'

㉗ 蟹 geg 중세어 '게'

㉘ 鵠 gog 중세어 '고히'

㉙ 布 pag · peg 중세어 '뵈'

㉚ 墨 kəmək · kimik '그믁〉거믁'
㉛ 祭 car · cer '절'
㉜ 氏 karar · kerer 중세어 '겨레[族]'
㉝ 姓 sarg · serg 중세어 'ㅅㆍㄹ-'

- 유창균학설 재인용- 푸른아침불로그에서

활^{유창균 231쪽}은 황제 신하 휘 발명으로 용도별 갑옷 쏘는 왕궁^{王宮}· 호궁^{弧弓}· 새 짐승 잡는 협궁^{夾宮}· 庾弓^{유궁}· 연습용 당궁^{唐弓}· 대궁^{大弓}이다. 종족별로 맥궁^{貊弓}· 예궁^{濊弓}· 단궁^{檀弓}이다.

되^{유창균 240쪽}는 이^夷 즉 활을 잘 쏘는 군자지국의 사람이다. 변화되어 야만인이라 변했다. 夷의 '되'는 이^夷 초음에서 유래, 비속어 되놈이라 지칭된다. 청대에는 반대로 한인^{漢人 華族}을 '되'라 했다. 호^胡의 다대'는 달달인^{韃靼人 (달단, 달달 Tatar)}을 가리킨다. 『정자통^{正字通}』에 의하면 거란^{契丹}의 서북쪽으로 그 종족은 사타^{沙陀(사타: 6세기 말 이래 터키계 유목부족)}의 별종이라 했다. … 『당서』에서는 사타는 서돌궐의 별부에 속하는 호월족^{處月種}이다. 돌궐^{Turkey}은 처음에 동·서로 나뉘어져 조선의 옛 땅을 나누어 통치했다. … 모두 같은 종족에서 분화했다. 호는 진한 이전에는 흉노를 가리키는 말로 쓰였다. 뒤에는 이^夷와 함께 변방의 오랑캐를 뜻하는 말이 되었다. … '되'는 중국의 주변에 있는 모든 종족을 가리키는 말로 변했다. 이^夷의 본래의 뜻에서는 벗어났다. ⑪.이^{夷}의 본거지는 이^{夷}가 정착한 곳 강 이름 이수^{夷水}이다. 언수^{鄢水}라고도 한다. 양양 의성현에서 한수^{漢水}로 들어가는 강이다. 한^{韓}은 이^{夷}를 대표하는 한 갈래로 가야족^{加倻族}이다. 야^{倻}족은 예^{濊}의 한 갈래다. 이^{夷}의 지파이다. 산 이름 이산$^{夷山: 하남성 개봉현의 동북쪽}$이 있다. 나라이름 이국^{夷國}이 있다. 양성 장무현$^{지금의 산동성 고밀현}$. ⑫.이^{夷}성과 씨의 성^{姓}은 모계의 혈통을 따른 것: 신농의 어머니가 강수에 살았기 때문에 강^{姜}을 성으로 삼았다. 황제의 어머니는 희수^{姬水}에 살았기 때문에 희^{姬}성이다. 부계사회에서 가^{家}의 전통 확립 아버지가 중심이 되면서 가통이 생겨난다. 『설문』에 "씨^{氏}는 존귀한 자만이 가질 수 있고 미천한 사람은 가질 수 없다$^{부계사회=차등사회}$. 씨^{氏}를 바탕으로 한 공동체가 바로 나라^{國}. ^{以氏爲國}이다. 이국은 이^{夷}를 씨^{氏}로 하는 나라¹⁾이다. 바람은 천을 잴 때 한 바람, 두 바람^{几} → 바람 잡는 것^{夆} → 천^{夆의} ^{재료} 이다.

---

1) https:youtu.be A7USxeVtyck.

2. 율려 법칙

율려 법칙은 님과 나와의 관계를 설명한다. 우주의 존재하는 법칙 우리음악 율려 법칙[1]이 있다. 우주적 율려가 가지는 율려의 도^{道}는 음^{音}의 질서로 드러내는 악^{樂}과 소리의 질서로 드러내는 가^{歌} 몸의 움직임으로 드러내는 무^{舞}이다. 이 움직임은 기^{氣}이다. 기^{氣}는 육체를 가진 존재들의 움직임의 풍류^{風流}이다. 이동하고 변화하는 풍류에 황종음의 법칙이 있다. 바람과 밀접하다.

동서남북의 바람이 있다. 동^{東}은 해가 아침에 떠 오르는 새로운 의미이다. 서^{西}는 해가 사라진다이다. 남^{南}은 마ㅎ이다. 북^{北}은 가장 높음이다. 동서남북 바람은 동풍 새^{새}바람 서풍 하늬 갈바람이다. 남풍은 마ㅎ 바람이다. 북풍 높 바람이다. 북이 높다는 인식은 이상하게도 가장 높은 것으로 인식 북두칠성을 선호하는 사상이 있다. 사람도 마고가 엉덩이를 바로 차서 세상에 내보내어진 곳이라는 인식이다. 우리 조상들의 엉덩이는 새파란 반점이 있다.

우리에게는 음의 높이를 지정하고 더 이상 올라가면 안 된

---

[1] 이병택, '갑골문으로 풀어낸 부도지', 마고 #1 ¦ 삼국지, 우하량 적석총 ¦ 국학연구소 이병택 학술위원.

다는 법칙이 있다. 절대자에 대한 인식이다. 우리의 문화에는 절대자가 늘 있다. 음계의 음은 시조문학작품에서 종장 첫구 3자에 해당하고 서양 '도' 음에 해당한다. 악학궤범의 황종음이 제시하는 60조도에 절대자의 음보다 높아지면 아니 되는 규칙[1]이 있다. 악학궤범의 음 조절 법은 상 1 2 3 4 5 하 1 2 3 4 5 계층에서 절대 음에 대한 규정을 둔다. 절대자 그에게 예의를 갖추는 법칙이다. 천손민족이 가진 하늘아래 살아가는 법칙이다. 우리의 윷판에 궁상각치우가 있다. 수직 층과 가로 층 배열의 악학궤범 법칙이 적용된다. 우리의 윷놀이 안에 펼쳐지는 변치와 변궁 안의 방수기로 방과 모에 들어있다. 우리가 알고 있는 방여이다. 이 한 가운데 점은 북극성 자리이다. 태극이 그려져 있다. 부도지와 관련의 이 심연 의식은 북쪽을 지향하는 곳에서 사방팔방으로 음을 조정한다. 북쪽에서 인간이 왔고 돌아갈 때는 북쪽으로 돌아간다는 법칙이다. 이 절대치 중심은 다른 음들을 조정한다. 중앙에 절대자가 있다.

  은하계의 천억 개가 있다. 어마어마한 우주의 기본 에너지가 되는 기의 움직임은 나선형 소용돌이로 태양지구를 돌고 있다. 이 때 태양은 이 우주 공간 시간당 7만 킬로미터로 달

---

  1) 김상일, '동서양의 음악에는 깐부기와 깍두기가 있다' 김상일교수의 한 철학 강의 4부, 우리역사 바로알기 TV.

린다. 태양계형성들은 태양주위를 돌면서 움직인다. 이 움직임은 지구의 생명체의 삶이다. 생명에너지를 가진 사람은 바람존재이다. 열심히 춤추며 살아가는 바람의 존재이다.

갑골문에 따르면 소매 끝에 실 같은 긴 끈을 늘인다. 이태백이 지는 고구려 시에 너울너울 춤을 추는 존재 사람이 있다. 금꽃으로 장식한 고깔모를 쓰고 백마처럼 유유히 돌아서면서 너울너울 유유히 돌아서면서 춤을 춘다.

금꽃으로 장식한 고깔모 쓰고 금화?풍모 金花?風帽
백마처럼 유유히 돌아서면서 백마소일회 白馬小?回
너울너울 춤추는 넓은 소매는 편편무광? 扁扁舞光?
해동에서 날아온 새와 같구나 사조해동? 似鳥海東

— 이태백 고구려1)

---

1) 발해문자해석 김광석
발해사 연구학자인 홍콩 능인(能仁)서원 한국학과 김광석(金光錫.62) 교수께서 발해사 연구자료를 단편으로 올려주셨습니다.
金光錫 2008-05-30 20:13:52
渤海文字的解釋: 渤海國太平盛世,百姓在田野種田,生活富有。渤海社會,百姓充滿希望。家庭成員互相信任,和氣。家庭内很滿足和開心。人民祟拜鐵器熔成戰爭武器,家庭用具和農業工具。放工後回家,家庭喜氣洋洋。社會上紀律嚴格,是非分明。人民祟拜天,山,地,河等大自然。百姓祟拜佛教和易學。百姓感謝神的恩惠,他們相信來世得到祝福。渤海文字瓦作者是金氏,朴氏等。金氏,朴氏可能是韓民族的系統。渤海農業生産豐富。例如穀物,薑等。百姓有自製的農業工具及武器。農業工具及武器很珍貴。百姓拜神。百姓待人態度有禮,謹慎。百姓爲出征陣亡的士卒哀悼。保德皇帝命令打仗。成功取得世界。保德皇帝對死去的士兵悼念。皇帝給生還士兵布匹。這就証明了保德皇帝時期,渤海國是太平盛世。可見渤海的文化,感情和韓民族很相似。渤海文字瓦128個字中,解讀了65個字(是本人憑個人的歷史意識推理寫出來,這涉及史學和文學的部分)。

金光錫 2008-05-30 20:16:28
渤海社會使用的語言,缺少文獻資料。但<舊唐書>,渤海靺鞨傳云:風俗與高麗及契丹同。[三國志]東夷傳云, 濊南與辰韓,語言法俗大抵高句麗 同。以上說明,渤海社會的風俗與扶餘及高句麗同。濊與高句麗法俗語言大體相同。渤海社會的使用語言是高句麗語言。肅慎,挹婁,勿吉是古亞語族。可見渤海社會的使用語言不一。大致上推論,渤海國都,使用高句麗語言,鄉郊使用古亞語言。渤海社會大部分使用高句麗語言。渤海國應該繼承了高句麗。

以粟末靺鞨部落言 ,是由貊貉音而來,而且 風俗習慣相同。這說明了彼此之間的淵源關係。可見扶餘,高句麗,沃沮同屬濊貊語系。

金光錫　2008-05-30 20:36:48
濊貊族的來源:有些說是中原,本人不同意這種說法。因中原是較溫的地方,東北是較冷的地方。一般較冷的地方的人民是移動到較溫的地方。濊貊族是在
松花江西的古族。濊貊族在古代分佈很廣,先後形成了扶餘,高句麗,沃沮等王國或部落聯盟。其餘的濊貊部落則散居於東北的松花江,輝發河,圖們江,輝春河及韓半島的北部。先後分隸扶餘與高句麗。粟末靺鞨的祖先。濊貊遠在三世紀分佈廣大。其中以吉林中南部地區爲中心。濊貊族在隋唐後的去向,另一說認爲濊貊族遷往韓半島。看渤海族形成的核心勢力,有濊貊族。韓民族形成的骨幹就是濊貊族。金光錫,『渤海族的形成及其社會形態分析』,香港, 1991 .p.100。

金光錫　2008-05-30 20:38:08
濊貊族在隋唐後的去向如何?
濊貊族在隋唐後的分散很廣,看渤海族形成的核心勢力,有濊貊族。韓民族形成的骨幹就是　濊貊族。漢族形成爲 4 個系統就是秦漢時漢族是華夏族,華夏族 形成, 三苗,東夷,南蠻,西戎,北狄 ,隋唐時漢族形成, 秦漢時漢族是 兇奴,氐 羌,東胡,南蠻,西南夷。 宋明時漢族形成 ,隋唐時漢族 突厥,契丹,女眞,蒙古。.民國時漢族形成 , 宋明時漢族, 滿族,回, 羌 ,藏 ,蒙 , 苗, 25 個種族。漢族形成爲 , 4 個系統, 25個種族中沒有看出 古亞語族 , 濊族, 貊族 , 三韓, 高句麗, 百濟, 新羅, 渤海族, 靺鞨族。金光錫,『渤海族的形成及其社會形態分析』,香港, 1991 .71p 。看出 韓民族形成的核心勢力是: 古亞語族, 濊族 , 貊族 , 三韓 ,韓民族形成爲多族聯合體。渤海族形成的核心勢力是: 高句麗, 百濟, 新羅 , 濊貊系 粟末靺
鞨 , 古亞語肅愼系靺鞨族, 東胡系,一 部分漢族。渤海族形成多族聯合體。以粟末靺鞨部落言,是由貊省音而來,而且　風俗習慣相同。這說明了彼此之間的淵源關係。可見扶餘,高句麗,沃沮同屬濊貊語系。 濊貊族在隋唐後的去向如何?濊貊族在隋唐後的分散很廣。看隋唐時漢族形成的內容,沒有濊貊族。看渤海族形成的核心勢力,有濊貊族。韓民族形成的骨幹就是　濊貊族。係進己二人,(渤海族源),1983,看出 ,後來, 濊貊族大都加入漢族理論。這資料的來源提出要明確。錫。

金光錫　2008-05-31 21:27:23
海東盛國(渤海國), 海東産物(渤海土産)。金花, 白馬(名馬) 是渤海特産。李白識渤海文。李白對渤海認識深。貞惠公主在唐太學, 二年學習李白的詩文學。李白對渤海印象很好。李白詩(高句麗)中, 有金花, 白馬(名馬) 海東等字出現, 李白作詩的時期是在 8 世紀初中期。當時在東北已沒有高句麗旌, 只有渤海旌。李白詩(高句麗)中所指的高句麗, 其實是指渤海國。渤海的核心勢力是濊貊族及高句麗系統。渤海國的語言是高句麗語言。服飾, 風俗和高句麗相同。在中國文學史上李白是偉大的詩人,李白很喜歡飲酒作樂,有一些網友(netizen)不喜歡李白飲酒作樂。其實杜甫都喜歡飲酒作樂, 中 韓詩人大多喜歡飲酒。其實有一些詩人飲酒後的評論是非常坦白。
 [資治通鑑　]後晉紀,齊王, 開運二年, 冬十月,冬十一月。宋白註。高麗太祖云: 渤海我婚姻。渤海本吾親戚之國。由古代王室之間的通婚, 親戚關係成立,互相往來, 經驗互相交換,漸漸帽服飾, 風俗和語文相同 , 同苦同樂,克服困難,終於同族意識形成 ,結果同一民族形成。高麗和渤海同族, 高麗對渤海爲同一民族。唐人普遍視 渤海爲異國。 可見唐人看渤海爲高麗, 百濟的觀點非常坦白。因爲李白二十歲以後,四處游歷,因而熟悉民間興論,用坊間的話語入詩文。李白看渤海爲高麗, 百濟,這觀點是唐人普遍的看法。, 李白詩(高句麗) 李白詩(高句麗)中所指的高句麗, 其實是指渤海國,李白視渤海爲高句麗, 百濟。可見 韓國人認爲 唐朝是異國, 唐文化是異國 文化。渤海對唐關係是應該親善外交關係。

金光錫　2008-05-31 21:30:40
我過去論證:　只有我一人從李白的詩文和資治通鑑史料中,找出渤海史其中的一点,(李白看渤海爲高麗, 百濟,高麗對渤海爲同一民族)。

《三言二拍的世界》, 市井風情,1989年,香港的雜誌內, 看出 李白 ,詩, 玉塵叢叢談中, 提及李白識渤海文, 嚇蠻書 內有記載 李白看渤海爲高麗, 百濟。可見李白看渤海爲異國 。宮崎市定,{中國史},1977,京都．看出(國)在東亞古代歷史上, 含自主的意義 。 以上論證得出渤海國是有自主性的國家。李白詩(高句麗)中 所指的高句麗, 其實是指渤海國。這句話的意思是李白指渤海人民就是和高句麗人民相同之意思。唐人普遍 視 渤海爲異國。高麗人對渤海普遍 看法: [資治通鑑] 後晉紀,齊王, 開運二年, 冬十月,冬十一月。宋인註。高麗太祖云： 渤海我婚姻,渤海本吾親戚之國。可見高麗和渤海同族。[帝王韻紀]:我太祖八年己酉, 擧國相率朝王京。此項意味高麗與渤海同族。以上論證結果, 可見南北國時代成立。新羅, 高麗對渤海爲同一民族。唐人普遍視 渤海爲異國, 這是我的論證。可見唐人看渤海爲高麗, 百濟的觀點非常坦白。因爲李白二十年歲以後,四處游歷,因而熟悉民間興論,用坊間的話語入詩文。李白看渤海爲高麗, 百濟, 這觀點是唐人普遍的看法。

海東盛國(渤海國), 海東産物(渤海土産)。金花, 白馬(名馬) 是渤海特産。李白識渤海文。李白對渤海認識深。貞惠公主在唐大學, 二年學習李白的詩文學。李白對渤海印象很好。李白詩(高句麗)中, 有金花, 白馬(名馬) 海東等字句出現, 李白作詩的時期是在 8 世紀初中期。當時在東北已沒有高句麗族, 只有渤海族。李白詩(高句麗)中所指的高句麗, 其實是指渤海國。渤海的核心勢力是濊貊族及高句麗系統。渤海國的語文是高句麗語。服飾, 風俗和高句麗相同。在中國文學史上李白是偉大的詩人, 李白很喜歡飮酒作樂, 一些網友不喜歡李白飮酒作樂。有網民(netizen)罵李白爲流氓, 酒鬼。其實杜甫都喜歡飮酒作樂, 中 韓詩人大多喜歡飮酒。我也25歲以後作詩當時我喜歡飮酒作樂。其實有一些詩人飮酒後的評論是非常坦白

漢民族形成爲 4 個系統就是秦漢時漢族是華夏族,華夏族 形成, 三苗,東夷,南蠻,西戎,北狄 ,隋唐時漢族形成, 秦漢時漢族 匈奴,氐 羌,東胡,南蠻,西南夷。 宋明時漢族形成 ,隋唐時漢族 突厥,契丹,女眞,蒙古。,民國時漢族形成 , 宋明時漢族, 滿族,回, 羌 ,藏 ,蒙, 苗, 25 個種族。漢族形成爲 , 4 個系統 25個種族。中沒有看出 古亞語族 , 濊族, 貊族 , 三韓, 高句麗, 百濟, 新羅, 渤海族, 靺鞨族。金光錫, 『渤海族的形成及其社會形態分析』, 香港, 1991 .71p .看出 韓民族形成的核心勢力是: 古亞語族 , 濊族, 貊族 , 三韓 , 韓民族形成爲多族聯合體。渤海族形成的核心勢力是: 高句麗 , 百濟, 新羅 , 濊貊系 粟末靺

鞨 , 古亞語齓愼系靺鞨族 , 東胡系,一 部分漢族。渤海族形成爲多族聯合體。有看出東夷族1個種族 。如有意見, 請提出論證。
발해문자 해독 첫 시도
[연합뉴스 2006-11-14 09:44:29]
홍콩 발해사학자.."철 녹여 무기, 농기구 만들었다"
(홍콩=연합뉴스) 정주호 특파원
발해인들이 기와에 새겨 유일하게 남아있는 발해 문자의 해독이 처음 시도됐다.
발해사 연구학자인 홍콩 능인(能仁)서원 한국학과 김광석(金光錫.62) 교수는 14일 발해
발해가 창제한 신문자 /발해인들이 남긴 문자 128자 가운데 65자의 의미를 풀어낸 뒤 뜻이 맞도록 재구성하는 방식으로 발해문자를 일부 해독했다고 밝혔다. 이 문자는 발해의 관공서로 추정되는 유적지에서 발견된 기와에 새겨진 것으로 발해 정사(正史)가 아직까지 발견되지 않고 있는 상황에서 발해인이 자체 문자로 남긴 유일한 기록물로 알려져 있다.
홍콩 발해사 학자 김광석 교수
김 교수가 해독한 내용은 "발해국은 태평성세를 누린다. 철을 녹여서 무기, 공구, 농기구 등을 만들었다. 사회상 규율이 엄격하고 사회악에 대해 옳고 그름을 가린다. 백성들은 부처와 주역을 믿고 또 하늘, 땅, 산, 하천 등 대자연을 숭배한다"는 등 내용이다.
이 기와 글의 제작자는 "김씨, 박씨, 모씨, 목씨, 비씨" 등이었다는 내용까지도 김 교수는 해독했다. 발해문자는 한자와 가림다, 부호, 반서자 등을 섞어 새롭게 만든 문자로 발해인들은 이 문자로 역사서와 외교문서를 기록했다. 'ㅁ'자가 들어간 문자는 토속어나 구음으로 풀이되고 '·'는 강조점으로 사용된 듯 하다고 김 교수는 설명했다. 김 교수는 발해문자의 존재 자체가 발해가 중

국의 속국이 아닌 독립국으로서 위상을 입증해준다고 강조했다.

　시선(詩仙) 이태백은 당나라에서 발해문자를 해독할 수 있는 몇안되는 지식인으로 발해와 당나라 사이를 오갔던 외교문서의 번역을 맡았다. 현재 삼국사기나 중국사서 외에 발해인이 남긴 기록은 정혜공주 묘비문의 한자 725자와 정효공주 묘비문 한자 728자, 가림다 정음 38자와 함께 이 기와 문자 128자가 전부다. 김 교수는 "발해 사료가 극히 미미한 상황에서 발해주민이 남긴 이 기와 글은 매우 소중한 사료"라며 "해독 수준이 깊지는 않지만 일단 한국 학자로서 발해문자의 해제를 시도해본다는데 의미를 두고 싶다"고 말했다. jooho@yna.co.kr

　2006.11.19 연합뉴스 홍콩의 발해사 학자인 김광석(金光錫.62) 홍콩 능인(能仁)서원 한국학과 교수는 중국의 발해사 편입 시도는 중화 패권주의에 다름아니라고 목소리를 높였다.

　김 교수는 지난 91년 홍콩에서 '발해족의 형성과 그 사회형태 연구' 논문으로 박사학위를 받으면서 해외 학계에서 처음 발해사 연구로 인정받은 한국학자다.

　김 교수는 18일 그간 한국에 공개되지 않았던 이 논문을 토대로 그간의 남.북한, 중국, 일본, 러시아 등의 발해 사료 및 연구결과를 집대성해 발해사가 중국사가 아니라는 근거를 조목조목 짚었다. ◇말갈은 고대 한민족 = 말갈족은 북방 이민족이 아닌 우리 한민족의 일원으로 고구려 유민들과 함께 발해를 건국한 주도세력이었다. 발해가 건국되던 6세기말 7세기초 시기에 지린(吉林)성 등 동북지방에 7개 말갈족 부족이 있었다. 한민족의 원류인 북방 예맥계가 3개 부족, 고아시아 숙신계가 4개 부족이었고 숙신계 흑수말갈을 제외한 6개 부족이 발해에 흡수됐다.

　김 교수는 "'말갈(靺鞨)'이라는 부족명은 중국이 이민족을 경시하며 붙여준 명칭"이라며 "우리에겐 백제와 신라를 침략한, 문화수준도 낮고 야만적인 이미지를 풍기고 있지만 사실은 고대 한민족의 하나"라고 주장했다.

　말갈족 가운데 가장 남쪽에 있었던 예맥계 속말말갈이 발해 건국의 주체가 됐는데 속말수(粟末水.지금의 제2쑹화강)에서 유래된 속말말갈은 부여 계통으로 고구려와 혈연, 지역적으로 긴밀한 관계를 유지하면서 우수한 철기문화를 자랑했다. 삼국시대에도 고구려는 오히려 말갈부족과 연합해 신라와 백제를 공격하는 일이 잦았다.

　고구려 멸망후에 고구려 유민들이 속말말갈 사회로 쏟아져 들어오면서 발전의 계기를 맞았다. 속말말갈 외에 동옥저, 남옥저의 후예인 백산(白山) 말갈도 역시 예맥계로 발해 건국에 참여했다.

　헤이룽장(黑龍江) 일대에 근거지를 둔 흑수말갈은 발해에 복속되지 않은 채 발해와 군신관계를 유지하다 여진족에게 흡수돼 후에 여진족의 나라 금, 청나라의 주도세력이 됐다.

　◇대조영도 고구려계 = 발해를 건국한 대조영은 속말말갈 부족장 걸걸중상(乞乞仲象)의 아들로 당시 고구려 영토에서 살던 고구려 유장이었다. 중국이 발해사에 대한 동북공정의 근거사료로 쓰는 구당서(舊唐書)에도 "대조영은 본래 고구려 별종(大祚榮者, 本高麗別種)"으로, 신당서(新唐書)엔 "고구려에 붙어있던 속말말갈 사람으로 성은 대씨이다(粟末靺鞨附高麗者, 姓大氏)"로 기술돼 있다. 고구려 멸망후 영주(營州.지금의 랴오닝 차오양(朝陽) 일대)에 강제 이주된 고구려 유민과 속말말갈은 거란족과 함께 도독의 잔혹한 통치에 반기를 들고 일어났다. 당의 여제 무즉천은 이들 반당(反唐) 세력을 이간질시키기 위해 걸사비우를 허국공(許國公)에, 걸걸중상을 진국공(震國公)에 봉했다. 속말말갈은 이전부터 자신을 진국으로 칭해왔다.

　책봉을 거부하고 당군과 맞서 싸우던 말갈 걸사비우(乞四比羽)가 전사하고 걸걸중상도 사망하자 걸걸중상의 태자 대조영은 탁월한 지도력을 발휘, 당군의 추격을 물리치고 고구려, 말갈 세력을 규합해나가며 실력을 키웠다.

　697년 대조영은 동모산(東牟山)에 성을 쌓고 스스로 진국왕(震國王)이 됐으며 713년엔 발해로 개칭했다. 발해 나라 명에 '國' 사용은 자주독립 공동체 뜻 ◇발해 지배층 예맥계가 주류 = 발해 건국 초기의 인구는 78만명에 불과했으나 고구려 유민을 지속적으로 흡수하고 거란족 190만명과 여진족 60만명을 직접 통치하게 됨에 따라 전성기 시절 인구는 300만명으로 늘어났다. 발해사회 지배계급의 주체는 예맥계 속말말갈 대 씨 왕족과 고구려 귀족관료 출신인 고 씨, 말갈 각 부족 추장, 일부 한족 지주들이었다. 중국 학자가 쓴 발해국지장편(渤海國誌長編)엔 발해 지배계급은 모두 317명이었는데 대 씨 90명, 고 씨 56명, 장 씨 30명, 왕 씨 22명, 리 씨 18명등으로 속말말갈과 고구려가 주축이었다고 전하고 있다. 드물게 눈에 띄는 박 씨와 최 씨도 신라계나 고구려계일 가능성이 있다.

◇이태백도 "발해는 외국" = 당나라 사람들은 당시 발해를 어떻게 인식했을까. 발해는 당시 나라명에 '국(國)'을 사용했다. 이는 자주독립 공동체였다는 의미이다. 당시 발해문자에 능통해 발해 외교문서의 번역을 맡기도 했던 시선(詩仙) 이백(李白)도 발해를 고려(고구려의 의미)나 백제로 부르며 외국으로 취급했다는 기록이 이백의 시문집 옥록총담(玉록<鹿+土>叢談)에 기록돼 있다. 이백의 혁만서(하<口+赫>蠻書)에선 또 당나라 사람들이 발해를 습관적으로 고려, 백제로 칭했다는 말이 나온다. 특히 발해가 독자적인 신문자를 사용했다는 점은 어느 나라에도 예속되지 않은 자주성을 갖춘 국가였다는 점을 보여준다.

발해가 한자를 사용하긴 했지만 한글의 원형이라는 알려진 가림다(加臨多)와 유사한 글자를 별도로 만들어 사용했을 정도로 문자 사용에선 중원왕조와는 이질적이었다. 단군 고조선 시대의 석각도 발해문자 창제에 참고가 됐을 것이라고 김 교수는 주장했다.

이와 함께 지배계급인 예맥계 고구려와 속말말갈은 북방 몽골어계통 언어를 사용, 의사소통엔 아무런 문제가 없었다. 김 교수는 또 고구려의 영향을 받은 발해의 토장(土葬) 매장방식이나 제사, 전설, 가무 등을 비춰볼 때 고구려의 풍속을 그대로 이어받은 자주국이었다고 논박했다. 독자적 연호 사용… 당도 결국 '國'으로 인정

◇당나라와 전쟁도 불사 = 고왕 대조영에 이어 2대 무왕 대무운(大武芸)은 인근 부족을 정벌, 인안(仁安)을 독자연호로 채택하고 정권을 공고히 한 다음 당 현종이 아직까지 복속치 않았던 흑수말갈 지역에 흑수도독부를 두자 즉각 토벌에 나섰다.

발해가 출격에 나서자 당은 신라로 하여금 발해를 공격토록 했고 이로 인해 신라와는 줄곧 긴장관계에 놓이게 됐다. 대무운은 당으로 망명 투항한 형 대문운(大門芸)을 살해하려 낙양에 자객을 보내는 등 당과는 갈등 관계에 있었다. 대흠무(大欽茂)가 3대 문왕으로 등극하면서 발해는 당시의 최강국 당과의 화평외교에 힘쓰면서 내치 개혁에 주력했다. 762년 당은 발해를 나라(國)로 인정하기에 이르렀다. 김 교수는 "발해는 계속 독자적 연호를 사용했고 34차례에 걸쳐 일본에 외교사절을 파견했으며 또 당나라와 자주 전쟁을 벌인 점은 독립 주권국가라는 사실을 말해주기에 족하다"고 말했다.

책봉, 조공, 수작(受爵)은 당시 강대국에 대한 외교방식의 하나였고 당나라식 행정제도 도입은 중원의 선진문화를 흡수한 것일 뿐 이를 당나라에 예속된 일개 지방정권으로 해석하는 것은 억지라는 것이다. ◇'동거란'이 발해 계승 = 10세기초 발해는 귀족 권력투쟁과 국정 불안으로 사회모순이 커지면서 925년 거란의 야율 아보기(耶律 阿保機)의 침략을 초래한다. 1년만에 홀한성(忽汗城)이 함락되고 애왕(哀王)이 투항함으로써 발해는 229년만에 역사에 종언을 고했다. 고구려계인 고영창(高永昌) 등에 의한 발해 부흥운동이 세 차례 있었으나 모두 실패하고 말았다. 아보기는 그러나 곧바로 발해국 영토에 동단국(東丹國)을 세우고 태자를 인황왕(仁皇王)으로 앉히며 발해국 계승을 선언했다.

당시 발해 유민 300만명중 190만명은 동단국에서 거란의 직접 통치를 받았고 나머지 110만명은 사방으로 흩어졌다. 이중 10만여명은 고려로 넘어갔고 60만명은 여진으로 도피했으며 1만명은 일본으로 망명하기도 했다. 왕족 2명, 귀족 25명을 포함 발해 유민이 대거 고려로 들어오자 고려는 이들을 후대했다. 고려 태조 왕건은 "발해는 본래 우리의 친척 국가"라고 말하기도 했다. 김 교수는 "동단국은 이후 동거란으로 국명을 바꾸면서도 발해의 행정체제와 규모를 그대로 유지했다"며 사실상 동단국은 발해국의 연속이라 할 수 있다고 말했다. 발해는 거란 이후 동북지방의 주도세력이 된 여진과도 특수관계를 맺고 있었다. 흑수말갈이 합류한 여진의 금나라는 당시 동북지구에서 최고 문명을 자랑하던 발해를 대거 포섭해 끌어들였다. 금나라의 역대 황제 가운데 발해족을 생모로 둔 황제는 해릉왕, 세종, 위소왕 등 3명에 이른다. (홍콩=연합뉴스)

422 제 4장 시조문학마방진시학

<추가자료>

　　발해화폐 추정 금화　발해화폐 추정 금화 뒷면의 의미는 뉴스 inside, (2006/10/05 15:44) 北만주북단·南 강릉·西 요동반도·東 연해주…광활한 발해영토 형상화한 듯/◇왼쪽부터 서전, 중전, 상전, 남전, 동전/ 발해 화폐로 추정되는 금화 5점(본지 4일자 1면 보도)을 발견한 대진대 서병국 교수(발해사)는 오는 13일 '발해통보'를 공식 공개하겠다고 4일 밝혔다. 이로써 금화가 후속 검증 절차를 거쳐 발해 유물로 확인될지 학계의 관심이 집중되고 있다. 서 교수는 "발해 화폐를 13일 언론과 학계에 공개해 검증 절차를 밟겠다"며 "발해사 연구에 화두를 던지는 심정으로 공개하게 됐다"고 말했다. 금화가 진품으로 인정될 경우 중국의 동북공정으로 왜곡 위기에 처한 발해사 연구에 극적인 돌파구가 마련된다. 특히 화폐 뒷면은 8세기 초반의 영토 범위로 추정되는 그림 형상이어서 발해의 국력과 당·왜 교역뿐 아니라 지리학을 포함한 고대 과학 수준을 재평가할 결정적 단서가 될 것으로 평가된다. ◆발해의 지도?=금화 5점은 뒷면 글자가 저마다 다르다. 상전(上田) 동전(東田) 남전(南田) 중전(中田) 서전(西田) 등으로 구분되는 것. 여기에 제각기 다른 그림이 새겨져 있다. 이들 5개의 그림을 합쳐 보면 발해 영토로 추정되는 형상이 만들어져 관심을 더한다. 이를 발해 지도로 추정할 경우 8세기 초반 영토는 북으론 만주 북단, 남으론 한반도 강릉, 서쪽으론 요동반도, 동쪽으론 연해주 권역까지 이르렀다는 추론도 가능하다. 문제는 김정호의 대동여지도가 나오기 1100여년 전인 8세기 초반에 그 같은 지리적 인식이 가능했겠냐는 점이다. 고대사 전문가들에게 흥미로운 숙제가 던져진 셈이다. 서 교수는 이에 대해 "전쟁을 통해 국가를 세우는 과정에서 지형 인식은 필수불가결한 요청"이라고 전제하며 "지도가 권력과 지식의 결합이란 점에서 가능성을 열어놓아야 한다"고 강조했다. 동국대 윤명철 교수(고구려사·해양사)는 "고대인들도 방위 감각을 가지고 있었다"며 산해경이나 당서에 이미 거리 개념이 이용돼 어떤 식으로든 측정하고 기록했다"며 지도 존재 가능성을 뒷받침했다. 사실 8세기 이전의 지리학에 대한 물증은 옛 사서에서도 찾아볼 수 있다. 발해의 대조영 통치 시기보다 70여년 앞선 고구려 영류왕 때 당 태종 즉위 축하사절단이 '봉역도'를 보냈다는 기록이 있다. 봉역은 경계를 뜻해 당과 고구려의 국경이 표시된 지도가 7세기에도 존재했음을 말해준다. ◇발해통보 5점의 뒷면에 그려진 그림을 합쳐 서병국 교수가 재구성한 8세기 초반의 발해 영역도. 만주 북단부터 한반도 강릉까지 아우르는 모습이 확연히 드러난다.

　　◆田의 의미=화폐에 새겨진 田자는 발해 건국 세력을 상징하는 것으로 풀이돼 또다른 관심이다. 서 교수는 "田자는 농경지뿐만 아니라 사냥의 의미로도 쓰였다"며 "화폐에 田자가 쓰였다는 것은 농경 위주의 고구려인과 수렵 위주의 말갈계가 융합해 발해를 건국했다는 것을 실체적으로 보여준다"고 설명했다. 5개의 田은 발해의 5경제도를 시사하는 것으로도 해석된다.

　　◆화폐의 출처=금화의 진위를 가를 변수는 역시 출처다. 서 교수는 이와 관련해 "6개월 전 국내 한 소장가로부터 건네받아 그동안 검증 작업을 해 왔다"고 밝혔다. 소장자는 이북 피란민 출신인 원소장자로부터 구입했고, 이 원소장자는 부친으로부터 발해 수도였던 상경성(중국 흑룡강성 영안시 발해진)에서 1930년대 출토된 화폐를 물려받은 것으로 전해졌다. 보다 상세한 출처·소장 경위는 13일 밝혀질 것으로 보인다.

　　편완식 기자 wansik@segye.com (2008년 06월 05일 21시 30분　　조회:834　추천:12)
　　김광석　　　　　　　　　　2008-06-06 16:59:44

　　田의 의미.hwa pe ka chi ro hae seok han da. u s dal ra. han kuk won ideu si.bal hae jeon i da.jeuk bal hae don (jeon).kuk do e seo sa yong ha neun don rul sang jeon.kuk do wa ka kka un wi seong do si e seo sa yong ha neun don rul jung jeon. byeon bang yo dong ji bang e seo sa yong ha neun don rul seo jeon. heuk ryong kang i nam e seo tong ha neun don rul nam jeon .heuk ryong kang i buk e seo tong yong ha neun don rul dong jeon i ra han keot kat da.田의 의미는 농경지가 아니라.han kuk won kwa kat da.경지의 의미는 dda ro it da. hong kong. suk i ka. sil ryae hat sseo yo.

　　김광석　　　　　　　　　　2008-06-06 17:15:58

3. 신명

갑골문기록에는 십자가 모형 🎴일명 십자가가 있다. 직접적인 제사를 받지 않고 다만 중간매개체를 통해서만 받는1) 갑골문복사에서는 십자 모형 🎴과 상제(上帝)가 구분된다. 하늘에 한 알님 하나님이 계시기에 상제(上帝)와 제(上帝)에게로만 체의례를 받는다. 하나님에 의한 햇빛을 잘 받으며 잘 사는 지혜가 우리에게 있다. 사람의 삶은 살(殺)인적인 삶이지만 햇볕만 쬐면 환한 얼굴이 되는 비법은 곧 살에 햇볕 일명 일(日)이 들어서 바로 살(曬) 햇빛쬘 살아 간다. 이 슬기는 아리랑 노래의 쓰리랑으로 하나님의 존재에 집중, 이 경험으로 하늘을 믿고 환한 얼굴로 산다. 우리에게 환단고기(桓檀古記)가2) 있다. 갈림길을

발해는 화폐를 田 이라 고 했다. 錫　　　　　　　　　2008-06-07
14:31:33/ 발해문자의 특징 발해문자의 땅모양 일까? 중국학자는 한자라고 한다. 단 한자와 비슷하다. 단 한자는 아니다. 발해문자에는 표기에 가림다정음 38자를 충실하게 표기했다. 따라서 중원의 한자와 다르다. 발해문자는 독특하고 신비해서 이해하기가 매우어렵다. 발해국은 이 문자로 한자와 혼용하여 역사서인 서기와 대당공식문서를 썼다. 발해문장 작성시에는 한자와 가림다, 한자의 비열자체인 주이자, 부호, 반서자, 기이자를 혼용했다. 발해문자 창조시 문제 한자에서 문자모양을 참고하고 후에 가림다 정음 38자를 인용했다고 본다. 이래서 발해의 영역문제를 언급하면 동쪽 길림 중부이남지방, 서쪽으로 요동에서 요하수 중상류, 남쪽은 압록강 중류지역 북쪽은 흑룡강 중하류지역임.

1) 최명희, 갑골박사 최명희 갑골문 강좌 10강 | 갑골문 帝는 환웅천왕이다. 우리역사 바로알기 TV.
2) 환단고기는 안함로-삼성기 상/ 원동중 삼성기 하/ 이암-단군세기/ 범장 북부여기/ 이맥-태백일사를 계연수가 편찬(1911)하였다. 안경전 역주본(2011)이 있다.

잘 선택하는 지혜의 환桓의 환단고기桓檀古記가 있다.

　둥근 원을 그리면서 신명나게 신들린 춤을 추는 하나님의 형상을 닮은 불알을 가지고 해의 빛을 잘 받는 마음의 불이자 몸의 불이 있는 조상들의 기록이다. 불=삐불이 증명하는 바 새벽이 오면 날이 밝아진다. 이 때 장 닭이 훼를 친다. 꼬꼬댁 하는 소리를 들은 어른들은 잘 보관해 둔 불씨를 다시 살려 아침밥을 짓는다.

　우리의 얼굴이 환1)하다. 몸에 알을 지닌 가정을 이룬 남자는 머리에 불을 가진 상투를 틀고 관을 썼다. 몸의 불알을 그대로 머리에 얹는 갑골문 빛 광光자가 있다. 머리에 불을 가진 존재 사람은 하나님의 형상을 닮은 얼굴이다. 드에서 얼굴이 환한 절대 신을 섬기려 노력했던 우리의 어른들은 환국桓國을 열었다.

　지금도 있는 한국에 시조작품이 있다. 종장 3자로 드러나는 환하게 밝아오는 길을 열어 주는 시조문학이다. 시조문학의 가치는 이미 천부경에서 셋을 강조함이 이어진다. 시조문학은 3장의 의미를 최대치로 한다. 종장 첫구는 3자이다.

---

1) 김양동, 춤의 원형은 무엇을 상징하고 의미하는가ㅣ 한국고대문화 원형의 상징과 해석 31' 우리역사바로알기TV.

제 5장 사랑마방진시학

I. 사랑시학

1. 사랑시학

1). 사랑향기

(1). 사랑향기

성경은 솔로몬을 쉘로모 שְׁלֹמֹה쉘로모라 한다. 하나님 말씀사모[1]이다. 왜 원문 쉘로모 שְׁלֹמֹה쉘로모를 우리는 솔로몬이라 할까? 예수님 족보에 다윗은 솔로몬을 낳고 평화로운 뜻을 지닌 솔로몬 שְׁלֹמֹה쉘로모, 삼하 5: 14, 마 1: 6이라 한다. 마쉘로모 שְׁלֹמֹה쉘로모 שְׁלֹמֹה쉘로모의 쉐שׁ쉐는 대명사 역할이다. 따라서 진정한 말씀사모를 위해 존재하는 솔로몬이다. 말씀 사모이다. 술람미 여인조차 슐람미트 שׁוּלַמִּית슐람미트[2]라 한다. 솔로몬과 술람미 둘은 모두 여성명사이다. 슐람미트 שׁוּלַמִּית슐람미트는 인종여성명사이다. 솔로몬과 슐람미트는 같은 언

---

1) שְׁלֹמֹה(쉘로모 · NE · 명사 · 하나님 말씀 사모, 아 8:12).
2) שׁוּלַמִּית(슐람미트 · Age · 인종여성명사).

어이다. 말씀대로 이루어진 뜻이다.

성경은 쉬랬다와 거므스럼할지라도를 쉐므쉬하르호렛트 רת שְׁחַרְחֹרֶת=שחרחר 쉐무쉬하르호렛트 거무스럼할지라도1)라 하였다. 우리말로는 집안에서 푹 쉬랬다 이다. 쉬랬다=쉬하르호렛 거무스럼할지라도=ת שְׁחַרְחֹרֶת=שחרחר 쉐무쉬하르호렛트 거무스럼할지라도이다. 지붕 안에 있는 거므스럼한 여자이다. 검은 머리의 여인이다. 슐람미트 여인은 아내의 특징자리에 있기에 가장 적합한 여자이다. 이 둘 슐람미트=שְׁלַמִּית 슐람미트 슐람미2)와 솔로몬=쉘로모=שְׁלֹמֹה 쉘로모 솔로몬 여성명사3)를 원문에 의거한다고 할 때 하나님의 사랑하는 백성 의미이다. 따라서 아가서는 하나님에 대한 절절한 사랑 표시로 드러내는 하나님과 하나님 백성 사이다. 그것은 그의 입술을 남성 명사로 함으로써 드러난다. 둘의 절절한 사랑이야기이다. 하나님 사랑에 대한 백성들의 사랑가이다.

아가서 마지막 장 8장 6절에서 리쉘레하바트야 שַׁלְהֶבֶתְיָה 쉘레하바트야의 야 יָהּ가 있다. 야 יָהּ는 하나님 글자의 약자이다. 앞의 쉐 שׁ 쉐의는 대명사 역할이다. 두 번째 글자 ל 레는 목적형이다. 따라서 진정한 불꽃을 사용하시는 하나님이다. 아가서는 하나님과 백성간의 사랑이야기이다.

---

1) שְׁחַרְחֹרֶת(쉬하르호렛・거므스름할지라도, 아 1:5).
2) שְׁלַמִּית(슐람미트・Age・인종명사).
3) שְׁלֹמֹה(쉘로모・NE・고유명사).

(2). 아파하는 사이

순수한 사랑을 가진 이들은 서로 아파한다. 아가서는 솔로몬이 지은 아가서이다. 그런데 문법상 피동형=시로 하시림=שִׁיר הַשִּׁירִים 쉬르 하쉬림1)이다. 사랑을 위해 아파하는 사이를 제목에서 시로 하시림 שִׁיר הַשִּׁירִים 쉬르 하쉬림 2회 리듬으로 아파하는 사랑이 일어나는 가장 순수한 사랑 형태를 알린다.

이 세계내에는 모든 동적 움직임이 있다. 모든 원자들은 움직인다. 아파하며 그 절대자에게로 가려 움직인다. 아가서는 처녀들에게 둘러싸여 있는 왕에게로 인도하여 모시겠니=מָשְׁכֵנִי=משׁכני 모시겠니2)하고 움직이라 한다. 그 이유는 서로 봐=בָךְ=בך 바흐3) 가서 말씀을 나르자=נָרוּצָה 나르자=נָרוּצָה 나르자4) 함이다. 말씀 나르기 위해 그들은 움직인다.

그들은 함께 움직인다. 서로들 좋아 낄낄댄다. 낚일라=נָגִילָה=גִילָה 나낄라5) 낄낄=גִיל=ניל 낄낄6) 좋아한다. 서로 낯이 익어=נַזְכִּירָה=זכרה 나즈키라7) 좋아한다. 이 움직임은 하나님 마음 닮아 아파버려=אֲהֵבוּךָ=אהבוך 에하부하8)졌다. 그래서 이들 사랑하는 사람들

---

1) שִׁיר הַשִּׁירִים(시르 하시림・아가라, 아 1:1).
2) מָשְׁכֵנִי(모시겠니・처녀들 너는 나를 인도하라, 아 1:4).
3) בָךְ(바하・너를 인하여, 아 1:4).
4) נָרוּצָה(나루자・우리가 달려가리라, 아 1:4).
5) נָגִילָה(나낄라・우리가 기뻐하며, 아 1:4).
6) גִיל(낄, 아 1:4).
7) נַזְכִּירָה(나즈키라・우리가 기억하며, 아 1:4).
8) אֲהֵבוּךָ(아페부하・처녀들이 너를 사랑함이, 아 1:4).

은 서로에게 충분히 쉬어라=חוֹרֶת^{쉬호라}1)함에도 불구하고 서로 하나님께 아주 세게 잡혀=שְׁשְׁזָפַתְנִי^{쉐쉬자카테니}2). 움직인다. 죽으나 사나 하나님 말씀 삼으니=שָׁמֻנִי^{사무니}3) 말씀이 움직인다. 하나님 백성들은 말씀이 아닌지 말씀인지 구분할 줄 알게 된다. 움직임은 하나님 사랑을 알게되는 일이다. 포도원=가름이=כַּרְמִי^{가르미}4)에서 서로 말씀으로 보답=하기다=הַגִּידָה^{하기다}5)로 움직인다. 하나님은 하나님의 백성을 향하여 하나님 마음이 아주 세게 아파=שֶׁאָהֲבָה^{쉐하아하바}6) 지셨다. 어느 정도냐 하면 하나님이 납시어=נַפְשִׁי^{나프쉬}7) 여기הַ=אֵיכָה^{아키}8) 우리 곁 이 땅에 계시면서 하나님은 좋아라=צַהַר^{좋아라}9)하신다. 오 예=ה=אֶהְיֶה^{에흐예}10) 하신다. 마음이 움직이신다. 오 예=ה=אֶהְיֶה^{에흐예}11)하시며의 하나님은 오 예=ה=אֶהְיֶה^{에흐예}12)의 야 יָהּ^야13)는 하나님이다.

---

1) שְׁחוֹרֶת(쉬호라 · 비록 검으나, 아 1:5).
2) שְׁשְׁזָפַתְנִי(쉐쉬자파트니 · 쬐어서, 아 1:6).
3) שָׁמֻנִי(사무니 · 삼았음이라, 아 1:6).
4) כַּרְמִי(카르미 · 나의 포도원은, 아 1:6).
5) הַגִּידָה(하기다 · 고하라, 아 1:7).
6) שֶׁאָהֲבָה(쉐아하바 · 사랑하는 자야, 아 1:7).
7) נַפְשִׁי(납쉬 · 내 마음에, 아 1:7).
8) אֵיכָה(애카 · 곳과, 아 1:7).
9) צַהַר(조하르 · 오정, 아 1:7).
10) אֶהְיֶה(에흐예 · 내가 되랴, 아 1:7).
11) אֶהְיֶה(에흐예 · 내가 되랴, 아 1:7).
12) אֶהְיֶה(에흐예 · 내가 되랴, 아 1:7).
13) אֶהְיֶה(에흐예 · 내가 되랴, 아 1:7).

2). 사랑장

아가서가 이토록 사랑장이 되는 이유는 사랑이라는 의미의 단어를 제일 많이 사용하여서이다.

아가서는 사랑이라는 말을 아주 많이 한다.

① דֹּד 도데이하 네 사랑이 thy love 아 1:2, 1:4
② דוֹדִי=דוד도디 사랑하는 자=돋이=דוד=דוֹדִי도디(도디·나의 사랑하는 자는, 아 1:16, 2:3, 9, 16) … חַיָּתִי 사랑하는 너=한녜=הנה=הנך한녁(한나호·너, 아 1:13, 15
③ 내 사랑에=하아하바아=אַהֲבָה라하아하바이(하아하바아·남자, 내 사랑에, 아 2: 7) דֹּדִי … 아 1:14, 2:16, 17
④ יָהּ 하나님이 심히 사랑하는 자는 하나님이 아파=אַהֲבָה아하바이(아하바아·그 사랑이, 아 2: 4 아 1:16, 5:2, 5:8 2:4
⑤ דִּי … 아 2:3, 10 내가 사랑하므로=아파=אַהֲבָה아하바이(아하바아·내가 사랑하므로, 아 2: 5) 사랑하는 이 그가 오네 뵈=בָּא봐(봐·그가 오는, 아 2:8) 내 사랑아=야릇하도록=라으야티=רַעְיָתִי라으야티(라으야티·내 사랑아, 아 2:13).
⑥ 사랑은 흔들거나 타이르거나=תָּעִירוּ타로흐(타이로호·흔들지, 아 3:5)가 아니에요. 아파하는 것이에요. 성경은 진정한 사랑 세게 아파한 쉐아파=שֶׁאָהֲבָה쉐아하바(쉐아하바·사랑하는 자를, 아 3:1) 사랑이다.
⑦ דֹּד דֹּדִי … 아 4:10
⑧ דֹּדִים … דֹּדִי 아 5:1
⑨ לְדוֹדִי 아 5:5
⑩ לְדוֹדִי 아 5:5
⑪ דֹּדִי … לְדוֹדִי 아 5:6
⑫ דֹּדִי … לְדוֹדִי 아 5:6
⑬ יָפָה … יָפָה 아 4:1
⑭ אַחַת … אַחַת 아 6:9

이 사랑의 특징은 돋이=דוד=דוֹדִי돋이난다. 새싹이 돋는 나의 사랑하는 자이다ᵃ ²:¹⁶. 서로 속한 사이다. 내게 속하였기에 내가 그대에게 속한 사랑이다. 이 사랑은 길거리에서는 못 만난다. 찾으나 만나지 못¹⁾한다. 문법²⁾은 동사이면서 여성 3인칭 단수이다. 길거리에서는 사랑을 찾아도 없다. 진정한 사랑을 성경은 쉐아하브 שֶׁאָהֲבָה⁽쉐아하프³⁾라 한다.

사랑하는 사람사이에서만 아파하는 사랑을 아파흐⁽사랑⁾ אָהֵבָה ⁽아파흐 사랑⁾ אָהֲבָה ⁽아파흐 사랑⁴⁾라 한다. 이런 사랑이 부모가 자식에게 하는 사랑이다. 하나님 사랑이다. 가슴이 아플 만큼 상대방을 사랑하는 마음은 아파하는 마음이다. 서로 사랑하는 자는 나의 안에 있고 그는 내 안에 있기에 아파하는 사이다. 솔로몬이 지은 아가서는 솔로몬과 아버지의 끓는 사랑이야기다. 하나님 아버지와 아들 사이의 사랑이야기다.

행복하게도 가장 대표적인 사랑이 다윗에게서도 찾아진다. 다윗의 끓는 가슴이 다윗의 자손 예수라 성경은 기록하고 있다. 사랑을 성경은 아하파와 쉐아하파로 구분한다.

성경에 그 예가 있다.

---

1) 아 3: 2.
2) P. VQAFS.
3) שֶׁאָהֲבָה⁽쉐아하바 · 사랑하는 자⁾.
4) אָהֲבָה⁽아하바 · 사랑, 신 10:14;아 2: 4, 7, 3: 10; 하나님 사랑에 아파 אָהֲבָה⁽아하바 · 그 사랑이, 아 2: 4), 사랑하므로 아파아 אָהֲבָה⁽아하바아 · 내가 사랑하므로, 아 2: 5).

① אַהֲבוּךָ 아헤브우하 처녀들이 너를 사랑함이, VQACZP.MYS. love thee, 아 1:4

② שֶׁאָהֲבָה נַפְשִׁי 쉐아하바 내페쉬 내 마음에 사랑하는 자야 R.VQAFZS NPS.CXS, O thou whom -lovetmy soul 아 1:7

③ עָלַי אַהֲבָה 알레 아하바 내 위에 그 사랑이, P.CXS NFS, over was love, 아 2:4

④ אַהֲבָה אָנִי 아하바 아니 내가 사랑하므로, NPCXS.NFS, love I am, 아 2:5, 5:5

⑤ אֶת־הָאַהֲבָה 에트-하아하바 네 사랑이, my love, 아 2:7

⑥ אֶת שֶׁאָהֲבָה נַפְשִׁי 에트 쉐아하바 내페쉬 내 마음에 사랑하는 자를 R.VQAFZS NPS.CXS, O thou whom -lovetmy soul 아 3:1, 2, 3, 4

⑦ אֶת־הָאַהֲבָה עַד שֶׁתֶּחְפָּץ 에트-하아하바 아드 쉐테흐파쯔 사랑하는 자가 원하기 전에는, my love till he please, 아 3:5, 8:4

⑧ אַהֲבָה בַּתַּעֲנוּגִים 아하바 바타아누킴 사랑이 쾌락하게 하는 구나, O love for delight, 아 7:7

⑨ עַזָּה כַמָּוֶת אַהֲבָה 아자아트 카마베트 아하바 사랑은 죽음같이 강하고, love as death is strong, 아 8:6

⑩ אֶת־הָאַהֲבָה וּנְהָרוֹת לֹא יִשְׁטְפוּהָ...בָּאַהֲבָה בּוּז יָבוּזוּ לוֹ 에트-하아하바 우느하로트 로 이스테푸하… 바아하바 보즈 로 이 사랑은 홍수라도 엄몰하지 못하나나… 사랑과 바꾸려할지라도 오히려 멸시를 받으리라, love the floods neither can-drown it … for love … utterly would be contemned it, 아 8:7

솔로몬의 아가서는 사랑 대상 너는 ①에서와 같이 처녀들이 너를 사랑함으로라 한다. 이로 하여 사랑의 대상은 그대 his이다. 히브리어 아헤브우하로 표현된다. 너로 하여 숨 쉰다. 사랑받는 최대 조건은 숨쉬기이다. 그대가 나로 하여금 숨 쉬게 한다.

②에서와 같이 너라는 존재는 바로 양치는 자로 비유된다. 목자이다. 이 너를 성경은 내 마음에 사랑하는 자라하고 히브리어로 쉐아하바 내페쉬 שֶׁאָהֲבָה נַפְשִׁי 쉐아하바 내페쉬라 하였다. 바로 숨 쉬게 하는 자가 양치는 목자이다. 다름 아닌 예수님

이다. 따라서 히브리어가 표시하는 쉐아하바=שֶׁאָהֲבָה쉐아하바의 정체는 아파하는 마음을 해결해주는 진정한 사랑존재이다. 문법은 여성형이다. ③에서 아파=אָהֲבָה아하바하는 존재는 אָהֲבָה-알레-아파이다. 알래=עָלִי알레는 절대존재이다. 따라서 성경 아가서가 말하는 너가 아니라 바로 나 곧 절대자존재 사랑존재다. 영어로는 over was love이다. 따라서 분명하게 쉐아하브와 아하브의 관계는 진정사랑존재다. 지극히 아파를 해결하는 진정한 존재 예수다.

나라는 존재 ④는 '아니 아하브= אֲנִי אָהֲבָה 아니 아하바', 라 하여 번역도 '내가 사랑하므로=love I am'이다. 절대자 존재자=나는 사랑 존재이다. 사랑 존재는 하나님이다. ⑤와 동격이다. 하아파하=הָאָהֲבָה 에트아하바=my love으로 번역되었다. 따라서 ④와 ⑤의 두 존재는 같은 자다.

이에 구체적으로 ⑥이 표시된다. 절대존재가 내 마음에 진정 사랑하는 자=אֵת שֶׁאָהֲבָה נַפְשִׁי에트 쉐아하바다. 내페쉬이다. "내 마음에 사랑하는 자"이다. 똑 같은 언어 쉐아하바=שֶׁאָהֲבָה=O thou whom -lovetmy soul이 4회나 반복아 3:1, 2, 3, 4이다. 여기에서 동사 앞 쉐 שֶׁ는 그것이라는 참의미이다. 진정 사랑하는 자를 찾아진 자가 그를 강제로 어미의 집으로 데려온다. 이 때 카도릭교가 주장하는 성모마리아의 중요성이 알려진다. 어미의 집이다. 어미의 집에 강제로 데려와 예수님은 그

의미로 십자가에 달리는 큰 곧 하나님 아버지의 예수 그리스도다. 이어 드디어는 이 귀한 존재를 성경은 ⑦에서 "사랑하는 자가 원하기 전에는=אֶת־הָאַהֲבָה עַד שֶׁתֶּחְפָּץ 에트-하아하바 아드 쉐테흐파쯔 =*my love till he please*" 라 번역하고 있다. 모든 권한을 그의 아들에게 위임한다. 이에 성경은 이 분으로 하여 마음이 쾌락하게 된다 하였다.

이 유쾌는 기독교에서 기도의 발음이다. 우리는 유쾌하다는 말을 한다. 기도이다. 헬라어 신약성경은 기도를 유쾌라 한다. ⑧ 아하바 바타아누킴 אַהֲבָה בַּתַּעֲנוּגִים 아하바 바타아누킴 이라 한다. 이 사랑이 절대자를 쾌락하게 하는 구나라 한다. *O love for delight*^{아 7:7}이다.

사랑이 ⑨ 아자아트 카마아베트 아하바 עַזָּה כַמָּוֶת אַהֲבָה 아자아트 카마아베트 아하바라 한다. 사랑은 죽음같이 강하고, *love as death is strong*^{아 8:6}라 하였다. ⑩ 에트-하아하바 우느하로트 로 이스테푸하… 바아하바 야부주 로בָּאַהֲבָה בָז יָבוּזוּ לוֹ ...אֶת־הָאַהֲבָה וּנְהָרוֹת לֹא יִשְׁטְפוּהָ 에트-하아하바 우느하로트 로 이스테푸하… 바아하바 야부즈 로라 하였다. 인간사에서도 사랑의 질투는 아주 강하다. 사랑하는 사이에서 질투는 죽음을 가져오기도 한다.

2. 사랑의 강렬함

사랑은 홍수라도 엄몰하지 못하나니… 사랑과 바꾸려할지라도 오히려 멸시를 받으리라, *love the floods neither can-drown it … for love … utterly would be contemned it*아 8:7라 하였다. 아가서가 말하는 절대적인 사랑을 절대자는 그의 아들에게 베푼다. 그의 사랑하는 백성에게도 적용된다.

여섯째 날에 예수님 십자가 사랑 아파를 6회로 한다. 그 많은 아가서의 사랑 언어 중에서 단 6회로 여섯째 날의 예수님 사랑 과학문예미학을 알린다. 양자역학을 풀 수 있는 근거이다. 숫자 암호이다. 숫자로 이 세계의 비밀을 간직하고 있다. 때문에 성경 원서가 제시하는 2회 리듬이나 숫자 6은 여섯째 날의 예수의 의미를 부각시킨다. 더구나 8은 이 세계 내의 안정권을 알리는 양자역학의 수리이다. 따라서 다른 숫자의 불안정성은 얼마만큼 완전한 사랑인 절대자에게로 가려 함이다.

단 한 번의 사랑실천이 이루어지는 한국시조작품에는 일생의 기간이다. 살아 숨 쉬며 사랑실천을 하는 기간이다. 소중하게 주어진 한 사람 생애는 철이 들면서 자신이 걸어가야 할 사랑의 실천 길이 있다. 일생 사랑 실천길이다. 이 장소는 우리 각자의 일생길이다. 사랑을 베푸는 길이다. 사람의 사랑

실천 길은 아름다운 인생길이다.

  성서는 이 길을 살되 시적으로 살아 라고 하고 있다. 성서는 시인이라는 말을 쓴다. 이 시인들이 하는 일은 성서에서 신의 소생이 걸어가는 길이다.

> 사도행전 17장 :22 바울이 아레오바고 가운데 서서 말하되 아덴 사람들아 너희를 보니 범사에 종교성이 많도다 23 내가 두루 다니며 너희의 위하는 것들을 보다가 알지 못하는 신에게 라고 새긴 단도 보았으니 그런즉 너희가 알지 못하고 위하는 그것을 내가 너희에게 알게 하리라 24 우주와 그 가운데 있는 만유를 지으신 신께서는 천지의 주제시니 손으로 지은 전에 계시지 아니하시고 25 또 무엇이 부족한 것처럼 사람의 손으로 섬김을 받으시는 것이 아니니 이는 만민에게 생명과 호흡과 만물을 친히 주시는 자이심이라 26 인류의 모든 족속을 한 혈통으로 만드사 온 땅에 거하게 하시고 저희의 연대를 정하시며 거주의 경계를 한하셨으니 27 이는 사람으로 하나님을 혹 더듬어 찾아 발견케 하려 하심이로되 그는 우리 각 사람에게서 멀리 떠나 계시지 아니 하도다 28 우리가 그를 힘입어 살며 기동하며 있느니라 너희 시인 중에서도 어떤 사람들의 말과 같이 우리가 그의 소생이라 하니
>
> 28 이와 같이 신의 소생이 되었은즉
>
>   -행 17:22~28

  사랑을 베푸는 길을 성서는 '신의 소생이 되었은즉[행 17:28]'이라 하였다. 사람이 신이라 추켜세워 질 수 있는 길은 시적인 삶을 사는 일이다. 고향을 찾는 아름다운 마음 곧 시인의 마음으로 사랑의 삶을 사는 단 한 번의 길이다.

> 내게 줄로 재어 준 구역은 아름다운 곳에 있음이여 나의 기업이 실로 아름답도다

- 시 16:5

하늘로부터 받은 권리 하나 곧 내게 줄로 재어준 구역 하나의 기업이 있다. 길 하나 에하드 אחד에하드 사랑의 길이다. 사랑의 삶을 사는 사람에게 있는 특별한 달란트 하나이다. 특별히 잘하는 하나가 있다. 기업이다. 창세기 첫장의 한 날 원문 하나=에하드=אחד=~אחד에하드 하나이다. 세 글자이다. 수치 $1+8+4=ד^4+ח^8+א^1$이다. 합계 13 숫자이다. 한 사람의 생애는 한 번의 길이다.

에스겔 48
:1 단의 분깃 אחד에하드이요
:2 아셀의 분깃 אחד에하드이요
:3 납달리의 분깃 אחד에하드이요
:4 므낫세의 분깃 אחד에하드이요
:5 에브라임의 분깃 אחד에하드이요
:6 르우벤 분깃 אחד에하드이요
:7 유다의 분깃 אחד에하드이요
:23 베냐민의 분깃 אחד에하드이요
:24 시므온의 분깃 אחד에하드이요
:25 잇사갈의 분깃 אחד에하드이요
:26 스불론 의 분깃 אחד에하드이요
:27 갓의 분깃 אחד에하드이요
:31 하나는 אחד에하드 르우벤 문이요
:31 하나는 אחד에하드 유다 문이요
:31 하나는 אחד에하드 레위 문이요
:32 하나는 אחד에하드 요셉 문이요
:32 하나는 אחד에하드 베냐민 문이요

:32 하나는 אֶחָד^{에하드} 단 문이요
:33 하나는 אֶחָד^{에하드} 잇사갈 문이요
:33 하나는 אֶחָד^{에하드} 스불론 문이요
:34 하나는 אֶחָד^{에하드} 갓 문이요
:34 하나는 אֶחָד^{에하드} 아셀 문이요
:34 하나는 אֶחָד^{에하드} 납달리 문이요
:34 하나는 אֶחָד^{에하드} 갓 문이요

각 사람에게 있는 특별한 달란트 하나다. 신의 소생의 사랑실천 길이다. 한 번의 일생 그리고 단 한 기업 그리고 단 하나의 분깃은 사랑하는 삶이다. 기업 하나이다. 하나님이 허락하는 하나 한 번의 일생이다. 사람이 해야 할 임무 그것은 사랑 실천의 길이다. 이 장소는 각자의 장소에서 각자의 일터 일생 길에서다. 그곳에서 사랑을 베푸는 사람의 사랑실천 길은 아름다운 인생길이다. 성서는 이 길을 살되 시적으로 살아 라고 하고 있다. "너희 시인 중에서도" 라고 하였다.

하늘로부터 받은 왕의 기업은 한 가지이다. 한 사람의 일생은 너무 어려운 삶이 아니다. 오로지 자기 앞에 있는 한 가지 일의 왕이 되는 일이다. 각기 자기 이름이 담긴 일생이다. 이 길은 잘 할 수 있는 아주 쉬운 일이다. 물론 처음에는 시행착오도 있었고 어려움도 시시각각으로 다가오지만 계속하여 반복하다 보면 즐거움의 일이 되고 그것밖에 없는 단 하나의 길이 되고 그 일의 왕이 된다.

내게 줄로 재어준 구역 하나의 기업의 길 하나 אֶחָד^{에하드} 성경이 표시하는 길 하나 에하드=אֶחָד에하드는 성경 원문 글자는 한 자 한 자 그 의미를 부여하고 있다. 바로 에하드=אֶחָד에하드의 에=א에는 열심히 배우고 배우면 잘 하게 된다. 에하드=אֶחָד에하드의 하=ח하는 집 안이다. 따라서 자기가 처한 현실의 공간에서 잘 할 수 있는 일은 가장 가까이의 일이다. 이 일을 열심히 반복하여 익히면 잘 하게 된다.

에하드=אֶחָד에하드의 드=ד드는 가슴을 의미한다. 혹은 문에 매달리는 일이다. 전심으로 오로지 그 일만으로 충족한 삶이다. 사람 하나하나의 개인 생애이다. 성경은 하나의 길 곧 에하드의 길을 걷는다고 하고 있다.

글자들이 표시하는 바와 같이 אֶחָד에하드의 א에는 사람이 배우고 배우면 신에 가깝도록 훌륭해 질 수 있음을 알린다. 열심히 배우고 배우면 스승이 된다. 어디에서나 하면 אֶחָד에하드의 ח하 글자가 알리는 바와 같이 소속된 단체에서 가르치는 존재가 되게 한다. אֶחָד에하드의 ד드와 같이 가슴을 가르친다.

궁극적으로 이 세계는 그리움의 세계 곧 고향이다. 여호와가 미리 준비해 주신 길로 가는 일이다. 여호와 이레의 곳으로 가는 길이다. 하나님이 준비하신 길은 사람이 사는 땅에서 형성된 바로 내게 주어진 단 한 번의 사랑실천 길이다. 사람에게는 신의 자녀로 사는 길이 인생길이다.

| א | אלֶף 알렙 | 수소·나·왕 | 묵음 | 1 |

개인의 인생은 바람직하건 아니 하였건 나 하나 만에게 주어진 생애이다. 각 개인에게 특별한 한 가지 일만 잘하게 되는 특별한 달란트가 주어지는 인생이다. 이 일을 성서는 여호수아서에서 왕 31명을 공개하며 밝히고 있다. 31명왕에게 '하나' 이상을 허락되지 않는다.

기업을 받는 일 '하나=אחד에하드' 이다.

여호수아서 12장

:9 하나אחד에하드는 여리고 왕이요
　하나אחד에하드는 벧엘 곁의 아이 왕이요
:10 하나אחד에하드는 예루살렘 왕이요
　하나אחד에하드는 헤브론 왕이요
　하나אחד에하드는 야르뭇 왕이요
:11 하나אחד에하드는 라기스 왕이요
:12 하나אחד에하드는 에글론 왕이요
　하나אחד에하드는 게셀 왕이요
:13 하나אחד에하드는 드빌 왕이요
　하나אחד에하드는 게델 왕이요
:14 하나אחד에하드는 호르마 왕이요
　하나אחד에하드는 아랏 왕이요
:15 하나אחד에하드는 립나 왕이요
　하나אחד에하드는 아둘람 왕이요
:16 하나אחד에하드는 막게다 왕이요
　하나אחד에하드는 벧엘 왕이요
:17 하나אחד에하드는 답부아 왕이요
　하나אחד에하드는 헤벨 왕이요
:18 하나אחד에하드는 아벡왕이요
　하나אחד에하드는 랏사론 왕이요
:19 하나אחד에하드는 마돈 왕이요

440 제 5장 사랑마방진시학

하나אחד에하드는 하솔 왕이요
:20 하나אחד에하드는 시므론 므론 왕이요
하나אחד에하드는 악삽 왕이요
:21 하나אחד에하드는 다아낙 왕이요
하나אחד에하드는 므깃도 왕이요
:22 하나אחד에하드는 게데스 왕이요
하나אחד에하드는 갈멜의 욕느암 왕이요
:23 하나אחד에하드는 돌의 높은 곳의 돌 왕이요
하나אחד에하드는 길갈의 고임 왕이요
:24 하나אחד에하드는 디르사 왕이라
도합 삼십 왕이었더라

- 수 12:9~24

사람이 이 세상에 사는 단 한 번의 인생길은 숫자 하나가 의미하는 왕의 길이다. 각 사람에게 있는 왕의 한 가지 일이다. 각 사람에게는 특별한 달란트가 있다. 한 번의 일생 그리고 단 한 기업만 받은 인생이다. 성서에 의하면 하나님이 허락하는 사람의 기업은 사람의 일생이 천태만상이지만 하나אחד에하드로만 허락되는 일이다. 세상의 사람 하나하나에게 특별한 하나만을 기업으로 얻는 단 한 번의 나 '하나אחד에하드'의 길이다. 나라는 사람의 일이기도 하고 하나님의 길이기도 하다. 이 길은 아브라함의 경우에는 하나님을 위하여 아들을 바치러 가는 길이고 그것을 실천하려 하였던 아브라함의 길, 아비로서의 길이다.

일생은 사랑 실천길이다. 이 장소는 우리 각자의 일생길이다. 사랑을 베푸는 길이다. 사람의 사랑실천 길은 아름다운

인생길이다. 성서는 이 길을 살되 시적으로 살아 라고 하고
있다. 성서는 시인이라는 말을 쓴다. 이 시인들이 하는 일을
성서는 신의 소생이 걸어가는 길이라 하였다.

> 사도행전 17장 :22 바울이 아레오바고 가운데 서서 말하되 아덴 사람들아 너희
> 를 보매 범사에 종교설이 많도다 23 내가 두루 다니며 너희의 위하는 것들을 보다
> 가 알지 못하는 신에게 라고 새긴 단도 보았으니 그런즉 너희가 알지 못하고 위하
> 는 그것을 내가 너희에게 알게 하리라 24 우주와 그 가운데 있는 만유를 지으신 신
> 께서는 천지의 주재시니 손으로 지은 전에 계시지 아니하시고 25 또 무엇이 부족한
> 것처럼 사람의 손으로 섬김을 받으시는 것이 아니니 이는 만민에게 생명과 호흡과
> 만물을 친히 주시는 자이심이라 26 인류의 모든 족속을 한 혈통으로 만드사 온 땅
> 에 거하게 하시고 저희의 연대를 정하시며 거주의 경계를 한하셨으니 27 이는 사람
> 으로 하나님을 혹 더듬어 찾아 발견케 하심이로되 그는 우리 각 사람에게서
> 멀리 떠나 계시지 아니 하도다 28 우리가 그를 힘입어 살며 기동하며 있느니라 너
> 희 시인 중에서도 어떤 사람들의 말과 같이 우리가 그의 소생이라 하니
>   28 이와 같이 신의 소생이 되었은즉
>   -행 17:22~28

사랑을 베푸는 길을 성서는 '신의 소생이 되었은즉[행 17:28]'
이라 하였다. 사람이 신이라 추켜세워 질 수 있는 길은 시적
인 삶을 사는 일이다. 고향을 찾는 아름다운 마음 곧 시인의
마음으로 사는 길이다.

> 내게 줄로 재어 준 구역은 아름다운 곳에 있음이여 나의 기업이 시로 아름답도다
>   - 시 16:5

하늘로부터 받은 권리 하나 곧 내게 줄로 재어준 구역 하나의 기업의 길 하나 אֶחָד^에하드는 사랑의 길이다. 사랑의 삶을 사는 사람에게 특별한 달란트 하나가 있다. 특별히 잘하는 하나가 있다. 기업이다. 창세기 첫장의 한 날 원문 하나=에하드=~אחא=~אֶחָד^에하드 하나는 세 글자이다. 수치 1+8+4=ד^4+ח^8+א^1이다. 합계 13 숫자이다. 참으로 한 사람의 생애는 한 번의 길이다. 사람 하나하나의 개인 생애이다. 성경은 하나의 길 곧 에하드의 길을 걷는다고 하고 있다.

지혜자와 사람 지혜자가 있다. אֶחָד^에하드의 א^에는 사람이 배우고 배우면 신에 가깝도록 훌륭해 질 수 있음을 알린다. 열심히 배우고 배워 스승이 된다. 어디에서나 하면 אֶחָד^에하드의 ח^하는 글자가 알리는 바와 같이 소속된 단체에서 가르치는 존재다. אֶחָד^에하드의 ד^드와 같이 가슴을 가르친다.

지혜자 알=עַל^알 높이 위에 계신자이 있다. 알은 하늘에 높이 계신 자를 지칭하고 또 늘 곁에 있는 곧 함께하는 의미이기도 하다. 동시에 우리가 흔히 말하는 알이다. 하늘에 높이 계신 자 알은 우리와 함께 하시는 분[1]이다. 우리민족의 위대한 아리랑 시학이 있다. 우리민족이 아리랑을 늘 부르는 이유다.

우리의 시원향기는 하나님이 제일인자이다. 자연발생적 이

---

1) [문화의힘#1] 아리랑 어원, '아리랑'은 신과 함께다. 세상돌아보기 Gust&Thunder.

근거는 입으로 불러 지금까지 이어져 오는 우리민족의 살아 있음이다. 이 세상에서 가장 높은 분을 찾아 늘 호소하며 감사하면서 아름다운^{지혜} 예쁨^{지혜}를 얻는 위대함의 신성^{神性}에 의해 우리의 길이 환하게 열린다. 동시에 사람 존재의 위대함이다. 알의 진리 향이다.

사람 마음속에 하늘 향기가 있을 때를 성경은 베사밈 שָׂמִים בְּ^{베사밈 아 8:4}이라 한다. 지혜 자가 마음속에 들어와 있어서이다. 알이 주는 아름다운 지혜 곧 지혜자 알 עַל^{알 높이 위에 계신자}이 있는 우리의 아리랑이 그 대표적인 의미이다.

성경의 알 표시 예이다.

① 네 지혜의   아름다운 갓-을
　　חָכְמָתְךָ   יָפְיִ   - עַל
　　하크마테하 예피   - 을
　　그대 지혜의 아름다운 짓 - 을
　　NFS.MYS   NMSG   NPX.XS
　　thy wisdom the beauty of against
　　　　　　　　　　　　　　　　　　　　 -겔 28:7에서

② 그러므로
　(그러) -(므로))
　　עַל כֵּן
　(그러) (므로)
　　AB   P
　　therefore
　　　　　　　　　　　　　　　　　　　　 - 아 1:3에서

③ 양떼 곁에서

양떼 곁에서
עַל־ עֶדְרֵי
양떼 곁에서
P-NMPG P
the flok of that turneth aside by

—아 1:7에서

④ 목자들의 장막 곁에서
목자들의 장막   곁에서
עַל־ מִשְׁכְּנוֹת הָרֹעִים
목자들의 장막   곁에서
P-D.VQPAMP NMPG
beside- tents the shepherds'

—아 1:8에서

⑤ 산에서-…침상에서
산에서-…침상에서
עַל הָרֵי…־עַל־ מִשְׁכָּב
산에서 - …침상에서
P NMPG - … NMS.CXS
upon- the mountains -…on my bed

—아 2:17~3:1에서

⑥ 허리에
허리에
עַל־ יְרֵכוֹ
허리- 에
P- NFS.MZS
upon- his thigh

—아 3:8에서

⑥ 문 곁에
문 곁에
עַל־ שַׁעַר

문곁- 에
P- NMSG
by-the gate of

                                                 - 아 7:5에서

⑦ 그 사랑하는 자를
   그 사랑하는 자를
   עַל־דּוֹדָהּ
   사랑하는 자를
   P-　　NMS.FZS
   upon- her beloved

                                                 - 아 8:5에서

⑧ 그 위에
   그 위에
   עָלֶיהָ
   그 위에
   P FZS
   upon her

                                                - 아 8:9(2회)에서

⑨ 산들 위에
   산들 위에
   עַל הָרֵי
   산들 위에
   P NMPG
   upon the mountains

                                                - 아 8:14에서

⑩ 그러므로
   עַל כֵּן
   그러므로
   P NMPG
   upon the mountains

                                                - 시 1:5에서

446 제 5장 사랑마방진시학

성서가 보여주는 지혜는 하나님의 성령의 은혜^{고전 2:10}로 보여 주신다.

①②③④⑤⑥⑦⑧⑨⑩의 알 עַל^알 성경표시에서이다.

① 아름다운 짓 ② 그럼으로 ③ 양떼 곁에서 ④ 목자의 장막 곁에서
⑤ 산에서 - …침상에서 ⑥ 문 곁에 ⑦ 사랑하는 자를 ⑧ 그 위에
⑨ 산들 위에 ⑩ 그러므로

⑩의 알은 세상의 악인이 횡횡하지 못하도록 하시는 분이다. '알' 이 지닌 하나님 엘 אֵל=EL '엘' 이다. 강하신 분 신명^{神名} 하나님 신성^{Divinity} '엘' 이다. '알' 동격의미다. 알1)은 천지창조 시작 밝음의 빛 알이다. 밝알이다. 채희석 보석연구가는 복희씨가 알로 된 배를 타고 살아났다 했다. 알에 '라' 를 붙여 '알라' 란다. ㄹ^{리을 음}이 신 명칭의 특징^{채희석}인 것은 쇠부루, 사부르 음루가 있는 부여지방 언어에서 고구리 ^{高句麗나라이름일때는 리로 읽는다 그 증거로 코리아} 등 모두 ㄹ 자가 붙여 리을 음이 신 명칭임을 알린다.

엘과 엘로힘이 있다. 성경 엘로힘이다.

① 하나님이 אֱלֹהִים 엘로힘, 창 1:1
② 하나님의 אֱלֹהִים 엘로힘, 창 1:2
③ 하나님이 אֱלֹהִים 엘로힘, 창 1:3
④ 하나님의 אֱלֹהִים 엘로힘, 창 1:4

---

1) 오강남, 철학자, 카나다 리자이나 대학.

마방진시학   447

⑤ 하나님이 אֱלֹהִים 엘로힘, 창 1:4
⑥ 하나님이 אֱלֹהִים 엘로힘, 창 1:5
⑦ 하나님이 אֱלֹהִים 엘로힘, 창 1:6
⑧ 하나님이 אֱלֹהִים 엘로힘, 창 1:7
⑨ 하나님이 אֱלֹהִים 엘로힘, 창 1:8
⑩ 하나님이 אֱלֹהִים 엘로힘, 창 1:9
⑪ 하나님이 אֱלֹהִים 엘로힘, 창 1:10
⑫ 하나님의 אֱלֹהִים 엘로힘, 창 1:10
⑬ 하나님이 אֱלֹהִים 엘로힘, 창 1:11
⑭ 하나님의 אֱלֹהִים 엘로힘, 창 1:12
⑮ 하나님이 אֱלֹהִים 엘로힘, 창 1:14
⑯ 하나님이 אֱלֹהִים 엘로힘, 창 1:16
⑰ 하나님이 אֱלֹהִים 엘로힘, 창 1:17
⑱ 하나님의 אֱלֹהִים 엘로힘, 창 1:18
⑲ 하나님이 אֱלֹהִים 엘로힘, 창 1:20
⑳ 하나님이 אֱלֹהִים 엘로힘, 창 1:20
㉑ 하나님이 אֱלֹהִים 엘로힘, 창 1:21
㉒ 하나님의 אֱלֹהִים 엘로힘, 창 1:21
㉓ 하나님이 אֱלֹהִים 엘로힘, 창 1:22
㉔ 하나님이 אֱלֹהִים 엘로힘, 창 1:24
㉕ 하나님이 אֱלֹהִים 엘로힘, 창 1:25
㉖ 하나님의 אֱלֹהִים 엘로힘, 창 1:25
㉗ 하나님이 אֱלֹהִים 엘로힘, 창 1:26
㉘ 하나님이 אֱלֹהִים 엘로힘, 창 1:27
㉙ 하나님의 אֱלֹהִים 엘로힘, 창 1:27
㉚ 하나님이 אֱלֹהִים 엘로힘, 창 1:28
㉛ 하나님이 אֱלֹהִים 엘로힘, 창 1:29
㉜ 하나님의 אֱלֹהִים 엘로힘, 창 1:31
㉝ 하나님이 אֱלֹהִים 엘로힘, 창 2:2

* 창세기(1:1-2:3)에서의 엘로힘 33회)

하나님=엘로힘 예수님 지상 나이 33회이다.

448 제 5장 사랑마방진시학

3. 아가서의 리듬

1). 아가서의 리듬

(1). 아가서의 리듬

아가서는 제목자체를 쉬르 하시림=שִׁיר הַשִּׁירִים^{쉬르 하쉬림} 아 1:1 이라 한다. 아 1:1부터 시작되는 쉬르 하쉬림은 둘 다 똑 같은 기본형 쉬르=שִׁיר^{쉬르}이다. 연계형과 복수형으로 놓아 같은 언어가 두 번 중복되는 이 리듬이다. 아가서의 리듬관계모색의 리듬 찾기 동기부여가 된다.

① 아　　가라
　　שִׁיר הַשִּׁירִים
　　하쉬림 쉬르
　　D.NMP NMSG
　　songs The song of
　　　　　　　　　　　　　　　　　　　　　　　- 아 1:1

사랑하는 사람사이에서만 일어나는 일이 있다. 아파하는 사이이다. 사랑=아파흐^{사랑}=אַהֲבָה^{아파흐} 사랑1)이다. 사랑하는 이에 대한 아파하는 마음이 사랑이다. 상대방을 사랑하는

---

1) אַהֲבָה(아하바・사랑, 신 10:14;아 2: 4, 7, 3: 10; 하나님 사랑에 아파 אַהֲבָה(아하바아・그 사랑이, 아 2: 4), 사랑하므로 아파아 אַהֲבָה(아하바아・내가 사랑하므로, 아 2: 5).

마음일 때 아파하는 마음이 일어난다. 서로 사랑하는 자는 나의 안에 있고 그는 내 안에 있어야만 사랑이 이루어진다.

그런데 이 사랑하는 사람이 만나지 못한다.

① 사랑하는 자를 찾아도 찾지못하였구나 아 3:1
    מְצָאתִיו   וְלֹא   בִּקַּשְׁתִּיו   נַפְשִׁי   שֶׁאָהֲבָה
    VQACXS.MZS C.ABN   VPACXS.MZS NFS.CXS R.VQAFZS
    발견치   못하였구나 찾아도   마음에 사랑하는 자를
    I found him but-not   I sought him my soul him whom-loveth
                                                                             -아 3:1

② 사랑하는 자를 찾아도 찾지못하였구나 아 3:2
    מְצָאתִיו   וְלֹא   בִּקַּשְׁתִּיו   נַפְשִׁי   שֶׁאָהֲבָה
    VQACXS.MZS C.ABN   VPACXS.MZS NFS.CXS R.VQAFZS
    발견치   못하였구나 찾아도   마음에 사랑하는 자를
    I found him but-not   I sought him my soul him whom-loveth
                                                                             -아 3:2

못 찾은 이유가 있다. 그것은 밤이어서이다. 그리고 침상에서 찾았구나 아 3:1 하였다. 그래서 거리에서 찾기 시작한다. 역시 찾지 못 하였구나 이다. 그래서 시적 화자는 행순하는 자들을 만나 묻는다. 역시 대답을 못 듣는다. 그들을 떠나 만나는 때에도 찾지 못한다. 아하바 어두에 쇄가 붙을 때이다. 아하바 어두에 쇄가 붙을 때는 정말 사랑하는 그이다.

이에 절대자는 강제로 그를 데리고 주인공 내라는 존재 나를 잉태한 어미의 집으로 데려간다. 이때 드디어 사랑하는 자는 쇄 아하파가 아닌 하아하바이다. 이 때 하아하바는 사

랑하는 자이다. 정관사 하 הַ하가 붙는다. 이 하 הַ하와 솨 שַׁ솨와의 구별은 물 마임 הַמַּיִם하마임과 하늘 솨마임 שָׁמַיִם솨마임의 경우에서 유추할 수 있다. 그 물 הַמַּיִם하마임이 갑자기 하늘 שָׁמַיִם솨마임이 되는 중요한 원인은 물과 하늘의 차이이다. 이 엄청난 차이가 그대로 적용된다면 길거리에서 진정한 절대 사랑을 찾을 수 없다는 결론이다. 절대 사랑과 인간사랑 구분이다.

③. 내 마음의 사랑하는 자를 너희가 보았느냐 아 3:3

רְאִיתֶם	נַפְשִׁי	שֶׁאָהֲבָה
VQAMYP	NFS.CXS	R.VQAFZS
너희가 보았느냐	마음에	사랑하는 자를
SAw ye	my soul	him whom-loveth

-아 3:3

④. 마음에 사랑하는 자를 만나서 아 3:4

אֲחַזְתִּיו	נַפְשִׁי	שֶׁאָהֲבָה
VQACXS MZS	NFS.CXS	R.VQAFZS
그를 붙잡고	마음에	사랑하는 자를
I held him	my soul	him whom-loveth

-아 3:4

⑤. 사랑하는 자가 원하기 전에는 아 3:5

שֶׁתֶּחְפָּץ	עַד	הָאַהֲבָה	אֶת־
R. VQIFZS	P	D.NFS	o
원하기	전에는	사랑하는 자가	
I held him	till	my love	

-아 3:5

사랑하는 자를 만난 마음의 표시가 드러난다. 그가 원하기 전에는 가만 두라 하였다. 절대권한을 그에게 준다.

(2). 사랑하는 자에게 주는 증거물

사랑하는 자에게 주는 선물이 있다. 에돔에게서 다윗에게로 온[1] 법궤 이동과[2] 기름을 마시게 한[3] 하나님이 다윗을 승리자[4]로 만든다. 그 이유는 하나님을 향한 다윗의 가슴에 뜨거운 사랑이 들어있어서이다. 뜨거운 가슴을 가지는 이유는 그 마음에 하나님을 사랑하는 마음이 들어 있어서이다. 사랑하는 마음이 하나님에게로 향한 다윗의 마음이다.

다윗이 지은 시편 9편 2절 3절은 유독하다.

```
נִפְלְאוֹתֶיךָ   כָּל-   אֲסַפְּרָה   לִבִּי   בְּכָל-   יְהוָה   אוֹדֶה
니플러[오테카  -콜    아사페라    리비    -베콜     예호바   오데
V.NPPFP.MYS -NMSG VPICXS   NMS.CXS-P.NMSG NE   VHCXS
주의 기사를  -모든  전하리이다  심으로  -진    여호와께  내가 감사하오며
```

```
עֶלְיוֹן   שִׁמְךָ   אֲזַמְּרָה   בָךְ   וְאֶעֶלְצָה   אֶשְׂמְחָה
엘르욘    시므카   아잠므라    바흐   베에엘짜      에스므하
NMS     NMS.MYS VPICXS     P.MYS  C.VQICXS    VQICXS
엘리온 주의 이름을 찬송하리다 주를 즐거워하며 내가 -기뻐하고
```
                                                    - 시 9:2~3

성서에 알렙 א^{알렙}로 시작하는 1인칭 미완료형 진행형 접두사 알렙 א^{알렙} 5회 반복리듬이 있다. 찬양

---

1) 삼하 6: 10~17.
2) J. J. M. Roberts, *David and Zion*, edited Bernard F. Batto and Kahryn L.(Indiana: Eisenbrauns, 2004), 13.
3) וַיִּמְשָׁחוּ(바이매쇠후 · 기름 부어진, 삼하 5: 3).
4) J. J. M. Roberts, 135

오데 אוֹדֶה⁰데 찬양 감사 아사페라 אֲסַפְּרָה아사페라 선포한다 아사메하 אֶשְׂמְחָה아사메하 기뻐한다 에벨레짜 אֶבְלְצָה에벨레짜 즐거워한다 찬송 찬송 아짜므라 אֲזַמְרָה아짜므라 찬송하다이다. 모두 '내가 …할 것이다' '내가 …한다' 이다. 하나님을 찬양하는 성경 단어들이 유일하게 내라는 나의 뜻이 하나님을 찬양한다 선포한다 찬송한다 기뻐한다이다.

① אוֹדֶה⁰데 찬양 감사 ② 아사페라 אֲסַפְּרָה아사페라 선포한다 전한다 ③ 아사메하 אֶשְׂמְחָה아사메하 기뻐한다 ④에벨레짜 אֶבְלְצָה에벨레짜 즐거워한다 ⑤아짜므라 אֲזַמְרָה아짜므라 찬양하다 동사들에서 찬양 오데 אוֹדֶה⁰데는 ד데에 세골이 있다. ① אוֹדֶה 오데 찬양 감사 첫번째 동사는 미완료는 야다 ידה야다이다. 안다 know로 알고 있는데 이 알다 야다 ידע야다 접미사는 아인 ע아인이다. 찬양하다 ידה야다 찬양하다는 접미가 헤ה헤다. 히필미완료1인칭공성단수 오데אוֹדֶה⁰데이다. 이 때는 바브에 오וֹ오 바브로 바뀐다. 히필로 가기 위해 바브 וᵇᵃᵇ로 바뀐다. 약동사로 2중 ᵧᵒᵈ이다. 헤ה헤동사로 쉐골ךֶ데로 나는 찬양할 것이다. 혹은 찬양합니다. 여호와 야훼를 찬양한다. 베콜=리비 בְּכָל-לִבִּי베콜-리비 나의 온 마음으로 야훼를 찬양한다.

② 아사페라 אֲסַפְּרָה^{아사페라 선포한다 전한다}에서 콜=니프알오테카 כָּל־נִפְלְאוֹתֶיךָ^{콜-니프랄오테카} 당신이 행하신 놀라운 일 기적이 일어난다. 선포하다의 아사페라 פְּרָה סֲ^{아사페라 선포한다 전한다}에서 알렙으로 시작한 미완료이다. 뒤에의 당신의 예카 당신의 ךָ^{당신의} 모든 일이 평행리듬으로 놓인다. ③ 아사메하 אֶשְׂמְחָה^{아사메하 기뻐한다} 쌈쌈 싸먹고 기뻐하는 외우기 쉽게 이해되는 이 알렙으로 시작하며 진행형을 보이는 기뻐 의미이다. 당신 안에서 끝나며 끝 또한 하로 끝나는 당신 베흐 ךָ בְ^{당신} 표시는 휴지표시 때문이다.

④에벨레짜 אֶעֶלְצָה^{에벨레짜 즐거워한다} 역시 시작과 끝이 똑 같은 리듬이다. ⑤아짜므라 אֲזַמְּרָה^{아짜므라 찬양하다} 악기연주로 찬양한다. 내가 노래할 것이다. 연주할 것이다. 찬양할 것이다. 당신 이름 엘르욘을 찬양할 것이다. 이 엘르욘은 신명이다.

내가 여호와를 찬양합니다. 나의 온 마음으로 내가 선포합니다. 당신의 모든 놀라운 일들을, 내가 기뻐합니다. 그리고 당신 안에서 당신을 즐거워합니다. 악기연주로 내가 당신의 이름 엘르욘을 찬양합니다.

2). 사랑하는 아가야

(1). 아가서 1:1~3:5

아가서는 눈먼 사랑에 푹 빠지기 시작한다. 사랑장이어서이다.

> 꽃망울 망울망울 부풀어 그 내음에 눈감아 버릴 밖에 기도로 들이대는 이 길에 꽃길 트이는 구름기둥 보이면
>
> 내 신부 입술에는 꽃 방울 떨어지고 혀 밑에 꿀과 젖이 흐르고 향 내음이 신부야 잠근 동산이요 우물이요 봉한 샘
>
> 폭풍아 가거라 남풍아 오너라 너울 속 네 눈에는 비둘기 눈이 되어 네 이는, 목욕장 털 깎인 암양 쌍태 낳은 양
>
> 네 이슬 어여쁘고 네 뺨은 석류 한 쪽 네 유방 백합화야 사랑이 돋아 나와 쌍태의 노루새끼 같아 날 기울며 그리로
>
> 신부야 이리와라 내 누이 내 눈으로 한 번 더 구슬꿰미 꿰 올려 아롱다롱 포도주 향 품보다도 단 꿀 흘러 그러매
>
> — 이영지 「눈 감가 버릴 밖에」

그러기에 하나님의 사랑이 돋아=דוֹד 도데하=דֹדְ 도데하1)있다. 하나님 향기가 스며나와=שְׁמָנֶיךָ 스며나=שְׁמָנֶיךָ 스며나2) 좋음=טוֹבִים 토빔 וְבִים 토빔3)이다. 이 좋음은 어린 처녀 알라들=עֲלָמוֹת 알라코드=עֲלָמֹת 알라코드4)에 둘러싸여 하나님 신부를 사랑하며 아파버리=אֲהֵבוּךָ 아파버

---

1) דוֹד(도데이하·하나님의 사랑이, 아 1:2).
2) שְׁמָנֶיךָ(스마네이하·네 기름이, 아 1:3).
3) טוֹבִים(토빔·아름답고, 아1:3).
4) עֲלָמוֹת(알라모트·처녀들이, 아 1:3).

마방진시학

리=אֲהֵבוּךָ아파버리1)는 일이다.

아가서는 시적 화자 곧 사역자 이야기이다. 그분이 양들인 애들에=עֶדְרֵי에드라 עֶדְרֵי에드라 양떼2)에게 둘러싸여 그들에게 네가=לָךְ레흐=לָךְ레흐3) 어여쁜 자야=아주 예뻐=הַיָּפָה 예뻐=הַיָּפָה하 예뻐הַיָּפָה하 예뻐4)!!! 서로 우리는 닮았다=דָמִיתִי디마티=דָמִיתִי디마티5)!! 두 뺨=하얗다=לְחָיַיִךְ하예이흐=לְחָיַיִךְ하예이흐6) 오=아우=נָאווּ나부=נָאווּ나부7) 아름답다!! 땋은 머리털=부드러움=בְּתֹרִים바토림=בְּתֹרִים바토림8)!!! 남자 목=말씀향기=잡아 내리어=צַוָּארֵךְ자바레흐=צַוָּארֵךְ자바레흐9)! 사랑하는 자=돈이=דּוֹדִי=דּוֹדִי도디10)는 품안에 포도송이!!.

사랑하는 너=힘네=הִנָּךְ힌네=הִנָּךְ힌네11) 너 내 사랑아=야릇하도록=רַעְיָתִי라으야티=רַעְיָתִי라으야티12) 좋아 눈빛=엔나이=עֵינַיִךְ엔나이=עֵינַיִךְ엔나이13) 예뻐=יָפֶה예프=יָפֶה예프14) 어여쁨=나의 사랑하는 자=돈이=דּוֹדִי=דּוֹדִי도디15) 아로 세긴 =침상=아로세니=עַרְשֵׂנוּ아르세누=עַרְשֵׂנוּ아르세누16)

---

1) אֲהֵבוּךָ(아흐부하 · 너를 사랑함이 아 1:3).
2) עֶדְרֵי(에드레 · 양떼, 아 1:7).
3) לָךְ(라흐 · 남자 너를 위하여, 네가, 아 1:8).
4) הַיָּפָה(하야파 · 어여쁜 자야, 아 1:8).
5) דָמִיתִי(디미티흐 · 닮았다, 아 1:9).
6) לְחָיַיִךְ(레하야이흐 · 네 두 뺨, 아 1:10).
7) נָאווּ(나우 · 아름답구나, 아 1:10).
8) בְּתֹרִים(바토림 · 땋은 머리털, 이 1:10).
9) צַוָּארֵךְ(자바레흐 · 남자, 네 목은, 아 1:10).
10) דּוֹדִי(도디 · 나의 사랑하는 자는, 아 1:13).
11) הִנָּךְ(힌나흐 · 너, 아 1:15).
12) רַעְיָתִי(라으야티 · 내 사랑아, 아 1:15).
13) עֵינַיִךְ(엔나이흐 · 네 눈이, 아 1:15).
14) יָפֶה(야파 · 어여쁘고, 이 1:15).

침상에서 하나님 사람 내 사랑=이렸다=רְעְיָתִי 라으야티=רְעְיָתִי 라으야티1). 신기하여라2) 백합화로구나=솟아났다=שׁוֹשַׁנַּת 솟아났다=שׁוֹשַׁן 솟아났다3)!! 백합화=솟아나=שׁוֹשַׁנַּת 수사나타=שׁוֹשַׁן 수사나타4) 나의 사랑하는 자는=דוֹדִי 도디=דוֹד 도디5) 하나님이 심히 사랑하는 자는 하나님이 아파하=אַהֲבַת 아파=אַהֲבָה 아파6) 하는 자다. 사랑은 내가 사랑하므로=아파=אַהֲבַת 아파=אַהֲבָה 아파7) 내가 사랑하므로=아파=אַהֲבַת 아파=אַהֲבָה 아파8) 내 사랑에=아파=אַהֲבַת 아파=אַהֲבָה 아파9)이다.

사랑하는 이 그가 오네 봐 בָּא 봐10) 아주 빨리 달리고 דִלֵּג 달리고11) 매순간마다 매 달리고 מְדַלֵּג 매달리고12) 내게 오신다. 나의 사랑하는 자 돋이 דוֹדִי 도디13) 일어나서 꿈이 קוּמִי 꾸미14) 돋아 나의 어여쁜 자야 예쁘다 יָפָתִי 예쁘디15) 우리끼16)리 가자!

---

15) דוֹדִי(도디 · 나의 사랑하는 자는, 아 1:13).
16) עַרְשֵׂנוּ(아르세누 · 침상, 아 1:16).
1) עַרְשֵׂנוּ(아르세누 · 침상, 아 1:16).
2) רַעְיָתִי(라이야티 · 내 사랑은, 아 2:2).
3) שׁוֹשַׁנַּת(솟아나트 · 백합화로구나, 아 2:1).
4) שׁוֹשַׁן(솟아나 · 백합화로구나, 아 2:1).
5) דוֹד(도디 · 남자, 나의 사랑하는 자는, 아 2:3).
6) אַהֲבָה(아하바아 · 그 사랑이, 아 2: 4).
7) אַהֲבָה(아하바아 · 내가 사랑하므로, 아 2: 5).
8) אַהֲבָה(아하바아 · 내가 사랑하므로, 아 2: 5).
9) הָאַהֲבָה(하아하바아 · 남자, 내 사랑에, 아 2: 7).
10) בָּא(봐 · 그가 오는, 아 2:8).
11) דִלֵּג(달라그 · 달리고, 아 2:8).
12) מְדַלֵּג(매달레그 · 달리고, 아 2:8).
13) דוֹדִי(도디 · 나의 사랑하는 자는, 아 2:9).
14) קוּמִי(쿠무 · 일어나서, 아 2:10).
15) יָפָתִי(야파티 · 나의 어여쁜자야, 아 2:10).
16) וּלְכִי(울리키 · 함께가자, 아 2:10).

새 노래 재미로 זָמִיר^{자미리르1)} 푸른 열매 피게 해 פַגֶּיהָ^{피게해2)} 은혜 갚을 꿈이 קוּמִי^{꾸미3)} 익어 나의 사랑 야릇하게 רַעְיָתִי^{라아야티4)} 좋아! 정말 예쁘지 יָפָתִי^{예파티5)} 너를 위하여 네게= לָךְ^{네게6)} 오 그대 소리 무르익어 מַרְאַיִךְ^{마르아이흐7)} 나 봐요 נָאוֶה^{나뻐8)} 나의 사랑하는 자는 돋이 דוֹדִי^{돋이9)} 내게 속하였고 나는 그대에게 속한 나의 사랑이다. 돋아 דוֹדִי^{돋이10)} 서로 닮아 דְּמֵה^{다마11)}!!

사랑은 흔들거나 타이르거나 תָּעִירוּ^{타아로흐12)}가 아니다. 아파하는 것이다. 진정한 사랑 쉐아파 שַׁאֲהֲבָה^{쉐아하바13)} 사랑은 절대 하나님 사랑이다. 이 사랑은 밖에서 בִקַּשׁ^{바께스14)} 찾아지는 사랑이 아니다. 사랑은 밖에 싸돌아다니며 싸비비 וַאֲסוֹבְבָה^{바으소베바15)}며 싸돌아다니면서 찾아지는 사랑이 아니다.

그래요

---

1) זָמִיר(자미르 · 새의 노래할, 아 2:12).
2) פַגֶּיהָ(파개하 · 푸른열매, 아 2:13).
3) קוּמִי(쿰미 · 꿈이, 아 2:13).
4) רַעְיָתִי(라으야티 · 나의 사랑, 아 2:13).
5) יָפָתִי(야파티 · 나의 어여쁜 자야, 아 2:13).
6) לָךְ(라크 · 너를 위하여, 아 2:14).
7) מַרְאַיִךְ(마르아이흐 · 네 얼굴은, 아 2:14).
8) נָאוֶה(나베 · 아름답구나, 아 2:14).
9) דוֹדִי(도디 · 나의 사랑하는 자는, 아 2:16) ·
10) דוֹדִי(도디 · 여성, 나의 사랑하는 자야, 아 2:17).
11) דְּמֵה(다마 · 같여여라, 아 2:17).
12) תָּעִירוּ(타아로흐 · 흔들지, 아 3:5).
13) שַׁאֲהֲבָה(쉐아하바아 · 사랑하는 자를, 아 3:1).
14) בִקַּשׁ(바카쉬 · 찾으리라하고, 아 3:2).
15) וַאֲסוֹבְבָה(바소브바 · 돌아다니며, 아 3:2).

458 제 5장 사랑마방진시학

　　　알려주신 그대로 초록물결 사랑을 할 만 하냐 날 사랑 할 만 하냐 네
　가 날 사랑하느냐 당신 음성 내린 날

　　　꽃눈이
　　　꽃나무에
　　　햇살이 담뿍담뿍 네가 널 사랑 하냐
　　　꽃 향이 정말이니 네가 날 사랑하느냐
　　　뿌려대며 내린 날

　　　네가 날
　　　사랑하냐
　　　꽃불로 화안하게
　　　꽃불을 들이대고 꽃 입술 들이 대고 네가 날 사랑하느냐
　　　눈 감기며 내린 날

　　　　　　　　　　　　　　- 이영지 「초록물결」 하 아파[1] 사랑하는 이여

　아가서는 사랑의 님[2]을 향한 아가서 솔로몬 שְׁלֹמֹה(쉘로마[3])
노래이다. 여성 슐람미 שׁוּלַמִּית(슐라미트[4])와 더불어 둘 다 여성화
자다. 아 좋다[5] 올라[6]오는 님 말씀 향기 좋다이다.

　하나님을 향한 절절한 사랑장 아가서는 하나님과 백성간의
사랑 이야기이다. 이를 시적 감각의 감성에 호소하는 문학형
태이다. 따라서 남녀의 사랑이야기로 비유한다.

---

1) הָאַהֲבָה(하아하바 · 사랑하는 자가, 아 3:5).
2) עִם(임 · 함께, P. with, 대하 2:13).
3) שְׁלֹמֹה(쉘로모 · NE · 고유명사).
4) שׁוּלַמִּית(슐람미트 · Age · 인종명사).
5) זֹאת(조오트 · 이것, this, 아 3:6).
6) עֹלָה(올라 · 오는, 아 3:6).

(2). 솟아난 사랑아 사랑아 ~ 아가서 3:6~ 5:2

아가서는 언어 앞에 하=ה하를 붙여 하ה 믿어봐라 הַמִדְבָּר하미드바르1) 한다. 절대적으로 믿어봐라이다. 이 여성 화자법2)의 아가서는 하나님의 군사들이 싸비비 סָבִיב하미드바르3)니 행복하다고 한다. 이로 하여 하나님 θ하나님께서 쉬 쉼4)이 미쁘다 ת מִבְּנ밋쁘노트5) 하신다. θ하나님은 예수님 일하시는 일곱째 날에 쉬신다. 쉬시며 שִׂמְחַת시므하트6) 기쁨을 가지신 θ하나님이 그에게 왕관을 씌웠다 שֶׁעִטְּרָה쉐이트라7) 하신다. 그 이유는 말씀 전하니 예뻐 יָפֶה예뻐!8) 하신다. 그 분의 말씀 전하는 입술이 불거져 톡 튀어나와9) 푸른 풀을 잘 먹는 눈10)이 예뻐11)이다.

하나님이 으음 믿어봐라 וּמִדְבָּרֵךְ음믿어봐라이흐12)하신다. 양 같은 나 봐13)하신다. 뺨은 하나님 신전14)이라 하신다.

말씀 펴라 פֶּלַח펠라15) 켜 펴라 כְּפֶלַח크펠라16) 큰 구원을 잡아라

---
1) הַמִדְבָּר(하미드바르 · 거친들, 아 3:7).
2) שְׁלֹמֹה(쉘로모)가 맡아 מִטָּה(마타 · 기본형) מִטָּתוֹ(미타토 · 연이라, 아 3:7)
3) סָבִיב(사비비 · 옹위하였는데, 아 3:7).
4) שִׁשִּׁים(쉬심 · 60, 아 3:8).
5) מִבְּנוֹת(미쁘노트 · 여자들의, 아 10).
6) שִׂמְחַת(스므아흐트 · 기쁨, 아 3:11).
7) שֶׁעִטְּרָה(씌잇터라·, 씌운, 아 3:11).
8) יָפָה(야파하, 아 4:1).
9) שִׂפְתֹתַיִךְ(시프토타이흐·네 입술은, 불쑥나온, 아 4:3).
10) עֵינַיִךְ(엔아이흐 · 쌍수, 두 눈).
11) יָפָה(야파하·어여쁘고도, 아 4:1).
12) וּמִדְבָּרֵךְ(움미드바레흐 · 네 입은, 아 4:3).
13) נָאוֶה(나베 · 어여쁘고, 아 4:3).
14) רַקָּתֵךְ(라카아테흐 · 뺨 · 신전).

צוּאר잡아라1) 큰 구원 잡아라아 צוּארֵךְ잡아라흑2) 하나님 푸른 초원 사다 שָׁדַיִךְ3)놓으신 예수님 봐 솟아 님 בַּשּׁוֹשַׁנִּים봐 솟아님4)으로 말씀 증거 하셨다 הָעֵדֻת하아두트5).

이스라엘아 들으라 우리 하나님 여호와6)

푸 하아 פּוּחַ푸하7) 말씀 쏴야 아 푸우 שֶׁאָפוּחַ쉐야푸아흑8) 푸하아아 세상의 근심 배나 쉽게도 וְנָסוּ베나수9) 잘려 צֵלָל잘려10)나네 아주우 잘려나가네 하 잘림 הַצְּלָלִים하 잘림11)에 놀라와!

백합화!
좋아12) 올라13) 하나님 말씀 향기
하 믿어 바라라기14) 그대로 쉴 놈이15)된

---

15) סֶלַע(페라 · 신전, 성당, 아 4:3).
16) כְּפֶלָה(크펠라 · 한 쪽 갈구나, 아 4:3).
1) צוּאר(자바아르 · 큰 구원, 강단, 아 4:4).
2) צוּארֵךְ(쟈바레흐 · 큰 구원 · 네 목은, 아 4:4).
3) שָׁדַיִךְ(쏴다이흐 · 초원,쌍수, 기본형 שַׁד · 번역은 네 유방은, 아 4:5).
4) בַּשּׁוֹשַׁנִּים(봐솟아님 · 백합화가운데서, 아 4:5).
5) הָעֵדֻת(하에두트 · 증거) ~עֵד(아드 · 증거) 출 26: 34, 27: 21, 30: 6, 26, 36, 31: 7, 39: 35, 40: 5; 레 24: 3; 민 7: 89.
6) שְׁמַע יִשְׂרָאֵל יְהוָה אֱלֹהֵינוּ יְהוָה | אֶחָד(쉐마아 이스라엘 엘로헤이누 여호와 | 에하드, 신 6: 4)의 큰 글자 증거 עֵד(아드).
7) פּוּחַ(푸하 · 기본형, 진술하다, 말하다).
8) שֶׁאָפוּחַ(쉐야푸하흐 · 말할, 기울고, 아 4:6).
9) וְנָסוּ(베나수 · 근심있는 · 갈, 아 4:5).
10) צֵלָל(쩰랄 · 기본형, 어두움, 아 4:6).
11) הַצְּלָלִים(하쩰라림 · 그림자가, 아 4:6).
12) זֹאת(조오트 · 이것, this, 아 3:6).
13) עֹלָה(올라 · 오는, 아 3:6).
14) הַמִּדְבָּר(하미드바르 · 거친들, 아 3:7).

그대가 싸비비1)시니 쉬는 동안2) 기뻐요3)

그대4)를 사모하는5) 기쁨을 씌웠더6)니
예뻐7)진 입술에다 두 눈 더8) 예뻐9)지고
알리는 입술소리가 쉰나이다10) 쉾어요

정말로 믿어봐라11) 양 같은 나 봐12) 나 봐
예쁜 뺨13) 말씀 펴라14) 켜 펴라15) 하시기에
입술이 툭 튀 도록에16) 사랑 잡아17) 지어요

숨 가뻐 잡아놓고18) 푸른 들 사다19)놓고
퍼 벌쩍 솟아나고20) 살아나21) 두드22)리고

---

15) (여성문법): שְׁלֹמֹה(쉘로모)가 맡아 מִטָּה(마타·기본형) מִטָּתוֹ(미타토·연이라, 아 3:7)
1) סָבִיב(사비비·옹위하였는데, 아 3:7).
2) שִׁשִּׁים(쉬심·60, 아 3:8).
3) מִבְּנוֹת(미쁘노트·여자들의, 아 10).
4) חֲתֻנָּתוֹ(하툰나토·혼인, 예수님 십자가를 영원히 사모하는 마음, 아 3:11).
5) שִׂמְחַת(스므아흐트·기쁨, 아 3:11).
6) שִׁטְרָה(씌잇터라·씌운, 아 3:11).
7) יָפָה(야파하·글자풀이로, 아 4:1).
8) עֵינַיִךְ(엔아이흐·쌍수, 두 눈).
9) יָפָה(야파하·어여쁘고도, 아 4:1).
10) שִׁנַּיִךְ(쉰나이흐·쌍수 즉 윗 이와 아랫이, 아 4:2).
11) וּמִדְבָּרֵךְ(움미드바레흐·네 입은, 아 4:3).
12) נָאוֶה(나베·어여쁘고, 아 4:3).
13) רַקָּתֵךְ(라카아테흐·뺨·신전).
14) פֶּלַח(페라·신전, 성당, 아 4:3).
15) כְּפֶלַח(크펠라·한 쪽 같구나, 아 4:3).
16) שִׂפְתֹתַיִךְ(시프토타이흐·네 입술은, 불쑥나온, 아 4:3)
17) צַוָּאר(자바아르·큰 구원, 강단, 아 4:4).
18) צַוָּארֵךְ(쟈바레흐·큰 구원·네 목은, 아 4:4).
19) שָׁדַיִךְ(솨다이흐·초원,쌍수, 기본형 שַׁד·번역은 네 유방은, 아 4:5).
20) בַּשּׁוֹשַׁנִּים(봐솻아님·백합화가운데서, 아 4:5).
21) תְּאוֹמֵי(테오매·쌍둥이·쌍태).

어화화 가슴이 뛰어1) 푸하하아2) 좋으셔3)

어둠을 배나4) 잘라5) 노시고 아주 잘라6)
아아주 좋으셔서 그대도 벌떡벌떡
하늘이 춤추기 잡고7) 엣따8) 타 보9)라시네

숨 쉬니 기뻐10)지고 기뻐서11) 콩닥콩닥12)
보쌈13)해 싸매14)시며 솟아나15) 가슴 돋아16)
그리운17) 입술 주시니18) 솟았다19)고 외쳐요

세상과 갈라서서 오로지 그대 땜에
오늘밤 말씀 들어 세우는 날밤도요

---

22) הָעֵדֻת(하에두트·증거) ~עֵד(아드·증거) 출 26: 34, 27: 21, 30: 6, 26, 36, 31: 7, 39: 35, 40: 5; 레 24: 3; 민 7: 89.

1) עַ | יהוה אֱלֹהֵינוּ יהוה יִשְׂרָאֵל(쉐마아 이스라엘 엘로헤이누 여호와 | 에하드, 신 6: 4)의 큰 글자 증거 עד(아드). אֶחָֽד
2) שְׁיפוֹחַ(쉐야푸하흐·말할, 기울고, 아 4:6).
3) פוּחַ(푸하·기본형, 진술하다, 말하다).
4) וְנָסוּ(베나수·근심있는·갈, 아 4:5).
5) צְלָל(젤랄·기본형, 어두움, 아 4:6).
6) הַצְּלָלִים(하젤라림·그림자가, 아 4:6).
7) מִצַּוְּרוֹנָיִךְ(미짜베로나이흐·기본형 צַוָּאר(짭바아르·목, 아 4:9).
8) אִתִּי(이티·처음과 끝의 연계형, 전부, 아 4:8).
9) תָּבוֹאִי(타보이·가자, 아 4:8).
10) גִּבְעָה(깃브아·산·준령, 기본형).
11) גִּבְעַת(깃브아트·산, 아 4:6).
12) הַר הַמּוֹר(하르 하모르·몰약 산과, 아 4:6).
13) בְּשָׂמִים(브삼밈·향 품, 기본형 בֶּשֶׂם בְּשָׂם, 아 4:10).
14) שְׁמָנַיִךְ(세만나이흐, 아 4:10).
15) יָפֶה(야뻐, 아 4:10).
16) דֹּדֶיךָ(도다이흐·네 사랑이, 아 4:10).
17) דֹּדֶיךָ(도다이흐·네 사랑이, 아 4:10).
18) נָטַף(기본형, 나타프·소리내고 아 4:11).
19) נֹפֶת(네페트·꿀송이·높은 곳, 아 4:11; 수 17:11).

가슴이 벅차올라요 오릅니다 가슴이

향기로 살 놈으로[1] 은혜를 갚느라고[2]
세상과 갈라선[3] 나를 알아[4]주시기에[5]
하늘 이슬에 흠씬[6] 코트[7] 벗고 맞느라[8]

내 사랑[9] 너는[10] 살라[11] 하시니 가슴뛰어[12]
그대의 머리털은 사랑의 정금[13]으로
촉촉이 빛나[14]시기에 밤이슬에 젖어요[15]

내 아들[16] 밖에 서서[17] 바깥과[18] 싸우시네[19]
말씀이 주렁주렁 달리는[20] 머리털에
허리는 화반석 기둥[21] 말씀 물들[22] 다리는[23]

---

1) שַׂלְמָתָיִךְ(살롬타이흐·의복, 아 4:12).
2) גַן(간·동산이요, 아 4:12).
3) כַלָּה(칼라·나의 신부야, 아 5:1).
4) אָרָה(아라·기본형, 거두다, 아 5:1).
5) אָרִיתִי(아리티·내가 거둔다, 아 5:1).
6) רְסִיסֵי(르씨세·방울 방울, 아 5:2).
7) כֻתָּנְתִּי(쿠타노티·의복, 아 5L3).
8) אֵיכָכָה(에카카·어찌, 아 5:3).
9) דוֹדִי(도디, 아 5:4).
10) קַמְתִּי(가매티·일어나서, 아 5:5).
11) שֶׁלַח(쉘라·기본형, 무기, 병기, 아 5:4).
12) פָּתַח(포다·문을 열매, 아 5:5) .
13) 마 2:7.
14) 신 33:13.
15) 아 5:2.
16) לְדוֹדִי וְדוֹדִי(레도디 베도디, 아 5:6)
17) בָּקַשׁ(바카쉬·기본형, 찾으리라하고, 아 5:6).
18) בִּקַּשְׁתִּיהוּ(바카스티후·내가 그를 찾아도, 아 5:6).
19) מְצָאתִיהוּ(므자티후·만났고, 아 5:6).
20) תַּלְתַּלִּים(탈르탈림·고불고불하고, 아 5:11).
21) 아 5:15.
22) 시 104:15.

언제나1) 찾으시네 밤낮을 찾으시네
느으을2) 나의 성전 그곳에 솟아나는3)
하 맑은4) 뺨5)아래에는 입술 솟아6) 백합화

- 이영지 「사랑 향기」

아가서는 사랑의 단어로 도배하였다. 아가서는 사랑소리로 도배하였다. 이스라엘 백성과 하나님의 사랑을 노래한 아가서는 결혼의 사랑이야기를 몸 시학으로 은유한다. 아가서는 이스라엘 백성과 그7)의 사랑 돋아8)나는 합환체9) 이야기다.

하나님의 일을 아가서는 하나님과 그의 백성사이로 제시 창세기 1:1~2:3에서 보이는 일곱 날 성도의 구원으로 한다.

시로 하시림이라는 제목을 지닌 아가서는 가장 사랑하는 대상을 임 עִם임10)으로 한다. 우리가 늘 부르는 아가서의 노래는 솔로몬을 쉘로모 שְׁלֹמֹה쉘로모11)라 한다. 그리고 여인을 슐람미트 שׁוּלַמִּית슐람미트12)하 한다. 둘 다 모두 여성화자이다.

---

23) 아 5:18.
1) בָּקַשׁ(바카쉬・기본형, 찾으리라하고, 아 5:6)・וּנְבַקְשֶׁנּוּ(우느바크쉐누・우리가 찾으리라, 아 6:2).
2) לְדוֹדִי וְדוֹדִי(레도디 베도디, 아 6:3).
3) בַּשּׁוֹשַׁנִּים(봐 소사님・백합화 가운데서, 아 6:3).
4) 아 5:12.
5) 아 6:7; 사 61:3.
6) שׁוֹשַׁנִּים(솟사님・백합화 같고, 아 5:13).
7) 강성열, 『성경으로 보는 결혼 은유』(서울: 성광 문학사, 1998), 210.
8) דוֹד(도드・돋아)나 בֶּן־דּוֹד(벤~도드・돋아).
9) דוּדָאִים..מִדּוּדָאֵי(두다임.미두다에이・합환체..합환체, 창 30: 14).
10) עִם(임・함께, P. with, 대하 2:13).
11) שְׁלֹמֹה(쉘로모・NE・고유명사).

(3). 사랑아 사랑아 6:4-8:14

따라서 아가서는 둘 여성화자로 하여 하나님의 백성과 하나님 사이의 이야기이다. 둘 다 남녀관계가 아니라 여성화자이다. 님을 향한 간절한 마음을 표현한다. 이에 시적 가치가 있다. 아주 어려운 신학이야기를 호소력이 강한 연애이야기로 그 의미를 은유하였다.

문학적 가치를 지닌 아가서는 남녀 대화체로 한다. 서로 최대의 사랑대상자로 하여 키쓰 이야기 까지 하고 침상 이야기를 한다. 그리하여 특유의 몸 시학으로 단어를 나열한다. 가슴이며 다리이며 목이며 신체의 부분을 감각적으로 표현한다. 이 문학성을 가미한 까닭에 짙은 애정 표시로 오해할 수 있다.

그러나 아가서는 결정적인 순간에 하나님의 사랑을 아파하는 표현으로 한다. 더구나 사랑이라는 의미의 글자 아파에 정관사 하 ה헤와 쉐 שׁ샤를 구별해준다. 그 예는 정관사가 붙은 그 물 하마임 הַמַיִם하마임과 그 하늘 שָׁמַיִם샤마임에서 유추된다. 이 엄청난 차이는 바로 인간의 사랑과 하늘의 사랑차이를 드러낸다. 구체적으로 그 분의 몸을 입고 태어난 예수와 그의 일생으로서의 사랑과 실천, 이에 비교될 수 없는 인간의 사랑을 적절하게 표현한 예이다.

아가서 6:4~8:14까지를 성경은 이스라엘 백성과 하나님과

---

12) שׁוּלַמִית(슐람미트 · Age · 인종명사).

의 관계를 예뻐 יָפָה예뻐1)라 한다. 처음부터 끝까지2) 아 사랑 아 야릇하 רַעְיָתִי라야티3)도록 좋다라 한다. 정말 즐거움이 남 다르샤 תִרְצָה다르샤4) 내 백성을 예뻐한 나 봐 נָאוָה나봐5)라 한다. 그야말로 하나님이 그의 사랑하는 백성들을 향하여 아부 하신다. 이러한 모습은 하나님을 향한 하나님의 백성과 예수님의 모습 모두에게 해당되는 어법이다.

　솔로몬과 슐람미트 둘이 같은 동격의 하나님을 향한 여인으로 표시되는 시적 어법 아가서이다. 잘 싸비비어 סָבַב싸바브6) 암양 하르르 הָרְחֵלִים하르하림7) 나를 놀라게 하니 하르르부니 יְבְנִי הֵרְה하르하부니8) 빛이 난다. 구원을 사모하여 잡아 내린 =צַוָּארֵך= צַוָּארֵך자바아라흐9) 목이며 윤이 짜르르 흐르는 두 뺨이다. 목이 빛이 나10)! 하나님이 말씀하시기를 내가 맡아 לְצַמָּתֵך레자마타흐11) 놓은 자물쇠다. 오직 그분만이 미쁘게 맡아 מִבַּעַד לְצַמָּתֵך미브아드 레자마타흐12) 놓아 자물쇠로 잠가놓은 그 분의 백성이다.

---

1) יָפָה(야파, 예뻐, 아 6:4).
2) אַתְּ(아트 · 너의 전부가, 아 6:4).
3) רַעְיָתִי(라으야티 · 내 사랑아, 아 6:4).
4) תִרְצָה(타르짜 · 즐거움, 아 6:4).
5) נָאוָה(나봐, 아 6:4).
6) הַסְּבִי(하세배 · 기본형 סָבַב: 싸바브, 둘러싸고, 아 6:5).
7) הָרְחֵלִים(하르레림 · 암양, 아 6:6).
8) הִרְהִיבֻנִי(히르히부니 · 나를 놀래게 하니, 아 6:5).
9) צַוָּארֵך(쟈바레흐 · 큰 구원 · 네 목은, 아 6:6).
10) רַקָּתֵך(라카테흐 · 뺨, 아 6:7).
11) לְצַמָּתֵך(르자마테흐 · 너울 · 자물쇠, 아 6:7).
12) מִבַּעַד לְצַמָּתֵך(미쁜 레잠마테하 · 너울 속의, 아 6:7).

시녀들아 알라! 모두 עֲלָמוֹת알라모트 시녀1) 아하파 אַהֲבָה아하바 사랑!2) 마음이 아파 귀중히 여기는 이걸 바라 בָּרָה바라 귀중히 여기는3) 비둘기 요나티 יוֹנָתִי요나티 비둘기4) 백합화 봐 솟아남 בַּשּׁוֹשַׁנִּים바소사님 백합화5) 보라! 아침빛 쇠아하르 שַׁחַר쇼하르 아침빛6) 동산 깃났다 גִּנַּת깃나트 동산7) 골짜기 시냇물 아주 내 할 הַנַּחַל나할 시냇가8) 에 순이 나 하 파랗다 הַפָּרְחָה파르하9)!

돌아오고 돌아오라 쉬이 쉬이 שׁוּבִי שׁוּבִי수비수비10) 돌아와! 우리가 보네 וְנֶחֱזֶה베네헤제!11)

그의 사랑하는 백성에게 가슴을 여는 하나님의 군대 하 마하나임 חֲמַחֲנָיִם하마하님12) 신을 신으며 봐 너에게 알림 בַּנְּעָלִים바느알림13) 귀한 자의 나 되어

봐 나비 נָדִיב나비브14) 너희들 아 얼마나 아름다운 가 마 예뻐

---

1) עֲלָמוֹת(알라모트·시녀, 아 6:8).
2) אַהֲבָה(아하바아, 사랑, 아 6: 8).
3) בָּרָה(바라·귀중히 여기는, 아 6:9).
4) יוֹנָתִי(요나티·비둘기, 아 6:9).
5) בַּשּׁוֹשַׁנִּים(봐 소사님·백합화 가운데서, 아 7:3).
6) שַׁחַר(쇼아르·아침빛, 아아 6:10).
7) גִּנַּת(깃나트·동산, 아 6:11)
8) הַנַּחַל(나할·골짜기 시냇물, 아 6:11).
9) הַפָּרְחָה(하파르하·순이 났는가, 아 6:11).
10) שׁוּבִי שׁוּבִי(수비수비·돌아오고 돌아오라, 아 7:1).
11) וְנֶחֱזֶה(브네헤제·우리로 보게하라, 아 7:1).
12) חֲמַחֲנָיִם(하마하나임·마하나임·하나님의 군대, 아 7:1)·마하나임은 야곱이 그의 형 에서를 만나기 위해 길을 나서면서 "두 무리"를 보고 하나님의 군대라 하고 그 땅 이름을 "마하나임"이라 한데서 유래된 말이다. (창32:1~2)
13) בַּנְּעָלִים(바느알림·신을 신은, 아 7:2).

מַה־יָּפִ֧ית^마~예푸1)! 이렇게 이흐 יְרֵכַ֖יִךְ^이레카이흐2) 말 잘 들으며 아멘 אָמֵן^아멘3)하는 내 사랑의 넓적다리 구슬꿰미 할 임 חֲלָאִ֑ים^할임4)

시냇물 졸졸 흐르듯이 내 할 일 기도하는 내 여인 배꼽에 사르르 שָׁרְרֵךְ^샤르르흐5) 가득히 부으면 그녀는 하사하르 알 ~ 예흐사르 הַסַּ֖הַר אַל־יֶחְסַ֣ר^하사하르 알 ~ 예호사르6) 온 몸을 비트네 허리 비트네 하 בִטְנֵךְ^비트네흐7)

아람 עֲרֵ֣ם^아람8) 드리 알맞게 עֲרֵמַ֣ת^아르마트9) 백합화 봐 솟아 님 בַּשּׁוֹשַׁנִּֽים^바쇼솨님10) 암사슴 제법 צְבִיָּ֑ה^즈비야11) 구원 잡아내려 צַוָּארֵ֖ךְ^쟈바라흐12) 은혜 갚으려는 망대 쾌락하게 십자가 봐 타 בַּתַּֽעֲנוּגִֽים^바타아누김13) 멀리 달려 דָּלָ֑ה^달라14)

예쁘다 네가 얼마나 아름다운지 마 예쁘다 יָּפִית^예피트 ~ מַה^마 ~ 야

---

14) נָדִ֑יב(나디브 · 귀한 자의, 아 7:2).
1) מַה־יָּפִ֧ית(마 · 야푸 · 아름다운가, 아 7:2).
2) יְרֵכַ֖יִךְ(예레카이흐 · 이렇게, 아 7:2).
3) אָמֵן(암만 · 공교한 장식의, 아 7:2).
4) חֲלָאִ֑ים(할라림 · 구슬꿰미, 아 7:2).
5) שָׁרְרֵךְ(쌰르리흐 · 중심 · 배꼽, 아 7:3).
6) הַסַּ֖הַר אַל־יֶחְסַ֣ר(하사하르 알 ~ 예호사르 · 가득히 부은, 아 7:3).
7) בִטְנֵךְ(비트네흐 · 허리, 아 7:3).
8) עֲרֵ֣ם(아람 · 단 · 쌓아놓은 것, 아 7:3).
9) עֲרֵמַ֣ת(아르마트 · 단 같구나, 아 7:3).
10) בַּשּׁוֹשַׁנִּֽים(봐 소사님 · 백합화 가운데서, 아 7:3).
11) צְבִיָּ֑ה(제비야 · 암사슴, 아 7:4).
12) צַוָּארֵ֖ךְ(쟈바레흐 · 큰 구원 · 네 목은, 아 7:5).
13) בַּתַּֽעֲנוּגִֽים(봐타안누김 · 쾌락하게 하는 구나, 아 7:7).
14) דָּלָ֑ה(달라 · 머리, 아 7:6).

마방진시학   469

티트1)!

좋다 זֹאת조트2) 같다 닮았다 דָּמְתָה담므타3) 내 아들의 키 종려나무 레타마르 לְתָמָר레타마르4) 너의 악기! 유방은 비싸다 וְשָׁדַיִךְ베쇠타이흐5) 봐

신나서 봐 신나서 나이브 =בְּסַנְסִנָּיו베사네시나이브6)

올라라 אֶעֱלֶה엘엘레흐7) 나 נָא나8) 잘 쉬려고 핀9)

---

1) מַה־יָּפִית(야피트 · 네가 아름다운 지, 아 7:7) .
2) זֹאת(조오트 · 이것, this, 아 7:8).
3) דָּמְתָה(담므타 · 같고, 아 7:8).
4) לְתָמָר(레타마르 · 종려나무를 위해, 아 7:8).
5) וְשָׁדַיִךְ(베쇠타이흐 · 네 유방은, 아 7:8).
6) בְּסַנְסִנָּיו(베산네신나이브 · 가지를, 아 7:9).
7) אֶעֱלֶה(엘레레 · 올라, 아 7:9).
8) נָא(나 · 참으로, 아 7:9).
9) כְּאֶשְׁכְּלוֹת הַגֶּפֶן(크에쉬케로트 하게펜 · 포도송이 같고, 아 7:9).

2. 예수님

1). 예수님

(1). 예수님 돋다

장시의 아가서 6: 3~8: 12의 시다.

> 아 예뻐1) 처음부터 마음이2) 야릇해져3)
> 다르샤4)
> 내 백성을 예뻐한 나 봐5)줘요
> 잘 싸여6) 쌍태 하르르7) 하르르르8) 예뻐라
> 네 목은9)
> 흘러내려 두 뺨은 방긋 웃고10)
> 맡아 논11) 자물쇠야 마음이 달아올라12)
> 내 사랑13) 아파 아하파14) 나다15) 봐라 솟아남16)

---

1) יָפָה(야파, 아 6:4).
2) אַתְּ(아트·너의 전부가, 아 6:4).
3) רְעְיָתִי(라으야티·내 사랑아, 아 6:4).
4) תִרְצָה(타르짜·즐거움, 아 6:4).
5) נָאוָה(나봐, 아 6:4).
6) הַסְבִּי(하세배·기본형 סָבַב: 싸바브, 둘러싸고, 아 6:5).
7) הָרְחֵלִים(하르레림·암양, 아 6:6).
8) הִרְהִיבֻנִי(히르히부니·나를 놀래게 하니, 아 6:5).
9) צַוָּארֵךְ(쟈바레호·큰 구원·네 목은, 아 6:6).
10) רַקָּתֵךְ(라카테호·뺨, 아 6:7).
11) לְצַמָּתֵךְ(르자마테호·너울·자물쇠, 아 6:7).
12) מִבַּעַד לְצַמָּתֵךְ(미쁜 레잠마테하·너울 속의, 아 6:7).
13) עֲלָמוֹת(알라모트·시녀, 아 6:8).
14) אַהֲבָה(아하바아, 아 6: 8).
15) יוֹנָתִי(요나티·비둘기, 아 6:9).

아침빛 쇼아르1) 뵈네2) 깃 난3) 내해4) 파릇해5)

내게 와
쉬이쉬이6) 돌아와 쉬이쉬이7)
우리가 보네 하자8) 사랑아 마 하나 임9)
네게로 알리는10) 내가 되어보11)게 마~예쁘12)
이렇게13)
아멘14)하는
내 신부 구슬꿰미15)
배꼽은 사르르르16) 사아르17) 비트네18)에
알맞19)게 아람20)드리로 솟아나21)는 사랑아22)

---

16) בְּשׁוֹשַׁנִּים(봐 소사님 · 백합화 가운데서, 아 7:3).
1) שַׁחַר(쇼아르, 아 6:10).
2) בְּאִבֵּי(베이베 · 푸른초목, 아 6:11).
3) גִּנַּת(깃나트 · 동산, 아 6:11)
4) הַנָּחַל(나할 · 골짜기 시냇물, 아 6:11).
5) הַפָּרְחָה(하파르하 · 순이 났는가, 아 6:11).
6) שֻׁבִי שֻׁבִי(수비수비, 아 7:1).
7) שֻׁבִי שֻׁבִי(수비수비, 아 7:1).
8) וְנֶחֱזֶה(브네하제 · 우리로 보게하라, 아 7:1).
9) הַמַּחֲנָיִם(하마하나임 · 마하나임 · 하나님의 군대, 아 7:1) · 마하나임은 야곱이 그의 형 에서를 만나기 위해 길을 나서면서 "두 무리"를 보고 하나님의 군대라 하고 그 땅 이름을 "마하나임"이라 한데서 유래된 말이다.(창 32장1~2)
10) בַּנְּעָלִים(바느알림 · 신을 신은, 아 7:2).
11) נָדִיב(나디브 · 귀한 자의, 아 7:2).
12) מַה ~ יָּפוּ(마~ 야푸 · 아름다운가, 아 7:2).
13) יְרֵכַיִךְ(예레카이흐 · 이렇게, 아 7:2).
14) אָמָּן(암만 · 공교한 장식의, 아 7:2).
15) חֲלָאִים(할라림 · 구슬꿰미, 아 7:2).
16) שָׁרְרֵךְ(쇼르리흐 · 중심 · 배꼽, 아 7:3).
17) הַסַּהַר ~ אַל יֶחְסַר(하사하르 알 ~ 예흐사르 · 가득히 부은, 아 7:3).
18) בִּטְנֵךְ(비트네흐 · 허리, 아 7:3).
19) עֲרֵמַת(아르마트 · 단 같구나, 아 7:3).
20) עֲרֵם(아람 · 단 · 쌓아놓은 것, 아 7:3).

472 제 5장 사랑마방진시학

자아알
잡아내려1)
믿고 갈2) 사랑이다
내 눈에3) 넘치는 머리4) 예쁘디 예쁘다5)
좋아라6) 닿게 되어서7) 종려나무 닮으려8)

비싸다9)
내 사랑아 신나서10) 산에 올라11)
나12) 크게 쉬려고 핀13) 예수님14) 돋이15) 돋이16)
단 말씀 크는17) 포도원 날아18) 펴라19) 사랑아

사랑 임20)

---

21) בַּשּׁוֹשַׁנִּים(봐 소사님 · 백합화 가운데서, 아 7:3).
22) צְבִיָּה(제비야 · 암사슴, 아 7:4).
1) צַוָּארֵךְ(쟈바레흐 · 큰 구원 · 네 목은, 아 7:5).
2) מִגְדָּל(믿그달 · 망대, 아 7:5).
3) בְּתַעֲנוּגִים(봐타안누김 · 쾌락하게 하는 구나, 아 7:7).
4) דַּלָּה(달라 · 머리, 아 7:6).
5) יָּפִית(야피트 · 네가 아름다운 지, 아 7:7) .
6) זֹאת(조오트 · 이것, this, 아 7:8).
7) דָּמְתָה(담므타 · 같고, 아 7:8).
8) לְתָמָר(레타마르 · 종려나무를 위해, 아 7:8).
9) שָׁדַיִךְ(베솨타이흐 · 네 유방은, 아 7:8).
10) בְּסַנְסִנָּיו(베산네신나이브 · 가지를, 아 7:9).
11) אֶעֱלֶה(엘레레 · 올라, 아 7:9).
12) נָא(나 · 참으로, 아 7:9).
13) כְּאֶשְׁכְּלוֹת הַגֶּפֶן(크에쉬케로트 하게펜 · 포도송이 같고, 아 7:9).
14) יְשֵׁנִים(예쉐님 · 자는 자의, 아 7:10).
15) לְדוֹדִי(레돋이 · 나의 사랑하는 자를 위하여, 아 7:11).
16) דּוֹדִי(도디, 아 7:12)
17) לַכְּרָמִים(라크라밈 · לְ는 위하여전치사, 포도원으로, 아 7:13).
18) נִרְאֶה(니레에 · 보자, 아 7:13).
19) פָּרְחָה(파르하 · 움이 돋았는지 · 깨졌는지, 아 7:13).
20) דּוּדָאִים(두다임 · 예수를 통한 구권의 길을 두다, 성경은 합환체로 번역, 아 7:14).

마방진시학 473

나타내1)서 카다2)다 피어나는3)
예수님4) 돋이5) 그대 내 모자6) 내 아들아
정말로 넌 부서지지7) 않는 거야 사랑아

마음이 너에게 가 있어서 이토록 커
마음이 하아하파8) 나랑랑9) 맛있어라10)
포도주 실컷11) 트여보겠니12) 노아처럼 사랑아

부~탁13) 타이르니14) 움마 ~ 타이르니15)
닿았다16) 좋다17) 올라18) 정말로 믿어봐라19)
정말로 믿으라했다20) 돋아21) 닿아22) 십자가

---

1) נְתַנּוּ(나타내누·우리가 나타내니, 토하고로 번역, 아 7:14).
2) מְגָדִים(매카딤·귀한 실과가, 아 7:14).
3) פְּתָחֵנוּ(프타헤누·우리의 문 앞에는, 아 7:14).
4) יְשָׁנִים(예솨님·묵은것으로 번역, 아 7:14).
5) דּוֹדִי(도디, 아 7:14).
6) אֶמְצָאֲךָ(에모자아하·기본형 מָצָא(모자·맞추어:신 19:7·입었다:에 5:8·알다·살피다·베푸다 즉 남에게 맞추어 사는 일로 은혜를 입고 사는 뜻, 아 8:1).
7) יָבוּזוּ(야부주·업신여김자가, 아 8:1).
8) הָאַהֲבָה(하아하바아·사랑하는 자, 아 8:4).
9) אֶנְהָגֲךָ(애느하카·내가 너를 이끌어, 아 8:2).
10) מֵעָסִיס(마아시스·단 포도주·하나님의 말씀, 아 8:2).
11) אַשְׁקְךָ(아쉬케카·나는 네게 마시웠겠고, 아 8:2).
12) תְּחַבְּקֵנִי(트하브게니·열어젖혀, 아 8:3).
13) הִשְׁבַּעְתִּי(히스바으티·내가 부탁한다, 아 8:4).
14) מַה ~ תְּעוֹרְרוּ(마 ~ 테오루·흔들지말며, 아 8:4).
15) וּמַה~תְּעוֹרְרוּ(움마~테오루·흔들지말며, 아 8:4).
16) תַּחַת(다하트·닿았다, 아 8:4).
17) זֹאת(조오트·이것, this, 아 8:5).
18) עֹלָה(올라·올라오는·아 8:5).
19) הַמִּדְבָּר(하미드바르·거친들, 아 8:5).
20) מִתְרַפֶּקֶת(미트라페케트·의지하고, 아 8:5).
21) דּוֹדָהּ(도다·그 사랑하는 자, 아 8:5).
22) תַּחַת(다하트·밑, 아 8:5).

474 제 5장 사랑마방진시학

가슴에
십자가를 심었니[1] 아하파아[2]
까맣다[3] 백성들이 나 보다 널 사랑하니
내 아들 십자가에서 아아파아[4] 아파아[5]
벤 나 봐[6]
네가 벤네[7] 비싸다[8] 실로 살 놈[9]
펴리라[10] 말씀 가름[11] 삼으니[12] 살 놈이야[13]
네게는[14] 가슴이 돋아[15] 기우리며[16] 스미니[17]
정말로 닮아[18] 돋아[19]서 네 앞에[20]와 있구나
내 사랑 나를 닮아 하 예버 정말 예뻐
너를 봐 내 몸이 둥둥 하늘로만 뜨누나

- 이영지 「아 예뻐」

하나님이 예수님에게 부은 사랑은 그의 십자가 사건이다.

---

1) שִׁימֵנִי(시멘니 · 너는 나를 품고, 아 8:6).
2) אַהֲבָה(아하바아 · 사랑은, 아 8: 6) ·
3) כַּמָּוֶת(카마베트 · 죽음같이, 아 8:6).
4) הָאַהֲבָה(하아아하바아·사랑이, 아 8: 7).
5) בָּאַהֲבָה(바아하바, 아 8:7).
6) בְעֵינָיו(벤나봐·그의 보기에, 아 8:10).
7) נִבְנֶה(니벤네 · 우리는 세울것이요, 아 8:9).
8) וְשָׁדַי(브사다이 · 나의 유방은, 아 8:10).
9) לִשְׁלֹמֹה(리쉘로모 · NE, 하나님 말씀 사모하려, 아 8:11).
10) פִּרְיוֹ(피르요 · 실과, 아 8:12).
11) כַּרְמִי(카르미 · 나의 포도원은, 아 8:12).
12) שָׁמְנִי(사무니 · 삼았음이라, 아 8:12).
13) שְׁלֹמֹה(쉘로모 · 하나님 말씀 사모, 아 8:12).
14) לְךָ(라흐 · 너를 위하여, 아 8:12).
15) דּוֹדִי(도디, 아 8:13).
16) מַקְשִׁיבִים(마크쉬빔 · 귀를 기울이니, 아 8:13).
17) הַשְׁמִיעִינִי(하스미이니 · 나로 듣게 하려므나, 아 8:13).
18) דְּמֵה(다마 · 같아여라, 아 8:14).
19) דוֹדִי(도디·나의 사랑, 아 8:14).
20) לְפָנַי(레파네 · 내 앞에 있구나, 아 8:12).

성경은 아가서에서 구구절절이 하나님과 예수님과의 관계를 아파하는 사이로 한다. 그리고 실제 십자가 사건을 언급한다. 그것은 서로 가슴에 사랑이 돋아서라고 한다. 사랑하는 사이에서는 서로 상대방의 가슴에 사랑이 돋는다.

이 표현을 합한체 라 하는 마방진 용어로 한다. 놀랍게도 그후 말씀이 날로 큰다고 하고 있다. 이 말씀이 날로 크는 곳은 포도원이다. 사랑이 무럭무럭 자라고 있다. 그래서 예수님은 모자를 쓰셨고 이 모자는 가시관을 쓰신 것이다. 포도주를 마신다. 포도주 마신 분은 다시 부활하신다.

예수님 שֵׁנִים예쉐님1) 내 사랑은 내 돋이 לְדוֹדִי레도디2) 사랑 돋이 דוֹדִי도디3)

말씀이 날로 크는4) 포도원 보러가는נֵאהֶ니에5)

돋으려 פָּרְחָה파르하6) 합환체 두다 דוּדָאִים두다임7)

사랑 돋아 דוֹדִי도다이8) 나누나 פְּתָחֵנוּ프타헤누9)

---

1) שֵׁנִים(예쉐님 · 자는 자의, 아 7:10).
2) לְדוֹדִי(레돋이 · 나의 사랑하는 자를 위하여, 아 7:11).
3) דוֹדִי(도디, 나의 사랑하는 자야, 아 7:12).
4) לִכְרָמִים(라크라밈 · לְ는 위하여전치사, 포도원으로, 아 7:13).
5) נֵאהֶ(니아 · 보자, 아 7:13).
6) פָּרְחָה(파르하 · 움이 돋았는지, 아 7:13).
7) דוּדָאִים(두다임 · 예수를 통한 구원의 길을 두다, 성경은 합환체로 번역, 아 7:14).
8) דוֹדִי(도다이·나의 사랑을, 아 7:13).
9) פְּתָחֵנוּ(프타헤누 · 우리의 문 앞에는, 아 7:14).

예수님1) 돋아 דוֹדִי도디2) 나셔 쓰고 난 모자 מֹצָא모자3)지만 부서진 בָּזֻה야부주4) 가시관에 마음이 하 아파 הָאַהֲבָה하아하바5)와 이끌어 나랑 같이로 אֶנְהָגֲךָ에느하가하6) 포도주를 מֵעֲסִיס마아시스7) 실컷=אַשְׁקְךָ아쉬케하8) 먹는다

보겠니 תְּחַבְּקֵנִי트하브케니9)! 부탁 הִשְׁבַּעְתִּי히쉬바에티=10) 한다

타일러 תְּעֹרְרוּ ~ מַה ~ 마테오레루11) 태우노라 תְּעֹרְרוּ~וּמַה~움마~ 테오레루!12) 내 사랑을 열리라

닿았다 תַּחַת타하트13) 좋다 זֹאת조트14) 올라 עֹלָה올라15)

믿어봐 הַמִּדְבָּר하미드바라16) 믿으라다 מִתְרַפֶּקֶת미트라페테트17)

---

1) שֹׁנִים(예쉐님 · 자는 자의, 아 7:10).
2) דוֹדִי(도디, 아 7:14).
3) אִמְצָאֲךָ(에모자아하 · 기본형 מֹצָא(모자 · 맞추어:신 19:7 · 입었다:에 5:8 · 알다 · 살피다 · 베푸다 남에게 맞추어 사는 일로 은혜를 입고 사는, 아 8:1).
4) בָּזֻה(야부주 · 업신여김, 아 8:1).
5) הָאַהֲבָה(하아하바아 · 사랑하는 자, 아 8:4).
6) אֶנְהָגֲךָ(에느하카 · 내가 너를 이끌어, 아 8:2).
7) מֵעֲסִיס(마아시스 · 단 포도주 · 하나님의 말씀, 아 8:2).
8) אַשְׁקְךָ(아쉬케카 · 나는 네게 마시웠겠고, 아 8:2).
9) תְּחַבְּקֵנִי(트하브게니·열어젖혀, 아 8:3).
10) הִשְׁבַּעְתִּי(히스바으티 · 내가 부탁한다, 아 8:4).
11) תְּעֹרְרוּ ~ מַה(마 ~ 테오루·흔들지말며, 아 8:4).
12) תְּעֹרְרוּ~וּמַה(움마 · 테오루 · 흔들지말며, 아 8:4).
13) תַּחַת(다하트 · 닿았다, 아 8:4).
14) זֹאת(조오트 · 이것, this, 아 8:5).
15) עֹלָה(올라 · 올라오는 · 아 8:5).
16) הַמִּדְבָּר(하미드바르 · 거친들, 아 8:5).
17) מִתְרַפֶּקֶת(미트라페케트 · 의지하고, 아 8:5).

닿았다 תַּחַת^{타하트}1) 돋았도다 דּוֹדִ^{도다2)}

삼았니? שִׂימֵנִי^{시매니3)} 삼아 שָׁמָּה^{샤마4)} 보라

아파라 אַהֲבָה^{아하바5)} 아들 십자가 하 아파아 הָאַהֲבָה^{하아하바6)}

아하파 בְּאַהֲבָה^{바아하바7)}

부활의 기쁨 주려 벤 나봐 בְּעֵינָיו^{베나나이브8)} 니가 벤네 נִבְנֶה^{니브네9)}

비싸다 שָׁדַי^{베솨다이10)} 말씀 사모 너 살놈 לִשְׁלֹמֹה^{레쉴로모11)}

과일 퍼리 פְּרִי^{피레이12)}

포도원 가름 כַּרְמִי^{카르미13)} 삼으니 שָׁמְנִי^{사무니14)}

그대 사랑15) 돋아나 דּוֹדִ^{도디16)}

기울여 מַקְשִׁיבִים^{마크쉬빔17)} 소리스며 הַשְׁמִיעִינִי^{하소미이니18)}

---

1) תַּחַת (다하트 · 밑, 아 8:5).
2) דּוֹדִ (도다 · 그 사랑하는 자, 아 8:5).
3) שִׂימֵנִי (시멘니 · 너는 나를 품고, 아 8:6).
4) שָׁמָּה (사마 · 거기에 아 8:5).
5) אַהֲבָה (아하바아 · 사랑은, 아 8: 6) ·
6) הָאַהֲבָה (하아아하바아 · 사랑이, 아 8: 7).
7) בְּאַהֲבָה (바아하바, 사랑이, 아 8:7).
8) בְּעֵינָיו (벤나봐 · 그의 보기에, 아 8:10).
9) נִבְנֶה (니벤네 · 우리는 세울것이요, 아 8:9).
10) שָׁדַי (브사다이 · 나의 유방은, 아 8:10).
11) לִשְׁלֹמֹה (리쉘로모 · NE, 하나님 말씀 사모하려, 아 8:11).
12) פְּרִי (피르요 · 실과, 아 8:12).
13) כַּרְמִי (카르미 · 나의 포도원은, 아 8:12).
14) שָׁמְנִי (사무니 · 삼았음이라, 아 8:12).
15) לָךְ (라흐 · 너를 위하여, 아 8:12).
16) דּוֹדִ (도디 · 사랑, 아 8:13).
17) מַקְשִׁיבִים (마크쉬빔 · 귀를 기울이니, 아 8:13).
18) הַשְׁמִיעִינִי (하스미이니 · 나로 듣게 하려므나, 아 8:13).

닮아 דָמָה^{다마1)}진 사랑 돋이 דוֹדִי^{도디2)}
내 앞에 לְפָנַי^{레파나3)} 계시는 이 닮아서 내가 돋아
어디든 그대 따라서 나의 삶이 좋아라

다윗의 아들 예수라 성경은 기록한다. 그 이유가 있다. 포도원에서 길러진 포도주에 사랑맛이 들어 있다. 그것은 다윗이 포도원의 지기이다. 포도주를 마신이의 조건은 그의 아들로서 닮아 있는 참 주인이 되어서이다. 사람들도 포도원에서 알알이 익은 포도맛을 즐기고 포도주를 담는다. 그리고 그 포도주는 성찬의 예식장에서 유일하게 나눠진다.

사랑의 만찬은 예수님이 처음으로 행하신 혼례식장에서 만드신 포도주이다. 물 곧 말씀으로 만드신 포도주의 맛은 예식장에 참석한 사람들이 먹고서 그 맛있음을 이야기한다. 말씀으로 만들어진 포도주의 영양은 몸으로 들어가 피가 된다. 살아서 움직이는 몸이 바로 피가 살아 있는 몸이다.

아가서는 솔로몬이 지은 노래라고 한다. 그러나 다윗 이름 그대로 나의 사랑하는 자로 하는 아가서다. 이때 도디로 히브리어가 쓰이는데 의미는 상대방의 가슴을 본인의 가슴에 넣는다 이다.

---

1) דָמָה(다마 · 같아여라, 아 8:14).
2) דוֹדִי(도디·나의 사랑, 아 8:14).
3) לְפָנַי(레파네 · 내 앞에 있구나, 아 8:12).

(2). 나의 사랑하는 자 도디

성경은 나의 사랑하는 자^{도디 דודי} 아 1:13,14, 4:16, 5:2,4,라 한다. 나의 사랑하는 자는^{도디 דודי} 아 1:14 는 내게 엔게디 포도원의 고벨화 송이이다. 나의 사랑하는 자^{도디 דודי} 아 1:16는 어여쁘고 화창하다 하였다. 그리고 남자들 중에 나의 사랑하는 자^{도디 דודי} 아 2:3로 수풀 가운데 사과나무 같구나 내가 그 그늘에 앉아서 심히 기뻐하였고 그 실과는 내입에 달았구나 하였다. 나의 사랑하는 자^{도디 דודי} 아 2:8 목소리가 들린다. 보라 그가 산에서 달리고 작은 산을 빨리 넘어 오는구나 나의 사랑하는 자^{도디 דודי} 아 2:9는 노루와도 같고 어린 사슴과도 같아서 우리 벽 뒤에 서서 창으로 들여다보며 창살 틈으로 엿보는구나 나의 사랑하는 자가^{도디 דודי} 아 2:10 내게 말하여 이르기를 나의 사랑, 나의 어여쁜 자야 일어나서 함께 가자 한다. 나의 사랑하는 자는^{도디 דודי} 아 2:16 내게 속하였고 나는 그에게 속하였구나 그가 백합화 가운데서 양떼를 먹이는구나 하였다. 나의 사랑하는 자야^{도디 דודי} 아 2:17 날이 기울고 그림자가 갈 때에 돌아와서 베데르 산에서의 노루와 어린 사슴 같아여라 하였다. 그러나 성경은 내가 밤에 침상에서 마음에 사랑하는 자를^{쉐아하바 שאהבה} 아 3:1 찾았구나 찾아도 발견치 못하였구나 한다. 그래서 이에 내가 일어나서 성중으로 돌아다니며 마음에 사랑하는 자를^{쉐아하바 שאהבה} 아 3:2 거리에서나 큰 길에서나 찾으리라 하고 찾으나 만나지 못하였구나 북풍아 일어나라 남풍아 오라 나의 동산에 불어서 향기를 날리라 나의 사랑하는 자가도디 דוֹדִי 아 4:16 그 동산에 들어가서 그 아름다운 실과 먹기를 원하노라 내가 잘지라도 마음은 깨었는데 나의 사랑하는 자의도디 דוֹדִי 아 5:2 소리가 들리는구나 문을 두드려 이르기를 나의 누이, 나의 사랑, 나의 비둘기, 나의 완전한 자야 문 열어 다고 내 머리에는 이슬이, 내 머리털에는 밤이슬이 가득하였다 하는구나 나의 사랑하는 자가도디 דוֹדִי 아 5:4 문틈으로 손을 들이밀 매 내 마음이 동하여서 일어나서 나의 사랑하는 자 위하여레도디 לְדוֹדִי 아 5:5 문을 열 때 몰약이 내 손에서, 몰약의 즙이 내 손가락에서 문빗장에 듣는구나 내가[1] 사랑하는 자 위하여레도디 לְדוֹדִי 아 5:6 문을 열었으나 그가 벌써 물러갔네 그가 말할 때에 내 혼이 나갔구나 내가 그를 찾아도 못 만났고 불러도 응답이 없었구나 하였다. 예루살렘 여자들아 너희에게 내가 부탁한다 너희가 나의 사랑하는 자를도디 דוֹדִי 아 5:8 만나거든 내가 사랑하므로 병이 났다고 하려무나 나의 사랑하는 자는도디 דוֹדִי 아 5:10 희고도 붉어 만 사람에 뛰어난다 입은 심히 다니 그 전체가 사랑스럽구나 예루살렘 여자들아 이는 나의 사랑하는 자요도디 דוֹדִי 아 5:16 나의 친구다.

따라서 성경이 말하는 아가서의 노래 중의 노래는 솔로몬

---

1) יְדוֹדִי(베도디).

과 솔로몬의 여인 슐람미트 여인과의 비유 시이다. 남녀 간의 애정관계가 아니다. 솔로몬과 술람니 여인을 모두 여성화 함으로써 그 대상인 절대자에 대한 사랑을 지극히 사랑하는 자로 한다. 쉬랬다와 쉬하르호렛트 שְׁחַרְחֹרֶת^{쉬하르호렛트}1): 쉬랬다 표현에서 하나님을 믿는자의 마음의 열정과 이를 믿는 자에게 주는 안식을 알려준다. 우리말 쉬랬다라 표현이 주는 쉬하르호렛트 שְׁחַרְחֹרֶת^{쉬하르호렛트} 거므스름할지라도이다. 검은 머리 뜻은 쉬라이다. 대상을 가장 안식하기 좋은 여자라는 이미지로 함으로써 극대화한 사랑의미로서 연결한다.

아가서는 온통 나의 사랑하는 자2)에 대한 시다. 소유격 나의 그이다. 나의 사랑하는 대상은 남자 단수이다. 이 사랑하는 자 도디가 사실은 다윗의 이름 그대로이다. 더구나 내가3)로 다윗 자신을 가리킨다. 다윗이 사랑하는 자를 위하여 레도디 לדודי 아 5:5로 표시한다. 그러나 문법으로는 둘 다 여성명사이다. 하나님 백성 이야기이다. 이 문법사례는 왕 멜레크 מֶל 멜레흐4)와 왕후=말쿠트 מלכות 말쿠루5).

아가서는 시적 은유 시이다. 시의 겉은 다윗 이름 그대로 아비 다윗과 아들 솔로몬 관계이다. 시의 내포는 하나님과

---

1) שְׁחַרְחֹרֶת(쉬하르호렛트·거므스름할지라도, 아 1:5).
2) NMS.CXS.
3) לדודי(베도디·사랑하는 자).
4) 왕하 16:1
5) 왕하 16:1, 에 1:2.

하나님의 백성 사이이다. 신부로 표현 된다. 하나님과 다윗 사이다. 하나님과 백성간이다.

아가서는 제목에서 보이는 바와 같이 노래 중에 노래임으로 하여 이 노래의미가 지니는 하나님을 믿는 백성들의 즐거운 나날을 알려준다. 그것은 기쁨을 주는 일이다. 이 세상의 삶에서 유일하게 하나님 백성에게 주는 기쁨 그것은 이 세상에 천국이 존재하게 한다.

중간의 가교역할은 예수님이다. 하나님은 인간에게 희생의 기쁨을 알려준다. 그렇지 않고서는 이 기쁨이 나올 수 없음을 알린다. 가장 가까운 희생의 역할 육신의 아버지 다윗과 솔로몬이다.

하나님과 예수님 사이를 잇는 뜨거운 가슴의 문[1])으로 물을 길어 하나님의 사랑하는 마음을 담았다. 가슴속에 뜨거운 사랑이 있다. U 모형이다. 곧 광주리[2])에 담아 하나님 단 앞에 놓았다. 광주리 안[3])에 하나님 사랑이 우선적으로 담긴다. 그 다음에야 다윗의 마음을 담았다. 성경은 이 때 두 번의 목적형의 다윗의 두 번 사용되는 다윗의 ㄷ과 ㄷ이다. 하나님의 우물에서 물을 길어낼 수 있는 모형이다. 반드시 하나님에게로 돌아와야 하는 의미까지 덧붙여진다. 하나님의 뜨

---

1) ㄱ(달렛),
2) ㄱㄱ(뚜드 · 광주리).
3) 신 26: 4.

거운 사랑을 길어 올리는, 다윗은 하나님의 말씀에 뜨겁고 끓는 가슴으로 하나님의 사랑에 매달리었다. 하나님과 이스라엘 백성의 관계가 되는 하나님의 뜻을 전하는 의미가 다윗 글자 자체에 있다. 두 개의 문으로 구성되어 있다. 하나님의 문은 입과 관련된다. 다윗이 지니는 문의 이 문밖이 바로 학 뱉어1) 내는 하나님의 말씀이 있기 때문이다. 입은 히브리어로 페2)하고 발음된다. 말씀을 입으로 내어 놓아야 하는 의무이다. 우리들은 왕을 보고 폐하라고 한다. 이 말은 말씀으로 명령하는 자이다.

하나님은 그의 모습을 잘 드러내지 않지만 반드시 그의 흔적을 남긴다. 더구나 이 다윗과 관련된 말 돋아와 돋이 에서이다. 해가 돋아, 싹이 돋아 나온다. 성경 발음 돋이 이다. 모두 다윗 의미다. 다비드라 하기도 한다. 우리가 이해하기 쉽기로는 젖꼭지 돋아3)이다. 다윗의 자손 예수라 한다. 다윗에게서 돋아 난 다윗의 자손 예수다.

인자 같은 이가 하늘 구름4)를 타고 우리에게 나아오기에 그러하다. 하늘5)의 그 구름 위로 오르신 분이 그대로 오시

---

1) הַפֶּתַח(하페테하 · 문밖, 창 19: 6) · 문밖의 פֶּתַח(페타흐 · 문밖, 창 19: 11) · 문밖의 מִפֶּתַח(미페타흐 · 문밖, 출 12: 23, 민 16: 18).
2) פֶּה(페하 · 입) · 입 פִיהָ(피하 · 입, 민 16: 30).
3) 도드 דד(다드 · 젖꼭지) · 돋아 דַדֶּיהָ(다데하 · 도다, 잠 5:19) · 돋아 דַדֵּי(다데 · 돋아, 겔 23:3).
4) עִם־עֲנָנֵי שְׁמַיָּא כְּבַר(임~아나네 쉐마야 · 하늘 구름, 단 7: 13).
5) שְׁחָקִים(쉐하킴 · 하늘, 잠 8: 28).

는¹⁾ 가슴 벅찬 일은 이스라엘 족속의 장로 중 70인이 든 향로로 향연이 베풀어져서 구름²⁾타고 오시는 분이다. 성경은 보라 흰 구름을³⁾이라하고 있다. 구름⁴⁾이 하나님 수레이다. 표시로는 말씀표시인 따옴표로 흔적이 남아 있다. 말씀위로 오신다.

중요한 것은 하나님 은혜에 보답하는 데 초점이 있다. 우리의 삶은 반격을 받으나 추격을 하리로다⁵⁾이다. 성경은 이때 항상 가슴의미를 지니는 달렛⁶⁾을 반복하면서 보답의미를 지니는 기멜⁷⁾로 연결 짓는다. 가슴으로 보답하는 일이 바로 다윗에서 흔적이 남겨지는 다윗의 끓는 가슴이다. 다윗은 33년 동안 예루살렘에서 온 이스라엘과 유다를 다스리며⁸⁾ 하나님께 보답⁹⁾했다. 예수 삶 생애나이다.

---

1) 히 12: 1.
2) עֲנַן־הַקְּטֹרֶת(아난~하크토레트·구름같이, 겔 8: 1),
3) הִנֵּה־עָב(힌네~아이브, 왕상 18: 44).
4) עָבִים(아빔·구름, 시 104: 3).
5) יְגוּדֶנּוּ גְּדוּד(고드 게두드 예그데누·박격을 받으나 ..추격하리로다, 창 49: 19).
6) ד(달레드).
7) ג(기멜)과 ג(기멜).
8) 삼하 5: 5.
9) 이러한 역사는 다윗을 위한 기록으로 역대 상 1~3장까지 아담(1장) → 유다(2장) → 다윗(3장)의 족보와 지파 구분의로 남쪽(4장) → 동쪽(5장) → 중앙의 레위(6장) → 북쪽(7장) → 베냐민(8장)지파 →귀한 포로(9장)로 하고 있다. 다윗은 길보아 산에서 첫째 왕 사울의 죽음(10장)후 헤브론에서의 7년 반 동안(11장)을 시작으로 한다.
다윗은 시글랏에서 헤브론 용사들(12장)의 도움 → 예루살렘으로 법궤 이동을 하게 되는 과정에서 웃사의 죽음(13장)후 더욱 명성(14장)이 높아

다윗의 자손 예수라는 말은 그냥 생긴 것이 아니다. 연속적인 특징 리듬에서 하나님은 다윗에게 항상 하나님 중심이게 하셨다. 성전 짓기 당부도 미리 감사예물을 드리는 일 29장이다. 다윗이 왕위에 오른 33년의 세월은 은혜 갚기 33년이며 이 33년은 창세기에서 이미 엘로힘의 33회째 창세기 1:1~ 2:1의 숨겨진 예수님 세상에 사신 나이와 일치한다. 더구나 다윗 왕은 왕으로서 사울 다음의 둘째 왕이다. 사울 다음에 다윗이 두 번째[1] 왕이다.

지고 예루살렘으로 법궤를 입성시킨다(15장) → 법궤를 옮긴 뒤 감사(16장) → 약속과 기도(17장)를 한다. 다윗의 특징은 감사하는데 있다. 초기 승전(18장) → 후기 승전(19장) 이 반복리듬의 연속적 승리의미와 함께 랍바에서 진행된 암몬과의 전쟁(20장)에서도 승리한다.

    그러나 하나님은 인간의 실책으로 다윗의 인구조사(21장)를 든다. 징계 7년 흉년, 혹은 3개월 동안 쫓겨 다니거나 그렇지 않으면 3일간의 온역을 선택하라 하심에 온역을 선택함에 따라 온역이 퍼져 그 결과 7만 명 이상이 죽는 실책을 하면서 성전 건축이 아닌 성전 건축 준비(22장) → 이를 위한 직무분담을 레위인(23장) → 제사장(24장) → 찬양대(25장) → 문지기(26장)로 구분 → 행정과 군대조직(27장) → 성전건축을 위한 당부(28장) → 건축예물(29)을 드린 다윗의 한계성을 노출한다.

[1] 사무엘 상은 하나님의 계획아래 있는 한나의 아기를 달라는 간절한 통곡의 기도가 실로의 십자가 밑에서 시작(삼상 1장)한다. 한나는 사무엘을 얻은 감격의 기도를 드린다(삼상 2장). 이러한 아이 원함과 아이를 얻은 과정이 반복 리듬이다.
    실로에서 사무엘은 사사로서의 소명(3장)을 받았다. 아벡에서 법궤는 빼앗겨 지고(4장) 법궤가 있는 블레셋 지방 아스돗에서 전염병 재앙이 일어난다. 아스돗 신상의 목이 떨어지고 팔이 부러지는 일이 일어나면서(5장) 하나님은 에그론에서 다시 법궤를 찾게 하셨다(6장). 이스라엘 백성들은 미스바에서 회개의 부흥회를 가졌으며(7장) 사무엘의 고향 라마에서 백성들이 왕을 요구함에 따라(8장) 사무엘은 사울과 만났고(9장) 숩에서 사울에게 하나님의 명령으로 기름을 머리에 부었다(10장). 사울은

전쟁에 나가 암몬을 물리치고 궁지에 몰린 길르앗 야벳을 도와주며 승리하여 무대에 올려진다(11장).
　이에 따라 길갈에서 사무엘의 고별설교는 자신의 청결을 주로 한 내용이었으며(12장) 기름부음 받은 사울은 망령된 제사를 하나님께 드리어 하나님의 눈 밖에서 벗어나기 시작했다(13장). 블레셋의 철기문화에서도 용감히 맞섰던 사울의 아들 요나단의 용맹스러움(14장)과는 달리 사울은 아말렉에서 불순종으로 하나님의 2차 테스트에서도 실격 당한다(15장). 이러한 8~15장까지는 다윗으로 이어지기 위한 사울의 행적.
　다윗은 베들레헴에서 비밀히 기름부음을 하나님의 명령으로 사무엘에 의해 받았으며(16장) 엘라 골짜기에서 골리앗을 물 맷돌 두개로 물리친다(17장). 이때의 맷돌 두 개로 반복 리듬이다. 다윗에 대한 사울의 질투는 기브아에서도 역시 두 번 반복 되었다(18~19장). 사울의 아들 요나단은 들판에서 아버지 사울에게가 아닌 다윗에게 우정을 보인다(20장). 요나단의 도움으로 다윗은 사울을 피해 놉땅으로 피신(21장).
　하나님의 다윗 돕기는 아말렉 후손인 도엑이 제사장을 85명이나 죽이는 제사장 학살과 하나님을 업신여기는 풍조가 일어난 가운데에서도 아히멜렉은 다윗이 충성스럽다고 하였다(22장). 그일라에서 그일라 사람들이 블레셋 족속에세 어려움을 당하자 다윗은 하나님께 기도한 후 구해 주고 다윗의 가족을 의탁했다.
　다윗이 구해주었던 그일라 사람들은 다윗을 밀고해 버리며 배신한다(23장). 할 수 없이 에브라임의 수풀 속인 엔게디에 숨게 되고 이때 3000명을 끌고 온 사울이 마침 동굴 속에서 틈을 보인 사이에도 살짝 옷자락만 베며 하나님 마음에 드는 다윗이 된다(24장). 다윗은 600을 데리고 마온 지역인 갈멜로 사울을 피해 간다. 나발은 다윗이 쫓기는 상황임을 알고 도와주지 않았으나 나발의 지혜로운 아내 아비가일의 도움을 받은 후 다윗은 나발의 아내 아비가일을 둘째 부인으로(25장).
　사울의 끈질긴 추격에도 불구하고 다윗은 사울 부대가 잠든 사이 그들의 창과 물병을 몰래 들고 와서 다윗은 사울을 전연 헤칠 마음이 없음을 알리고(26장) 사울의 힘이 미치지 못하는 블레셋 땅 가드로 피신하여 블레셋 왕으로부터 시글락 땅을 얻는다(27장).
　다윗과 싸워 이길 수 없다는 두려움에 떨던 사울은 너무도 답답하여 하나님께 물었지만 응답이 없자 길보아산 북동쪽인 엔돌에 자신을 변장하고 가서 신접한 여인에게 묻게 되는데 이때 이미 죽은 사무엘이 평상시 모습 그대로 나타나 사울의 멸망을 예언해준다. 사울은 충격을 받고 탈진한다(28장). 한편 블레셋 땅에 있던 다윗은 블레셋과 이스라엘의 전이 둘째 자리는 역시 성경조차 구약과 신약으로 되는데 있는 둘째 자리의 중요성이다. 사무엘 상 하의 자리조차 둘로 구성되는 성경의 카리스마 둘 째 자리이다. 다윗은 문 두개 사이를 잇는 뜨거운 마음을 가진 가슴을 글자의미로 하고 있다. 다윗은 하나님께서 허락하시지 않으시어서 다윗 장막만을 가지고 있다. 다윗의 궁 안에 성막 대신에 장막을 짓고 지성소를 삼아 그 안에 레위인과 제사장과 찬양대와 문지기가 둘러싸고 법궤를 두었다. 하나님의 사람 다윗은 사울 왕 다음의 사람이다.

다윗의 기록은 사무엘 하 1장에서 10장까지는 다윗의 번영기와 11장에서 21장까지는 침체기를 기록하였다. 1~21장까지는 연대기이며 22장부터 24장까지는 비 연대기이다. 이러한 두 개의 구분 또한 다윗이 지닌 왕으로서의 두 번째 자리이며 왕의 자리 또한 2장과 5장에서 각기 두 번이나 왕이 되는 일을 헤브론에서와 예루살렘에서 통일 왕국의 왕[5장]으로 기

쟁에서 이스라엘을 향하여 싸워야 하는 아이러닉한 일이 발생하지만 하나님의 은혜로 블레셋 군사들이 행여나 다윗이 이스라엘 편을 들어 오히려 역공할 것을 두려워 한 나머지 견제한다(29장). 다윗의 장점은 항상 무슨 일 때마다 어려운 일을 하나님께 묻는 것이다. 다윗이 여호와께 문자와 가로되 내가 이 군대를 쫓아가면 미치겠나이까 여호와께서 대답하시되 쫓아가라 네가 반드시..찾으리라(삼상 30: 8)

다윗은 하길라에서 아말렉이 쳐 들어와 물건을 모두 가져 가고, 성을 태울 때에도 다윗은 하나님께 물어 응답을 얻은 후 그들을 급습하여 잃었던 것을 찾아 공평하게 배부해 주는(30장) 반면 사울은 블레셋의 군사가 쏜 화살에 맞아 죽어가면서 옆의 졸병에게 자신을 죽게(31장).

록1)하였다.

---

1) 다윗이 죽은 사울(사무엘 상 31장) 다음으로 왕이 되면서 사울을 향한 조가(사무엘 하 1장)를 시작으로 헤브론에서 왕이 된다(2장). 하나님의 도우심은 공동묘지의 땅 마하나님에서 사울의 사촌인 요압의 동생 아브넬 군장이 죽고(3장) 사울의 아들 이스보셋조차 왕의 자리에 올라앉았지만 살해를 당한다(4장).

그 후 다윗은 예루살렘에서 통일왕국의 왕이 되고(5장) 왕이 축복 받을 수 있었던 이유를 다윗이 제일 먼저 한 일을 하나님의 법궤를 예루살렘 성으로 옮겨 놓후(6장) 감사 기도를 드리는(7장) 일에 있다.
다윗의 생애는 싸움의 연속이다. 다윗의 군사적 승리는 블레셋 왕과의 사사로운 친분 관계로 완전히 블레셋 쪽은 조금 남겨 놓은 상황에서 군사적 승리를 거둔다(8장). 유일하게 살아남아 있던 요나단의 아들 절뚝바리 무비모셋을 다윗 자신의 상에서 음식도 먹게 하는(9장) 선행.

하나님은 그의 사랑하는 예수님이 지닌 둘째 자리의 신비를 성경의 곳곳에 숨겨둔다. 다윗이 한창 암몬과의 전쟁지역인 랍바에서(10장) 우리아가 한창 다윗을 위해 전쟁 중인 와중에 우리아의 아내를 범하는 실수를 범하는 일(11장) 다음에 나단선지자의 책망(12장)을 받게 하고 곧이어서 압논이 그의 이복 누이동생 다말을 범하는 일을 두번째로 삽입한다. 이러한 상황은 가정 붕괴라는 큰 의미를 가지고 있다. 왜냐하면 피해를 입은 다말은 결혼하자고 압논에게 요구하였으나 성경은 다말을 강간한 이후 행동을 돌변하게 하고 거절함으로써 가정 붕괴가 다윗이 밧세바를 범한 일과 동일하게 일어나기 때문이다. 이로 인해 2년 후 압살롬은 압논을 죽인다(13).

그 후 압살롬은 그술로 피하였다가 아버지 다윗의 허락으로 예루살렘으로 다시 귀한 한다(14장). 그러나 다윗이 아들 압살롬을 만나주지 않자 계략으로 성 입구에서 성을 드나들던 사람들의 일을 해결해 주고 인심을 얻어 헤브론에서 왕이 된다(15장). 이때부터 오히려 다윗이 오히려 쫓기는 상황이 전개되는데 이 또한 사울을 피해 달아나던 다윗의 상황이 아들 압살롬을 통해 재연된다. 시므이의 저주(16장)와 이로 인한 내전 역시 두 가지의 전략이다. 다윗파의 후세와 압살롬파의 아히도벨로 등장하지만 아히도벨은 자살하게 되고 후세의 전략은 승리하는 두 가지 전략(17) 후에도 둘의 의미는 계속되어진다.

아히마아스와 요나단이 그 곳 여인의 도움으로 우물 속으로 숨어 살아날 때에도 두 사람·이 두 사람은 모리아 산상에서의 아브라함과 이삭(창세기 22장)·고넬료와 베드로(사도행전 10장)·예수님과 나사로(요한

슈태르크는 『구약 성경 문서』 총서1)를 시편들의 공통적 성격을 후기 계층의 개인작품2)으로 보았다. 궁켈의 제자 빌라와 슈멘크는 1인칭 단수 형태가 경건한 공동체를 의인화한 것3)으로 보았다. 모빙겔은 시편을 민족의 원수들 앞에 처한 탄식시로만 볼 수 없다4)했다. 궁켈은 구약 성경의 연구 초기에 나훔 1장에 관한 소논문을 발표하면서 예언서 1장이 제의적 알파베트시 등이 갖는 시가와 예언시의 예언과 시가 사이의 차이5)로 보았다. 두움은 시가는 예언자에 의해 시작된

복음 3장)·예수님과 사마리아 여인(요한 복음 4장) 등 반복.
    다윗과 압살롬의 관계에서 압살롬이상수리 나무에 긴 머리가 걸리고 요압에 의해 죽은(18장) 다음 . 다윗이 승리하고 예루살렘으로 귀한한다(19장). 세바의 반란을 겪은 과정에서도 다윗의 둘 째 의미는 지속적, 세바의 반란으로 겪은 다윗의 섭섭함은 몇 십년 후 남과 북이 갈리는 단서가 된다(20장).
    다시 등장한 기브온 사람들의 소원 또한 사울가문의 7명을 보내주기를 바라 이들 소원을 들어주는 일 역시 하나님께 다윗이 여쭙은 다음 사울의 딸과 첩 2명을 보내는 둘 구분의 일이 일어난다(21장). 연대기적 서술과 비연대기적 서술로 된 둘로 나누어진 사무엘 하는 산의 상징으로 그 모습을 드러내는데 이에 숨은 의미로서 연대기적 서술 1~21장까지와 이에 대립되는 비연대기적 서술을 사무엘 하 22~24까지 다윗의 노래(22장)와 마지막 말(23장)과 다윗의 인구 조사(24장)로 하여 역삼각형을 이루면서 삼각형과 역삼각형이 모여 별 모양이 되면서 다윗을 상징하는 별 역시 삼각형의 리듬이다.

1) W. Staerk, Lyrik, *Psalmen, Hoheslied und Verwandtes*(SAT Ⅲ·1), second edition 1920).
2) Individualismus und Sozialismus im Alten Testament' *Die Religion in geschichte unt Fefenwart*, Bd. iii, cols. 493-501(first edition 1912).
3) E. Balla, Das Lch der Psalen(FRLANT 16), Goöttingen, 1912.
4) S. Mowinckel, The Psams in Isral's worship, Oxford, 1962, vol. 1. 71ff., 225ff.

경건과 도덕성과 후대의 반영으로 보았으며 궁켈이 말하는 시가가 예언에 의존되었다는 설에 서기는 했지만 예언서는 시가서의 영향아래 있다 했다.

궁켈도 예언서의 알파베트 시가 미가서의 결론 부분과 이사야 33장에 나타남을 주장하여1) 예언의 많은 사상, 주제, 어휘가 시편에서 발견되었다 하였다. 그로 하여 이스라엘의 성경 신학적 소망이 그 이미지로서 채택되고 정교하게 다듬어졌다 하였다. 궁켈은 하나님의 우주적 통치가 성경신학적 질서가 되며 특히 제왕시 시편 2편, 110편 그리고 시온의 찬양시 46편 예언에 나타난 양식인 시편에서 채택하고 있다. 궁켈에 제기된 문제점을 모빙겔은 제의 형성자에 대한 독창적인 배경을 연구2)하였다.

시편에 대한 역사비평 해석은 이스라엘 종교발달사에 저작 시기와 성격이 아주 상이한 견해들을 제시한다. 가끔 예외도 있지만 다윗 저작설이 부인되고 특히 시편의 저작되었던 상황과 표제들을 배제한다면 다윗 일생에 관한 특정 사건에 귀속시키는 표제들은 후대에 첨가된 것으로 보여 진다.

시편 연대는 학자들의 서로 상이한 견해를 보인다. 벨하우

---

5) H. Gunkel, 'Nahum 1' in ZAW 13(1893)., 223~244.
1) H. Gunkel, Jesaja 33' Eine Pophetische Liturgie', in ZAW 4201924, 177~208; 'DES Micha Schluss', *Zeitschrift für Scmitistik*, 1924. 145~183.
2) S. Mowinckel,, Psalmenstudien II, 65.

젠과 그 학파들에 의하여 이루어진 이스라엘 종교사의 재구성은 만족스럽지 않다는 사실이 드러나게 되고 문서비평에서 얻어지는 이스라엘 종교제도의 역사와 발달은 내적이며 개인적인 측면으로 해석되어지게 된다. 그 이유는 이스라엘의 고유한 운동, 자세, 목적들과 더불어 이스라엘 경건의 연대와 발달은 확실한 자료가 없어서 이스라엘 경건에 관한 예배와 외형적 형태보다는 정신성과 헌신이라는 보다 내적인 요인으로 발달되고 진보되어 간다. 시편은 제 2성전의 찬송가로 초기의 제의적 관행으로부터 생성된 내적이며 영적인 헌신의 표현으로 이스라엘 개인의 체험으로 기록된 자서전적인 영적 성찰이다.

시편 해석가들은 시편이 이스라엘의 종교적 발달의 시대로 주전 2세기의 미카비 혁명 시대[1]로 본다. 올스하우젠은 이 견해를 하나님의 주석에서 발전시키고[2] 있다.

---

1) Maccabcan Revolt: F. Bleek, *Einleitung in das Alte Testament*, Fourth edition J. Wellhausen(Berlin, 1978), note 1, 504.
2) J. Olshausen, 1800~1882:
J. Olshausen, *Die Psalmen*(Kurzgefasstes exegetisches Handbuch zum Alten Testament), Leipazig, 1853; *Gedáchlnis Rede aut Justus Olshausen in Abhandlungen* der Königlichen Akademie der Wissenshaften zu Berlin(1883~4), 1~21.

시편은 총 5권으로 되어 있다.3)

* 시편 1권은 시편 1~41편까지이다.

　　복 있는 사람[시편 1편]을 시작으로 하여 매시야 예언과 다윗 왕[2편]과 고난 중에서도 구원확신[3편]과 고난 중에서도 기쁨[4편]·아침기도[5편]는 침상에서 눈물[6편]을 흘린 체험에서 시작되며 의로우신 재판장[7편] 여호와 우리 주여를 부르짖는 다윗의 믿음[8편]은 곧 감사·보좌에서 공의로 세계를 심판하시는 분[9편]에 대한 경외와 악인의 혀[10편]를 유황불로 다스리시는 하나님[11편]이심을 믿는 믿음의 다윗
　　하나님의 말씀은 가장 바다 깊이에서 일곱 번 단련된 순결이기에 악인의 입술과 두 마음을 품은 자의 극단적인 차이[12편]를 가진다. 고난 중에서 절규, 언제까지이니까[13편]로 외치는 화자의 절규와 반면 어리석은 자는 하나님이 없다[14편]하는 극단적인 차이를 가진다. 그러기에 늘 성산에 거할 자[15편]의 의로운 예배자는 존귀한성도의 기쁨[16편]이다. 이 기쁨은 주 날개 밑에 있어 눈동자 같이 지키시는[17편] 하나님께 늘 감사함으로 하나님이 나의 힘이 됨[18편]을 체험·하나님의 말씀은 밤낮으로 꿀 송이 같은 말씀[19편]·다만 출정할 때는 두려워하지 말고 하나님의 이름만 자랑[20편]해도 개선하게 되고 그 때 정금 면류관을 얻게[21편]되는 진기한 축복 방법을 제시한다.
　　이 놀라운 은혜는 매시야가 고난과 조롱을 받으시며 나를 구원해주시는 까닭[22편]이다. 여호와는 나의 목자시다[23편]라고 왕의 입성[24편]인 주 만 바라보니다[25편] 고백하면서 뜻과 마음을 단련하소서[26편]라는 주님의 뜻 이루시기를 기원하기만 하고 여호와의 아름다운 이름을 앙망[27편]하기만 하면 된다. 그 이유는 힘과 방패와 선성이신 유일하신 피난처[28편]인 여호와의 소리가 6회나 반복되면서 천둥과 번개[29편]로 나타나시어 드디어 아침에 기쁨이 오리라[30편]는 믿음을 주신다. 강하고 담대하게 여호와를 사랑하라는 환난 중의 격려는 오직 성도의 일[31편]은 강하고 담대하게 회개함으로 하여 용서의 기쁨을 누리는 것[32편]이다. 이 용서받은 뒤에는 비파와 수금으로 찬양할찌어다[33편] 소리높일 수 있다. 의인은 고난이 많을 수밖에 없다[34편]. 그러나 불의한 증인과 싸워[35편]이기는 것은 주의 인자하심[36편]이 있기 때문이며 여호와를 기뻐하라[37편]라는 말을 들을 수 있다. 친 친척들로 하여 종일 슬픔[38편]이 있어 손바닥 같은 인생[39편]일지라도 참회하면 기가 막힐 웅덩이에서 소식이 오며[40편] 더구나 병상에서 친구의 배신이 있을지라도 자비를 베푸시는 구원의 하나님이시기[41편] 때문.

마방진시학   493

* 시편 2권은 시편 42~72편까지이다.
　사슴·하나님·바라기⁴²편 → 절규·하나님·바라기⁴³편 → 주의 이름으로 밟으리라⁴⁴편 → 왕의 축혼가⁴⁵편 → 야곱의 피난처⁴⁶편 → 왕 중 왕을 찬양하라⁴⁷편 → 아름다운 시온 산⁴⁸편 → 재물경고⁴⁹편 → 해 돋는데서·예배⁵⁰편 → 다 새롭게 하소서⁵²편 → 도액의 혀⁵²편 → 어리석은 자⁵³편 → 돕는 자⁵⁴편 → 배신자⁵⁵편 → 눈물을 주의 병에 담으소서⁵⁶편 → 새벽에 마음·마음 확증⁵⁷편 → 독사의 자식⁵⁸편 → 주 만 바라봅니다⁵⁹편 → 에돔·모압은 네 목욕탕·싸움⁶⁰편 → 날개아래·서원·피난처⁶¹편 → 산성·반석·구원·피난처⁶²편 → 평생 주 송축⁶³편 → 칼 같은 혀⁶⁴편 → 양떼·감사⁶⁵편 → 출애굽 단련⁶⁶편 → 우·민·열 파송⁶⁷편 → 천천·만만·고아·과부⁶⁸편 → 메시야·황소·쓸개를 나의 식물로 주며⁶⁹편 → 속히 나를 도우소서⁷⁰편 → 백수노인·항상 소망⁷¹편 → 항상·메시야·왕국⁷²편에 대해서이다.

* 3권은 시편 73~89편까지이다.
　복·사모·전파·악인의 형통⁷³편 → 밤낮·악어·용머리·대적⁷⁴편 → 동·서·남·북·뿔·재판장⁷⁵편 → 야곱의 하나님·경외⁷⁶편 → 내 맘에 한 노래 있어⁷⁷편 → 역사 1·경험·토대로 교육⁷⁸편 → 갇힌 자·예루살렘·멸망·탄식⁷⁹편 → 주의 얼굴 빛 비추소서⁸⁰편 → 네 입을 넓게 열라⁸¹편 → 불의·재판장 고발⁸²편 → 침묵하지 마소서⁸³편 → 복·사모·궁정·문지기⁸⁴편 → 포로 귀환자의 기도⁸⁵편 → 다 구원하소서⁸⁶편 → 땅 끝까지·파송⁸⁷편 → 친구·육체적, 신앙적, 사회적 고통, 절규⁸⁸편 → 언약의 하나님⁸⁹편이시다.

* 4권은 시편 90~106편까지이다.
　날아가는 인생⁹⁰편 → 날개 아래·사냥꾼·피난처⁹¹편 → 밤마다 주의 성실 찬양⁹²편 → 보좌·통치 찬양⁹³편 → 세계 심판⁹⁴편 → 오라 경배하자⁹⁵편 → 온 땅이여 주를 찬양·선파⁹⁶편 → 번개·통치⁹⁷편 → 온 땅이여 주를 찬양·나팔⁹⁸편 → 모세·통치자⁹⁹편 → 온 땅이여 주를 찬양·기쁨¹⁰⁰편 → 충성·통치자¹⁰¹편 → 망국인·참새·눈물¹⁰²편 → 다 송축하라 위대한 사랑에¹⁰³편 → 다 송축하라·위대한 대 자연에¹⁰⁴편 → 역사서 2·전·사랑¹⁰⁵편 → 역사서 3·후·징계¹⁰⁶편이다.

* 5권은 시편 107~150편까지이다.
　동·서 남북·구속·찬양¹⁰⁷편 → 새벽에·목욕탕·정함¹⁰⁸편 → 오직 기도할 뿐이다¹⁰⁹편 → 메시야왕·청년·멜기세덱¹¹⁰편 → 수직·할렐루야·그 행사 찬양¹¹¹편 → 수평·계명을 지키는 자 복¹¹²편 → 해 돋는데서·이름찬양¹¹³편 → 출애굽 후·자연 찬양¹¹⁴편 → 주의 이름에 영광¹¹⁵편 → 성도 죽음·감사¹¹⁶편 → 축소판·우리에게 향하신¹¹⁷편 → 나

의 시편, 모퉁이·호산나118편 → 말씀징119편 → 화평의 노래120편 → 내가 산을 향하여121편 → 예루살렘 평안을 구하라122편 → 위로부터 긍휼 호소123편 → 사냥꾼의 올무 회상124편 → 성도의 평·안125편 → 해방의 기쁨126편 → 파수꾼·지식127편 → 행복한 가정128편 → 시온을 미워하는 자 종말129편 → 파수꾼 아침130편 → 젖 뗀 아이·심령131편 → 언약·저축132편 → 형제 연합133편 → 송축하라 밤에 봉사자들아134편 → 찬송하라 여호와의 종들아135편 → 감사하라 여호와의 인자하심을136편 → 망국민·버드나무·울음137편 → 군사적 승리 감사138편 → 신묘 막측·편재성139편 → 강포한 자·혀140편 → 내 입에 파수꾼141편 → 옥에서 구원하소서142편 → 상한 심령 호소143편 → 사람이 무엇이관대144편 → 왕이신 나의 하나님145편 → 찬양하라, 유일하신 하나님께147편 → 찬양하라, 치유의 하나님·별147편 → 찬양하라 만물들아148편 → 찬양하라 성도들아149편 → 찬양하고 또 찬양하라150편1).

복 있는 사람에게 오는 너는 행복한 사람시 1:1-6 성경은 복 있는 사람과 행복자를 구분한다. 복 있는 사람=아시레=אשר 아시레=אשר 아시레2)이다. 너는 행복자=אשרי 아시레하=אשרי 아시레하3)이다. 하나님 믿어 행복한 자를 하나님은 아시레를 두 번 반복한다. 두 번 반복 성경의 예는 하나님과 예수님 두 분마 1:21이 한 분임에 대한 은유암시이다. 행복한 사람을 가르치시며 아시레 하신다. 너는 행복자로다라고 하실 때에는 아시레하 한다. 어미 하 극존칭이 붙는다.

---

1) 윤대명, 『시가서』 (서울: 바이블 동·서·남·북 연구원, 2005), 79~83.
2) אשרי האיש אשר (아스레 하이쉬 아쉐르·복 있는 사람, NMPG D.NMS R, Blessed is the man thatm 시 23:1).
3) אשריך (아스레하·너는 행복자로다, MYS Happy art yhou, μακάριος συ, 신 33:29).

*복 있는 사람

① 악인의 꾀를 좇지 아니하며

לֹא - הָלַךְ בַּעֲצַת רְשָׁעִים
로 - 할라흐 바아자트 레샤임
ABN - VQAMZS P.NMSG AMF
아니하며 - 좇지 꾀를 악인의

② 죄인의 길에 서지 아니하며

וּבְדֶרֶךְ חַטָּאִים לֹא עָמָד
우브데렉호 하타임 로 아마드
C.P.NMSG NMP ABN VQAMZS
죄인의 길에 아니하며 서지

③ 오만한 자의 자리에 앉지 아니하고

וּבְמוֹשַׁב לֵצִים לֹא יָשָׁב בַּעֲצַת רְשָׁעִים
우브모솨브 레찜 로 할라흐 바아자트 레아임
C.P.NMSG VQPAMP   P.NMSG AMF
자리에 오만한 아니하며 좇지 꾀를 악인의

— 시편 1:1

시편은 1편은 마지막까지 복에 관한 시편이다. 복되다는 아쉐르는 복되다로 하여 2편과 같은 언어로 연결한다. 복되다는 근원은 말씀을 주야로 묵상하는 자에게 칭하여 진다. 가난한 자를 마스킬하는 사람이 복되다고 한다. 아으이 히필 사역동사로 하여 가난한 사람을 형통하게 만드는 사람이 복되다고 한다. 영육간에 형통하게 만드는 사람이 복되다고 한다. 시편 1권 전체를 꿰뚫는 의미는 가난한 자를 형통케 하는 자가 복됨을 알린다.

말라트는 구원의미로 3인칭 남성 단수로 건져내다 의미이다. 피엘형으로 여호와께서 그를 건지신다. 재앙의 날에 가난한 자를 형통케 한자를 보호하신다. 이 복된 사람에 대한 초점은 시편을 예수님은 마태 27장에서 시편을 암송하신다. 십자가에 달려 돌아가시는 순간까지 시편을 인용하신다. 가장 104편을 가장사랑하신 예수님이시다. 8복 마 5:3 "심령이 가난한 자는 복이 있나니 천국이 저희 것임이요" 에 마카이리오가 있다. 말씀은 구약 시편의 말씀을 인용하신다. 5:5절에서도 마카이리오라고 시편 37편이 인용된다. 말씀하시는 예수님은 의인이 땅을 차지한다 하신다. 시편 37:5절이다. 가난한, 온유한 자가 땅을 기업으로 얻는다고 하신다. 8복 자체가 시편을 인용한다. 시편을 사랑한 예수님이다.

시편 1편은 2절에서 낮은 소리로 읊조리는 사람을 복되도다 하신다. 말씀을 중히 하신다. 3절 아쉬레 하이쉬는 시냇가의 나무처럼 심기어진 나무, 시냇가의 흐르는 나무 곁에 심기어진 나무처럼 100배로 영양분을 공급받는다. 시냇가의 심기어진 나무는 말씀을 읽고 묵상하는 자와 동격을 이룬다.

한국에서도 용비어천가에 임금하 아르소서 하여 임금에 대한 극존칭 하가 붙는다. 어라하 임금이다. 성경에서 극존칭은 절대자에게만 붙는다. 그런데 어미에 ㆍ요드요드가 올 경우에는 하나님의 손에 의해 대상이 숨 쉰다는 의미이다. 숨 쉬어 대상을 행복하도록 만드셨다는, 즉 손을 보셨다는 의미다.

성경은 우리나라 말과 같은 발음이 많다. 이에 대하여 염동옥 교수는 생사의 기로에서 살아남아 그 감사함으로 한국어와 히브리어가 유사함을 알린다.[1] 우리말에는 아시라 하는 말이 있다. 시편은 이 복에 대하여 집중적으로 알리는데 그 중에서 행복한 사람시 1:1을 아시레=אשר 아시레=אשרי 아시레[2]라 하고 너는 행복자=י אשר 아시레하=אשריך 아시레하[3]라고 한다.

그런데 우리나라 문서 기록에서도 알려지는 임금을 어라하라 하였다. 근초고왕 이름이다. 이러한 사례로 인구에 회자하는 어라하의 흔적을 오늘날 우리는 나보다 나이가 더 많은 분을 향하여 어르신 어른이라 한다. 우리나라 언어의 경이로운 특징은 하나님이라 부르는 말이다. 이 말이 유목민이 사용하였던 언어로 숫자 하나가 고조선 때부터 사용되었다는 사실이고 님이라는 경어를 사용하였다. 어르신 역시 끝언어에 신이라는 경칭을 사용하는 일이다.

---

[1] 우리말과 히브리어 그 놀라운 유사성 | 염동옥목사 | 한국과 이스라엘 역사의 비밀
https://・www.youtube.com・ watch?v=VbRa-i0Qu0E&t=1065s

[2] אשר האיש אשרי(아스레 하이쉬 아쉐르・복 있는 사람, NMPG D.NMS R, Blessed is the man thatm 시 23:1).

[3] אשריך(아스레하・너는 행복자로다, MYS Happy art yhou, $\mu\alpha\kappa\acute{\alpha}\rho\iota o\varsigma\ \sigma\upsilon$, 신 33:29).

(3). 행복자

복 있는 사람이라는 객관성과 너는 행복자라고 하는 아주 가까이에서 사랑하는 이에게 하는 축복의 의미를 시편1편은 그 특징을 아주 간단하게 셋으로 구분한다. 첫째 악인의 꾀를 쫓지 아니한다. 하나님의 형상대로 만드시고 보기 아주 좋았더라 하시었기에 악인의 꾀를 쫓지 아니하는 사람이다. 복 있는 사람은 악인의 꾀를 쫓지 아니하며1)로 한 하나님은 사람을 하나님의 형상대로 지으시고 사람 자리를 존중하여 절대자와 같은 존재로 만들어서이다. 곧 하나님이 신인데 그 신 만큼에 가까운 자유와 권한을 부여하여 주시었다. 하나님 형상을 닮지 않은 자를 악인으로 하였다.

사람에게는 꾀가 있다. 꾀=에자드=עצד에자드이다. 눈으로 보이는 향기를 가슴에 넣는 일이다. 겉으로 드러내지 않고 가슴에 넣는 것이 피 이다. 가슴에는 향기가 있다. 그러나 눈에서 보이지 않는다. 보이는 향기는 향기가 아니다. 향기는 코로 하나님의 향기가 들어오는 것이다. 악인은 눈으로 보이는 이익을 따라간다.

두 번째 복 있는 사람은 죄인의 길에 서지 아니한다.2) 하

---

1) לֹא הָלַךְ בַּעֲצַת רְשָׁעִים(로 할라흐 바아자트 레솨아임 · 악인의 꾀를 쫓지아니하며, ABN VQAMZS P.NMSS P.NMSG AMP, not walketh in the counsel of the ungodly, 시 1:1).
2) וּבְדֶרֶךְ חַטָּאִים לֹא עָמָד(우브데레흐 하타임 로 아마드 · 죄인의 길에 서지아니하며, C.P.NMSG AMP ABN VQAMZS, in the way sinners not standeth, 시

나님은 사람을 에덴동산에 두시어 에덴에서 마음대로 하나님의 품 안에서 에덴동산 길을 다니게 하였다. 그 길은 바로 서는 일이다. 그런데 죄인=하타חָטָא하타1)가 있다. 예수님 인양 십자가를 지는 일=하타임חָטָאִים하타임2)이 있다. 죄인이다. 사악한 일은 사람이 하나님의 지혜인양 하는 모습이다. 자신 위에 더 높은 것이 없다. 실과를 따먹은 죄인들이 하타임이다. 머리 위 하늘을 무시하고 자기 외에 아무것도 보이는 게 없어서이다. 자기 위에 아무것도 없는 것이 없는 사람 곧 죄인들 모습의 길에 서지 않는 사람이 복 있는 사람이다.

> 파아란 하늘 푸름 한 조각 내려앉은
> 머리로 사랑함을 드러내 차츰 차츰
> 오로지 하늘 닮기로 줄무늬를 내리기
> 　　　　　　　　　　- 이영지 「하늘 푸름 닮기」

복 있는 사람은 오만한 자의 자리에 앉지 아니하는=우브모쇼브 레짐 로 야쇼브=וּבְמוֹשַׁב לֵצִים לֹא יָשָׁב우브모쇼브 레짐 로 야쇼브3)이다. 하나님은 사람을 하나님 다음으로 높은 자리에 앉게

　　1:1).
1) 죄인=하타חָטָא=범죄, 죄인(창 20:9, 34:9, 40:1, 43:9, 시 1:1)
2) חָטָאִים(하타임 · 죄인의, AMP, inners, 시 1:1).
3) וּבְמוֹשַׁב לֵצִים לֹא יָשָׁב(우브모쇼브 레짐 로 야쇼브 · 오만한자의 자리에 앉지 아니하며, C.P.NMSG VQAMZP ABN VQAMZP, in the seat of in scornful nor sitteth, 시 1:1).

하였다. 그럼에도 하나님 자리를 탐내 그 자리에 오르고자 할 때 사람은 오만하다. 이 오만=루즈=לוּץ 루즈1)가 기본형이다. 의미는 스스로 향기를 내려고 하는 뜻이다. 본문 오만한 자=레짐=לֵצִים 레짐2)은 스스로 향기를 내려는 오만을 드러내는 사람들이다. 많은 사람들이 그러하다. 따라서 오만의 자리에 앉지 않는 사람은 극소수임을 암시한다. 하나님의 향기를 내려는 오만의 자리에 앉는 사람들과 달리 복 있는 사람은 말씀을 사모한다.

> 잎 새의 푸르름을 접어서 보일께요
> 깃털의 사이사이 넣어서 보일께요
> 말씀만 하신다면은 금방 날아오르게
>
>   - 이영지 「잎 새 닮기」

우리 한국인들은 임이라는 말을 쓴다. 한국에서는 두음법칙에 의하여 임을 님 이라 한다. 사랑하는 사람을 성경은 임3)으로 한다. 오직! 한 분 뿐인 나의님이 임이다. 그는 하나님 하나밖에 없는 임이다. 그러기에 그의 율법을 밤낮으로 묵상하는 자는 복이 있는 사람이다. 사람에게서도 사랑하는 사람이면 무조건 사랑하는 사람의 뜻을 따라한다. 부부 그들은 평생 서로 따라하며 닮아간다. 하물며 그 대상이 하나님

---

1) לוּץ(루즈 · 오만).
2) לֵצִים(레짐 · 오만한자의, VQAMZP, the scornful, 시 1:1) .
3) אִם(임 · 오직, 시 1:2).

인데 말을 해서 무엇하랴!

　더욱 놀라운 것은 우리나라 말에 있는 돌아 와의 돌아!라 는 말에서다. 사람이 죽었을 때 존경어로 돌아가시었다 라 한다. 이 돌아가셨다, 돌아왔다, 본 아내에게 돌아 왔다! 라는 말이 바로 히브리어 토라1) 율법이다. 하나님께 돌아와야 하 는 법이 율법이다. 하나님이 계시는 곳으로 돌아오는 자는 다름 아닌 성경말씀을 늘 읽으며 그대로 하는 자다. 즐거움 이 마음속에 가득하게 되는 여호와의 율법을 즐거워하며 그 율법을 주야로 묵상하는 자로다.2)

> 사랑의 마음들을 어쩔 수 없어져서
> 나앉은 나무위에 마음을 가라앉힐
> 새파란 사랑음표로 달아보려 합니다
>
> 　　　　　　　　　- 이영지 「새파란 사랑음표」

　복 있는 사람은 시냇가에 심은 나무가 시절을 좇아 과실을 맺으며 그 잎사귀가 마르지 아니함 같으니 그 행사가 다 형통하리로다.3) 숨 쉬게 하시는 하나님은 하나님의 손으로 역

---

1) תּוֹרָה(토라·법, 출 12:49; 대상 16:39).
2) כִּי אִם בְּתוֹרַת יְהוָה חֶפְצוֹ וּבְתוֹרָתוֹ יֶהְגֶּה יוֹמָם וָלָיְלָה(키 임 토라트 여호와 헤프조 우브 토라토 예흐게 욤맘 바라이라·오직 여호와의 율법을 즐거워하며 주야 로 묵상하는 자로다, C Q P.NFSG NE BNS.MZS C.P.NFS.MZS VQIMZS AB C.NMS, But is in the law of the LORD his delight and in the law doth he meditateday and night, 시 1:2),
3) כְּעֵץ שָׁתוּל עַל־פַּלְגֵי מַיִם אֲשֶׁר פִּרְיוֹ יִתֵּן בְּעִתּוֹ וְעָלֵהוּ לֹא־יִבּוֹל וְכֹל אֲשֶׁר־יַעֲשֶׂה יַצְלִיחַ(베하야 케에쯔 솨툴 알~팔르게 마임 아쉐르 피르오이텐 베이토 베알

사하신다. 보여 지는 그대로의 우리이다. 향기 나는 나무이다. 두 손 높이 들어 하늘 향해 서는 나무들, 잎사귀들, 살아 있는 나무와 잎 새는 하늘 두 손을 번쩍 들며 하늘방향으로 서며 자란다. 하늘 향기를 낸다. 번제 드려지는 입으로 말씀을 전한다.

이 은혜 갚기의 삶은 좋은 물이 되는 일이다. 일상의 삶에서 십자가를 지는 사람이다. 그리고 입으로 말씀을 전하는 사람이다. 복된 말을 전하는 사람은 어느 단체에서든지 우두머리가 되게 하나님이 하신다. 혼자 있는 것이 아니라 절대자와 함께 있어서이다. 복된 사람의 모습은 하나님 집안에 있는 사람이다. 그러기에 개인인 사람이 아니라 하나님의 향기가 넘쳐나는 아름다운 세상을 만든다. 하나님 닮으려는 향기가 나는 복 있는 사람이다.

> 풀잎들 한모서리 풀잎이 자라 생긴
> 나무의 무대 위에 올라가 바라보면
> 그리움 마음에 새길 풀잎맹서 보여요
>
> — 이영지 「마르지 않을 그리움」

레후 로~잇볼 베콜 아쉐라 야아세 야즐라이아흐 · 저는 시냇가에 심은 나무가 시절을 좇아 과실을 맺으며 그 잎사귀가 마르지 아니함 같으니 그 행사가 다 형통하리로다시, C.VQAMZS P.NMS VQPP P~NMPG NMP R NMS.MZS VQIMZS P.NFS.MZS ABN VQIMZS C.NMS R. VQIMZS VHIMZS, And he shall be like a tree planed by the revers of water that his fruit bringeth forth im his season his leaf also not shall~wither and whatsoever he doeth shall prosper, 1:3).

복 있는 사람은 다른 이를 위하여 목숨을 내 놓는 사람이다. 이 사람은 나라가 인정하여 비를 세워주기도 한다. 여호와께서 인정하시는 길1)이다. 하나님의 손으로 하나님의 가슴과 눈으로 넣으심을 입은 사람이다. 그 혜택으로 복 있는 사람의 가슴에 절대자가 늘 자리하여 하나님 향기를 가슴에 지니고 살아가는 사람이다. 산이 봄일 때 새파란 봄의 옷을 입고 개나리가 노랗게 피며 노오란 깃을 달고 때 분홍의 옷을 입는다.

> 노오란 들길에서 노오란 깃을 달고 빠알간 꽃 앞에서 빠알간 머풀러를 늘이어 사랑을 받는 새야새야 잘했어
> - 이영지 「닮은 너」

> 파아란 새털로만 너는 늘 날고파서 파아란 눈동자에 입술을 들어 올려 하늘을 보는 버릇이 그대로다 날기로
> - 이영지 「하늘을 보는 버릇」

> 폴포르 앉자마자 고개를 나에게로 머리의 깃털에서 바람이 일어난다 나무에 새파란 잎이 바람 따라 일어나
> - 이영지 「나무에 싹이 돋을거에요」

> 머리에 리본달자 등에도 슬그머니 오르는 리본달기 가만히 따라하자 봄빛이 옴폭 들어가 사랑표시 넣는다
> - 이영지 「등에다 사랑표시」

> 풀잎이 꽃 피우지 않으면 난 언제나 나무에 올라 앉아 빠알간 꽃이 된

---

1) כִּי־יוֹדֵעַ יְהוָה דֶּרֶךְ צַדִּיקִים(키 요데아 여호와 데레크 자디킴・대저 의인의 길은 여호와께서 인정하시고, C. VQPA NE NMSG AMP, For knoweth LORD the way of the righteous, 시 1:6).

다 부리와 꼬리 빠알간 꽃이 피어 앉는 새
　　　　　　　　　　　　- 이영지 「나무에 앉아 꽃피는 새」

　행복한 사람은 노오란 들길에서 노오란 깃을 달고 빠알간 꽃 앞에서 빠알간 머풀러를 늘이어 파아란 새털로 난다. 파아란 눈동자에 입술을 들어 올려 하늘을 난다. 시인이 난다. 시인이 깃털 바람 시를 쏟다. 시인의 나무에서 꽃이 핀다.
　복 있는 사람에게 오는 행복감을 따라 시조작품을 창작할 수 있다.

　　　가을 잎 아쉬움을 눈 위에 달고 나면
　　　한 마리 낙엽 잎이 되는 새 나뭇잎 새
　　　그 아래 심겨 내려온 사랑함의 그리움
　　　　　　　　　　　　- 이영지 「가을 잎 새」

　사랑함을 입은 사람은 그리움을 가진다. 그분을 늘 그리워하며 시를 쏟다. 하늘을 나르는 새를 보고 그리움을 읊으며 지나가는 바람을 느끼며 그리움의 바람을 찾는다. 우연히 앉는 공원의 아름다운 장미를 보고 그 분의 사랑이 포근함을 읊는다. 그리움 그것은 어떤 특정한 대상에게만 주어지는 것이 아니다. 진실한 그리움은 삶의 고마움 그 앞에서 숙연해지는 그리움이다.

2). 푸른 그리움

　　　　마음을 풀어가며 어느 매 꽃잎으로
　　　　떠 오는 숨소리로 바다 속 겨울고기
　　　　하늘 못 둘레 둘레로 꽃빛 눈금 그린다
　　　　　　　　　　　　　　- 이영지 「꽃빛 눈금」

　푸른 양은 청양이다. 희다 못하여 푸르른 꿈을 들고 달리는 청양의 해는 온 나라에 평화와 행복이 깃들 게 한다.

　　　　별빛이 내려앉아 푸르다 못하여서
　　　　흰 푸른 물결위에 당신은 새해의 꿈
　　　　박아서 별빛 찬란한 창마다에 박힌다
　　　　　　　　　　　　　- 이영지　「창마다 푸른 별」

　아시아 인 중에서도 특히 한국인은 싸움을 싫어하고 같이 어울려 나라를 지키는 특수한 민족이다.

　　　　열두 척 배위에다 꽃소식 알리려고
　　　　가슴을 바다위에 열어서 보이는 날
　　　　꽃들의 북소리 열어 나라구한 당신은
　　　　　　　　　　　　- 이영지　「당신이 있는 한」

　나라 구한 이는 이순신 장군이다. 이를 기리며 사람들이 세운 이순신 장군 동상이 있다. 뿐만 아니라 나라의 큰 건물 앞에 가면 반드시 건물 밖에서 건물을 지키는 청양이 있다.

> 언제나 당신은 늘 말하고 싶어 했죠
> 푸르다 못해 진한 그리움 몸에 달고
> 별빛의 아침이어야 한다시며 빛나는
>
> — 이영지 「별빛의 아침」

우리 대한민국 백성들은 나라를 사랑하고 나라를 위해 목숨도 기꺼이 내 놓았던 그 순결함의 상징이 이 청양을 만들어 늘 옆에서 바라보는 일로 증명하였다.

> 물위에 올라앉은 빛에다 사랑풀기
> 시작을 알려오면 모두다 흰빛이다
> 둥둥둥 울려나오며 하늘빛 쌓는다
>
> — 이영지 「물 위에 올라앉은 빛」

다윗은 사울의 갖은 압박에서도 하나님의 도우심으로 살아남아 하나님을 찬양하는 시 시편 18편을 지었다.

> 밤마다 별을 다는 밤에는 노랫말 하나씩이 내 걸려 새어나게 하느라
> 밤새도록 발바닥 불이 나도록 다니느라 내 사랑
>
> — 이영지 「발바닥 불이 나도록」

다윗은 하나님이 다윗을 구원하셔주셨음에 감격하여 푸른 노래를 부른다. 시편 18편은 다윗이 사울에게서 괴롭힘을 당한 후 하나님이 구원하여 주셨음에 대한 감격이다. 성경에서 구원은 나를 꺼내놓는 것이다. 어려움에서, 가난에서, 외로움

에서 나를 하나님이 꺼내놓으신다. 기본형이 나잘[1]인바 영원히 향기 나게 하시려고 택하심이 구원의 의미다. 본문에서는 히질[2]로 되어 있다. 히필동사로 나의 뜻과는 관계없이 내가 내 놓여 진 것이다. 분별하여 하나님이 내놓아 살리신 것이다. 하나님이 숨 쉬게 하심에 향기 나는 사역이다.

깜깜한
어둠에서
건져낸 푸른 희망
푸르른 등을 달고 나오라 사랑이여
도시 숲 숨쉬어가게 푸른 가슴 나오라
- 이영지 「푸른 명령」

상대방을 빛으로 꺼내오는 일이 구원이다. 구원을 받은 사람은 감동한다. 너무 감동하여 마음에 전율이 온다. 감동은 힘이 난다. 헤 제키=חִזְקִי 히지키 나의 힘이 되신=חִזְקִי 히지키 나의 힘이 되신[3]는 일이다. 해서 제키는 힘은 하나님이 주관하심에 힘을 내 해 제키는 힘이 충만하다.

빛에다 노랑빨강 파랑을 둘러준다
금방에 물위에로 빨갛고 노랗다가
현깃증 끌어올려서 새파랗게 살린다

---

1) נָצַל(나잘・꺼내다).
2) הִצִיל(히질・구원하신VHAMZS, that delivered, tl 18:1).
3) חִזְקִי(히즈키・나의 힘이 되신, NMS, CXS, my strenth, 시 18:2).

- 이영지 「현깃증」

다윗이 힘을 얻게 된 일은 첫째 하나님이 나의 반석이시오 둘째 하나님이 나의 요새시요 셋째 하나님이 나를 건지시는 하나님이시라는 것이다. 이로 하여 나의 피할 바위가 되며 나의 방패, 구원의 뿔, 산성이 된다. 힘이 왜 나는 지를 성경은 하나님이 나의 반석과 요새와 나를 건지심에 힘이 난다 하였다. 둘째 나의 반석이시요의 이 반석 =סלע 셀라이 반석 סֶלַע 셀라이 반석1)은 살리는 힘이다. 살려=סלע 셀르이 반석 סַלְעִי 셀르이 반석2)내는 반석이다. 살라, 살아라 명령하신다.

삶은 내가 사는 것이 아니요 절대자가 살아라 살라 명령하기 때문에 산다. 사는 모습까지 명령하는데 둥글게 살아라이다. 둥글게 사는 모습은 모나지 않음이 눈에 보이도록 사는 일이다. 사랑으로 살아야 삶의 힘이 나는 일이다.

> 어울려 팔을 들어 팔짓을 해 보아요 그러면 팔 끝에로 오르는 향기 들고 둥글글 돌아보아요 바람 날개 일어요
> - 이영지 「같이 들 둥글게 살아요」

다윗에게 힘나는 일은 하나님이 나의 요새시기 때문이다. 열심히 맞추다מצודה=보면 나의 요새 מצודת 움므주다티 나의 요새시요=,

---

1) סלע(셀라으 · 반석).
2) סלעי(셀르이 · 나의 반석이시오, NMS.CXS, mt buckler, 시 18:3).

וּמְצוּדָתִי 움므주다티 나의 요새시요1)가 되어 나에게 좋은 일이 일어난다. 요새는 나의 유일한 나를 지켜주는 맞춤형 보루이다. 이 힘은 하나님의 말씀이 다윗의 가슴에 향기로 들어와 하나님과 마주할 때가 요새가 된다. 요새 다윗의 삶이다. 하나님 안에서 내가 향기를 낼 수 있는 가슴이다.

> 하나씩 향기 들고 달리는 마음기차 거기에 이쁜이 꽃가지에 새싹이 나
> 여기도 섬에서 피는 그리움을 나눈다
> - 이영지 「여기도 섬에서 피는」

셋째로 힘이 나는 이유는 나를 건지시는 자가 하나님이어서이다. 자신을 팔았다는 우리말 그대로 히브리에서도 팔았다 וּמְפַלְטִי 움프파르티·나를 건지시는 자시오라 한다. 자신을 하나님에게 팔아버린 다윗 인생철학이다.

> 사람 숲 사이에서 떠 오는 그리움을 꼬옥꼭 접어들면 밤에야 별로 뜨는 나만의 옹골찬 시간
> 차를 어서 타셔요
> ~ 이영지 「차를 어서 타셔요」

이 모두 어미에 요드⇒요드가 붙어 처음부터 끝까지 하나님께서 우리의 한 생애를 인도하셨다 이다. 하나님과 다윗과의

---

1) וּמְצוּדָתִי (움므주다티·나의 요새시요.C.NFS.CXS, and my fortless. 시 18:3).

관계는 서로 아주 마주하는 사이다. 하나님 말씀을 입으로 하는 지혜를 가진 자 사역이다.

> 수 천 개 방방마다 입들이 싹이 난다 싹에는 하나둘씩 입의 말 들어 앉고 나서야 붉은 노을이 나팔 불어 **빵빠앙**
>
> - 이영지 「빵빠앙」

바위=주르=צוּר=주르 바위 צוּר 주르 바위1) 기본형에 본문 바위=주리=צוּרִי=צוּר주리2)이다. 바위 뜻은 향기를 가진 머리를 하나님이 주심이다. 우리말 그대로 주리이다. 신앙이 돈독한 자에게 하나님이 주리이다. 코로 냄새 맡으니 그 사람의 마음이 보인다 이다. 하나님 안에 피할 반석이 있어서이다. 하나님 말씀이 있어서이다.

> 그 분이 늘 나에게 주리라 하시기에 발 시려 신발 꺼내 신은 날 물길에는 이끼가 파랗다 못해 푸른 그리움 피어나
>
> - 이영지 「푸른 그리움」

나의 어려움을 막는 방패=마간=מָגֵן=מָגֵן마간3)이다. 우리말 그대로 막은이다. 이 기본형에 본문은 나의 방패=마개니=מָגִנִּי마개니4)하였다. 혹은 우리말 마개이다. 나의 생애의 어려움을

---

1) צוּר(주르 · 바위).
2) צוּרִי(주리 · 나의 바위시요, NMS.CXS, mt strength, 시 18:3).
3) מָגֵן(마간 방패, NMS, buck).
4) מָגִנִּי(마기니 · 나의 방패시요, NMS.CXS, my bucker, 시 18:3).

막아주는 마개 하나님이다.

> 따라가 보려하고 돌다가 돌아가다 돌멩이 하나로만 남아서 돌아가다
> 하나씩 올려놓은 돌길의 기둥으로 보초를 섭니다
> — 이영지 「하나씩 올려놓은 돌길」

이 세상에서 내가 할 일이 있다는 건 살아가는 보람이다. 이 사역을 담당하면서 살아 기쁨을 가진다. 막연한 인생살이가 아니라 의미가 있는 인생을 살게 된 신앙을 가지는 삶은 하나님이 구원의 뿌리이시어서 이다. 뿌리는 몸체 내에서 가장 귀중한 부분이다. 뿌리는 케 낸קֶרֶן1)=있으니~케 낸2) 일이다. 하나님의 보화가 있으니 캐낸 일이다. 구원을 케 낸 일을 가진 자는 인생의 참 의미를 캐내는 일 구원이 나에게 온 일이다.

내가 캐낸 삶은 바로 내가 온갖 더러움과 죄악을 버리고 주님께로 돌아온 일이다. 되돌아 온 다윗은 시로 하나님 향한 그의 마음이 온전히 기울어있음을 보인다.

> 제 혼자 갈 수 없어 꽃잎의 생각에 싹부터 나오다가 그리고 꽃 대궁에 얹혀 진 나랑 당신이 똑 같은 길 차차차
> — 이영지 「똑같은 길 차차차」

---

1) קֶרֶן(케렌 · 뿔).
2) יְשַׁע~קֶרֶן(이스이~베케렌 · 나의 구원의 뿔이시오, S.NFSG NMS.CXS, and the horn of mt salvation, 시 18:3).

다윗이 쓴 시의 가장 시적인 표현은 바람 날개이다. 바람 날개 알 꺼내=캐내 패=כְּנָפֵי캐내 패1)이다. 바람의 힘이 작용한 하나님 영을 캐내는 일이다. 바람이 날개를 달아 높이 뜬다. 하나님이 인간에게 나타나시는 일은 바람 날개로 하신 바로 영의 힘이다.

다윗에게는 든든한 바람 날개 사역의 힘이 솟았다.

> 꼭대기 층에서만 파아란 별바다가 않느라 층층이만 올라가 가슴 풀어
> 당신의 바람 날개로 속삭이고 앉는다
>   - 이영지 「바람 날개가 속삭이고 앉는다」

하나님이 인간을 구원하심을 목적으로 하시고 사람에게 직접적으로 나타나지 아니하시면서 드러내시는 흔적은 여러 가지이다. 그 중에서 가장 대표적인 것인 빽빽한 구름가운데서이다. 이 구름은 히브리어로 아브2)이며 본문에서는 빽빽한 구름으로 하는데 하나님이 구름으로 보여준 말씀은 우리에게 아부하는 일이다. 빽빽한 구름은 하나님이 많은 말씀으로 아부하고 계심이다. 아버지3)께서 우리에게 아부하신다. 기분이 좋다. 왜 그토록 많은 말씀으로 하나님은 아부하시는 걸까. 그것은 우리에게 구원을 주시려고 이다.

---

1) כְּנָפֵי ~ רוּחַ ~ עַל(알~카느페~루아흐 · 바람날개로, P NFPG NFS, upon the wings of the wind, 시 18:11).
2) עָב(아브 · 구름).
3) עָבָיו(아바이브 · 빽빽한 구름, NMP.MZS, his thick clouds, 시 18:13).

꿈은 늘 하늘에서 뜨길 레 불꽃 뭉쳐 뜨길 레 하늘에게 하늘가 불꽃덩이 사랑에 고개 돌리는 하늘빛이 빨갛다

- 이영지 「사랑을 아부하시는」

시편 18편의 주된 주제인 구원하시려는 하나님의 방법은 20절에서 나를 넓은 곳으로 인도하시고 나를 기뻐하심으로 구원하셨도다 라고 다윗에게 고백의 시를 쓰게 하신다. 구원은 할라쯔1)를 기본형으로 하는 본문 예할르제니2)인 바 하나님이 하실 려 하니라 이다. 사람은 하나님께서 하실 려 하시는 지붕아래서 향기를 낸다.

사람이 존귀한 모습으로 나타나는 현상은 열방의 고임을 받게 하시는 일이다. 우리나라사람들은 윗사람으로부터 고임을 받고 산다. 열방의 고임3)을 받는 대상은 하나님께서 허락하신 존재 이어야 한다. 이 지상의 의인이 되어 영원히 추앙받게 되는 존재, 삶이 어려워도 사람이 기쁨을 가질 수 있는 것은 구원에 대한 확신일 때 가능하다. 이 확신은 사랑받고 있다는 확신에서다. 하나님 일 할 수 있는 힘이다.

고개를 하늘로만 올린다 그리움이
거기에 **빵빠레**를 울린다 아침구름
나룻배 띄어 보내며 나에게도 타라네

---

1) חלץ(할라쯔 · 구원, 벗어나다).
2) חלצני(예할르제니 · 구원하셨도다, VPIMZS. CXS, he dilivered me, 시 18:20).
3) הום(고임 · 열방).

- 이영지 「아침구름 나룻배」

절대자 깃드는 일=하이 해봐 חַי~הֹ ᵃ주해봐 하이1)!

    꿈꾸듯 살아가자 너에게 편지 끝에
    이렇게 써 두었다 봉봉봉 뚫어놓고
    동그란 가슴깊이를 담아두자 일렀다
                         - 이영지 「동그란 가슴깊이」

    강물이 춤을 추자 등대도 껌벅껌벅
    춤춘다 물고기와 강물이 춤을 추자
    비릿내 삶의 투명 새 곡명마저 바꾼다
                         - 이영지 「물고기와 강물」

    꿈 빛의 파란빛을 그리도 좋아해요
    그것도 다리 밑 그 자리에 앉으셔서
    그리도 좋아 하셔요 밤낮으로 알려요
                         - 이영지 「그리도 좋아 하셔요」

믿음의 자리는 늘 기쁨으로 이 세상일을 이겨나가게 한다. 다윗은 여호와를 사랑한다는 표현으로 어떤 지적인 이성의 깨달음이 아니라 감격하여 마음에서 우러나오는 고백의 춤바람이다. 마음의 울렁거림이 일어나는바 천하를 주고도 버꿀 수 없는 감동의 시가 탄생한다. 하늘을 우러러 사는 삶이다.

---

1) חַי~הֹ(하이~해봐 · 여호와가 생존하심, AMS NE, liveth The LORD, 시 18:47).

이 하늘바라기는 열린 창문으로 하늘을 보는 일이다. 눈은 늘 하늘을 향한다. 조그만 지상의 괴롭힘에 연연하지 않는다. 행복한 사람은 아침식탁을 준비하여 하늘의 푸른 마음을 닮는다. 하늘을 향한 꽃밭을 가꾸는 사람이다. 이 사람의 꽃밭에서는 아름다운 꽃이 핀다. 꽃밭에선 늘 하늘의 설화가 들어와 있다. 일찍 일어나 새벽이슬을 맞으며 준비하는 열심히 살아가는 존재이다.

해마다 양력 2월이 되면 우리나라에는 고유의 구정명절이 있어서 고향을 찾으려 기차표 예매를 하게 된다. 다행히 예매 표를 손에 쥔 타향살이 인들은 행운아가 된 기분이다. 고향에 못가는 심정 그야말로 나는 왜 고향에 못 가는가.

우리는 행복자로다. 우선 살아 있음에 우리는 행복자로다. 햇빛을 받으며 일어남에 우리는 행복자로다. 걸을 수 있음에 우리는 행복자로다. 내 손으로 밥을 먹을 수 있음에 행복자로다. 사람은 누구나 행복을 바란다. 일반적인 속성으로야 마음에서 행복하다고 느낄 때가 행복이라 생각들을 하게 된다. 더 나아가 대상으로부터 사랑을 받을 때와 자녀나 아랫사람에게 사랑을 베풀 때 행복함을 느낀다.

이 행복에 대한 구체적인 내용이 신명기 33장에서 모세가 죽기 전 야곱의회가 모이게 하고 축복을 주게 되는데서 살펴볼 수 있다. 모세는 12지파에 대한 일을 먼저 하나님께서 이스라엘 백성을 사랑하시어 축복이 있게 되는 일임을 제시한다. 하나님이 일만 성도가운데 강림하시었고 그들을 위해 당신의 오른손에는 번쩍이는 불이 있도다$^{신\ 33:2}$라고 성경은 복이 오는 방법을 제시한다. 이 행복의 분위기는 먼저 하나님이 오른손을 번쩍 드시니 모두 그 아래 있음이 중요시된다. 주의 발아래 주의 말씀을 받는$^{신\ 33:3}$일이다.

이로보아 행복이 내리는 곳은 이스라엘 나라와, 사람 이스라엘 곧 야곱 총회의 기업$^{신\ 33:4}$이 있는 곳이다. 하나님의 기업이 있는 곳은 하나님의 일을 하는 곳, 그것도 주의 오른손 아래 말씀을 들으려 모여 있는 야곱 기업에게 복이 온다.

복은 야곱과 관련되고 특별한 이름 야곱의 기업이라 함은 야곱이 밤새도록 천사와 씨름하면서 이스라엘이라는 이름을 얻는데서 그 유래를 볼 수 있다. 곧 야곱이 얻은 이름이 이스라엘인데 이러한 특성은 이스라엘 나라와 등가관계를 이룬다. 이로 하여 이스라엘 나라와 야곱 이스라엘이 중첩되는 시적 특성을 보인다.

이스라엘 지파가 함께$^{신\ 33:5}$ 대표로 모인 가운데서 오는 복이 있다. 루우벤에게 전해지는 행복은 오래 살기$^{루우벤\ 33:6}$로 한다. 이 때 자손의 번성이라는 등가성이 주어지는데 역시 시적 방법으로 행복의 정의를 알려준다. 유다에게는 일상의 삶에서 대상을 이기는 일$^{유다\ 신\ 33:7}$이다. 그 방법은 일상을 늘 말씀 지키는 일에 행복^{레위 신 33:}이 맞추어 진다. 사실 야곱은 부모를 속이고 장자 권을 가로채면서 이익을 앞세웠다. 이 일은 우리의 일상생활과 같다. 그러나 하나님의 은혜로 승리^{신 33:10}하는 행복자가 된다.

베냐민이 복을 얻는 방법을 어깨사이에 하나님이 늘 있는 사람^{베냐민 신 33:12}을 행복자로 하였다. 그리고 하늘의 보물인 이슬과 땅 아래 물과 태양이 결실하는 옛산과 작은 언덕에서 늘 살아가는 요셉^{요셉 신 33:13}을 행복자로 한다. 에브라임과 므낫세로 이어지면서 밖으로 나가기^{스불론 신 33:18}와 장막에 머무르기^{잇사갈 신 33:18} 모두 주어진 양대로 행복하다.

하나님의 기업을 받은 행복한 사람은 바다와 모래에 감추어진 보물을 캐는 일이다. 하나님의 일을 열심히 찾아 나서는 사람이 행복자다. 늘 법도를 지키는 갓^{갓 신 33:20-21}의 일은 사자의 새끼^{단 신 33:22}같은 삶이다. 납달리에게는 서쪽과 남쪽 차지^{납달리 신 33:23}하는 행복이 주어진다. 아셀에게는 하나님의 말씀 때문에 기쁨으로 발이 기름에 잠길^{아셀 신 33:23} 행복이다. 여수룬에게 행복은 하나님이 하늘을 타고 궁창에서 위엄을 발휘하며 도우심^{여수룬 33:33:26} 때문에 행복이 주어졌다. 야곱의 기업이 되는 행복을 얻는 야곱 의회는 이처럼 행복을 받는 이들이 모이었다.

야곱은 이스라엘 이름만큼의 행복자이다.

이스라엘이여 너는 행복한 사람이로다 여호와의 구원을 너같이 얻은 백성이 누구냐 그는 너를 돕는 방패시오 네 영광의 칼이시로다 네 대적이 네게 복종하리니 네가 그들의 높은 곳을 밟으리로다(신 33:29)-신번역
　　이스라엘이여 너는 행복자로다 여호와의 구원을 너같이 받은 백성이 누구뇨 그는 너를 돕는 방패시오 너의 영광의 칼이시로다 네 대적이 네게 복종하리니 네가 그들의 높은 곳을 밟으리로다(신 33:29)-구번역

　이 행복에 대하여 성경은 '너는 행복자로다' "아스레하 이스라엘" 1)이다. 아시라 있으라 멀리 가지 말고 여기 있으라 이다. 행복은 바로 여기 있으라 이다. 이곳은 하나님이 그의 아들을 보내 너의 죄를 탕감하고 가까이서 보호하시는 능력의 손에 항상 있으라 하신다. 능력의 손이 미친다. 행복의 근원은 바로 그분 가까이 갔기에 행복이 있다. 사람이 행복을 찾아 나서는 것이 아니다. 행복은 하나님이 그의 아들을 통해 몸이 부서지도록 희생하시면서 내게 주어진 것이다.
　이것은 '사랑'의 힘이다. 행복은 반드시 사랑이 큰 역할을 한다. 절대자가 절대의 힘으로 주시는 거대한 행복이 내게 오는 일은 사랑으로 서이다. 그리하여 사람들은 철이 들면 감사하면서 삶을 살게 된다. 하나님의 역사, 곧 하나님의 큰 마음이 대리자에게 부여되어 대신 나를 위하여 목숨을 버려줄 때 행복이 있다는 것이다. 그렇다면 사랑을 받은 자가

---

1) אַשְׁרֶיךָ יִשְׂרָאֵל(아스레하　이스라엘・이스라엘이여　너는　행복자로다, NMP.MYS Happy art yhou O Israel, $\mu\alpha\kappa\acute{\alpha}\rho\iota o\varsigma\ \sigma\upsilon\ I\sigma\rho\alpha\eta\lambda$, 신 33:29).

마방진시학   519

사랑을 다시 나누어 줄 때 진정한 행복이 등가성으로 존재한다. 그러기 위해 사람은 결혼하여 부모가 되며 서로 평생을 살아주는 사랑의 사람이 있어 행복하다고 느끼는 마음을 체험한다.

철저히 성경은 이스라엘 야곱과 이스라엘 나라를 두 개로 나누면서도 등가의 시적 특성으로 하였다. 이스라엘에 대하여 '여호와의 구원을 너같이 얻은 백성이 누구뇨' [1]라 한다. 바로 이스라엘 너이며 하나님이 중심을 잡아주시어 너는 하나님 말씀 속에서 자유를 누리는 자이다. 행복한 이유는 나를 위하여 방패가 되어주는 이가 막아주어서이다. 다름 아닌 절대자는 나를 위하여 바람을 말씀으로 막는 방패자[2]이다. 그래서 나는 행복하다. 이러한 예는 지상에서 간간히 그 모습들이 눈으로 보여 지는 실례가 있기도 하다. 부모가, 혹은 상관이 나쁜 일을 대신 막아주는 방패가 된다.

성경은 반드시 짝을 이루는데 말하자면 시적 등가관계가 있다. 행복하려면 은혜를 받은 만큼 깊아 가는 일이다. '그는 너의 영광의 칼이시로다' 라는 성경은 '봐 아시라 여기 깊

---

[1] מִי כָמוֹךָ עַם נוֹשַׁע בַּיהוָה(미 하모아 암 노솨 바요바・여호와의 구원을 너같이 얻은 백성이 누구뇨, APT P.MYS NMS VNAMZS P.NE, who is like unto there O people saved by the LORD, τίς ὅμοιός σοι λαὸς σῳζόμενος ὑπὸ κυρίου, 신 33:29).

[2] מָגֵן עֶזְרֶךָ(마겐 에즈레하・그는 너를 돕는 방패시오, NMSG NMS.MYS, the shilds of the help, ὑπέρασπιεἱ ὁ βοηθός, 신 33:29).

아' 1)이다. 값없이 행복을 주었으니 아시라는 것이다. 그러기에 받은 은혜를 갚아야한다. 하나님 안에서 그의 지붕 안에서 은혜를 갚은 일이 있을 때 행복하다.

나의 대적이 부서지게 해 주시는 기적은 하나님은 눈으로 보이지 않으니까 하나님을 믿는 나에게 진풍경 '봐 이것을, 오 예배 네게' 2) 하는 일에서 보여주신다. 절대자인 그가 나를 붙들고 있으므로 하여 너의 대적이 하나님의 손으로 지켜주는 집안에서 부서지게 되는 진풍경이 일어난다. 이스라엘 백성을 단수 백성으로 하신다. 이 때 또한 시적 등가성이 존재하는데 이스라엘 백성 전체가 단수가 되면서 하나님이 이스라엘 백성을 사랑하심을 '보았다 밤이 타 들어' 3)가는 일을 보게 하신다. 어둠의 세력이 타들어가는 것을 이스라엘 백성들이 목격하게 된다. 눈앞에 악의 세력이 없어지는 것을 목격하는 일이 행복의 절정이라는 것이다. 성경은 높은 곳에 있는 적을 밟는 다는 '타들어' 가는 발음으로 한다. 타들어

---

1) וַאֲשֶׁר־חֶרֶב גַּאֲוָתֶךָ(바에쉐르 - 헤레브 가아바테하 · 그는 너의 영광의 칼이시로다, NMSG C.R-NFSG and who is the sword of thy excellency, $\kappa\alpha i\ \eta\ \mu\alpha\chi\alpha\rho\alpha\ \lambda\alpha\upsilon\chi\varepsilon\mu\alpha$, 신 33:29).

2) וְיִכָּחֲשׁוּ אֹיְבֶיךָ לָךְ(베이카하수 오예베하 레흐 · 네 대적이 네게 복종하리니, C.VNIMZP VQPAMP.MYS P.MYS, and-shall be found liars unto thee, $\kappa\alpha i\ \phi\varepsilon\upsilon\sigma\alpha\nu\tau\alpha i\ \sigma\varepsilon\ o i\ \varepsilon\chi\theta\rho o i$ 신 33:29).

3) וְאַתָּה עַל־בָּמוֹתֵימוֹ תִדְרֹךְ(브아타 알-바모테모 티드르흐 · 네가 그들의 높은 곳을 밟으리로다, C.NPMYS P-NFP.MZP VQIMYS, $\kappa\alpha i\ \sigma\upsilon\ \varepsilon\pi i\ \tau o\nu\ \tau\rho\alpha\chi\eta\lambda o\nu\ \alpha\upsilon\tau\omega\nu\ \varepsilon\pi i\beta\eta\sigma\eta$ 신 33:29). ㅇ

가는, 소멸되는 이미지는 바로 완전히 없어지는 이미지이다. 불은 모든 것을 소멸시키어 타들어가며 흔적조차 없어지는 일을 제사로 한다.

신명기 33장 29절은 행복의 의미를 하나님이 나를 보호하시고 이름도 바꾸어 주시고 하나님 안에서 살게 하여 이스라엘의 대표가 되게 하여 주신다. 이 안에서 사는 삶은 은혜 갚는 일이다. 행복자이다. 의무가 수반되는 바른 삶이 행복자다. 행복을 누리면서 그 누리는 일상이 바로 은혜를 갚는 일이다.

은혜를 갚는 일은 은혜를 베푼 사람에게 갚는 일이 아니다. 누구인지 모른다. 그 누가 은혜를 베풀었기에 나도 누군지도 모를 이에게 은혜 갚는 일이 일어난다. 이러한 일은 일상에서도 빈번하다. 늘 이웃에게 베푸는 사람은 언젠가 누구로부터 도움을 받는다. 천국에서 긴 숟가락으로 서로의 입에 먹을 것을 더 넣는 일이 발생한다. 숟가락이 자기 입으로 들어가는 것이 아니다. 그런데 그날 먹고 싶은 만큼의 음식이 내 입에 들어와 있다.

온 천하의 나무와 꽃들은 활짝 피어 웃고 있다. 바람은 의미로 불어 어느 곳으로 가는지 모르나 봄바람이 불어와 봄이 온다. 겨울이 와 눈이 내린다.

2). 복 있는 사람에게 오는 행복한 사람

'복 있는 사람' 과 '너는 행복자로다' 는 구분된다. 복 있는 사람은 '아시레 하이쉬 아세르' 1)이다. '너는 행복자' 는 '아시레하' 2)이다. 이 둘의 차이는 기본적인 복에 대한 언급과 특별한 대상을 향한 점이 다르다. 복이 있는 사람은 '아시레 하이쉬 아세르' 이고 '너는 행복자로다' 라고 할 때에는 '아시레하' 이다. 일반적으로 어미에 '하' 가 붙을 때는 히브리어나 한국어나 극존칭인 당신이 된다. 한국에서도 용비어천가에 '임금하 아르소서' 하여 임금에 대한 극존칭으로 어미에 하가 붙는다. 극존칭은 절대자에게만 해당한다. 하나님이 대상인 당신을 행복하게 만들었다 이다. 그런데 어미에 하나님의 손3)이 올 경우에는 하나님의 손이 대상을 책임지고 그렇게 하시는 중이다. 직접적인 대상과 막연한 대상의 차이인바 복 있는 사람이라는 객관성과 너는 행복자라고 하는 아주 가까이에서의 사랑하는 대상에게 주는 직접적인 축복의 의미가 다르다.

시편1편의 '복 있는 사람은' 그 특징을 아주 간단하게 셋

---

1) אַשְׁרֵי הָאִישׁ אֲשֶׁר(아스레 하이쉬 아쉐르·복 있는 사람, NMPG D.NMS R, Blessed is the man thatm 시 23:1).
2) אַשְׁרֶיךָ(아스레하·너는 행복자로다, MYS Happy art yhou, μακάριος συ, 신 33:29).
3) י(요드 · 하나님의 손).

으로 구분한다. 첫째 악인의 꾀를 쫓지 아니한다. 하나님이 만드신 본래의 모습은 하나님의 형상대로 만드시고 보기 아주 좋았더라 하신 사람은 악인의 꾀를 쫓지 아니하는 사람이다. 성경은 복 있는 사람을 '악인의 꾀를 쫓지 아니하며' [1] 로 한다. 하나님은 사람을 절대자와 같은 형상으로 만들었다. 곧 하나님이 신인데 그 신 만큼에 버금하는 자유와 권한을 부여하여 신의 자리만큼의 자리를 허용하시었다. 그런데 하나님의 형상을 닮은 사람 같지 않은 의미일 때의 악인은 그 사람 머리로 계산하여 이익을 추구하는 사람이다. 하나님을 따르지 않고 자기가 잘났다고 뽐내는 사람이다. 꾀를 가지는 이 꾀는 히브리어로 '에자드' [2]가 기본형이다. 곧 눈으로 보이는 향기를 가슴에 넣는다. 겉으로 드러내지 않고 가슴에 넣는 것이 꾀다. 본문은 우리말로 '봤다' [3]발음이다. 눈의 보이는 것 허상으로 사람의 꾀는 허망한 것을 쫓는, 다름 아닌 눈으로 보이는 향기를 말한다.

향기는 눈으로 보이는 향기가 아니다. 다만 코로 하나님의 향기가 들어온다. 악인의 꾀는 향기가 눈으로 보이는 이익을 추구한다. 그리고는 눈에 보이는 이익을 추구하여 과일을 따

---

1) לֹא הָלַךְ בַּעֲצַת רְשָׁעִים(로 할라흐 바아자트 레솨아임・악인의 꾀를 쫓지아니하며, ABN VQAMZS P.NMSS P.NMSG AMP, not walketh in the counsel of the ungodly, 시 1:1).
2) עֵצָה(에자아・꾀).
3) בַּעֲצַת(바아자트・꾀를, P.NMSG, in the counsel of, 시 1:1).

먹음으로써 죄인이 되었다. 죄는 하나님인양 하다가' 1) 드디어는 예수님인양 십자가를 지는 양 하는 일이 죄이다. 피조물인 사람이 하나님의 지붕 안에서 지혜 있는 양 하는 모습이다. 자기 자신 위에 더 높은 것이 없는 양하는 행동으로 실과를 따먹었다. 머리 위의 하늘을 무시하고 자기위에 아무 것도 없는 신적인 행동을 하였다. 자기가 신 인양 행동할 때 죄를 짓는다. 자기 위에 아무것도 없다고 생각하는 것이 죄이다.

　복 있는 사람은 '오만한 자의 자리에 앉지 아니하고' 이다. 하나님은 사람을 하나님 다음으로 높은 자리에 앉게 하였음에도 하나님 자리를 탐내 그 자리에 오르고자 스스로 향기를 내려 한 오만한 자 '레짐' 2)이다. 눈에 보이는 향기를 내려는 오만한 사람들은 성경에서 복수가 되어 있다. 오만의 자리에 앉는 사람은 다수이며 이 오만의 자리에 앉지 않는 사람은 극소수이다. 하나님의 향기를 내려는 오만의 자리에 앉는 사람들과는 달리 복 있는 사람은 말씀을 사모하여 오로지 자신을 연단하는 자이다.

　우리 한국인들은 '임' 이라는 말을 쓴다. 두음법칙에 의하여 '님' 을 '임' 이라 한다. 사랑하는 사람 임을 성경은

---

1) חַטָּא(하타아 · 죄).
2) לֵצִים(레짐 · 오만한자의, VQAMZP, the scornful, 시 1:1) .

'오직' 의미 '임' 1)으로 한다. 오직! 이 단어만으로도 우리 말의 아름다움이 드러나는 '임' 이다. 그리운 사람 그는 '하나님' 하나밖에 없다. 임이다. 그러기에 그의 율법을 밤낮으로 묵상하는 자는 복이 있는 사람이다. 일반 사람도 사랑하는 사람이면 무조건 사랑하는 사람의 뜻을 따라하게 된다. 그리고 부부가 되어서 평생 서로 따라하며 닮아간다. 그 대상이 하나님인데 그는 오직 사랑하는 그분이다.

더욱이 놀라운 것은 우리나라 말에 있는 '돌아 와' 의 '돌아' 라는 말이다. 히브리어 '토라' 2)가 있다. 하나님께 돌아와야 하는 법이 율법이다. 하나님이 계시는 곳으로 돌아오는 자는 다름 아닌 성경말씀을 늘 읽으며 그대로 하는 자는 즐거움이 마음속에 가득하게 된다. 여호와의 율법을 즐거워하며 그 '율법을 주야로 묵상하는 자로다' 3).

복 있는 사람은 '저는 시냇가에 심은 나무가 시절을 좇아 과실을 맺으며 그 잎사귀가 마르지 아니함 같으니 그 행사가 다 형통하리로다' 4)의 축복을 받게 된다. 복 있는 사람에게

---

1) אִם(임 · 오직, 시 1:2).
2) תּוֹרָה(토라 · 법, 출 12:49; 대상 16:39).
3) כִּי אִם בְּתוֹרַת יְהוָה חֶפְצוֹ וּבְתוֹרָתוֹ יֶהְגֶּה יוֹמָם וָלָיְלָה(키 임 토라트 여호와 헤프조 우브토라토 예흐게 욤맘 바라일라 · 오직 여호와의 율법을 즐거워하며 주야로 묵상하는 자로다, C Q P.NFSG NE BNS.MZS C.P.NFS.MZS VQIMZS AB C.NMS, But is in the law of the LORD his delight and in the law doth he meditateday and night, 시 1:2),
4) כְּעֵץ שָׁתוּל עַל־פַּלְגֵי מַיִם אֲשֶׁר פִּרְיוֹ יִתֵּן בְּעִתּוֹ וְעָלֵהוּ לֹא־יִבּוֹל וְכֹל אֲשֶׁר־יַעֲשֶׂה יַצְלִיחַ

하나님의 말씀으로 숨 쉬게 하시는 일을 하나님의 손으로 역사하신다. 그러기에 복 있는 사람의 모습은 눈으로 보여 지는 그대로의 하나님을 믿는다.

복 있는 사람은 향기 내는 나무다. 바로 번제 드려지는 나무이다. 향기를 내는 나무이다. 하나님의 아름다운 사람으로의 향기 나는 모습은 하나님이 받아주시는 번제나무가 된다. 복 있는 사람의 모습은 입으로 말씀전하는 일을 한다.

말씀전하는 삶은 은혜 갚기의 삶이다. 일상의 삶에서 십자가를 지는 사람이다. 입으로 말씀을 전하는 사람이다. 하나님은 복된 말씀을 전하는 사람을 어느 단체에서든지 머리가 되게 하신다. 우두머리가 되게 하신다. 혼자 있는 것이 아니라 절대자가 함께 계시기 때문이다. 복된 사람의 모습은 하나님의 집안에 있는 사람이다. 개인 혼자가 아니라

복된 사람은 하나님의 향기가 넘쳐나는 아름다운 세상을 만든다. 개인이 향기가 나는 것이 아니라 하나님의 향기가 복 있는 사람의 손에서 나온다. 복 있는 사람은 의인이 된다.

והיה(베하야 케에쯔 쇼툴 알-팔르게 마임 아쉐르 피르오이텐 베이토 베알 레후 로-잇볼 베콜 아쉐라 야아세 야쯜라이아흐 · 저는 시냇가에 심은 나무가 시절을 좇아 과실을 맺으며 그 잎사귀가 마르지 아니함 같으니 그 행사가 다 형통하리로다시, C.VQAMZS P.NMS VQPP P-NMPG NMP R NMS.MZS VQIMZS P.NFS.MZS ABN VQIMZS C.NMS R. VQIMZS VHIMZS, And he shall be like a tree planed by the revers of water that his fruit bringeth forth im his season his leaf also not shall-wither and whatsoever he doeth shall prosper, 1:3).

혼자가 아니라 다른 이를 위하여 목숨을 내 놓는 사람이다. 하나님께서 인정하는 의인이 있다. 히브리어문장 '키 요데아 여호와 데레크 자디킴' 1)이다. 하나님이 인정하는 복 있는 사람은 하나님의 손으로 하나님의 가슴과 눈으로 넣으심을 입은 사람이다. 그 혜택으로 복 있는 사람은 숨 쉬게 되고 그 복 있는 사람의 가슴에 절대자가 늘 자리하여 하나님의 향기를 가슴에 지니고 살아간다. 상상력을 동원하여 시를 짓는 사람이다.

---

1) כִּי־יוֹדֵעַ יְהוָה דֶּרֶךְ צַדִּיקִים(키 요데아 여호와 데레크 자디킴·대저 의인의 길은 여호와께서 인정하시고, C. VQPA NE NMSG AMP, For knoweth LORD the way of the righteous, 시 1:6).

제 6장 국조해동청보라매시학

I. 국조

1. 국조해동청보라매시학

1). 해동청보라매

(1). 국조

우리나라 국조는 해동청보라매이다. 해동청^{海東靑}은 우리나라에서 나는 푸른빛의 새이름 이다. 여진의 동북쪽에서 나는 새이다. 이 해동청보라매는 기러기나 황새나 토끼등을 사냥하며 한번 물면 끝까지 놓지 않는다. 여진의 동북쪽에서 나는 해동청보라매를 위해 거란은 전쟁도 불사^{해동역사}했다. 보라매가 국조가 되는 데는 우리의 선조들이 일찍부터 하늘 나는 꿈이 되는 상상의 새 봉황이미지로 하여 하늘이 내려와 머무는 머리를 아름다움으로 장식하였다. 때문에 모자문화국[1]이다. 하늘을 나는 매를 산 이름에도 매[2]로 하였다.

---

[1] 이승우, 『모자의 나라 조선』 (서울: 주류성, 2023). The Land of Hats, Joseon ¦ From the Big Dipper to Netflix's 'God' 우리역사바로알기 TV.

공주박물관에 백제금동관이 있다. 수촌리 4호분의 관은 앞면 새의 날개, 뒷면은 활짝 편 꼬리를 가진 한 마리 새 금동관이다. 계명대박물관에는 백제국호매장식^{노중국 계명대사학과}이 있다. 백제가 신성시한 매장식이다. 이 형식에 신라시대 황룡사에 적국대상을 9층으로 쌓은 9층탑이 있다.

⑨ 9층 예맥
⑧ 8층 여적
⑦ 7층 거란
⑥ 6층 말갈
⑤ 5층 응유
④ 4층 탁라
③ 3층 오월
② 2층 중화
① 1층 일본

이중에 6번째의 응유가 있다. 부여 상징이다. 백제는 매를 국조로 한 백제의 국호는 남부여 혹은 응준=鷹準^{KBS 2011. 03. 10} 매준 매응이라하였다. 제왕운기 기록 응준鷹準이 부여이다. 일본 서기 355에는 백제 주군이 건너와 매사냥을 전^{주군총}했다 기록한다. 매사냥훈련을 한 응감부가 있고 매 마을이 있다. 응합정이 있다. 안동대박물관에 보관된 조선말 조선시대 유품에 이응태 묘의 출토^{1998. 4. 14}된 기록이 있다. 총 9개의 글 중 6개가 매에 관한 기록이다. 산속 야생 매를 수진이라 하

---

2) 진태하, 『鷄林類事硏究』, 1974』 (서울 광문사)., 947.

며 훈련된 매를 수진이라 한다. 훈련된 매는 사람 손에 앉아 훈련미끼였던 고기를 물어뜯어 먹는다^{매훈련자 박찬규}. 매와 관련된 지명 응봉이 있다. 우리말에 옹고집, 시치미를 떼다. 매몰차다 살곶이벌, 응봉이 있다. 고기를 미끼로 한 주인 이름표를 떼는 곧 시치미를 뗀다라는 말이다. 태조 이성계가 천도한 응방이 있으며 살곶이 다리^{고려사 충렬왕전 205호 가}가 있다.

북방문화를 가진 백제문화의 근원이 되는 금속제관이 발견됨으로써 비 중국문화권이다. 중국내몽골에 1972년 주민이 발견 오즈오스 박물관에 소장된 흉노추장의 금관으로 된 머리는 옥, 몸통은 순금으로 장식된 새이다

부여에서 출발한 백제와 조선조 역대임금들은 매사냥을 즐겼다.

    태조 2회
    태종 97회
    세종 150회
    문종 0회
    단종 10회
    세조 29회
    성종 5회

-조선왕조실록

예에서와 같이 임금들은 매 사냥을 즐겼다. 매는 바닷가에서 서식한다. 함경북도 해안에서 나는 새를 매라 한다. 예리

한 눈과 날카로운 발톱을 가진 큰 송골매 명칭이다.
해동청 금동관$^{김선풍\ 한중대학교\ 전통문화학부교수}$이 있다.

> 고려가 이 새를 천자에게 바치니 그 용맹함에 바로보기 무섭다 하였다. 큰 발톱과 금 눈을 따를 자가 없고 팔 위에 있어도 그 마음만은 하늘을 나르니 평생 그 사나운 기세를 다를 것이 없어라 하였다.
> -고려해동청

우리 선조들의 꿈[1]은 하늘을 나는 일이었다. 그 증거는 머리에 고깔모자가 늘 얹힌다. 신라에 와서는 금속으로서 멋지게 만들어 머리에 썼다. 매 형태가 머리에 얹힌 이유는 솔개를 태양조라고도 하고 신조神鳥라는데서 찾아 볼 수 있다. 이 고깔 이미지는 새 중 왕으로 표현되는 효과를 지닌다. 이 매는 앞에서 보면 뿔처럼 보이고 매의 어깨표시로 하여 가장 우뚝한 모양을 지닌 산을 매라고 하는데서 찾아 볼 수 있다.

고구려 벽화에 무용 춤이 있다. 솔개의 깃발처럼 날리는 차림새, 공손한 모습으로 새의 깃처럼 휘날리는 옷자락의 품새, 오른쪽 여밈의 매무새, 절풍折風과 변관弁冠-머리에 쓰는의 차림새가 솔개 모형이다. 가장 뚜렷한 예는 고깔 변=弁변에서 찾아진다. 솔개모양을 본 딴 국조國鳥의 조익관鳥翼冠은 머리에 쓰는 것이고 의복은 솔개모양을 본

---

1) "옷이 날개다"라는 의미는 무엇일까? | 김양동 계명대 석좌교수의 고대문화 원형의 상징과 해석 38부, 역사 바로알기.

땄다. 의복그림에서 나타나는 것이 솔개모양을 회화[1]하였다.

솔개 부리가 꼬부라져 있음을 단정학이라 한다. 날개가 긴 모양을 본 딴 여인들이 입는 소매 끝 길이 솔개꼬리처럼 옷 날개가 길다.[2] 표현방법에서도 전부 새라 표현한다. 이른바 매라는 표현, 매무새, 품새가 있다. 이러한 언어의 향기는 솔개라는 새 이름에서도 솔=살의 의미로 솔개의 개는 접미사로서이다. 고구려무용 춤에 솔개의 날개를 닮게 하기 위해 만들어진 창공에서 유유자적하게 춤춘다.

솔개는 태양조이다. 신조神鳥이다. 태양조太陽鳥와 동일시한다. 사람과 솔개를 고대조상과 병치한다. 신라에서는 금속으로 조형화하였다. 이 고깔은 정면에서 보아지는 청마총에서 발견된 변관이 있다. 새 중에서 솔개의 머리모양을 장식[3]한 모형이 도안리 백제 능산리 고분에서 출토되었다. 파주의 고구려 호로고유적에서도 출토, 이 고깔형태는 경주 기마인물상에서 찾아진다. 모습이 새의 정면 솔개의 머리 정

---

1) 김양동 계명대 석좌교수의 고대문화 원형의 상징과 해석 31. 춤의 원형은 무엇을 상징하는가.
2) 가장 현대적이고 글로벌한 그림 - 고구려 벽화 주악비천상 ¦ 김양동 계명대 석좌교수의 고대문화 원형의 상징과 해석 39. 역사바로알기.
3) 회초리를 왜 매라고 할까? ¦ 김양동 계명대 석좌교수의 고대문화 원형의 상징과 해석 24부.

면이다. 삼국의 고깔모자는 고구려금동관의 변관 머리모양이다. 이에 필히 설명이 요구되는 삼족오三足烏에 대해서이다. 우선 3의 의미접근이다. 단군조선도 3조선 진조선 · 번조선 · 막조선1)이다. 3 곳 셋으로 되는 우리의 뚜렷한 구분법은 태양 속에 있는 새의 강조 삼족오三足烏 명칭에서이다. 까마귀는 효조로서 그 이름을 대변한다. 그런데 국조는 아니다. 국조는 보라매 이름을 가진다. 지도자이미지이다. 나라를 지키는 국조 이미지이다. 까마귀는 일본국조日本國鳥 김양동학설이다.

  삼족오 학설은 해에 대한 설명은 설일設日을 들 수 있다. 광충의 삼족오三足烏 곧 일중유삼족오日中有三足烏 기록이다. 고구려 복식사 그림이 있다. 소매 끝을 길게 해서 너울너울 춤추는 복식 무용 춤이다. 장수長手 곧 기인 소매 자락과 솔개날개를 닮아 있게 하였다. 솔개가 창공에서 유유자적하게 추는 춤의 형상 표방이다. 우리말에 '옷이 날개' 라는 표현이 있다. '옷이 새다' 라는 이 은유법은 우리의 서정성 곧 시적 표현이다. 당시의 옷들은 벽화 그림에서와 같이 부드러운 명주옷에서 보인다. 그 색채가 아주 아름다워 명주비단옷을 즐겨 입었던 우리조상들은 화려한 옷의 모양에 그 멋을 하늘 나는 새의 모형을 닮은 소매이다. 그 때 사람들은 옷으로 여유로운 멋을

---

  1) 한국사51. 단군조선 3조선의 실재. (1) 번조선의 실재. 김설애 TV.

부린다. 머리에 아름다운 장식을 보라매 매를 태양조 그리고 신조神鳥라고 공식화하였다. 태양과 솔개를 병치하면서 동일시하였다. 머리에 금관이 얹힌다. 솔개의 솔은 살을 의미화 했다. 날개가 길다. 솔개 말자체가 신의 살이라는 말에서 비롯된다.

  솔개 깃을 구하기가 쉽지 않기에 다른 꿩의 털, 비둘기 꼬리털 등이 대신 매의 모양 장식에 등장한다. 이에 닭의 깃 모양을 단 계우관도 있다. 일상에서 찾은 관 형태이다. 서길수 교수는 아마 그 모양이 거무스름하며 양쪽 깃발과 뒷꽁무늬의 깃털이 땅에 꼬리가 늘어진 모습의 장닭 모양 계우관鷄羽冠이라 하였다 한다. 서길수 교수의 『실크로드에 핀 고리高句麗의 상징 닭깃털관인 계우관鷄羽冠』에서는 고구리高句麗 고리高麗 사람들이 즐겨 쓰던 닭깃털을 꽂은 쓰개관冠을 조우관鳥羽冠이라고 하였다 한다. 이 책은 고구리, 고리 사람들이 왜 새깃털 조우鳥羽가 아니고 닭깃털 계우鷄羽를 꽂고 다녔는가 그것은 『사마르칸드에 핀 고리高句麗의 상징 닭깃털관 계우관』이 있는 이유라 하였다. 봉황새의 상징으로의 새이다. 고조선 때부터 바람 의미를 봉황으로 상징화 했다.

  인디 안의 머리에 꼽는 깃털형태가 있다. 동이족 깃털 장식이 그대로 남아 있다. 태양 숭배 사상은 꼬리에 태양의 심볼을 달았다. 태양과 동격인 솔개이다.

(2). 예쁘고 아름다운 새

우리에게는 매라는 이름이 일상에서 옷매무새라는 말로 회자된다. 옷을 아름답게 잘 입는 모양이다. 산에는 매가 있어서 메아리가 된다. 그리고 어떤 의미가 매듭지어지는 매듭이 있다. 매듭의 마무리를 잘 하면서 한 단락의 끝을 잘 마치는 표시로서 매듭이다. 이 매듭은 천부경의 '종 ▲終' 자 모형이다. 실의 매듭모형이다. 이 매듭은 놀랍게도 매 곧 하늘을 나는 새로 번역되어 있다. 매는 한국의 대표적인 새이다. 변관邊冠이라 하여 머리장식 특히 불꽃상징으로 장식된다.

예쁘고 아름답다. 예쁘다. 아름답다. 새와 매와 꽃과 아름다움과 노래의 의미 동일성을 찾는 일은 새와 노래가 연관되는데서이다. 꽃이 아름다움을 성경은 나짠 으로 한다. 기본형 닛-짠=נִץ nitz-tzān' 꽃=닛-짠 ・명사남성단수이다. 꽃=네쯔=נֵץ nehtz 꽃은 매이기도 하다. 꽃이 피고창 40:10의 복수 꽃들=하닛짠=הַנִּצָּנִים hanitz-tzān' 아 2:12이다.

① צִצָהּ   עָלְתָה
NMS.FZS   VQAFZS
꽃이   피고
her blossoms and shot forth

— 창 40:10

② בָאָרֶץ   נִרְאוּ   הַנִּצָּנִים
P.D.NFS   VNACZP   DNMP
지면에는   피고   꽃이

```
                on the earth appear    The flowers
                                                            - 아 2:12

        ③ נֵץ    -עָלְתָה
           NMS   -VHIMZS
           매가   -떠 올라서
           the hawk -fly
                                                            - 욥 39:26

        ④ הַנֵּץ   -וְאֶת
           D.NMS  -C,O
           새매
           the hawk -and
           ἱέραχα-καί
                                                            - 레 11:16

        ⑤ הַנֵּץ   -וְאֶת
           D.NMS  -C,O
           새 매
           the hawk -and
           ἱέραχα-καί
                                                            - 신 14:15
```

꽃과 하늘을 나는 새의 동일 이미지가 하늘에 핀 꽃이다. 새이다. 옷이 날개이다. 하늘을 나는 옷이다. 지상에서 날아다니는 옷을 잘 입은 새다. 왕들이 머리에 장식하는 조의관鳥 翼冠이 있다. 하늘에 꽃핌과 들에 꽃피는 그리고 하늘 꽃의 동격 매시지이다. 아가서는 제목자체를 쉬르 하시림=שִׁיר הַשִּׁירִים 셔르 하쉬림 아가서으로 노래 중의 노래 의미의 히브리어가 두 번 중복된다. 시인, 날아가다, 새가 지저기다 의미다. 유사 어로 나라, 누리, 날아, 또는 훨 훨 날아이다.

(3). 삼족오의 비밀과 조익관^{鳥翼冠}

삼족오와 솔개의 매 모양을 본 딴 조익관과 계우관의 비교론^{김양동 교수}이 있다. 한국인들의 조상들이 즐겨 머리에 얹었던 관식을 솔개모양이라고 주장한다. 이 매가 국조가 될 수 있는 조건에 우리가 흔히 메라 불리 우는 새가 가진 솔개 형 머리관식은 그 특징이 불꽃문양이다. 태양을 닮은 새이다. 우리에겐 매듭이라는 말이 있다. 이 매듭은 천부경에서 종^終자 모형이다. 실의 매듭모형이다. 솔개는 우두머리로 상징화 된다. 강력하고 기세등등하다. 매섭다라는 말이 있다. 끈을 조일 때 메조진다라 말한다. 이 새는 먹이를 꽉 한번 움켜쥐면 놓지 않는다. 잘못했을 때 때리는 매가 회초리다. 매맞는다고 하는 일반 문화 목록어에서 찾아진다. 매는 보배로운 구슬의미로도 전해진다. 족장의 우두머리 좌중의 어른이 가지는 지휘봉이 있다.

동이족의 새 숭배사상은 솔개의 날개로 신라의 조익형^{鳥翼形} ^{동경박물관소장} 새의 부리부분의 매와 불교의 보살 뒤에 화영무늬에서 찾아진다. 이 양식은 초기와 달리 진화된 금관의 양식에서는 직각화, 진화되지 않는 나뭇가지의 수지형^{樹脂形}과 새의 모형의 화영, 불꽃무늬 금관으로 수놓이는 매이다.

태양숭배사상과 화영무늬와 빛살무늬의 솔개나 봉황으로 나타난다. 군왕과 지도자의 상징으로 고대관식의 구성원리다.

관의 외관과는 달리 내관에는 고깔 관을 쓴다. 변관이라 한다. 변관은 머리에 쓰는 관이다. 솔개변이기도 하고 머리변이기도 하는 고깔변이다. 고깔은 꼭 데기 바로 산 꼭 데기 모양 고깔이다. 삼각형모형이 머리에 올라앉는다. 변은 솔개의 머리이다. 백제에는 변관에 대롱을 달고 위에 종지 같은 형태를 얹는다. 백제익산 익점리에서 종지 같은 주발, 일본 후누야마 고분에서, 백제의 금동관을 영향 받았음이 관으로써 증명된다.

나팔대롱처럼 기괴하게 생긴 금속절풍변형단계, 새의 깃털로 심어 삐쭉하게 드러낸 위용의 대롱은 금속으로 노출하지 않고 비단으로 감아 쌌다. 가죽에다 비단으로 싸고 종주발 아교로 심어 견고하게 고착하는 뒤꽂이 장식도 있다. 몽골박물관관식이다. 사관생도들의 머리에 높이 올라있는 유형이다. 몽골 갑옷과 투구가 일본천왕관식에 남아 있다. 전남 고흥의 안동에서 이 형식이 나왔다.

불꽃무늬 가야 옥천동 솔개가 든 금동관 제트기형식이 있다. 신라금관[1] 조형화한 매는 지휘봉이다. 임관식 때는 매를 들 만한 매장 지휘봉을 하사한다. 우리가 사모관대라고 부르는 날개 형은 메의 날개를 상징한다. 우리나라는 메의 머리

---

[1] 김양동, 신라 금관은 솔개와 태양의 불꽃봉우리다 | 김양동 계명대 석좌교수의 고대문화 원형의 상징과 해석 22부.

와 날개모양을 본 따서 머리에 얹는다. 우두머리 상징의 익조관이다. 이 매는 산 꼭 데기 지칭이다. 이처럼 메는 다양하게 우리의 삶에 들어와 있다. 우두머리의 의미다.

머리에 올라앉는 문양과 솔개날개 솔개 깃을 장식한다. 그 등위에 불꽃문양 회전 무늬 안에 새가 있는 관은 고구려 금동관의 깃털양식이다. 의상 탐리출토금동관의 상단봉우리 양식[1]은 황남 대총으로 출토된 은관이 지닌 새의 날개상징이다. 금동판을 썰어서 꽈 깃털양식을 나타낸다. 솔개의 정면 머리형태 고구려 금동 관 테두리 날개양식이 있다. 중앙에 촘촘하게 솔개문양을 박았다. 새 양식이 새와 깃털과 관식화한 삼국의 비슷한 양식화이다. 백제는 이와 달리 의성 탐리 원삼국시대의 가야시대와 원삼국시대의 고구려 양식, 신라, 요서에 수도를 가진 백제[2]가 동일하다. 날개와 중앙을 나타내는 발해의 정효 공주 묘 출토 관식에서도 동일하다. 금도금이 화려하다. 불꽃무늬와 새의 관식화가 공통적이다. 불꽃무늬가 그려진 형태가 마치 나뭇가지모양의 수지형樹脂形, 사슴뿔의 녹각형鹿角形 불꽃무늬로 관식이 있다. 삼국관식의 화영무늬이다. 고귀한 불꽃무늬이다. 창녕에서 출토된 가야금

---

1) 고구려, 신라, 백제, 가야 왕관의 상징은 똑같다 ¦ 김양동 계명대 석좌교수의 고대문화 원형의 상징과 해석 23부
2) [한사모] 사고전서로 살펴본 요서백제와 신라의 역사-심백강/한뿌리사랑 세계모임 제10차 역사포럼_20151022.

동관에는 뒤 솟음 대 절품의 일본 천왕 관식이 있다. 대구 경북대 이양산 박사의 경주박물관의 소장품기증의 특별실에 이 관 뒤꽂이를 김종철 교수는 같은 맥락으로 한다. 이 모형은 청마총에서 출토[1973], 경주박물관진열, 원형에서 분리된 출토 물이다. 관식의 뒤꽂이 절풍의 변형이 보인 뒷면에서의 솟음 형태이다. 비슷한 전남 동경박물관소장 금, 동경박물관소장 전남 출토, 금제, 금동 절풍방식이다. 양식의 지속성은 부족집단의 관식으로 백제·신라·가야 등에서 새 숭배사상의 원시신앙 분포이다. 형태는 약간씩 변형되나 비슷한 유형으로 널리 유행된다. 신라[1]솔개깃털모형 금관은 나뭇가지, 사슴뿔 불꽃무늬, 솔개 새의 머리 변이 고깔이 내관을 이룬다. 새날개 조익형鳥翼形이다. 솔개의 기상을 본 딴 조익형鳥翼形 날개는 시베리아 샤만 무관·김알지 신라와 왕권성립·태양숭배 불꽃 화영무늬다. 태양 등가물로 솔개 모형을 머리에 장식한다. 시베리야 샤만 무관의 관은 사슴뿔을 털모자 위에 꽂는다. 유목민이 남긴 시베리야 샤만 관식이다. 19세기에 체집[김양동학설]으로 5-6세기 이전 신라유물과는 다르다. 솔개날개 모형을 머리에 꽂는 이미지는 군왕 심볼이다.

---

1) 김양동, 신라 금관은 솔개와 태양의 불꽃봉우리다 l 김양동 계명대 석좌 교수의 고대문화 원형의 상징과 해석 22부

(4). 익조관

하늘에 제사지내는 천손민족 우리조상의 사나이들은 바로 산의 사나이다. 그래서 우리말 '사내' 가 있다. 현명한 남자 지휘자 익조관翌鳥冠을 쓴 지휘자에 다스려지며 하늘을 나는 매를 상징하는 사람으로 환桓한 길로 들어서 환국桓國을 세우고 신시지금의 서울 김양동 학설 밝달국=배달국을 세운다.

나라를 세우고는 왕이 된 표시로 머리에 관을 썼다. 일상에서 찾아지는 닭 벼슬모양을 머리에 얹기도 하였지만 한번 물면 놓지 않는 매를 좋아해 국조로 매 모양을 머리에 얹어 놓았다.

까마귀가 삼족오가 된 것은 고조선 신정기 조화시대의 철학으로서이다. 하늘과 땅 그리고 중용의 사람이 표시되는 사상 조선의 진조선·번조선·막조선으로 그리고 마한·진한·변한이 있다. 고구려·신라·백제 이 감성은 우리의 대표적인 서정시 시조가 있게 한다. 초장·중장·종장이 있다. 삼대목이 있다. 모두 셋의 원리를 지닌다. 태양 안에 든 새에서이다. 밝음이 빛나는 셋 의미이다. 삼족오는 국조는 아니다.

2). 계우관^{鷄羽冠}

우리의 음운학은 우리가 지금도 쓰는 중국에서 발음되는 돌^{石}을 예 들 수 있다. 우리말에서 비롯되었음을 알린다. 새를 독·닭으로 발음[1]한다. 전례는 장 닭의 거무스름한 모습과 긴 꼬리를 땅에 닿을 만큼 긴 것에 견주는 계우관^{鷄羽冠} 서길수 학설이다. 장 닭의 모형과 긴 꼬리 등에서 그 의미를 찾는다. 머리에 쓰는 관 모형 계우관^{鷄羽冠}이 있다.

솔개[2]는 신라왕 머리에 얹히는 솔개모양 천격^{天格}이다. 매의 솔개형관 조익형^{鳥翼形}은 반산^{反山}출토 옥조^{玉鳥} BC 3500-2200 滌江城 余杭 反山묘장와 황남대총 금제허리띠의 모형의 공통점이 솔개 문양김양동학설이다. 이를 증명하는 산을 매라고 하는 경우와 하늘높이 나는 매의 모습과 같은 우두머리 의미다. 우리에게는 고구리^{高句麗} 나라이름일때는 리로 읽는다나 백제나 난생설화로 남는다. 이러한 증거들은 비파형동검뿐만이 아니라 명도전의 검위에 두 마리 새 모양$^{BC\ 156}$ 기록에서 우리 것임을 알린다.

> 바다 동쪽 모든 이^{夷}족인 구려^{勾麗} 부여^{扶餘} 한맥^{馯貊}이 무왕이 상나라 은나라를 이기자 길을 통하게 되었습니다[3].

---

1) 이기훈, 한국인의 조국 부여를 찾아서(종합).
2) 김양동, 계명대 석좌교수의 고대문화원형의 상징과 해석 26부 | 솔개는 해(天精)를 상징하고 물고기는 지령(地靈)을 상징한다.
3) BC 1046년. 공안국(BC 156-BC 74) 상서주소(尙書注疏).

공안국孔安國인 우리의 조상국가는 유일신 하나님을 섬기려 무진히 노력한 민족임을 유물과 함께 발견되게 한다. 머리에 상투를 써서 자신의 위에 절대자 하나님이 있다는 것을 밝히려 한다. 물론 상투에 대한 예의는 성인으로서의 자격을 상징한다. 제의로 흰옷을 입으며 상투를 튼다. 술잔을 나눌 때에 자신이 먹던 술잔을 잘 닦아 상대방에게 권하는 풍습이다. 만나 인사를 나누기를 두 무릎을 꿇고 두 손을 땅에 대면서 머리를 조아려 인사를 나눈다.[1]

우리조상은 기록을 아주 중요시 하여 어느 집안에는 문중 기록이 남는다. 제사의 첫제사는 위폐를 안채로 가져와 기린다. 후손들의 자부심이 높기에 백의민족 풍습은 지금도 계속된다. 문중에서는 병풍을 쳐 조상님들이 음식을 잡숫도록 한다. 한밤중 제사가 끝나면 헤어진다. 요즘은 한밤중보다 저녁 일찍 제사를 지내기도 한다. 제사 후 모여 화투놀이를 끝내고 방안 천정에는 제비가 왔다 갔다 한다.

제일 좋은 씨알을 가진 백성으로 고대 숙신국이 전하는 부여의 속국 부여의 동북쪽 읍루 진서에 부여에서 60일거리 2000리에서 동서남북 6000리를 가진데서 부여가 알려진다.

우리에겐 새벽이 밝아오면 꼬꼬댁하고 새벽을 알려주는 귀

---

[1] 마을전체가 문화유산으로 등록된 전통의 본고장 '안동 하회마을' 여행 다큐 | KBS. 20200719.

한 닭 계귀^{鷄貴}1)가 있다. 산스크리트어 꾸꾸떼스바라^{貴矩矩吒醫說羅}/ kukkuṭeśvara이다. 고리국과 신라사람은 닭을 귀하게 여겼다. 난생 건국설화를 탄생시킨다. 새벽이면 어김없이 울어주는 장 닭=장계^{長鷄} 그 귀한 계귀^{鷄貴}를 우리 조상들은 머리장식 벼슬로 올라 앉혔다. 닭의 깃털을 머리에 꼽아 장식하는 풍습이 고리 즉 고구려^{高句麗} 나라 이름일 때는 리로 읽는다와 신라에 있다. 신라가 고구리^{高句麗} 나라 이름일 때는 리로 읽는다, 당시 신라가 고구리^{高句麗}나라이름일때는 리로 읽는다 통치 봉합하고 당에 귀속되기 전 기록2)에 실크로드에 핀 고리^{高句麗}의 상징 닭깃 계우관^{鷄羽冠}이 있다. 의정^{義淨} 635-713의 『대당서역구법고승전^{大唐西域救法高僧傳}』 『해동고승전$^{海東高僧傳\ 1215}$』에 계귀^{鷄貴} 신라^{新羅}로, 『삼국유사$^{三國遺事\ 1281}$』에 계귀^{鷄貴} 해동^{海東} 기록이 있다. 아르야바르마라는 신라사람 기록이다. 고리^{高句麗}의 조정이 당에 항복하기 전^{691} 신라에 귀속되어 있었으므로 신라 사람^{서길수학설} 기록이다.

한국 신앙인들은 새벽이면 어김없이, 먼동이 터 오는 환하게 밝아오는 새벽시간에 새벽기도를 드렸다. 우리에겐 정화수를 떠 놓고 하늘을 향해 기도를 올린다. 꿈꾸다 우리말 그

---

1) 서길수, 『실크로드에 핀 고리(高句麗)의 상징 닭깃털관(鷄羽冠)』 『사마르칸드에 핀 고리(高句麗)의 상징 닭깃털관(鷄羽冠)』의 저자. 고구리 아바타-서길수교수의 고구리(高句麗) 강좌 6부.
2) 아르야바르마라는 사람이 고리나라사람 高麗國人이 되는 진실은 국적의 변경 곧 신라사람이라는 서두의 말과는 달리 고구려인을 설명하는 내용이 되는 문장의 수수께끼가 밝혀지는 일이다.

대로 하루 일 년 평생을 꿈꾸는 새벽의 닭 계귀^{鷄貴} 바로 귀한 닭이 시간을 알려준다.

줄친 부분이 부여이다.

① 晉書云 夫餘王印文稱濊王之印 國中有古穢城 本穢貊之城也.
② 魏書云 豆莫婁國 在勿吉北千里 舊北夫餘也. 本穢貊之地(北史亦云)
③ 山海經云 今夫餘國 卽濊貊故地 在長城北去玄菟千里 出名馬赤玉
④ 鏞案 北夫餘 今之開原縣地. 其地西接鮮卑 此濊貊之本地也. 前漢之時 北夫餘王解夫婁 東徙江陵 此江陵所以爲濊也.
⑤ 句麗史云(東明王本紀) 扶餘王解夫婁(卽北夫餘王) 時 其相阿蘭弗曰 東海之濱有地 曰迦葉原 土壤膏腴 宜五穀可都也. 遂移都國 號東夫餘(今未詳其地) 其舊都有人 不知所從來 自稱天帝子 解慕漱來都焉
⑥ 貨殖傳云 燕北鄰烏桓夫餘東綰穢貉·朝鮮·眞番之利 濊貊者 本北狄之種 我邦疆域之內 本無此名 管子云 桓公北至於孤竹山戎穢貉
⑦ 又按 今我春川 五穀蕃熟 孟子所指 非我春川也(朱子註孟子云貉 北狄國名) 地氣和暖 冬冰不過寸 膳羞豐備 酪漿未嘗一歠 鼂錯所指 非我春川也. 雖叔重德明 交口詆罵 非我所知 雖然 貉者 貀狹也(貉與豺同 其子曰貆其雌曰貊 一名貀狸) 似狐善睡 (爾雅疏) 皮可爲裘 魯論所謂狐貉之裘也 北方之人 以獸皮禦寒 故其通身如獸 貊之得名 亦以衣貉之皮 其形如貉 故謂之貊(靺鞨 亦以衣得名) 謂之豸種可乎 歷考前史 濊貊者 北夫餘之地而後世謂之豆莫婁 後漢書云 夫餘國在玄菟北千里 南與高句麗 東與挹婁 西與鮮卑接 本濊也. 出名馬赤玉
⑧ 魏志云 夫餘庫 有玉璧圭瓚 傳世以爲寶 其印文言濊王之印 國有故城 名濊城 蓋本濊貊之地 而夫餘王其中.
⑨ 鏞案 北夫餘之地 東抵大海四千餘里(寧古塔 東至海三千里) 地荒天寒 人不可居 至今尙無村落 安有五穀 阿蘭弗所云東海之濱 必當求之於咸興以南沿海之地 不可以他求也.
⑩ 又按 北夫餘之地 其在解夫婁之時 爲濊國 其自解慕漱之後 爲夫餘國 故漢·魏諸史 皆以夫餘立傳 而其地曰古濊也 其城曰古濊城 明前此而爲濊也, 古之濊王 非徙于江陵乎(又詳夫餘考)
⑪ 又按 魏·晉諸史 皆云夫餘王印文 曰濊王之印 而江陵之民 耕田得印 乃是濊王之印 則此爲解夫婁之舊印 又無疑也. 解夫婁旣徙而北夫餘之地 仍稱濊貊 後漢書云 安

帝元初五年 句麗王復與濊貊 寇玄菟 攻華麗城(通鑑以爲國祖王宮 五十九年事)
⑫ 鏞案 唐太宗之時 靺鞨屬部 或助唐兵 或助句麗(亦見靺鞨考) 此云濊貊者 靺鞨之謂也 句麗之先 亦出夫餘 故中國諸史 竝以句麗爲貊 後漢書云 句驪一名貊耳 有別種 依小水爲居 因名曰小水貊 出好弓 所謂貊弓是也(魏志云 又有小水貊 句麗作國 依大水而居西安平 縣北有小水 南流入海 句麗別種 依小水作國 因名之爲小水貊 出好弓 所謂貊弓是也) 王莽初嚴尤誘句麗侯騶(瑠璃王之時) 入塞斬之 莽大說 更名高句驪王 爲下句驪矣於是貊人寇邊愈甚(句麗史亦云)

― 『與猶堂全書』 第6集 地理集 第2卷

위 ①②③④⑤⑥⑦⑧⑨⑩⑪⑫ 의 예들에서 보이는 부여기록은 뚜렷한 부여의 존재들을 알린다.

그럼에도 역사의 왜곡이 있다. 나당연합으로 백제를 일부 멸한 기록을 당나라가 백제를 멸망시켰다고 소정방이 기록하고 있다. 백제가 망하지 않았으면 고구려도 멸망하지 않았을 것이다. 역사기록에는 660년에 소정방에 멸망이 아니라 흠정만류원류고^{欽定滿洲源流考}에 큰 나라 백제는 5방이 있어서 이 5개 구역안에 10개 구역을 관리했다하였다. 구당서에서는 백제는 6방이 있어서 10구역을 관리했다한다. 그렇다면 50~60구역의 넓은 땅을 가졌기에 소정방의 백제침범은 일부에 불과하다. 그 후에도 백제와 교류한 기록이 남아 있다. 백제는 한반도뿐만 아니라 광활한 지역을 가진 대국이었다. 고등학교 교과서에서는 소정방이 이끈 나당연합군이 금강하류로 침범하였다고 기록한 일은 소정방을 치켜세운 기록이다.

2. 삼족오 三足烏

1). 효조 孝鳥

(1). 반포조 反哺鳥

현대시에 시인 이 상의 「오감도烏瞰圖」가 있다. 시집의 제목 자체가 까마귀로 시작되는 오감도烏瞰圖이다. 이 이상의 「오감도烏瞰圖」는 사전에도 나와 있지 않는 이상만의 신조어다. 이러한 특성으로 하여 활자화할 당시에도 인쇄소에서는 조감도鳥瞰圖로 고치고 이상은 오감도烏瞰圖로 교정하는 횟수를 여러 번 가졌다. 분명히 까마귀 오烏를 시어로 사용하였다. 오감도 제목이 가지는 오에 대한 문제 제기는 우리나라에서 가마귀가 효조로 불리 우는 민속의 유례로 제시할 수 있다. 가마귀는 불길한 의미만으로 전해지지 않는다. 가마귀가 전해준 이야기는 오작교도 있고 종을 울려 항아리 안에 든 사람을 구해주는 일도 전해진다.

효조로서의 이미지이다.

> 가마귀 검다하고 백로야 웃지 마라
> 겉이 검은들 속조차 검을 소냐
> 겉 희고 속 검은 이는 너 뿐인가 ᄒ노라¹⁾

---

1) 정주동・유창식 교주, 『眞本 靑丘永言』(서울: 신생문화사, 1967)., 517. 이 직(1362/공민왕 때 - 143/세종 13까지, 호는 형재. 고려 공민왕 때

(2). 은혜를 갚는 새

위 시조의 예에서 가마귀는 겉은 검지만 속은 검지 않을 것이라는 위 시조에서 검음과 흼의 관계는 겉과 속이 다를 수 있다는 비유에서 비롯된 것이다. 이 비유는 외모로 인간을 판단하지 않는다는 내용의 민속적인 속설을 가진 내용이다. 칠월칠석날 견우와 직녀를 만나게 해 주기 위하여 가마귀는 까치와 오작교를 놓는다. 한국의 민속은 바로 결코 가마귀가 나쁜 의미로만 전해지지 않음을 증명하는 일이다. 이처럼 우리의 속담들은 그 내려오는 한국의 정서를 그대로 반영하여 한국인의 문화가 지닌 숨은 뜻을 잘 전해주고 있다.

한국민속에서의 가마귀와 까치가 몸을 잇대어 은하에 다리를 놓는다는 칠월칠석의 오작교가 있다. 가마귀가 겉은 검지는 속은 검지 않다. 따라서 가마귀 '오' 가 나쁜 의미로만 일관되지는 않는다. 오히려 견우와 직녀의 슬픈 사랑을 위하여 좋은 일을 하는 희생의 이미지이다. 이와 관련하여 이 희생의 가마귀 이미지는 남을 받드는 데 그 원리가 내재한다.

오^{鳥}는 검은 색을 띈 가마귀이지만 속조차 검지는 않고 오히려 효조로서 이해되고 있는 시가의 예를 들어본다.

하물며 남산 나린 끝에 오곡을 갖춰 심어
먹고 못 남아도 굿자나 아니 하면

예문각 제학이었고 세종때에는 영의정을 지냄).

> 내 집의 내 밥이 그 맛이 어떠하뇨
> 채산낙수하니 수륙품도 잠간갓다
> 감지봉양을 족하다 할까마는
> 오조함정을 볩고야 말렸노라[1]

효조이미지를 지닌 가마귀는 낳아주고 길러준 어미에게 효를 행한다. 미물인 새도 그의 어미에게 받은 은공을 다할진대 만물의 영장인 인간이 가마귀를 본받지 않을 수 없다. 효의 방법은 감지봉양의 형식이 아니라, 즉 맛난 음식보다 더 중요한 오조함정烏鳥含情이다.

이 가마귀가 먹은 마음 오조함정烏鳥含情은 그의 어미가 늙으면 먹이를 물어다 준다는데 그 깊은 뜻이 있다. 남산 줄기가 내려앉은 그 끝에 오곡을 갖추어 심어 먹고 그것이 남지는 아니해도 끊어지지나 아니하면 내 집의 내 밥이 진미가 되는 것이다. 산나물을 캐고 물고기를 낚으니 이에서 더 부족함이 없다까지 하고 있다.

이것은 부모님을 공양함에 있어서 넉넉하지는 않지만 인간도 가마귀처럼 효도를 하고야 말겠다고 하는데 큰 의의가 있다. 효조함정烏鳥含情은 낳아주고 길러준 어버이에게 효를 다하

---

1) 박인로의 사제곡(莎堤曲). 중에서. 이상보, 『노계시가연구』 (서울: 이우출판사, 1978)., 142-144. 하물며 남산 나린 끝에 오곡을 갖춰 심어/ 먹고 못 남아도 긋지나 아니 하면/ 내 집의 내 밥이 그 맛이 어떠하뇨/ 채산낙수採山約水하니 수륙품水陸品도 잠간갓다/ 감지봉양甘旨奉養을 족하다 할까마는/오조함정烏鳥含情을 볩고야 말렸노라.

고 있는 마음이 자연적으로 발생함을 의미 한다. 인간에게 있어서 낳아주고 길러준 부모에게 효를 다하고자 하는 마음은 누구나 일반이다. 인간과 가마귀를 동일시하는 효와 관계를 강조하는데 등장하는 가마귀의 역할은 가마귀의 좋은 점을 인간이 본받게 하자는데 그 중요한 의미 개념이 숨어 있다. 효조반포孝鳥反哺나 자오왈효조장즉반포기모慈鳥曰孝鳥張則反哺其母니 하는 민속적 구절들이 이를 뒷받침해 준다. 모든 행실의 근원[1]이 되는 효의 개념은 내가 부모를 받들어 모시는 마음의 자세에 있다. 그려지는 회화로는 눈을 들어 위를 쳐다보는 자세이다. 존경할만한 사람을 향하여 늘 올려다보는 사람은 결코 그 행실이 그릇될 수 없다. 한국은 예로부터 어른을 떠받들어 모시는 사상이 있다. 우리말에는 어른·어르신도 있다. 우리 조상들은 고 조선 역사에서 하나에 '님' 자를 붙여 하나님이라 하는 데서 찾아진다.

한국민속에서의 가마귀와 까치가 몸을 잇대어 은하에 다리를 놓는다는 이 전설 칠월칠석의 오작교가 있다. 가마귀가 겉은 검지는 속은 검지 않다는 것을 상징한다. 따라서 가마귀 '오'가 나쁜 의미로만 일관되지는 않는다.

---

[1] 孝에 이르러 孔子는 父孝者德之本也라 하였고, 孝는 百行之原善之初也라 하였으며 行人의 根本이라하였다. 退溪도 百行之原이라 하였으며, 율곡도 孝爲百行之道라하였다.

2). 삼족오는 국조가 아니다

낳아주고 길러준 어미 가마귀의 까마귀 이미지는 남을 받드는 데 그 원리가 내재함을 유추할 수 있다. 모든 행실의 근원[1]이 되는 효의 개념은 내가 남을 받들어 모시는 마음의 자세이다. 회화로는 눈을 들어 위를 쳐다보는 자세이다. 다른 본받을 만한 대상을 향하여 늘 올려다보는 사람은 결코 그 행실이 그릇될 수 없다. 한국은 예로부터 어른을 떠받들어 모시는 사상이 있다.

이상 시의 까마귀 "오鳥"는 보편적 개념에서 벗어나 뭇사람이 주시하는 보은을 하려하고 인간이 가진 마음을 감화시키는 선례로 작품까지 전해진다. 오감도의 오鳥가 까마귀이고 감鳥瞰이 굽어보는 뜻을 지닌다. 천재시인 이상이 지은 이 오감도鳥瞰圖의 뜻은 올려다보는 자에게 하늘이 은혜를 내리는 조화의 큰 뜻을 지닌다. 고조선 시대의 사상이었다.

문학조선중앙일보를 통해 알려진 오감도鳥瞰圖는 '까마귀'를 '가마귀'로 시어화 한다.

소월 시에서의 가마귀가 있다.

　　그립다

---

[1] 孝에 이르러 孔子는 父孝者德之本也라 하였고, 孝는 百行之原善之初也라 하였으며 行人의 根本이라 하였다. 退溪도 百行之原이라 하였으며, 율곡도 孝爲百行之道라 하였다.

말을 할까
하니 그리워
그냥 갈까
그래도
다시 더한번
저산에도 까마귀
서산에는 해진다고
지저깁니다

압강물 뒷강물
흐르는 물은
어서 따라오라고 따라가자고
흘러도 년달아 흐릅듸다려
- 「가는길」

⋯⋯⋯
울짓는 까막까치 놀나난소래
⋯⋯⋯
두새업는 저 가마귀 울짓는 저 까치야
- 「몹쓸꿈」에서

저 가마귀 한 쌍 바람에 나래를 펴라
- 「찬저녁」에서

어제도 하로밤
나그네 집에
가마귀 가왁기와 울며 새엿소
- 「길」에서

수풀에 까마귀를 아이야 좇지마라
반포효양은 미물도 하는구나
나 같은 고로여생이 저로 부러하노라

뉘라서 까마귀를 검타 흉타하돗던고
반포보은이 긔아니 아름다운가

사람이 저 새만 못함을 못내 슬허하노라

- 박효관

  소월시는 오감도의 제목과 밀접할 뿐만 아니라 가마귀 시어를 가장 많이 쓴 김현승 시를 비롯하여 고시조와 긴밀하다. '가마귀'는 반포 새이다. 김소월 시는 '까마귀'가 아니라 '가마귀'를 의도적으로 선택하여 시의 물 흐름을 "따라오라고 따라가자고" 함으로써 갈 길을 안내하고 있다.
  이상의 가마귀 오의 오감도鳥瞰圖도 길 안내도다.

제 7장 일어나마방진시학

I. 일어나라

Ⅰ. 일어나라! 바로 서라! 두 발로 걸어라!

1). 이상 시 시제 4호

(1). 일어나 마방진 시학

　일어나라! 두 발로 걸어라! 명령하는 이상 시 「오감도」 시제 4호가 있다. 이 시는 네모 형태로 구성되어 있다. 그리고 이 네모 안의 거꾸로 된 숫자와 모든 기호가 11회 리듬을 타는 데에 문제를 제기한다.

　일어나라! 시학을 통하여 숨겨져 있는 진실 일어나라! 고 권고하는 시학의 문제제기는 천부경天符經을 비롯하여 현대시 이상시에서도 같은 주제로 권유한다. 일어나라! 아버지 어머니가 아침마다 우리를 잠에서 일어나라 깨우신다.

　우리 속담 "옷이 날개다" 가 있다. 그래서 옷이 날개다. 옷이 새다. 시인의 상상력을 통해 시인의 의도에 의한 이상의 시 오감도 시제 4호 방위구조는 "환자의 용태에 관한 문제"라고 소제목을 달았다. 시제 4호의 제목은 '전후좌우前後左右를 제하는 유일唯一의 흔적痕迹'이라고 하였다. 시를 나열하는 과정에서 글자가운데에 사선방향으로 •이 2회 리듬을 타면서 끝을 반원이 2회인 o으로 마무리 한다. 시 구성을 마친 다음 이상 시인은 "診斷 0 · 1"로 진단을 내린다. 이때 수학연산자를 사용한다. 수학 연산자란 다음 질서의 원리로 질서정연한 차례 지키기 곧 0 다음에 오는 1로 그 질서의 수가 진행된다. 더욱이 날자 기록처럼 보이나 날자 기록이 아닌 '26 · 10 · 1931'에서는 동격의미의 가운뎃점을 사용하여 같은 의미를 알린다. 마지막에 "이상 책임의사 이상以上 責任醫師 李 霜"이라 하였다.

이상시의 전체적 특징은 질서를 지킨다. 이상은 그의 시 시제 4호에서 진단을 마침표가 아니라 수학연산자 •을 사용한다. 그 변화과정에서 시 안의 모든 숫자 및 점을 11회 사용한다. 이 11에 대한 정의는 11지체원리十一之体原理1)이다.

사람 몸이 가진 특징을 그 원리로 한 몸 시학 시 이상시에는 11회 반복이 처음서 끝까지 있다. "좌우"의 사선을 지난

---

1) 11지체원리十一之体原理 · 10+1 · 9+2 · 8+3 · 7+4 · 6+5 · : 임병학, 원광대학원 교수 주역특강 2 · 주역과 하도 낙서론. 하도란 말은 서경에 大玉夷玉天球河圖在東夷序-서경 顯命 · 天生神物이어늘 成人이 則之 · 天地變化하여 · 成人이 爻之(효지)하며 · 天垂(수)象하여 · 見吉凶이어늘 · 成人이 則之하니(계사상, 11장).

다. 대칭구조이다. 인간본체의 두 다리 원리에 입각한 사선에
·수학연산자가 사용된다.

　　이상시 시제 4호는 다음과 같다.

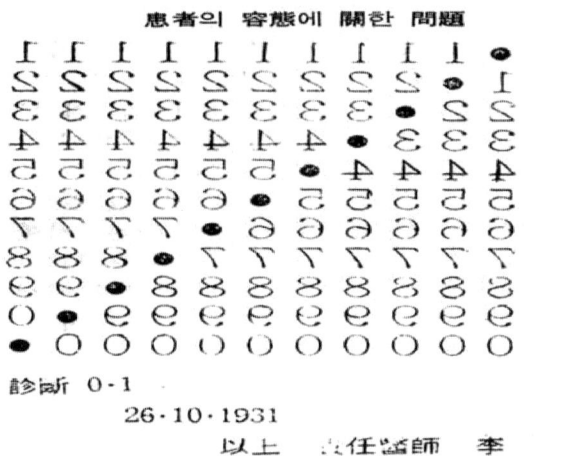

　　이상 시 시제 4호는 시 전체가 숫자로 나열되어 있다. 거꾸로 된 숫자나열이다. 거꾸로 된 이 숫자나열들은 절대로 숫자가 건너뛰거나 반대가 되지 아니한다. 수치 상승 리듬이다. 그런데 숫자질서와는 다른 o 11회가 나타났다. 숫자질서와는 다른 o 11회다. 수학정수가 아니다. 반원 각 수 좌우합 o 11회이다. 이상시 오감도 시제 4호는 "진단 0·1"의 수학연산자를 사용한다. 수학연산자란 사전 상에서 숫자의 이어짐을 의미하는 부호이다. "진단 0·1"은 정수 0다음에 1이 온 0·1이다.

(2). 숫자 질서와 다른 o의 의미

이어서 가운데 점을 사용하여 의미의 숫자나열 '26·10·1931" 다음에 "이상 책임의사 이상^{以上} 責任醫師 李 箱 이다. 이 때는 한글발음 이상이 2회이다. 이상^{李箱} 본명이 김혜경^{金海卿}에도 필명 이상이 2회 리듬이다. 이 리듬 2회 사용에 대하여는 이상 책임의사 이상^{以上} 責任醫師 李 箱의 이상^{以上}과 이상$^{李 箱}$이다. 쓰기를 이^{李}와 상^{箱}의 간격을 둔다. 이름과 성을 합한 두 자 2회 리듬이다. 이 2회 리듬은 성경 특징이다.

"26·10·1931"의 가운데 점 사용은 수학연산자 "진단^{診斷} 0•1"과는 다른 가운데 점 ·이다. 시에 동원된 거꾸로 된 숫자와 반 원각 2회모임 o과 사선에 등장하는 • 11회 그리고 가운데 점·을 사용한다.

질서 원리를 최대의 기준으로 한 이상시 오감도 시제 4호는 양자역학 시로 논할 수 있다. 이유는 숫자 하나하나에 대칭되는 원리를 사용한다. 그리고는 움직이지 않는 반 원각 2회모임 o을 11회 사용한다. o은 숫자가 아니다. 이 o을 통하여 그토록 거꾸로 나열되던 수가 바로 놓인다. 이처럼 양자역학이 지향하는 숫자의 의미지수는 멈추어지고 병이 나았다고 선언한다. 이 때의 o 메시지는 신의 영역이다.

2). 일어나라!

(1). 거꾸로 숫자 11회

거꾸로 e의 eeeeeee 9회와 ee 2회가 합하여 총 11회다. 다음 더 나아가지 않을 때 질서의 원리를 지키지 않는 반원 2회의 원 o의 초월기능이 있다.

이 거꾸로에 대한 초월 기능이유를 이상은 시제 4호를 통해 질서를 원리로 한 매시지를 전하려 한다. 거꾸로 된 글자 이유에 대한 답들이 시제 4호에서 사선방향으로 글자 가운데 •이 • • • • • • • • •을 11회 사용하면서 치유기능을 암시한다. 이 •이 치유기능이 적용된 것을 유추할 수 있는 것은 거꾸로 숫자가 아닌 결과를 "진단診斷 0・1"로 알리기 때문이다.

시제 4호에 초월기능이 있다. 반원이 좌우로 2회 모인 원 o이 ooooooooo이 11회다. 다른 거꾸로 된 숫자와 같이 나열된다. 이 리듬 11회의 결정적 유추 가능성 o은 반원각 곧 반원이 두 개 모인 형태이다. 이 o은 이상이 진단할 때는 사용되지 않는다.

화두는 11이다. 몸의 두다리 암시이다. 이상 시 「오감도 시제 4호」의 거꾸로 된 숫자나열은 모두 11회의 리듬이다. 11지체원리[1]리듬이다. 사람 몸의 두 발을 가진 균형리듬이다. 사람의 몸은 좌우의 대칭 2회 리듬이다. 이를 떠받치는 모양은 두 다리 숫자 11모양이다. 몸을 사람은 두 다리로 떠받들고 일어나 걸어간다. 일어나야 걸을 수 있다. 전달 메시지는 일어나라! 걸어라 신호수이다.

아하! 심오한 철학을 내재한 시로 이해가능성이 열리는 것은 유독 이상시 시제 4호에서의 11회가 시의 네모 안에서 끝까지 유지되는데서 찾아진다. 숫자로서의 11보다는 1의 천리를 타고 난 사람 발 한쪽과 한쪽이 합해진 두 발로 일어나라 명령을 내리는 분이 있어서다. 이 유추가 가능한 것은 반원 둘로 구성된 곧 숫자가 아닌 신호수 원 ㅇ이 ㅇㅇㅇㅇㅇㅇㅇㅇ ㅇㅇ이 11회가 초월기능을 가지기 때문이다.

이제 그 연구를 유추하고자 한다. 이상李箱의 시 오감도 「시제 4호」 거꾸로 숫자 모두가 11회이다. 11회 리듬에 거꾸로가 아닌 ㅇ이 있다.

거꾸로 ㄴ의 ㄴ1회와 ㄱㄱㄱㄱㄱㄱㄱㄱㄱㄱ11회와 합하여 총 11회
거꾸로 ㄹ의 ㄹㄹ2회와 ㄹㄹㄹㄹㄹㄹㄹㄹㄹ9회와 합하여 총 11회
거꾸로 ㄹ의 ㄹㄹㄹ3회와 ㄹㄹㄹㄹㄹㄹㄹㄹ8회와 합하여 총 11회

---

1) 11지체원리十一之体原理의 체体는 숨겨진 수 곧 개체이다.˙10+1 · 9+2 · 8+3 · 7+4 · 6+5 · : 임병학, 원광대학원 교수 주역특강 2 · 주역과 하도 낙서론. 하도란 말은 서경에 大玉夷玉天球河圖在東夷序-서경 顯命 · 天生神物이어늘 成人이 則之 · 天地變化하여 · 成人이 爻之(효지)하며 · 天垂(수)象하여 · 見吉凶이어늘 · 成人이 則之하니(계사상, 11장).

마방진시학 561

거꾸로 ㅗ의 ㅗㅗㅗㅗ4회와 ㅗㅗㅗㅗㅗㅗㅗ7회와   합하여 총 11회
거꾸로 ㄹ의 ㄹㄹㄹㄹㄹ5회와 ㄹㄹㄹㄹㄹㄹ6회와   합하여 총 11회
거꾸로 ㅎ의 ㅎㅎㅎㅎㅎㅎ6회와 ㅎㅎㅎㅎㅎ5회와   합하여 총 11회
거꾸로 ㅜ의 ㅜㅜㅜㅜㅜㅜㅜ7회와 ㅜㅜㅜㅜ4회와   합하여 총 11회
거꾸로 8의 88888888회와 8883회와   합하여 총 11회
거꾸로 ㅌ의 ㅌㅌㅌㅌㅌㅌㅌㅌㅌ9회와 ㅌㅌ2회와   합하여 총 11회
ㅇ의 ㅇㅇㅇㅇㅇㅇㅇㅇㅇㅇ10회와 ㅇ1회와   합하여 총 11회
가운데 ●의 ● ● ● ● ● ● ● ● ● ● 10회와 ● 1회와 총 11회

ㅇ의 ㅇㅇㅇㅇㅇㅇㅇㅇㅇㅇ10회와 ㅇ이 1회가 되면서 모두 개성 있게 11회다. ●11회 반복의미1)를 포함 모두 11지체원리
十一之体原理리듬이다.

이상 시 시제 4호는 숫자가 사선 모형의 두 세계 모두 거꾸로 ㄱ에서 거꾸로 ㄹ로 나아가기로 시작한다.

거꾸로 ㄱ에서 거꾸로 ㄹ로 나아가고
거꾸로 ㄹ에서 거꾸로 ㅊ으로 나아가고
거꾸로 ㄹ에서 거꾸로 ㅊ으로 나아가고
거꾸로 ㅊ에서 거꾸로 ㅗ로 나아가고
거꾸로 ㅗ에서 거꾸로 ㄹ로 나아가고
거꾸로 ㄹ에서 거꾸로 ㅎ으로 나아가고
거꾸로 ㅎ에서 거꾸로 ㅜ로 나아가고
거꾸로 ㅜ에서 거꾸로 8로 나아가고

---

1) 11지체원리十一之体原理의 체體는 숨겨진 수 곧 개체이다. ˙10+1 · 9+2 · 8+3 · 7+4 · 6+5 · : 임병학, 원광대학원 교수 주역특강 2 · 주역과 하도 낙서론. 하도란 말은 서경에 大玉夷玉天球河圖在東夷序-서경 顯命 · 天生神物이어늘 成人이 則之 · 天地變化하여 · 成人이 爻之(효지)하며 · 天垂(수)象하여 · 見吉凶이어늘 · 成人이 則之하니(계사상, 11장).

거꾸로 ε에서 거꾸로 e로 나아가고
거꾸로 e 다음 O으로 된다.

환자 상태는 멈추어 있지 않고 거꾸로 e에서 o이 된다. o은 0과는 다르다. 숫자가 아니다. 십자가 사건에 도달한 환경을 살펴볼 수 있다. e다. 모두 다 "됐어" 의미가 거꾸로 e에서 o이 되게 한다.

이상은 그의 시를 통하여 예수 십자가 사건을 알리려 한다. 여기에서 이상의 환경이 있다. 친우 정지용과 같이 기독교 사상을 가지고 있었다. 따라서 시에서 녹아나는 그의 신앙심의 간절히 이루고 싶은 삶의 문제를 환자라는 소제목에서 언급한다. 시를 통하여 환자가 아니게까지 시화한다.

시의 위대함은 언어를 절약한다. 그리고는 비유를 통하여 시의 주제가 드러난다. 환자라는 시어를 통하여 정상적이지 않는 사실을 기정화하고 이 현실 앞에서 시만이 지닐 수 있는 상상의 원대한 인류의 소원을 환자가 아닌 정상으로 옮겨 놓고자 한다. 이 사실은 사람 이상, 그리고 하나님의 일을 사역한 예수 십자가 사건으로 까지 확대화 한다.

시를 통한 시인의 꿈은 오감도라는 제목이 보여주는 양자역학의 조화 오감도^{烏瞰圖}의 반드시 오감도^{烏瞰} 오^{烏}가 있으면 반드시 감^{瞰}이 있는 진리를 내세운다. 이 진리를 누구도 거역하거나 부정할 수 없는 양자역학 원리이다.

(2). 거꾸로 숫자 상승의 리듬

알리고자 하는 매시지는 초월기능 발휘이다. 영ㅇ靈의 역사 기능으로 바로 설 수 있음을 알린다. •의 사선에서의 연속적인 각 거꾸로 숫자마다 행을 달리 하면서 사이에 있었던 이유로 변화과정을 거쳤던 결과이다.

드디어는 '진단診斷 0 · 1'의 수학연산자가 사용된다. 거꾸로 e의 11회에 이어 ㅇ이 11회 사용된다. 영 ㅇ靈이 왔다. 인간의 힘이 아닌 뜻을 전달한다. 그 이유는 이 때의 ㅇ靈과 숫자 0은 엄연히 다른 표시를 이상은 알리고 있어서이다. ㅇ靈은 숫자 0이 아니다. 0은 '진단診斷 0 · 1' 일 때 사용된다. 0 다음이어야 1이 올 수 있는 것을 알리는 수학연산자 부호 •이 0과 1사이에 있어서이다. 질서정연한 진리이다.

이상 시 시제 4호안에 거꾸로 된 숫자와 전연 다른 바로 선 1이 있다. 이 과정이 되기까지는 같은 거꾸로 된 숫자 사이에 2회 리듬

•

•

의 방법을 통해서 초월기능까지 간다. 이 방법을 계속 사용하면서 '진단診斷 0 · 1' 의 정상수가 온다.

2. 거꾸로 된 같은 숫자 위치

거꾸로 ꖀꖀꖀꖀꖀꖀꖀꖀ●
                    ● ꖀ   ꖀ   1의 11회

거꾸로 ՏՏՏՏՏՏՏՏ●
                 ● ՏՏ   22   2의 11회

거꾸로 ԑԑԑԑԑԑԑԑ●
                 ● ԑԑԑ   333   3의 11회

거꾸로 ㆆㆆㆆㆆㆆㆆㆆ●
              ● ㆆㆆㆆㆆ   4444   4의 11회

거꾸로 ᘔᘔᘔᘔᘔᘔᘔ●
            ● ᘔᘔᘔᘔᘔ   55555   5의 11회

거꾸로 ҩҩҩҩҩ●
          ● ҩҩҩҩҩҩ   666666   6의 11회

거꾸로 ˄˄˄˄●
        ● ˄˄˄˄˄˄˄   7777777   7의 11회

거꾸로 8 8 8 ●
      ● 8 8 8 8 8 8 8 8   8의 11회

거꾸로 ℮ ℮ ●
     ● ℮ ℮ ℮ ℮ ℮ ℮ ℮ ℮ ℮   9의 11회

거꾸로 Ο ●
   ● Ο Ο Ο Ο Ο Ο Ο Ο Ο Ο   0의 11회

거꾸로 된 숫자 11회는 쓰이는 위치가 사선모양에 놓인 두 개의 ●이 행을 달리하는 과정을 거치면서 같은 수 행렬이다.

1). 11회를 만들기 위한 ●

지속되는 같은 숫자는 동일하게 11회를 이룬다. 거꾸로 된 수 ɪ에서 ℮까지 각기 11회를 이룬다. 이 과정은 필히 사선 사이에서 ● 두 개의 표시를 통해 초월기능 ○ 까지 11회를 유지한다.

이 거꾸로 된 숫자가 이어지는 ● 표시의 시제 4호는 숫자 진행을 위한 11회를 만들기 위하여 반드시 거꾸로 된 같은 숫자 사이에 ●을 둔다.

이 리듬은 다음과 같다.

```
거꾸로 ɪɪɪɪɪɪɪɪɪɪ●
거꾸로 ƨƨƨƨƨƨƨƨƨ●ɪ
거꾸로 ƹƹƹƹƹƹƹƹ●ƨƨ
거꾸로 ߈߈߈߈߈߈߈●ƹƹƹ
거꾸로 ꙅꙅꙅꙅꙅꙅ●߈߈߈߈
거꾸로 ୧୧୧୧୧●ꙅꙅꙅꙅꙅ
거꾸로 ϽϽϽϽ●୧୧୧୧୧୧
거꾸로 ଃଃଃ●ϽϽϽϽϽϽϽ
거꾸로 ℮℮●ଃଃଃଃଃଃଃଃ
거꾸로 ○●℮℮℮℮℮℮℮℮℮
           ●○○○○○○○○○○
```

이 거꾸로 된 숫자는 반드시 거꾸로 된 숫자 뒤에 ●을 두고 같은 거꾸로 된 숫자를 다음 행에서 다시 앞에 ●을 두어

11회를 사선 방향을 유지하며 ○●○○○○○○○○○으로 한다.

●
●1
●22
●333
●4444
●55555
●666666
●7777777
●88888888
●999999999
●0000000000

반원 2회 좌우모임 ○앞에 ●이 있다. 이 때 회수는 10회이다. 10은 완전수로 이상은 그의 날자 기록처럼 보이는 절대자를 표시한 "26 · 10 · 1931" 에 10이 있게 하였다. 가운데 점 · 의미는 좌우의 의미 모두 같다. 거꾸로가 해결된다. 영靈의 문제이다. 해결된다는 의사를 표시한다.

따라서 결정적인 시제 4호 시의 긴장이 해소된다. 먼저 치유기능 ●이 있다. 오감도 시제 4호는 11회 리듬을 ● 사이에 두고 이루어진다. 그리고 다음 줄 곧 행 앞에 세워진다. 따라서 부각되는 이상의 의사 표시는 거꾸로 된 숫자의 중요성보다도 사선방향 위치의 ●이다.

거꾸로 된 숫자는 반드시 사선 방향에서 ●

● 두 개를 처음은

마방진시학   567

뒤에 두고 다음 행에서 앞에 두어 두 행에서 같은 거꾸로 된 숫자가 11회로 마무리 된다. 뒤와 앞에서 11자를 이루는 리듬법칙이다.

처음 •은 ㄱㄱㄱㄱㄱㄱㄱㄱㄱㄱㄱ의 끝에서 •으로 시작된다.

   ㄱㄱㄱㄱㄱㄱㄱㄱㄱㄱㄱ•
       • ㄱ 거꾸로 ㄱ의 11회 조건은 두 개의 점을 넘는다.
   222222222•
       • 22 거꾸로 2의 11회 조건은 두 개의 점을 넘는다.
   333333333•
       • 333 거꾸로 3의 11회 조건은 두 개의 점을 넘는다.
   4444444•
       • 4444 거꾸로 4의 11회 조건은 두 개의 점을 넘는다.
   555555•
       • 55555 거꾸로 5의 11회 조건은 두 개의 점을 넘는다.
   66666•
       • 666666 거꾸로 6의 11회 조건은 두 개의 점을 넘는다.
   7777•
       • 7777777 거꾸로 7의 11회 조건은 두 개의 점을 넘는다.
   888•
       • 88888888 거꾸로 8의 11회 조건은 두 개의 점을 넘는다.
   99•
       • 999999999 거꾸로 9의 11회 조건은 두 개의 점을 넘는다.
   0•
       • 0000000000 거꾸로 0의 11회 조건은 두 개의 점을 넘는다.

두 개의 •이 그 기능을 발휘한다. 이 2회 리듬

     •
    •

의 방법 11회를 통해서 바로 섬1)의 기능을 ●○○○○○○○ ○○○ 거꾸로 ○의 11회 조건으로 한다.

숫자 11은 자리 수2)이다. 11은 바로 섬 자리의 시적 은유 사람의 바로 섬 두 발 기호화다. 바로 선 고조선을 찾는다.

『조선왕조실록』『세종실록』『단군고기』에 "단군지리구국檀君之理九國" 이다. 단군이 나라를 세우고 이름을 조선이라 하였다. 구국九國고은 조선·시라·고례·남옥저·북옥저·동부여·북부여·예·맥3)이다. 이 시대에 「천부경」이 있었다. 천부경에 하나 일 一 숫자가 나온다. '하나' 一曰哈那4)이다. 이에 최대의 존경어 님이 함께 하나님이다.

우리에게 분명 단군조선은 있었다. 삼국유사 제1권에 조선지유민분위칠십여국개지방백리朝鮮之遺民分爲七十餘國皆地方百里 『통전通典』에 말하기5)를 조선의 유민이 나뉘어 70여국이 되었는데 지방이 백리6)다. 사람에 대한 모습을 큰 대大 자에 한 획을 더하여 사람의 머리가 바로 된 천=天 하늘 섬김이다.

---

1) [인류학토크제 8회] '음양오행과 천지인, 하도낙서' 박정진 문화인류학 박사.
2) 영남대 대학원 문화인류학 박사.『단군은 이렇게 말했다』마로니에 방송
3) 심백강 l 고조선이 실존했던 나라라는 수많은 사료적 증거 l 일제 역사왜곡의 핵심 l 한민족의 뿌리 단군을 없애라 l STB상생방송.
4) 진태하,『鷄林類事硏究』, 1974』(서울 광문사)., 274.
5) STB스페셜17회 교과서에서 배우지 못한 우리역사 심백강.
6) 당나라 학자 두우杜佑가 BC 801년에 완성 삼국유사는 1281-1287.

2). 반원 둘 모임 ○靈

　반원 둘 모임이 ○靈이다. 2회의 기능 곧 반원 둘 모임 ○靈은 예수와 크리스트의 시적 암호이다. 하나님과 예수님 두 분마 1:21이 한 분이 되는 진리는 수학연산자 '진단診斷 0•1'로 이상시 시제 4호에서 확인된다. 이 확인을 이상李箱시인은 '이상 책임의사 이 상以上 責任醫師 李　箱'이라고 적었다. 이름과 성 사이 띄어쓰기로 하여 2회 리듬을 강조한다. 2회 리듬은 하나님과과 예수마 1:21가 한 분임을 알린다.

　절대자가 전하는 매시지는 일어나래! 이다. 시제 4호의 '진단診斷 0•1'은 0 다음에 1이 오는 질서이다. 1은 신의 수이다. 거꾸로 된 수 11회의 반복으로 인체 다리의 기호수로 하여 죽지 말고 일어나라 걸어가래! 살아래! 의미를 시인은 시의 기법 은유로 신이 명하는 질서로 설명하고 있다. 이 질서는 '진단診斷 0•1'에 이른다. 바로 선 수의 질서정연성이 올 수 있다는 증거수이다. '진단診斷 0•1'은 0과 1이다. 그 사이에 수학연상자 '진단診斷 0•1'의 •이 있다. 이러한 수학연산자의 매시지는 질서를 지켜라 그 질서는 영이 개입하여서야 이루어진다는 암시이다. 이 질서정연성은 0•1이다.

　숫자들 지금까지의 네모 모형안의 거꾸로 된 글자 마지막에 오는 ○이 있다. 네모모양 글자박스 마지막 첫줄에 있는 ○이 있다. 바로 그 옆에 •이 있다. 유추가 가능한 것은 뚜렷한 구별 ο과 숫자 0과는 의미가 다름을 이 거꾸로 문장이 끝나면서 곧 '진단^{診斷} 0•1'이 제시된 것이다. 숫자 0은 바로 되거나 혹은 좌우로 되거나 혹은 거꾸로 되거나 관계없이 그 형체를 0으로 한다. 이상 시인은 신령한 이미지의 ο^{靈}과 숫자 0을 구별한다.

ο은 이상 시인의 의도표시이다. •eeeeeeeee 거꾸로 e의 11회 조건은 두 개의 점 을 넘는다.

　　　　Ο•
　　•ΟΟΟΟΟΟΟΟΟΟ 거꾸로 ο의 11회 조건은 두 개의 점 을 넘는다.

시가 지닌 애매 모호성을 살려 이상은 거꾸로 e 다음에 오는 시인의 구원 메시지 ο의 가치를 높였다. 이제까지의 질서의 정연성과는 다른 절대자가 준 선물이 ο^{靈}이다. 이상은 시를 통해 신이 치유해준 결과를 ο^{靈}으로 한다. 신에 대한 관심은 이상시인이 친우 정지용으로부터 기독교사상을 공유했다. 그리고 백부의 집에서 성장하는 가운데 백부가 데리고 온 백모로부터 한국고유의 영^{靈}인식을 소유함으로 하여 이상은 시의 원동력을 얻고 있다. 이상은 실제의 절박한 몸을 영^{靈}의 시로 치유한다. 그리고는 아주 편안하게 공식 인식의 시제 4호에서 ο의 ΟΟΟΟΟΟΟΟΟ 10회와 ο 1회와 합하여 총 11회로 한다. 병이 나았으니 두발로 일어서라! 한다.

(1). 진단 0 · 1

● 으로 나아가는 초월기능은 그대로 적용된 자연스러운 세계 질서의 수 '진단診斷 0 · 1' 이 있다. 이 기능은 이제까지 계속 진행해온 각 수자의 회수가 의미 수 11 일어나라! 수가 함유되어 있다. 영이 알려주는 일은 이미 예고되어 있음을 거꾸로 숫자가 매번마다 11로 미리 알리고 있다. 일어나라 두 발로 걸어라!!를 미리 알려주었던 그 일어나라! 이다. 성령의 역사는 항상 예표가 있다. 수치 값 계산이 아닌 1이 하나 더 놓여진, 11회이다. 이 하나 더한 하나님에 예수님이 더해지는 2회 리듬은 성경리듬이다.

'진단診斷 0 · 1' 이 전하는 진단은 바로 섬 직립시적기호이다. 신이 전해주는 매시지는 바로 섬이다. 그래야 사람이 살 수 있는 진리가 있다. 거꾸로 된 숫자가 바른 숫자가 되도록 끈질기게 생성시킨 시인의 매시지는 '진단診斷 0•1' 이다. 수학연산자표시가 증명한다. 정수 0에서 정수 1로 나아가는 당연성을 두 발로 일어나 걸어가라! 의미기호로 전환한다. 명령한다. 움직이지 않는 0에서 다음 수 1로 바로 섬이다. 이 1의 하나 더 붙음 사람의 바로 선 모습이다. 일어나라! 바로 서라! 걸어라!

이상의 시제 4호의 2회 리듬은 11회 제시다. 거꾸로를 바로 세우는 일은 하나님의 선물이다. 바로 섬에서 그치지 않고 진행 곧 일어나 걷는 일이다. 거꾸로 된 숫자가 아무리 상승하더라도 절대자 ○^{靈}에 의해 치유된다. 결정 결단은 '진단^{診斷} 0•1'의 이상의 사역기록에서 전해진다.

실제 오감도 시제 4호는 계속 앞으로 진전 이동 등식이다.

거꾸로 1에서 거꾸로 2로 나아가고
거꾸로 2에서 거꾸로 3으로 나아가고
거꾸로 3에서 거꾸로 4로 나아가고
거꾸로 4에서 거꾸로 5로 나아가고
거꾸로 5에서 거꾸로 6으로 나아가고
거꾸로 6에서 거꾸로 7로 나아가고
거꾸로 7에서 거꾸로 8로 나아가고
거꾸로 8에서 거꾸로 9로 나아가고
거꾸로 9에서 0으로 나아가고

이 표시는 다시 •을 넘으며 반복된다.

거꾸로 1에서 거꾸로 2로 나아가고
거꾸로 2에서 거꾸로 3으로 나아가고
거꾸로 3에서 거꾸로 4로 나아가고
거꾸로 4에서 거꾸로 5로 나아가고
거꾸로 5에서 거꾸로 6으로 나아가고
거꾸로 6에서 거꾸로 7로 나아가고
거꾸로 7에서 거꾸로 8로 나아가고
거꾸로 8에서 거꾸로 9로 나아가고
거꾸로 9에서 0으로 나아가고

(2). 거꾸로 숫자와 거꾸로 되지 않은 초월기능

이제까지의 숫자 표시로만 알려진 시제 4호의 마지막 글자 o의 기능은 숫자와는 관련 없는 초월 기능표시다. 흔히들 시제 4호를 숫자 표시로 된 기능으로 보아 숫자 기능 표시 0으로 된 것이다. 이상 시 시제 4호기 표시하는 o 초월 기능은 즉 사선모형을 이루는 • 두 개의 초월 2회 리듬이 오면서 o이 결정되는 시제 4호이다.

이상 시에서의 중요 포인트는 거꾸로 숫자가 아니다. 거꾸로 숫자보다 더 중요한 o이 있다. 얼핏 보기에는 거꾸로 숫자 마지막의 o을 0으로 오인하기 쉽다. 그러나 분명하게 이상시 시제 4호가 제시하는 숫자 도표는 0과 o을 구분한다.

o은 숫자와는 관련 없는 초월 기능이다. 거꾸로나 혹은 거꾸로가 아니거나와 관계없는 지시기호 o는 초월기능이다. 때문에 위의 시 4각형 도형 마지막을 보면 o 초월기능 이어서 '진단^{診斷} 0•1'이 나오는 이유이다. 시인은 초월기능을 마지막으로 바로 '진단^{診斷} 0•1'을 알린다. 거꾸로 숫자의 두 개의 점 넘기의 충분조건은 2회 리듬이다. 초월기능은 예수님의 손 요드 ,^{요드}로 표시한다. 이 요드 기능의 원 뿌리는 숨쉼 ה^{헤} 숨쉼1)이다. 의미는 바람 영^{靈} 루아흐이다.

---

1) 한사무엘, 히브리어 무료강좌-15 '페-눈 동사라멧-헤동사. 「라멛(ל) - 헤(ה)동사: 칼 완료형」 인터넷 동영상.

생명1)을 주신 분의 바람인 하나님 신2)을 잡고 우리는 살아간다. 성경에 우리라는 말이 있다. '우리루' 라 하는데 이 때 루는 성경 문법상 복수이다. 다함께 살아가는 문법이다. 성경문법도 여성특유의 '우리루' 라는 예쁜 발음을 한다. 삶을 잘 살아가기를 원하는 우리이다. 소망사가 붙는다. 생명3)이 주어짐에 우리는 호흡4)하며 살아간다. 시제 4호의 사람이 살아났다. 결과는 '진단 0•1' 이다. 이제까지의 쭈욱 거꾸로의 숫자들을 매 회 매 번마다 11회 11모습 두 발로 걸어가라 명령한 결과이다.

유한한 삶의 사람들이 추구하는 바의 바로 서서 걷는 모습은 어쩌면 불가능한 인간의 삶의 일생이야기다. 그러나 이야기로 끝날지라도 그 지향하는 바의 희망사항은 신이 바라는 바이다. 신만이 바로 설 수 있는 자리이다. 히브리어 숫자가 제시하는 9의 자리가 히브리어로 됐어 하듯이 어느 정도는 허락된 자리이다. 조금 더 바람직한 바는 이상시가 주장하는 변화의 자리이다.

---

1) נֶפֶשׁ הַיָּה(네페쉬 하야 · 생명, 창 1: 30).
2) רוּחַ(루아흐, 신, 창 1: 2).
3) 전 8: 8.
4) 창 7: 22.

Ⅱ. 0・1

1. 수학연산자

1). 수학정수

(1). 정수

0•1의 0은 정수이다. 0•1의 •은 수학연산자이다. 이 다음에 1이 있다. 진행 곧 이동표시이다. 순서는 ο → 0 → • → 1의 순서이다. 영=ο[1]=영靈 → 숫자=0=정수 → 수학연산자 • → 1이다. 영=ο[2]=영靈에 대하여는 사전상 英 永 嶺 營 榮 泳 映 瑛 迎 暎 零 領 令 슈 寧 등의 140개의 옥편 제시 중 영靈=ο이 선택된다. 병의 완치는 초월기능에서 알린다.

이상 시 시제 4호 전체에서 '진단診斷 0•1' 은 거꾸로 숫자

---

[1] 참조:Wall, R • 이영현옮김, 『수리 언어학』 서울: 한신문화, 1987. •
 • 인도에서 등장한 아홉 개의 숫자와 특별한 기호 0은 수를 셀 때가 아니라 수를 쓰고 계산할 때 필요한 숫자 그 예: 인도-아라비아 수 '10322' 을 고대 이집트 숫자로 표시: 이광연 한세대학교 수학과 교수 gylee07@hanmail.net.

[2] 참조:Wall, R • 이영현옮김, 『수리 언어학』 서울: 한신문화, 1987. •
 • 인도에서 등장한 아홉 개의 숫자와 특별한 기호 0은 수를 셀 때가 아니라 수를 쓰고 계산할 때 필요한 숫자 그 예: 인도-아라비아 수 '10322' 을 고대 이집트 숫자로 표시: 이광연 한세대학교 수학과 교수 gylee07@hanmail.net.

가 아니다. 정수이다. 이 정수의 다음 차례는 수학연산자 •
다음에 1이 있다. 정수 0과 1이 가운데의 수학연산자를 사이
로 놓인 '진단診斷 0 •1' 이다. 양자역학수이다. 이처럼 •의
초월기능을 11회 반복하고 나타난 ○ → 0 → • → 1의 질서이
다. '診斷 0•1' 이다. 소수 글자 0.1이 아니다. '진단診斷 0•
1' 이다. 숫자 0 다음에 1이다. 자연 질서다.

　시제 4호에 정수 1이 존재한다. 1이 존재하는 시제 4호를
통해 이상 시인이 알리고자 하는 매시지는 바로 된 1을 알리
는데 있다. 그대로 바로 선 1이다.

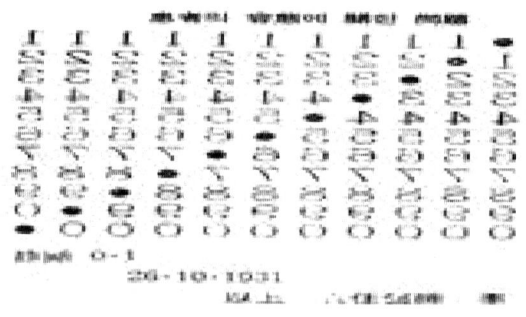

　글자그대로 '바로 서' ! 매시지이다. 바로 서라! ○ 영靈이
명령한다. 거꾸로 수와는 거리가 먼 차원의 좌절과 병마와
어려움에서 일어나라 명령! 이상의 오감도 시제 4호의 1이다.
이상은 '진단診斷 0•1' 시의 바로 서! 매시지가 오기까지 긴

길이의 절차를 시 제목 '환자의 용태에 관한 문제' 로 했다. 정수로서의 1 전까지의 긴 여정이다. 그러나 거꾸로 숫자이어도 일괄백계로 11회 반복이다.

```
거꾸로  Ɩ이 11회  누계 11
거꾸로  ᘔ가 11회  누계 22
거꾸로  ᘓ가 11회  누계 33
거꾸로  ᔭ가 11회  누계 44
거꾸로  ᘔ가 11회  누계 55
거꾸로  ә이 11회  누계 66
거꾸로  ㄷ이 11회  누계 77
거꾸로  8이 11회  누계 88
거꾸로  ә가 11회  누계 99   총 99회

      O이 11회 누계  110   총 110회[1]
```

이상은 그의 시제 4호에서 거꾸로 된 각 숫자를 11회 반복하여 총 110회로 한다. 성경의 요셉은 이스라엘 땅에서 110세[창 50:26] 여호수아도 110세[수 2:8] 까지 살았다. 왜 이상은 이토록 11회의 반복리듬을 중요시하는 것일까! 그것은 사람은 걸어서 움직이어야 살아감을 하늘의 이치로 하기 때문이다. 기호 표시가 알리는 몸 시학 이다. 두 발로 걸어라!

  이상의 시는 진행원리를 알린다. 그 동안의 거꾸로의 수학 수를 전부 11회 리듬으로 바꾸고 가운데 수나 점이나 그리고

---

1) 여호수아는 110(수 2:8)세에 죽었다. 요셉은 이스라엘 땅에서 110세에 죽었다(창 50:26).

정수 0은 도형 안에 사용하지 않음으로써 시에서 바로 서기까지의 진행을 알린다. 그토록 기인 고통 환자의 용태의 수 거꾸로 수 99회를 기록하면서 바로 섬에 도달한다. '진단診斷 0 · 1'의 진단은 99까지 하여 인간이 이 세상에서 살다가 99세 다음에 오는 100세 이미지로 한다. 죽지 아니하고 하나님의 명령으로 영원히 살 수 있는 희망으로 한다.

드디어 1에서 2로 그리고 3에 이어 계속 나아가는 의미를 알린다. 이 기적은 절대자의 힘으로만 가능함을 이 시는 내포한다. 그 예시를 이상은 시제 5호에서 도형표시 네모의 모서리들을 열어 화살 표시로 두었다. 연작기능표시로. 그 모서리들이 열려 있다. 그리고 네모 모서리를 살짝 열어 꽉 막힌 네모 안에서 숨 쉴 수 있고 살아나갈 수 있음 예시다.

그 증거로 '진단診斷 0•1'이 제시됐다. 0 정수는 네모 안에 들어 있지 않다. 시의 수 밖에서 신의 수 '진단診斷 0•1'로 하여 인간의 영원히 살 수 있음을 수학연산자의 진행과정을 암시함으로써 1…………로 알린다. 이 표시는 이상시 오감도 시제 3호에서 직접 그 무한성 …………로 표시하였었다. 따라서 이상 시에서의 주제는 환자가 병의 완치되었음을 알릴뿐만 아니라 영원히 살 수 있는 방법을 제시한다.

(2). 영靈 문제

시제 4호는 영靈 문제를 논의 시이다. 성경은 물위에 여호와의 소리가 있다하였다. ㅇ 영靈을 성경은 수면위에 바람靈 창 1:2이라 한다. 신령한 영 ㅇ靈이다. 수면위에 영이 움직인다. 성경은 물 위에 하나님의 영이 있다 하였다. 예수님이 물 위를 걸으셨다. 하나님의 신이 물 위에 운행1)하신다.

① 하나님의 영은 수면위에 운행하시니라(창 1:2)

עַל־פְּנֵי הַמָּיִם   מְרַחֶפֶת   אֱלֹהִים   וְרוּחַ
수   면 -에   운행하시니라 하나님의 신은
하마임 페네 -알   미라헤페트   엘로힘   베루아흐
D.NMD NMP -NMP   VPPAFS   NMP   C.NFSG
(관명남쌍 명남복 -명남복 피엘동능동여 명남복 접명여단소)

② 영광의 하나님이 뇌성을 발하시니 여호와는 많은 물 위에 계시도다(시 29:3)

כּוֹל יְהוָה עַל־הַמָּיִם אֵל־הַכָּבוֹד הִרְעִים יְהוָה עַל מַיִם רַבִּים
많은 물 위에 계시도다 여호와는 뇌성을 발하시니 영광의 하나님이 물 위에 있도다 여호와의 소리가
NMD P NE NMSG   D.NMSG NMSG D.NMD P NE NMSG
(명남쌍 전 명 3명남단소 관 남명삼소 명남단소 관명남쌍 명 명남단소)

위의 ①. ②.의 예에서 ①.의 동사 מְרַחֶפֶת 매라헤페트 · 운행하시니라가 여성형의 피엘능동분사 즉 동사성분을 띈 형용사 이다. 알을 품고 있다. 물에 영이 있다. 알이 있다. 그런데 물의 의미는

---

1) Daniel Delas et Jacques Filliolet, 『*Lingistique et Poétique*: 언어학과 시학』, 유재석, 유재호 옮김 (서울: 인동, 1985), 101.

정액이다. 알이다. 알과 손과의 관계는 비유 언어이다. 물 가운데의 하나님의 손·예수님의 손이 있다. ②의 물 2회는 하나님과 예수님이 함께 역사하시어서 기적이 일어난 역사다. 말씀대로 예수님에게서 이루어지는 하나님의 초월성이다. 영의 힘이다. 물의 이동이 있는 곳에 말씀이 있다. 물은 바람에 의해서 움직인다. 성서 대부분 동사가 한 문장 중 처음에 쓰이어 동사 곧 움직이나 명령으로 일관한다. 영의 바람 이동이다. 영의 움직임이다. 성서의 물은 윗물과 아랫물이 있다. 물 쌍수는 두 개의 물이다. 문법은 히필능동분사형접두어 VHPA이다.

방법은 하나님의 오른 손이 역사하시어서이다. 우리가 먹을 수 있는 물은 그 분의 오른 손이 움직이어서 하늘로 올려진 물이다. 여기에 성령의 물이 있다. 성서는 이 성령의 물을 루아흐 הוּחַ 루아흐로 한다. 일명 바람으로 번역되어 진다. 이 영의 물은 그 흔적으로 이상 시 시제 4호에서 o 영靈으로 oo oooooooo 11회 반복이다. 영이 움직임은 살아 있는 증표다.

헤 ה헤 즉 여호와와 예수의 글자 앞에 놓이는 요드, 요드와의 관련성이다. 숨 쉬는 의미 ה헤[1]는 그 원어가 하나님의

---

1) 한사무엘, 히브리어 무료강좌-15 '페-눈 동사라멧-헤동사. 「라멛(ל) - 헤(ה)동사: 칼 완료형」.

손 의미글자 요드 ,요드로 증명되는데서이다. 그분의 손에 의해 숨 쉬어 살아서 일어난다. 하나님에 손에 의해서이다. 이 손 역할은 그의 아들 예수그리스도의 힘에서이다.

사람의 몸이 음식을 먹고 살아가는 일도 기적이다. 몸 안에서 제각기 역할을 맡아하는 일 자체가 신의 힘이다. 신의 힘은 사랑을 전해준다. 사랑받고 있어서 살아난다. 그리하여 몸에서 엔돌핀이 일어난다. 사랑받고 있지 않으면 위장에서 채하여 음식이 목구멍으로 넘어가지 아니한다. 이토록 확실한 음식 먹기는 바로 사랑을 먹는 행위이다. 내가 음식을 먹는 것이 아니라 그 분이 사랑을 먹여주기에 내가 사랑을 먹는 일이다.

하나님은 모든 사람에게 영 받기를 원하신[1]다. 진영 안에

---

[1] 여호와께서 모세에게 이르시되 이스라엘 노인 중에 내가 알기로 백성의 장로와 지도자가 될 만한 자 칠십명을 모아 내게 데리고 와 회막에 이르러 거기서 너와 함께 서게하라 내가 강림하여 거기서 너와 말하고 네게 임한 영을 그들에게도 임하게 하리니 그들이 너와 함께 백성의 짐을 담당하고 너 혼자 담당하지 아니하리라 또 백성에게 이르기를 너희의 몸을 거룩히 하여 내일 고기 먹기를 기다리라 너희가 울며 이르기를 누가 우리에게 고기를 주어 먹게 하랴 애굽에 있을 때가 우리에게 좋았다 하는 말이 여호와께 들렸으므로 여호와께서 너희에게 고기를 주어 먹게 하실 것이라 이틀이나 닷새나 열흘이나 스무날만 먹을 뿐 아니라 냄새도 싫어 하기까지 한 달 동안 먹게 하시리니 이는 너희가 너희 중에 계시는 여호와를 멸시하고 그 앞에서 울며 이르기를 우리가 어찌하여 애굽에서 나왔던가 함이라 하라 모세가 이르되 나와 함께 있는 이 백성의 보행자가 욕심만 명이온데 주의 말씀이 한 달 동안 고기를 주어 먹게 하겠" 다 하시오니 그들을 위하여 양떼와 소떼를 잡은 들 족하오며 바다의 모든 고기를 모은들 족하하오리이까 여호와께서 모세에게 이르시되 여호와의 손

있는 두 사람에게도 주신다. 특징은 향기 바람[1]이 인다. 하나님의 손의 옳으심과 완전을 의미하는 손[2]이 합하여져서 된 지혜=딩훼[3]이다. 여리고 성 곧 달 향기로도 여호와께서 좋아하시는 향기[4]로 한다. 하나님을 만족시키는 향기[5]이다. 하나님께 제물 바칠 때 향기바람[6]이 있다.

여호와=יהוה(여호와[7])의 헤 ה(헤[8])의 숨구멍이 있는 삶의 의미이다. 향기 바람=루아흐=רוח=רוח(루아흐[9])는 하나님이 하나님의 백성에게 숨 쉬게 하여 주실 때 나는 향기다. 바람=루아흐=רוח=רוח(루아흐[10])는 하나님의 신이 수면에 운행하신 곳 하나님이 계

> 이 짧으냐 내가 이제 내 말이 네게 응하는 여부를 보리라 모세가 나가서 여호와의 말씀을 백성에게 알리고 백성이 잘로 칠십인을 모아 장막에 둘러 세우매 여호와께서 구름 가운데 강림하사 모세에게 말씀하시고 그에게 임한 영을 칠십장로에게도 임하게 하시니 영이 임하신 떼에 그들이 예언을 하다가 다시는 하지 아니하였더라 그 기명된 자 둘 중 엘닷이라 하는 자와 매닷이라 하는 자 두 사람이 진영에 머물고 장막에 나아가지 아니하였으니 그들에게도 영이 임 하였으므로 진영에서 예언한지라 한 소년이 달려와서 모세에게 전하여 이르되 엘닷과 매닷이 진중에서 예언 하나이다 하매 택한 자 중 한 사람 곧 모세를 섬기는 눈의 아들 여호수아가 말하여 이르되 내 주 모세여 그들을 알리소서 모세가 그에게 이르되 네가 나를 두고 시기하느냐 여호와께서 그의 영을 그의 모든 백성에게 주사 다 선지자가 되게 하시기를 원하노라 민 11:16-29.

1) רוח(루아흐 · 향기).
2) י(요드).
3) 잠 8:22~31; 욥 28:1~11, 1219, 20~28.
4) ריח(레아흐 · 향기).
5) ריח(레아흐 · 향기:창 8:21; 출 29:15; 레 1:9).
6) רוח(루아흐 · 바람).
7) יהוה(여호와).
8) ה(헤).
9) רוח(루아흐 · 바람).

심이다. 예수가 숨 쉬는 "이 말씀을 하시고 저희를 향하사 숨을 내쉬며 가라사대 성령을 받으라" 요 20:22 이 때의 숨은 성령을 받는 ἐνεφύσησειν he breathed=Λάβετε πνεύμβ ἄγον Receive Spirit Holy일이다.

바람은 가장 가깝게 성서의 여호와יהוה;여호와 흐 숨소리 바람 소리 생명소리! 공기 이동이다. 사람이 숨 쉬는 소리이다. 코로 숨 들이쉬고 내 쉬는 숨소리 생명의 흔적을 이사야서는 '생명은 코에 있나니 즉 니 사마 배 앞에 נשׁמה באף느사마 베아프1)라 하였다. 너야 말로 너 배 앞이 들락날락하는 숨소리와 숨 쉬느라 벌름거리는 코를 알린다.

우리들은 바람이라는 말을 잘 쓴다. 성경은 바람의 ㅁ 미음자를 빼버린 '바라ברא바라 창조 creater 창 1:1라 했다. 성경 제일 처음이 '바라'로 시작한다. 이어 '베레쉬트בראשית베레시트 The first time 창 1:1로 이어진다. 맨 처음 바라셨다와 바라의 2회 연속이다. 하나님은 모든 생물에게 그리고 사람에게 생명이 숨 쉬기를 바라 살리기로 하셨다. 2회 리듬으로 예수를 알린다. 예수와 하나님이 하나임을 알린다. '물 위에 하나님의 영이 운행하신' 구체적인 방법은 생명을 위해 영·바람 루아흐 רח

---

10) רוח(루아흐:창 1:2, 창 3:8, 6:17; 출 10:13; 삼상 16:14; 렘 5:13).
1) נשׁמה(느솨마·호흡, NFS, breath, 사 2:22) באפו(브아포·코에 있나니, P.NMS.MZS, in the nostrils, 사 2:22).발음을 니사마라 한다. 우리말에 니 사마 잘 살거야같은 말이 있을 수 있다. 바로 사는 일이다. 바로 코로 숨 을 쉬기 때문이다.

ר루아흐1)를 물 위에 두셨다. 그 분 명령 말씀 따라 생명이 있게 하시었다.

세상에는 창조론과 진화론 학설이 있다. 창조론은 성서의 주장이고 후자 진화론의 역설이 증명된다. 이른바 진화론 이론은 계속 뒤로 물러가 원인을 찾아내는 바로 생물 아메바의 움직임이다. 움직임! 동적 이론의 최초 근원은 움직임·살아 있음·숨 쉼이다. 양자역학이 보여주는 물체의 움직임이다. 절대자의 능력은 대상을 숨 쉬게 하시었다. 숨 쉼의 물 향기가 있다. 물 위에 운행하시는 영 움직임이 살아있다.

사람 몸속에 70% 이상 물이 있다. 하나님은 깊은 수원에서 만들어 내시는 그의 물을 그의 백성에게 흡족히 마시우신2)다. 물이 마시게 로 발음된다. 하나님은 그의 백성들이 몰약과 꿀을 먹고 내 포도주와 내 젖을 마시게3) 되어 향기로움4)이 뿜어져 나오는 신부의 뺨이다. 히브리어 마시게는 물이다. 하나님말씀의 물을 마시는 자는 향기로운5) 꽃밭 같고 향기로운 풀 언덕 같게 하셨다. 인체는 심장 75%·혈액 94%·폐 85%·심장 75%·척추 99%·눈 95%·간 70%·콩팥 93%·적혈구 69~65%·피부 70%·두뇌 7~80%·근육 70~

---

1) רוח(루아흐 · 바람·영·신령, 창 1:2).
2) 시 78: 15.
3) 아 5: 1.
4) 아 8: 14.
5) הבשם(하보삼 · 향기로운, 아 5: 13).

80%·뼈 22%·치아 4%·혈액 75% ·뇌혈액 85%가 물로 이루어져 있다. 특히 생명을 유지하려 매일 2.5 1의 물을 먹어야 한다. 물1) 먹은 30초 후 혈액에 도달하고 1분후면 뇌조직과 생식기에 도달·10분후면 피구·20분 후면 심장·간·신장 각종 장기에 영향을 준다. 사람 체중에서 물이 1~2%만 빠져 나가도 갈증·5%가 빠져나가면 반 혼수상태·12%만 물이 없으면 사람은 죽는다. 역추적 하면 사람은 물 위에 떠 있다. 물 위에 영이 있다. 이 위에 하나님의 영이 있다. 몸속에 있는 물은 살아서 향기를 가진다. 움직인다. 늘 움직이는 물은 향기의 바람을 가진다. 하나님의 사람들은 몸에서 향기난다. 말에서 향기가 난다.

향기가 남과 향기가 나지 않음의 차이가 있다. 움직이는 동적 향기의 존재이거나 그렇지 않음이다. 성서의 화두는 생명문제이다. 이 생명문제는 영2) 이 생명문제는 ①냄새 예리훈 יְרִיחוֹ,예리훈 기본형 루아흐 רוּחַ 루아흐와 관련된다. 곧 향기로운 냄새를 맡을 수 있다. ②생명과 필수적인 관련은 물이다. 물이 글자를 바로 세워놓으면 말이다. 생명을 살리는 관계는 그 분의 말씀에 따르는 일이다. 그 분은 물 위에 운행하시었다. 물이 움직이지 않으면 향기가 나지 않는다. 바람도 바람

---

1) 욥 28: 25.
2) רוּחַ(루아흐 · 바람·영·신령, 창 1:2).

원리에 의해 갈 데까지 곧 끝까지 가서야 멈춘다. 곧 어디에 닿는다. 바람이 닿았다 תחת다았다1)이다. 바람이 밑에 닿았다 מתחת밑에 닿았다2). 바람을 가진 물이 닿아서3) 전하는 파라하 רח פ파라하4)! 라 전하라 명령사역이다. 시제 4호에서 계속하여 •에 부딪히면서 명령을 수행한 바람은 '...라고' 대상에서 전한다. 우리말 그대로 '...라고'이다. 오늘날 로고 신약성경명칭이다. 영의 영역을 전하는 로고스 바이블5)이 있다. 말하라고 전하는 자 앞에 그 분의 흔적 절대적 존재가 있다. 이상은 시로 절대자의 사역 치유의 사역을 담당했다.

치유능력을 성경의 물을 "washing in water" 6)로 표현된다. 물로 씻는 의식행위는 세례다. 구약에서의 물로 씻음 문제는 반드시 씻음 의식7) 행위가 있게 하였다. 몸을 씻는 일은 세례8)와 영= 바람= 루아흐와 밀접한 한 판의 판= 룰아흐 רוח=לוח?룰아흐 신 10:5가 있다. 그 분의 흔적이다. ל라메드 법칙이다.

---

1) תחת(타하트 · 산 아래, υπό, under 출 24:4, 32:19; 렘 3:6), (대신에 άτι instead of 창 4:25, 22:13, 30:15,; 출 21:16; 레 14:42; 삼하 19:13),
2) מתחת(미타하트 · 아래, ἥν υπυκάτω, were under 창 1:7) מתחת(미타하트 · 하, υπυκάτω, from under, 창 1:17).
3) תחת(타하트 · 산 아래, υπό, under 출 24:4, 32:19; 렘 3:6),
4) פרח(페라흐 · 꽃, 화초, 번성, פרחיה, 뭉 his flower, καὶ τα κρίνα 출 26:31,
5) 분해대조 로고스 성서 · The NIV LOGOS BIBLE The New Testament(서울:로고스, 1992).
6) Jonathan David. Lawrence, *Washing in Water*, 254.
7) ritual washing)과 순결의식(ritual purity).
8) Ibid, 32.

하나님의 목적이 드러난 목적 사역형 글자이다. 시제 4호에서는 ●로 매 글자마다 2회 반복 그 분의 흔적을 나타낸다. 한판= table= לוּחַ=לוּחַ의 ל라멧 …를 위하여= …를 위하여 할 때마다 죄는 씻어진다. 병은 나아간다. 그것은 씻기는 사역이다. ●이 11회 반복된다. 씻는 진행형이다. 성령 힘 영 o靈이 병이 나아가는 사역을 담당했다.

이상시 시제 4호에 '26 · 10 · 1931" 이다. 이 중 26은 여호와יהוה,여호와 수합이다. 5=ה + 6=ו + 5=ה + 10=י = 26이다. 이 26이 이상 시 시제 4호에서 여호와יהוה의 ה흐 숨쉼와 봐 ו봣와 관련된다. 예 י,예 예수님 손으로 예수 십자가의 못 박히심1)으로 까지 연계된다.

이상시 시제 4호에 거꾸로 되지 않은 26 · 10 · 1931이 있다. 하나님이 세상을 이기는 맞불작전의 십자가 예수님을 부각시킨다. 이 점화온도 기록은 세 번 같은 내용을 전하는 문구이다. 거룩한 연합의미를 지니는 에하드2) 글자 합이 13이다. 여호와 수치 26의 반인 13이다. 사랑을 실천하신 분의 숫자기호이다.

---

1) 최명애, 『알기 쉬운 성서 히브리어 기초와 그 의미』 (서울:쿰란출판사, 2006).
2) שְׁמַע | אֶחָד | יְהוָה יְהוָה אֱלֹהֵינוּ יִשְׂרָאֵל (쉐마아 이스라엘 엘로헤이누 여호와 | 에하드, 신 6:4).

2). 26 · 10 · 1931

(1). 26

이상시 시제 4호에 날자기록 26 · 10 · 1931이 있다. 첫 번째 기록 26은 여호와 구치 26이다, יְהוָה 여호와의 ה헤 수치 5 + ו바브 수치 6 + ה헤 수치 5 + י요드 10=26이다. 5=ה + 6=ו + 5=ה + 10=י = 26이다.

이상이 시 제 4호에서 사용한 26과 기독교철학과의 관련 가능성은 이상시인에게는 카도릭교에 다니던 절친 문우 정지용이 있었다. 사실 이상 시에는 거의 전부라고 할 수 있는 크리스토에 대한 기록이다. 특히 시들 경우 거의 전부이다. 많은 정도가 아니라 그가 전하는 매시지는 전적으로 신앙심의 투영이다. 사랑 아하바 아파아가 있다. 히브리말로 아하바이다. 우리말로 아파아이다. 사랑 아하바 אַהֲבָה 아파 아 2:4, 5 아파이다. 시편 23편의 중심 되는 주님=아타하 אַתָּה 아타하 אַתָּה 아타하1)는 이 언어 양쪽 26회째에 주님 자리 물2)이 하늘로 솟

---

1) רֹעִי(로이 · 나의 목사시니) יְהוָה(여호) דָּוִד(다윗의) מִזְמוֹר(미즈모르 · 시) 시편 23:1
אֶחְסָר(에흐사르 · 내가 부족함이) לֹא(로 · 없으이시리로다)
יַרְבִּיצֵנִי(야르비제니 · 그가 나를 누이시며) דֶּשֶׁא(데쉐아 · 푸른 초) בִּנְאוֹת(빈느오트 · 장에)시편 23:2
יְנַהֲלֵנִי(예나할레니 · 인도하시도다) מְנֻחוֹת(매누호트 · 쉴만한) מֵי(매 · 물) עַל(알 · 가로)
יְשׁוֹבֵב(야느헤니 · 인도하시는도다) יְשׁוֹבֵב(예소베브 · 소생시키시고) נַפְשִׁי(나프쉬 · 내 영혼을) 시편 23:3
שְׁמוֹ(쉐모 · 자기 이름) לְמַעַן(레마안 · 위하여) צֶדֶק(제데크 · 의) בְּמַעְגְּלֵי(베마으겔레 · 길로)
אֵלֵךְ(엘레호 · 내가 다닐지라도) שִׁלְחָן(슐루탄 · 상) לְפָנַי(레프네 · 내게) תַּעֲרֹךְ(타아로흐 · 주께서 베푸시고)
צַלְמָוֶת(잘르마베트 · 사망의 음침히) בְּנֵי(브네아골짜리로) כִּי־אַתָּה(키 엘레호 · 내가 다닐)(감 · 찌라)시 23:4
אַתָּה(아타 · 주께서) כִּי(키 · 때문에) רָע(라 · 해를) אִירָא(이라 · 두려워하지) לֹא(로 · 않을 것을)
מִשְׁעַנְתֶּךָ(미스아느테하 · 막대기가) וּמִשְׁעַנְתֶּךָ(쉬브아테하 · 주의 지팡이와) עִמָּדִי(임마디 · 나와 함께)

는1) 수직성2)이 있다. 하나님과 백성간의 고리 사랑을 나타 낸다. 우리 삶의 가치는 하나님의 손에 보호받는 백성3)의 삶4)의 나날5)이다. 사랑 받는 나날이다. 기독교는 모든 면에서 사랑으로 그 의미를 모두 담는다. 사람 목숨문제이다. "이스라엘아 들으라 우리 하나님 여호와는 오직 하나인 여호와시니6)" 다름 아닌 예수 그리스도이다. 일상의 삶을 살게 된 예수는 사람의 가장 소중한 생명 문제를 그의 목숨 희생으로 사랑을 나타낸다.

사실 26은 십일조 문제와 긴밀하다. 사랑실천의미 표시다. 11조는 하나님의 백성들을 인도하는 제사장의 몫으로 삶을

יְנַחֲמֻנִי(예나하무니 · 나를 안위하시나이다) הֵמָּה(헴마 · 그것들이)
שִׁבְטְךָ(수르탄 · 상올) וּמִשְׁעַנְתֶּךָ(레파나이 · 내게) תַּעֲרֹךְ(타아로흐 주께서 베푸시고) 시시편 23:5
שַׁמְנָה(바세멘 · 기름으로) דִּשַּׁנְתָּ(디스네타 · 바르셨으니) צֹרְרָי(조르라이 · 내원수의) נֶגֶד(내게드 · 목전에서)
רְוָיָה(레바야 · 넘치나이다) כּוֹסִי(코쉬 · 내 잔이) רֹאשִׁי(로쉬 · 내 머리에)
וָחֶסֶד(바헤세드 · 인자 하심이) טוֹב(토브 · 선하심패) אַךְ(아흐 · 정녕) 시편 23:6
חַיָּי(하야 · 나의 생에) יְמֵי(예매 · 날) כָּל(콜 · 평) יִרְדְּפוּנִי(이르데푸니 · 나를 따르리니)
יְהוָה(여호와 · 여호와) בְּבֵית(비베이트 · 집에) וְשַׁבְתִּי(베솨므티 · 내가 거기로다)
יָמִים(야밈 · 영) לְאֹרֶךְ(레오레흐 · 원히)

2) Gaston Bachelard, 『물과 꿈: L'equ et les Rêves』, 이가림 역(서울: 문예 출판사, 1998), 83. 김현, 『바슐라르 연구』(서울: 민음사, 1981), 53, 192~195.
1) 이영지, "물과 불의 시조 창작적 一例" 『새 국어 교육』제 52호(서울: 한국국어 교육 학회 `1996), 7~11.
2) 이영지, 『한국 시조 문학론』(서울: 양문각, 1994), 70~71.
3) יָמִים(얌임 · 여러날, 레 15: 25)과 머무는 날 יָמִים(얌임 · 날들, 민 9: 19, 20).
4) 베르그송 외, "지속의 관념," 『時間과 自由意志』, 정석해 역(서울: 삼성 출판사, 1976), 111~112.
5) יָמִים(얌임, 신 5: 33).
6) אֶחָד | יְהוָה אֱלֹהֵינוּ יְהוָה יִשְׂרָאֵל שְׁמַע(쉐마아 이스라엘 엘로헤이누 여호와 | 에하드, 신 6:4).

유지하라고 한다. 기업으로 주시기까지 하는1) 네 하나님 여호와가 총 26회가 쓰인다. 여호와 수치가 26의 반은 13이고 이 13은 그 분의 아드님 표시 숫자이다. 26은 십일조 문제와 긴밀하다. 사랑실천의미 표시다.

사랑실천을 어떻게 하였느냐는 여호와 히브리어 글자에서 차아진다. 십자가를 진 예수님 앞에 붙여졌던 이름표에서이다. יְהֹוָה 여호와가 해성처럼 나타나는데 바로 유대왕 나사렛 예수 יֵשׁוּעַ הַנָּצְרִי וּמֶלֶךְ הַיְּהוּדִים 예수아으 하나자렛 베멜라흐 하예후딤에서이다. 그의 몸 앞에 써 붙여진 이름표 앞 글자만 모으면 여호와 יְהֹוָה 여호와가 된다. "이스라엘아 들으라 우리 하나님 여호와는 오직 하나인 여호와시니" 2)에서 들으라의 히브리어 쉐마아의 아 ע 아와 문장 끝 자 에하드 ד 드를 한데 모아 된 거룩한 연합 에하드로 하여 아드님이 된다. 하나님과 예수 곧 여호와와 예수의 거룩한 연합이다. 하나님의 사랑하시는 아드עד 아드3)님이 되는 거룩한 연합이다.

---

1) 신명기 26장의 1절부터 드러나는 땅은 정관사 그 הַ(하·그)가.
2) אֶחָד | יְהוָה אֱלֹהֵינוּ יְהוָה יִשְׂרָאֵל שְׁמַע(쉐마아 이스라엘 엘로헤이누 여호와 | 에하드, 신 6:4).
3) עד(아드).

(2). 10

하나님의 힘을 야곱1)과 그 아들 요셉2)은 그들의 입으로 하나님의 일을 말하는 사역자들이다. 깊이 사랑하는 존재 이스라엘 아하브=יִשְׂרָאֵל אָהַב,이스라엘 아하브3)의 조건을 갖춘 서로 아파하는 사이이다. 배나 사랑받은 이스라엘4)이다. 이들 중에 멧돌 두개5)로 하나님 일 사역6)한 다윗이 있다.

완전사랑에 발 돋음 하는 이상시 시제 4호 26·10·1931에 10이 있다. 26·10·1931의 10은 히브리어 י,요드 손이다. 여호와 הָיָה여호와여호와의 앞 글자 ;여이다. 성경 많은 예에서 사용되면서 현재진행형의미다. 그 위력을 발휘한다. 지금도 역사하시는 하나님의 손 진행형 역사는 물바다에 있다. 물바다 얌밈=יָמִים=יָמִים,얌밈과 세월과 나날=얌임=יָמִים=יָמִים,얌임7)에서이다. 특이 현상이 있다. 바다8)도 물 두개 나날9)도 물 두개다.

모두 (4+0)+(1+0)+(4+0)+(1+0)=10 수치이다. 하나님의 손, 즉 예수님의 일하시는 손의 세월10)이다. 성경은 바다를 덮음같

---

1) יַעֲקֹב(야아코브., NE Jacob $I \alpha \kappa \omega \beta$, 창 37:1).
2) יוֹסֵף(요새프, Joseph, $I \omega \sigma \eta \phi$, 창 37:2).
3) וְיִשְׂרָאֵל אָהַב
4) וְיִשְׂרָאֵל(베이스라엘 , C.NE, Now Israael, $I \alpha \kappa \omega \beta \delta \varepsilon$, 창 37:3; 렘 10:16).
5)(사무엘 상 17장).
6) הָיָה(하야·되었다, 창 37:2).
7) יָמִים(얌임·나날, 세월).
8) יָמִים(얌밈·바다).
9) יָמִים(얌임·나날).
10) 창 4: 3, 47: 9.

이 여호와를 아는 지식이 세상에 충만할 것이라고 한다.

하도^{河圖} 안쪽의 수도 1+2+3+4=10인 요드 ,^{요드}이다. 세상을 다스리는 그리고 우리가 사는 온 날은 ㅁ^{멤} 수치 40 + ,^{요드} 수치 10 + ㅁ^{멤} 수치 40 + ,^{요드} 수치 10=100이다. 온 날이다.

오감도 시제 4호는 네모 형태의 수치를 총 99회를 사용하였다. 이로써 이상은 이 시를 통해 인간의 한계를 나타낸다. 그리고는 시에서의 o^{靈} 초월기능으로 하나님의 온전한 o의 초월기능으로 살아난다. 이 사랑 깊이를 이상은 그의 시 시제 4호에서 십분 활용하였다. 시인의 시 사역이다.

사랑 깊이에 대하여는 야곱의 딸 디나를 야곱이 사랑함을 봐예에하브=ביאהב בְיֶאֱהַב$^{봐예아하브1)}$라 하였다. 요나단이 다윗을 자기 생명같이 사랑할 때도 봐예아하파=באהבתו בְיֶאֱהַב$^{봐예아하브2)}$이다. 아파했다. 죽도록 사랑했다3) 죽도록 아파했다. 성경의 요한 사랑 장4)은 유독 아파라는 표현을 즐긴다.

---

1) בְיֶאֱהַב(바예헤하브 · 사랑하여, 창 34: 3).
2) בְאַהֲבָתוֹ(베아하바아토 · 사랑하여, 삼상 18: 3).
3) $\phi\iota\lambda\alpha\delta\epsilon\lambda\phi\iota\pi\iota\alpha$(필라델피아, 롬 12: 10).
4) * 사랑장 요한복음: 요한복음은 사랑을 전제로 예수님과 요한(1장) · 가나안 혼인 잔치에 물이 포도주로 되는 · 다시 거듭나는 의미(2장)와 예수님과 나사로 두 사람의 의미를 거듭나는 문제(3장)로 한다. 사마리아 여인의 물을 통한 거듭남의 문제(4장)를 베데스다 연못(5장)의 물로 한다. 오병이어(6장)와 초막절이 뜻하는 생명과 할례와 교육을 통하여(7장) 빚진 자의 후손(8장)은 소경이 눈을 뜨게(9장)해야 하는 임무로 선한목자(10장)를 든다. 나사로의 눈물(11장)은 예수님이 예루살렘 입성(12장)하여 세족식(13장)을 행하심과 같이 다시 살아나게 하시어 씻어진다. 예수님은 고별설교(14장)로 헤어짐 기간이 있을지라도 포도나무의 가지처럼 붙어 있

(3). 1931

이상 시에 날자 26·10·1931 기록에 1931이 있다. 1931 수치 합은 14이다. 이 14는 성서가 제시하는 족보의 연대 구분에서 찾아진다. 이 14대는 14대와 14대 와 14대를 합한 42회째 그리스도=ό χριστός눅 23:35, 39가 있다. 이 14대의 연대는 아브라함으로 시작되고 14대 14대 14대로 마무리한다. 성서가 제시하는 14대 14대 14대의 숨겨진 비밀은 바로 다윗의 히브리어 다윗 דוד^{다윗}의 수리 4+6+4=14에서 찾아진다. 다윗의 자손 예수여 디엔에이를 성립시킨다.

크리스도 자리는 자동적으로 예수님과 하나님과의 관계를 설정한다. 그것은 십자가를 진 예수님 앞에 붙여졌던 이름표에서이다. יהוה^{여호와}여호와가 해성처럼 나타나는데 바로 유대왕 나사렛 예수 שׁמע הנצרי ומלך היהודים$^{예수아으 하나자렛 베멜라흐 하예후딤}$에서이다. 그의 몸 앞에 써 붙여진 이름표 앞 글자만 모으면 여호와 יהוה^{여호와}가 된다. "이스라엘아 들으라 우리 하나님 여호와는 오직 하나인 여호와시니" [1]에서 들으라의 히브리어 쉐마아의 아 ע^{아}와 문장 끝 자 에하드 ד^{드}를 한데 모아 된

어야(15장)한다 하시면서 보혜사 약속(16장), 중보기도(17장)를 하시는 따뜻한 사랑 실천 후 기드론 골짜기에서 체포(18장)되신다. 십자가 후(19장) 부활(20장)하시어 네가 나를 사랑하느냐(21)를 3회나 반복하시었다. 하나님은 하나님의 백성이 나를 사랑하느냐고 다짐하신다.

1) אחד | יהוה | יהוה אלהינו ישראל שמע(쉐마아 이스라엘 엘로헤이누 여호와 | 에하드, 신 6:4).

거룩한 연합 에하드로 하여 아드님이 된다. 하나님과 예수 곧 여호와와 예수의 거룩한 연합이다. 하나님의 사랑하시는 아드 שד^{아드1)}님이 되는 거룩한 연합이다. 예수님 자리는 41대이고 14대 14대 14대에서 하나 앞선 13 자리 예수의 족보 41회째2)이다.

이상시 시제 4호가 왜 26·10·1931를 기록하고 있느냐의 답이다. 다윗 דוד^{다윗}에서 찾아진다. 일명 다비드라고 하는 글자 합계수치 4+6+4=14이다. דוד^{다윗} 수치 4 ד^다 + 6 ו^{비비} + 4 ד^{드드} = 14이다. '다윗 자손 예수' 이다. 이상 시에서의 1931의 숫자 합이 14이다. 이로써 이상의 합이다. 이상 시에서의 기록 26·10·1931 이다.

성경에 중요한 사건이 전개된다. 예수 그리스도가 물고기 언어와 동일하다. 모두 이크듸스라 한다. 물고기 $i\chi\theta\acute{u}\varsigma$이크듸스 좋은 물고기^{마 13:47}이다. 어부 베드로가 건져 올린 좋고 큰 153마리의 물고기 이크툰 $i\chi\theta\acute{u}\omega\nu$ ^{요 21:11}이다. 예수가 베드로에게 명한 헬라어소문자로 된 물로 가서 낚시를 던져 먼저 오르는 고기는 이크둔=$i\chi\theta\upsilon\nu$ ^{마 17:27}이다. 예수 가로되 그 고기를 건져서 가져가서 그것의 입을 열면 돈 한 세겔을 얻을 것이라 했다. 이 고기를 가져다가 나와 너를 위하

---

1) שד(아드).
2) ל(라메드·…을 위하여, 창 1:1-2:3)는 41회의 반복리듬에서이다. 예수님의 족보는 41회째(마 1:16)이다.

여 주라하신다.

이 때 베드로가 하는 일은 물고기의 입을 여는 일이다. 영의 시키는 일이다. 베드로의 일은 사역이다. 성서에 물고기 두 마리가 있다. 물고기 두 마리=이어⁻魚는 예수 크리스토스 $Iησοῦς\ Χριστός$ 예수스크리스토스1)와 관련한다.

둘 2의 사역이 있다. 천부경에서도 하늘과 땅 둘을 2로 표시한다. 이 논리는 위와 아랫니다. 그리고 3을 사람이라 하였다. 이대의 3 개념은 하늘과 땅 사이의 사람을 표시한다. 다라서 3은 중간, 중용의 의미이다. 동시에 조화를 의미한다. 하여 신정기 시대의 조선을 조화의 시대라 한다. 이대 조화라는 개념은 하늘과 땅의 갈라진 관계가 아니라 사람이 이 두 관계에서 생성되는 사람을 의미한다. 이 사상은 그대로 적용되어 정치에서도 조화를 이루는 신정기 시대를 열어 긴 세월의 조선시대가 열린 것이다.

---

1) 김명현공학박사, '하나님의 이름, 야훼(YHWH) 손을 보라 못을 보라 (153 쉘터교회 with)

(4). 이상 책임의사 이 상^{以上 責任醫師 李 箱}

　신학이 제시하는 신약에서의 14대를 3회 거듭하는 예수 족보 근거 숫자 합 14=1931=1+9+3+1=14의 '26・10・1931" 기록은 모두 가운데 점을 사용 예수와 여호와와 관련된다.

　이상 책임의사 이 상의 사역은 신령한 신학문제로 넘어간다. 사역자 일이다. 사역방법은 ●의 11회 반복이다. 씻기는 일이다. 성경은 일을 이레 하지1) 아니하면 죄가 남는다 하였다. 이상은 그의 사역을 하지 않으면 죄가 되는 것을 알았다. 이상시에서 이상은 거꾸로 놓은 모든 것에 대하여 필사의 노력으로 11회 반복 초월자에 의해 바로 놓이는 사역이다. 거꾸로 된 일상을 씻는 절대자만이 할 수 있는 일 사역은 책임의사 이상이다. 사역자 '26・10・1931" 의 능력자의 일을 ●2회 리듬으로 씻어 깨끗하게 한다. 바로 서는 일은 영2)이다. 속죄 기능사역이다. 하나님의 신이 수면 위에 운행3)하시는 찰라 물은 "washing in water" 4)씻어지는 의식5)에 참여한다.

　이상 책임의사 이상 시인의 확인서명이 시제 4호에 있다. 비밀로 숨겨진 예표 2회 리듬 이상 시 시제 4호 "이상 책임

---

1) רָחַץ(이레하쯔・씻지, 레 17: 16).
2) רָחַץ(라하쯔・씻지, 레 22: 6).
~3) 창 1: 2.
4) Jonathan David. Lawrence, *Washing in Water*, 254.
5) ritual washing)과 순결의식(ritual purity).

의사 이 상以上 責任醫師 李 箱" 이상, 이 상 2회 반복은 하나님이 이레하시는1) 씻음 진행이 있다.

씻음 진행 ~ "washing" 은 사역자들 특히 다윗은 하나님을 위해 경배하려고 자신의 몸을 씻기고 봐 이레 하죠2) 하였다. 회 막에 들어갈 때 반드시 씻기의 진행형으로 죽기를 면하였다. 미 완료형 이레하죠3)는 계속4) 믿음 공동체의 삶이 이어지게 물에 몸을 담는 일5)이다. 늘 봐 와 오던6)일이다. 늘 손과 발을 물에 씻어 죽기를 면한7) 일이다. 하나님은 스스로 씻으라8) 명령하시었다.

이상이 그의 시를 통하여 사역할 수 있는 이 일을 이상 책임의사 이 상以上 責任醫師 李 箱 2회 반복다음에 1로 바로 선다. 1의 반복 11회 일어나라를 알린다. 이 수 11의 미스테리 수는 숨기는 수라고 계사 4편 5장에서 11지체원리十一之体原理로 알린다. 11은 1의 두 번 반복원리이다. 절대치 10에 1을 거는 표시는, 하나님과 예수님의 관계이다.

기호화할 때의 이미지는 바로 서는 자세이다. 이상은 그의

---

1) וְיִרְחַץ(VQIMZS, 이레하쯔・씻고 계시는, 레 1: 9, 13, 9: 14).
2) וַיִּרְחַץ(바이레하쯔・씻기고 있는, 창 43: 31; 삼하 12: 20).
3) יִרְחֲצוּ(이레하쭈・씻기는).
4) 신 21: 6.
5) Jang, Young Gyu, Ibid, 148.
6) וַיִּשְׁטֹף(바이세토프・씻기워 지고 있다, 왕하 22: 38).
7) Nanfred Lurker, 『Wörtenbuch Biblischer Blinder und Symble: 성경 속의 상징』,편집부 역(서울: 은성, 1973), 182~183.
8) רַחֲצוּ(라하쭈・씻으라, 사 1: 16).

시 오감도 시제 4호에 하도낙서의 이치를 인용한다. 바로선 자세 11이 되게 씻기고 또 씻게 하며 배[1]의 반복으로 삶에서 씻어지는 일은 물[2]과 필히 관련하였다. 물과 물두멍 말씀그릇을 늘 곁에 두고 옷을 빨고 물로 몸을 씻는 세례와 직결[3]된다. 나아만 장군은 이스라엘의 처녀[4] 말에 처음은 거절했다[5]가 두 번 째 연못에 가 몸을 깨끗이 씻었다.[6] 2회 반복이 '이상 책임의사 이 상' 에서 연계다. 나아만 장군이 두 번째 요단강에 가서 몸을 씻는[7] 일에 하나님 영[8]이 있다. 성경에는 아론과 그 아들들까지 모두 공동체 삶속에서 물로 씻으며 배로 씻으라[9]는 명령에 따른다.

상수학象數學 11이 있다. 수 11은 계사4편 5장의 11지체원리 十一之体原理이다. 절대치 10에 1을 더하는 말씀 사역이다. 이 사역은 하도나 낙서나 그리고 이퇴계나 이온계 모두 다시 일어나[10]는 새로운 삶의 신호로 하였다.

---

1) וְרָחַץ(베라하쯔・씻은, 민 19: 7).
2) בַמָּיִם(밤마임・그 물 안에, 민 19: 7).
3) Jang, Young Gyu, *The water Rite and Conversion*, 47.
4) 왕하 5: 2.
5) 왕하 5: 11.
6) 왕하 5: 14.
7) 왕하 5: 12~14.
8) Woods, Fred Emmett, *Water and storm Polemics Against Baalism in the Deuteronomic History*, 147~148.
9) וְרָחֲצָה(바라하쯔타・씻어라, 출 29: 17).
10) 이 퇴계는 그의 친구가 정사에 나가기 전 한번 오라는 친구의 말에 그를 만나러 가는 길에 나서 癸巳 南行錄을 남긴다. 이 여행중 많은 시를

마방진시학 599

성경은 늘 두 번 리듬을 알린다. 무거운 짐을 질 노새 두 바리[1]·에브라임산지로부터 온 두 소년[2]·옷 두 벌[3]·두 달란트[4]·두[5]·은 두 달란트[6]·두 전대[7]·옷 두 벌[8]·두 사환[9] 2회 리듬 사역이다. 1 곧 단 한 번의 강조는 성경에서 라헬이 아들을 낳고 가로되 하나님으로 하여금 나의 부끄러움이 씻어 졌다. 하나님은 그의 사랑하는 백성에게 있는 죄를 거룩한 연합을 위해 죄를 단 한 번에 앗아버=אָסַף=아버[10]리셨다. 이 1의 사역이 이상시 시제 4호의 '진단 0·1' 이다. '진단 0·1' 의 숨은 의미를 이상은 그의 시에서 '26·10·1931' 에 숨기고 있다. 바로 하나님과 그 아들의 관계이다. 여호와의 아들을 증명한다. 이 세상의 모든 것의 어긋나 있는 것들을 바로 세우는 일이다. 바로 세운다는 표

남기는데 그의 죽은 아내 고향에 와서 처음으로 매화시를 짓는다. 흔히 기생매화화의 열애설에서 지어진 시라고 하고 있으나 사실은 그의 옛 아내에 대한 그리움이 매화시임을 증명하고 있다. 이 후 그의 주변에는 이 매화가 실제 피어 있었다.

1) שָׁמָּא צֶמֶד~פְּרָדִים אֲדָמָה(쇼마 쩨매드~페라딤 아다마·노새 두바리, 왕하 5: 17).
2) אֵלִי שְׁנֵי~נְעָרִים מֵהַר אֶפְרָיִם(엘리 쇼네~네아림 매하르 에프라임·두 소년, 왕하 5: 22).
3) וּשְׁתֵּי חֲלִפוֹת בְּגָדִים(우쇼테 하리포트 베가딤·두 벌, 왕하 5: 22).
4) קָה כִּכָּרִים(카 키카림·두 달란트, 왕하 5: 23).
5) כִּכָּרִים(키카림·두 달란트, 왕하 5: 23).
6) כֶּסֶף כִּכָּרִים(케세프 키카림·두 달란트, 왕하 5: 23).
7) בִּשְׁנֵי חֲרִטִים(비세네 하리팀·두 전대, 왕하 5: 23).
8) וּשְׁתֵּי חֲלִפוֹת בְּגָדִים(우 쉐테 하리포트·두 벌).
9) אֶל ~ שְׁנֵי נְעָרָיו(엘~세네 네아라이브·두 사환, 왕하 5: 23).
10) אָסַף(아세프·씻었다, 창 30: 23).

현을 아주 쉽게 1로 한다. 그 진단이 이상 시 시제 4호에서 '26 · 10 · 1931' 이다. 하나님 예수 그리스도가 환자의 용태를 단번에 씻어 버리1)시는 일이다.

0 · 1의 질서순리는 '진단 0 · 1' 로 시제 4호에 기록되었다. 우리 죄가 단 한 번의 예수 크리스토스로 없어진 1이 있다. 움직임이다. 일어나라 격려하고 위로한다. 성경은 백성들의 얼굴에서 눈물을 씻기실 일을 히브리어 움마아2)의 외침으로 한다. 완료형 문법이다. 예루살렘도 씻어 버릴 일을 성서는 움마3)한다. 감탄이다. 환자가 아닌 정상인으로서의 바로 선 우리들은 움마아 외침 그 한마디의 감탄이다.

이 감탄은 그 분이 환자의 용태 발4) · 손5) · 얼굴6) · 수족7)을 씻은 뒤에 일어난다. 교회에서 그리고 성당에서 환자의 몸을 씻는8) 성찬의식이 있다. 하나님의 빛을 받아서 씻어진다. 이상은 그의 시제 4호에서 사역 시로 한다. 하나님이 인간의 죄를 씻기 위하여 그의 아들을 보내시면서 일어나는

---

1) אסף(아세프, 레 15: 12).
2) וּמָחָה(움마하 · 씻기신, 사 25: 8).
3) וּמָחִיתִי(움마히티 · 씻어버릴 일, 왕하 21: 13).
4) 창 18: 4, 19: 2, 24: 32, 43: 24; 삿 19: 21; 삼상 25: 41; 삼하 11: 8.
5) 신 21: 6; 시 26: 6.
6) 창 43: 31.
7) 출 30: 19, 21, 40: 31.
8) 레 14: 8, 9, 15: 5 · 6 · 7 · 8, 10, 11, 12,13, 16, 18, 21, 22, 27,16: 4, 24, 26, 28, 17: 15, 16, 22: 6; 민 19: 7,8, 19; 삼하 12: 20; 왕상 22: 38; 왕하 5: 10; 욥 9: 30.

일은 죄를 완전히 없애시는 일이다.

교회 내에서는 세례자로부터 받는 물리적 행사[1]가 있다. 인류학적으로 가장 인간적인 특징은 신 인식의 지혜[2]이다. 침례[3]와 그리고 세례를 받는[4] 특징은 구원[5]의 방식 세례이다. 죄 사함이다. 한 몸 됨의 표[6] 구원의식이다.

로마 카톨릭 교회에서는 세례를 교황 유게니우스 4세가 "영적인 삶에로 들어가는 출입구"라 하여 "은혜의 주입"[7]이라 하였다. 정교회는 세례를 "거룩한 교회와 동시에 하나님의 나라로 들어가는 문"[8]이라 하였다. 은총, 즉 하나님의 구원능력이 사람 위에 신비롭게 역사한다.[9] 루터는 세례가 말씀의 전파와 더불어 물을 통해 죄 씻음·세례를 "구원에 필요한 것이요 유효한 것"[10]이라 했다. 세례는 죄 사함을 수행하고 죽음과 마귀로부터 영원한 구원을 선사[11]한다

---

1) 막 1: 8.
2) 박정진, 인류학토크, 종교적 인간, 마로니에 방송.
3) 막 3: 13.
4) 막 16: 16.
5) 엡 4: 5.
6) 장성영, 『그리스도교 예배와 성례전』(서울: 태광출판사, 1994), 59~60.
7) 빌헬름 니젤, 『비교교회론』, 이종성·김항안 옮김(서울: 대한 기독출판사, 1999), 103~109.
8) Ibid, 189.
9) Lage Catechism, Q. 284(Schaff, II. 490).
10) Ap. C.,: 「necessarius et efficax ad salutem」; 독일어판;「dass sie notig sei」(Opera, Vol XXVII. page 533, XXVIII, page 156; Conocordia page 325).
11) Small Catechism, Ⅳ, ii(Schaff, III. 85; concordia, page 162).

하였다. 세례는 흘리신 그 보혈 때문에 죄 사함을 받은 우리가 되고 성령으로 거듭나서 그리스도의 지체로서 성화되어 하나님이 복 주신 생명을 흠 없이 이끌어 나가려는[1]데 있다. 제네바 교리문답이 말하는 세례는 우리에게 주어진 약속들에 대해 우리 자신들을 무가치하게 하지 않는 한 우리는 예수 그리스도로 옷 입고 하나님의 성령[2]을 받는다는 것이다. 성경 해석 가들은 성례에서 말씀과 물을 분리시키지 않는다.[3]

불란서 신조 제 58항 세례란 우리를 양자 삼으신 후 그 보증 세례[4]로써 그리스도에 접목된다 하였다. 요한의 제자들은 세례를 다시 받지 않았고 예수님이 인정하셨다. 회개의 의미인 요한의 세례는 헬라어 $\beta\pi\tau\iota\sigma\mu\alpha$ 그대로 음역하여 세례 *Baptism*[5]으로 물에 담는 의식이다. 침례교에서는 세례라고 번역하기 보다는 침례라 번역되어야 한다 주장한다.

---

1) Heidelberg Catechism, Q 70(Torrance, School of Faith), 81.
2) Geneva Catechism. Q. 331((Torrance, School of Faith), 58.
3) E. Schlink, *Theologie der Lutherischen Bekenntnisschriften*(Munich, 1948), 208.
4) Scots Confession, ⅩⅩⅠ; Westminster Confession, ⅩⅩⅤ3, 1(Schaff, 3. 66ff).
5) 원종호, 『세례의 신학』(서울: 참빛사, 1999), 9~10.

2. 사랑실천

1). 요셉

(1). 요셉과 예수

주제가 사랑으로 오버렙되는 오감도 시제 4호는 11회 거꾸로 된 숫자 반복으로 야곱의 11째 아들 요셉과 결부한다. 11째 아들 요셉[1]은 은 20에 팔려갔다. 요셉과 예수는 같은 족보다.

예수의 닉 네임 예수크리스토스 $Ιησοῦς Χριστός$의 첫 글자 자체가 큰 글씨로 시작된다. 물고기와 구분된다. 이 점 곧 물고기와 크리스토스와는 대문자와 소문자 기록 차이이다. 대문자 구성의 하나님 아들 예수스 크리스도스$Ιησοῦς Χριστός$^{예수스 크리스토스} 이크듸스 = $ΙΧΘΥΣ$^{이크듸스}다. 소문자 표기에는 물고기=이크듸스= $ιχθψς$^{이크듸스}다. 대문자 $ΙΧΘΥΣ$^{이크듸스}와 소문자 물고기[2]와 구별이다. 대문자로만 된 이크듸스는 하나님과 예수 크리스트가 합쳐진 언어다. 이를 성경은 거룩하다 세 번 반복한다. 이상은 그의 시제 4호에서 26·10·1931의 세 구분을 가진다.

---

1) $Ιωσήφ φ$: יסף(야싸프, 창 30: 24; 욥 42: 10; 마 1: 16).
2) 요한복음 6:9절에서 제시되는 물고기는 작은 물고기라는 뜻을 지닌 오파사리아$ὀψάρια$ 오파사리아 작은 고기도 있다.

이상시 시제 4호는 영의문제다. 영의 성경구절이 있다.

> 롬 8:1 그러므로 예수 그리스도 안에 있는 자에게는 결코 정죄함이 없나니 2 이는 그리스도 예수 안에 있는 생명의 성령의 법이 죄와 사망의 법에서 너를 해방하였음이라 3 율법이 육신으로 말미암아 자기 아들을 죄 있는 육신의 모양으로 보내어 육신의 죄를 정하사 4 육신을 따르지 않고 그 영을 따라 행하는 우리에게 율법의 요구가 이루어지게 하려 하심이라 5 육신을 따르는 자는 육신의 일을, 영을 따르는 자는 영의 일을 생각하나니 6 육신의 생각은 사망이요, 영의 생각은 생명과 평안이니라 7 육신의 생각은 하나님과 원수가 되나니 이는 하나님의 법에 굴복하지 아니할 뿐만 아니라 할수도 없느니라 8 육신에 있는 자들은 하나님을 기쁘게 할 수 없느니라 9 만일 너희 속에 하나님의 영이 거하시면 너희가 육신에 있지 아니하고 영에 있나니 누구든지 그리스도의 영이 그리스도의 사람이 아니니라 10 또 그리스도께서 너희 안에 계시면 몸은 죄로 말미암아 죽은 것이나 영은 의로 말미암아 살아 있는 것이니라
>
> — 롬 8:1~10

이상 시 「오감도 시제 4호」는 환자가 정상이 되는 특징을 몇 가지로 알린다. 첫째의 진짜 숨은 답은 이상의 시제4호의 숫자가 각기 11회 반복되는 일이다. 하나님과 예수님 두 분마 1:21이 한 분으로 거꾸로 된 일을 바로 잡는 일이 숨어 있다. 둘째 숫자로 알릴 수 있는 반원 두 개의 합침 표시 O靈을 중심으로 양쪽이 거꾸로 된 숫자를 바로 설 수 있는 시제 4호가 영을 논하기 위한 시임을 알린다.

셋째 O靈 음역시이다. 영의 문제임을 알린다. 왜냐하면 영 O 영靈이다. 반원의 둘이 합쳐진 O이다.

넷째 각기 거꾸로 된 11회 기록은 이 11회 사이에 사선 형

태로 놓여 진 가운데 •이 있다. 11회 반복이다.

다섯째 ○ 표시도 11회 반복리듬이다. 가운데 •이 있다.

이처럼 이상 시의 11회 반복리듬은 '환자의 용태에 관한 문제' 가 정상으로 돌아옴을 숫자 그 반복리듬을 똑 같이 균일하게 숨겨진 의미 11회로 한다. 이 11 회 반복리듬이다. 글자는 숨겨있다. 계사4편 5장에 11지체원리十一之体原理기록이다.

시의 기능은 리듬과 은유이다. 이 리듬과 은유를 시제 4호는 최대치의 기능효과로 한다. 11은 절대치 10에 1을 거는 표시이다. 몸이 아픔의 순간이 완치되어 가는 순간을 영의 문제로 한다. 과학의 발달로 인하여 그대로 드러나는 생명의 신비는 음식을 먹어 생명을 유지하는 일이다. 그리고 성장하는 일이다. 이 사실은 과학으로는 증명될 수 없는 일이다. 물이 낮고 낮은 곳으로 흐르지만 어떻게 높은 곳에 물이 있을 수 있는 이치와 같다. 음식을 먹어 피가 되고 살이 되는 이치와 같다.

몹시 바람이 부는 날 이 바람의 존재를 더 잘 느낌과 같이 사람이 심히 아파서 그 몸의 귀중함을 느끼게 된다. 귀중한 사람의 몸은 두 다리를 가지고 일상의 삶을 살아간다. 그러나 이러한 건강이 염려하는 경지까지 왔을 때 치유의 간절한 희망을 가지려 한다. 이에 따라 정신 건강의 중요성이 인식된다.

(2). 사랑관계

인간이 가진 유일한 장점은 사랑을 시로 쓸 수 있는 시인이 되는 일이다. 이상 시 시제 4호가 전하는 o이 11회를 반복하는 영 o^{靈}의 문제를 사랑으로 그 답을 내고 있다.

완전치유를 사람이 아닌 절대자의 힘으로 하는 이유는 그의 절대 사랑 베풂에 있다. 이 사랑을 가진 영의 문제로 성경은 2회 리듬을 항상 강조한다. 이상 시 시제 4호는 "진단^{診斷} 0 · 1"의 "이상 책임의사 이 상^{以上} ^{責任醫師} ^{李} ^{箱}"이 싸인 하였다. 2회 리듬 '이상'으로 신의 사랑을 확인했다.

예수님과 하나님과의 관계를 성서는 사랑의 관계로 한다. 그것은 예수 증거1) 하나님의 아들2) 아드=עד$^{아드3)}$에서이다. 곧 여호와의 수치는 הוה,^{여호와}여호와= 5 + 6 + 5 + 10=26의 반 13으로 한다. 26 수치 반은 13이다. 이 13은 히브리어 사랑 אֲהֲבָה^{아하바} · 사랑4)의미이다. 사랑 아하바=אֲהֲבָה^{아하바} · 사랑 우리말 '아파' 이다. '너무 사랑하여 마음이 아파'의 이 비밀해결은 ה^{헤}가 5이고 ב^{파}파가 2이며 ה^{헤}가 5이고 א^{아}가 1의 히브리어 수치 의미로 하여 모두 합계 13이 사랑=אֲהֲבָה^{아하바} ·

---

1) הָעֵדֻת(하에두트 · 증거, 출 26:34, 27:21, 30:6, 26, 36, 31:7, 39:35, 40:5; 레 24:3; 민 7:89.
2) הָעֵדֻת(하에두트 · 증거) -עד(아드 · 증거).
3) -עד(아드 · 증거).
4) נֶעַמְתְּ אֲהֲבָה -וּמַה(움마-나으마트 아하바 · 사랑아 어찌 그리 화창한지, 아 7:7).

사랑 수치 13이 지닌 사랑의미다. 13은 미국국기 성조기의 별 13·13·13 숫자가 있다. 미국 세계 1위가 되는 이유 중 하나다.

이상 책임의사 이 상"^{以上 責任 醫師 李 箱}" 매시지는 예수 사랑 전하기 매시지이다. 이 문제는 영의 문제이다. 이상 시인이 나타낸 오감도 시제 4호의 비밀 코드 반복구조는 숫자가 거꾸로 진행하면서 ㅇ이 된 이 성령의 영 ㅇ^靈이 되는데서 증명된다. 영이 일어나라! 명령한다. 명령은 그대로 준행이다. 준행하지 아니하면 죽는다. 숫자 모두가 11회 반복됨으로 보여 주었고 그 해결해준 분이 '바로 서' 서 일어나라! 몸 시학 을 알린다. 은유 기호 11회 이 반복이 끝까지 11회 중복된다. 은유시학 11로서이다. 이상 시 시제 4호는 은유시학이다. 숫자 영이 아닌 영^靈 문제이다. 시제 4호 제목이 「환자^{患者}의 용태^{容態}에 관^關한 문제^{問題}」는 영의 문제이다.

이상 시 시제 4호의 ㅇ으로 인한 신령한 영에 대한 긴밀한 연결 이해는 숫자가 아닌 ㅇ을 시인은 돌출시켜 거꾸로 라는 의미가 없어짐과 동시에 그 효력이 영^靈 문제로 넘어간다. 「오감도 시제 4호」에서의 ㅇ은 숫자 0이 아니다. 이상 시의 시적 은유 비밀이다. 거꾸로 된 숫자 나열 11회 반복은 천부경^{天符經}이 숨긴 한자 숫자 —1의 11회 반복 「천부경^{天符經}」과 이상 시 「이상시 시제 4호^{烏瞰圖 詩第 四號}」 일치점이다.

2). 이상 시 「오감도 시제 4호」 와 「천부경」 비교

「오감도 시제 4호」가 '바로 서 일어나라' 명령한다.

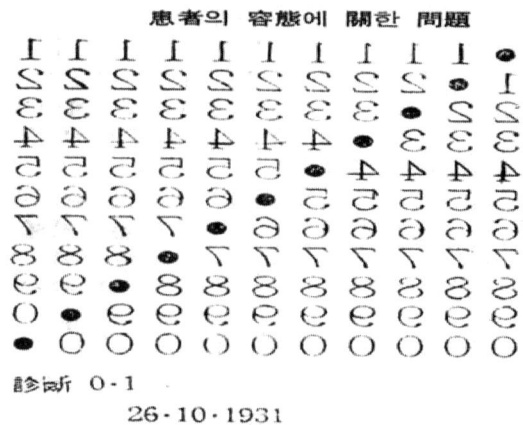

- 「시제 4호」

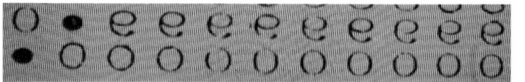

- 「시제 4호」에서

이 매시지는 이제는 바로 세! 두 발로 굳게 일어나라! 걸어라! 일어나라! 이다. 바로 걸어갈 수 있는 힘은 인간의 영역이 아니라 신의 영역이다.

그 힘은 절대자의 명령에서 나온다.

마방진시학 609

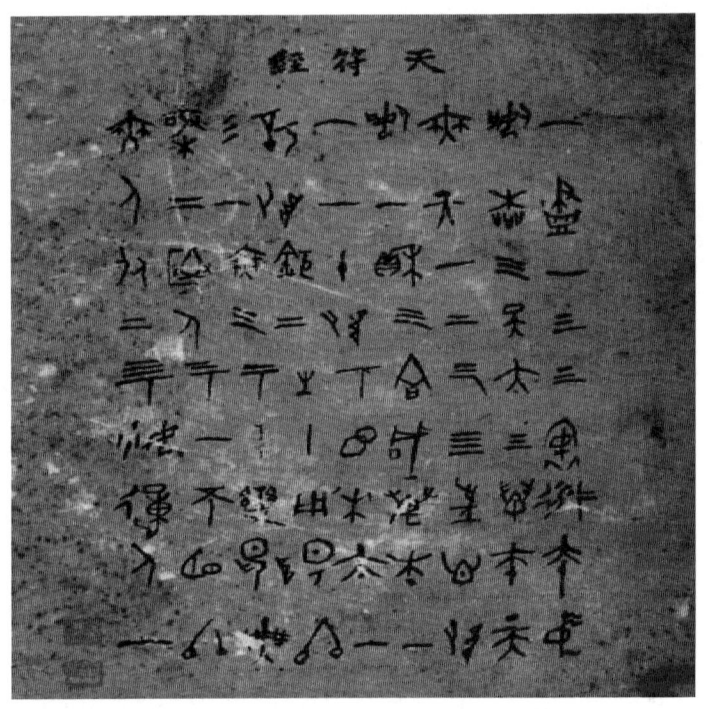

다음은 「천부경天符經」은 一일 11회의 원문 필체이다.

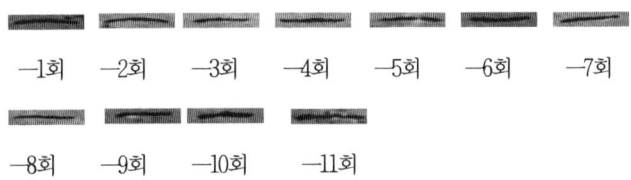

천부경天符經 글자는 모두 81자이다. 그 중 숫자가 31자이고 그 중에서 숫자 1 곧 한자 一이 11회 반복된다. 천부경天符經

의 핵심이다. 인중천지일^{人中天地一}의로 시작 한자 숫자 一을 11회 반복한다. 신체의 두 다리 모양 11로 '일어나라 바로 서 걸어가라' 다.

「천부경^{天符經}」의 숨은 매시지 1의 11리듬 일어나라!가 홍문표 시인의 「모두 일어선다」에서도 있다.

> 모두가 일어선다.
> 모두가 기고만장이다
> 하나같이 혈기왕성한 체력인데다
> 우락부락한 눈매
> 이미 시퍼렇게 타는 계절의 열병은
> 누구도 막을 수가 없다
> 내일이나 모레쯤이면
> 하늘 앞마당 복숭아꽃 흐드러진
> 언덕에 올라 파릇한 풀피리 불어대며
> 우리는 영원히 가슴으로 진동하는
> 승천일지도 모른다
> 겨드랑엔
> 날마다 날개가 비상하고
> 할 수만 있다면
> 더 많은 소유를 위하여
> 더 많은 목마름을 위하여
> 욕망을 키우고 기다림을 키우고
> 일어서는 진한 빛깔
> 그 탐욕 같은 그리움들이 하늘 언저리에서
> 무성한 밀림으로
> 태초의 아침으로 모두가 일어선다
>
> — 홍문표 「모두가 일어선다」

3). 한글 11자와 성서의 11조

우리나라 한글 모음은 모두 11자이다.

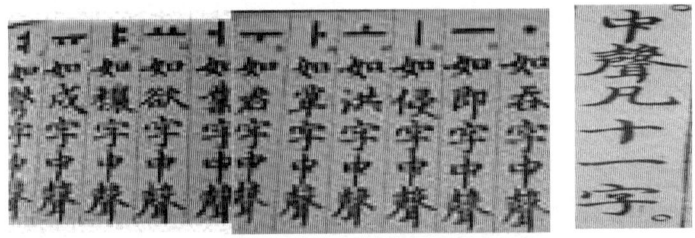

- 훈민정음 해례본[1])에서

조선어학회가 발간한 「훈민정음」에서의 발췌이다.

김허균의 훈문정음 해례 '세종 이도의 눈물' 참고이다.

---

1) 훈민정음 (서울: 조선어학회, 단기 44279년 10월 9일) 서문.

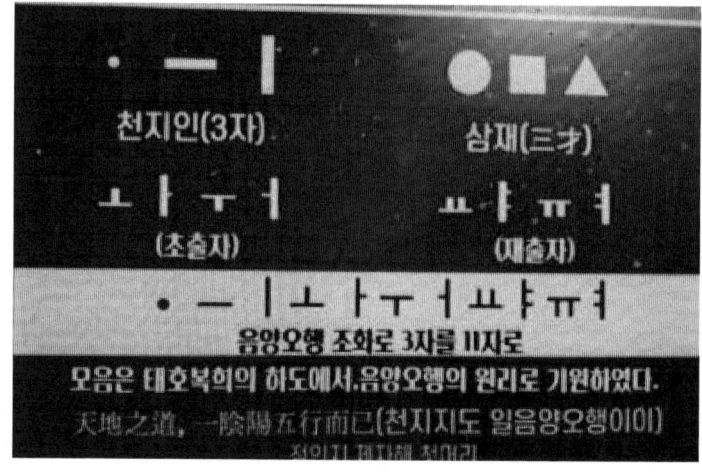

- 「훈민정음 세종 이도의 눈물」1)에서

태호복희의 하도에서 온 음양오행의 원리거 한글모음 11자 제자원리에 그대로 적용되었다.

하늘과 땅과 사람을 기호화하여 정립된 글자 발생 소리 11 모음자 11자는 천부경天符經과 이상 시 「오감도 시제 4호」가 전하는 매시지와 동일하다. 일어나라! 늘 일상에서 부르던 온 민족이 다 같이 늘 부르던 천부경天符經을 통해 일상에서 주저 앉지 말고 일어나라! 걸어가라 격려한다. 이에 성서의 헌금 11조 이야기도 우연의 일치가 아니다.

---

1) 김허균, 한글날 특집-대한민국 국문학자에게 고함-1부 훈민정음 해례 "세종 이도의 눈물" (원작 세종이도 臣下 작품해설 김허균)

(2). 성서에서의 11조

성서에서 십일조에 대한 기록 히브리어 마아샤르=מַעֲשֵׂר^{마아샤르}가 있다. 아세르 10= 아세르=עֲשֵׂר^{아세르} 기본형 그대로 아셔라이다. 이 우리말 아셔라는 더욱 성경에서 강조되며 본문 하마아샤르=הַמַּעֲשֵׂר^{하마아사르}로 꼭 알아야한다고 강조한다. הַמַּעֲשֵׂר^{하마아사르}의 הַמ^{하마}는 정관사 ה^하와 מ^마 부정사문법적용이다. 십일조 개념은 전체 10을 하나로 묶은 하나가 더 보태지는 강조 개념이다. 몸과 마음을 다 하는 일이다. 주 너의 하나님을 섬기는 일에 온전하여 지면 하나님이 도우신다는 11조 법칙은 아브라함이 아들을 온전히 마음을 다하고 뜻을 다하는 온전한 헌신을 에스로님=עֶשְׂרֹנִים^{에스로님}으로 한다.

십일조는 안식년을 기준으로 3년째 해마다 온 마음과 정성을 다하여 여호와를 섬기며 소산의 십일조1) 드림2)이다.

① 내가 이스라엘의 십일조를 레위 자손에게 기업으로 다 주어서 그들의 하는 일 곧 회막에서 하는 일을 갚나니

- 민 18:21

자손에게 וְלִבְנֵי베리브네 C.P.NMPO 자손에게 and- the childdren ο καὶ τοὶ υἱοίς

레위 לִלְוִי NE 레위 Leve Λευι

헌네 הִנֵּה Q behod ιδου

---

1) 민 18: 21; 신 26: 12; 느 10: 38; 암 4: 4; 말 3: 10.
2) 김영진, 『그랜드 종합 주석』 (서울: 성경 교재 간행사, 1993)., 신명기 26장 주석.

내가 주서서 יְנָתַתִּי 나타티 VQACXS 내가 주어서 I have given δέδωκα
십일조를 כָּל־מַעֲשֵׂר 콜-마아세르 NMSG-NMS 다- 십일조를 all-the tenth πᾶν-ε
πίδέκατυν
이스라엘 יִשְׂרָאֵל 이스라엘 NMS 이스라엘 In Israel Ἰσραηλ
לְנַחֲלָה 르나할라 P.NFS 기업으로 for an inheritance ἐν κρηέρῳ
חֵלֶף 헬레프 NMSG for ἀντί
עֲבֹדָתָם 아보다탐 NFS.MZP 그들의 하는일 their service τῶν λειτουργ
ιῶν αὐτῶν
אֲשֶׁר־הֵם 아세르-헴 R-NPZP 곧 which- they ὅσα- οὗτοι
עֹבְדִים 에브딤 VOPAAMP 갚나니 service λείγουσίαν
אֶת־עֲבֹדַת 에트-아보다트 NFSG 하는 일 even the service of λείγουργί
αν
אֹהֶל 오헬 NMSG 막에서 the tabernacle of λείγουργίαν
מוֹעֵד 모에드 NMS 회 the congregation τοῦ μαρτυρσου
- 민 18:21

② 제 삼년 곧 십일조를 드리는 때에 네 모든 소산의 십일조 다 내기를 마친 후에 그것을 레위인과 객과 고아와 과부들에게 주어서 네 성문 안에서 먹여 배부르게 하라
- 신 26:12

כִּי תְכַלֶּה 콜타잘 VPIMYS 다 마친 thou hast made a and of ουντελέσῃς
כֹּל 콜 NMSG 모든 all πᾶν
אֲשֶׁר לַעְשֵׂר אֶת 아세르 라아세르 에트 P.VHNG 내기를 thing ἀποθεκατῶσαί
מַעֲשֵׂר 마사르 NMSG 십일조 the tithes of σου τό ἐπίδεκάτον
תְּבוּאָתְךָ 테부아트하 네 소산의 NFS MYS thine increase τῶν γενημ
בַּשָּׁנָה 바샤나 P.D.NFS 년 the- year ἐν τῷν ἔτει
הַשְּׁלִישִׁת 하쉴로쉬트 D.ANOF 제 삼 third τῷ ρίτῳ
שְׁנַת 쉐나트 쉐나 NFSG 년 곧 -해에 which is the year of τό δεύτέ
ρον
הַמַּעֲשֵׂר 하마아세르 DNMS 십일조를 드리는 tithing ἐπίδεκάτον
וְנָתַתָּה 하니타타 CVQAMYS 그것을- 주어서 and hast given it δώσεις
לַלֵּוִי 라레위 NMSG 레위인과 the Levite τῷ λευίτι

לַגֵּר 라게르 P.D.NMS 객과 the stranger καί τῶ προσεσηλυτώ
לַיָּתוֹם 라야톰 P.D.NMS 고아와 the fatherless καί όρφανώτώ
וְלָאַלְמָנָה 벨라알르마나 C.P.D.NFS 과부와 and widow καί τῆ κηραόρφα νώτώ
וְאָכְלוּ 베아클루 C.VQACZP 먹이 that they may eat καί φαγυνται
בִשְׁעָרֶיךָ 베스아레하 P.NMP.MYS sp 성문 안에서 within thy gates ἐν ταίς πα λέσίν σου
וְשָׂבֵעוּ 베사베우 C.VQACZP 배부르게 하여 and be filled καί ἐμπλησθήσ ονται

- 신 26:12

제2 십일조가 있다. 레위인과 객과 고아와 과부에게 주어서 네 성문 안에서 먹어 배부르게[1] 11조의 십분의 일을 다시 특별히 구별하여 성읍 창고에 저축하여 두었다가, 나그네나 과부에게 나누어 주었다. 십일조[2]와 구제를 위한 십일조[3]다. 레위인이 11조의 11조를 제사장에게 드리는[4] 제 2십일조는 축복의 시금석[5]이다. 법으로 고아와 과부들이 제 2십일조로 나누어 먹게[6] 하시었다. 10[7])의 1 만물을 광주리에 담는[8] 11조[9])는 배부르게 하는데 있다.

---

1) 신 26: 12.
2) 신 14: 28, 29.
3) 신 15: 10.
4) 민 18: 26.
5) 말 3: 10.
6) 신 26: 15.
7) עָשַׂר(오사르 · 십, 민 28: 17).
8) 신 26: 2.
9) 출 2: 3.

③ 그날에 사람을 채워 곳간을 맡기고 제사장들과 레위사람들에게 돌릴 것 곧 율법에 정한대로 거제물과 처음 익은 것과 십일조를 모든 성읍 밭에서 거두어 이 곳간에 쌓게 하였노니 이는 유다 사람이 섬기는 제사장들과 레위사람들로 말미암아 즐거워하기 때문이라

- 느 12:44

וַיִּפָּקְדוּ 바이파케두 C.W.V.NIMZP 세워 맡기고 And were appointed
בַיּוֹם 바욤 P.D.NMS 날에 at-one
הַהוּא 하후아 D.ADMS 그 that
אֲנָשִׁים 아노쉼 NMP 사람을 some
עַל־הַנְּשָׁכוֹת 알-하느쉬코트 아노쉼 P- D.NFP (곳간의) 간 the chambers
לָאוֹצָרוֹת 라오자로트 P.D.NMP 곳 for the treasures
לַתְּרוּמוֹת 라트루모트 P.D.NFP 거제물 for the offering
לָרֵאשִׁית 라레오쉬트 P..NFS 처음 익은 것과 for the firstfruits
וְלַמַּעַשְׂרוֹת 울라마아쉐로트 C.P.D.NMP 십일조를 and for the tithes

- 느 12:44

④ 도비아를 위하여 한 큰 방을 만들었으니 그 방은 원래 소제물과 유향과 그 릇과 또 레위 사람들과 노래하는 자들과 문지기들에게 십일조 주는 새 포도주와 기름과 또 제사장들에게 주는 거제 물을 두는 곳이라

- 느 13:5

땅1)과 하늘2)에 하나님의 이름을 나타내려3) 하는 11조는 한 문장 안에 "네 여호와 하나님께" 4)를 반복한다. 더구나 두 번째 십일조는 레위인과 고아와 과부가 먹어 배부르다.5)

---

1) 출 34: 26; 신 26: 2; 느 10: 35; 시 67: 6; 사 1: 19; 렘 2: 3; 겔 48: 18.
2) 창 1: 8, 14: 19; 시 18: 9, 33: 6, 50: 6, 57: 11; 합 3: 3; 시 96: 5.
3) 민 26: 2.
4) יְהוָה אֱלֹהֶיךָ(여호와 엘로헤이하·여호와 하나님께, 민 26: 2).
5) 신 26: 12.

③ 레위사람들이 십일조를 받을 때는 아론의 제사장 한사람이 함께 있을 것이요 레위 사람들의 십일조 그 십분의 일을 가져다가 우리 하나님의 전 곳간에 머리 맡에 두되

-느 10: 38

כָּלָה תְכַלֶּה 칼라데칼레 VPIMYS 다 마친 thou hast made a and of ουντελέσης

כִּי־

כָּל־ 콜 NMSG 모든 all πάν-ת אֶת־לַעְשֵׂר 아세르 라에소르 에트P.VHNG 내기를 thing ἀποθεκατῶσαι

מַעְשַׂר 마사르 마사에르 NMSG 십일조 the tithes of σου τό ἐπίδεκάτον

תְּבוּאָתְךָ 테부아트 테부아트하 네 소산의 NFS MYS thine increase τῶν γενημ

בַּשָּׁנָה 쇼나 바쇼나 P.D.NFS 년 the- year ἐν τῶν ἔτει

הַשְּׁלִישִׁת 쉴리쇼하 쉘리스트 D.ANOF 제 삼 third τῷ τρίτῳ

שְׁנַת 쇼나 쇼나트 NFSG 년 곧 -해에 which is the year of τό δεύτερον

הַמַּעֲשֵׂר 하미아세르 하미아이세르 DNMS 십일조 드리는 tithing ἐπίδεκάτον

וְנָתַתָּה 베나탄 베나타타 CVQAMYS 그것을- 주어서 and hast given it δώσεις

לַלֵּוִי 라레위 NMSG 레위인과 the Levite τῷ λευίτῃ

לַגֵּר 라게르 P.D.NMS 객과 the stranger καί τῷ προσεσηλυτῷ

לַיָּתוֹם 야톰 라야톰 P.D.NMS 고아와 the fatherless καί ὀρφανώτω

וְלָאַלְמָנָה 알르마나 벨라알르마나 C.P.D.NFS 과부와 and widow καί τῇ καί ηραόρ φανώτω

④ 너희는 벧엘에 가서 범죄하며 길갈에 가서 죄를 더하며 아침마다 너희 희생을, 삼일마다 너희 십일조를 드리며 누룩 넣은 불살라 수은제로 드리며 낙헌제를 소리 내어 선포 하려무나 이스라엘 자손들이 이것이 너희가 기뻐하는 바니라 주 여호와의 말씀이니라

- 암 4: 4

בֹּאוּ 보우 VQMMYP 너희는 가서 come to

בֵּית־אֵל 벧엘 NE 벧엘로 Beth-el

וּפִשְׁעוּ 피스 우피스우 C.QMMYP 범죄하여 and transgreas

גִּלְגָּל הַגִּלְגָּל 길갈 하길갈 D.NP 길갈에 가서 at Gilgar
רִבּוּ הַרְבּוּ 루브 하루부 VHMMYP 더하여 multiply
לִפְשֹׁעַ פְּשֹׁעַ 피스아 레피스아 P.VQNO 죄를 multiply
וְהָבִיאוּ 보베하 배우 C.VHMMYP 드리며 and bring
לַבֹּקֶר בַּבֹּקֶר 보케르 라보케르 P.D.NMS 아침마다 every morning
זִבְחֵיכֶם 제카흐 지브헤캄 NMP.MYP 너희 희생을 your sacrifices
לִשְׁלֹשֶׁת שְׁלֹשֶׁת 셀로스 레쉘르쉐트 P.ANCFG 삼 after three
יָמִים 욤 얌밈 NMP 날마다 years
מַעְשְׂרֹתֵיכֶם 하미에스르 마에스르 티켐 NMP.MYP 너희 십일조를 드리는 and your tithesάτον

- 암 4: 44

⑤ 사람이 어찌 하나님의 것을 도적질 하겠느냐 그러나 너희는 나의 것을 도적질 하고도 말하기를 우리가 어떻게 주의 것을 조적질 하였나이까 하도다 이는 곧 십일조와 헌물이라… 10 만군의 여호와가 이르노라 내가 너희의 온전한 십일조를 창고에 들여 나의 집에 양식이 있게 하고 그것으로 나를 시험하여 내가 하늘 문을 열고 너희에게 복을 쌓을 곳이 없도록 끗지 아니하나 보라

- 말 3: 8, 10

הַמַּעֲשֵׂר 마이쉐르 하미아사르 D.NMS 이는 곧 십일조와 In tithes…
הָבִיאוּ 부아 하베우 VHMMYP 너희은-들려 Bring ye
אֶת־כָּל־הַמַּעֲשֵׂר 에트- 콜 마사르 에트 콜 하미사르 O-NMS-N.NMS 온전한 십일조를- 들여라 Bring ye all the tithes
הָאוֹצָר בֵּית הָאוֹצָר בֵּית־אֵל בֵּית 오자르-베트 엘-베트알-베트 하오자르-베트 온전히 창고에 들여라 Bring ye all the tithes

- 말 3: 8, 10

기업으로 주시기까지 하는[1] 11조의 개념은 온전히 다 바칠 때의 일이다. 마콤 에하드=מָקוֹם אֶחָד 마콤 에하드[2])의 자주 알

---

1) 신명기 26장의 1절부터 드러나는 땅은 정관사 그 הַ(하·그)가.
2) מָקוֹם אֶחָד(마콤 에하드· 일어서다, 창 1:9).

리는 일은 창세기 1장 처음부터 하나 에하드=אֶחָד⁽에하드⁾이다. 수치로는 '한=에하드-ד⁴⁺ ח⁸⁺ א¹⁼¹³이다. 이 하나1) 에하드는 예수와 관련 족보에서 보인다. 13대의 예수에서이다. 14대 14대 그리고 13대에 이른 예수님 자리는 42대의 크리스도 바로 앞자리 13대의 족보자리이다. 사랑의미이다. 시제 4호가 가지는 26·10·1931의 26 여호와 수치 26의 반은 13이다. 그분의 아드님 예수 족보자리이다.

십자가에서 아파 '아파' 아하바ー אַהֲבָה ⁽아하바 그 사랑이. NFS,, was love, 아 2:4²⁾ 하시며 달리신 사랑실천 수치=13 이다. 예수족보가 증명하는 분명 예수님 사랑전달이다. 아파는 여성문법이다. 여성3인칭단수이다. 정관사 하 ה하 '그' 정관사로 표시한 아파이다. 이보다 더 분명할 수 없는 절절한 사랑표시는 신구약 전체를 통 털어 사랑 최고값이다.

사람은 사랑을 하기 위해 태어난다. 사랑을 베푸는 일은 사람의 목숨문제이다. 그 일은 예수 그리스도가 실행하심을 시제 4호는 "26·10·1931"이라 기록한다. 이상 시 시제 4호는 예수님의 이야기를 전한다. 예수가 아이러니칼하게 이상 시인의 것으로 하는 허세를 부렸다. 가장 소중한 생명을 위해 그의 목숨을 던진 이야기를 전하려 한다.

---

1) אֶחָד(에하드· 하나 됨, 창 1:9).
2) וַיִּשְׂרָאֵל אָהַב

신구약모두 사랑문제가 야기되는 결과를 알려준 시제 4호이다. 특히 11조 문제는 사람의 생명과 관련된다.

하나님 사랑수치 26이 이상시 시제 4호 "26·10·1931"에 있다. 그 반 13이 지닌 사랑의미를 아주 명확하게 전한다. 시제 4호는 사람의 귀중한 몸체시학 사랑을 알린다.

모든 살아있는 생물에게는 사랑이 있다. 그 표시는 사랑함 표시 혹은 몸짓을 한다. 이 세상만물이 가지고 있는 파동은 사랑표시이다. 절대자에게 사랑표시를 파동으로 한다. 꽃들이며 동물들의 새끼보호본능을 비롯하여 감탄할 수밖에 없는 증거들은 하나님의 사랑이 얼마만큼 컸는가^{시제 4호}를 알린다.

다행히 사람에게 신은 자유의지를 주시었다. 움직일 수 있는 행동의 반경을 주시어 자유로이 움직인다. 그리고 선택할 수 있는 즐거움의 기쁨을 주시었다. 움직이며 신이 사람을 얼마나 사랑하는지를 알리었다. 하나님의 분신으로 하였다.

   해는 늘 웃는다
   너무 가까이서 웃어주면 웃음이
   탈까봐
   머얼리 아주 머얼리서
   햇살로 느을 웃는다

   아침 햇살이
   눈부신 햇살이
   한줄기 햇살이 늘 웃는다   - 이영지 「웃는다」

4). 사람의 몸 5장 6부 총 11

　그분의 생명전체이기도 한 한 사람 예수를 통해 11조를 몸과 마음을 다하여 주 너의 하나님을 섬기는 시학서이다.
　사람생명문제와 관련한 생명체 사람은 사람의 몸 좌우 양쪽 우 위 좌 신방이 있다. 오른쪽은 위 중심이고 왼쪽은 신장 방광구분이다. 이상 시 시제 5호는 좌우를 제하는 흔적이라 제목을 붙였다. 양쪽 구조가 같지 않게 조물주의 인간 만듦이다. 이상 시 오감도 역시 15호 중에서 가장 가운데 문예미학은 8호이고 양쪽 각기 다르다. 중심 8호에서 수술을 2회 거듭한다. 천부경天符經은 81자 중 가장 가운데 사람을 알리는 6이 있다. 물 水이다. 육=肉이다. 사람에게는 5장 6부가 있다.

구분	음	양	맛	색	정	성
木	간장	담쓸개	신맛	파랑	화남	외침
火	심장	소장	쓴맛	빨강	기쁨	말
土	비장	위장	단맛	노랑	생각	노래
金	폐장	대장	매운	하양	슬픔	울음
水	신장	방광	짠맛	검정	두렴	신음
	심포	삼초	오매			

https:· blog.naver.com · jongli0612 · 220252509645
[출처] 5장6부와 음양오행의 건강 |작성자 석류와 홍아 씨

음식의 짠맛은 5행중 水에 해당한다. 풀어주고 짜내는 맛이다. 신장 방광 골수 뼈 신장 방광 종아리 발목 발바닥 치아 귀 시력에 해당한다. 신맛이 있다. 오행 중 목木에 해당하고 부드럽고 쉬게 한다. 간 쓸개 보호이다. 목소리, 눈이다. 오미자차 매실차가 이에 해당한다. 쓴맛이 있다. 오행중 화火에 해당하고 표현, 발산으로 몸 따뜻함과 심장이다. 단맛 이 있다. 오행중 土에 해당하고 다부진 기운이며 비위, 위장, 잇몸, 유방, 입술이다. 매운맛과 떫은맛이 있다. 5행중 金 폐, 대장이 수행한다. 날것의 生내이고 곡식의 덤덤한 맛이다.

오장육부五臟六腑는 총 11개이다. 오장은 간장과 심장과 비장과 폐장과 신장이 있다. 육부는 대장과 소장과 쓸개와 위와 삼초三焦와 방광이 있다. 삼초三焦는 상초上焦와 중초中焦와 하초下焦이다. 각 호흡기관과 소화기관과 비뇨생식기관을 가리킨다.

장藏과 부腑는 창고이다. 장藏은 내부가 충실한 것이고 부腑는 반대로 공허한 기관을 가리킨다. 한의학의 고전 『황제내경黃帝內經』의 「소문편素問編」에 오장은 정기를 간직하여 쏟아내지 않고 차서 실하지 아니하며, 육부는 소화물을 전하여 간직하지 않고, 실해서 차지 않는다 고 했다. 물이 입으로 들어가 위가 실하고 장이 허해지며, 음식물이 내려가면 장이 실하고 위가 허해진다. 그러므로 실해서 차지 않고, 차서 실하지 아니하다라고 하였다.

오장五臟은 다섯 오五에 오장 장臟이다. 다섯 개의 오장이다. 간肝 심心 비脾 폐肺 신腎이다. 장臟은 속이 든 기관이다. 육부六腑는 여섯 개의 부腑다. 복부에 위치한 인체 기관이다. 담膽 소장, 위胃 대장大腸 방광膀胱 삼초三焦로 호흡, 소화, 비뇨생식에 관한 업무를 관장하는 기관이다. 간·담 쓸개는 목기木記 장부로 봄처럼 따뜻하고 부드러운 기운이 나오며, 장부가 크고 건강한 사람은 인자하고 온화하다. 부위는 고관절 발 목 눈 근육 손 발톱 옆구리 등이다. 사람의 몸은 일어나야 살아 있다.

한국문학의 시인 이상은 시제 4호에서 신이 베푸는 힘으로 일어난다. 몸의 지체 원리로 알려주는 두 다리의 회화 11회수를 거꾸로 숫자에서 활용한 시제 4호는 일어나라 명령한다. 시제 4호는 거꾸로 된 수를 기어히 바로 된 수 "診斷 0 • 1"로 하여 시인은 답을 알린다. 생명체에 건강한 정신이 들어 있어야 바로 걸을 수 있다고 알린다. 몸과 마음이여 일어나라!

성서에서 야곱의 아들 중 요셉은 11째 아들이다. 한바탕 크게 할 놈1)의 꿈2)을 당연히 알려야 할 하 할 놈=הַחֲלוֹם קֻם하할놈3)이다. 이스라엘 아들 요셉4)으로서 부모의 서로 지극

---

1) הַחֲלוֹם(하할롬·꿈을, D.NMS, dream, τοῦ ἐνυπνίου, 창 37:5).
2) קֻם(쿰·일어나라, 출 32: 1; 수 7: 10; 삿 7: 15; 사 58:12).
3) שִׁמְעוּ־נָא הַחֲלוֹם(시므우~나 하할롬·청컨대 들으시오 이 꿈을, VQMMYP~O

히 사랑하는 사이의 태어났다. 사랑을 크게 할 놈으로 태어
났다. 하나님만 간절히 바랐다. 야곱이 진정 사랑한 여인은
라헬이다. 아내 라헬에게서 난 아들 요셉은 입 פ프으로 사나
죽으나 말씀 전한다. 말씀 따라 꿈을 가진 자는 일어난다.

요셉은 이름이 우리말 '요새' 이다. '요새 어떻게 지나십
니까?'와 같다. 하나님께로 돌아오고 있습니까? 일어나고 있
습니까? 일어나라! 날개를 가진 이에게 하나님은 일어나라!
그리고 이에 그치지 않고 걸어가라 명령하시며 힘을 주신다.
아브라함 아내 사래=שרי사래1)는 사라=שרה사라2)로 일어
나라! 명령을 따랐다. 요셉은 채색 즉 채색 옷 곧 입으로 중
심을 잡아=파스=פס사패스 일어났다. 채색=파심=פסים파
심3)입고 꿈 조각을 하늘로 달아 훨훨 날았다.

요셉에게만 고개를 돌리시는 아버지의 지극한 사랑 때문에
향들로부터 미움=사네=שנא사네 사나운4) 세월이었지만 하
나님의 일어나라! 한 바탕 할 놈=חלום=חלום할놈5)으로 날개를

D.NMS, Hear I pray you dream, Ἀκούσετε τοῶένύπνιού, 창 37:5).
4) יוסף(요새프, 창 37:2).
1) שרי(사래, 창 17:15).
2) שרה(사라, 창 17:15).
3) פסים(파심・채색, NMP, many colours, ποίκλον, 창 37:3).
4) וישנאו(바이시느우・미워하여, CW. VQIMZP, they hated, ἐμίσησαν, 창 37:4).
5) ויחלם חלום יוסף חלום・요셉=יוסף이 꿈을 꾸고, CW. VQIMZS NE NMS, And dreamed Joseph and he told it, Ἐνυπνιασθ

달았다. 할 놈1)이여 일어나! 일어나!

　익히 회자하는 "소녀야 일어나라" '달리다 쿰' 이 있다. 우리말 그대로 '달리다' 이다. 쿰은 우리말 꿈이고 이 의미를 히브리어는 '일어나다' 라 한다. "마 꿈 마 꿈 מָקוֹם מָקוֹם 마 콤 마콤2) 꿈의 2회 반복이 있다. 우리말 그대로 마 일어나 마 일어나!이다. 대화체이다. 주저앉아 있는 사람을, 사랑하는 대상을 향하여 '마' 말씀으로 일어나! 대화체이다. 살아 해와 달과 별이 절3)하는 절을 받으며 일어나! 일어났다. 똑같은 현상은 우리 조상이 남긴 천부경에서 일 을 11회 사용하여 두 발로 일어선 사람의 다리 모형이다.

　아버지 야곱 이스라엘은 요셉을 쳐다보면서 네 형제들과 어머니와 아버지인 내가 엎드려 절하겠느냐고 반문한다. 이 때 엎드려 절하겠느냐는 쇠하4)다. 엎드려 절하겠느냐=르하쉬타하오트=להשתחות=להשתחוֹת(레하쉬하오트5)이다. 일어나라! 아버

εἰς δὲ Ἰωσηφ 창 37:5).
1) חלום(할롬・꿈).
2) מָקוֹם מָקוֹם(마콤 마콤・일어나라 일어나라, 민 32: 2).
3) הַשֶּׁמֶשׁ וְהַיָּרֵחַ וְאַחַד עָשָׂר כּוֹכָבִים מִשְׁתַּחֲוִים לִי(하쉐매쉬 브하야레아흐 브아하드 아세르 코카빔 미쉬타하빔・해와 달과 열한별이 내게 절하더이다, D.NFS C.D.NMS C.무츤 무츤 NMP VTPAMP P.CXS, the sun and the moon and the eleven stars made obeisance to me, ὁ ἥλιος καὶ σελήνη καὶ ἕν δέκα ἀστέρες προσεκύνουν με, 창 37:9).
4) שחה(쇠하).
5) להשתחות(르히쉬하오트・엎드려 절하겠느냐, P.VTNG, to bow down ourselves, προσκυνῆσαι 창 37:10).

지 마음에만 두던 믿음능 딛고 일어나!

성서는 이 때 말 한 다발을 마음에 담아 두었더라= 쇼마르 에트~ 하다바르=שָׁמַר אֶת־הַדָּבָר쇼마르 에트~ 하다바르1) 하였다. 아버지가 "형들이 세겜에서 양을 치니 그리 가보라" 일어나라! 요셉은 명령 힘내2)' 일어라라에 응했다.

이때 성서 언어에 물고기 두 마리가 있다. 사람들을 만나자 그들에게 청컨대 내게 가르치소서 즉 "하기다 나리= לִי נָא ~ הַגִּידָה하기다 나리3)하였다. 요셉은 그들이 죽이려고 모의를 꾸밈에도 절대자 그 분의 모자 מצא=מצא모자4)를 맞추어=מצא맞춰5) 쓰고 명령6)을 받아 일어났다. 은혜 입고7) 일어나! 하나님 은혜 모자임=וימצאם=וימצאם봐 이 모자임8) 쓰고 일어나며 그를 죽이려는 형들에게 갔다.

형들이 그를 해버렸지 הברות=הברות해 버렸지만9)만 일어나! 말

---

1) שָׁמַר אֶת־הַדָּבָר(쇼마르 에트~ 하다바르・그 말을 마음에 두었더라, VQMZS O~ D,NMS, observed the saying, διετήρησεν τό ρήμα, 창 37:11).
2) הִנֵּנִי(힌네니・내가 그리하겠나이다,Qcxs, Here I am, Ἰδού ἐγώ, 내가 그리하겠나이다, 창 37:13).
3) הַגִּידָה נָא לִי(하기다~나 리・청컨대 내게 가르치소서, VHMMYS Q P.CXS, tell I pray thee me, ἀνάγγειλόί, 창 37:16).
4) מצא(모자・맞추어, 신 19:7).
5) 신 19:7.
6) 에 5:8.
7) 아 8:1
8) וימצאם(바이므자엠・그들을 만나니라,CW. VQIMZS.MZP, they conspired against, καί εὕρεν αὐτούς, 창 37:17).
9) הברות(하보로토・구덩이, D.NMP, pit, τῶν λάκκων, 창 37:20).

씀 전하려 11째 아들답게 일어나! 형들에게 갔다. 명령에 복종한 요셉=ףסוי=ףסוי,요셉은 눈을 높이 들어 입술을 둥글게 열어 말씀으로 일어나 사역을 했다.

한국 철학의 텍스트다움은 숨쉬기 작업이다. 인간완성의 철학은 숨 쉬며 살아 움직이는 일이다. 동양철학은 귀로 듣는 시의 철학이다. 서양철학은 눈의 철학이다. 눈에 보이는 것을 잡는 철학이다. 환유의 철학 그리고 묘사의 철학이며 과학의 철학이다. 결과는 추상에 도달한 특징[1]을 가진다. 대상은 주체를 잃어버리고 대상이 기계가 되다 보니 추상을 추구하다 자연존재를 잃어버린 결과가 서양 철학이다. 동양철학은 귀로 말씀을 잘 듣고 그대로 실천하려 일어나! 영 말씀에 귀 기울여 그대로 일생을 걸어간다. 이상은 이러한 동적인 자세로 한국시사의 시제 4호를 선물했다.

시대를 초월해서 남긴 이상의 시제 4호가 11회 반복리듬을 한다. 11회 반복리듬 우리 조상들이 남긴 천부경에서 일ㅡ을 11회 사용한다.

---

[1] 박정진, 인루학토그 제 43회. 동서양철학 이해하기, 탈출하기 · 박정진 문화인류학박사(유투브: 마로니에방송 · 초하사랑방 인문강의2020).

5). 오감도 시제1호 13 아해의 비밀

「오감도 시제 1호」 13 아해의 비밀이 더 연구된다.

이제 13의 히브리어 수치의 비밀이 밝혀진다. 아가서는 다윗의 자손 예수의 사랑을 희생으로 기록한다. 예수 자리 13 대가 비밀로 자리 잡는다. 솔로몬의 아가서는 다윗의 자손 예수가 아파하는 사랑서이다. 미국의 성조기는 다윗의 별 13 개로 되어 있다. 아가서는 예수와 다윗 그리고 여호와 יהוה 여호와의 수 값이 26 곧 יהוה 여호와 수치 ה 5 ו 6 ה 5 ; 10 וה ה=26 · 2= 13의 예수님과학문예미학서다.

부도지 26장에서는 회회첩첩ㅁㅁ疊疊을 알린다. 천일일 평등과 각각의 자유가 있는 지일이의 각자의 맡은 바의 임무가 있는 이 두 가지 질서가 다 있어야 하는 원방 각 속에 다 포함되는 조화사상이다.

아가서는 하나님과 예수님과의 부자^{父子} 사랑이야기이다. 이 사랑의 근거는 여호와에게서 찾아진다. 과학문예미학이 제시하는 13수로서 사랑수치를 예수님의 강력한 사랑 메시지로 한다. 예수의 자리는 13번째의 자리이다. 이를 증명하는 성서 과학문예미학에 공개된 예수님 족보는 41회째이고 42째 그리스도 ὁ χριστός ^{눅 23:35, 39} 다. 13자리는 예수 족보 14대 14대 13대의 자리이다. 그 다음은 14대 크리스도이다.

바로 아브라함 → 다윗까지의 14대까지 그리고 다음 다시 이어지는 성서에서의 14대까지이고 마지막 예수 자리는 13번째의 자리이다. 오감도 시제 1호는 이 13수치를 아파하는 자리로 한다. 너무 사랑한 자신의 몸을 13의 아해로 하고 있다.

아브라함의 브라함의 숨 쉼 표시이다. 숨 쉬는 자리 그 자체가 숨쉼의 의미이다.

13인의아해가도로로질주하오
(길은막다른골목이적당하오).

제1의아해가무섭다고그리오.
제2의아해도무섭다고그리오.
제3의아해도무섭다고그리오.
제4의 아해도무섭다고그리오.
제5의아해도무섭다고그리오.
제六의아해도무섭다고그리오.
제7의아해도무섭다고그리오.
제8의아해도무섭다고그리오.
제9의아해도무섭다고그리오.
제10의아해도무섭다고그리오.

제11의아해가무섭다고그리오.
제12의아해도무섭다고그리오.
제13의아해도무서운아해와무서워하는아해와 그렇게뿐이모였소.
(다른사정은없는것이차라리나았소).

그중에1인의아해가무서운아해라도좋소.
그중에2인의아해가무서운아해라도좋소.
그중에2인의아해가무서워하는아해라도좋소.

그중에1인의아해가무서워하는아해라도좋소.

(길은뚫린골목이라도적당하오.).
13인의아해가도로로질주하지아니하여도좋소.

- 「시제 1호」

오감도의 시제 1·2·3·4호의 시행의 반복에 있어서 1호는 "제1의아해가무섭다고그리오." 의 경우 1에서 13까지의 숫자만 다를 뿐 같은 글자의 반복이다. 바로 "제1의아해가무섭다고그리오." 라는 문장이 13까지 계속 반복된다.

이크듸스는 곧 예수 크리스트, 하나님의 아들 구세주! 인간 물고기를 낚는 청년 예수이다. 예수는 하나님 사랑의 실천을 직접 몸 안의 물과 피를 다 쏟으시고 십자가에 달리셨다[1]. 사랑의 실천[2]을 하나님 아들[3]이 하셨다.

인류의 죄를 사하시려 그의 독생자 아들을 십자가에 희생제물로 드리는 사랑표시는 우리말 아파אַהֲבָה^아하파 사랑[4])이다. 예수님이 십자가에 돌아가시면서 아파 ה^ㅎ5 + בֿ^바2 + הֲ^ㅎ5 + אַ^아1 =13 אַהֲבָה^아하파ㅎ5) 아하파·사랑 하시며 절규하였다. 아가서

---

1) 막 15:25, 27; 갈 2:20; 요일 5:6, 8.
2) 손원영, Ibid.
3) 민대훈, Ibid.
4) אַהֲבָה(아하파·사랑, 신 10:14; אַהֲבָה 아하바(원형 אַהֲבָה 아하바) :사랑이(.NFS, love, 아 1:9, 3:10) 사랑하므로(.NFS, love, 아 2:5), 사랑하므로 (NFS, of love, 8:6) 사랑은(.NFS, love, 아 8:6),그 사랑이 (.NFS,, was love, 아 2:4)
5) 상동.

마방진시학

가 그토록 사랑장이 되는 이유는 여섯째 날 의미인 예수님 십자가 사랑이다. 아파라고 표현한다. 우리말과 히브리어가 유일하게 똑 같은 이 '아파' 언어는 아가서에서 6회이다. 그 많은 아가서의 사랑 언어 중에서 단 6회로 여섯째 날의 예수님 사랑 과학문예미학을 알린다.

아파의 문법은 과거형 문법^{아 2:4}이다.

אַהֲבָה아하바
אַהֲבָה아하바 그 사랑이 .NFS, was love, 아 2:4
אַהֲבָה아하바 사랑하므로 사랑이 .NFS, love, 아 2:5
אַהֲבָה아하바 사랑이 NFS, love, 아 3:10
אַהֲבָה아하바 사랑이 NFS, love, 아 8:6
אַהֲבָתֵךְ하아하바 네 사랑이 원형 אַהֲבָה 아하바) :내사랑이 D.NFS, my love, 아 2:7
אַהֲבָתִי하아하바 사랑하는 자가 D.NFS, my love, 아 3:5
אַהֲבָתָה하아하바 이 사랑은D.NFS, love, 아8:7
בְּאַהֲבָה바아하바 사랑과 바꾸려 할지라도 원형 אַהֲבָה 아하바 P.D.NFS, for love, 아 8:7

אֲהֵבוּךָ아헤부흐 처녀들이 너를 사랑하는구나, 원형 אָהַב 아하바:VQACZP.MYS, do-love thee, 아 1:4

הָאַהֲבָה - אֶת에트 이아하바(원형 אַהֲבָה 아하바) :사랑하는 자를, D.NFS, my love, 아 8:4

שֶׁאָהֲבָה쉐아하바 사랑하는 자야 원형 אָהַב 아하브) :사랑하는 자야, R.VQAFZS, O thou whom – loveth, 아 1:7

שֶׁאָהֲבָה쉐아하바 사랑하는 자를 R.VQAFZS, him whom –loveth 아 3:1, 2, 3, 4)

אֲהֵבוּךָ아하브우하 너를 사랑하는구나 원형 אָהַב) :너를 사랑하는구나, VQACZP.MYS, do – love thee, 아 1:3

אֲהֵבוּךָ아하브우하 너를 사랑하는구나 원형 אָהַב) :너를 사랑하는구나, VQACZP.MYS, do – love thee, 아 1:4

אֲהֵבוּךָ아하브우하 너를 사랑하는구나 원형 אָהַב) :너를 사랑하는구나,

VQACZP.MYS.do - love thee, 아 1:3

דּוֹדָה도드호 그 사랑하는 자; NMS. FZS, herbeloved, 아 8:5

לְדוֹדִי 레도디 나의 사랑하는 자 위하여 원형 דּוֹד 다윗 P.NMS.CXS, to my beloved, 아 4:16, 5:2, 4, 5, 6, 6:2,

וְדוֹדִי 베도디 나의 사랑하는 자는 다윗 C.NMS.CXS, and my beloved is, 아 6:2, 7:11

דּוֹדִים 도딤 나의 사랑하는 사람들이 원형 דּוֹד 다윗 : NMP, O beloved, 아 5:1

רַעְיָתִי 라으야티 네 사랑아 원형 רַעְיָה 라야 NMS.CXS, O my love 아 1:9, 사랑 my love, 아 4:1, 7

רַעְיָתִי 라으야티 네 사랑 원형 רַעְיָה 라야 NFS.CXS, O my love 아 6:4

이제 13의 히브리어 수치의 비밀이 밝혀진다. 아가서는 다윗의 자손 예수의 사랑을 희생으로 기록한다. 예수 자리는 족보 14대 14대 다음의 13대이다. 미국의 성조기는 다윗의 별 13개로 되어 있다. 아가서는 예수와 다윗 그리고 여호와 יהוה 여호와의 수 값이 26 곧 יהוה 여호와 수치 ה⁵ ו⁶ ה⁵ ;¹⁰ יהוה 여호와 =26/2= 13의 예수님과학문예미학서다.

아가서는 하나님과 예수님과의 부자父子관계의 시로 되어 있다. 이 수의 자리는 13번째이다. 사이에는 사랑이야기가 있다. 이 사랑의 근거는 여호와에게서 시작되면서 그 과학문예미학의 13 사랑수치를 성서는 하나님의 분신 예수님의 강력한 사랑 매시지로 한다. 이를 증명하기 위해, 성서 과학문예미학이 공개된 성서의 예수님 족보는 아주 분명하게 공개된 예수님 족보 41회째이다.

크리스도=ὁ χριστός눅 23:35, 39는 42째이다. 크리스도

전 13대 곧 41째가 지닌 의미는 이상시에서 밝혀진다.

이상시 오감도 시제 1호의 "그중에1인의아해가무서운아해라도좋소."의 시행은 점진적인 무한의 가능성을 암시하는 반복형태를 나타내면서도 그 끝을 나타낸 "그중에2인의아해가무서워하는아해라도좋소."는 그 다음 시행에서 "그중에1인의아해가무서워하는아해라도좋소."라고 하여 숫자가 없어지게 기록되면서 1호의 처음과 끝에서도 "13인의아해가도로로질주하오."와 "13인의아해가도로로질주하지아니하여도좋소."라고 기록되는 시는 드디어 "(길은막다른골목이 적당하오).") 와 "(길은뚫린골목이라도적당하오)." 라고 한다.

이를 드러낸 이상의 오감도 시제1호이다.

> 그중의1인의아해가무서운아해라도좋소
> 그중에2인의아해가무서운아해라도좋소
> 그중의2인의아해가무서워하는아해라도좋소
> 그중에1인의아해가무서워하는아해라도좋소
> — 이상 시의 「시제1호」에서

"의'의 소유격과 '에'의 목적격이 뚜렷이 구분되면서 한사람이라도 '무서운 아해'일 때는 막다른 골목을 통과하는데 하물며 그 '무서운 아해'가 집단적으로 늘어 날 때에는 오히려 무한한 힘을 발휘하는 1호의 숨은 뜻 확대이다.

열린 길을 두 발로 걸어가는 시인의 꿈 문제에 대하여 성경 원문 히브리어에서도 이 꿈을 그대로 '꿈'으로 발음한다. 이 꿈이 이루어지는 장소를 '마 꿈'이라 하여 장소를 표현한다. 드보라가 쓴 시에서는 일어나라! 일어나라! 일어나라! 라고 거듭 한다.

그런데 이 일어나라가 우리의 발음 그대로 '우리'이다. 우리는 자나 깨나 앉으나 서나 이 우리라는 말을 즐겨한다. 이 우리가 바로 일어나 지금 큰일을 할 때이다. 꿈을 꾸고는 꿈을 그냥 꿈으로만 가지는 것이 아니라 일어나 일을 하여야 일이 이루어진다. 일어나라!

일어나는 존재는 두 발로 걸어야 한다.

제 8장 온전히 아름답고 예쁜 마방진시학

I. 온전히 아름답고 예쁜

1. 온전히 아름답고 예쁜

1). 온전히 아름답고 예쁜

(1). 온전히 아름답고 예쁜

יְהוָה אֲדֹנֵינוּ	מָה -	אַדִּיר	שִׁמְךָ בְּכָל־הָאָרֶץ
아도네누 여호와	마	아디르	쉬메하 베콜 - 하아레쯔
어찌 그리 우리주여 여호와	주의 이름이 아름다운지요	온 - 땅에
NMP.CXP NE	ABT	AMS	P.NMSG NMS.MYS D.NFS

- 시 8:1

여호와 우리 주여 주의 이름이 온 땅에 어찌 그리 아름다운 지요의 아름다운 주의 이름 여호와이다.
아름답다의 주인공 여호와이다.

① 나는 온전히 아름답도다 겔 27:3

אֲנִי כְּלִילַת יָפִי 아니 켈레라트 예삐

יָפִי 예삐 어여삐 NMS겔 beauty

כְּלִילַת 켈레타트 온전히 AFSGof perpect, אֲנִי 아니 온전히 AFSG I am

- 겔 27:3

② 네 지혜의 예쁜 짓 겔 28:7

יָפִי חָכְמָתֶךָ 예삐 하크마테하 네 지혜의 예쁜 짓 the beauty ofthy wisdom

חָכְמָתֶךָ 하크마테하 네 지혜의 NFS.MYS, יָפִי 예삐 아름다운 NMSG

- 겔 28:7

③ 지혜가 충족하여 온전히 아름다왔도다 겔 28:12

מָלֵא חָכְמָה וּכְלִיל יָפִי 말레아 하크마 우크릴 예삐

יָפִי 예삐 어여삐 NMS beauty וּכְלִיל 우크릴 온전히 C.AMSG and perfect in

חָכְמָה 하크마 지혜가 NFS wisdom. מָלֵא 말레아 충족하며AMSG full of

- 겔 28:12

①.의 나는 온전히 아름답고 예쁘다. ②의 네 예쁜짓의 네는 당신, 그대이다. ③.의 주인공은 은유된 그분이다. 모두 예쁘다, 아름답다 그리고 예삐! 우리말 예쁘다는 표현그대로 예삐 יָפָה=יפה야파1)이다. '어여쁘고'로 번역되어 있다. 우리말 예쁘지 야파티 יָפָתִי=יפתי야파티 예쁘지2)이다. '예쁘지'로 번역되

---

1) יָפָה(야파 · 어여쁘고, 아 1:15, 16, 4:7, 6:4, 10).
2) יָפָתִי(야파티 · 예쁘지, 나의 어여쁜자야, 아 2:10, 13) · 예쁘 יָפָה(야파 · 어여쁘고, 아 1:15, 16, 4:7, 6:4, 10) · יָפוּ(야푸 · 아름다운지, 아 4:10) · יְפִי(예피 · 아리따움) · יָפֶה(예페 · 아름답다) · יָפֶה(야페 · 아름다운, 신 21:11; 아 1:16) · יָפְתְּ(예포트 · 아름답고, 창 41:4) · יָפְתָה(예쁘테 · 미혹, 신 11: 16) · תְּיַפֶּ(예파타 · 아름다운 여자, 신 21:11)가 있다. 예수님 입안이라는 뜻 예쁘

어 있다. 예수님이다. 닉네임으로 불리울 수 있는 '예쁘'ָיפִי',예삐 예쁘=יָפִי=יָפֻ,야뿌1)이다. 헬라어로도 예삐=ἐπί 에피이다. '아름다운'으로 번역되어 있다. 예삐 יָפִי=,예피2)다. 아리따움으로 번역되어 있다. 야파יָפָה,야파아3)도 있다. 주인공 그대이다.

이를 시인의 자격으로 시작품으로 지어보았다.

      그대4)를 사모하는5) 기쁨을 씌웠더6)니
      예뻐7)진 입술에다 두 눈8)도 예뻐9)지며
      알리는 입술소리가 쉰나이다하도 불러서10)
      그래요11)

                                 - 이영지 「예뻐지는 비결」

예페=יָפֶה,예페12)이다. '아름다운'으로 번역되어 있다. 예삐13) '아름답다' 예쁘다=יָפַת,예포트14)이다. '아름답고' 번역

    יָפֻ;(야뿌, 아 4:10).
1) יָפ(야푸・아름다운지, 아 4:10).
2) יָפִי;(예피・아리따움),
3) יָפָה(야아파아・어여쁘고도, 아 4:1).
4) חֲתֻנָתוֹ(하툰나토・혼인, 예수님 십자가를 영원히 사모하는 마음, 아 3:11).
5) שִׂמְחַת(스므아흐트・기쁨, 아 3:11).
6) שֶׁעִטְּרָה(씌잇터라・씌운, 아 3:11).
7) יָפָה(야파하・글자풀이로, 아 4:1).
8) עֵינַיִךְ(엔아이흐・쌍수, 두 눈).
9) יָפָה(야파하・어여쁘고도, 아 4:1).
10) שֶׁנַּיִךְ(쉰나이호・쌍수 즉 윗 이와 아랫이, 아 4:2).
11) 이영지, 『물마일의 시학』(서울, 창조문학사, 2023)., 825.
12) יָפֶה(야페・아름다운, 신 21:11; 아 1:16).
13) יָפֶה(예페・아름답다).
14) יָפַת(예포트・아름답고, 창 41:4).

어이다. 예쁘데=פְתַה׳,예프테1)도 있다. 번역 '미혹' 이다. 예쁘다=פָּת׳,예파타2)도 있다. 번역 '아름다운' 이다. 말씀의 입 야뿌=פִי׳,야뿌3)이다. 번역은 '아름다운지' 이다. 전하는 매시지는 말씀 전하는 분이 예쁘다. 말씀하시는 입을 두 손으로 떠받들고 있는 형상이다.

성경은 예쁜 자를 지혜자로 지칭한다. 성경의 아름답고 예쁜 분은 하늘높이 계신 자 알=עַל 알 하늘높이 계신자 창 7:12, 16, 호세아 11:7이다. 하늘에 높이 계신 자 이 표현을 성경은 닿았도다 חִת תַחַת 다했도다 깊은 곳 AFP 겔 26:10로 풀이한다. 지혜의 아름다움이 깊어서 말씀하시는4) 지혜! 하늘에 닿았도다! 지혜자 그 분이다.

사람에게도 적용된다. 예삐 יְפִי׳=פִי׳,예삐이다. 예쁜 사람 예삐이다. 이 예삐는 그 분의 뜻대로 사는 사람이다. 인생을 아름답게 사는 방법이다. 말씀 따라 사는 사람이다. 예수님 말씀 따라 사는 사람은 지혜로운 사람이다. 얼굴에는 웃음이 늘 있고 말에는 늘 따뜻함이 있고 걸어갈 때는 반듯하게 걸어가고 잠잘 때는 평안이 깃드는 축복이 있다.

야파티예쁘다=פָת׳,야파티 예쁘다=יְפָת׳,야파티 예쁘다5): 정말 야쁘다=פָת׳

---

1) יְפְתַה(예쁘테 · 미혹, 신 11: 16).
2) פָת׳(예파타 · 아름다운 여자, 신 21:11).
3) פִי׳(야뿌 · 아름다운지, 아 4:10).
4) אָמַר..אָמַר(아마르..아마르 · 말씀하시고..말씀하신, 민 26: 1, 27: 6, 31: 25).
5) פָתִי׳(야파티 · 예쁘지, 나의 어여쁜자야, 아 2:10, 13) · 예삐 יָפָה(야파 · 어여 쁘고, 아 1:15, 16, 4:7, 6:4, 10) · פִי׳(야푸 · 아름다운지, 아 4:10) · יְפִי׳(예피 · 아리따움) · הָ יְפֵה(예페 · 아름답다) · יָפֶה(야페 · 아름다운, 신 21:11; 아

야파티 예쁘다. 예수님 따라 하는 일이 야쁘다=יָפִית,야파티 예쁘지이다. 여쁘고=יָפְיָה,야파 어여쁘고1), 아름다운지=야푸아름다운지=יָפִי,야푸 아름다운지2) 아리따움=예삐아리따움=יָפִי,예피 아리따움3) 아리따움, יָפֶה,예피 아름답다 예삐아름답다4) 예페이다. 아름다우니 야뻐이다. 아름다운아름다운=예페아름다운=יָפֶה,예페 아름다운=יָפֶה,예페 아름다운5) 예뻐, 예쁘다예포트 아름답고=יָפֹת,예포트 아름답고=יָפֹת,예포트 아름답고6)이다. 미혹예프테=예쁘데예프테 미혹=예프데미혹=יְפֵה,예프테 미혹=יְפַת,예프테 미혹7)이다. 예쁘데, 아름다운 여자예파타=예쁘다아름다운 여자=예파타 예파타 아름다운 여자=יְפַת,예파타 아름다운 여자=יְפַת,예파타 아름다운 여자8).

예수님 입안 말씀이 참으로야뿌 아름다운지9)야뿌 예쁘다. 말씀 전해 예쁘다. 이 예쁜 사람은 예수이다.

① 나는 온전히 아름답다 겔 27:3
아름답다 온전히 나는 … 주 여호와의 말씀에

1:16)·יָפֹת(예포트·아름답고, 창 41:4)·יְפַת(예쁘테·미혹, 신 11: 16)·תְ
פַ(예파타·아름다운 여자, 신 21:11)가 있다. 예수님 입안이라는 뜻 예뿌
יָפוּ(야뿌, 아 4:10).
1) יָפָה(야파·어여쁘고, 아 1:15, 16, 4:7, 6:4, 10).
2) יָפוּ(야푸·아름다운지, 아 4:10).
3) יָפִי(예피·아리따움), 알=עַל알 높이 위에 계신자이 있다. 이 עַל알은 헬라어로 έπί
에피 창 7:12이다.
4) יָפֶה(예페·아름답다).
5) יָפֶה(야페·아름다운, 신 21:11; 아 1:16).
6) יָפֹת(예포트·아름답고, 창 41:4).
7) יְפַת(예쁘테·미혹, 신 11: 16).
8) יְפַת(예파타·아름다운 여자, 신 21:11).
9) יָפוּ(야뿌·아름다운지, 아 4:10).

640 제 8장 온전히 아름답고 예쁜 마방진시학

      יָפִי   כְּלִילַת   אֲנִי   ··· יְהוָה אֲדֹנָי   אָמַר
     예삐   켈레라트   아니 ··· 여호와 아도나이   아마르
     아름답다 온전히   나는 ··· 여호와의 주   말씀
     NMS   AFSG   NPX.XS ··· NE   NMP.CXS   VQAMZS
     beauty of perfect I am ··· God the Lord saith

                                                                 -겔 27:3에서

② 네 지혜의   아름다운 것-을
    חָכְמָתֶךָ   יְפִי   עַל-
    하크마테하   예피   - 을
    그대 지혜의   아름다운 것 - 을
    NFS.MYS   NMSG   NPX.XS
    thy wisdom the beauty of against

                                                                 -겔 28:7에서

③ 지혜가 충족하여 온전히 아름다왔도다
   아름답다 온전히   나는 ··· 주 여호와의 말씀에
   יֹפִי   וּכְלִיל   חָכְמָה   מָלֵא
   예피   우크릴   하크마   말레아
   아름다웠도다 온전희   지혜가 충족하며
   NMS   C.AMSG   NFS   AMSG
   beauty   and perfect in wisdom full of

                                                            -겔 28:12에서

④ 그러므로 -아 1:3에서
  (그러) -(므로))
  עַל   כֵּן
  (그러) (므로)
  AB   P
  therefore

                                                          - 아 1:3에서

④ 양떼 곁에서
   양떼 곁에서

עַל- עֶדְרֵי
양떼 곁에서
P-NMPG P
the flok of that turneth aside by

— 아 1:7에서

⑤ 목자들의 장막 곁에서

עַל- מִשְׁכְּנוֹת הָרֹעִים
목자들의 장막   곁에서
P-D.VQPAMP NMPG
beside- tents the shepherds'

— 아 1:8에서

⑤ 산에서- …침상에서
산에서- …침상에서
עַל הָרֵי… ~ עַל- מִשְׁכָּב
산에서 - …침상에서
P NMPG - … NMS.CXS
upon- the mountains -…on my bed

— 아 2:17~3:1에서

⑥ 허리에
허리에
עַל- יְרֵכוֹ
P- NFS.MZS
upon- his thigh

— 아 3:8에서

⑥ 문 곁에
문 곁에
עַל- שַׁעַר
문곁- 에

P- NMSG
by-the gate of

- 아 7:5에서

⑦ 그 사랑하는 자를
그 사랑하는 자를
עַל - דּוֹדָהּ
사랑하는자를
P-   NMS.FZS
upon- her beloved

- 아 8:5에서

⑧ 그 위에
그 위에
עַל-עָלֶיהָ
그 위에
P FZS
upon her

- 아 8:9½에서

⑨ 산들 위에
산들 위에
עַל הָרֵי
산들 위에
P NMPG
upon the mountains

- 아 8:14에서

위의 ① ② ③ '예피=יָפֶי,예쁘' 는 지혜자 그 분이다. 번역은 ①의 '아름답다' ② 의 '아름다운 짓' ③의 '아름다웠도다' 모두 히브리어로 예피이다. 이 예피=יָפ,예피는 양쪽글자에 하나님의 오른 손이 있다. 그리고 가운데 글자는 ㅍ=פ피=입 의미이다.

마방진시학 643

입으로 말씀하신다. 우리말 '예뻐' 이다. 예쁜 존재이다. 이 예쁜 존재는 절대자이고 우리말 번역으로는 아름답고 아름다운 짓으로 번역된다. 하나님과 예수를 같은 이미지로 한다.

위의 ④⑤⑥⑦⑧⑨에서 알=עַל은 곧 알- 높이 계신=עַל알 호세아 7:16, 창 12 하나님이다. 가장 높은 곳에 계신 분을 성경은 '야파=יפה'야파1)라 한다. 우리말 '어여쁘고' 로 번역되어 있다. 우리말 '예쁘지' 가 있다. 성경은 야파티=יָפְתִ'야파티 예쁘지2)라 한다. 나의 어여쁜 자야! 이다.

전능자와 예수의 정의를 아름답다거나 가장 예쁘고 가장 아름다운 존재로 지칭한다. 예수를 지칭 어여쁜 자야! 라 번역한다. 더구나 단어 첫 자를 대문자로 함으로써 절대자나 예수님으로 표시, 더 더욱 정관사 하=הַ하를 붙여 하야파=הַיָפָה 하야파3)라 한다. 번역은 어여쁜 자이다. 정관사가 붙어 꼭 어느 하나를 지칭, 여기에서는 최고의 그 어여쁜 자다.

정관사가 붙은 하야파=הַיָפָה하야파는 양쪽에 숨 쉬는 의미 하…하=ה…ה하…하가 붙어 있다. 그의 역할은 숨 쉬게 하는 존

---

1) יָפֶה(야파・어여쁘고, 아 1:15, 4:7, 6:4, 10).
2) יָפְתִי(야파티・예쁘지, 나의 어여쁜자야, 아 2:10, 13)・예뻐 יָפָה(야파・어여쁘고, 아 1:15, 16, 4:7, 6:4, 10)・יָפוּ(야푸・아름다운지, 아 4:10)・יְפִי(예피・아리따움)・יָפֶה(예페・아름답다)・יָפֶה(야페・아름다운, 신 21:11; 아 1:16)・יָפַת(예포트・아름답고, 창 41:4)・יְפַתֶּה(예쁘테・미혹, 신 11: 16)・תְּיָפַת(예파타・아름다운 여자, 신 21:11)가 있다. 예수님 입안이라는 뜻 예뿌 יָפוּ(야뿌, 아 4:10).
3) הַיָפָה(하야파・어여쁜자야, O thou fairest, 아 1:8).

재 하나님임을 알린 הָיָפָה하야파다. '아름다운' 으로 번역되어 야푸=יָפוּ;יָפוּ[1]이다. 예삐=יְפִי;יְפִי[2]는 아리따움으로 번역되어 있다. 예페=יָפָה;יָפָה[3] '아름다운' 이다. 예뻐[4]가 아름답다이다. 예쁘다 יָפַת;יָפַת[5]이다. '아름답고' 로 번역되어 있다. '예쁘데' יָפְתָה;יָפְתָה[6]이다. 번역은 '미혹' 이다. 예쁘다 예파트=יָפַת;יָפַת[7]이다. 번역은 아름다운 말씀의 입이다. '야뿌' יָפוּ;יָפוּ[8]이다. 번역은 '아름다운지' 다. 말씀 전하는 입을 최대의 아름다움으로 그리고 '예쁘다로 한다.

글자의 사역이 있다. 말씀하시는 입을 두 손으로 떠받들고 있는 형상이다. 지혜 자를 성경은 아름답고 예쁜 분으로 표시, 아름다움이 깊어서 말씀하시는[9] 지혜가 하늘에 닿았도다 תַּחְתִּיוֹת다했도다 깊은 곳 AFP 겔 26:10이다.

성경은 예쁘다는 분을 예삐로 한다. 예피=יְפִי;יְפִי이다. יְפִי;예피의 ,예는 예수 =יֵשׁוּ;예수의 첫 자 예=יֵ이고 그리고 여호와=יְהֹוָה;여호와의 첫 자 여=יְ이다. 이 첫 자 예=יֵ=יְ;예는 성경 모두에서 알린다. 그만큼 성경은 하나님과 예수님을 지극히 알린다.

---

1) יָפוּ(야푸 · 아름다운지, 아 4:10).
2) יְפִי(예피 · 아리따움),
3) יָפָה(야페 · 아름다운, 신 21:11; 아 1:16).
4) יָפָה(예페 · 아름답다).
5) יָפַת(예포트 · 아름답고, 창 41:4).
6) יָפְתָה(예쁘테 · 미혹, 신 11: 16).
7) יָפַת(예파타 · 아름다운 여자, 신 21:11).
8) יָפוּ(야뿌 · 아름다운지, 아 4:10).
9) אָמַר..אָמַר(아마르..아마르 · 말씀하시고..말씀하신, 민 26: 1, 27: 6, 31: 25).

지혜가 온전히 아름다워 예뻐 יָפִי,예뻐 겔 27:3이에요
　　　그대의 아름다운 짓 예뻐 יָפִי,예뻐 겔 27:7이에요
　　　저엉말 아름다워 예뻐 יָפִי,예뻐 겔 28:12이에요

　　　오로라 빛으로 와 예뻐 יָפִי,예뻐이에요

　　　그대는 아름다운 분예요 그대는요
　　　그대를 사랑한다 말씀에 예수님도
　　　그대의 눈빛이 반짝 빛나셔요 예뻐요

　　　지혜자 그대는 요 예뻐요 사랑해요
　　　지혜자 두 분께서 양쪽에 한 분으로
　　　그대의 아름다움이 예쁘셔요 예뻐요

　　　우리말 예쁘다가 יִפִּי예뻐 히브리어
　　　양쪽에 그대의 손 받들어 섬기느라
　　　오온통 입술만으로 그대말씀 예뻐요

　　　그대의 예쁜 말씀 지혜의 의미에요
　　　날이면 날마다를 책 한권 만들면서
　　　드디어 문학관에게 내 책 올림 예뻐요

　　　　　　　　　　　　　　　　- 이영지 「예뻐요」

예쁘지와 야파티^{야빠티}=יָפְתִי=יִפְתִי,^{야파티 예빠디}1): 정말 예수님 따라 하는 일이 어여쁘지의 야빠티=יִפְתִ,^{야파티}이다. 이 야파=יִפְה=

---

1) יָפְתִי(야파티 · 예쁘지, 나의 어여쁜자야, 아 2:10, 13) · 예뻐 יָפָה(야파 · 어여쁘고, 아 1:15, 16, 4:7, 6:4, 10) · יָפוּ(야푸 · 아름다운지, 아 4:10) · יְפִי(예피 · 아리따움) · יָפֶה(예페 · 아름답다) · יָפֶה(야페 · 아름다운, 신 21:11; 아 1:16) · יְפַת(예포트 · 아름답고, 창 41:4) · יִפְתֶּה(예쁘테 · 미혹, 신 11: 16) · ת־ יְפַת(예파타 · 아름다운 여자, 신 21:11)가 있다. 예수님 입안이라는 뜻 예뿌 יָפוּ(야뿌, 아 4:10).

יָפָ֫ה ^(야파 어여쁘고1))는 어여쁘다로 번역되어 있다. 어여쁘다와 아름다운지가 동일 의미로 되는 야푸=פִּי^(야푸 아름다운지2)) 예삐 아름다운지이다. 아리따움=예삐=פִּי^(예피 아리따움3))이다. 이처럼 아름답고와 아리따움의 예삐=פָה^(예페 아름답다4)) 절대자와 그의 아드님에게 주어진 명칭이다. 형용사로 예삐=פָה^(예페 아름다운5))이고 명사로 예삐이다. 예쁘다 פַת=יְפַת^(예포트 아름답고6)) 이다. 예쁘데=פִתָה^(예프테 미혹7))이다. 예쁘다와 예파타=פַת=יְפַת^(예파타 아름다운8))이다. 예수님 입안 말씀이다. 예수님 입안은 말씀전하는 입이다. 여성이미지 아름다운지9)로 번역된다. 말씀 전해 예쁘다 이다.

훈민정음에 '어엿비^(어여삐)' 가 있다. 문장 "어엿비 너겨" 는 사랑하여 예쁘게 여겨이다. 어엿비여겨와 예쁘게 여겨 곧 어여삐 여겨10) 훈민정음의 서문에서의 "어엿비너겨" 이다.

---

1) יָפָה(야파 · 어여쁘고, 아 1:15, 16, 4:7, 6:4, 10).
2) פִּי(야푸 · 아름다운지, 아 4:10).
3) יְפִי(예피 · 아리따움),
4) יָפָה(예페 · 아름답다) .
5) יָפָה(야페 · 아름다운, 신 21:11; 아 1:16).
6) פַת(예포트 · 아름답고, 창 41:4).
7) פִתָה(예쁘테 · 미혹, 신 11: 16).
8) פַת(예파타 · 아름다운 여자, 신 21:11).
9) יְפִי(야뿌 · 아름다운지, 아 4:10).
10) 우리말과 히브리어 그 놀라운 유사성 | 염동옥목사 | 한국과 이스라엘 역사의 비밀
https: · www.youtube.com · watch?v=VbRa-i0Qu0E&t=1065s

> 나·랏:말쏜·미 中듕國·귁·에 달·아 文문字
> ·쫑·와·로 서르 ᄉᆞᄆᆞᆺ·디 아·니ᄒᆞᆯ·ᄊᆡ ·이런
> 젼·ᄎᆞ·로 어·린 百ᄇᆡᆨ姓·셩·이 니르·고·
> 져·홇·배 이·셔·도 ᄆᆞᄎᆞᆷ:내 제·ᄠᅳ·들
> 시·러 펴·디:몯홇·노·미 하·니·라·내·
> 이·ᄅᆞᆯ 爲·윙·ᄒᆞ·야:어엿·비 너·겨·새
> 로·스·믈여·듧字·쫑·ᄅᆞᆯ ᄆᆡᇰ·ᄀᆞ노·니:
> 사ᄅᆞᆷ:마·다:ᄒᆡ·여:수·ᄫᅵ니·겨·날·로·ᄡᅮ·
> 메 便뼌安한·킈 ᄒᆞ·고·져 홇 ᄯᆞᄅᆞ·미니·라
>
> 【정음 언해 1ㄱ:5~3ㄴ:2】

사랑하여 혹은 생각하여 이다. 늘 생각하는 사람은 예쁘게 여기는 이다. 이 사랑이라는 말은 우리말 그대로의 사랑이다. 다만 한자표기상 사랑=사랑思量이 있다. 생각의 깊이이다. 우리말에는 예쁘다는 표현을 아주 최고급으로 한다. 이 최대의 찬사는 우리말이 얼마만큼 히브리어와 닮아있는지를 알리는 최대의 증거이다. 그 증거로 염동옥 학자는 『한국과 이스라엘 역사의 비밀』[1]에서 밝히고 있다.

---

1) 염동옥, 한국과 이스라엘, 역사의 비밀(김해: CLC t)기독교문서선교회, 1917)., 215.

(2). 쉐야푸아흐와 야푸아흐

"쉐야푸아흐=שֶׁיָּפוּחַ"의 그 사랑하는 자이다. 앞의 글자를 오로지 지칭하는 '그'로 하여 극도의 한계성을 지닌 그 분이다. 성경은 그 사랑하는 자를 "쉐아하바"로 한다.

① 쉐아하바=שֶׁאָהֲבָה 쉐아하바 사랑하는 자야, R.VQAFZS, O thou whom - loveth, 아 1:7
② 쉐아하바=שֶׁאָהֲבָה 쉐아하바 사랑하는 자를 R.VQAFZS, him whom -loveth 아 3:1, 2, 3, 4

사랑하는 자 쉐아하바 שֶׁאָהֲבָה 쉐아하바는 기본형이 사랑하다 아하브 אָהַב 아하브 사랑하다 이다. 이 사랑하다 아하브 אָהַב 아하브 사랑하다에 쉐 שֶׁ 쉐 관계사가 붙어 쉐아하바 שֶׁאָהֲבָה 쉐아하바이다. 오로지 한 분뿐인 사랑하는 자이다. 이 자를 찾아도 찾지 못하는 광경이 일어난다. 따라서 쉐 שֶׁ 쉐 관계사가 붙는 일은 아주 큰 역할이다. 그 예로 물 마임 מַיִם 마임 물 에 윗 이 솨 שָׁ 솨가 붙어 하늘 솨마임 שָׁמַיִם 솨마임 하늘로 물에서 하늘로 바뀌는 엄청난 결과에 이른다. 사랑하다 아하브 אָהַב 아하브 사랑하다에 쉐 שֶׁ 쉐 관계사가 붙어 쉐아하바 שֶׁאָהֲבָה 쉐아하바는 오직 진정으로 사랑하는 자이다. 쉐야푸아흐 "שֶׁיָּפוּחַ 쉐야푸아흐" 이다.

הִים שֶׁיָּפוּחַ עַד
D.NMS R.VQIMZS P
날이 기울고 때에
the day break until

- 아 2:17

위 예문의 "쉐야푸아흐=שֶׁיָּפוּחַ"는 야푸=יָפוּ;יָפוּ^{야푸 아름다운지}1) 와 닮아 있다. "쉐야푸아흐=שֶׁיָּפוּחַ"의 기본형은 푸아흐=פּוּחַ= 말하다, 지껄이다, 호소하다이다. 그런데 단어 שֶׁיָּפוּחַ"의 첫글 자 쉐=שֶׁ^쉐가 옴으로써 기울다 의미로 바뀐다. 이 때 쉐=שֶׁ^쉐를 붙일 때는 날이 기울고로 한다. 이 쉐=שֶׁ^쉐 단어가 미치는 영향은 막강하여 말씀전하지 않는 입은 사랑하는 자를 찾아도 못 찾는 일이 일어난다.

다음 "네 사랑이"와 "내 마음에 사랑하는 자"가 긍정 의미의 사랑과 부정의미의 …שֶׁ로 바뀌는 경우이다.

① אֶת־הָאַהֲבָה 에트-하아하바 내 사랑이, D.NMFS, my love 아 2:7
② אֵת שֶׁאָהֲבָה נַפְשִׁי 에트 쉐아하바 내페쉬 내 마음에 사랑하는 자를 R.VQAFZS NPS.CXS, O thou whom -lovely soul 아 3:1, 2, 3, 4

위의 ①. ②사의 극명한 차이는 ①의 내 사랑과 ②의 사랑하는 자를 찾아도 못 찾는 결정적 이유는 길거리에서 찾았기 때문이다. 이 때 주인공은 길거리에서 만난 사랑하는 자는 쉐아하바 שֶׁאָהֲבָה^{쉐아하바}이다. 여기에서 길거리 데레크 דֶּרֶךְ^{바데레크} ^{길 노정}는 집이 아닌 길에서이다. 그러기에 주인공은 사랑하는 자를 강제로 데리고 어미 집으로 데려간다. 솔로몬의 어미

---

1) יָפוּ(야푸 · 아름다운지, 아 4:10).

집으로 화자가 데려온다. 그 후부터는 사랑하는 자 쉐아하바 שְׁאַהֲבָה쉐아하바의 쉐 שׁ쉐는 사용되지 않는다.

이때 שׁ쉐 다음으로 알레프 א알레프 1번째 글자, 숫자 1과 1000의 의미, 알레프, 황소, 신, 시작과 배움, 음가 없음)가 붙는 경우와 요드 ,י요드 10번째 글자, 숫자 10의 의미, 요드, 하나님의 손, 능력 음가 모음 I의 차이가 분명하다. 페 알렙동사1) 5개를 제외한 것 외에 나머지 알렙후음동사 입술 페 פ페가 가지는 말씀전하는 가치이다. 말씀 전하지 아니하는 입은 기울고 의미이다. 따라서 입 맞추어라 라고 말하고 있는 시편 2편 12절에서 아들에게 입 맞추지 않는 자는 멸망에 이른다고 하고 있다. 예수의 가치는 말씀전하는 입이 핵심이다. 이때 핵심 글자는 요드 ,י요드이다. 요드 ,י요드는 여호와 יהוה야훼와 예수여호와는 구원=구원=예수아יֵשׁוּעַ예슈아으나 여호수아 יְשׁוּעַ,여호수아의 첫 자 요드 ,י요드일 경우 하나님과 예수 손의 능력이다.

말씀전하는 입이 하나님이나 예수님의 손으로 바뀐다. 그 능력의 엄청난 효과를 알리는 손이다.

---

1) 망하다 אבד아바드 멸망하다 출 10:7 시 2:12 등.기뻐하다 אבה아바 기뻐하다 출 10:27 사 1:19 등.아칼 אכל아칼 먹다 창 3:11 삼상 9:19 등.말하다 אמר아마르 말하다 창 3:1 단 2:5 등. 아포 אפו아포 코 창 2:7 시 2:12 등2.

(3). 인체기능

인체에 대한 기록이 있다. 하나님 손이나 예수님 손 요드=יוד 손가 글자로 들어오면 성경은 놀랍게도 예쁘다거나 어여쁘다거나 아름답다 의미로 변신한다. 바로 말씀전하는 목적으로서의 역할이 놓일 때 만 아름답다거나 예쁘다 의미이다. 어여쁘다는 표현 나임 נעים 나임 어여쁜 아 1:16[1])이 있다. 바로 나임이다. 나이다. 훈민정음의 어엿비녀겨가 있다. 예뼈여겨이다. 말씀 전하니 예뻐 יפה=יפה 야파 야파2)이다. 눈3)도 예뻐4)이다.5) 예쁘지! 예뻐!다. 말씀전하는 입술이 툭 불거져 튀어나와6) 푸른 풀을 잘 찾아 잘 먹는다. 눈의 역할이 더 한다.

예쁘고 아름답다. 예쁘다. 아름답다. 이 말이 놀랍게도 매곤 하늘을 나는 새로 번역되어 있다. 매는 한국의 대표적인 새이다. 변관邊冠이라 하여 머리장식 특히 불꽃상징으로 장식된다. 더구나 히브리어문법에서도 제시하는 바와 같이 단어 앞에 하나님이나 예수님을 표시하는 요드=יוד가 붙음으로 하여 현재형과 미래형이 동시에 적용되는 매시지는 절대성을 상징한다. 더욱 중요한 것은 입이다. 입=פ 으로 복음 전하지

---

1) 염동옥, 한국과 이스라엘, 역사의 비밀(김해: CLC t)기독교문서선교회, 1917)., 215.
2) יפה(야파·어여쁘고, 아 1:15, 16, 4:7, 6:4, 10).
3) עינים(엔아이흐·쌍수, 두 눈).
4) יפה(야파하·어여쁘고도, 아 4:1).
5) 이영지, 『물마임의 시학』(서울, 창조문학사, 2003)., 823.
6) שפתתיך(시프토타이흐·네 입술은, 불쑥나온, 아 4:3)

않는 경우는 지는 곧 날이 기울고 의미로 하여 사람의 삶의 존재자체도 말씀 전하기 위해 사는 존재이고 하나님 말씀을 잘 전달 할 때는 예쁘다는 의미로 크게 달라진다. 말씀을 가장 잘 전하는 분은 그 분이다.

새와 매와 꽃과 아름다움과 노래의 의미 동일성을 찾는 일은 이 세상 신비에 해당한다. 그것은 노래조차 하나님의 극진한 찬양을 전하고 있고 노래는 다름 아닌 절대자나 그의 아들 예수님을 잘 전하는 메시지이다. 이토록 새들과 매와 꽃과 나비 등등 모두 절대자를 찬양한다.

새와 노래가 연관된다. 아가서는 제목자체를 쉬르 하시림=שִׁיר הַשִּׁירִים 쉬르 하쉬림 아가서 으로 노래 중의 노래라 하여 노래 의미의 같은 히브리어가 두 번 중복된다. 시인, 날아가다, 새가 지저기다 의미다. 유사 어로 나라, 누리, 날아, 또는 휠 휠 날아 다닌다. 시인의 귀중함이 있다.

꽃이 아름다움을 성경은 나짠 으로 한다. 기본형 닛-짠=נִץ nitz-tzan' 꽃=닛-짠 ·명사남성단수이다. 꽃=네쯔=נֵץ nehtz 꽃은 매이기도 하다. 꽃이 피고창 40:10의 복수 꽃들=하닛짠=הַנִּצָּנִים hanitz-tzān' 아 2:12이다.

① נִצָּה עָלְתָה
NMS.FZS VQAFZS
꽃이 피고
her blossoms and shot forth

- 창 40:10

② בָּאָרֶץ　נִרְאוּ　הַנִּצָּנִים
　P.D.NFS　　VNACZP　　DNMP
　지면에는　　피고　　꽃이
　on the earth appear　The flowers

- 아 2:12

③ נֵץ　-יַעֲלָתָה
　NMS　-VHIMZS
　매가　-떠 올라서
　the hawk -fly

- 욥 39:26

④ הַנֵּץ　-וְאֶת
　D.NMS　-C,O
　새 매
　the hawk -and
　ἱέρακα-καί

- 레 11:16

⑤ הַנֵּץ　-וְאֶת
　D.NMS　-C,O
　새 매
　the hawk -and
　ἱέρακα-καί

- 신 14:15

　꽃과 하늘을 나는 새는 하늘에 핀 꽃이다. 새이다. 옷이 날개다. 지상에서 날아다니는 옷을 잘 입은 새다. 왕들이 머리에 장식하는 조익관鳥翼冠이 있다. 하늘에 꽃핌과 들에 꽃피는 꽃의 동격 매시지이다.

2). 꽃의 아름다움

소월의 「진달래꽃」 시가 있다. 영변의 약산의 진달래꽃 시이다. 이 시에 님이 "가실 때" 와 "아름따다 뿌리우리다" 가 등장한다. 이 시적 화자는 님을 향하여 '아름…' 이라고 하여 꽃의 아름다운 모습의 이 '아름' 을 시어로 했다. 아름답다와 아름 따다의 '따다' 와 '답다' 의 접미사의 분별법은 '답다' 는 모양이고 '따다' 는 이 아름다운 꽃을 따는 동사이다. 「진달래꽃」 시에서는 님이 가실 때라는 상황에서 대상에게 꽃을 아름따다 뿌리우리다 미래형이다.

꽃다발로서의 꽃을 아름따다 뿌리우리다의 움직일 것이라는 미래형은 꽃의 다발 즉 많은 꽃무리는 아름답다라고 하는 절대 이미지 곧 지혜의 움직임이 예상된다. 예상이고 예정이다. 따라서 미래 님이 가실 때라고 하는 가상현실이 발생할 경우 그 위력을 발휘할 것이다 라는 것이다. 꽃나무에 달려있는 꽃은 움직이지 못한다. 그러나 님이 가실 때라고 하는 지금은 그 움직이지 않는 꽃을 한 다발로 하여 미래에 가실 그 어느 때에 한 아름의 꽃다발이 님이 가시지 못하도록 움직일 예정이다. 이처럼 시인의 시로 전개되는 역학은 화살기도로 연계되는 사랑의 위대성을 알린다. 이별은 없다.

2. 꽃과 새와 나

소월의 「山有花^{산유화}」 시가 있다. 소월시의 「山有花^{산유화}」에 산에는 "꽃피네 꽃이 피네"이다.

> 山에는 꽃 픠네,
> 꼿치 픠네
> 갈 봄 녀름 업시
> 꼿치 픠네

「진달래꽃」의 꽃이 있다. 이 꽃을 시적 화자는 아름 따다 가실 길에 뿌리어 님이 가는 길에 사랑하는 님이 못가도록 한다. 지금이 아니고 미래 그 어느 때이다. 이 꽃은 산에 산에 피는 「산유화」이다. 꽃에게 보호자가 있다. 새이다. "산에 사는 작은 새가 꽃이 좋아 사노라네" 꽃의 아름다움에 반하여 오로지 산에 사는 작은 새는 산에 사노라네 꽃의 보호자로 산다. 동시에 「진달래꽃」 시의 아름 따다 가실 길에 뿌리우리다의 미래형 꽃이다. 이 꽃은 '산에 사는 작은 새'가 좋아한다. 새의 동적 비상이미지는 미래 어느 때 '나보기가 역겨워 가실 때의 님 앞에 가실 길에 뿌리우리다' 꽃의 동적 이미지로 변신한다. 나의 사랑을 지켜주는 새와 꽃이다. 꽃을 좋아하는 새는 산에 사는 작은 새이고 산에 산에 피는 꽃을 좋아하고 님 떠날 때에 못가도록 해 준다.

서로 어울리며 아름다운 꽃에 반해서 사는 꽃과 새와 나와 또 그대가 있다. 이 넷이 어울림은 서로 따라 이르고 픈 따라다니는1) 꽃의 아름다움에서이다.

꽃의 아름다움 그것은 성경이 얼마나 이 아름답고 예쁨에 열중하고 있는 지를 보여준다. 예쁘다와 야파티^{예쁘다}=יָפְתִי,^{야파티 예쁘다}=יָפְתִי,^{야파티 예쁘다}2): 정말 야쁘다=יָפְתִי,^{야파티 예쁘지}는 예수님 따라 하는 일이다. 야쁘다=יָפְתִי,^{야파티 예쁘지} 어여쁘고=יָפָה,^{야파 어여쁘고}3), 아름다운지=야푸^{아름다운지}=יָפ,^{야푸 아름다운지}4) 아리따움=예삐^{아리따움}=יְפִי,^{예피 아리따움}5) 아리따움, יָפֶה,^{예피} 아름답다 예뻐^{아름답다}6) 예페, 아름다운이 야뻐 아름다운^{아름다운}=예페^{아름다운}=יָפֶה, 예페 아름다운=יָפֶה,^{예페 아름다운}7) 예뻐, 예쁘다^{예포트 아름답고}=יָפְת,^{예포트 아름답고}=יָפְת,^{예포트 아름답고}8) 미혹^{예프테}=예쁘데^{예프테 미혹}=^{에프데}^{미혹}=יָפְתָה,^{예프테 미혹}=יָפְתָה,^{예프테 미혹}9) 예쁘데, 아름다운 여자^{예파타}=예쁘다^{아름}

---

1) יִדְּפוּנִי(이르드푸니 · 따르리니, 시 23:6).
2) יָפְתִי(야파티 · 예쁘지, 나의 어여쁜자야, 아 2:10, 13) · 예뻐 יָפָה(야파 · 어여쁘고, 아 1:15, 16, 4:7, 6:4, 10) · יָפ(야푸 · 아름다운지, 아 4:10) · יְפִי(예피 · 아리따움) · יָפֶה(예페 · 아름답다) · יָפֶה(야페 · 아름다운, 신 21:11; 아 1:16) · יָפְת(예포트 · 아름답고, 창 41:4) · יָפְתָה(예쁘테 · 미혹, 신 11: 16) · תְּפ(예파타 · 아름다운 여자, 신 21:11)가 있다. 예수님 입안이라는 뜻 예뿌 יָפ(야뿌, 아 4:10).
3) יָפָה(야파 · 어여쁘고, 아 1:15, 16, 4:7, 6:4, 10).
4) יָפ(야푸 · 아름다운지, 아 4:10).
5) יְפִי(예피 · 아리따움),
6) יָפֶה(예페 · 아름답다) .
7) יָפֶה(야페 · 아름다운, 신 21:11; 아 1:16).
8) יָפְת(예포트 · 아름답고, 창 41:4).
9) יָפְתָה(예쁘테 · 미혹, 신 11: 16).

다운 여자=예파타 예파타 아름다운 여자 יְפַת, 예파타 아름다운 여자 יְפַת, 예파타 아름다운 여자1). 예수님 입안 말씀 안이다. 참으로 야뿌 아름다운지2) 야뿌 예쁘다. 말씀 전해 예쁘다.

임과 임 만일=אִם 임 만일=אִם 임 만일3)이 있다. 아가서 1장 16절에 나임 נָעִים 나임 어여쁜4) 이 있다. 아가서는 제목자체를 쉬르 하시림=שִׁיר הַשִּׁירִים 쉬르 하쉬림 아가서 으로 한다. 사전 상에서는 노래가 두 번 중복되면서 시인, 날아가다, 새가 지저귀다 의미이다. 우리의 말 노래라는 말 유사어에 나라, 누리, 날아, 또는 훨훨 날아다니는 나비가 있다. 아름답고 예쁜 의미까지 덧붙여지는 노래나 훨훨 날아다니는 새와 나비는 사실상 말씀을 전하는 의미를 아가서는 예쁘다는 표현을 수 없이 반복한다.

바로 성경은 입으로 '토하' 와 외모가 아름다운 표현을 예파트 토아르토해=יְפַת־תֹּאַר=יְפַת־תֹּאַר 예파트 토아르토해5)라 하였다. 외모가 아름다운=예파트 토아르토해=יְפַת־תֹּאַר=יְפַת־תֹּאַר 예파트 토아르 토해 예쁘게 토하여진 여인의 아름다움! 배출=통째=토째=וַתֹּצֵאת תֹּצֵאת 토째 토째·배출 통째6) 향기가 쏟아진다.

우리는 꽃이 피었는가 하면서 시를 쓴다. 성경에 했네 헨

---

1) יְפַת(예파타·아름다운 여자, 신 21:11).
2) יָפוּ(야뿌·아름다운지, 아 4:10).
3) אִם(임·만일, Ἐαν, if. 창 44:31).
4) 염동욱, 한국과 이스라엘, 역사의 비밀(김해: CLC t)기독교문서선교회, 1917)., 215.
5) יְפַת־תֹּאַר(예파트 토아르·외모가 아름다운, 신 21:11).
6) תֹּצֵא(토째·배출, 창 1:12).

네주הֲכָזֹה헨네주 꽃이 피었는가1)가 있다. 했네 주꽃이 피었는가הֲכָזֹה 헨 네주 꽃이 피었는가הֲכָזֹה헨네주 꽃이 피었는가 했네이다. 주 꽃이 피었는가!

   山에 山에
   피는 꼿츤
   저만치 혼자서 피여 잇네

   山에서 우는 젹은새요
   꼿치 죠와
   山에서 사노라네

   山에는 꼿 지네
   꼿치 지네
   갈 봄 녀름 업시
   꼿치 지네

                - 「山有花」 원문

   산에는 꽃 피네,
   꽃이 피네
   갈 봄 여름 없이
   꽃이 피네

   산에 산에
   피는 꽃은
   저만치 혼자서 피어 있네
   산에서 우는 작은 새요
   꽃이 좋아
   산에서 사노라네

               - 「산유화山有花」 에서

---

1) הֲכָזֹה(헨네주・꽃이 피었는가, 아 6:11).

소월시의 「山有花^{산유화}」에 산에는 "꽃피네 꽃이 피네"와 "꽃지네 꽃이 지네"의 꽃의 일생이 있다. 시인의 일생이다. 꽃이 사람이다. 「山有花^{산유화}」 시에서 "저만치 혼자서 피어있네" 하였다. 사람의 존재이다. 산에 있는 꽃이다. 꽃은 혼자서 피어 있다. 시인 저만치 혼자서 피어 있다.

山에는 꼿 피네,
꼿치 피네
갈 봄 녀름 업시
꼿치 피네

山에 山에
피는 꼿츤
저만치 혼자서 피여 잇네

山에서 우는 젹은새요
꼿치 죠와
山에서 사노라네

山에는 꼿 지네
꼿치 지네
갈 봄 녀름 업시
꼿치 지네

- 「山有花」

산에는 꽃 피네,
꽃이 피네
갈 봄 여름 없이
꽃이 피네

산에 산에
피는 꽃은
저만치 혼자서 피어 있네

산에서 우는 작은 새요
꽃이 좋아
산에서 사노라네

산에는 꽃 지네
꽃이 지네
갈 봄 여름 없이
꽃이 지네

- 김소월 「산유화」

「산유화」의 '저만치'는 고독한 존재인식의 시인 혼자서 핀 존재이다. 가치 있는 존재이다.

김소월의 산유화나 진달래꽃은 그 모양의 지극한 아름다움으로 예쁘다. 꽃의 아름다움을 성경은 지혜로 표시한다. 그렇다면 하나님이나 예수님이나 사람 모두 꽃으로 표시될 수 있고 그 중에서도 말씀을 전하는 귀중한 존재는 극찬하여 지혜자로 표시된다. 우리 인간 사람도 그 빈부귀천을 막론하고 말씀을 전하는 자에게 지혜가 있다.

지혜 자의 조건은 우선 말씀을 배우는 자이다. 주야로 그의 말씀을 주저리주저리 읽기 시작하는데서 시작된다. 티끌 모아 태산을 이루는 나날의 삶의 지혜자다.

II. 나 하나의 존재

사람일생은 어차피 혼자이다. 만약 당신이 신의 자녀로 산다면 사람마다의 하나하나에게 신이 허락한 그래서 혼자에게 주어진 생애이다. 그것도 감사하게도 각 개인에게 한 가지 일만 잘하게 허락된 특별한 달란트가 있는 인생이다. 사람은 각기 하늘로부터 받았기에 신기에 가까운 특기를 가진다. 이 하나를 성서는 창세기 첫 장에서부터 하나=에하드=אחד=~אֶחָד~ 에하드로 표시한다. 그 표시의미는 אֶחָד에하드의 א에는 사람이 배우고 배우면 신에 가깝도록 훌륭해 질 수 있음을 알린다. 열심히 배우고 배우는 사람은 가르칠 수 있는 스승이 된다. אֶחָד에하드의 ח한는 글자가 알리는 바와 같이 소속된 단체에서 가르치는 존재다. אֶחָד에하드의 ד드 가슴의 가슴이다. 각기 다른 받은 바의 특기 곧 절대자에 달려있는 존재이다. 사람에게는 그 누구도 갖지 못한 딱 한가지의 특기를 하나님이 주셨다.

세상의 사람 하나하나에게 특별한 하나만을 기업으로 얻은 일을 단 한 번의 '하나=אֶחָד에하드' 다. 각 개인에게 특별한 한 가지 일만 잘하게 되는 특별한 달란트가 주어지는 인생이다. 각기 하늘로부터 받았기에 거의 신기에 가까운 특기를 가진다. 가장 잘 하는 일 한 가지가 있다. 일명 분깃이다.

사람에게는 못 곧 분깃이 있다. 하나 뿐의 분깃이다. 성경은 분깃을 하나로 표시한다.

:1 단의 분깃אחד에하드이요
:2 아셀의 분깃אחד에하드이요
:3 납달리의 분깃אחד에하드이요
:4 므낫세의 분깃אחד에하드이요
:5 에브라임의 분깃אחד에하드이요
:6 르우벤 분깃אחד에하드이요
:7 유다의 분깃אחד에하드이요
:23 베냐민의 분깃אחד에하드이요
:24 시므온의 분깃אחד에하드이요
:25 잇사갈의 분깃אחד에하드이요
:26 스불론 의 분깃אחד에하드이요
:27 갓의 분깃אחד에하드이요
:31 하나는 אחד에하드 르우벤 문이요
:31 하나는 אחד에하드 유다 문이요
:31 하나는 אחד에하드 레위 문이요
:32 하나는 אחד에하드 요셉 문이요
:32 하나는 אחד에하드 베냐민 문이요
:32 하나는 אחד에하드 단 문이요
:33 하나는 אחד에하드 잇사갈 문이요
:33 하나는 אחד에하드 스불론 문이요
:34 하나는 אחד에하드 갓 문이요
:34 하나는 אחד에하드 아셀 문이요
:34 하나는 אחד에하드 납달리 문이요
:34 하나는 אחד에하드 갓 문이요

- 에스겔 48:1-34

각 사람에게는 특별한 달란트가 있다. 한 번의 일생 그리고 단 한 기업 그리고 단 하나의 분깃을 받은 인생은 인생을 잘 살 수 있다. 그리고 이에 더 나아가 기업도 하나이다. 성서에 의하면 하나님이 허락하는 사람의 기업은 하나이다.

:9 하나הוה에하드는 여리고 왕이요
하나הוה에하드는 벧엘 곁의 아이 왕이요
:10 하나הוה에하드는 예루살렘 왕이요
하나הוה에하드는 헤브론 왕이요
하나הוה에하드는 이르뭇 왕이요
:11 하나הוה에하드는 라기스 왕이요
:12 하나הוה에하드는 에글론 왕이요
하나הוה에하드는 게셀 왕이요
:13 하나הוה에하드는 드빌 왕이요
하나הוה에하드는 게델 왕이요
:14 하나הוה에하드는 호르마 왕이요
하나הוה에하드는 아랏 왕이요
:15 하나הוה에하드는 립나 왕이요
하나הוה에하드는 아둘람 왕이요
:16 하나הוה에하드는 막게다 왕이요
하나הוה에하드는 벧엘 왕이요
:17 하나הוה에하드는 답부아 왕이요
하나הוה에하드는 헤벨 왕이요
:18 하나הוה에하드는 아벡왕이요
하나הוה에하드는 랏사론 왕이요
:19 하나הוה에하드는 마돈 왕이요
하나הוה에하드는 하솔 왕이요
:20 하나הוה에하드는 시므론 므론 왕이요
하나הוה에하드는 악삽 왕이요
:21 하나הוה에하드는 다아낙 왕이요

하나אֶחָד는 므깃도 왕이요
:22 하나אֶחָד는 게데스 왕이요
하나אֶחָד는 갈멜의 욕느암 왕이요
:23 하나אֶחָד는 돌의 높은 곳의 돌 왕이요
하나אֶחָד는 길갈의고임 왕이요
:24 하나אֶחָד는 다르사 왕이라
도합 삼십 왕이었더라

- 수 12:9-24

성경은 하늘로부터 왕의 기업도 하나남을 받는 예로 알려준다. 사람은 하늘로부터 한 가지 소명을 받는다. 사람의 일생이 천태만상이지만 천태만상의 각기 그 하나אֶחָד다.

사람일생은 신의 자녀로 사는 인생길이다. 개인의 인생이 바람직하건 아니 하였건 사람마다의 하나하나 혹은 혼자 만에게 주어진 생애이다.

이 한 번의 일생에 사람이 해야 할 임무가 있다. 해야 할 임무는 사랑 실천의 길이다. 각자의 장소에서 각자의 사랑 실천의 길이다. 일생길이다. 각기의 장소에서 사랑을 베푸는 일이다. 사람의 사랑실천 길은 아름다운 인생길이다. 성서는 이 길을 살되 시적으로 살아! 라고 하고 있다.

사도행전 17장 :22 바울이 아레오바고 가운데 서서 말하되 아덴 사람들아 너희를 보내 범사에 종교설이 많도다 23 내가 두루 다니며 너희의 위하는 것들을 보다가 알지 못하는 신에게 라고 새긴 단도 보았으니 그런즉 너희가 알지 못하고 위하는 그것을 내가 너희에게 알게 하리라 24 우주와 그 가운데 있는 만유를 지으신 신께서는 천지의 주재시니 손으로 지은 전에 계시지 아니하시고 25 또 무엇이 부족한 것처럼 사람의 손으로 섬김을 받으시는 것이 아니니 이는 만민에게 생명과 호흡과 만물을 친히 주시는 자이심이라 26 인류의 모든 족속을 한 혈통으로 만드사 온 땅에 거하게 하시고 저희의 연대를 정하시며 거주의 경계를 한하셨으니 27 이는 사람으로 하나님을 혹 더듬어 찾아 발견케 하려 하심이로되 그는 우리 각 사람에게서 멀리 떠나 계시지 아니 하도다 28 우리가 그를 힘입어 살며 기동하며 있느니라 너희 시인 중에서도 어떤 사람들의 말과 같이 우리가 그의 소생이라 하니 이와 같이 신의 소생이 되었은즉

- 행 17:22-28

성서는 시인이라는 말을 쓴다. 이 시인들이 하는 일을 성서는 신의 소생이 걸어가는 길이라 하였다. 사랑을 베푸는 길을 성서는 '신의 소생이 되었은즉'^{행 17:28}이라 하였다. 사람이 신이라 추켜세워 질 수 있는 길은 시적인 삶을 사는 일이다. 고향을 찾는 아름다운 마음 곧 시인의 마음으로 산, 길이다.

내게 줄로 재어 준 구역은 아름다운 곳에 있음이여 나의 기업이 실로 아름답도다

- 시 16:5

성서는 한 사람에게 각기 주어진 길에 한 가지 그 사람만이 잘 할 수 있는 일을 "내게 줄로 재어준 구역" 하나의 기업의 길 하나 אֶחָד^{에하드}로 한다. 사랑의 길이다. 사랑의 삶을 사는 사람에게 주어진 특별한 달란트 하나이다.

이 하나를 성서는 창세기 첫장에서부터 하나=에하드=אֶחָד~

666 제 8장 온전히 아름답고 예쁜 마방진시학

=~אחד에하드로 표시한다. 그 표시의미는 אחד에하드의 א에는 사람이 배우고 배우면 신에 가깝도록 훌륭해 질 수 있음을 알린다. 열심히 배우고 배우는 사람은 가르칠 수 있는 스승이 된다. אחד에하드의 ד하는 글자가 알리는 바와 같이 소속된 단체에서 가르치는 존재가 된다.

제 9장 지혜마방진 시학

Ⅰ. 예쁨^{지혜}

1. 예쁨

1). 예쁨^{지혜}

(1). 예쁨^{지혜} 고향

산스크리트어에 감탄 ㅇ ㅉ^{아아}가 있다.

위 산스크리트어에서 두 번째 자리 표시 음양 합 때의 소리 ㅇ 감탄어가 있다. 이미지 문자가 특징인 산스크리트어의 ㅉ는 서로 사랑하는 사람 합함 소리 ㅇ=ㅉㅇ^{산스크리트어}이다.[1]

668 제 9장 지혜마방진시학

이 감탄 ㅇ가 청구영언靑丘永言에서 발견된다. 감탄어 ㅇ다.

> ㅇ자내황모시필묵黃毛試筆墨을뭇쳐창窓밧긔디거고이제도라가면어들법잇거마
> 는아므나어더가뎌서그려보면알리라
>
> — 二北殿 『청구영언』

시조작품 2북전二北殿 『청구영언』의 'ㅇ'이다. 감탄어다. 북전北殿 음사淫辭음사이다. 고려 충혜왕 작품이다. '2북전二北殿'이 전하는 음사淫辭이지만 이 작품이 남긴 감탄어 'ㅇ'는 산스크리트어에서 발견되는 '아ㅉ아`아 산스크리트어이다. 사랑하는 사람끼리의 사랑하는 순간의 아 ㅉ아`아[1]이다. 우리말 감탄어이다.

여인의 뱃속에서 장차 태어나는 아가가 이 세상에 태어나면서 아 ㅉ아`아 울음을 터트린다. 가장 자연스러운 음[2]이다. 음양陰陽 female genus, male genus, earth&heaven[3]의 합침 결과의 아웡 아이다. 알이다. 목구멍에서 나오는 소리 문화 목록어[4]이다.

---

1). 강상원, 『東國正韻 실담어 註釋』(서울: 明倫學術院·2018)., 232. 음양의 이치 아ㅓ阿, 실담어悉曇語.
1) 위와 같은.
2) ㅇ는 발성기관의 특별한 조작이 아니어도 나오는 소리 ㅇ이다. 김상일 교수의 인류문명의 기원과 한 강좌 8강 2부. 제우스 신화에서 찾은 단군신화. 우리역사바로알기TV.
3) 강상원, 『東國正韻 실담어 註釋』(서울: 明倫學術院·2018)., 330-331.
4) 언어가 뒤에 나오는 언어와 접목되는 현상 '아'가 '알'이다. (김상일).

(2). 알

우리말에 '알'이 있다. 특이한 문화공유언어이다. 이 용어는 알타이산의 알에서도 발견되고 태백산을 알박산으로도 표현된다. 고기 뱃속에 알이 있다. 이 소리는 목구멍에서 나오는 소리로 특별한 조작을 하지 않아도 아리랑의 알이 있다. 한글 올 돐 볽등의 언어군이 있다.

천부경에 일 1^{一}과 무^無 0이 있다. 우선 일, 하나에 님자를 붙이면 하나님이다. 이 하나를 천부경에서는 일석삼극^{一析三極}이라 했는데 천지인, 양쪽 상대적인 천지와 그 가운데 인^{人}은 중^{中}으로 모든 것 중용이다. 그래서 이 알 근본 하나는 없어지지 않는다. 천^{天}자는 큰 대자에 꼭지가 붙어 하늘이 머리에 내려온다. 천^{天}하늘이 사람에게 내려와 신정시대의 고조선 사상이다. 이 하나가 첫 번째이고, 땅의 생명이 두 번째이고 사람은 세 번째로 두 손으로 일한다. 조화로운 사람의 조화시대이다. 하나가 쌓여서 무한한 것 영원과 무한을 만든다. 하나가 무한으로 퍼져가 변화 한다. 천이삼^{天二三}이 하늘에 음양이 있고 이 안에 셋이 된다. 지이삼^{地二三}이 땅에 음양이 있고 그 안에 셋이 있다. 인이삼^{人二三}이 사람에 음양이 있고 그 안에 셋이다. 조화 큰 삼^{三}이다. 합하여 육^{六}이 된다. 천부경 81자 중 가장 중심 수 6 사람^{三}이 하나님의 은혜로 물을 가진 대삼합 육^{大三合六} 존재다. 이 6 ^{六} 6이 7 8 9

七八九를 생生 한다. 사람의 머리에 하늘 天이 들어와 지혜롭다. 큰 삼三이 운전하여 사四를 만들어 오五의 목화금수와 중앙 토의 오행 우주를 움직이는 환경을 통해서 천지인 목화금수토까지 나와 칠七의 작은 완성으로 생명들이 묘하게 퍼져간다. 만 번 가고 만 번 오는 변화에도 변하지 않는 하나 하나 님은 변하지 않는다. 태양처럼 우러르며 밝고 깊고 고양된 마음의 기쁨이 있다. 하나의 세계 하나 우리에게 하나님이란 말, 특별한 조작을 하지 않아도 굴 안에서 그리고 평야와 들에서 살며 태어난 말이다. 생명 어 알이다.

한국문화 공동 목록어 김경탁학설 알이 있다. 이성과 감성이 조화되는 하늘과 땅의 조화 아리랑이다. 불알 닭알=달걀 등이 그 예이다. 알은 알 이랑 알과 함께이다.

이 세상을 즐겁게 살라는 자의 소요유逍遙遊가 있다. 장자의 소요유逍遙遊의 고기알 곤이 鯤鮞 곤이 고기뱃속의 알 · 큰 고기이다.

> 북명에 물고기가 사는데 그 이름을 곤이라 한다. 곤의 크기가 몇 천리나 되는지 모른다. 곤이 변하여 새가 되는데, 그 이름을 붕이라 한다. 붕의 크기가 몇 천리나 되는지 모른다. 붕이 힘껏 날아 오를 때 그 날개는 흡사 하늘을 드리운 구름같다. 이 새는 바다가 돌 때 남명으로 날아 간다. 남명은 천지이다.[1]

---

1) 장자(莊子) - 내편(內篇) 소요유(逍遙遊) 齊諧者제해자 志怪者也지괴지야 鵬之徙於南冥也붕지사어남명야 水擊格三千里수격삼천리 붕이 남쪽 바다로 옮아갈 때 물이 삼천리나 튀게 하고 搏扶搖而上者九萬里박부요이상자구만리 붕새는 회오리바람으로 구만리나 올라 去以六月息者也거이육월식자야 육개월을 날아가서야 쉰다. 野馬也야마야 塵埃也진애야 生物之以息相吹也생물지이식상취야 아지랑이와 먼지는 생물의 숨결에도 움직인다. 天之蒼蒼야천지창

고기알 鯤鮞$^{곤이\ 고기뱃속의\ 알\ \cdot\ 큰\ 고기}$ 곤이이기로 하여 알 이야기도 되고 고기 이야기도 된다. 장자의 소요유^{逍遙遊} 기록이다. 소요유^{逍遙遊} 제목에서의 매시지는 이 세상에서 잘 놀다 가는 이야기이다. 오래전부터 한국을 지칭할 때는 검은 지방 곧 북명^{北冥}이 북쪽 망망대해임에 비추어 그리고 나라 전체가 고인돌이 많이 발견됨에 따르는 검은 땅 북명이다. 망망대해이다. 여기의 물고기 곤이^{鯤鮞}가 붕새^{鵬}로 변하여 남명^{南冥} 남쪽의 망망대해까지 날아가는 이야기다. 저승의 바다로 인식되는 바다$^{冥=溟}$의 곤 알이 아주 큰 물고기가 되는 확장은유이다. 아주 작은 이 물고기가 큰 새 대붕이다.

고기가 새가 되어 날아오를 때 물방울들은 3천리나 퍼져나간다. 고기가 새 표시의 날개가 있는 것은 가락국의 시조 수로왕^{首露王}에 새겨진 왕능 앞 표시다. 고기가 대붕이 된 붕은 9만리 상공을 6개월을 남쪽으로 날아간다. 도착한 곳이 남명 하늘 연못이다. 씨앗의미가 추가되면서 구만리를 6개월 날아 천지 남명 커다란 하늘연못에 도착한다.

지금도 곤이는 알로 표현된다. 고기 속에 알이 많이 든 것을 보신 어르신들은 '곤이가 참 많네' 하신다. 고기 뱃속에

창 其正色邪^{야기정색사} 푸른하늘빛은 하늘이 본래 띠고 있는 빛일까 其遠而無所至極邪^{기원이무소지극사} 그것이 멀어서 끝이 없어그런 것일까? 其視下也^{기시하야} 亦若是則已矣^{역약시즉이의} 의 아래를 내려다보아도 또한 이와 같을 따름이다.

-장자(莊子) 내편(內篇) 소요유(逍遙遊) 2 (삶의 배움과 나눔터) | 작성자 제공

있는 든 알을 곤이= 鯤鮞곤이 물고기 뱃속의 알, 고기이름라고 한다. 알은 알지향언소아지칭야關智卽鄕言小兒之稱也 삼국사기 신라본기제1 알1)이다. 이 알은 그러므로 새 등의 알이다.

고기에 알 곤이鯤鮞 큰 고기가 큰 고기이다. 크다는 의미는 좀 더 높은 분을 지칭한다. 알 곤이鯤鮞 큰 고기의 곤鯤 큰 고기글자는 소전小篆에 처음 보이는 글자小한자원류사전 p 475 卵條:卵 鯤 通字이다. 또 같은 페이지 1898에 곤조鯤條에 기록되었다. 큰 물고기 경우는 고문자고림古文字詁林 p 10:154 鯤條에 마서륜설 상승조설 갑골문자馬敍倫說 商承祚說 甲骨文字에 물고기 알이라고 기록되어 있다. 더구나 곤鯤은 큰 물고기 알이라고 하고 있다. 그 크기는 장자 소요유逍遙遊에 보이는 북명에 사는 큰 물고기가 홀로거니= 유곤독운遊鯤獨運 『干』 72-2하는 고기알 鯤鮞곤이 고기뱃속의 알 · 큰 고기 곤이다.

북명에 물고기가 사는데 그 이름을 곤이라 한다. 곤의 크기가 몇 천리나 되는지 모른다. 곤이 변하여 새가 되는데, 그 이름을 붕이라 한다. 붕의 크기가 몇 천리나 되는지 모른다. 붕이 힘껏 날아 오를 때 그 날개는 흡사 하늘을 드리운 구름같다. 이 새는 바다가 돌 때 남명으로 날아 간다. 남명은 천지이다.2)

---

1) 알지향언소아지칭야關智卽鄕言小兒之稱也 삼국사기 신라본기제1.
2) 장자(莊子) - 내편(內篇) 소요유(逍遙遊) 齊諧者제해자 志怪者也지괴지야 鵬之徒於南冥야붕지사어남명야 水擊格三千里수격삼천리 붕이 남쪽 바다로 옮아갈 때 물이 삼천리나 튀게 하고 搏扶搖而上者九萬里박부요이상자구만리 붕새는 회오리바람으로 구만리나 올라 去以六月息者也거이육월식자야 육개월을 날아가서야 쉰다. 野馬也야마야 塵埃也진애야 生物之以息相吹也생물지이식상취야 아지랑이와 먼지는 생물의 숨결에도 움직인다. 天之蒼蒼야 천지창창 其正色邪야기정색사 푸른하늘빛은 하늘이 본래 띠고 있는 빛일까 其遠而無所至極邪

ㅇ에 ㄹ이 붙어 신의 의미가 되는 알은 지혜자 알이다. 전능자 엘 אֵל엘이다. 성경에서는 하나님으로 번역1) 된다. 신의 의미가 된다. 그런데 이 장자 소요유 작품 속의 곤이=鯤鯴 알은 '아' 에 ㄹ 발음이 붙어 알에 ㄹ 발음이 붙는 עַל알이다. 알=עַל알은 높이 위에 계신자호세아 11:7이다. 신 명칭이다. 사전상 큰 알=עַל알 높이 위에 계신자이다.

하늘 높이 계신 자가 전해 주는 매시지는 이 세상을 행복하게 한다. 지혜의 길이다. 예쁨 지혜이다. 알이다. 아주 예쁜 알 그 'פִּי'에피·아리따움, 알=עַל알 높이 위에 계신자이다. 이 עַל알은 헬라어로 ἐπί에피 창 7:12이다. 하나님의 지혜가 이 세상에 나타났다. 알이다. 하나님이 인간에게 알을 주시었다. 우리에게 아리랑 곧 알과 함께이다.

천부경天符經에 천일지일인태일天一 地一 人 太一이 있다. 콩 태자 부도지 기록의 태호 복희씨가 있다. 콩을 잘 먹는 우리나라 사람들은 하나님을 잘 섬기는 제사민족이었다. 알이랑 함께 지내 알=עַל알 아리랑의 알이랑! 알은 야쁘다=יָפֶה,야파티 예쁘다는 예수님 따라 하는 일이다. 야쁘다=יָפֶה,야파티 예쁘지 어여쁘고=

기원이무소지극사 그것이 멀어서 끝이 없어그런 것일까? 其視下也기시하야 亦若是則已矣역약시칙이의 아래를 내려다보아도 또한 이와 같을 따름이다.

-장자(莊子) 내편(內篇) 소요유(逍遙遊) 2 (삶의 배움과 나눔터) ¦ 작성자 제공
1) George V. Wigram, Tr Man Pung KIM, The Koteans Hebrew and Chaldee Concordance of the Old Testament 1983, Christian Cultuural Publishing Co Seoul Korea · 스트롱넘버 410, 페이지 98-99. 창 14:18, 19, 20, 22, 16:13, 17:1 등 221회 이상 반복.

יָפָה(야파 어여쁘고1), 아름다운지=야푸아름다운지=יָפִי;야푸 아름다운지2) 이다. 헬라어로도 ἐπί에피 창 7:12 열매이다. 지혜이다. 산 넘어 갈림길을 알리는 팻말 桓민족채희석미술연구가이다. 얼굴이 환하다.

신 이름 지명 한 '알' 이 있다. 티벳지역의 행정구역중 도시지명 '알' 이 있다. 가장 높은 산 알타, '타이' 가 산김정민박사지칭이다. 지혜로 알 산을 넘어 구만리 갈림길에서 환= 桓환채희석미술연구가 길 택한 알 지혜자는 헤어짐을 반복하며 이때마다 아리랑 노래를 불렀다. 알은 금 의미3)이다. 금이 있는 알타이산맥이다. 알타이의 '타이' 가 산김정민학설 알 산이다. 이 지역을 거친 알타이의 '타이' 가 산김정민학설 알 산이다. 계통 환인桓因 지도자, 태양의 제국 지도자 환국桓國을 만들었다. 파미로 고원 파가 많은 파미르 고원 넘어 알 알의 산 아라랏산을 넘었다.

향가에 알지閼智를 알閼로 표현하는 사용하였고 기파랑의 기파耆婆를 기파耆로 생략법을 사용했다. 영대왕가迎大王歌의 수로首露왕을 수首基現也로 한 알은 지혜자다. 전능자 뜻으로 히브리어로 엘=אֵל엘이다. 성경에서는 하나님으로 번역4) 된다.

---

1) יָפָה(야파·어여쁘고, 아 1:15, 16, 4:7, 6:4, 10).
2) יָפִי(야푸·아름다운지, 아 4:10).
3) 신라천년왕국의 비밀, 8천길로미터 황금의 초원길 KBS 실험실. 조선의 제국 제 1부, 역사실험, 2017, 9, 17 방영.
4) George V. Wigram, Tr Man Pung KIM, The Koteans Hebrew and Chaldee Concordance of the Old Testament 1983, Christian Cultuural Publishing Co Seoul Korea · 스트롱넘버 410, 페이지 98-99. 창 14:18, 19, 20, 22,

(3). 씨알이 남아 있다

환단고기^{桓檀古記}에는 환인^{桓因} 환웅^{桓雄} 단군^{檀君}을 기록하고 있다. 조선왕조 세조실록 수서령^{收書令}에 『고조선 비사^{古朝鮮秘詞}』『대변설^{大辯說}』『조대기^{朝代記}』『주기표훈삼성밀기^{周記表訓三聖密記}』『지공기』『표훈삼성밀기』『안함함로원업충삼성기^{安含老元業仲三聖記}』『도증사량훈^{道證沙良訓}』『문태산^{文泰山}, 왕거인^{王居仁}, 설업^{薛業} 등 3인의 기록』『수찬기소1백여권』『동천록^{動天錄}』『마슬록^{磨蝨錄}』『통천록^{通天錄}』『호중록^{壺中錄}』『지화록^{地華錄}』『도선한도참기^{道詵漢都讖記}』등이 있다. 오성^{五星} 화수목금토^{火水木金土}의 오성 기록 무진 오십년 오성취루^{戊辰五十年五星聚婁} - 『환단고기^{桓檀古記}』'단군세기^{檀君世紀}' 기록1)을 알린다.

계연수가 BCE 1733년 7월 13일이라고 기록하고 있다. 박재석은 컴으로 확인한 결과 1734년 7월 13일로 미국 스타리리나스 마이크로소프트로 확인한다. 단군역사는 사실이다. AI로 증명된 4000년전 환웅시대에 천문대가 있었다는 환단고기 기록은 "제가 천문학자의 양심을 걸고 분명히 말씀드릴 수 있는 것은 2) 이 오상취루현상을 조작할 수 없다는 사실입니다"라고 박제석 천문학자는 말하고 있다. 화수목금토 오성

16:13, 17:1 등 221회 이상 반복.
1) 박석재 천문학자: '하늘의 역사 1-9강' 특히 '4강 개천으로 열린 우리의 하늘' 과 '9강 원자에너지를 탄생시킨 양자물리학 · 별을 빛나게 하는 핵융합'
2) 박석재의 천문 & 역사 TV.

이 한 자리에 나란히 모이는 것은 우연일 수 없다.1) 또 한 기록은 무술 58년 부루 단기 151년 BC 2183년 단군이 붕어하신 날 일식이 있었다는 기록이다. 두 번째 단군 부루단군 사망일자가 기록된 것이다. 이 확증은 BC 2183 ±3= 검색한 결과 BC 2181.8.30일 동북아 관측 가능 일식현상이 있었다. 그 알기 방법은 천문학 과학기록으로 BC 2186-2180까지에서 지금 달력으로 BC 2181.8.30.일 일식이 있었다. 위치는 박재석 논문 「단군조선의 수도 아사달은 중국 대륙에 있었다」와 같이 아사달 수도에서 일어난 일식 기록이다.2)

씨앗=제라 자루아흐 זֶרַע זֹרֵעַ 제라 자루아흐 NMS NMS seed sowing 종자 σπέρμα σπέριμον 레 11:27 씨앗 씨알 향기로 자라 글로 전해진다. 단군조선은 천문대가 있는 수도 아사달에 있었다.

이 기록은 환단고기에 기록되어 있는 역사책이다.

환단고기의 편찬자와 소장자

    『삼성기 상』 편찬자 신라 안함로 579~640 소장자 계연수
    『삼성기 하』 편찬자 고려 원동중 미상 소장자 백관묵
    『단군세기』 편찬자 고려말 이암 1297~1364 소장자 백관묵 이형식
    『북부여기』 편찬자 고려말 범장 ?~1395 소장자 이형식
    『태백일사』 편찬자 조선 중기 아략 1455~152? 소장자 이기 3)

---

1) 박석재의 천문 & 역사 TV.
2) 박석재의 천문 & 역사 TV.
3) 해학 이기가 감수하고 운초 계연수가 옮겨적음 5사서를 편하여 『환단고기』 정명 30부 발행. 『환단고기』 대전: 상생출판, 안경전 역주, 2012.

2). 알 이야기 나정

알 이야기에 나정이 있다. 신라 경주의 나정羅井 조금 떨어진 곳에 우물이 발견된다. 이 곳에서 제기祭器가 발견된다. 제의식이 행해 졌다. 주변에 댕댕이 덩굴의 작고 아름답기까지 한 풀이 있다. 등나무처럼 크게 뻗어나가는 매시지이다. 댕댕이 풀과 칡의 굵고 크게 잘 뻗어나가는 신라이다.

삼국유사의 건국신화에서는 뜻 모를 짐승들이 나타난다. 바로 나정과 구지봉 모두 백성들이 춤을 추는 향가의 공연이 열리는 날 제의식이 행해지며 태초의 노래가 있다. 이 제사의식은 사람들이 떼로 다니며 어울려 춤을 추고 노래를 읊었다. 구지봉 주변에서 2-300명 춤을 같이 춘 사람들이다. 밤새 놀며 새벽 여명의 빛으로 동이 틀 때 첫 햇살을 맞는다. 하늘에서 내리는 첫 이슬을 맞는 수로水露이다.

고조선[1] 朝鮮조선은 아침의 고운 햇살이다. 여명의 빛살을 국호로 정한 이유가 박혁거세 알 의미와 동일하다. 고조선의 알 곤이鯤鮞는 고조선 하늘연못에서 사는 쌍어이다.

---

[1]. 고조선 이전에도 두 개의 나라가 있었다. 桓國 檀國 古朝鮮의 왕의 연대기는 중앙아시아 최초국가 환인(7 곱하기 12를 곱하여 민족간의 국가로 돌아가면서 12 일곱부족대표), 환웅=단국(18), 고조선 단군(47) 雄, 韓 天一 地一 太一이라고 하여 대홍수 이후 알로 된 배를 타고 홍수를 피한후 콩을 주식으로 하여 살아남기.

II. 신과 함께= 한 알 님=하나님과 함께 넘어온

1. 한 알 님=하나님

1). 히브리어와 우리말의 관계

(1). 관계

신라와 가야시대에 우리에게 복음이 전도되었다. 가야이후 신라가 지닌 1000년의 역사에 히브리어말이 자리 잡았다. 우리에게 어디에서나 불리어 지고 있는 알이랑이다. 이 아리랑 시학은 님과 함께이다. 이 님은 사랑하는 사람이다. 크게는 하나님이고 작게는 개인의 님이다. 그러기에 한국뿐만 아니라 세계 어느 곳에서나 이 노래가 퍼진다. 님은 따라다니며 때로는 애절한 님으로 어느 때는 한 알님으로 하나님으로 위로와 격려를 준다. 광활한 땅 오고 가는 시간의 세월에 이 노래는 생사고락을 함께 했다.

성경에서도 알=עַל 하늘높이 위에 계신자 창 7:12, 16, 호세아 11:7로 표현된다. 이 עַל 알은 헬라어로도 에피=ἐπί 에피 창 7:12이다. 예쁘 이름이 알 예수님에 해당한다. 알에 타이를 붙인 알타이의 '타이' 가 산김정민박사이의미이어서 알 타이 알 산을 넘어 넘어 갈림길 환桓에서 생이별한 환한 민족 환국의 슬기 아리

아리 아리랑 스리 스리랑의 스리 슬기이다. 슬기로운 우리의 환한 슬기이다.

빛을 따라 파가 많이 나는 파미르 고원 넘어 아라랏산 알타이산을 넘어 알박 태백산을 넘어넘어 신의 도움 아니면 불가능 했을 때마다 천지창조 큰=한 알=아리 님과 함께 노래알이랑 알이랑 알알리요=아리랑 아리랑 아라리요^{유석근}를 부르며 알타이의 '타이=산^{타이는 산을 의미, 김정민} 알 산을 넘어 넘어 살아 온 우리이다. 갈림길 팻말 桓^환한 슬기의 얼굴로 우리는 살고 있다.

굳이 높고 높은 산 알타이 산을 선택한 이유는 봄이 되면 험준한 산 얼음이 녹아 큰 물 곧 홍수가 일어나기에 살아남기 위해 산꼭대기 그 첩첩산중의 높은 곳을 타고 넘는다. 시시때때로 만나는 산 짐승들을 물리치며 활의 민족이 되게 하였다. 그러기에 천손민족 명칭을 얻어 한 알 님 하나님과 함께 지나온 세월 우리에게는 제천의식이 자연히 존재한다.

하늘에 제사지내는 천손민족 우리조상의 사나이들은 바로 산의 사나이다. 그래서 우리말 사내가 있다. 현명한 남자 지휘자 익조관翼鳥冠을 쓴 지휘자에 다스려지며 하늘을 나는 매를 상징하는 사람으로 환桓한 길로 들어서 환국桓國을 세우고 신시^{지금의 서울 김양동 학설} 밝달국=배달국을 세운다.

일명 신시 배달국 통치 연도이다.

순서	나이	이름	서력 BC
①	94	한웅	3898
②	86	거불리	3804
③	99	우애고	3718
④	107	모사라	3619
⑤	93	태우이	3512
⑥	98	다의발	3419
⑦	81	거련	3321
⑧	73	안부련	3240
⑨	96	양운	3167
⑩	86	갈고	3071
⑪	92	거야발	2971
⑫	105	주무신	2879
⑬	67	사와라	2777
⑭	109	치우	2707
⑮	89	치백특	2598
⑯	56	출다리	2509
⑰	72	혁다세	2463
⑱	48	거불단	?

- 동이족의 어원은 퉁그스이며 아홉 개의 한국을 의미한다 -김정민 박사와 함께 하는 고대조선 3부 -우리역사 바로알기 TV

우리조상 덕에 오늘날 우리는 환단고기^{桓檀古記}1) 사 60:1-3를 읽으며 감동한다. 비록 구전2)들의 파편들이 모아지기는 하지만 그 보다 더한 아리랑은 우리의 곁에서 아리랑 아리랑 아라리요 아리랑 고개를 넘어가는 슬기를 가진다.

---

1) 『桓檀古記』는 「三聖記」「檀君世記」「北夫餘記」「太白逸史」로 되어 있다.
2) 환단고기 · 4천년전 단군조선 1억8천만 인구, 가림토 문자를 쓰다 [역사실험] KBS 1999.10.02 방송.

(2). 하나님과 함께

> 아리랑 아리랑 아라리요
> 아리랑 고개를 넘어간다
> 나를 버리고 가시는 님은
> 십리도 못가서 발병난다

이 아리랑 우리 민요는 박혁거세의 죽음에 애통해 하는 노랫말[1]로도 설명된다. 이 노랫말 아리랑은 예전에 아르렁이며 서해지방에서는 아르롱이라 부르기[2]도 한 아리랑=알 + 이 + 랑=關 + 이 +랑이라는 것이다. 자연스럽게 이어진 글자 박혁거세의 이름 박혁거세=알지거서간關智居西干의 알關로 이해하기도 한다.

"아리 아리 아리랑 쓰리 쓰리 쓰리랑 아라리가 났네"에서의 아리랑과 쓰리랑의 알이랑의 알은 범 신적인 개념으로서는 신 개념이고 기독교 해석으로 하나님과 함께이다. 왜냐하면 알이랑이 성립되기 때문이다. '랑' 우리들이 신랑이라고 하는 랑郞이다. 님과 함께이다.

---

1) 김명회 [크리스마스 특집] 아리랑 3부. 민족사 비밀의 코드가 풀린다. 난생설화와 향가의 관계.
2) 김영회 TV 100회 특집(https:・ ・ www.youtube.com ・ watch?v=VSlnJS47Wz4), 아리랑 1부 아리랑은 노래로만 전해오는 향가였다. 박혁거세에게 바쳐진 노래였다.

2). 쓰리랑이 전하는 메시지 슬기

(1). 쓰리랑

대홍수 당시 40m 오른 짠물이 빠져나간 후 여전히 쓰리랑 고개 위에 수백 개 호수가 여전히 짠 물로 되어 있어서 바닷물이 들어 왔었다는 증거를 남긴다. 부도지가 알려주는 복희씨의 행적은 알 모양의 배를 타고 홍수를 이겨낸 후 밖으로 나와 콩신이 된다. 그것은 콩을 심어 생명을 유지한 행적에서이다. 지혜이다. 이 '알' 의 정체를 알 수 있는 방법의 하나가 있다. 히말랴 정상에 피라미드가 쌓여^{채희석설}져 있다.

쓰리랑의 '쓰리' 는 우리 몸의 쓸개부분의 툭 튀어나온 모양으로 한 왕관모양이다. 왕중의 왕 표시[1]이다. 슬이랑의 슬이는 알이랑과 같은 차원에서의 시각으로 슬기로움이 첨가된다. 민속학 접근의 '슬' 슬기이다. 이 세상에서의 발품 팔아 이 세상에 사는 자존심 '슬' 이다. '알' 이 절대존재라면 '슬' 은 지혜자 최고권위자이다. 마치 예수가 스스로 십자가에 박혀 돌아가시며 세상의 삶을 버리는 슬기이다.

닭벼슬 모양 왕관을 쓴다. 벼슬이라 한다. 벼와 슬 의미로 접근하면 빛의 슬기이다. 쓸개골^{膝蓋骨}의 거점, 슬개의 슬은 관으로 지위 의미이다. 갓을 쓴다. 수장 모자이다. 신분의 가치

---

[1] 세상돌아보기 Guest & Thunder 문화의 힘 TV.

이다. 고구리高句麗나라이름일때는 리로 읽는다 조관朝冠이다. 조상들의 벼슬 표시이다. 더구나 제사장으로서의 지위자와 함께 쓸이랑이다. 알이랑이 알과 함께이듯이 쓸이랑이 쓸과 함께이다. 우리말에 '쓸개도 없냐' 가 있다. 자존심 그 하나로 버티는 일이다. 제사장 단군의 슬기이다. 왕이다. 쓰리랑이다. 모시는 마음자세의 슬기자이다. 하나님 뜻을 모시는 사람 슬이다. 아리랑은 탱그리즘 하늘이 탱그리임으로 하늘의 왕 하나님 한 알 님 큰 알, 신과 함께 단군은 하늘의 뜻을 가져오고 왕검은 통치자이다. 홍익인간의 하나님의 뜻을 펼쳐 세상이다.

아리랑 아리아리 쓰리쓰리랑은 알 하나님과 이 세상 통지자 하늘 뜻이 슬기롭게 이 지상에서 이루어지는 일이다 . 하늘에서 이루어졌듯이 땅에서도 하늘의 뜻이 이루어지는 빛이 열리는 아리랑 쓰리랑 이기에 한자가 있기 전 그리고 문자가 있기 전 구두로 전해진다.

아리랑 쓰리랑은 근거가 있다. 이와 관련 고구려 멸망 후 서기 800년 무렵 바다화 되기 전 베링해협 건너 멕시코 땅에 정착한 원민족은 한민족 계열이다. 이들은 잉카족을 정복한 후 원주민 실태를 조사한 스페인 왕실은 잉카원주민은 만주 땅에서 건너간 고구려 유민 맥족으로 추정 한다. 잉카 현 멕시코이다. 원주민의 아리랑 아라리는 '지금 여기' 라는 뜻으로 아리랑은 시베리아 에벤키 족의 아리랑 스리랑은 에벤키족 '맞이한다' 이고 멕족의 '지금 여기' "맞이해서 지금 여기 존재한다" 임으로 서로 상통한다. 한국이라는 원뿌리는 시베리아 남부 바이칼호 일대 발흥 몽골로이드계 민족이라는 설이 있다. 현재 바이칼호 인근에는 한국인과 유전자유사성이 비슷한 소수민족이 존재한다. 그들 중 시베리아 에벤키족은 유전자가 70% 비슷하다. 에벤키족은 동일계열이다. 이들 에벤키족은 아리랑 스리랑 언어를 쓴다. 아리랑 alirang은 맞이한다는 뜻이고 스리랑 serereng은 느껴서 안다이다. 에벤키족이 장례식 때 쓰이는 말이라는 것이다. 아리랑은 영혼을 맞이하고 스리랑은 이별을 참는다[1]는 뜻이라는 것이다. 서기 800년 경 고구려 멸망 후 바다 화 되기 전 베링해협건너 멕시코 땅에 정착한 한민족계열은 잉카계열을 정복후 원주민 실태를 조사한 스페인 왕실이 알린 바에 따르면 잉카원주민은 만주 땅에서 건너간 고구려 유민 맥족으로 추정한다. 잉카현 멕시코민족의 아리랑 스리랑의 아리랑 아라리는 지금 여기라는 뜻이라는 것이다. 그렇다면 아리랑은 에벤키족의 아리랑과 '지금여기' 와 '맞이해서 지금 여기 존재한다' 라는 말과 서로 상통한다. 시베리아 에벤키 족의 아리랑 스리랑은 한국인의 원뿌리 시베리아 남부 바이칼 호 일대 발흥 몽골로이드계 민족이다.

---

1) https://www.youtube.com/shorts/o7PeVIhbFwM.

현재 바이칼호 인근에는 한국인과 유전자가 비슷한 소수민족이 존재한다. 에벤키족과 한국인의 유전자는 70% 유사하다. 따라서 이들이 쓰는 아리랑 스리랑의 아리랑은 영혼을 맞이하고 스리랑은 이별의 슬픔을 참는다1)라는 것이다.

정선아리랑의 경우 하나님 이 고개를 잘 넘어가게 살펴주시고 첫 부분 나무아미타불보다 더 오래된 우리 문화디엔에 이에 남겨 있는 아리랑 주문이다. 정선아리랑 이야기이다.

알이랑과 쓰리랑이 전하는 매시지는 사랑이다. 환인桓因 깨우친 사람으로 환단고기사 60:1-3를 쓰게 되는 일은 사랑을 실천하는 일이다. 우리 대한민국 사람들이 전하는 메시지는 알이랑과 같이 넘어가는 일이다. 수도 아사달, 해이기도 하고 달이기도 하다. 슈매르 문화를 일으켜 세운 사람들이 우리조상들이다. 사랑을 실천한 일이다, 살림살이는 알이랑 쓸이랑 함께 쓸이의 삶을 살아내는 지혜자이다. 지혜자는 항상 혼자 일하지 아니하고 같이한다. 아리랑 쓰리랑 고개를 넘어 알이와 함께 쓸이와 함께 살아내는 일은 사랑하는 이와 같이 사는 일이다. 홍익인간의 그 지혜로움 쓸, 슬기로 같이 살며 벼슬을 얻는다. 빛의 슬기를 얻는다.

우리말 슬기가 있다. 슬기롭게 살아가는 일이다. 살아가는 일이다. 살아가는 일이 슬기이다. 아라리阿羅里 지명이 있다.

---

1) https://www.youtube.com/@Boam_Jong.

전쟁에 나가는 집안의 가장이 가족과의 생이별을 하는 과정에서 노래불리어지는 아리랑이 애절한 이별가로 등장한다. 이 아리랑 아리랑 고개를 넘는 슬기가 있다.

이별장소의 예가 있다. 가락국의 수로왕이 있다. 가락국과 신라가 되는 박혁거세의 이야기에서 발견된다. 두 강을 타고 내려오는 과정에서 이별장소는 아리랑 고개에서이다. 이 고개를 넘는 쓰리랑의 슬기와 함께이다. 아리랑의 어원을 찾은 돌아온 땅 이름 알^{채희석학설}이 있다.

한국인은 아름다운 민족이다. 지혜 민족이다. 하나님을 잘 섬기는 민족 The chosen Korean[1])이다. 빛을 찾아 영원을 노래하게 허락하신 하나 님과 더불어 우리 문예 예쁨^{지혜}시학이 있다. 번쩍번쩍 빛나는 아름다웁고 예쁨^{지혜}향기가 있다. 아름다움^{지혜} 연구에 몰두하는 지혜가 있다. 예쁨^{지혜} 시의 지혜는 절대자와 함께 있다. 우리를 보호해주는 지혜자는 예수님이다. 인구에 회자하는 파동이다. 뛰어넘기 행복 찾기 눈빛의 파동이다. 존재가치는 몇 천 년 전에도 있었고 그리고 지금도 있다. 이 중첩성은 무명작가 이름조차 알려지지 않는 아리랑에서 지속된다. 이 귀중한 가치는 또 그 진가를 찾기 위해 노력하는 자들에 의해 다시 빛이 나게 된다.

---

1) 채희석, -아리안, 아리랑, 아리수 ‧『현대미술의 이해』, 우리민족의 역사(歷史)와 신화(神話) 1. 2. 아리랑의 근원을 찾아서 · 서울대. 미술학과.

인간도 쪼개고 쪼개면 원자로 되어 있는 덩어리인데 이들도 여러 원자들이 인간이란 유기체를 만들어 우주에서 만물의 영장으로 살게 하다가 해체하게 되는데 유기체로 뭉쳐진 이 입자의 순간을 생존이니 살아있음이니 하여 소중하게 생각하고 이들이 해체되어 파동이 되는 것을 사망이니 죽음이니 하여 절망적인 한으로 생각한다. 물론 우주에 흩어졌던 여러 파동들이 인간이란 입자로 얽혀 한동안 인간으로 행세할 수 있게 된 것은 대단한 기적이다. 그러나 양자의 관점에서 보면 … 생사란 인간들의 감정으로는 살고 죽음이 절실하고 처절한 것이지만 양자의 관점으로 보면 인간의 생사란 잠시 원자들이 얽혔다 흩어지고 흩어졌다 또 만날 수도 있는 것이기에 죽음이니 단절이니 하는 절망적 사고가 무의미한 것이다. 여기에 인간의 생사관에 대한 새로운 인식이 요구된다.[1]

귀중한 작품들이 오랜 세월이 지나도 없어지지 않는 진리이다. 하나님과 함께라는 확신속에서 양자역학이론^{홍문표}은 존재한다. 불가 사이한 동일 유적발견의 일치 점^{염동옥교수 다량확보}의 도움을 받는다. 본 연구자는 나름대로 정확한 우리말의 자취가 히브리어에서 발견되는 데서 기쁨을 넘어서서 희열을 느낀다. 먼저 연구하신 목사님들에 의해 이미 여러해 전부터 연구의 폭을 넓혀 있음에 놀랍고 감사할 뿐이다. 예쁨 지혜 예삐는 지혜자의 명칭이다. 하나님의 형상 따라 지어진 사람의 생애 또한 지혜자의 말씀으로 어떻게 하면 향기로운 삶을 살 수 있는지 찾게 된다.

향기의 발생은 바람을 전제로 한다. 공기의 이동에서 나오는 바람이다. 바람은 파동이다. 사람에게서 나오는 숨소리를

---

1) 홍문표, 홍문표 문예창작아카데미 137 · 양자역학과 은유의 시학(4), 부여읍사무소 강의실, 2023. 12. 21.

성서는 "이 말씀을 하시고 저희를 향하사 숨을 내쉬며 가라 사대 성령을 받으라." 요 20:22 하였다. 이 때 성서는 숨 $ἐν ε φύσησειν$ he breathed=$Λάβετε πνεύμβ ἅγον$ Receive Spirit Holy라 하였다.

향기 '바람'은 '바라'의 'ㅁ' 전성명사다. '바라'는 성서에서 '바라=בָּרָא바라1)다. '바라'는 우리말로 희망사항이다. 하나님의 세상 창조의 목적을 성서는 '창조 바라=בָּרָא 바라 창 1:1 하나님이 바라는 것은 모든 생물, 사람에게 숨 쉬기를 바라셨다. 이를 뒷받침한 하나님 말씀이 '물위에 하나님의 영이 운행하신다'

생명 문제는 영·바람^{루아흐}2)이다. 그 분 머리 안에 들어감 곧 그 분의 명령을 따라 움직이는 일이다. 이 움직임은 파동이다. 빛을 따르는 일이다.

> 우리는 우주만물이라면 우리의 감각으로 경험되는 어떤 형체 즉 덩어리들만 생각한다. 그러나 그 덩어리들을 인지할 수 있는 것은 바로 빛이 있기 때문이고 감각이 있기 때문에 가능한 것이다. 빛이 없다면 어떻게 사물의 존재를 인지하고 구별할 수 있나 또 눈이라는 감각기관이 없다면 빛이 있어도 소용없는 일이다. 그러니 우주만물을 논할 때는 빛과 물질을 나누어서 검토하는 것이 과학이다.
>
> 그런데 빛을 분석해 보니 빛은 광선光線 즉 선이 아니라 파동이라는 것이 과학적 사실이다. 그렇다면 빛이 어찌하여 파동인지를 그리고 그 파동의 실상을 알아야 하겠다. 이는 우리가 지금까지 알고 있던 세상을 새롭게 아는 것이며 새롭게 세상을 사는 것이며 새롭게 시를 쓰는 길이기 때문이다.

---

1) בָּרָא 바라·창조, 창 1:1,
2) רוּחַ(루아흐 · 바람·영·신령, 창 1:2).

빛이란 좁은 가시광선, 즉 일반적으로 사람이 볼 수 있는 영역의 전자기파를 의미한다. 이를 달리는 시신경을 자극하여 물체를 볼 수 있게 하는 전자기파라고도 한다. 그러나 이는 인간이 지각할 수 있는 빛의 범위를 말 한 것이고 넓은 의미에서 빛은 긴간이 지각 할 수 있는 가시광선 외에도 자외선, 전파, 적외선, x선 등 다양한 빛이다. 이들 모두 선이 아니라 전자기파라는 파동이라는 사실이다.… 시인들도… 우주 만물의 파동을 감각적으로 경험하면서 그 파동을 특별하게 재구성하여 원래의 파동보다 더욱 감동적인 울림을 주는 새로운 파동, 즉 리듬의 창조자들이라고 말할 수 있다[1]

생명과 물과 영은 필수적인 관련이다. '물' '말' 의 관련이다. 말씀을 늘 생각하며 조심하며 세우면 향기이다. 말의 향기이다.

말씀을 성서는 '로고' 우리말 '…라고' 이다. 우리말에 '그 분이 …라고 말씀하셨다' 라는 말이 있다. 가장 중요한 말씀은 생명을 살리는 방법 말씀을 전하는 일이다. 그래서 물 위에 말씀이 있다. 성서에 '영·바람= 루아흐= רוּחַ 루아흐,'[2] 이다.

하나님의 영= 바람= 루아흐=רוּחַ 루아흐 와 비교되는 언어 판= table=לֻחַ 룰아흐 신 10:5가 있다. 우리말 판짠다는 말이다. 우리들은 놀랍게도 한판 해 보자 하고 윷놀이할 때 말하기도 한다. 이 한판에 우리 조상이 판짠 별과 해와 달이 우주공간을 선회하는 나라 조선= 朝鮮[3]이 있었다. 조선은 달단·주천·숙

---

1) 홍문표, 「우주 만물의 파동원리와 시학의 파동원리(2) (부여, 부여읍사무소, 강당, 2024. 03.21).1~5.
2) רוּחַ(루아흐 · 바람·영·신령, 창 1:2).
3) 강상원. 한국의 한자발음 원리는 싼스크리트어와 일치하고 있다(판찰라

신·여진·유연·주잔 나라들이다.

'Pan ca las'로 알려져 있다. 판을 짠 조선= 朝鮮이 있었다. 동방의 빛인, 태양이 뜨는 곳에서 한 판 인생의 삶은 영= 바람= 루아흐=הור루아흐의 한 판의 판= table מל룰아흐 신 10:5을 남겼다. 우리조상들이 숨 쉬며 살았던 지역 한 판의 흔적은 영= 바람= 루아흐=הור루아흐 흔적이다. 이 루아흐는 첫 글자 ר= 레쉬= 머리이고 판= table מל룰아흐 목적을 남겼다. 이의 ל= 라멕= …를 위하여' 존재했다. 절대자는 우리 대한민국을 택한 백성으로 곳곳에 그 흔적을 남겼다. 바로 그 대단한 흔적에 우리 조상들이 살았던 곳에 문예향기 시학을 남겼다.

발해한국이 있다. "한정 고한국 착봉우차寒亭 古寒國 捉封于此" 북위수경주北魏 水經注 송 태평환우기宋 太平環宇記 원대 제승元代 濟乘 등에 한착寒浞의 한국寒國 건국 사실이 후한서後漢書 군국지郡國志에 기록1)되어 있다. 한국寒國명칭은 한국韓國명칭과 동일하다.2)

방송, 2017.7.4.) · 朝鮮 Sapiens 梵語 · 한자는 중국것이 아니다(판찰라방송, 19161227).
1) 배달의숙 명사초청특강 24회 중국은 역사상 한국의 일부였다 2부ㅣ심백강 민족문화연구원 원장. 대한사랑 TV.
2) 한국은 어디서 왔는가 최초의 한국인은 누구인가. 심백강TV/ 심백강, 배달의숙 명사초청특강 23회 중국은 역사상 한국의 일부였다 1부ㅣ심백강 민족문화연구원 원장. 대한사랑 TV. 참고::사고전서((四庫全書)는 1773년 (건륭 38년) 청 제국의 건륭제의 명으로 1781년 (건륭 46년)에 편찬 및 완성된 총서이다. 전 3,503부 79,337권

최초 한국인 한착^{寒窄} 심백강학설은 한착^{韓窄}이다. 더구나 한국^{寒國}은 한국^{韓國}이라고도 불리었다.

판을 잘 짜 사는 삶은 복 받은 삶이다.

6:20 너희 가난한 자는 복이 있나니 하나님의 나라가 너희 것임이요
…의를 위하여 핍박을 받은 자는 복이 있나니,(마 5:10~21)
-Μακάριοι οἱ δεδωγμένοι ἕνεκεν δικαιοσύνης,
의를 위하여 핍박을 받은 자는 복이 있나니, blessed(are) the(ones) having been persecuted for the sake righteousness,
ANMP DNMP APNMP VPRPNMP PG PG NGFS, ὅτι αὐτῶν ἐστιν ἡ βασιλεία τ
ῶν οὐρανῶν 저희가 하나님의 아들이라 칭함을 받을 것임이요. for of them is the kingdom of the heavens
CS NP호격 VIPA2S DNFS NNFS DGMP

…너희 가난한 자는 복이 있나니 하나님의 나라가 저희 것임이요 지금 주린 자는 복이 있나니 너희가 배부름을 받을 것임이요 지금 우는 자는 복이 있나니 너희가 웃을 것임이요(눅 6:20~21)

20··Μακάριοι οἱ πτωχοί, ὅτι ὑμετέρα ἐστίν βασιλ
εία τού Θεού21 μακάριοι οἱ πεινῶντες νύν, ὅτι χο
ρτασθήσεσθε μακάριοι οἱ χραίοντες νύν, ὅτι γε
λάσετε(마카리오이 오이 프투코이, 호티 휘메테라 에스틴 바실레이아 우 데오
21 마카리오이 오이 페이눈테스 눈, 호티 코르타스데세스데 마카리오이 오이 크라
이온테스 눈, 호티 겔라세테)
-ΚΑΤΑ ΛΟΥΚΑΝ 6:20~21

5 :3 심령이 가난한 자는 복이 있나니 천국이 저희 것임이요-Μακάριοι
οἱ복이 있나니 blessed(are) the(ones) DNMP ANMP πτωχοί τῷ πνέματ
ι 심령이 난한 자 poorin spiri APNMP DDNS NDNSτι αὐτῶν ἐστι 그들에
게 있나니 for of them is NPOMZP VIPA —ZS ἡ βασιλεία τῶν οὐραν
ῶν 천국이 the kingdom of the heavens NNFS DOMP NGMP

:4 애통하는 자는 복이 있나니 저희가 위로를 받을 것임

이요-Μακάριοι οἱ πενθοῦντες,^{애통하는 자는 복이 있나니} blessed(are) the(ones) mourning ANMP DNMP APPNMP, ὅτι αὐτοὶ παρακληθήσονται^{저희가 위로를 받을 것임이요} for they shall be comforted CS NPNMZP VIPAZP

:5 온유한자는 복이 있나니 저희가 땅을 기업으로 받을 것임이요-Μακάριοι οἱ πραεις,^{온유한 자는 복이 있나니} blessed(are) the meek ANMP DNMP APPNMP, ὅτι αὐτοὶ καληρονομήσουσιν τὴν γῆν^{저희가 땅을 기업으로 받을 것임이요.} for they shall inherit the earth CS NPNMZP VIFAZP DAFS NAPS

:6 의에 주리고 목마른 자는 복이 있나니 저희가 배부를 것임이요-Μακάριοι οἱ πεινῶντες καὶ διφῶντες τὴν δικαιοσύνην,^{의에 주리고 목마른 자는 복이 있나니} blessed(are) the(ones) hungering and thirsting righteousness ANMP DNMP APPNMP VPPANMP, ὅτι αὐτοί κακορτασθήσοται^{저희가 배부를 것임이요.} for they shall be satisfied CS NPNNZP VIFPZP

ληρονομήσουσιν τὴν γῆν^{저희가 땅을 기업으로 받을 것임이요.} for they shall inherit the earth CS NPNMZP VIFAZP DAFS NAPS

:7 긍휼이 여기는 자는 복이 있나니 저희가 긍휼이 여김을 받을 것임이요.-Μακάριοι οἱ ἐλεήμονες,^{긍휼이 겨기는 자는 복이 있나니} blessed(are) the merciful ANMP DNMP APPNMS VPPANMP, ὅτι αὐτοί ἐλεηθήσονται^{저희가 긍휼이 여김을 받을 것임이요} for they obtain mercy CS NPNMZP VIFPZP

:8 마음이 청결한 자는 복이 있나니, 저희가 하나님을 볼것임이요.-Μακάριοι οἱ καδαροί δή καρδία,마음이 청결한 자는 복이 있나니, blessed(are) the clean heart ANMP DNMP APNMP DDFS NDFS, ὅτι αὐτοί τόν θεόν ὄψονται저희가 하나님을 볼 것임이요. for they God shall see NPNMZP DAMP NOMS VIFPZP

:9 화평케 하는 자는 복이 있나니, 저희가 하나님의 하들이라 칭함을 받을 것임이요.-Μακάριοι οἱ εἰρηνοποιοί,화평케 하는 자는 복이 있나니, blessed(are) the peacemakers, ANMP DNMP APNMP, ὅτι αὐτοί υἱοί θεόύ κλθήσοται저희가 하나님의 아들이라 칭함을 받을 것임이요. for sons of God shall be called NPNMZP DAMP NGMS VIFPZP

:10 의를 위하여 핍박을 받은 자는 복이 있나니 천국이 저희 것이라-Μακάριοι οἱ δεδωγμένοι ἕνεκεν δικαιοσύνης,의를 위하여 핍박을 받은 자는 복이 있나니, blessed(are) the(ones) having been persecuted for the sake righteousness, ANMP DNMP APNMP VPRPNMP PG PG NGFS, ὅτι αὐτῶν ἔστιν ἡ βασιλεία τῶν οὐρανῶν저희가 하나님의 아들이라 칭함을 받을 것임이요. for of them is the kingdom of the heavens CS NP호케 VIPAZS DNPS NNFS DGMP

:11 나를 인하여 너희를 욕하고 핍박하고 거짓으로 너희를 거스려 모든 악한 일을 할 때에는 너희에게 복이 있나니

694 제 9장 지혜마방진시학

-Μακάριοι ἐςτε ὅταν ὀνεδίσωσιν ὑμᾶς καί διυώζωσιν καί εἴπωσιν παν πονηρόν καθ ἐμώψευδόμενοι ἕνεκεν ἐμοῦ, 나를 인하여 너희를 욕하고 핍박하고 거짓으로 너희를 거스려 모든 악한 말을 할 때에는 너희에게 복이 있나니, blessed are ye when they reproachyou and persecute and say all evil against you lying for the said of me, ANMP VIPAYP CS VSAAZP NPAYP VSAAZP CC VSAAZP AANS APANS PG NPGYP VPPNMP PG NPGXS

발음을 보아도 언뜻 친숙해지는 언어 우리말 표현 '마카리오이' 다. '마카' 라는 말은 경북 영주 지방에서 '모두' 라는 뜻의 사투리이다. 모두 이리오라이다. 주님께 오는 사람들은 영의 사람들이다. 이러한 발음과 우리와의 긴밀한 관계의 유추는 우리 조상들이 전 세계의 반이나 차지하고 살면서 하던 말버릇의 현상을 보는 기적이다.

복은 히브리어로 '벼락' 이다. 우리말에 벼락부자라는 말이 있다. 하나님으로부터 복을 얻는 일이 벼락이다. 이 말은 우리 민족의 조상님들이 이 언어가 쓰이던 곳에서 살았다는 실증이다. 놀랍게도 무식한 어머니들이 들이 걸핏하면 자기 자녀들보고 하는 말버릇에도 있다. 아이러니하게도 "벼락맞을 …" 이라는 우리말이 회자된다. 옛 어머니들이 자녀를 향해 이베아먹을년이라는 듣기에는 섬뜩하게도 느껴지는 말이 있다. 듣기에는 벼락을 맞을 년으로 들린다. 그런에 벼락이 히브리어로 복이다.

우리말에 바르게 살아라 는 말이 있다. 바르게와 바르=בָּר 바르 바르게=בָּר 바르 바르게1)가 있다. 바르바르게=בָּר 바르 바르게=בָּר 바르 바르게 앉아라! 그러면 귀중히 여김을 받을 거야! 바라그축복=바라그 바라그 축복=בָּרַ 바라그 축복=בָּרַ 바라그 축복2) 축복과 찬송과 복 의미다.

우리에게 바르게 앉아라! 바르게 살아라 바르게 서라! 이 말이 바로 복이다. 이처럼 우리말과 히브리어의 접근성은 그들이 이 땅에서 같이 살았던 이유로서 이다. 이 바르게 사는 일은 어떻게 사는 일일까? 그것은 위로는 하나님을 머리에 얹고 사는 일이다. 그를 사랑하는 마음으로 이웃을 사랑하는 일이다.

> 사람이 친구를 위하여 자기 목숨을 버리면 이 보다 더 큰 사랑이 없나니 너희는 내가 명하는 대로 행하면 곧 나의 친구라 이제 부터는 너희를 종이라 하지 아니하리니 종은 주인이 하는 것을 알지 못함이라 너희를 친구라 하였노니 내가 내 아버지께 들은 것을 다 너희에게 알게 하였음이라 너희가 나를 택한 것이 아니라 내가 너희를 택하여 세웠나니 이는 너희로 가서… 너희로 서로 사랑하게 하려 함이라
> - 요 15:13-27

---

1) בָּר(바르 · 정직하게, 귀중히 여기는, 아 6:9).
2) בָּרַכ(바라그 · 축복, 창 14: 14); וַיְבָרְכֵיהוּ.(봐이바르게후 · 그가 축복하여, καί ηὐλογησεν, 창 14:19), וּבָרוּךְ(우바루흐 · 찬송할지어다, καί εὐλογητοσ, 창 14:20).

(2). 도마가 남긴 자취

본 연구자는 예수바위주민의 왕머리 마을~ 즉 왕유[1] 답사를 했다. 도마바위는 경북 영주 평은면의 예수바위·도마 바위[2]를 발견 예수바위[3]임을 확인했다.

도마바위에는 한글 미음=ㅁ이 세 개나 있다. 곧 히브리어 표기 탐밈 תממ^{탐밈}이다. 그 안에 새의 목과 부리와 눈, 그리고 가운데 점과 손을 맞잡은 형태, 즉 손을 모은 모습, 그리고 마지막에서 사람이 앉아 있는 모습으로 암각 되어 있다. 흠 없는=템밈밈=תממם^{템밈밈}=תְּמִימָם^{템밈밈}[4]이다. 글자는 하나님 아들에 대한 무흠無欠의미이다. 완전, 흠 없는=템밈밈=תממם^{템밈밈}=תְּמִימָם^{템밈밈}[5]은 무흠의 흠 없는=템밈밈=תממם^{템밈밈}=תְּמִימָם^{템밈밈}[6) 예수님 이다.

---

1) 왕유마을 곧 왕머리라는 왕유동(王留洞: 왕이 머무른 마을)은 고려 31대 공민왕이 중국으로부터 쳐들어 온 홍건적의 난리(1361년)를 피하기 위해 안동으로 가는 길에 이곳에 머물렀다 해서 붙여진 마을이름이다.
2) 이영지, 우리말과 히브리어의 상관성, 『말씀과 문학』(서울:창조 문학사, 2010).
3) 경북 영주시 평은면 강동 2리 왕머리 마을; 경북 영주시 평은면에 있는 이 예수바위는 평은역과 한일시멘트 있는 곳까지 가서 철로를 건너지 말고 옆의 큰 길로 가지 말고 차로의 좁은 길로 들어 가다가 금광리와 왕유길 중 왕유길로 접어들어 흰 색 지붕의 창고건물 지나 마을회관 앞부분에서 우측으로 접어들면 수직으로 선 예수바위가 보인다.
4) 레 9: 2; 민 28: 11, 19, 31, 29: 2, 8, 17, 20, 23, 29, 32, 36; 겔 43: 25, 45: 23, 46: 4.
5) 레 9: 2; 겔 43: 25, 45: 20, 46: 4.
6) תְּמִימָם(테밈밈, 레 9: 2; 민 28: 11, 19, 31, 29: 2, 8, 17, 20, 23, 29, 32, 36; 겔 43: 25, 45: 23, 46: 4.

naver.com · panem · 70019744460 · 이준원

섬세하고 우아한 명주 실크 옷을 입은 예수님 모습이다.

http:www. · blog.naver.com · guiyeum · 30048663357

이 바위 석상 앞면에 두루마기를 입은 그 아래로 발가락이 가지런히 놓였다. 발밑에 꽃 모양이 있다. 옆구리와 하부에는 무궁화1) 꽃무늬. 고리형 십자가 목걸이 문양이다.

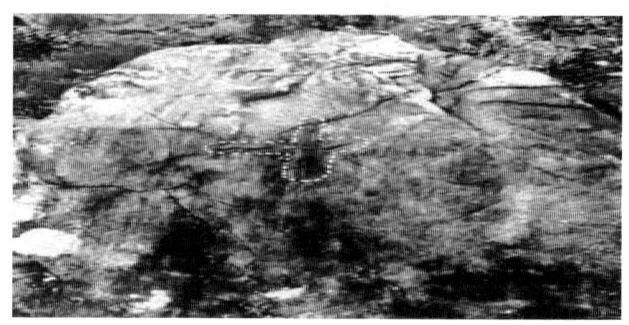

www.hani.co.kr. arti culture. culture_general. 391.html

무궁화 문양은 환단고기에 환화로 등장한다. 겉옷위에 경교화상의 십자가 목걸이의 겉옷 문양이다. 전행은 순흥면 읍내리 고분 서벽에 고구리高句麗나라이름일때는 리로 읽는다인 전행2)이 등장한다. 1908년 중국 둔황의 고대 동방기독교 즉 경교3) 인물상4) 수세와 비슷하다.

---
1) 무궁화는 사전에서 샤론이라고 부른다. 일본 꽃 박람회 때에 대한민국의 꽃 샤론이라 하였다. '단군조선의 활동무대는 한반도가 아니었다 | 신광철 작가와 환단고기를 읽다 | 단군세기 9부' 에서 신광철 작가는 환화로 무궁화로 이해.
2) 全行.
3) 景敎.
4) 당나라 말 제작, 일부 학자는 그리스도상이라고 주장.

경북 영주 유우식1)이 처음 발견했다. 석공 도마가 새겼다는 바위이다. 흠 없는 뜻을 지닌 완전=톰밈=톰밈=תמים^{탐밈}=תָמִים 탐밈2)과 태밈밈=완전=탬밈밈=תממם^{태밈밈}=תְמִימָם^{태밈밈}3)이 찾아진다. 본 연구자가 직접 답사한 글씨이다.

www.blog.naver.com. guiyeum. 30048663357(정수일, 한겨레 2005.1.3.).

www.ohmynews.com. news-web. at-pg.aspx?.(김환대)(woon 5400). 08. 01. 01. 20:7)

오른 편에서 왼 쪽으로 쓰인 표기법은 첫 글자 히브리어

---

1) 당시 관악고등학교교사.
2) תמים(톰밈 · 흠 없는 · 완전케, 민, 28: 9; 시 119: 80; 잠 11: 5; 암 5: 11.
3) תממם(템밈밈, 레 9: 2; 민 28: 11, 19, 31, 29: 2, 8, 17, 20, 23, 29, 32, 36; 겔 43: 25, 45: 23, 46: 4.

십자가=타브ת타브로 시작된다. 울타리, 집=헤드ח헤드로 읽을 우려가 있다. 글자 안에 들어있는 새의 부리와 기와집 끝 모양처럼 된 그림을 넣어 같이 십자가=타브ת타브를 참작할 때만 십자가=타브ת타브로 판독하게 된다.

이 완전함을 의미하는 첫 글자 십자가, 완전함=십자가=타브ת타브와 바로 옆 글자 물=말씀=맴מ맴으로 이어지는 히브리어로 되어 있는 완전=톰מת톰의미 된다. 석공의 예술성이 짙다. 십자가=타브ת타브 안에 새가 있고 그 안에다 새의 눈을 넣은 다음 왼쪽 끝 부분을 새의 머리 부분과 부리부분의 일부를 접목시켜 ת타브자를 만들고 있다. 더구나 다리부분이 첨가된 절묘한 완전함=십자가=타브ת자 만들기는 다음 글자인 물=말씀=맴מ맴의 밑에 새의 부리부분을 살짝 붙이면서 톰=מת톰, 즉 도마 글씨로 예술화하였다.

성경에서 완전=무흠=톰밈=תמים톰밈,תָמִים톰밈1)은 톰תמ 다음 글자, 즉 여호와의 손=요드י요드에서 두 손이 마주한 모습으로 하였다. 끝 글자 물=말씀=맴מ맴이 지닌 글자는 바로, 바위 뒷면에 가보면 바위 형태 즉 사람이 앉아 있는 모습과 연관된다. 곧 예수님 모습이 바위 자체 모습으로 되어 있다. 더구나 무흠2)하시면서 완전한 분, 자체와 예수님의 만찬 때에

---

1) תָמִים(톰밈・완전・무흠).
2) 사전은 이 기본형을 תָמַם(타맘)이라 하였으며 동사이고 문자적으로나 상징적으로, 타동사로나 자동사로 완성하다,완수하다의 뜻이라 하였다.

예수님의 품에 안긴 요한의 모습이 중복되어 각인됐다. 글자 또한 끝 글자인 네모 물=말씀=맴ㄹ[맴]안에는 말씀이 들어 있는 의미로 도마가 앉아 있는 모습1)을 증언한다. 바위 뒷면과 연관한다면 예수님이 앉아 있는 모습이다. 이러한 모습은 완전무흠2)하신 예수님의 모습이다. 예수님을 위한 초점으로 맞추어진다.

가까운 마을이름은 예수마을이다. 예수마을사람들은 바위를 "도마바위" 라 한다. 도마는 신약시대의 석공3)이다. 이에

---

1) 조국현·도마박물관장.
2) תָּמִים(톰밈).
3) 도마행전에서 예수의 제자 도마가 인도 선교한 행적이 드러난다. 실재 인도의 마라바루 지방에는 도마 그리스도교도라고 불리 우는 사람들이 교회를 형성하고 독특한 예배의식에 의하여 예배를 드리고 있음으로써 예수의 열두 사도 중의 한 사람인 도마에 의하여 전도를 받고 세워진 교회가 증명되고 있다. 예수님의 "도마야 너는 두려워 말고 인도에 가서 복음을 전하라. 내가 항상 너와 같이 하리라"임에도 망설이던 도마는 예수님이 왕궁건설을 위해 온 아바네스에게 당시 우수한 목수와 석공 실력을 가지고 있는 관계로 하여 팔려서 인도로 갔고 그로 하여 인도의 도마교회 설립의 유래가 되고 있다한다.

고고학자들은 당시의 왕은 군다포로스였고 1세기에 인도의 북서 지역을 다스렸다고 말한다. 동전에는 헬라식 철자로 힌도포레스 왕이 새겨져 있다. 도마와 아시리아 교회는 AD 64년에 동쪽의 끝인 당(唐)나라의 수도 시안을 거쳐 한반도를 통해 AD 70년에 일본까지 갔다. 시안에 있는 아람어가 쓰여진 The Nestorian Monument 탑은 638년에 세워졌으며 중국과 일본에 유적이 남은 경교(景敎)가 그 흔적이다.

325년에 니케아종교회의 신조에 사인했던 주교들 중에 페르시아의 대주교 요한이 있었는데 인도와 페르시아에 있는 교회 전체를 대표해서 사인한 서명은 인도 교회와 페르시아 교회는 매우 밀접하게 연결되어 있다는 것을 보여 주며 연결 고리가 사도 도마였음을 암시한다. 도마바위는 1987년 8월 어느날 한 독실한 기독교 신자가 경북 영주시 평은면 강동2

문학적 관점과 문인의 오랜 경험[79년 등단]에서 바위 앞면 글자를 토마[1])로 읽을 수 있음으로써 불교그림[2])이 아닌 오히려 예수와의 연관성을 확증하게 한다. 히브리식 글자 토마[3])는 카매쯔 모음발음[4])이 있어서 보통 때는 아 발음이지만 히브리어 첫 글자로 쓰일 때는 '오'로 도마, 톰이다. 따라서 당연 표기로는 아=א[알레프]이지만 읽기는 토마[5])이다. 그런데 위 그림에서 보면 두 손을 모은 형태 즉 양 손을 합한 모습이 아=א[알레프] 자의 모습으로 되어 있다. 따라서 도마가 두 손을 모으고 기도하는 모습[6])이다.

더구나 히브리어로 적힌 도마 바위의 끝 발음은 숨구멍, 소망사=숨구멍=헤ㄱ[헤]나 지붕=헤트ㄱ[헤트]이기 때문에 후자 지붕 헤트ㄱ[헤트]로 본다면 예수님 안에 있는 도마 모습이다. 신체부위인 목 부분은 없다. 가슴 부분에다 두 손을 나란히 얹었다. 실크 옷 명주옷을 입고, 발가락이 나란하다.

도마 바위벽면에 야소화왕[7])이라 적혀있다. 예수 꽃 왕은 예수 그리스도에 대한 동양문화권의 존칭이다. 예수의 야소

리 왕유동 분처바위에서 머리 부분이 떨어져나간 암각상을 발견, 야소왕을 글자에 새긴다. 분처상(혹은 토마의 분처상, 토마상)이다.
1) תאמת(토마).
2) 지금 이 예수상 그림앞에 불교의 해석팻말이 붙어 있다.
3) תֵמ(토마).
4) 카매츠 · 모음발음.
5) תֵמ(토마 · 도마).
6) 조국형 · 도마박물관장.
7) 耶蘇花王~.

란 한역 지칭은 중국 명대 중기에 서방 카톨릭이 중국에 유입되며 쓴 글자이다. 외람되게도 지금은 불교 관련 팻말이다.

소화왕인도자1)와 명전행2)기록은 예수 꽃 왕 인도자라는 뜻이다. 야소는 중국식 문서체의 예수님이고 명전행3)은 예수님의 이름 전체의 이동이다. 야소라는 한역은 781년에 중국 시안에 건립된 대진경교유행중국비에 예수를 미시가4), 즉 매시아 구세주로 칭한다. 야소는 중국 명대 중기에 붙여진 이름이다. 400년께 고구리高句麗나라이름일때는 리로 읽는다 광개토왕이 경북 영주와 순흥, 안동 등 소백산 내부 지역을 통치하였던 사실 때문에 경북 영주시 단산면에서는 광개토왕에 관한 자료가 있다.

중국의 동북공정의 가운데 고구리高句麗나라이름일때는 리로 읽는다 ' 광개토대왕비'가 있다. 쯔반에 있는 광개토대왕비의 문구 중 **'백장신라구시송민유래조공이외이신면년내도래파백장??신라'** 문장 중 두 글자가 안보임으로써 한일간역사논쟁이 100년간 이어진다. 400년에 쓰여진 광개토 대왕 비 글자체는 영주시의 부석의 의상대사, 평은면의 도마상, 단산, 순흥의 광개토왕 비의 글자체가 서로 같다. 건립 연대는 400년대 고구

---

1) 耶蘇花王引導者.
2) 名全行.
3) 名全行,
4) 彌施訶.

리^{高句麗나라이름일때는 리로 읽는다} 시대로 소급1)된다. 일본의 100년 간 역사왜곡을 김진명 작가2)가 소멸된 글자 중 동녘동 東 '**백장신라구시송민유래조공이외이신면년내도래파백장동??신라**'를 찾아내 역사왜곡을 종결, 백제가 신라를 침공함으로 써 광개토대왕이 수군을 이끌고 가서 승리한3)후 '**백장신라구시송민유래조공이외이신면년내도래파백장**동??신라' 기록이 다. 한일 역사논쟁4)이 끝나게 한다. 소위 임나 거론주장5)은 바로 잡혀6)진 영주시의 부석의 의상대사, 평은면의 도마상,

---

1) 비가 많은 쯔반지역이 있는 광개토대왕비는 오히려 비에 씻기어 내려가면서 발견된다. 너무 오래 되어 발견당시시의 글자가 잘 안보이게 되자 탁본 생활인 초본토가 말똥으로 이끼를 태우는 과정에서 두 글자 소멸 '백장신라구시송민유래조공이외이신면년내도래파백장??신라' 문구다.
2) 중국과 일본의 역사왜곡, 우리는 무얼 해야 할까 | 김진명 작가(유투브:2019. 8. 2)
3) 김진명의 탐구적 기질로 하여 일본동경대 광개토대왕연구학자를 찾아 바로 잡기를 요구하자 이를 받아들여 바로잡힌다.
4) 중국의 왕이젠치잉 역사학자가 탁본생활자의 딸이 다락에 방치하여두었던 탁본을 발견하였되었음에도 숨겨왔다.
5) 탁본 팔이 초본토가 비에 씻겨 발견된 광개토대왕비가 이끼가 너무 끼여 글자가 안보이자 말똥을 발라 이끼 태우기를 하는 과정에서 글자 두 개가 소멸된다. 이로 하여 일본의 역사왜곡이 이어지자 김진명은 일본동경대학교 동양사학자를 찾아 이진희가 주장하는 일본인이 석회를 발라 탁본마다 다른 글자라는 주장을 바로 잡는다. 사실 중국 왕지엔칭이 소본토가 소똥을 발라 이끼를 태우기전 탁본해 놓은 글자를 소토본 딸이 다락방에 숨겨왔다. 김진명은 일본에 가서 백제가 동쪽으로 신라를 쳐들어가자 광개토대왕이 수군을 데리고 가서 이를 패했다는 주장을 한다. 다락에 방치된 이 탁본이 15년 -20년 지나면서 역사왜곡 100년이 바로잡혀진다.
6) 김진명이 동녘동 東자를 찾아 일본동경대학교에 찾아가서 바로 밝힌다. 제일인역사학자 이진희는 일본인들이 이 글자에 석회를 발라 탁본마다

단산, 순흥의 광개토왕비의 글자는 똑 같은 서체에서 당시에 새겨진 연대는 고구리(高句麗 나라이름일때는 리로 읽는다) 시대로 더 소급된다.

사도 도마의 석화상과 관련, 고대 가야문화에서 발견되는 기독교 전래는 숭실 대에 보관된 석상, 향가 처용가에서의 히브리인 모습이다. 고려 시대의 처용은 역신을 내쫓는 축사신[1]으로 히브리인이다. 고려시대 궁중의 나례[2]와 결부하여 귀신을 쫓아내는 처용희·처용무[3]가 있다. 대진경교유행중국비에는 예수를 미시가[4] 매시아로 칭한다. 명전행[5]기록에는 영주시 순흥면 읍내리 고분 서벽에 고구리(高句麗 나라이름일때는 리로 읽는다)인 전행[6]이란 같은 글자가 등장한다.

발밑에 꽃 모양이 있다. 섬세하고 우아한 명주 실크 옷을 입은 예수님 모습[7]이다. 전행은 순흥면 읍내리 고분 서벽에

다르게 보인다고 주장하였었다. 사실 중국 광개토대왕 연구가 왕지엔칭 연구가가 주본토의 딸이 다락방에 숨겨놓은 탁본을 찾아냈음에도 불구하고 숨기고 있어 50년간 한일역사논쟁이 있었다.

1) 逐邪神.
2) 儺禮 ~ 잡귀를 쫓기 위한 의식).
3) 處容戱 處容舞).
4) 81년에 중국 시안에 건립: 彌施訶.
5) 名全行.
6) 全行: 400년경 고구리(高句麗 나라이름일때는 리로 읽는다) 광개토왕이 영주와 순흥, 안동 등 소백산 내부 지역을 일시 통치하였던 사실의 기록이 광개토 태왕의 글씨로 발견된 바(KBS·역사탐방)
7) 한국외대 인문대학원 마인어 과정 수료, 대한민국 현대미술전 도예 특선 (2010), 춘천도예 대표.

고구리^{高句麗}(나라이름일때는 리로 읽는다)인 전행1)이 등장한다. 평은면 속칭 예수바위 석상 앞면 두루마기를 입은 그 아래로 발가락이 가지런하다.

og.naver.com. panem. 70019744460. 이준원)

1908년 중국 둔황의 고대 동방기독교 즉 경교2) 인물상3) 수세와 비슷하다. 옆구리와 하부에는 무궁화4) 꽃무늬. 분처상의 고리형 목걸이 문양이다. 겉옷은 경교화상의 목걸이・겉옷 문양이다.

지금은 불교 역사와 관련한 기록으로 바뀌어 있다. 그러나 본 연구자로서는 분명 히브리어로 쓰인 것을 증거로 한 결과 당시로서는 불교와 연관이 없게 된다.

---

1) 全行.
2) 景敎.
3) 당나라 말 제작, 일부 학자는 그리스도상이라고 주장.
4) 무궁화는 사전에서 샤론이라고 부른다. 일본 꽃 박람회 때에 대한민국의 꽃 샤론이라 하였다.

2. 고기

1). 고기 알

(1). 고기 알 곤이=鯤鮞^{곤이}

알 이름 곤이=鯤鮞^{곤이}가 있다. 알의 가치는 생명의 알이다. 朝鮮^{조선}의 鮮^{선}은 물고기 魚^{어}에 羊^{양} 자이다. 이 알은 고기 뱃속 알=鯤^{곤}이다. 고기어자 魚^{어}가 붙은 곤임금의 아버지 우임금은 우의 아버지 물고기 태양 鮱이다. 물고기 태양이다. 한나라를 정복하면서 魯^{노}라고 바꾼다. 물고기 태양신이다.

지금도 우리의 달력 이해는 하늘을 12 구역으로 나눈 그중 12월 23일은 동지이다. 이 동짓날은 음력 11월이고 양력 은 12월 22~23일경은 동지팥죽, 전약煎藥을 먹는다. 다른 이름으로는 수세首歲 11월 원정동지元正冬至 작은설, 아세亞歲 이장履長 지일至日 호랑이 장가가는 날이다. 동지에는 애동지, 중동지中冬至, 노동지老冬至가 있다.

속담이 있다.

①. 동지가 지나면 푸성귀도 새 마음 든다
②. 동지 때 개 딸기
③. 동지 지나 열흘이면 해가 노루꼬리만큼씩 길어진다
④. 배꼽은 작아도 동지팥죽은 잘 먹는다
⑤. 범이 불알을 동지에 얼구고 입춘에 녹인다

⑥ 새알 수제비 든 동지팥죽이다
⑦ 동지팥죽을 먹어야 진짜 나이를 한살 더 먹는다
⑧ 동지섣달 해는 노루 꼬리만 하다

라는 속담이 있다. 동지첨치冬至添齒 동지고사冬至告祀 동지불공冬至佛供 동지하례冬至賀禮 동지헌말冬至獻襪 동지부적冬至符籍 동지책력冬至冊曆 유천동산신제冬至柳川洞山神祭 팥죽뿌리기 새알심점

- 네이버 지식백과동지 [冬至] (한국세시풍속사전)에서

 이토록 동지 곧 12월 23일경에 대한 예찬과 팥죽을 먹는 사실을 널리 알리는 속담 및 풍습이 있다. 우리의 음식 팥죽 안에는 알이 있다. 팥죽의 새알심은 새로운 생명을 알리는 일로 동짓날에 태양이 다시 태어나는 의미를 지닌다. 나이대로 팥죽의 새알심을 먹고 나면 한 살이 더 먹는 이 풍습은 새로 태어나는 한 살의 의미를 더하여 알은 새로운 생명이 한 해 더 살기를 바라는 마음의 풍습이다.

 산스크리트어에서 신을 사투리라 한다. 우리가 지금도 익히 알고 있는 사투리이다. 우리나라에서도 12월 23일 새알심이 든 팥죽을 먹는다. 사투리강상원 신은 바다의 염소자리 신으로 동지 때 해가 가장 짧은 날 다음 3일 뒤에 태양이 다시 나타나기 시작하는 12월 25일이다. 점점 더 낮의 길이가 길어지기 시작하는 날이다.

(2). 서울 소부리

알과 태양과의 접목에 해당하는 국가명 시베리아가 있다. 우리 민족이 이 지역에서 살았다. 시베리아라는 말은 새로운 해 · 새밝 · 시베리아 새밝 · 소부리 · 사부르이다. 바로 이 시베리아에 우리 민족이 살았다는 증거이다. 부여에 소부리가 지명으로 남아 있다. 서울 그 이름이다. 새로운 태양이 떠 오른다^{채희석 아리랑의 어원} 의미이다.

동이족이 있다. 구이족이라고도 한다.

① 갑부족 甲部族 - 太甲^{태갑} 河亶甲^{하단갑} 陽甲^{양갑} 沃甲^{옥갑} 祖甲^{조갑}
② 을부족 乙部族 - 天乙^{천을} 祖乙^{조을} 小乙^{소을} 庚乙^{경을} 戊乙^{무을} 帝乙^{제을}
③ 병부족 丙部族 - 內丙^{내병} 外丙^{외병}
④ 정부족 丁部族 - 太丁^{태정} 沃丁^{옥정} 仲丁^{중정} 祖丁^{조정} 戊丁^{무정} 庚丁^{경정}
⑤ 무부족 戊部族 - 太戊^{태무}
⑥ 기부족 己部族 - 雍己^{옹기} 祖己^{조기}
⑦ 경부족 庚部族 - 太庚^{태경} 南庚^{남경} 般庚^{태경} 祖庚^{태경}
⑧ 신부족 辛部族 - 祖辛^{태신} 小辛^{태신}
⑨ 임부족 壬部族 - 中壬^{태임} 小壬^{소임}
⑩ 계부족 癸部族 -

동이족을 구이족이라 한다. 원래 10부족이었다. 마지막 계부족에서는 왕이 없었으므로 자연히 동이족 구이족이다. 동이족^{東夷族}의 이^夷는 씨이다. 이에 이^夷는 씨자로도 큰 부족 의미를 나타내고 신이다. 복희씨가 그 예이다. 신을 의미하는 곧 알라 의 알=을 ㅇ에 ㄹ이 덧붙는다. 을이다. 씨이다. 한자로의 접근은 성씨의 김씨 이씨 박씨의 씨가 그것이고 극대존칭으로 신격의미다. 씨는 생명을 가진 씨앗이다. 아¹⁾ 하는 감탄과 더불어 열 달 이후 세상에 태어난 사람 알 아이이다.

우리가 늘 먹는 쌀은 씨알이다. 씨의 알은 생명체가 들어 있다. 새싹을 틔우는 콩알·팥알이 있다. '알'의 난생설화^{卵生說話}에 박혁거세^{김병모학설}. 주몽이 알 껍질 깨고 나왔다. 큰 알 한 알이다. 한 알 님이 있다. 곡식의 알에서도 배추씨, 호박씨 등 씨 알이다. 가장 대표적인 것이 쌀알이고 씨 알이다. 이 을은 아닌 하늘에서 내려온 알=을 의미로 승격한다.

우리에게 압록강^{鴨綠江}이 있다. 오리이다. 푸른 압록강^{鴨綠江}이다. 모든 큰 강은 압록강^{鴨綠江}이다. 압록강^{鴨綠江} 녹색오리 청색오리 제우스 신 천둥 새이다. 산에 오르면 기념하여 세워놓은 천둥 알 마스코트는 새로 솟아나는 알 표시이다. 압록^{鴨綠} 아리수이다. 압록^{鴨綠}은 우리민족은 살아있다 뜻이다. 솟대=솟아오르는 터에 알이 있다.

피라미드를 솟터라 한다. 솟아오르는 의미다. 이 솟터는 윷놀이의 방위자리이다. 우리나라 풍물표시로 나무 가지 끝에 솟터 청둥오리 새가 올라 앉아 있다. 한국에 곳곳에 새겨져 있다. 솟아오르는 을이다. 그 이유는 나무가 하늘과 땅을 이어주고 결합하는 자연의 우주와 교신용이다.

---

1) 강상원, 『東國正韻 실담어 註釋』(서울: 明倫學術院·2018)., 330-331.

2). 바람천리

이 기술은 슈미르쪽으로 이어져 이집트 슈매르 맨 꼭데기에 단이 12,000개가 만들어져 있다.$^{채희석\ 탐사확인\ 아리랑\ TV}$. 3000명을 데리고 풍백 바람을 일으킨 풍風족 바람신$^{부도지\ 기록}$이다.

부도지의 마고성 역사는 우리의 윷판에 그대로 남아 있다. 마고성 기록이다.

> 麻姑城 地上最高大城 奉守天符 繼繼承先天性中四方 有四位 天人堤營調音 長曰黃
> 穹氏 次曰白沼氏 三曰靑穹氏 四曰黑巢氏也
> 兩穹氏之母曰穹姬 兩穹氏之母曰巢姬 二姬 皆麻姑之女兒 麻姑生之於朕世 無喜怒
> 之情 先天爲男後天爲女 無配而生二姬 亦受其情 無配而生二天人二天女 合四天人四天
> 女 마고성은 네모난 모양으로 가운데 둥근 천부단이 있고 네 귀퉁이에는 각각 작은
> 성이 있어, 황궁, 청궁, 백소 흑소씨가 지냈고, 이 작은 성들은 세 개의 도랑으로
> 연결되어 있다. 이러한 마고성의 모습은 오늘날 우리의 윷놀이에 사용되는 윷판에
> 전해져오고 있다. 1)

흔적은 언제나 그 본래의 모습을 남긴다. 피라미드에 있는 안테나는 나뭇가지 끝으로 전해지는 송수신 방법이다. 최상 방법이다. 지금도 한국 곳곳에는 나무와 돌멩이로 만들어진 성황당 길 안내 펫말 환=桓^{환}이 있다. 갈림길 표시다. 두 길로 나뉘어 갈라지는 길이다. 이 모습은 우리들이 그토록 즐겨 부르는 아리랑에 그대로 녹아 있다. 헤어지면서 부르는.

---

1) 한승용, 국학연구소 실장, 우리민족에게도 창세기가 있었다. '부도지'
| 마고, 천부론, k 스프릿 TV.

하늘 가까이 사는 히말라야 가장 높은 지대 사람들을 하늘 사람들이라 부른다. 천손天孫 김병모 북방민족의 특징민족이다. 하늘에서 내려온 민족이다. 한 알에서 태어난 민족은 천손天孫민족이다. 이 화려하고 고맙고 감사한 마음이 가득한 천손민족은 알에서 태어난 민족이다. 그래서 각국 나라들을 만들 때 그 이야기를 알에서 태어난 난생설화를 가진다. 죽을 때도 둥근 모양의 묘를 만든다. 한 알 님 품으로 돌아가는 것이다.

'한 알' '큰 알大卵' 한 알 → 하날 → 하늘 한 알이 만들이 낸 '알'은 아벨 두 형제 벨렉과 욕단으로 이어지며 이 둘 중 욕단은 알이랑 노래 아리랑을 부르는 천손민족天孫民族이 된다. 이유는 벨렉과 갈라지면서 그 처절한 이별의 현장 환 환단고기桓檀古記 · 사 60:1-3 기록을 남긴다.

라사지역 사람들 곧 사라 신라가 지금의 네팔로 켄지강을 건너 온 이들은 곤명모든 부족들이 모였던 곳에 모이게 된다. 이 땅 이름이 돌아온 땅채희석학설이름이다. 땅 이름이 돌아온 땅이다. 곤명은 중국이 56개 소수민족 땅이 되어 있다. 인구가 가장 많은 곤명에는 양자강 부근 작은 산들 매콩강을 타고 곤명에 다 만났기 때문에 가장 인구가 많다. 양자강타고 가는 그 중간에 중정이 있다. 바로 보주가 있다. 허황후를 비롯한 그들이 이 보주에 정착한 허황후가 있다. 수로왕의 약혼자 보주의 허황옥도 이들에 속한다.

3). 갈림길 환단고기^{桓檀古記} 사 60:1-3의 환^桓

(1). 알이랑=아리랑^{연음법칙적용}

코리아인들과 전지역을 다 돌아다니다가 이디오피아, 홍해 건너며 떨어뜨린 유태인이 있다. 이들의 동일 증거는 삼태극 마크가 표현된 쌍어 물고기에 날개가 있는 것이 특징이다.

그토록 많이 인구에 회자되는 아리랑이지만 사전상으로 그 의미파악이 되는 경우가 없다. 따라서 구전되는 이 아리랑은 양자역학에 따르는 논리로 접근하면 정답이 여러 개가 있다.

> 아리랑 아리랑 아라리요
> 아리랑 고개를 넘어간다
> 나를 버리고 가시는 님은
> 십리도 못가서 발병난다

양자우선 '아리' 라는 말이다. 그리고 '쓰리' 이다. 이 일반화된 인체로 하여 느끼는 감정의 자연 발생적인 호소이다. 그 원인인 님과의 이별이라는 인간 감정의 호소이다. 따라서 전적으로 몸이 느끼는 감성의 친근감으로 하여 일상에 깊이 파고들어 시공간을 넘는 오랜 유지의 비결이 된다. 사실 님이 떠남으로 인한 현실을 몸이 느끼는 일은 일치감에서 이다.

아리랑의미의 유추는 한자가 뜻 글자임으로 연구의 이해를 돕기 위해서 헤어지는 물리적인 장소의미의 아 阿아 언덕, 산비탈, 구석의미 중 하나를 선택할 수 있다. 이 의미와 연관되는 리離의 헤어질 이별의 리 글자가 자연스레 붙을 수 있는 통상적인 개념으로서의 접근이 가능하다. 이에 랑郎 젊은이 랑으로 젊은 남자와 이별의미가 가능하고 랑娘 아가씨 랑으로 하여 아가씨와의 이별의미접근으로도 가능하다.

따라서 젊은 남자와 이별하는 아리랑阿離郎 아리랑을 들 수 있다. 그 이미지로 접근할 수 있는 성별에 대해서는 무관하다. 때문에 아리랑阿離郎 아리랑은 그 대상에 대한 젊은 남녀의 애절한 이별이라는 점에서 동일하다.

㉠. 阿아 언덕아 離리 헤어지다 리 郎아랑 사내 랑

阿아 언덕아 離리 헤어지다 리 郎아랑 사내 랑 의미로 접근하면 남녀의 애절한 이별가의 아리랑이 된다.

㉡. 關아 막을 아 離리 헤어지다 리 郎아랑 사내 랑

關아 막을 아 離리 헤어지다 리 郎아랑 사내 랑 의미로 접근하면 남녀의 애절한 이별을 막는 의미로 하여 아리랑關離郎은 이별하지 않아요 님과 이별하지 않아요 혹은 님과 이별할 수 없어요 가 된다. 그 이유는 아리랑의 '아리' 가 큰 알 님 곧 하나님 의미이기 때문이다. 그 증거는 백제시대 왕을 어라하라 한데서 찾아진다. 하나님 혹은 왕과 어떻게 이별할 수 없다. 역설 법으로 쓰여 진 나를 버리고 가시는 님은 십리도 못가서 발병난다의 의미가 연결된다. 좀 더 차원 높은 신격의미로서의 접근될 수 있다. '아'에 신격의미 ㄹ음이 첨가되면서 '알' 혹은 '을' 은 다음에 오는 아리랑이라 불리어 질 수 있는 연음법칙적용 아리랑이다. 알이랑 혹은 을이랑의 이해로 접근한다면 님의 가치기준이 알려진다. 곧 한 알 님의 하나님과 함께 라는 알이랑 그리고 을이랑의 이해이다. 이 신격부여로 아리랑을 이해하는 이용봉목사 김일현 신학 박사주장이 이에 해당한다.

신격의미 ㄹ음은 우선 아^兒에 리을첨가 알이다. 이러한 의미로서 알이 신격에 해당한다. 인구에 회자하는 알 신이 있다. 그리고 왕을 신격화하는 어라하=백제 근초고왕 어라하가 있다. 성경 창세기 첫 장부터 엘로 힘이 33회 등장한다. 어라하나 엘로힘의 근사치접근 언어이다.

수로왕^{首露王}이 등극하는 영대왕가^{迎大王歌}에 대한 접근이 가능하다. 龜^{구 나라이름 구, 거북 구. 거북껍데기} · 龜^{귀 거북 귀, 나라이름 귀} · 龜^{균 틀, 갈라질 균}의 사전 상 도움을 받아 균자로 보아 갈라질 균을 도입할 경우 영대왕가^{迎大王歌}의 처음 시작을 균하 균하^{龜何 龜何 균하 균하}로의 접근한다는 향가이해의 접근법^{명회향가연구가}이 있다.

또 두 방향 모두 연구해볼 수 있는 입지조건을 허용한다면 올: 새싹이나 새 아기, 혹은 나무의 새싹이 나올 수 있는 올이다. 알다: 박혁거세 이름이 알지關智이다. 그리고 쌍어 물고기가 있다. 가깝게 확인되는 쌍어물고기는 김해지역 수로왕 능에서이다. 이 쌍어 물고기는 가버나움에서도 똑 같은 문양이 있다. 수메르 지역에서도 삼태극 마크가 있다. 쌍어 물고기 문양이다. 그 시기가 비슷하다. 헤어지는 시기 형성 유추 가능성이다. 바이칼 호수에 부근 쌍어 물고기문양이다. 이 문양은 고기에 날개가 그려져 있다. 물고기 두 마리는 기독교의 상징이다. 하나님과 그 아들 예수의 뜻이다. 히브리 문자 접근일 경우 물 마임 מים^{마임} ^물에서이다. 이 마임 물은 쌍수이다. 쌍수는 2개라는 의미이다. 문법의 규칙은 남성 쌍수이다. 하나님과 예수 두 분^{마 1:21}의 한 분 의미 압축이다. 따라서 신앙 차원에서 이해되는 하나님과 그의 아들 예수를 통한 생명 부여 흔적으로 서이다. 그 분 둘이 쌍으로 엮이는 한 분의 우리말에 회자되는 잘 살다가 죽으면 그 분의 품 안으로 안기는 신앙 힘을 지시한다. 한국 언어에 죽음을 "돌아간다"라 한다. 사람이 죽으면 돌아가셨다라 경어를 사용한다.

한국무덤은 동그란 알모양이다. 한 알 님^{하나님} 나라로 돌아간다. 한국인은 알이랑 함께 살고 죽는 민족이다. 유한한 삶에 던져지는 믿음의 가치는 우리는 잘 살다가 하나님 품으로 돌아간다. 존재의 가는 방향이 정해져 있다.

　세계 지구상에 "돌아온 땅" 이름^{채희석}이 있다. 신라 말로는 아사달이다. 이들에게는 푸리기야 모자가 있다. 푸리기야 고깔모자이다. 푸리기야 모자이다. 삼신 할머니 마고가 부이와 소이를 낳은 삼신할머니이다. 첫 번째 신 이름은 우라노이스 하늘 뜻이다. 두 번째 신은 복희씨 수호신이다. 치우신은 세 번째 신이다.

　프리가야는 황금의 나라이다. 한국은 황금의 나라이다. 손만 대면 황금이 되는 황금 나라 프리기야 왕의 이야기는 디오니소스가 아폴로와 신농씨 간에 일어난 피리불기 시합을 시킨다. 바이러스 왕이 탄신이 훌륭하다 함으로 아폴로가 화를 내며 귀를 당나귀로 만든 사건이 있다. 이로 왕이 커다란 모자를 써 당나귀 귀를 가린 고깔모자 주인공이다. 갈대숲에 가서 임금님 귀는 당나귀 귀하고 갈대숲이 노래 부른 우리나라 이야기는 복희씨 엔키신이 대홍수 예언을 알려주는 대홍수 사건의 실증이다. 갈대 벽을 만들어 대홍수사건을 미리 막는 이야기다. 이 이야기는 신라 경문왕^{선덕여왕 아버지}이 전 세계를 돌아다닌 기록이 함께 있다. 선덕여왕 또한 사막을 넘어 로마 사람과 살다가 혼자 넘는 기록이 있다.

　그 당시 신라가 이곳에 있었다는 증거이다. 신라는 아리안 즉 코리안 족이다. 다시 인도로 온 가락 원조이다. 가락국은 인더스 강을 건너온 라사지역 사람들 곧 사라 신라이다. 라사는 지금의 네팔로 켄지강을 건어 신라나라가 된다. 곤명^{모든 부족들이 모였던 곳}지명이 있다. 돌아온 땅이다. 땅 이름이 돌아온 땅이다. 곤명이다. 인구가 가장 많은 곤명이다. 곤명에는 양자강 부근 작은 산들 매콩강을 타고 곤명에서 와서 모두 만난다. 가장 인구가 많다. 양자강타고 가는 그 중간에 중정이 있다. 바로 보주가 있다. 허 황후를 비롯한 그들 족속들이 이 보주에 정착한다. 이들은 또 헤어진다. 수로 왕 약혼자 허 황옥은 양자강을 지나 김해로 찾아온다. 가락국 황후가 된다. 코리아 인들은 전 지역을 다 돌아다니다가 이디오피아, 홍해 건너며 떨어뜨린 유태인 민족이다. 케레이[1]와 코리아 이름 유사성이다. 케레이족은 발해 유민들이다. 12세기 이전 유입된 케레이족은 카자흐족이다. 이 관련민족 커리예는 중국내의 카자흐족이 관련 족이다. 까리예쯔는 한국인이 관련민족이다. 이처럼 한국발음으로 본 관련민족으로 코리아라는 이름의 유사성에서 확인[2]될 수 있다.

물고기에 대한 이해가 가능한 얽힘은 드라비드 언어 물고기 언어의 동일성을 들 수 있다. 물고기 신은 수매르 지역에서도 삼태극 마크가 그려진 물고기와 수로왕 능에 새겨진 쌍

---

1) 발해의 유민들은 카자흐스탄의 케레이족이 되었다 ! 김정민 박사와 함께 하는 고대조선 4부 우리역사바로알기 TV.
2) 상동.

어 물고기가 그 증거이다. 바이칼 호수팻말에서도 물고기가 발견된다. 고기에 날개가 있다. 물고기 두 마리이다. 이 두마이 물고기는 기독교의 상징이다. 하나님과 그 아들 예수의미가 들어 있다.

하늘을 날고 싶은 인간의 욕망은 끊임없이 증거를 남긴다. 그것은 우리나라 이름이 코리아로 불리는 이유에서이다. 물고기에 날개가 있다. 물속에서의 유영이 이와 독 같이 하늘을 날 수 있음을 이미 고조선 역사에 봉황새가 있음에서 찾아진다. 그 꿈이 이루어짐을 반영한다. 사람도 일상에서 자유로이 꿈을 펼치며 살아가고픈 꿈이 하늘 날기이다. 날개로 날아다니는 자유로움이 반영된 예이다.

엄연히 대대손손 코리아 이름으로 전해오는 대한민국은 대한민국의 큰 이미지와 코리아 이름의 연관성이다. 코리아 우리의 인식으로 접근되는 크다는 인식이다. 이 언어 둘의 공통점은 과거 우리 민족은 거대한 나라를 형성하고 있었다는 산 증거이다.

(2). 양자이론

양자이론은 움직임의 존재를 알린다. 빛도 파동으로 움직임이다. 이 움직임의 이유는 본 근원으로 돌아가려는 데서 파동이 일어난다[1]. 세상에는 창조론과 진화론 학설이 있다. 진화론의 가장 큰 문제점은 마지막에 아메바까지 그 첫 시작점에 도달하면 아메바까지 소급된다. 아메바! 움직이는 물체이다. 진화이론을 알기 위해 계속 뒤로 물러가 그 원인을 찾아내면 생물 아메바에 도달한다. 아메바는 움직인다. 움직임! 동적 이론의 최초 근원은 움직임·살아있음·숨 쉼이다. 알이다. 알의 존재이다. 알은 가장 큰 존재이다.

> 여호와를 경외하는 것은 생명의 샘이라 사망의 그늘에서 벗어나게 하느니라
> - 잠 14:27

> 명철한 사람의 입의 말은 깊은 물과 같고 지혜=딩혱지혜의 샘은 솟쳐 흐르는 내와 같으니라
> - 잠 18:5

> 사람의 마음에 있는 모략은 깊은 물 같으니라 그럴지라도 명철한 사람은 그것을 길어 내느니라
> - 잠 20:5

이 알은 물 수분이 있는 환경이 조성되면 숨 쉬며 살아 움

---

[1] 참조: 김상욱교수 제1강 2018 카오스 마스트 클레소 '물리', 카오스 사이언스 TV.

직인다. 씨이다. 그 존재를 나타낸다. 생명과 물과의 관련은 물이 여호와를 경외하기 때문이다. 물의 사역이다. 물이 어떻게 여호와를 경외할 수 있을까? 이 물음의 답은 물의 말씀 사역이어서이다. 물의 말씀 사역은 히브리어 물 마임 מַיִם^(마임) 쌍수에서 찾아진다. 물은 히브리어 물=마임=מַיִם^(마임)=מַיִם^(마임)이다. 물 두 개 מ^(멤) מ^(멤)1)이다. 뜻은 정액2)이다. 생명을 만드는 물 두 개=מַיִם^(마임)=מַיִם^(마임)3) 표시다. 한 단어에서 물이 두 개 있는 쌍수다. 남성명사다. 씨앗을 가진 남성 둘이다. 씨앗은 물=마임=מַיִם^(마임)=מַיִם^(마임)이 보여주는 능력의 손 요드,^(요드 알 하나님의 손, 그리고 예수님의 손)이 있다. 물 쌍수는 하나님과 예수 두 분이 한 분이신 임을 알리는 알이다. 수로왕 능에 알 두 개의 쌍어 물고기 문양이 한 분임을 알린다. 알은 움직인다. 물의 움직임이다. 사역이다. 물의 사역은 물 이동이다. 하나님의 옳은 손, 오른 손 요드,^(요드)에 의해 사람은 살기도 하고 죽기도 한다. 하나님과 함께의 알이랑 아리랑의 알이다. 알과 함께^(유석근 학설) 알에 하나님의 손, 옳은 손, 오른 손이 들어 있다. 언어 물=마임=מַיִם^(마임)=מַיִם^(마임)4)은 곧 하나님 말씀 옷을 입은 알이다. 물 마 מ^(마)에서 둘째 임 ם,^(임)으로 이동한다. 좋은 물로 흐른다.

---

1) מ(멤) ם(멤).
2) 잠 18:4; 시 1:3; 렘 10:13; 겔 47:1.
3) מַיִם(마임·물).
4) מַיִם(마임·물).

그 흐름은 법칙이 있다. 첫째 물 → 둘째 물·하나님 → 예수님·예수 → 그리스도·첫 아담 → 둘째아담·옛사람 → 새사람·구약 → 신약·겉 사람 → 속사람 ⋯ 더러운 물 → 좋은 물로 움직1)인다. 물2)이라는 발음일 경우 물3)=할례! 이다. 하나님이 우리에게 그렇게 할례? 하시며 물으시며 바꾸신다. 우리를 다스리고 복 주시는 말씀 물이다. 절대자는 말씀의 존재자이다. 물 마 임=מים마임=מים마임에는 대한민국의 한글 미음4) ㅁ이 둘5)이다.

물의 히브리어는 마임이다. מים마임이다. 우리말 마 임이다. 이렇게 우리말과 히브리어와의 연관성은 이 글자가 형성될 당시의 아벨의 자손 욕단이 극동지역으로 복음 전 하기 위해 왔다. 정착하여 가야와 신라를 통치하였다. 통치하에서 1000년의 역사가 이루어지는 동안 믿음의 조상들이 되게 하였다. 이 기간동안 언어 영향을 많이 받았다. 거의 절반이상일 정도로 히브리어와 우리말의 닮은 발음이 발견된다.6)

---

1) 하나님이 이르시되 물 가운데 궁창이 있어 물과 물로 나누라 하시고 하나님이 궁창을 만드사 궁창 아래의 물과 궁창 위의 물로 나누게 하시니 그대로 되니라(창 1:6~7).
2) מים(마임).
3) מול(물·할례, 앞, 신 30:6).
4) ㅁ(ㅁ(한글).
5) 한글 ㅁ(미음) 즉 미음 또한 히브리어와 같은 ㅁ(미음)글자가 둘이다. 한글 창제의 비밀이기도 이 반복 리듬은 ㄱ은 기역, ㄴ은 니은..히읗으로 쓰여지면서 ㄱ이 반복 ㄴ이 반복...ㅎ이 반복, 모두 반복의 리듬을 가진다.
6) 염동욱, 『한국과 이스라엘, 역사의 비밀』(서울:CLC 기독교문서선교회 ,

(3). 임

히브리 성경에서 발견되는 우리말을 발견1)은 경이로움이다. 우리들이 그토록 좋아하는 하나 임이 있다. 님이다. '임' 이 물 언어에서 발견된다. 마 임!이다. 마! 하나! 임!이다. 님이다. 물 마 임=מים=מַיִם^{마임}2)의 마 임이다. 임 מים,^임3)이다.

사랑의 알이다. 임은 늘 생명을 살린다. 물이 하늘로 올리는 일이다. 물리적으로는 물이 증발하여 하늘로 올라가는 경우이고 영적 물이 되는 물은 사람 마음에 말씀이 들어가 영적 사람이 되는 일이다. 성서의 물은 쌍수이고 하늘도 쌍수이다. 물 마임=מים^{마임}의 임은 쌍수이고 하늘 שמים^{솨마임} 또한 쌍수이다. 하늘 솨마임 שמים^{솨마임}은 임을 삼아 사는 일이다. 물 쌍수 마임 מים^{마임} 앞에 솨 ש^솨가 더 붙었을 뿐이다.

> Thirdly, Critic method of myth shows water as rhythmic transcendency his Powers that God expresses through water, like this מים(mayim·water) → שמים (soamaayim·sky). In appearance dual number מים exists in both words but ש. The almighty God can do everything without water, through his transcendency, like this:

2017). 『한국과 이스라엘, 역사의 비밀』은 고대 히브리어와 이스라엘 문화를 우리의 가야·신라문화와 비교분석하며, 히브리문명이 오래 전부터 우리 민족문화와 역사에 큰 영향을 미쳤음을 밝힌다. 부록 _ 한국어 VS 히브리어 유사성.
1) 이영지, 『물^{마임}의 시학』(서울: 창조문학사, 2023)., 1018~1248.
2) מים(임) + מ·
3) מים(임).

* The table 9:3+(3+1) from on מִם + שָׁמַיִם

שׁ
מ
מִ ם
ם

The table 9 [7=3+(3+1)] means the meeting of three letters ם + יִ + מ drawing a horizontal line with four letters ם + יִ + מ + שׁ drawing a lengthwise, which results in Gold Law rhythm. The destruction of city Jerico is to spread the sweet fragrant according to the will of the LORD.[1]

히브리어 문법에 따른다면 그 물, 바로 그 물이 있는 곳이 하늘이다. 하늘로 올려 진 임이 있는 마 그 물이다.

성서에 아주 재미있는 말이 있다. 알았다 여호와 יְהוָה יָרְאַת 알았다 여호와 잠 14:24이다.

알았다 여호와 누가? 나 여호와가 알았다이다. 그 분이 생명의 샘을 알았다 여호와이다. 생명의 샘 마코르 하임 מְקוֹר חַיִּים 매코르 하임, 잠 14:27도 있다. 물이 계속 송송 올라오는 샘이 매코르 하임이다. 물이 계속 송송 올라는 오는 샘 지혜=딩쀙지혜의 샘이다. 지혜의 샘은 매코르 하크마 מְקוֹר חָכְמָה 매코르 하크마 잠 18:4이다.

---

1) 이영지, 『물(מִם・마임)의 초월성과 현실성과 회복성 연구 ~ 사랑의 U리듬을 중심으로』 서울 기독 대학교 대학원 철학박사 학위 논문(서울: 서울 기독 대학교, 2008)., 273~4.

지혜에는 중층 리듬이 있다. 지혜의 샘 깊은 물 마임 아무 킴 מַיִם עֲמֻקִּים^마임 아무킴 잠 18:4이다. 명철한 사람의 입에서 나오는 깊은 물 지혜의 물이다. 입에서 나오는 말은 행동을 수반한다. 예수님의 입에서 나오는 지혜의 이 물 위를 걸으신다. 하나님의 신이 물 위에 운행하신[1]다.

하나님 알이 수면에 운행한다. 높은 곳에 계시는 자가 수면에 운행하시니라

① 하나님의 신은 수면에 운행하시니라(창 1:2)
וְרוּחַ אֱלֹהִים מְרַחֶפֶת עַל- פְּנֵי הַמָּיִם
엘로힘 베루아흐   미라헤페트   -알   하마임 페네
NMPC .NFSG   -NMP VPPAFS   D.NM DNMP
접명여단소 명남복 피엘동능동여   -명남복   관명남 쌍명남복

② 물 가운데 궁창이 있어(창 1:6a)
יְהִי רָקִיעַ בְּתוֹךְ הַמָּיִם
예히   라키아으   베토흐   하마임
VQIMZS NMS   D.NMP D.NMD
칼동미남3단 명남단 관.명남복 관.명남쌍

③ 물과 물로 나뉘게 하리라 (창 1:6b)
מַבְדִּיל בֵּין מַיִם לָמָּיִם
마쁘딜 벤   마임   라마임
D.NMS   PP.   NMD   D.NMD
관.명남단 전접. 명남쌍 관.명남쌍

---

1) 창 1:2: Daniel Delas et Jacques Filliolet, 『*Lingistique et Poétique*: 언어학과 시학』, 유재석, 유재호 옮김 (서울: 인동, 1985), 101.

④. 궁창 아래의 물과 궁창 위의 물로 나뉘게 하시매‥(창 1:7)
וַיַּבְדֵּל בֵּין הַמַּיִם אֲשֶׁר מִתַּחַת לָרָקִיעַ וּבֵין הַמַּיִם אֲשֶׁר מֵעַל לָרָקִיעַ
라미임 메알 아쎄르 하미임 우벤 라라키아으 미타하트 아쎄르 하미임 벤 바이쁘달
P.D.NMS P.PR D.NM   D.C.PP.D. NMS P. P R   D.NM   DP.C.W. V.H.M.Z.S
접관.명남단 접.전 관계사관.명남쌍 접.전 접관.명남단 전.전 관계사 관.명남단 전 바브동 미남3단분사

위의 ①. ②. ③. ④.의 예에서 ①.의 동사 매라헤페트 מְרַחֶפֶת^{매라헤페트} 운행하시니라가 여성형의 피엘능동분사 즉 동사성분을 띤 형용사 이다. 알을 품고 있다. 물에 영이 있다. 알이 있다. 물 가운데의 하나님의 손·예수님 손 알이 있다. 손이 움직인다. '물' 이 그에게 안겨 있다. 말씀이 들어 있다. ②.는 물 중앙 궁창! 땅 아래의 반대 하늘 영역이다. ③.에서 물을 제시한다. ④.의 물 2회 반복리듬이다. 말씀대로 예수님에게서 이루어지는 하나님의 초월성이 있다. 이 땅에서 하늘까지의 처음과 끝 에트 אֵת^{에트}, 처음과 끝까지의 물이동이다. 말씀의 자리이다. 물의 이동이 있는 곳에 말씀이 있다. 우리 인생의 처음과 끝까지 말씀이 같이 있다. 하나님과 함께 알이랑=아리랑이다. 물이 있다. 이동되는 물은 하나님의 바람으로 움직인다.

성서의 물은 윗물과 아랫물이 있다. 물 쌍수는 두 개의 물이다. 문법 히필능동분사형접두어^{VHPA}이다. 먹을 수 있는 물은 궁창위로 끌어 올린 물 성령의 물이다. 말씀의 물이다.

(4). 원왕생가와 찬기파랑가

원왕생가에 향언운 보언야^{鄕言云 報言也}가 기록되어 있다. 네가 사는 세상을 서방정토라 생각하라는 것이다.

다음은 원왕생가의 한자를 이해하는 방법의 하나이다.

月下월하 달 아래
伊低이저 네가 사는 세상
亦역 또한
西方서방 서방정토
念념 생각하라

위 예는 향가문장=노랫말 + 보언 + 청언의 구성[1])으로 되어 있다. 노랫말= 향가의 줄거리는 '보언=뮤지컬이나 연극의 지문' 과 '청언=소원을 비는 문자' 의 향가 구성법칙이다. 따라서 향가의 보언이나 청언을 제하면 한시가 될 뿐이다. 따라서 향가에서 보언과 청언은 향가 구성의 중요한 구성으로 없어서는 아니 될 구성요소이다. 신라 향가 모두는 이 구성으로 되어 있다^{김명회학설}. 신라향가는 물론 일본에서 제작된 만엽집도 이 향가로 구성되어 있다^{김명회학설}.

이 법칙에 따르면 균여전 보현 십원가 11수 모두 향가, 만엽집 속의 작품 모두 향가이다. 신라향가 창작법이 적용되는

---

1). 김영회 향가연구가의 향가 이해법.

이 법칙에서 화랑세기 속 출정가는 위작이다. 향가창작법의 중요 포인트는 문자는 표의문자여야 하고 향가는 소원을 이루어 주는 청언이 있고 보언으로 하여 연극대본이 되는 것이어서 고대 무대 예술 대본이다.

신라 향가 만엽집 구지가 원왕생가 제망매가 찬기파랑가 안민가 서동요 처용가 혜성가 해가 도솔가 도천수대비가 모죽지랑가 우적가 등이 모두 향가이다.

열치매 나토얀 드리
힌구룸 조초 떠가는 안디하

새파른 나리여히
기랑(耆郞)이 즈시 이슈라
일로 나리ㅅ 지벽히
낭(郞)이 디니다샤온
무스미 갓흘 좇누아져
아으 잣ㅅ 가지노파
서리 몯누올 화반(花判)이여

　　　　　　　　　　　　　　-양주동 역 찬기파랑가

목이 매어 웁니다 화랑도가 병들었음에
이슬내린 새벽
달은 흰 구름을 다스려 쫓아내 떠나가게 하였습니다
기파랑 그대는 어찌하여 낭도들을 바로 잡으려 하였던가
기강이 해이한 낭도 여덟명을 참수한 것은 물길을 다스림이였습니다
기강이 흩으려짐을 미워하였던 젊은이
그대는 낭도들의 기강을 바로 잡으려 하였습니다
그대는 늪과 같이 느리게 흐르는 강가운데 돌과 흙을 채워내고자 한

화랑이었습니다
   낭도들의 기강을 바로잡아 주려는 마음을 가진 화랑을 아직 만나보지
못 하였습니다
   월성이 그대를 쫓아내었음이라
   아미타불이여, 구천에 떠도는 화랑의 영혼을 받아주옵소서
   잣나무는 가지들을 높은 곳에 이르게 하기를 좋아했습니다
   눈이 여기 내립니다
   꽃이 떨어집니다
- 김명희 찬기파랑가 번역

   화랑도 병들음에 목매어 울어 울어
   이슬이 내린 새벽 달님이 흰 구름을
   다스려 쫓아내고는 떠나가게 하였네

   기파랑 그대 님은 어찌해 바른 길로
   낭도가 되게 하려 여덟 명 참수하서
   물길을 다스리려고 미워했던 젊은이

   그대는 낭도 기강 잡으려 늪과 같이
   느리게 흐르는 강 가운데 돌과 흙을
   치우고 잘 흐르게 한 화랑정신 높아라

   정말로 이런 화랑 이전엔 못 만났죠
   월성이 쫓아내니 머얼리 사라지고
   오오오 아미타불이여, 구하소서 그 영혼

   잣나무 가지들이 노오피 올라가길
   좋아한 그대영혼 노오피 올라가길
   흰 눈이 여기 내리니 떨어지는 꽃잎아
- 이영지 시조시로 김영회의 번역도움

기파랑은 신라 천년 평화시대에 만연했던 화랑도의 기강해이를 바로 잡으려 8명 화랑도를 참수했다. 이런 기파랑의 처형이 기록된 찬기파랑가이다. 이러한 결과는 신라의 화랑제도가 폐지되게 하였다는 것이다.

제 10장 고향마방진 시학

I. 고향

1. 고향

1). 고향

1. 고향

(1). 고향이 그리운

우리는 늘 고향을 그리워한다. 고향! 말만 들어도 가슴이 설레는 아련한 고향은 어릴 적 내가 철없이 뛰 놀던 물이 있고 산이 있고 마을이 있어 추억의 풋풋한 그리움이다. 기억하고 싶은 향기로운 바람이 있고 그리고 설레던 이야기가 있다. 그곳에는 첨벙거리며 뛰놀던 흐르는 시냇물이 있다. 이 시냇물은 노들강변의 봄바람이 이는 곳이다. 흐르는 시냇물의 동적 이미지가 우리말도 노들이고 놀던 곳이다. 히브리어로도 노들 נזל 출 15:8 삿 5:5 민 24:7 신 32:2 욥 36:28 시 78:16 78:44 147:18 아 4:15 잠 5:15 사 44:3 45:8 렘 9:18 18:21이다. 우리말 노래에 "노~들강변 봄버들/ 휘휘 늘어진 가지에다1)" 가 있다. 이 노들은 물길의 움직임을 이르는 말이다. 이 노들이라는 글자가 히브리어에서 흐르는 물이 보이는 강가의 모습이다.

양자역학에서는 만물들이 진동한다. 파동이다. 모든 만물이 파동이 있다. 왜 움직이는가! 움직이지 않는 절대 진리를 향해 가려고 움직인다.

우리는 천손민족이다. 하늘에서 내려온 천손민족이다. 그러기에 하늘로 올라가려 움직인다. 천손민족 DNA를 가진 하늘에서 내려온 존재는 사람ㅅ인 글자에서 찾아진다. 하늘에서 내려오는 순서로 사람인자는 쓰여진다. 그래서 하늘로 올라

---

1) 1930년대 신불출(申不出) 작사 문호월(文湖月) 작곡 박부용(朴芙容)이 불렀다.「노들강변」은 「아리랑」·「도라지」·「천안삼거리」·「양산도(陽山道)」와 더불어 우리나라 5대 민요의 하나로 꼽힌다. 노들은 노량진 나룻터 이름이다. 문호월을 기리는 노래비가 경북 김천시 남산동에 강변비(江邊碑)/ 유적비로 세워져 있다. 신불출이 가사를 짓고 문호월이 곡을 붙인 민요 「노들강변」은 9박자의 세마치장단을 갖춘 맑고 경쾌한 노래이다. 가사는 "노들강변 봄버들/ 휘휘 늘어진 가지에다/ 무정세월 한허리를 친친 동여서 매어나 볼까/ 에헤요 봄버들도 못 믿으리로다/ 푸르른 저기 저 물만 흘러 흘러서 가노라"이다. 문호월 본관은 남평, 본명은 윤옥(允玉), 1908년 부(父) 덕인(德仁)과 모(母) 최종성(崔宗聖) 여사의 삼남으로 진주 평안동에서 태어나 1952년 서울에서 작고하였다. 선생은 어려서부터 음악적 자질이 빼어나 김천공립보통학교, 휘문고등보통학교를 거치는 동안 홀로 작곡을 연학(研學)하여 약관에 오케이레코드사와 악단에서 작곡과 지휘로 활약하면서 민요풍 가요 작곡가로 이름을 냈고 대표작으로 「노들강변」이 있다.[출처] 한국학중앙연구원 – 향토문화전자대전한국중앙연구원.

하늘에 들어가야 할 존재 入^{입}이다. 한자가 보여주는 들어갈 입^{入}자이다. 그곳에 영원히 하늘에 들어가는 입^{入}자이다. 하늘에 들어가 입^{入}하기에 나의 고향이다. 하늘에서 온 사람^{人}은 드디어 하늘에 들어가 입^{入}하는 존재이다. 하늘이 고향이어서 하늘로 들어간다.

갑골문의 사람 인🅰️^{入}자가 보여주는 그래서 올라가는 사람 입^{入}의 존재는 늘 움직인다. 물의 진리와 같다. 물은 햇빛을 받으면 증발하여 하늘에 올라간다. 움직인다. 이 물=מים^{마임}이 물이 마르는 현상 하늘=שמים^{샤마임}이다. 물이 하늘로 올라가 머문다. 햇빛 또한 파동이다. 햇빛도 고향으로 돌아가려 움직인다. 사람도 하늘을 그리워하며 고향으로 돌아가려 한다. 절대자에게로 가고파 움직인다. 우리는 천손민족이다. 그러기에 하늘을 그리워한다. 마침내 고향으로 돌아간다.

고향은 절대자의 세계이다. 그러기에 모든 삼라만상이 움직인다. 파동이다. 고향으로 돌아가려 움직인다. 그곳에 하나님이 계신다. 두 손 벌리고 맞이해주시는 그가 계신다.

평생 하늘나라 고향으로 가려 움직인다.

(2). 고향의 정체성

하나님은 결코 우리민족을 버리지 않았다. 우리나라의 역사는 한국인의 재탄생을 허락해주었다. 암울한 조선의 상황에서도 기독교 정신에 입각한 센세이션을 일으켰다.[1] 1934년부터 평민과 천민과 여자들을 선교사들이 교육시켰다. 먼저 「광해원廣惠院」에 12,000명의 환자들이 몰려오는 현상에서 비롯된다. 알렌과 언더우드 두 사람이 치료를 담당했다. 여성전용병원은 여성의사 렌하우스 웨딩 메타 하워드가 합세한다. 언더우드는 에디슨박사와 더불어 세브란스·아펜셀라 배재학당·스크랜턴박사 어머니 메리 스크랜턴 이화학당을 세웠다. 고종이 사액서원으로 허락, 이 결과 민주주의가 한국에 있게 된다. 무어목사는 곤당골 곧 백정거리에 가서 선교를 시작한다. 이때 왔다갔다 하던 박성춘의 아들 박봉출 곧 박서양이 선교에 참석하던 중 아버지 박성춘이 병이 들자 무어선교사에게 고쳐줄 것을 요청 무어목사가 에디슨 박사를 보내 병을 낫게 해주자 박성춘에 교회에 나가게 된다. 이에 기존 교인들은 백정과 같이 예배드릴 수 없다며 나가게 되고 남은 박성춘을 포함한 교인들이 예배를 드렸다. 얼마 후 소위 고급 교인들이 회개하고 다시 돌아와 같이 예배를 드린

---

1) 기독교는 조선을 어떻게 바꿨나 / 함재봉의 '한국인의 탄생' 『한국사람 만들기』(서울: 2020: 에이치 프레스).

다. 이 교회는 지금도 인사동에 있는 숭동 교회이다. 이 건물 그대로 지금도 유지된다. 이처럼 선교의 물결은 기독교를 믿게 된 교인들로 한국인들이다. 구원의 길이 열렸다. 1887년 10월 7일 최초로 장로교회에서 선거를 실시한다.

장로를 뽑는 최초교회 세문안교회 기록 언더우드 목사 두 명의 장로 선출 했다. 선거기록이 있다. 존로스목사는 중국, 영국 스코드렌스 선교사로 병든 사람들을 고쳐 준다. 성경을 언문으로 번역, 언더우드, 아펜셀레와 같이 성경을 한글로 번역, 이 날 로스목사가 온 세문안교회가 설립되는 그날이었다. 언더우드를 맞아 공식적인 장로교회에서 예배되었다.

참석자들의 투표를 통해 장로가 만장일치로 선출된다. 공식 임명된다. 최초의 이 투표사건은 자기 지도자를 자기 손으로 뽑는 정확한 날자 기록으로 남게 되었다.

선교의 힘은 기독교의 역사뿐만 아니라 한국의 역사에서 구원의 메시지로 남게 된다. 이 역사는 그 사역자들에 의해서 마음의 등불을 달아주었고 마음의 기쁨 촉진제이다. 즐거움이 있으면 세상이 살맛난다. 더구나 지치고 병든 자에게 육체와 정신을 치료해준다. 그래서 생활이 바뀐다. 감사하는 마음에서이다.

감사하는 마음은 가장 가깝게는 혈육이고 그리고 그 마음의 중심에게는 하나님에게이다. 그 이름은 아빠이다.

2). 아빠

(1). 아빠

하늘에는 아버지가 있다. 지상에도 우리들이 밤낮으로 부르는 아빠가 있다.

성경의 아빠 abba^{아빠}가 있다.

> ① or you did not receive the spirit of slavery to fall back into fear, but you received the spirit sonship. Wen we cry, Abba! Father! 16 it is the Spirit himself bearing witness with our spirit that we are children of God,
>
> - ROMANS 8:15-16

> 무릇 하나님의 영으로 인도함을 받는 사람은 곧 하나님의 아들이라 너희는 다시 무서워하는 종의 영을 받지 아니하고 양자의 영을 받았으므로 우리가 아바 아버지라고 부르짖느니라
>
> - 롬 8:14-16

> οὐ^{우} γάρ^{가르} ἐλάβετε^{엘라베테} πνεῦμα^{프네우마} δουλείας^{둘레이아스}, πάλιν^{팔린} εἰς^{에이스} φόβον^{포본} ἀλλὰ^{알라} ἐλάβετε^{엘라베테} πνεῦμα^{프네우마} υἱοθεσίας^{위오이아스} ἐν^{엔} ᾧ^{오} κράζομεν^{크라스멘} αββα^{아빠} ὁ^{오} πατήρ^{파티오}\. 16 αὐτὸ^{우토} τὸ^{토} πνεῦμα^{프네우마} συμμαρτυρεῖ^{슘마르투레이} τῷ^{투} πνεύματι^{프네우마티} ἡμῶν^{눈} ὅτι^{오티} ἐσμέν^{에스멘} τέκνα^{테크나} θεοῦ^{데우}
>
> 부분 발음 "압바=아버지" [1]
>
> - ΠΡΟΣ ΡΩΜ 8:15-16

② And he said Abba, Father, all things are possible to thee; remove this cup

---

1) Wigram, V George. The Korean's Greek Concordance of the NEW Testament, Grand Rapids, Michigan 49506:Baker Book House, 1843. 김만풍 역, 『신약 성구사전』, 서울:기독교문화사,1981.

from me; yet not what I will, but what thou wilt.
- MARK 14:36

이르시되 <u>아바</u> 아버지여 아버지께서는 모든 것이 가능하오니 이 잔을 내게서 옮기시옵소서 그러나 나의 원대로 마옵시고 아버지의 원대로 하옵소서 하시고
- 막 14:36

$καί$^{카이} $έλεγεν$ ^{엘레겐} <u>$αββα$</u>^{아빠} □$ό$^오 $πατήρ$^{파테르}\, $παντα$^{판타} $δυνατά$^{두나타} $σοι$'$παρένεγκε$^{소이파레네그케} $τό$^투 $ποτήριον$^{포테리온} $τουτο$^{투토} $άπ$^{아프트} $έμού$^{에무} $άλλ$^알 $ού$^우 $τί$^티 $έγώ$^{에구} $θέλω$^{테루} $άλλά$^{알라} $τί$^티 $συ$^수
- $MAPKO\Sigma$ 14:36

③ And because you are sons, God has sent the Spirit of his Son into our hearts, crying, "<u>Abba</u>! Father!"
-갈 4:6

너희가 아들인 고로 하나님이 그 아들의 영을 우리 마음 가운데 보내사 <u>아바</u> 아버지라 부르게 하셨느니라
- 갈 4:6

$Οτι$^{오티} $δέ$^데 $έστε$^{에스테} $υίοί$^{이오이} $έξαπέστειλεν$ ^{엑사페오스테일렌} $ό$^호 $θεός$^{데오스} $τό$^토 $πνεύμα$^{프뉴마} $τού$^{토우} $υίού$^{이오이} $αύτού$^{아우투} $είς$^{에이스} $τας$^{타스} $καρδίας$^{카르디아스} $ήμών$^눈 $κλάζον$^{크라손}, <u>$Aββα$</u>^{아빠} $ό$^호 $πατήρ$^{파테르}
-$ΠΡΟΣ$ $ΓΑΛΑΤΑΣ$ 4:6

성경의 '아빠' 아주 강한 발음 abba^{압빠} '압빠' 다. 우리말 "아빠" ayabba[1] '빠' '아압빠' a~ab~ba → ayabba → (a)yabba → (a)amba 아빠' a-aya-ba=ayabba 아빠[2]이다.

---

1) David Toshio. Tsumura · 57
2) ayabba: David Toshio. Tsumura, 57:In Amarna Akkadian, the sea is

(2). 아빠가 있어 환한 얼굴

환한 얼굴이 있다. 우리들 모두는 만나면 서로 훤하십니다 혹은 환하십니다로 이야기를 시작한다. 환한 얼굴은 갑골문자 천^天자^子자에서 찾아진다. 천^天자는 머리에 불을 가진 존재이다. 갑골문 형태이다. 하나님의 형상대로 지어진 사람이다. 머리에 불을 가진 존재이다. 하나님 일 사역자이다.

사람이 위대한 하나님 일을 하는 구체적인 예가 있다. 삶^曬 ^{햇빛쬘} 살자에서 찾아진다. 다름 아닌 햇볕을 쬐는 일이다. 우리의 일상은 고통이 있는 삶 곧 살^殺 ^살인적인 삶이다. 그럼에도 햇빛을 쬐면 살^曬 ^{햇빛쬘} ^살아난다. 햇볕을 쬐는 일이다. 살^殺에 날일 곧 햇볕 日이 드는 삶^曬 ^{햇빛쬘} ^살이 환한 얼굴이 되는 비결이다. 우리가 햇빛을 받으면서 환한 얼굴로 살아가는 방법이다. 갑골문이 보여주는 체^締자에서이다.

---

always referred to in forms of *ayabba*(EA 74-20, 9:47, 105:13, 114:19, 151-42, 288:33, 340:6), never spelt as *ta-am-tu*(except in Adapa text [356:50 & 51] which is written in a standard Akkadian), I owe this information to DR. R. S. Hess. See also CAD, A・1(1964), 221(also in Mari & SB literary text), W.F. Albright & W. L. Moran, Rib-Adda of Byblos and the Affairs of Tyre(EA 89)」 JCS 4(1950), 167; cf JA Knudtzin, *Die Ei-Amarna-Tafeln:mit Einleitung und Erläuterungen*. II (Aalen:Otto Zeller, 1915), 1528 on Tâmtu. It might be postulated that the Sumerian loan word *ayabba*(<=a-ab-ba) in West Semitic experienced the following Phonological
a-aya-ba=>*ayabba*>a(yabba)(a)yabba)(a)yamba>yamm->yām. For EA 89, see now W. L. Moran, *Les Lettes d'El-Amama:Correspondance diplomatique pharaon*(LAPO 13:Paris:Cerf, 1987), 277-8.

마방진시학 739

다 같이 둥글게 어울려서 덩실덩실 춤추는 모습이 보일 시 示이다. 불알을 드러내고 즉 전라로 춤추며 보여주어 진심으로 하늘에 제사지내려 둥글게 돌아 가며^{김양동학설} 하늘에 제사지낸다. 우리이다. 우리들은 이 우리라는 말을 늘 사용하면서 공동체의 모습을 알린다. 같은 울안 한 우리 안에 어울려 내 힘이 아닌 하나님을 믿는 힘으로 살아간다.

놀랍게도 하늘의 의미를 지닌 십자형이 갑골문에 있다. 십자형 ▨ + $^{아주\ 높은\ 분\ 하나님1)}$이다. ▨는 상제^{上帝} 혹은 제^{帝}보다 더 높은 위치의 존재$^{2)}$한다. 상제^{上帝}·제^{帝}보다 더 높은 위치의 존재자이다. 해보다 달보다 위에 계신 ▨ + 모형을 지니신 분이다. ▨와 상제^{上帝}·제^{帝}의 관계는 경외심을 수반한다. 감히 우러러 보는 대상을 향한다. 왕을 통하여서만 제사를 받는 경외심표시가 체제시^{禘祭祀}이다.

우리 사람도 신^{神}적인 존재임을 갑골문 신^{神}자가 알려준다. 팔을 벌려 남성상징을 드러내며 둥글게 어울려 하나님을 섬기는 일을 보여주는 체제시^{禘祭祀}이다. 불알을 드러내며 하늘 향해 원무를 추는 어울림은 하늘 향한 간절한 모습이다. 이 때 취하여 환한 얼굴$^{3)}$이 된다.

---

1) 갑골문에서 보이는 선도문화 | 홍산문명, 천지인 | 동아시아고대문화학회 최명희 우리역사바로알기TV.
2) 갑골 박사 최명희 갑골문 강좌 1강 | 갑골문은 고조선과 동시대의 문자 기록이다. 우리역사바로알기TV.

환국桓國이다. 환국의 환桓은 갈림길을 표시한다. 늘 좋은 방향으로 가는 길로 가도록 하늘에서 빛의 길을 열어 주신 천손자손이다. 천손민족은 하늘을 숭상하는 민족이다. 갑골문 하늘 천天 자가 의미하는 바의 사람 머리를 크게 부각시켜 놓았다. 사람의 생각 곧 하늘을 우러러 보는 의식1)의 시원 사상이다.

우리에게는 지금으로부터 10,000여 년 전의 기록 『환단고기桓檀古記』가 있다. 주변 강대국들이 역사 왜곡歪曲을 일삼았지만 학자들에 의해 우리의 환한 얼굴이유가 곳곳에서 증명자료로 지금도 발굴된다. 다행스럽게도 그 대표적인 예로 지금도 남아있는 충남 부여지명이다. 이 부여지명에 대하여 연연하는 이유는 우리의 말 '환하다' 환이 부옇게 밝아오는 새벽에 일어나 각자의 일을 하는 둥글고 환한 웃음의미에서이다. 우리말 그대로 새벽이 부옇게 밝아오는 새날 오늘 하루를 잘 보내려 희망을 가진다.

부옇게 밝아오는 새벽, 장 닭이 꼭 꼬덱 하고 홰를 치며 새벽을 알려준 부여의 부여스럽하다의 부여이다. 성경2)의 예는 그 안에 태양 불빼은을 가진다. 동틀 때이다.

---

3) 김양동, 춤의 원형은 무엇을 상징하고 의미하는가 | 한국고대문화 원형의 상징과 해석 31' 우리역사바로알기TV.
1) 갑골 박사 최명희 갑골문 강좌 12강 | 홍산 우하량 적석대묘에서 만난 환웅천왕. 우리역사 바로알기 TV.
2) לבנה(레바노트 레 13:39, 창 30:35, 37, 출 16:31, 레 13:3 등).

새벽, 새 날이 희게 밝아온 부여는 70여개의 삼한의 마한 54 진한 12 변한12의 72나라의 열국 철기 시대1)서기전 7-5세기가 있었다. 고조선 전기의 구심체 중심의 부여다. 마한 진한 변한으로 재건된 열국에 끼치는 지대한 영향력 부루 단군이 있다. 서력 BC 2240년의 비리국卑離國 부여이다.

우리 모두의 환한 얼굴에 민족정신이 투영되어 있다. 이 환함 환단고기桓檀古記의 환桓이 있다. 환국桓國 → 배달국 → 조선朝鮮 → 고구리高句麗 나라이름일때는 麗를 리로 읽는다 → 백제 → 신라 → 고려 → 조선 → 대한민국으로 이어진다. 아무리 삶이 살인적이라 하더라도 햇볕을 쬘 쇄曬 햇빛쬘 쇄, 햇볕 쬘 살 햇볕쬘 살 한자가 알려준다. 해의 빛을 쬐는 일2)은 새 삶의 환한 얼굴이 되는 비법이다. 환한 얼굴 환인桓人 환웅桓雄이 있다.

은殷나라 갑골음甲骨音은 고대한국어였다. 고대로 올라갈수록 지금의 우리가 쓰는 말은 지금의 우리 말들과 같다. 중국의 사학자 장문張文은 대문구문화도존부호시해大汶口文化陶尊符號試解라 하였다. 대문구문화는 동이東夷 소호족小皞族 문화의 유존으로 양저문화良渚文化 영향을 받아 용산문화龍山文化로 발전해 갔다. 마침내 갑골문자를 만들었다.3)

---

1) 한국 통사 저자 오정윤의 역사 강좌 34강 | 철기가 바꾼 세상 – 부여, 역사바로알기.
2) 김양동 계명대 석좌교수의 고대문화 원형의 상징과 해석 32. 술이라는 말의 원형적 의미는 무엇인가.
3) 놀라운 사실! 殷나라 甲骨音은 고대한국어였다. 漢字는 고대로 올라갈수

조선왕조 세조실록 수서령^{收書令}으로 『고조선비사^{古朝鮮秘詞}』 『대변설^{大辯說}』『조대기^{朝代記}』『주기표훈삼성밀기^{周記表訓三聖密記}』『지공기^{지공기}』『안함함로원업충삼성기^{安含老元業仲三聖記}』『도증사량훈^{道證沙良訓}』『문태산^{文泰山}, 왕거인^{王居仁}, 설업^{薛業}』 등 3인의 기록『수찬기소^{修撰企所}』『동천록^{動天錄}』『마슬록^{磨虱錄}』『통천록^{通天錄}』『호중록^{壺中錄}』『지화록^{地華錄}』『도선한도참기^{道詵漢都讖記}』『도증기 지리성모하사량훈$^{道證記 智異聖母河沙良訓}$』등이 이 있다. 비록 조선 당시국가정책에 의해 사라지긴 했지만.

이 참혹한 상황이었음에도 진리는 무너지지 않아 연구자들에 의해 밝혀진다. 오성기록의 가치를 들 수 있다. 박석재[1] 박사는 오성^{五星} 화수목금토^{火水木金土}의 오성 기록 무진 오십년 오성취루^{戊辰五十年五星聚婁} - 『환단고기^{桓檀古記}』 '단군세기^{檀君世紀}' 기록을 알린다.

록 다르게 발음했다. 고대사 TV.
1). 박석재 천문학자 '하늘의 역사 1-9강' 특히 '4강 개천으로 열린 우리의 하늘' 과 '9강 원자에너지를 탄생시킨 양자물리학/ 별을 빛나게 하는 핵융합'.

3. 마방진메시지

1). 오성취루

(1). 오성취루

박재석 천문가는 오성취루를 BC 1733년 7월 13일이라고 기록하고 있었음^{박재석은 컴으로 확인한 결과 1734년 7월 13일}을 미국 스타리리나스 마이크로소프트로 확인한다. 고향 씨앗=제라 자루아흐 זֶרַע זָרוּעַ 제라 자루아흐 NMS NMS seed sowing 종자 $σπέρμα$ $σπέρι μου$ 레 11:27 씨앗 알려지는 기적이 일어난다.

갑골문과 삼국사기와 환단고기에 나타나는 고조선은 환국^{桓國}·칸국, 배달국^{倍達國, 밝달국}·단군조선^{檀君朝鮮}으로 이어진다.

고고학 출토 유적, 유물이 있다.

① 산동성 가상현 무씨 사당 맷돌그림에서 발견된 기원전(BC) 6,500~4,200년 경, 「고대조선」의 칸국 환인·배달국 환웅·조선 단군의 "행차도(의궤)"를 보아 조선은 환인칸국·환웅배달국·단군조선이 연이어 전해 왔다. 맷돌그림 속에는 삼국사기·삼국유사에 기록된 환인이 환웅에게 내려준 우사(雨), 운사(雲), 풍사(風)의 그림에서다.

744 제 10장 고향향기마방진시학

②. 요녕성 나만기 평강지구에서 출토된 BC 3,500년 경 고대조선(환웅 → 단군) 건국기념으로 재작된 놋허리띠(靑銅腰帶 바클)이 있다. '조이족 봉황 토템'의 단군이 곰족·범족·이리족 및 그외 여러 부족들을 품어 연합으로 조선㿜 아사달을 세운 기념제작 청동 허리띠 바클이다. 이는 한반도 주세력 봉황 토템의 조이족麗朝鮮이 기원전 BC 3,300년 경, 곰 토템 맥족貊族의 지나대륙 및 청구지역 불조선番朝鮮과, 범 토템 예족濊族의 북만주 및 몽골대초원지역 신조선神朝鮮과, 이리 토템 훈족1)이다. 스키타이족)의 아무르·옥저沃沮연안 사하린·캄차카 사하조선과 연합으로 「단군3조선」을 건국한 기념 청동유물이다.

⑤. 조이족이 범·곰·이리 토템족을 품고 있다.

③. 산동성에서 출토된 BC 3,000~2,400년 경 「고대조선」의 아사달 문양 도자기' - 조선 건국기념으로 재작된 '뾰쪽밑 토기 솥䰀'에 세겨진 아사달䩮뜻 나라 문양.

---

1) 지금의 헝가리, 헝은 흉노족이고 가리는 나라라는 뜻이다.

마방진시학 745

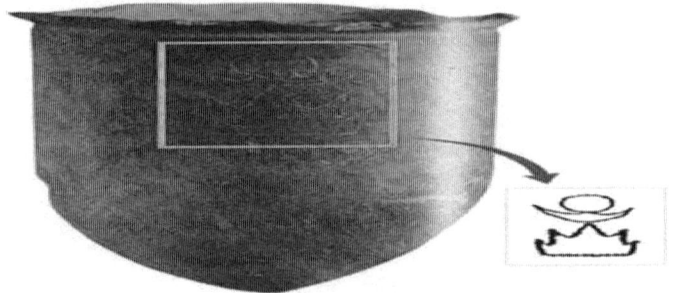

조선의 중심은 산동반도^{장개석 총통·모택동·주은래·서양지 교수}이다. 고대조선^{한국·배달국·조선} ^국이 산동성을 중심으로 청구^{황하 북부와 남만주}·한반도·서백력·아무르·사하린까지 퍼져 아사달^{해뜨는 조선 나라} 형성이 된다.

단군3조선의 불조선^{변한 弁韓}은 서안^{長安} 도사 평양·황하평양·산동평양 등으로 이동^{離東}하며 산동·회하·장강하류·지나대륙 동남부 섬 지역에서 발견된 증거는 중원 서안·함양에서 BC) 2,500년 경 단군3조선 유물·유적들이 쏟아져 나온 데서 이다. 중공정부는 상·은·주 단대공정과 고구려·발해 동북공정으로 고대조선역사 를 왜곡 한민족^{한겨레} 영역 주장의 합리화를 미리 차단했다. 그 증거로는 BC 2,000년 경^{청동기시대} 고대조선의 한복입고 상투 친 '병마용'을 고작 철기시대^{BC 300년 경라 하고} 진 나라 시왕의 병마용이라 왜곡^{초토 병마토용들 조작 교체} 환웅 배달국 14대 환웅천자 치우 를 중국 '삼조당'에 안치 자신들의 조상으로 하화^{夏華}족 시초라고 왜곡 조작한다.

BC 2,500년 회남자 기록에 근거한 단군3조선 강역.
- 아무르^{아물}를 경계로 사하린섬, 옥저^{오호츠크}바다도 단군3조선의 강역

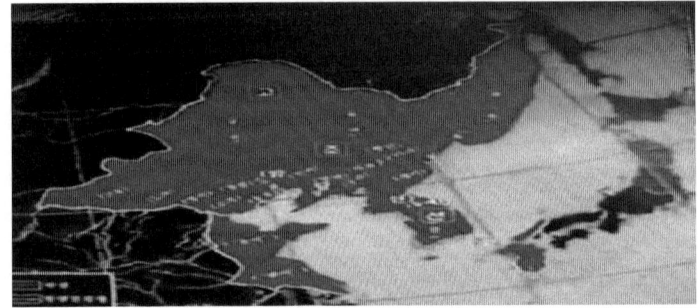

746 제 10장 고향향기마방진시학

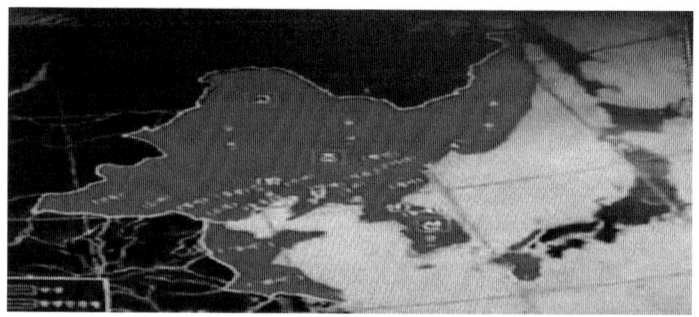

서기 2,036년 서양인들이 예상하는 코리아[corea]지도.

- '존 티토'가 예상하여 그린, 서기 2,036년 동북아시아 지도.
- 기원전 2,500년경 「회남자」 기록에 근거한 지도와 비슷하다.

칸국의 환인이 배달국의 환웅에게 넘겨준 천부인^{天符印}

내몽골 나안기^{奈曼旗} 유적에서 발견된 옥인장^{玉印章}│홍산문화 시대 (6500~5000년 전) 것으로 환웅이 환인으로 받은 천부인을 연상케 한다. 인장은 정치 지도자가 직권을 행사하는 상징물이다. 따라서 단군조선 이전 배달시대에 이미 한민족은 국가조직을 갖추었음을 알 수 있다.

고대조선 → 단군조선은 고대 고인돌 민족이다. 신석기 시대부터 시작하여^{BC 12,000년 경} 기후 온난화와 인구밀집으로 백두산 이도백하 → 송화강 → 아무르^{흑룡강} 지역으로 이주. 천산과 천해 중심 12칸국^{桓國}의 동북아 최초의 한민족문명을 형성. 고인돌 민족은 유럽 스페인 북부 해치네카 지방까지 전파되고, 옥저^{오호츠크}해 연안의 캄차카-아류산열도를 건너 북미-중미-남미 인카문명까지 전파.

-12칸국^{桓國}에서 곰^熊토템을 가진 맥^貊족 세력은 기원전 4,500년 경 쌀농사가 풍부한 황하 중원으로 이동 고대조선의 변한^{卞韓}은 중원 및 황하평양 도읍시 이룬 문명이다. 황하문명이다.

-12칸국에서 범^虎 토템을 가진 예^濊족은 아무르^{흑룡강}상류 몽골고원 지역으로 이주, 이들은 고대조선의 진한^{辰韓} 신조선을 형성하고 몽골고원 농업과 목축의 기마민족 형성.

- 이리^狼 토템을 가진 훈족은 흉노족, 스키타이족¹⁾으로 아무르 하류지역 오호츠크^{옥저}해 연안·사하린·캄차카·축지 반도 지역에서 순록을 따라 사냥과 목축을 하게 된 세계 최초 기마문화^{騎馬文化}로 유라시아 대륙을 정복 고대조선의 진한^{辰韓}을 이루는 한 족속들이다.

-한반도에 남아 정착한 새^鳥토템을 가진 마한 맑조선은 BC 10,550년에 단립벼^{韓米} 재배 성공, 콩·기장·조·수수·참깨·들깨 등, 재배에 성공. 농사 및 농업의 시원지 한민족^{BC 6,000년 경} 한반도 중부지역 원주 소로리 출토 쌀^{단립벼 韓米} 조·콩·수수·기장·깨^{참께 들께} 등 재배

-당시 중원에서 단전호흡으로 단련된 맥족 변한^{卞韓}의 진인^{眞人}이 만달라 선문화^禪

---

1) 훈족은 지금의 헝가리, 헝은 흉노족이고 가리는 나라이다. 스키타이족.

748 제 10장 고향향기마방진시학

禪文化는 홍익인간人益人間 사상을 창시, 9년 대홍수, 7년 대가뭄의 기후변화BC. 3,450년경로 기근 극도로, 맑조선馬韓에 도움 요청 결과, 맥족貊族 대족장 환웅녀桓雄女는 맑조선韓族 대족장과의 혼인으로 기근을 이겨낸다.

-이 두 족장의 혼인으로 왕검王儉이 태어난다. 성장한 왕검은 새鳳鳥 토템을 가진 단군조선의 신인단군神人檀君이 되고 맥족과 예족 및 훈족匈奴족 스키타이은 진인부단군辰眞人副檀君으로 통합, BC 3,400년 경 단군3조선 아사다나阿斯達那을 건국. -단군3조선의 아사다나阿斯達那·지나대륙 장안西安·함양에서 황하 유역으로 1차로 천도한 맥족 변한卞韓 불조선·하르빈에 아사다나阿斯達那을 정한 예족 진한辰韓 신조선辰朝鮮·이무르黑水 유역의 늑대이리 토템의 훈족匈奴 및 스키타이의 사하조선·한민족문명의 역사시원 고대조선을 연이어 온 광대한 단군조선을 이룸. - BC 3,300년 요동지방과 한반도의 맑조선馬韓에 7년의 심한 기근으로 인한 불조선卞韓의 여족장 웅녀와 혼인·왕검王儉의 출생·고대조선 칸국 배달국에 이어 단군3조선 출발.

- 혼인통합을 표현한 홍상문화 출토 옥기玉器

한족과 맥족 웅녀熊女의 혼인통합. - 홍산지역 출토, 혼인으로 인한 정치통합 표현 옥기玉器

- 혼인으로 정치통합 표현, 단군3조선시대 청동기 유물
 한韓족과 맥貊족의 정치통합으로 홍익인간 사상 등장.

-새^{봉황}토템 맑조선 한^韓족과 불조선 맥^貊족 웅녀 대족장은 혼인통합으로 9년 홍수와 7년 가뭄을 이기고 단군3조선을 태어나게 한 아들 왕검 출산.

-환안^{桓安}과 환웅녀^{桓雄女} 사이에 태어난 왕검은 범^虎 토템을 가진 예^濊족도 홍익인간 사상으로 연합 포용하고 늑대^{이리}토템을 가진 훈족^{흉노족} 스키타이 사하·오호츠크^{읏저}해 연안·캄차카지역까지 통합한다.

-BC 2,389년 단군조선^{阿斯達那}은 맑조선^{마한}·신조선^{진한}·불조선^{변한} 및 훈족의 연합, 삼신사상 도입 단군3조선 건국. 단군3조선^{阿斯達}의 왕검은 신인단군^{神人檀國}으로 추앙·단군3조선^{阿斯達}의 신조선^{辰韓}·불조선^{弁韓} 및 훈족^{흉노족}은 진인부단군^{檀君}이 되어 단군3조선은 홍익인간 삼신제도 기본 이념. 단군3조선 삼발토기 및 삼발제기들로 표출.

단군3조선^{맑조선·불조선· 신조선 및 흉족} 강역. 맑조선^{막조선}은 한반도·일본열도·규슈·유구 지역과 요동·중국동해연안 대만·해남 등지까지 진출. 불조선·번조선은 중원 서안^{長安}·함양·평양 및 산동·장강을 넘어 항주 일대까지 그 영역 진출. 신조선^{진조선}은 천산·천해·몽골고원·아무르·오호츠크^{읏저}해 연안·사하린·연해주·캄차가 지역까지 진출. 흉노족^{흉족·스키타이족}은 서백력 사하지역 거처 유럽대륙 스페인 해치네카까지 진출.

단군3조선의 유물, 빛살무늬 삼발토기 - 수많은 고조선 토기 출토

신석기시대 단군3조선 암각화 연구 해설
신석기시대 단군3조선의 맑조선^{馬韓}의 암각화^{경남 울산 반구대}

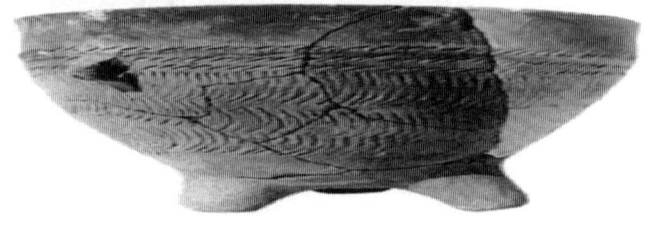

- 농사 태양숭배 및 인류최초 고래잡이 생활과 사슴그림 사냥모습의 그림

제 10장 고향향기마방진시학

신석기시대 단군3조선 구성 밝조선의 암각화

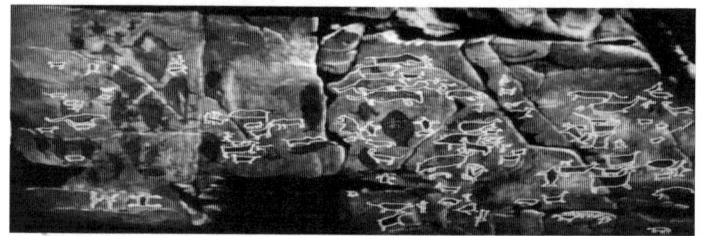
- 농사 논밭표식과 태양숭배 그림이 보인다.

신석기시대 단군3조선 예족토템과 훈족늑대 토템 신조선의 암각화 몽골 알타이산맥 타왕복드

- BC. 10,000~6,000년 바위그림 세계문화유산 2012년

- 울산 반구대 암각화 및 부산 동삼동 토기 그림과 몽골 타왕복드의 바위그림은 동일 그림기법, 단군3조선 영역, 한민족 문명

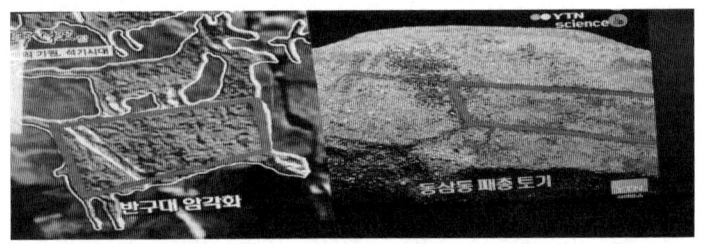

한민족문명은 황하문명·옥기·청동기·대릉하牌수·요하·내몽골 홍산문화·북만주·송화강·시베리아·아무르·연해주·캄차카 지역.

　연결점 유추의 가능성은 하늘과 땅과 사람의 조화로움을 시원사상으로 하는 조화에 있다. 그리고 새를 보고 봉황을 상상하였으며 그 상상력이 동원되면서 사람의 세계에서 하늘을 고향으로 하는 갸륵한 시원사상을 하늘 섬기기로 한 데 있다.

(2). 하나님 모시기 시원사상 갑골문복사
1998년 갑골문복사가 발견되었다.

> 癸酉卜… [圖] 寧風(合 33077)
> 하나님이 바람을 잠잠하게 할까요?[1]

신정시대는 조화의 시대이다. 우리민족이 조상신을 지극히 모시기 이전 먼저 하나님을 섬기는 민족이었다. 왕정실록이 보여주는 갑골문복사가 남긴 특징은 해와 달 위에 있는 절대신에 대한 인식을 "癸酉卜…[圖]寧風(合 33077)"이라고 기록하였다. 이 사상은 "하나님이 바람을 잠잠하게 하는 인식을 가진 신정기대이다. 조화시대이다. 왕정 신정기대는 무정시대이다. 무정의 아들 조갑과 조경 시대이전의 시대이다. 해와 달 위에 십자가모형이 있는 신정기대는 하나님을 섬기는 시원사상을 가지고 있다. 천신天神을 가진 신앙심은 드디어 해 뜨는 곳을 움직이었다. 고대한반도 천연동굴과 식수가 풍부한 강을 찾아 영산강·낙동강·금강·한강·대동강 유역의 나물菜·열매·물고기·사냥肉은 유적지 발굴이다. 유적지는 한강유역·춘천 중도 대단군조선·한강지류 임진강·한탄강 유역 전곡 구석기 대단군조선·대동강 유역 평양 신석기 대

---

[1] 갑골 박사 최명희 갑골문 강좌 17강 ¦ 갑골문의 십자표상은 하나님이다. 우리역사바로알기 TV.

단군조선· 영산강 유역 화순·고창 신석기 대단군조선·낙동강 유역 김해·부산·고령·경산 신석기 등의 유적지다. 고대 석기·토기·청동기 유물을 가진 고대한반도는 고대인구 밀집지역이다. 고창·화순 등지는 매몰식 고인돌^{남방식}과 강화도·대동강· 요서·요동·몽골 북쪽으로 올라 갈수록 더 개량된 입석식 고인돌^{북방식}과 조양 등지의 개석식 거대한 고인돌·적석고인돌은 적석총고인돌로 발전했다. 매몰식 원시 고인돌이 가장 많은 한반도는 당연히 거석문화의 시원지이다. 단군조선의 한반도 기후 온화의 인구 밀집요인은 중원 평양·서안^{장안}· 하북· 요하 및 송화강· 아무르강 쪽으로 이주 천산천해 지역에서 홍익인간 삼신사상 환국^{桓國}을 이룬다. 선문화 단전호흡의 홍익인간 실천은 넓은 밝달^{倍達} 홍산문화 옥기시대·단군조선^{檀君朝鮮} BC 2,400년경. 지나대륙은 단군3조선의 불조선^{변조선; 弁韓}과 충돌이 잦은 불조선^{弁韓} 기록, 단군3조선의 중심지 맑조선^{馬韓}과 멀리 떨어진 진조선^{辰韓} 기록은 별반 보이지 않으나 왜곡 역사는 수정되고 있다.

한민족문명 중심 강화^{江都} 마니산 참성단^{塹城壇}
- 서해평야 순다랜드 중심지 강화도와 산동섬
-중남미 적석총피라밋을 건설한 아즈택^{아사달}문명은 이동 한민족이다 ^{손성태교수의 「우리민족의 대이동」} 한민족문명 강화 마니산 참성단 위에서 성화^{聖火}를 채화하는 여신장^{얀 女神將}과 칠선여^{七仙女}

-단군조선 인의 적석총 사당 - 강화 참성단 천제天祭 올리는 제단
한민족이 아메리카 이동으로 형성된 아즈텍阿玆택문명 피라밋

- 강화 참성단
황해도 구월산, 환인·환웅·단군 삼성조三聖祖에게 제례 고려시대 삼성전三聖殿

*고대조선의 마지막 단군이 나라가 망하자 산동반도 구월산으로 들어가 신선이 되셨다. 고려 후기 산동반도가 마주보이는 황해도 구월산에 삼성당三聖堂 건립 천제를 올렸다. - 일제 강점기 때 멸살, 북한이 다시 복원

* 고대조선 단군조선 건국 요약

　한반도에는 기원전 75만년부터 인류호모에럭투스가 살고 있었다. BC 50,000년 경 원인을 알 수 없는 빙하기로 생물들 99%이상 공룡들과 함께 한반도 인류도 전멸 -뇌용량이 현대인과 동일한 효묘사피엔스 인류가 BC 40,000년경 아프리카 동부지역에서 처음 발생 ·BC 20,000-30,000년 경, 최 동쪽 끝 고대 한반도로 이주 자연동굴에 거주. 한반도 자연동굴 2,000개 속에서 BC 15,000년경 마지막 빙하기에서 살아남은 한반도인류는, 기후가 온난해지고 마지막 순다랜드 시기 BC. 12,000년 경, 가까운 강가에서 움집을 짖고 사냥, 제집, 농사생활 시작 그 증거는 BC. 10,550년 나락聖단랍버·한국미 재배 성공·BC 6,000년경 콩 ·깨·오곡 재배에 성공한다. 기후온난화로 일부 북방으로 이주 BC) 10,000년경 지나대륙 중원황하, 아무르 상류 천산天山 · 천해天海의 몽골 중앙아시아 지역 · 아무르 하류 사하린 및 오호츠크웅저해 연안 정착한다. 고대 한반도 인은 이곳에서 홍익인간 사회 실천으로 사방팔방에서 이리족훈노족 스키야족 등 여러 부족들이 모여들어 삽시간에 12칸국巴國의 거대 연방국 형성 BC 7,200년경까지 유지 12칸국 방계는 다시 살기 좋은 곳을 찾아 방방곡곡으로 이동 세계문명의 시원들이 된다. -오호츠크웅저해 연안 및 캄차카깜짝카로 이동 칸국인巴國人 한무리는 알류산 열도를 건너온돌문화로 확인 아메리칸 인디안이 되어 중남미 아즈택문명아사달문명 적석총피라밋을 건설한다. - BC. 7,200년 경 한인桓因이 천부인天符印과 홍익인간 사회 계승 환웅 천자의 나라 배달국이 10월3일 개천·지나대륙 황하평양·장안서안 낙양·하북·산동·요서·만주·몽골·아무르큰물 유역과 입본열도 및 한반도에 이르는 배달국 홍익인간 한민족문명.

　-배달인 중 서인장안·함양·평양·산동·하북·요서·요동에 안착곰熊 토템을 가진 옥문화玉文化·단전호흡 만트라 주문 선문화禪文化의 맥족이 된다. 배달인 중 몽골·아무르큰물 유역 대평야에 정착한 족은 범虎 토템을 가진 기마문화騎馬文化를 이룬 예濊족과 훈족흉노족 스키타이 지금의 헝가리.

　　　　　　　-한반도에 남은 주류 배달인들은 새(鳳)를 숭상하는 민족

우리의 역사는 우리가 안고가야 한다. 이러한 역사인식 안에서만 우리의 찬란한 역사는 꽃 필 수 있다.

II. 천부경 갑골문자

1. 천부경 갑골문

1). 천부경 문자형과 갑골문자 종 문자형

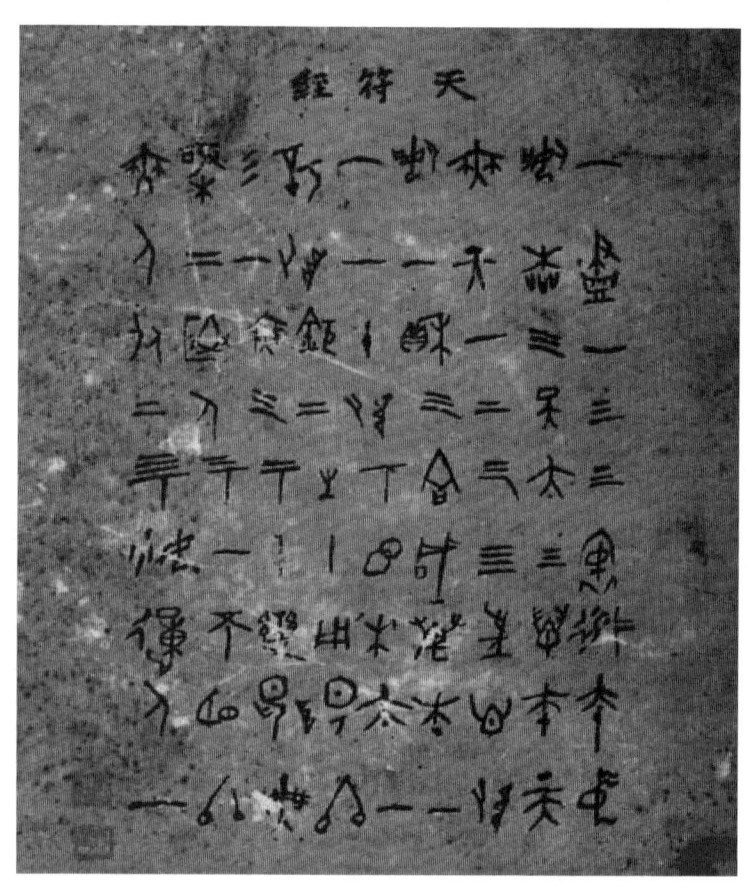

一 始 無 始 一 析 三 極 無   일시무시일석삼극무
盡 本 天 一 一 地 一 二 人   진본천일일지일이인
一 三 一 積 十 鉅 無 櫃 化   일삼일적십거무궤화
三 天 二 三 地 二 三 人 二   삼천이삼지이삼인이
三 大 三 合 六 生 七 八 九   삼대삼합육생칠팔구
運 三 四 成 環 五 十 一 妙   운삼사성환오십일묘
衍 萬 往 萬 來 用 變 不 動   연만왕만래용변부동
本 本 心 本 太 陽 昂 明 人   본본심본태양앙명인
中 天 地 一 一 終 無 終 一   중천지일일종무종일[1]

위의 천부경[2]은 갑골문으로 형성되어 있다.

祭其終兹邑二祭弗終兹邑二 [3] (합 '4209 정)
제가 이 읍을 끝장낼까요? 제가 이 읍을 끝장 내지 않을까요?

지금 논할 수 있는 것은 갑골문 복사의 종終 ▲ 은 천부경의 종終 ▲ 에서이다. 실을 이어가는 끝마무리 모형이다. 천부경의 종終 ▲ 또한 실을 마무리, 매듭짓는 모형이다.

이뿐만 아니라 사람 인▲人 또한 천부경에서 보인 갑골문이다. 이에 따라 천天 자 모두 갑골문이나 천부경에서 천▲天자로 표시된다. 따라서 숫자 1~10까지도 천부경이나 갑

---

1) 천부경:고려시대 포은 정몽주 옥은 야은 길재와 더불어 오은 吳隱 중에 한 사람인 농은 農隱 유집에서 발견된 천부경이라고 기록되어 있음.
2) 심백강, 논어 맹자 이전에 홍익정신을 담은 '천부경'이 있었다 ¦ 심백강 박사 ¦ K스피릿TV.
3) 갑골 박사 최명희 갑골문 강좌 13강 ¦ 갑골문 속 덕을 알면 단군이 보인다. 우리역사바로알기 TV.

골문에서 같다. 일⁻ ▬ 이⁼ ▬ 삼≡ ▬ 사四 ▬ 오五 ▮ 육六 ┬ 칠七 ┬ 팔八 ┬ 구九 ▮ 십十 ▮ 이다. 따라서 천부경은 갑골문이다. 갑골문은 BC 3300년 전 상 은허에서 갑골문이 발굴되었다 하여 은나라라고 하기도 한다. 고조선 시기와 연대기가 같다. 무정시대이며 신정기 시대이고 왕정실록이 기록된 갑골문이다. 조화시대이다.

천부경의 문장은 전부 갑골문으로 형성되어 있다. 첫 문장에 가장 눈에 띄는 갑골문 복사는 숫자의 나열이 1에서 10까지 이어간다. 그 중 일⁻이 11회이다. 전하는 메시지는 두 발로 서 일어나라! 이다. 선조들은 우리에게 일어나!를 1자를 11회의 천부경 시적 메시지로 전했다.

두 번째 눈에 띄는 갑골문 복사는 사람 인ㄱ ㅅ자와 천禾 天자다. 천禾 天자는 대大자에 점을 하나 더 붙여 만들었다. 사람이 하늘에서 내려왔다. 그 표시를 사람 인ㅅ자로 하였다. 우리조상이 만들었다. 사람 인ㅅ자의 메시지는 사람이 하늘에서 내려온 표시 천天자이다.

이처럼 모든 것이 하늘로부터 왔다는 인식은 당시의 신정시대임을 입증하여 천손민족임을 알리려 하였다. 사람을 존중시하여 조화시대를 만들었기에 구이족이 서로 돌아가며 정치를 하는 관계로 2000년이나 그 명맥을 이어간다.

2). 부여

(1). 부여

현재 한국에 지명 부여가 있다. 새벽이면 부옇게 날이 밝아오는 우리말 그대로 부여! 고조선 때 불렀던 환하고 밝은 마음으로 백성들에게 이제 날이 밝기 시작하는 부여가 있다. 부여는 상고시대부터 존재했다. 부여 이름은 고조선 4대 왕 이름에서 찾아진다. 부여이다. 고조선 44대 왕 동명 고두막간이 한나라가 침입 때 잘 물리치자 명성이 자자해졌다. "내가 천제이니 이 땅을 나에게 주시오" 한다. 걱정하는 중자 동생 헤부르 왕으로 하여 고두막간 동명이 이에 군대를 앞세워 압박한다. 중개자 아람불^{제상}이 "다른 땅$^{가사번\ 부여\ 일명\ 동부여}$ 벌판에 좋은 땅이 있으니 그리로 가 사십시요" 하메 왕 동생이 가사지방으로 동부여 왕이 된다. 이에 동명국 고두막간이 부여왕이 된다. 부여이름에는 갈사부여·동부여·대부여·대부여·북부여·졸본부여·은나국 부여·서 부여가 있다.

대 부여는 단군 왕검 4째 아들이 왕이 된 부여이다. 고조선이 많이 약화되었을 때 대부여가 된다. 진정한 부여 출발[1]이다. 북부여 탄생은 해모수에서이다. 47대 단군이 무너지면

---

[1] 단군조선의 마지막 역사 부여 두 번째 이야기 ¦ 신광철 작가와 환단고기를 읽다 - 북부여기(하).

서 북부여가 고구려가 된다. 대부여는 북부여 고주몽으로 고구려와 연결된다. 사실 고주몽은 부여 혈족이 아니다. 사위로 들어가 왕권이 사위에게로 넘어간 예다. 동부여는 대부여 북부여가 후기 고두막간으로 이어지다가 7대째 고주몽이 즉위한데서이다. 환단고기 흐름이다.

부여라는 이름은 화식열전^{貨殖列傳}의 부여^{B.C. 2세기 경} 기록이 있다. 왕망대^{王莽代}의 건국^{始建國 元年(A.D.9)}후 고구려와 부여에 사자 파견^{『漢書』 권99, 王莽傳}때 인장^{印章}을 주고받았다. 부여왕이 후한에 사신 파견^{『後漢書』 권85, 夫餘國傳}이 기록되어 있다. 동명왕 주몽본기 서두^{『삼국사기』}에는 태조왕대에 이르기까지 부여와 고구려 간에 교섭^{B.C. 2}이 있다 기록한다. 중국왕조와도 왕래를 오간 부여국에 문화의 융성^{A.D. 3} 은성^{殷盛 삼국지 부여전}시대를 증명하는 부여성^{夫餘城}이 있다.

부여의 존재가 문헌상 확인되어지는 가장 이른 시기¹⁾ 기록은 『삼국사기』 화식열전^{貨殖列傳2)}에서이다. 『상서^{尙書}』주관편^{周官篇}의 무왕기벌동이숙진래하^{武王旣伐東夷 肅愼來賀} 해동제이구려부여?맥지속 무왕극상 개통도언^{海東諸夷駒麗扶餘馯貊之屬 武王克商 皆通道焉 -孔安國傳 위서설이 있음}기록이 있다. 『산해경^{山海經}』 대북황경^{大北荒經}의 불려지국^{不與之國} 부여^{扶餘} 이지린, 『고조선 연구』,1964, p.220 명칭

---

1) 盧泰敦, 부여국의 경역과 그 변천. 서울大學校 國史學科 副敎授.
2) 《尙書》 周官篇의 "武王旣伐東夷 肅愼來賀" 라는 구절에 대한 孔安國의 傳에 "海東諸夷駒麗扶餘馯 貊之屬 武王克商 皆通道焉.

기록이 있다.

중국은 역사상 한국의 일부1)이다. 이상흔의 역사문화 유적에는 현토성에서 당시 이수^{里數} 천리^{지금의 700리} 길림성 부근 송화강 양편의 낮은 구릉과 충적평야 상에 청동기시대 서단산문화 유적2)이 있다. 부여국 궁성지구설3)이 있다. 길림시 중심 예맥족과 『삼국지』의 부여전 기사에서이다. 남역자^{南域子}의 남쪽 2리쯤에 모인산^{帽兒山} 무덤들이다. 부여는 남여고구려 동여읍루 서여비접 북유약수 방가이천리 호팔만^{南與高句麗 東與挹婁 西與鮮卑接 北有弱水 方可二千里 戶八萬} 『삼국지』 부여전 기록에서이다.

부여 이름이 우리에게 친근하게 닥아 오는 것은 부옇게 밝아오는 새벽 먼동이 훤해지는데서이다! 밝다. 히브리어 밝הרב[bark]: → 빛나다 → 부르 → 보르 → 보름날 → 달이 가장 밝은 날4) 밝 박달 배달 부여이다.

---

1) 심백강, 중화 문명의 시초는 고대 한국... 중국은 역사상 한국의 일부였다, 이상흔의 역사문화 TV.
2) 吉林市의 西團山・東團山・騷達溝・長蛇山・南城子 등.
3) 吉林地區에서 근래까지 알려진 西團山文化遺廣 112處 중, 吉林市 지역에 57곳이 분포한다고 보고하고 있다. 董學增, 〈關于西團山文化的新資料〉 (《黑龍江文物叢刊》 1983年 4期); 《文物考古工作三十年》 (1979) p.102. 侯石山 유적의 경우 1000±100. B.C.로 측정 결과가 나와 西團山文化의 上限이 周初에 이른다고 주장되고 있다. 武國動, 〈夫餘王城新考〉(《黑龍江文物叢刊》 1983年 4期). 서울대 국사학과 노태경 논문인용.
4) 염동옥, 『한국과 이스라엘, 역사의 비밀』 (서울:CLC 기독교문서선교회, 2017)., 192.

(2). 에덴언덕

기원전 1세기 부여와 오환烏桓은 나란히 요동과 상곡 남쪽에 있었다. 오환산烏桓山은 죽은 자들의 영들이 있다는 적산이 요동에서 서북쪽으로 수 천리 요동의 서북쪽 사막 밑의 적산이 신성시된 지금의 구봉상이다. 발해 유민을 케레이 족이라 한다. 서방에서 고리高麗를 고리타의설라高麗吒醫說羅라 불렀다. 고구리高句麗 나라 이름일 때는 리로 읽는다와 신라를 함께 찾을 수 있는 기록이다. 서양인들은 우리조상 사람을 kukkuṭeśvara라 부른다. 신의 사람들 고리高麗=高句麗 이다. 코리아란 이름이 쓰여진 예웅 서방 인들이 당시 스칸디나비아 혹은 시베리아의 '…아'가 동일하게 쓰임과 같다는 설 고리=코리에의 '…아' 코리아서길수설이 있다.

코리아! 이름만 들어도 가슴 설레이는 이름이다. 고향은 늘 향수병을 일으킨다. 고향그리움은 매소포타미아두 강 사이와 유프라테푸른강 양쪽 강 사이의 에덴 명칭에서도 찾아진다. 동쪽으로 가면 천국이 있다는 고향 에덴을 찾아 움직였다는 이 땅 이름이 '언덕' 이다. 고향이미지의 에덴이다. 옛 부여이름이다. 부여 그 커다란 역사의 고향 부여! 고조선 이전부터 있었던 우리의 부여이다. 지금도 부여는 우리 가까이 있다.

그 감동은 백제 근초고왕 이름 어라하에서 찾아진다. '하'! 엘라하1) 하나님 엘2)과 여호와의 약자 야ﬤ:ﬤ:야 사

38:11 야)에서 찾아진다. 하나님이 계신 곳, 큰 분이 계신 곳이 부여명칭이 갖는 소망 사 하2)이다. 어르신 어라 하나님 이다. 하나님을 시원사상으로 하고 있던 왕정시대 신정시대의 어라하3)이다. 부여 궁남지의 목간에는 삼국사기와 삼국유사에서 찾을 수 없는 고향이미지의 사실들이 알려진다. 부여는 대추유명산지이다. 대추는 기원전 7-8000년 전 472년 개로왕 18년에 제후국이 황제에게 올리는 상소문에 고구려 징벌 요청문이 있다. " 이인 - 조문도 석사가이^{理人-8 朝聞道 夕死可矣}" 무렬왕 왕비능에서 발견된다. 땅을 사고파는 매지권이 발견된다. 부여 궁남지에서, 왕후능인 지하 땅을 사는 권리문서이다. 또 거울에 천상의 선인들은 나이 들어도 늙지 않고 옥천^{玉泉}의 샘물을 마시고 대추^{부여지방 특산물 대추야는 7400년전 최초의 나라 무정시대}를 먹으면서 금과 돌과 같이 오랜 수명을 누렸다는 기록이다. 부여인 들이 지닌 생명 소중함의 생활방식이다. 무병장수와 불로장생을 꿈꿀 수 있는 곳 에덴이다.

부여에서 출토된 석비에서 대자평 역임한 고위관리가 완성된 사적이 있다. 부여사람들이 즐겨 쓴 대구형식의 시이다. 사택지적비에 정지원이 세상을 떠난 아내를 위한 공적비가

---

1) אֱלֹהָיאָ(엘라하, 렘 10:11).
2) אֵל.
1) י(야).
2) ה(하).
3) ה(하).

남겨져 있다. 익산 미륵사지 석탑이 있다. 백제왕비가 전생에서 오랫동안 선업 결과 보답으로 왕비가 되었다는 사리금관이다. 영산강 유역의, 백제지방관청 목관사용에서는 44구의 시가가 발견되었다. 결혼을 앞둔 성혼선언문과 소금을 보내는 기록의 목간에서 4월 7일 4월 초8일 경축 축제에 소용되는 행사물품명이 나온다. 구구단 쓰기 기록이 있다. 필요 없는 글자 중복 생략하기이다. 구구단 목간, 나주 복암리 일대 구덩이모양 구조물에서 나온 글씨 목간출토이다. 수전과 경수전 좋은 땅 수준을 알리는 白과 田이 위아래로 놓인 글자이다. 이 글자는 현재 일본에서 사용된다. 이처럼 글자하나로 역사의 흐름까지 알 수 있는 고향이미지는 소금 보내는 꼬리표목간까지 발견되며 고향을 알아보게 한다.

백제 13대왕 근초고왕[375년]의 아들 근구수왕[375년]이 그 당시 가지고 있는 도교사상이다. 이 사상을 배우고 채득하여 379년 고구려와 전쟁할 당시 수하 장군이 말리는 과정에서 도덕경 44장을 인용 "일찍이 도가의 말을 들으니 만족할 줄 알면 욕되지 않고 그칠 줄 알면 위태롭지 않다"[1]고 했다. 고향이미지를 마음을 다스리는 일이 있는 곳으로 한다. 부여 그 환한 얼굴로 살아가기를 삶의 목표로 하는 곳이 고향이다.

---

1) 박중관, 한글국립박물관 연구관, [온라인 한글문화강좌] 2회차, 백제의 문자생활, 흙 속에서 찾아낸 자료들, 한글국립박물관.

(3). 고향의미의 확대

일상에서 하나님의 말씀을 주야로 묵상하는 자에게 하나님은 온통 주위를 푸르게 하셨다. 마음조자 푸르러 지는 언어는 강이다. 이 강이 히브리어로 푸르고=페레그פֶּרֶג 페레그1)이다. 하나님만이 강을 푸르게2)하실 수 있다. 하나님의 강פֶּרֶג 페레그 은 은유적 표현이다. 입을 움직이는 일이다. 바로 파아פ 파아3) 에서이다. 입에서 말씀이 푸르게4) 나온다는 말씀의 중요성이다.

우리 노래에 "저 푸른 언덕에" 가 있다. 언덕이라는 말이다. 부여 옛 이름이 언덕이다. 부여에는 부소산이 있다. 푸른 산이다. 솟아 있는 산언덕이다. 우리에게 청구5)아파트란 명칭이 있었다. 푸르게 솟아 있는 언덕 이미지이다. 모두 언덕 이미지다. 부여라는 명칭 그 가장 깊고 푸른 큰 뜻을 지닌 대한민국 코리아가 있다.

하나님의 강은 푸르게 흐른다. 내가 하나님으로부터 받은 은혜의 강이다. 푸르게=페레그פֶּרֶג 페레그פֶּרֶג 페레그 흐른다. 시냇

---

1) 알 페레그; עַל־פֶּרֶג(알~페레그).
2) עַל־פַּלְגֵי(알~ 파르게, 시 1:3).
3) פ(파아).
4) פֶּלֶג(파라그).
5) 三聖記 安含老 大師. 李裕岦(삼성기 안함로 이유립대사) 桓檀古記(한단고기)의 三聖記(삼성기)…倍達桓雄(배달한웅)은 定有天下之號也(정유천하지호야): 천하를 평정하여 그 도읍한 곳을 신시~後徒靑邱國(후도청구국): 뒤에 청구국으로 옮겨 傳十八世(전십팔세). 心操倂山(심조불산) 桓檀古記(한단고기) 三聖記(삼성기)의 神市歷代記(신시역대기)에 대하여

물을 나할=נחל나할이다. 내 할 일이 있는 졸졸 흐르며 바쁘게 내 할 일을 찾는 사람이 땅을 푸르게 한다. 삶이 흐르는 강 나하르=נהר=נְהַר나하르1)가 있다. 내가 하나님의 일을 하는 강이다. 단 하나의 강=나하르=נהר=נְהַר나하르이다.

나할 נחל나할일이 있어 나 하나님의 일을 하러 영원히 흐르는 나하르 נחר나하르 강강이다. 영원한 집으로 가는 강이다. 고향 찾아 가는 물이다. 영원히 숨 쉬는 강이다. 이에 강은 하나님 이야기를 전한다. 나일강=예오르=יאר예오르강이 있다. 하나님이 명령하는 강이다. 어두에 하나님이 주관하시는 하나님의 손=예=יד예가 있다. 하나님 일 하는 강이다. 나일강에서 이스라엘 백성을 죽이려 뒤 쫓아 오는 애굽 군대를 하나님 일하는 강은 그들을 물속에 넣었다.

성경에서 큰 강들은 단수이다. 하나님이 그 강을 전체로 움직이신다. 물의 동적 이동이다. 하나님에게로 가기 위하여 서다. 일제히 소리 지르며 물이 강을 지나 바다로 흘러간다. 예루살렘으로 흘러간다. 고향으로 흘러간다.

강은 하나님이 숨 쉬게 하기 때문에 살아 있다. 물이 살아 있다. 이 물 주위의 나무들과 풀들과 고기들을 산다. 어울려 하나가 되어 하나님의 일을 사역한다.

---

1) נְהַר(나하르 · 강, 시 105: 41) · וּנְהַר(베나하르 · 그리고 강, 창 2: 10, 14) · הַר־שֵׁם(그리고 이름이 그 강, 창 2: 13)

생명나무1)를 붙들고 사는 예루살렘 성 언덕 꼭대기에 12개 성문이 있다. 고향으로 들어가는 예루살렘 언덕 고향이다. 우리는 고향을 가진다. 에덴을 가진 민족이다. 단수 하나님의 강=푸르고=페레그פֶּלֶג^{페레그}2) 가진다. 부여땅이 지금도 한국에 있다. 하나님은 강을 푸르게 하시어 이 땅을 우리에게 주셨다.3)

노래 "오월은 푸르구나 우리들은 자란다" 윤석중의 어린이날 노래가 있다.

> 날아라 새들아 푸른 하늘을 달려라 냇물아 푸른 벌판을
> 오월은 푸르구나 우리들은 자란다
> 오늘은 어린이날 우리들 세상
>
> -윤석중 「어린이날」

푸르다는 말은 우리말과 히브리어가 같다는 증거이다. 벨렉자손과 욕단자손이 만들어낸 갈림길에서 탄생한 아리랑 노래가 있다 형제간의 애틋한 이별 이야기가 있다. 성경의 벨렉이라는 이름자체가 이별 의미이다. 아벨의 자손 벨렉은 태어나면서부터 이별이미지로 시작된다.

에벨은 두 아들을 낳고 하나의 이름을 벨렉이라 하였으니 그때에 세상이 나뉘었

---

1) 계 22: 2.
2) 강 פֶּלֶג(페레그, 시 65: 10).
3) 시 65: 9.

제 10장 고향마방진시학

음이요 벨렉의 아우의 이름은 욕단이며 욕단은 알모닷과 셀렙과 하살마웻과 예라와 하도람과 우살과 디글라와 오발과 아비마엘과 스바와 오빌과 하윌라와 요밥을 낳았으니 이들은 욕단의 아들이며 그들의 거주하는 메사에서부터 스발로 가는 길에 동쪽 산이었더라

- 창 10:23

에벨은 두 아들을 낳고 하나의 이름을 벨렉이라 하였으니 그 때에 세상이 나뉘었음이요

- 창 10:25

הָאָרֶץ	נִפְלְגָה	בְיָמָיו	כִּי	פֶלֶג
D.NFS	V.NAF.ZS	P.NMP.MZS	C	NE
세상이	나뉘었-	그 때에	-음이요	벨렉이라
the earth	was divided	in his days	for	was Peleg
ἡ γῆ	διεμερσθη	ἐν ταῖς ἡμέραις	ὅτι	φαλεχ

- בראשית 10:23

이별 의미가 있는 선민 이름 벨렉 פֶלֶג펠레그 이다. 이별의미를 지닌다. 갈림길 바로 환桓이 있다. 환桓은 갈림길 의미이다. 산을 넘으면서 갈라지는 이별 환桓이 있다. 나누어진다. 이 길로 갈지 저 길로 갈지 갈림길이 있다. 벨렉과 욕단은 시날 평야에서 서로 이별한다. 동서 구별이다.

벨렉 פֶלֶג펠레그의 페 פ페는 입술의미이다. 벨렉 פֶלֶג펠레그의 ל레는 라멧이다. 목적격 의미의 홀, 회초리이다. 회초리는 한국말로 매라고 한다. 매로 때린다. 매로 때리는 사람은 수장이다. 지도자이다. 족보상 예수이다. 벨렉 פֶלֶג펠레그의 ג 기멜은 낙타이다. 은혜갚음이다. 펠렉 이름자체가 입술로 말씀 전하

는 매시지이다. 세 글자 פֶלֶג^{펠레그}의 첫 글자 페=פ^{펠}는 입 곧 말씀과 관련, 목적의미 라멛 ל^{라멛}으로 하여 뚜렷한 하나님 뜻이 비춰진다.

환국이 세워진다. 우리조상나라이다. 그 반대편에 예수님 탄생하는 계열 벨렉자손이 있다. 하나님의 아들 예수의 환한 얼굴이 있다. 벨렉 마지막 글자 기멜 ג^{기멜}은 낙타가 등에 짐을 지고 가는 모습이다. 하나님아들 역할이다.

아벨의 두 아들 중 벨렉은 하나님의 강 פֶלֶג^{페레그} פֶלֶג^{페레그}1) 언어이다. 매시지는 또 하나의 강 매시지이다. 우리말 푸르고 פֶלֶג^{페레그}이다. 흐름의미이다. 하나님의 강은 거룩한 말씀전하기의 흐르기이다. 하나님의 강 푸르고2)의 단수 하나님의 강=푸르고=페레그 פֶלֶג^{페레그}3)는 하나님이 푸르게 하시어 우리에게 주시었다.4) 하나님이 그의 말씀을 주야로 묵상하는 자에게 하나님의 강=푸르고=페레그 פֶלֶג^{페레그}5)를 주시었다. 하나님 강 푸르게6)이다. 하나님으로부터 받은 은혜의 강 푸르게=페레그=פֶלֶג^{페레그}이다. 언덕 숲이 우거지고 물이 흐르고 그래서 사시사철 마음의 고향 언덕이 있다.

---

1) פֶלֶג(페레그・하나님의 강, 시 65: 9).
2) פֶלֶג(페레그, 시 65: 10).
3) 강 פֶלֶג(페레그, 시 65: 10).
4) 시 65: 9.
5) 알 페레그; עַל־פֶלֶג(알~페레그).
6) עַל־פֶלֶג(알~ 파르게, 시 1:3).

땅을 권고하사 물을 대어 심히 윤택케 하시며 하나님의 강에 물이 가득하게 하시고 이 같이 땅을 예비하신 후에 저희에게 곡식을 주시나이다

- 시 65:9

하나님의 강에 물이 가득하게 하시고

- 시 65:9에서

מָיִם מָלֵא   אֱלֹהִים   פֶּלֶג
NMP VQAMZS   NMP   NE
물이 가득하게 하시고 하나님의 강
water which is fill of   for   the river of

- תהלים 65:9

하나님은 강=푸르고=페레그=פֶּלֶג^{페레그} 입 파아=פ^{파아1)}에서 말씀이 푸르게²⁾ 나올 수 있게 하시었다. 이 푸르게의 히브리어가 지닌 벨렉과 갈라져 나온 욕단의 후손 대한민국이 있다. 대한민국에게 기댈 언덕을 주시었다. 고향을 주시었다. 대한민국 언덕이다. 언덕이 부여의 본래이름이다. 하나님에게 기대는 언덕이다. 코리아다. 연결가능성은 가야와 신라 건국에서이다. 이유는 기독교사상이 전해졌다는 사실이다. 하나 바로 숫자 1의 우리 발음 하나에서 이다. 근거³⁾는 우리말상 고언어에서 찾아⁴⁾진다.

---

1) פ(파아).
2) פֶּלֶג(파라그).
3) 우리말과 히브리어 그 놀라운 유사성ㅣ염동옥목사ㅣ한국과 이스라엘 역사의 비밀 저자ㅣ아리랑, 투호, 서울은 무슨 뜻인가?ㅣ고대 한국어에 대한 놀라운 연구.https://www.youtube.com/watch?v=VbRa-i0Qu0E&t=1065s
4) 염동옥, 새로운 이스라엘 왕국, 신라와 가야(김해: 신일출판사, 2019).

구약 전체는 예수님 메시아[1]를 전한다. 메시어, 바로 모시어 살기에 고향이다. 히브리어 알파벳 마지막 ת타브에서 찾아진다. 십자가 뜻이다. 예수님과 관련 십자가사건이다. 언덕=에덴[2]에서 신앙 고백[3]이다. 에덴은 고향 의미이고 한국의 언덕에는 그 밑으로 물이 푸르게[4] 흐르는 강이 있다. 하나님은 이 강을 푸르게 하시어 우리에게 주시었다.[5] 하나님이 그의 말씀을 주야로 묵상하는 자에게 주시는 하나님의 강 푸르고[6]이다. 푸르게 흐르는 강은 말씀이 푸르게[7] 살아 있다. 우리나라에 부여 부소산이 푸른 산이다. 큰 산이 하나님에게 기대는 큰 언덕의 산이다.

대한민국 코리아가 있다. 늘 고향을 찾으러 알이랑과 함께 움직이는 이들이 있다. 이들에게 죄악이 12가지라 할지라도[8]

---

1) Chistian 146. Frend, Sit 26, Rowan Creer, *Christian* 146. Frend, Sit 26(1973), 144.
2) Hanson, Biblical Exegesis.
3) R. P. C. Hanson, 「Biblical Exegesis」 427. Irenaeus, Against Heresies, 39~41장.
4) 강 פֶּלֶג(페레그, 시 65: 10).
5) 시 65: 9.
6) 알 페레그; עַל־פֶּלֶג(알~페레그) 하나님의 푸른 강, 시 1:3.
7) פָּרַג(파라그).
8) 우상 섬김(신 27: 15)·부모를 경홀이 여김(신 27: 16)·이웃의 지게 표를 옮기는 자(신 27: 17)·소경으로 길을 잃게 하는 자(신 27: 18)·고아와 과부의 송사를 억울케 하는 자(신 27: 19)·계모와 구합하는 자(신 27: 20)·짐승과 교합하는 자(신 27: 21)·아비의 딸과 어미의 딸과 규합하는 자(신 27: 22)·장모와 구합하는 자(신 27: 23)·이웃을 암살하는 자(신 27: 24)·무죄 자를 죽이고 뇌물을 받는 자(신 27: 25)·이 율법의 모든 말씀을 실행치 않는 자(창 27: 26).

하나님의 방법[1]으로 죄악을 없애주시었다. 말씀의 고향에서 죄악이 없어지기에 늘 그리워하는 그리움이다. 대한민국大韓民國의 한韓은 시경에 처음 기록김진명 소설가 발견되었다. 요서지방에서 천하를 지배하던 산해경, 홍산문명이 증명하는 고조선 국가심백강학설[2] 곧 예맥족의 후예들, 고구리高句麗 나라 이름일 때는 리로 읽는다이다. 백제 신라의 선조가 이 예맥 족에서 근거한다. 이 때 알이랑 곧 하나님과 함께의 근거가 있다. 오환이 있다. 압문 즉 적산 호화호턱시 부근의 부여이다. 은나라를 이은 예맥족 부여는 중국어로도 부여 환하다는 태양 이미지를 지닌다. 선비족에게 부여 인들이 팔려가는 사건에도 부여가 있다. 요동지역 부여도 있다.

우리말은 히브리어와 닮아 있다.[3] 우리의 언어에서 히브리어 찾기[4]는 계속된다.

---

[1] ..ל(라메드· ~ 와 ..을 위하여).
[2] 심백강 박사 국민강좌 - 로마보다 더 위대한 동아시아 최초의 제국 고조선, 바른역사 TV.
[3] 이영지, 『물 마임의 시학』(서울: 창조문학사, 2023).1048~1248.
[4] 염동옥, 바자크 בזק[bazak]: 번개, 바작→반짝→반쩍→번쩍→번개:『한국과 이스라엘, 역사의 비밀』(서울:CLC 기독교문서선교회 , 2017)., 182.

2. 아리랑과 스리랑 의미의 신비

1). 지혜의 근원

(1). 아리랑 고개

아리랑 고개^{김정민 채희석}가 있다. 우리 선조들은 반드시 알이랑 아리랑 고개를 넘는다. 우리와 같이 넘는 알이랑이다. 하나님 알이랑 함께이다.

①-1 아리랑(阿理郞)
* ㅍㅗㅇ ㅗㅍ〈
· 존경ᄒᆞ는 님· 왕· 조국· ari-ra-ang: faithful love, and the father land
· ari-rangh: faithful love · or king leaves · depart · farewell
: ari-ra-ang 스승을 사랑ᄒᆞ다·경외ᄒᆞ다·영예롭게 받들다
love · respect · greet · dedicate one's self to the beloved and faithful sweet heart · great master or mighty king with great honer

①-2 아리랑 (阿離䯉郞)
* ㅍㅗㅇ ㄹㅍ〈ㅁ〉
· ari-langh 사랑ᄒᆞ는 님· 임금님께서 이별ᄒᆞ다· 급히 떠나다
· (the faithful and sweet heart King) to leave · depart · say farewell
— 東國正音실담어 註釋 552 [1]

알은 크다는 의미가 있다. 백제 큰초고 왕은 어라하라 하였다. 이 어라는 아라이다. 왕이라는 의미이다.

---

1). 강성원, 『東國正韻 실담어 註釋』(서울: 명륜학술원, 2009)., 552.

아리랑은 두 종류가 있다. ①.-1은 아리랑^{阿理郞}이다. 그 증거는 * ㅍㅜㅇ ㄱㅍ에서이다. · 존경하는 님· 왕· 조국을 말한다. ari-ra-ang이다. faithful love, and the father land이다. ari-rangh: faithful love· or king leaves· depart· farewell이다. ari-ra-ang이란 스승을 사랑하다·경외하다·영예롭게 받들다 이다. 높은 존재를 받들다이다.

①.-2 아리랑^{阿離郞}이 있다. ㅍㅜㅇ ㄷㅍ이다. ari-langh이다. 사랑하는 님· 임금님께서 이별하다이다. 급히 떠나다이다. the faithful and sweet heart King이다. to leave·depart·say farewell이다. 가장 사랑하는 사람에 대한 처절한 같이 있고픈 그러나 그보다 더 처절한 이별의 삶에서 우리는 만약 이별이라 할지라도 이별이 없다 한 삶이 있다.

우리의 고려가요^{高麗歌謠} 정석가^{鄭石가} 가 있다.

딩하 돌하 당금當今에 계샹이다
딩하 돌하 당금當今에 계샹이다
션왕셩딕先王聖代예 노니오와지이다

삭삭기 셰몰애별헤 나는
삭삭기 셰몰애별헤 나는
구은밤 닷되을 심고이다
그바미 우미도다 삭나거시아
그바미 우미도다 삭나거시아
유덕ᄒ신 님믈 여히ᄋ와지이다
옥玉으로 연蓮고즐 사교이다

옥玉으로 연蓮고즐 사교이다
바회우회 접두接柱ᄒ요이다
그고지 삼동三冬이 퓌거시아
그고지 삼동三冬이 퓌거시아
유덕有德 ᄒ신 님 여히ᄋ와지이다

므쇠로 털릭을 몰ᄋ 나ᄂ
므쇠로 털릭을 몰ᄋ 나ᄂ
털ㅅ鐵絲로 주롬 바고이다
그오시 다 헐어시아
그오시 다 헐어시아
유덕有德 ᄒ신 님 여히ᄋ와지이다

므쇠로 한쇼를 디여다가
므쇠로 한쇼를 디여다가
텰수산鐵樹山애 노호이다
그쇼 털초鐵草를 머거아
그오시 다 헐어시아
그쇼 털초鐵草를 머거아
유덕有德 ᄒ신 님 여히ᄋ와지이다

구스리 바회예 디신들
구스리 바회예 디신들
긴힛ᄃ 그츠리잇가
즈믄히를 외오곰 녀신들
즈믄히를 외오곰 녀신들
신잇ᄃ 그츠리잇가

— 고려가요 「정석가」

　구운밤 닷되를 구워 그 밤이 싹이 나야만 이별 한다. 입은 철 치마가 다 따라야만 님과 나와 이별한다. 이처럼 우리의 정서에는 이별이 없다.

② 𠅽ᅀᆕᇧ   sura 슬기・슭키・쇠・지혜(딩훼)
　・슐・술・쓞
＊術, 술・쓞・ 슬기롭다 智慧(디혜)롭다

- 東國正韻 3.8

・ sura, sur-gi: wise・intelligent・clever
・ 참고 슬기=sura-giya: vitality of wisdom, knowledge
・ [術] 슐, 謥技也・쇠 人物志 사충조화책모기묘시위술기^{思通造化策謨奇妙是爲術家}
・ [레] 영도동술^{營道同術} 심지소유^{心之所由}・ 심슐부릴 [新字典]
・intelligence・wisdom・understanding・faculty of consciousness[1]

② 쓰리랑의 스리는 슬기라는 말이다. 쓸만한 지혜이다. 우리의 슬기이다. 오랜 역사를 이어온 바로 삶의 베테랑급 슬기이다. 바로 아리랑 민요에서 보이는 스리랑 이다. 어려움의 고개^{김정민 채희석}를 넘는 슬기다. 스리랑 고개를 넘는다. 슬기로 지혜로 넘는다. 슬기로 고개를 넘는다. 우리에게 슬기가 있다. 슬기로 넘는 스리랑의 슬기가 우리에게 있다.

아리랑과 스리랑은 불가분의 관계이다. 곧 랑이 지니는 함께라는 의미와 함께 가장 큰 절대존재에 대한 믿음으로 우리들은 어려움을 이기는 방법을 익혔다. 바로 지혜이다. 아리랑과 스리랑은 서로 하나의 존재로 묶이어서 절대자가 지닌 지혜와 이를 따르는 무리와 아울러 같이 살아온 삶의 지혜 쓰리랑의 쓰리 슬기이다.

아리랑의 아리라는 말은 드라비다 언어에서도 찾아진다.

---

1). 강성원, 『東國正韻 실담어 註釋』(서울: 명륜학술원, 2009)., 537.

히라시나에서 온 말이다. 알은 드라비다어로 '아리' 이다. 헐버트교수는 우리말과 드라비드어의 유사성으로 알과 아리가 같음을 알린다. 알타이 산맥과 산야 산맥 그 사이의 알타이 지역 언어를 밝히는 작업에서 드러난다. '까라봄' 에서 세석기細石器 석기몸체에서 날카로운 돌로 떼어내는 발견1)45,000년전이다.

바이칼 호수의 침전물에서 발견된다. 바이칼 호수 부근사람들은 아리랑 쓰리랑 언어를 사용한다. 바이칼 호수에 우리 민족의 발자취 유전자가 밝혀지는 비밀이다. 알타이 산맥과 산야 산맥 그 사이의 알타이 지역 언어를 밝히는 작업에서 드러나는 '까라봄' 세석기細石器 석기몸체에서 날카로운 돌을 떼어내는 발견2)45,000년전이다. 1000미터마다 5센티메트 늘어난 2만 년 전 침전물에서 새로운 씨앗의 침전물에서 작고 단단한 씨앗 발견 그 당시의 혹한 기후로 인한 바이칼 호수 주변인들을 일시적으로 닥아 온 최 혹한에 이곳을 떠 날 수밖에 없었던 비밀 역사, 세석기細石器를 가지고 더 따뜻하고 살기 좋은 나은 세상을 향하여 이동한 이 민족이 바로 미터콘드리아 유전형질을 가진 북방계 민족이다. 북방계민족은 당뇨병이 많다이홍규 박사 서울대. 인간의 세포로 유전형질에 따른 증식속도에 따른

---

1) 우리말의 기원을 찾아 장대한 여행을 떠나다! ¦ 위대한 여정, 한국어 1부 "말의 탄생, 산과 바다를 넘어" (KBS 041009 방송).
2) 우리말의 기원을 찾아 장대한 여행을 떠나다! ¦ 위대한 여정, 한국어 1부 "말의 탄생, 산과 바다를 넘어" (KBS 041009 방송).

당뇨병은 미터콘드리아 유전형체에 따라 북방유전자형은 에너지 방출로 하여 열을 많이 발산하여 마른 형 체질로 비만을 이기는 체질이 우리에게 많다. 당뇨병에 강한 아시안 계통 유전 형식을 가진 지금 한국민족이다.

북방 EDFM7 남방은 ACDGYZ로 아시아계통 한국인의 유전형질은 70퍼센트가 아시아 북방형이다. 유전학적으로 한국인은 북방에서 뻗어 나왔다. 시베리아의 혹한기에는 사냥감을 찾아 한반도로 왔다. 그들이 썼던 말을 밝히는 헐버트[Homer B. Hulbert 1863-1949]는 한국인 언어와 드라비드어와의 유사성을 「한국어와 드라비드어의 비교연구」(1905)에서 밝힌다.

```
쌀 ↔ psal  쌀 ↔ ㅂ살   벼 ↔ biya   벼 ↔ 비야
알 ↔ ari   알 ↔ 아리   씨 ↔ bici   씨 ↔ 비치
풀 ↔ pul   풀 ↔ 불    귀 ↔ kivi   귀 ↔ 귀비
몸 ↔ mey   몸 ↔ 메이   비 ↔ pey    비 ↔ 베이
```

어순에서 한국어와 드라비드어[Dra Vidian]는 같다. 어순 주어 → 목적어 → 서술어 순위[도수희 충남대명예교수]이다. 드라비드어는 인도남부와 스라링카 파키스탄에서 사용된다. 바다를 건너 온 언어 유사[김병모 한양대인류학과교수]성이다. 문화의 특징으로는 북방계의 천손민족 사상과 남방계의 난생설이 지닌 인간의 조상

이 알에서 태어났다가 공존한다. 천손민족이야기는 스키타이족[1] 몽고족인 추운지방체계이고 즉 유목민족 기마민족 체계이고 난생겝보는 인도, 말레지아 원주민, 즉 벼농사 계이다. 천손민족설은 중앙아시아 북방이다. 인도 스리랑카 계열 난생이야기설둘 모두가 함께 동시에 발견되는, 한국에는 기마민족의 생활풍습과 농경인 들의 난생이야기가 같이 있다. 이 가능성에는 열대 해류가 있어서이다. 한국민족의 구성과정에서 두 종류의 민족이 한반도에서 동시에 만나는 이른바 남방에서 한반도까지의 그 먼 거리를 가능하게 한 열대 푸르시오 해류에서이다.

바다의 푸르시오 해류를 타고 남방에 건너온 기적은 유전학적으로 증명이 된다. 유전자로 보는 한국인의 기원 밝히기에서 유자형질은 동아시아인과 비교 작업^{단국대생물학과 김욱교수}으로 동아시아의 1200명의 유전자 표본추출에서 비율이 집단분류는 유전유사성이 한국인의 40퍼센트가 동남 아시안에서 발견되는 유전자형이다. 미토콘드리아 DNA가 같다. 남방계인들의 한반도 유입은 쌀농사와 언어를 가지고 급속하게 남방인 만주를 포함한 우리나라에 들어 와^{크게는 BC 8-9000년이지만 만연된}

---

1) 훈족(지금의 헝가리, 형은 흉노족이고 가리는 나라), 스키타이족. 갑골문에는 공(한자에서 찾지 못함, 입구 아래에 工자)방^方 → 주대^{周代} → 험윤^{玁狁} → 춘추시대 山융?戎 → 진, 한 이후 흉노^{匈奴} ① BC 1250-1192(하상주단공정에서) ② BC 1339-1280(동작빈 은력본 갑골문의 일식기록에서).

시기는 BC 3-4000년 전 그 분화된 유전자형이 한국인을 형성한다. 한국어 속에 흔적을 가진다.

아리랑 스리랑의 여행이 있다. 아리랑은 맞이하다와 스리랑은 느껴서 알다 섞여 살다 의미가 있다. 아리랑과 관련 많이 언급되는 바이칼 호수의 푸른 눈은, 세상에서 가장 깊고 일곱 번째로 넓은 호수다. 한반도의 3분의 1면적이며 전 세계의 5분의 1이 호수이다. 바이칼 호수의 부근 사람들은 한국인과 닮아 있다. 바이칼 호수부근 에벤키족^{시베리아 남부}들은 지금도 아리랑 스리랑 언어를 사용한다. 아리랑[1]을 가진 자치공화국을 이루는 소수민족 에벤키족은 약 8만명, 한민족과 닮아있다. 인도의 드라비다 언어와 유사하며 한국어와 유사하다. 이들은 사냥감을 찾아 소규모가족단위로 이동습관이유로 유적과 유물이 거의 없다. 유전상으로는 70% 전형적 몽골족 유전자이다. 서쪽에 알타이 알산과 아리령이 있어 인접한 몽골과 관련된다.

---

1) 아리랑의 어원/ 훈민영어(영어단어는 고대한국어).

(2). 홍익인간 7만년의 역사

9부족의 환인桓因의 환국桓國시대가 있다. BC 7197년 갑자년 천산을 수도로 환국桓國은 파미르고원에서 동東 나무에 햇빛이 비치는 서西 새둥우리 남南 악기를 달아놓은 북北 두 사람이 등을 돌리고- 등을 대면 따뜻함으로으로 삼씨 족 분거, 12족, 파미르 12환국 12환국 고향 그리움 그 세계는 스메르 문화와의 관련이다. 우리의 환단고기 12연방 중 수밀이국1)이 있다. 태백일사 환국본기에 환단고기桓檀古記12연방2)이 연구되고3) 있다. 이들 위치는 환국 12연방... '환인桓因의 나라는 천해 이동 파나류 산의 아래 있었다. 그곳은 카스피해 동쪽의 파미르 고원이 아니라, 한반도 인근의 산동반도였다. BC 7,000년경 당시 지금의 중국 화북

---

1) 12환국 이름이 전해온다.『진서(晉書)』「사이전(四夷傳)」에 비리국(卑離國)·양운국(養雲國)·완막한국(宛莫汗國)·구다천국(句茶川國)·일군국(一群國)·우루국(虞婁國)·객현한국(客賢汗國)·구모액국(句牟額國)·육구여국(育句餘國)·사납아국(斯衲阿國)·선비이국(鮮卑爾國)·수밀이국(須密爾國)의 12환국이다. 이 광역 공화국은 남북 5 만리 동서 2 만리를 차지:강상원 ·「사라진(沈沒) 무제국- 東夷族에 母國』(서울:朝鮮世宗太學院·2013) .,172.

2) 12환국 이름이 전해온다.『진서(晉書)』「사이전(四夷傳)」에 비리국(卑離國)·양운국(養雲國)·완막한국(宛莫汗國)·구다천국(句茶川國)·일군국(一群國)·우루국(虞婁國)·객현한국(客賢汗國)·구모액국((句牟額國)·육구여국(育句餘國)·사납아국(斯衲阿國)·선비이국(鮮卑爾國)·수밀이국(須密爾國)의 12환국이다. 이 광역 공화국은 남북 5 만리 동서 2 만리를 차지:강상원 ·「사라진(沈沒) 무제국- 東夷族에 母國』(서울:朝鮮世宗太學院·2013) .,172.

3) 환단고기 해제 강독 환국에서 발원한 인류문명! 김현일 연구위원. 우리 역사바로 알기. 대한사랑 TV.

지역은 바다였고 산동반도는 섬이었으니, 천해는 섬을 둘러 싼 사해를 의미하므로 화북지역의 바다인 것이며, 천해 이동은 산동반도의 서쪽 해안인 태산과 노산이 있는 노나라 지역이었다. 환국桓國은 세계 문명의 중심지로서 12연방을 결성하였고, 그 영역이 동서 5만리 남북 2만리였다고 기록되어 있으니 그 위치는 환국 12연방의 영역인 동서 5만리와 남북 2만리는 현재 우리나라가 3천리이고 보면 그 크기가 사실상 유라시아 대륙의 전부이다.

그러면, 중국 남북조의 진나라 사서 『진서晉書』는

① 비리국(卑離國): 숙신의 서북쪽에 있으며, 말을 타고 200일을 가야한다.

비리(卑離)는 가깝게 떨어져 있다는 의미이므로 환국인 산동 반도에서 가까운 몽골지역인 것이며, 숙신은 말갈이므로 흑룡강 하류 지역인데 이곳에서 서북쪽은 바이칼 호수 동쪽의 부히르족 자치구역이다.

1780년 박지원이 『열하일기』에서 압록강에서 북경까지 말을 타고 가는데 60일이 걸린 것을 고려하면, 200일은 3.3배의 거리이므로 흑룡강에서 바이칼 호수 정도의 거리인 것이고, 이러한 거리 비율을 서쪽으로 계속 적용시키면 다른 연방국의 위치도 밝혀진다.

② 양운국(養雲國)은 또 비리국에서 말을 타고 50일을 가야한다.

양운은 구름(雲)이 만들어지는(養) 곳을 뜻하므로 편서풍을 타고 구름이 넘어오는 알타이 산맥 서쪽을 의미하는 것이며, 그곳이 비리국에서 50일 정도의 거리인 것이다. 양운(養雲)은 배달국 9세 환웅의 이름이기도 하며, 그 시기는 노아의 홍수기이므로 중국 서부 감숙성 일대에 있었던 초기 배달국이 몽골지역의 고지대로 대피한 시기이다.

중국 서남쪽 변방인 운남(雲南)성은 인도 미얀마에서 중국으로 넘어오는 접경 산악지대인데, 〈운(雲)〉은 르완다어 unama (to bow, bend over)에서 유래한 것으로서 〈산넘어 오는 구름〉을 의미하므로, 운남은 산악지대를 의미하는 것이다. 또한,

양운(養雲)도 역시 구름이 산넘어 오는 것이므로, 알타이 사얀 한가이 산맥 등이 있는 서부 몽골지역인 것이다.

③ 구막한국(寇莫汗國)은 또 양운국에서 말을 타고 100일을 가야한다. 구막한국은 도적떼들이(寇) 횡행하는 드넓은(莫) 사막 주변(汗) 지역을 의미하는 것이니, 지금의 카자흐스탄과 우즈베키스탄 지역으로서, 그곳이 양운국에서 서쪽으로 100일의 거리인 것이다. 또한, 한국(汗國)은 무더운 사막 기후를 의미하므로 중앙아시아 지역을 뜻하는 것이다.

④ 일군국(一群國)은 또 구막한국에서 말을 타고 150일을 가야한다. 구막한국까지는 위치가 분명해 보이는데 일군국은 위치가 애매하다... 그런데, 징기스칸이 서쪽을 정벌할 때 이란과 터키에 〈일 한국 (Il Khanate)〉을 세운 적이 있는데, 일군은 원시적인 부족들을 뜻한다고 본다. 또한 그곳은 구막한국에서 서남쪽으로 150일의 거리인 것이다. 이렇게 진서에는 환국인 산동반도의 서북쪽의 국가 위치만 기록되어 있다. 풍속과 토양은 미상 잘 모른다 했다.

⑤ 구다천국(勾茶川國)은 차나무(茶)를 기르는(勾) 강(川)이 많은 나라를 의미하므로, 차의 원산지인 중국 서남부의 운남성과 지금의 버마 및 태국 등을 의미하는 것이다. 구(勾)는 르완다어 kura (to grow up, take away)에서 유래한 것으로서, 〈재배 또는 채집하는 것〉을 의미한다.

구다천국(句茶川國)·몽골초원부근 옛명칭은 독로국, 북 개마대령 서쪽. 직구다국은 옛날에는 오난하 五難何례 있었으나 독로국에 패하여 마침내 금산으로 옮겼다. 금산은 알타이산 부근이다. 개마대령의 서쪽이다. 고구려 초기 고주몽의 곤자 1세기 초 개마국과 구다국에 고구려, 대진국 본기에 구다국 기록, 11세 성종 신라평정, 갈사, 남북 우루공략,

⑥ 구모액국(勾牟額國)은 보리(牟額·麥)를 기르는(勾) 나라를 의미하므로, 보리 자생지인 양자강 중 상류지역을 의미한다. 당시에는 화북지방이 바다였으므로 양자강 유역의 남중국은 산동 반도에 있는 환국과 천해 (4해)로 격리되어 있었다.

⑦ 매구여국(賣勾餘國)은 충분히 채집하여 남은 물산(勾餘)을 매매(賣)하는 상업이 발달한 나라를 의미하므로, 산동반도의 환국과 가장 가까워서 환국과 무역이 성한 한반도와 남만주를 의미한다. 〈구여(勾餘)〉는 충분히 수확하여 남는 것을 의미하는데, 이것은 훗날의 고구려의 〈구려(句麗)〉의 기원으로서 물질이 풍요로운 곳을 의미한다. 만주 집안에 있는 광개토왕비의 묘지 관리인 명단 첫번째가 매구여(賣句余) 백성이므로, 매구여는 고구려의 중심부인 것이다. 〈여(餘)〉는 르완다어 rya (to eat, consume)에서 유래한 것인데, 이것은 〈려(麗)〉와 발음이 유사하므로 잘먹는 것과 아름다운 것은 어원이 같은 것이다.

⑧ 사납아국(斯納阿國)은 아침(斯) 해가 뜨는(納) 언덕(阿)의 나라이므로, 일본 지역을 의미한다. 사(斯)는 르완다어 asa (to chop firewood)에서 유래한 것으로서, 장작을 패는 것 또는 개벽을 의미한다.

⑨ <우루국(虞婁國)>은 여성 노비(婁)를 다스리는(虞) 나라를 의미하므로, 신분제도 카스트가 발달한 서부 인도 및 파키스탄 지역을 의미한다. 파키스탄은 우루어 또는 우루두어를 공용어로 사용하는데, 우루는 파키스탄 지역의 옛이름인 것이다. 우루국은 팔나(畢那)국이라고도 하는데, 팔(畢)은 르완다어 pfa (to die)의 과거형 pfuye + rabya (to flower, bloom)에서 유래한 것으로서, <번영을 다한 것>을 의미하며, 나(那)는 세소토어 naha (nation)로서 나라를 의미한다. 우루국(虞婁國): 개마대령 부근, 진서에 당나라 초기 여러 사서

⑩ <객현한국(客賢汗國)>은 여행객(客)을 잘 대접하는(賢) 사막 주변(汗) 지역을 의미하므로, 동서 교통의 요지에 위치한 지금의 아프가니스탄 지역을 의미한다. 현(賢)은 르완다어 henda (to overcharge, be expensive)에서 유래한 것으로서, 돈을 섬기는 것이니 머리가 잘 돌아가고 써비스가 좋은 것을 의미한다.

⑪ <선패국(鮮稗國)>은 벼과의 원시 작물인 피(稗)를 채집(鮮)한다는 의미이므로, 피의 원산지인 벵골만 유역의 동부 인도 지역을 의미한다. 선(鮮)은 세소토어 senya (to damage, crop)에서 유래한 것으로서, 사냥이나 수확하는 것을 의미한다.

⑫ <수밀이국(須密爾國)>은 치수(密) 전문가(須爾)의 나라를 의미하므로, 메소포타미아 지역의 수메르 두 개의 강사이라는 의미를 지닌 메소포타미아. 수메르 Sumer)는 르완다어이다. suma (to make noise of water) + era (to be mature)에서 유래한다. 슈메르는 물의 전문가 뜻이다. 큰 강 유역의 관개농업이 발전된다.

수밀이국須密爾國이 있다. 천산산맥부근, 이락부근, 스메루 우루, 환국말에 백두산 주변, 일부는 메소포타미아로 중앙아시아 일대 사막화로, 이전에는 초원지대, 땅밑 물이 있다.

환국 12연방은 일본의 사납아국에서 유럽의 일군국에 이르는 동서 5만리와 바이칼 호수의 비리국에서 동남아시아의 구다천국에 이르는 남북 2만리에 걸쳐 있는 연합체이다.

12환국은 고기古記에 운云 파내류지산하波奈留之山下에 유환인씨지국有桓仁氏之國하니 천

해이동지지^{天海以東之地}를 역칭파^{亦稱波} 내류지국^{奈留之國}이라 기지광^{其地廣}이 남북오만리^{南北五萬里}오 동서이만여리^{東西二萬餘里}니 총언환국^{總言桓國}이오이다. 『고기』 기록 파내류산 아래에 환인씨의 나라가 있으니 천해의 동쪽 땅을 또한 파내류국이라 한다. 그 땅의 넓이는 남북으로 5만 리요, 동서로 2만여 리이니 통틀어 환국이라 하였다.

- 『삼성기 하』

환국은 ①비리국^{分言則卑離國}·②양운국^{養雲國}·구막한국^{寇莫汗國}·구다천국^{勾茶川國}·일군국^{一群國}·오루국일운^{虞婁國一云}·비나국^{卑那國}·객현한국^{客賢汗國}·구모액국^{勾牟額國}·매구여국일운직구다국^{賣勾餘國一云稷臼多國}·⑨사납아국^{斯納阿國}·⑩선비이국일운시위국^{鮮卑爾國一云豕韋國}·⑪일운통고사국^{一云通古斯國}·⑫수밀이국^{須密爾國}이니 합십이국^{合十二國}이 시야^{是也}라 하였다.

비리국, 양운국, 구막한국, 구다천국, 일군국, 우루국$^{일명\ 비나국}$, 객현한국, 구모액국, 매구여국$^{일명\ 직구다국}$, 사납아국, 선비이국$^{일명\ 시위국\ 또는\ 통고사국}$, 수밀이국이니 합하면 열두 나라$^{『태백일사』「환국본기」}$. 우리나라의 국통^{國統}이 환국^{桓國}에서 시작되어 배달국^{倍達國}을 거쳐 조선^{朝鮮}으로 이어졌다는 것은 한국인의 의식 속에 뿌리 깊게 자리 잡고 있다. 가장 대표적으로 알려진 사서, 『삼국유사^{三國遺事}』에서도 환국의 환인^{桓因}이 삼위산^{三危山}과 태백산^{太白山}을 굽어보고 능히 홍익인간^{弘益人間} 할 만한 곳으로 태백산을 점지하여 후계자 환웅을 개척자로 파견했다는 내용이 있다. 이러한 환국의 위치를 『환단고기』에서는 파내류^{波奈留}산은 달리 말하면 '하늘산'이고 천산^{天山}이다. '파내류'는 우리말 하늘의 이두식 표기다. 천해^{天海}는 지금의 바이칼호이다. 천산과 바이칼호 일대가 환국의 중심 영역이었음을 알 수 있다. 최근의 유전학 연구*에 따르면 바이칼호 지역에서 현 동북아 사람의 주류가 기원하였다고 한다. 그리고 한국인이 동북아 초기 인류의 원형을 가장 많이 간직하고 있다는 사실은 한민족이 바이칼호에서 유래한 현 인류의 직계 후손일 가능성을 시사한다.

연세대의대 법의학과 신경진·이환영 교수팀은 선사시대 및 역사시대 유적지 11곳에서 출토된 유해 35구의 미토콘드리아 DNA 유전자형을 분석한 결과 한반도 초기 한국인은 알타이산맥 북쪽 지역과 시베리아 바이칼 호수에서 기원했지만, 고려시대 이후 남 아시아계가 유입돼 지금은 북방과 남방계가 혼재한다는 분석결과$^{2009년\ 1월\ 14일\ 언론보도}$를 내놓았다.

2). 구환족^{九桓族}

　천해^{天海}와 금악^{金岳}과 삼위태백^{三危太白}은 본속구환^{本屬九桓}하니 이개구황육십사민^{而蓋九皇六十四民}이 개기후야^{皆其後也}라 　자시)로 환인^{桓仁}의 형제구인^{兄弟九人}이 본국이치^{分國而治}하니 시위구황육십사민야^{是爲九皇六十四民也}라 　천해와 금악산과 삼위산, 태백산은 본래부터 구환족에 속하니 9황 64민은 모두 나반과 아만의 후손들이다. … 환인의 형제 아홉 분이 나라를 나눠 다스렸다. 이로써 9황 64민이 되었다 『태백일사』「삼신오제본기」. 환국은 12분국으로 나뉘어 있었다. 그리고 환인의 형제 아홉 분이 나라를 다스렸다고 한다.

　가야 역시 초기에는 12개 나라로 구성된 연맹체였고, 김수로왕은 구간$^{九干(9명의\ 족장)}$들에 의해 왕으로 추대되었다고 한다. 환국과 환국의 지도자 환인에 대해 기록한 문헌들은 많이 있다. 장자$^{BCE\ 369?-BCE\ 286}$에 대해 기록한 『장자^{莊子}』「마제^{馬蹄}」에는 "夫赫胥氏之時, 民居不知所爲, 行不知所之, 含哺而熙, 鼓腹而遊: 혁서^{赫胥}씨 시절에는 백성들이 편안히 살면서 다스림을 몰랐고, 여행을 하지만 가야 할 곳을 몰랐다. 젖을 물고 기뻐하는 아이처럼 배를 두드리며 놀았으니.....)"라고 하여 2세 환인천제인 혁서 시절의 태평스런 삶을 간략하게 전하고 있다.

『환단고기』에서 언급된 환국의 열두 나라 이름은 중국 문헌에서도 찾아볼 수 있다. 예컨대 '진서 사이전'을 보면 비리국, 양운국, 구막한국, 일군국이 있었는데 이들은 2만~5만 호 정도를 가진 소국으로 시베리아 등지에 있었다 한다. 당서 북적전에는 우루국이라는 이름이 나오고 『삼국사기』에는 구다천국과 매구여국이 구다국과 매구곡이란 명칭으로 남아 있다. 이처럼 아홉 개 나라의 이름이 후세의 사서에 나타난다.

비리국재숙신서북(裨離國在肅愼西北) 마행가이백일(馬行可二百日) 영호이만(領戶二萬) 양운국거비리마행우오십일(養雲國去裨離馬行又五十日) 영호이만 (領戶二萬) 구막한국거양운국우백일행(寇莫汗國去養雲國又百日行) 영호이만(領戶五萬餘) 일군국거막한우백오십일(一群國去莫汗又百五十日) 계거숙신오만여리(計去肅愼五萬餘裡)
- 『진서晉書』 「사이전四夷傳」

아시다시피 환국이 없으면 배달국이 성립하지 않는다. 환국 말기에 환웅이 환국의 정통성을 부여받고 정통의 상징이었던 천부天符와 인印, 신물을 갖고 왔기에 배달의 건국이 가능했다. 우리의 건국이념이자 국가 정체성이라 할 수 있는 홍익인간弘益人間 이념 역시 환국으로부터 배달국으로 전수된 것이다. 그래서 환국은 우리 민족의 첫 국가요 뿌리이자 오늘날 대한민국 법통의 근원이다.

일부 강단사학자 중에는 "『삼국유사』에는 '석유환인昔有桓因'으로 기록되어 있다."며, '석유환국昔有桓國'으로 기록된 판본은 오기誤記다."고 주장한다. 결론적으로 환국은 실재한 나라가 아니라는 주장이다. 하지만 '昔有桓國'이나 '昔有桓因'이나 둘 다 역사의 진실에 부합한다. 나라가 있으면 당연히 나라의 통치자가 존재한다. 그래서 환인=인물에 대한 기록과 환국=국가에 대한 기록이 병존하고, 또 서로 치환置換되어 사용되었다. 『환단고기』에도 '昔有桓國'과 '昔有桓因' 기록이 병존한다. 일제는 당시 통용되던 『삼국유사』의 '석유환국' 부분에서 桓國(国)의 '國' 자를 '因' 자로 바꾸었다. 국가에 대한 기록을 개인 인물사로 바꿔 버렸고, 나아가 신화의 역사로 몰고 간 것이다. 이들의 주장대로라면 일제가 역사의 진실을 바로잡아 줬다는 얘기다. 일제에게 감지덕지하며 고마워해야 할 판이다.

역사 왜곡과 관련해서 일본 관계자의 따끔한(?) 충고가 있으니, 우리는 새겨 들어야 할 것이다. 현재 계명대 교수로 있는 성삼제 님의 증언이다.

> 2001년 일본 학자들과 일본 언론인들을 만나 뵙고 하는 과정에서 제가 한국에서 일본의 역사 교과서 왜곡에 대해 '대책반 실무반장'을 맡고 있다고 하니까 어느 한 분이 진지하게 저한테 하시는 이야기가 '우리 일본이 조선을 식민 통치하기 위해서 역사를 조작해 놓은 게 있다. 당신네 한국이 해방되면 당연히 복원될 줄 알았는데 시간이 지나 60년대, 70년대, 80년대가 지나도 그대로 있더라. 그래서 우리 일본을 탓하기 전에 당신네들 거를 먼저 봐라' 라고 하는 얘기를 들었습니다. 그 충격을 저는 아직도 잊지 않고 있습니다.
> -2021년 6월 21일, 대한사랑, 세계환단학회 국제학술문화제에서

이 광역 공화국은 남북 5 만리 동서 2 만리를 차지했다. 태백일사에 고향이 전해진다. 환한 환국이 있다. 우리에게는 환국시대와 배달국시대와 단군조선을 알아 볼 수 있는 기회가 태백일사太白日史에 있다. 단군조선 기록이 갑골문자에 기록된다. 이 기록의 근거는 시경에서부터 시작된다.

    수레 타고 집을 나서서 시골길을 달려가는데(아출아거 우피목의 我出我車 于彼牧矣) 천자께서 임하시어 나를 오라하시었기 때문이라네(자천자소 위아래의 自天子所 謂我來矣)
    …
    왕이 남중에게 명령하길 방에 성을 쌓게 하여(왕명남중 왕성우방 王命南仲 往城牛方) 마차를 출병시켰네
    …
    천자는 나에게 명령하여 저 삭방에 성을 쌓도록 하였네(천자명아 성파삭방 天子命我 城彼朔方) … 험윤을 물리쳤네(험윤양 玁狁襄)
                                  - 詩經 小雅 出車 편

시경의 기록 시경소아출거詩經 小雅 出車의 나는 주나라 제후로서 제후 되기 이전의 서백이다. 그가 말하기를 나는야 수레를 내와 교에 이르러 천자가 부름으로 왕이 명하여 성을 쌓게 하고 군대를 출병시킴으로 삭방에 성을 쌓도록 함으로 험윤玁狁을 물리친다는 내용이다. 이 험윤은 문헌사서 서융귀방으로 나오며 다음 갑골문의 공방 사전에는 없는 공자는 工 글자밑에 ㅁ가 있는 글자,方이다. 공은 사람을 의미한다. 갑골문 공은 중국 발음으로는 쿤이다.

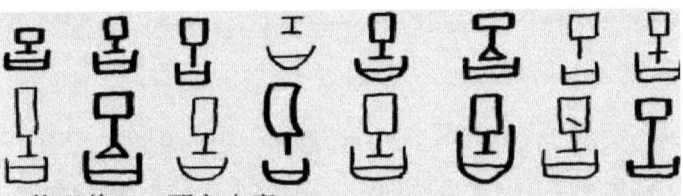

문헌사서의 산융귀방^{山戎鬼方}은 갑골문의 공방^{工方}으로 사람을 뜻한다. 이 이름은 주나라 때에는 험윤^{獫狁}이라 불리었고 춘추전국시대에는 산융^{山戎}이며 진한이후에는 흉노^{匈奴}라 불리었다. 흉노의 선조가 갑골문에는 공방 사전에는 없는 공자는 工 글자밑에 口가 있는 글자,方이다. 이 공은 중국발음으로 쿤이며 단군^{君}의 군이다.

이 험윤^{獫狁}은 북방 이민족인 흉노^{匈奴}의 주 나라 때의 명칭이다. 하대^{夏代}에는 훈육^{獯鬻}, 은대^{殷代}에는 귀방^{鬼方}, 주대^{周代}에는 험윤^{獫狁}, 춘추 시대에는 산융^{山戎}, 진秦한韓 이후에는 흉노^{匈奴}라 하였다.

周易 旣濟 高宗伐 鬼方 三年克之 주역-기제 고종벌귀방삼년극지
漢書 西戎傳 武丁西戎征鬼方, 三年乃克 한서서융전 무정서융귀방
삼년내극
- 네이버 지식백과 험윤 [獫狁] (한국고전용어사전, 2001. 3. 30., 세종대왕기념사업회

춘추 자시전의 역사 고에는 제후들을 위로하는 시라 하였

다. 왕은 상왕이다. 모씨라고 하는 시경의 저자 중 하나 모형의 말에 따른 내용이다. 이 내용이 단군세기에서 다시 나타나는데 왕은 상왕임으로 상나라 말기 주왕 때 이 시경 출거편의 배경은 방이 최고 통치자 선자와 상왕과 주 서백이 협력하여 험윤獫狁을 방어하기로 삭방에 성을 쌓고 전쟁을 대비한 장수들 위로하는 시[1]이다. 상나라와 부여는 같은 국호 사용예, 위, 의, 희, 후이, 웨이, 왜[2]하였다. 방方은 천자의 나라 기록한다. 이고 방의 최고 권위자 제의 명령을 받아 상왕과 주 서백이 서로 협력하여 험윤을 방어하기 위한 준비단계의 군대를 위로하는 시이다. 이의 결과로서 주역의 기제旣濟편에서는 고종이 귀방을 정벌=고종벌귀방 삼년극지高宗伐鬼方 三年克之기록이 존재한다. 한서漢書의 서융전鬼戎傳에는 무정왕이 서융방을 3년간 싸워 승리했음을 무정정서융귀방 삼년내극武丁征西戎鬼方 三年乃克이라 하였다.

　기록의 명령을 내리는 자는 제帝이다. 이 때 기이한 기록이 나오는데 상제上帝이름과 제帝이다. 갑골문에 십자가 모형 [3]은 상제上帝와 제帝 원보다 높은 위치의 존재이다.

---

1) 최명희, 갑골박사 최명희 갑골문자 강의 9강, 고조선, 홍산문명 지파가 상나라를 통치했다. 우리역사 TV.
2) (4/8) 상나라와 부여는 같은 국호 사용(예, 위, 의, 희, 후이, 웨이, 왜)_(대담: 이기훈)_동이한국사(4/8), 이상흔의 역사문화 TV.
3) 갑골 박사 최명희 갑골문 강좌 1강 | 갑골문은 고조선과 동시대의 문자 기록이다 우리역사 TV.

- 최명희 갑골박사제공

　최명희 갑골박사의 이 갑골문 제공은 그동안 미지수로 남아 있던 우리민족의 시원사상이 무巫가 아니라 십자가모형이 발견된 갑골문 복사이다. 십자가 모형은 상제上帝와 제帝보다 높은 위치의 존재이다. 갑골문으로 하여 절대의 존재인식을 우리조상들은 아주 처음부터 절대존재에 대한 경외사상이 짙다. 상제上帝에게는 직접적인 제사를 드리지 않았다. 이 상제上帝는 한단고기가 제시하는 조화와 교화와 치화를 아우르는 존재이다. 삼신사상을 가지고 이가 모여 셋을 이루고 셋이 하나가 되는 절대자에 대한 인식이다. 하늘을 사모사상을 가졌으며 하늘이 두렵지 않느냐 식의 표현으로 대변하고 있다. 이로하여 절대자가 만들어낸 우주만물 특히 산과 바람 그리고 심지어는 나무 바위 등에 게도 고마움을 전하는 사람마음을 표시하였다. 가장 대표적은 예로는 오늘날 천주교에서 신부를 통해 절대 자에게 의뢰하는 형태이고 교회에서는 목사의 말씀을 통해서이다.

갑골문자 복사의 상제^{上帝}는 3회, 제^{帝}는 412회$^{최명희\ 갑골박사}$ 발견된다. 갑골문에서 상제의 존재에게는 제사를 올리지 않았다. 천주^{天主}라 번역된다. 이익은 "천주는 곧 유가의 상제^{上帝}" 1)라 했다. 상제^{上帝}보다도 더 높은 위치의 존재 하나님 섬기기의 절대 유일신 섬기기이다.

단군세기기록에는 색불루 단군 22세기에 제위원년 BC 1285에 "병신년 11월에 몸소 아홉 환의 군사들을 거느리고 여러 차례 싸워 은나라 서울을 쳐부수고 화친한지 얼마 안 되어 또 다시 크게 싸워 쳐부수었다고 되어 있다. 이듬해 2월에 황하 가에 까지 이들을 추격하여 축하를 받고 불한의 백성들을 회와 당의 땅으로 옮겨 가 살도록 하여 농사를 짓게 하니 나라의 위세가 크게 떨쳤다 한다.

　　　　심화 우부대전 파지 尋和 又復大戰 破之
　　　　명년이월 추지하상 이수첩하 明年二月 追至河上 而受捷賀
　　　　천변민우회대지지 사지축농 국위대진 遷卞民于淮岱之地 使之畜農 國威大振
　　　　신축육년 신자육우 주왕아사달 천년제업지지 辛丑六年이라 臣智陸右가 奏曰阿斯
　　　　達은 千年帝業之地라
　　　　　- 檀君世紀 二十二世 檀君素弗累 帝位四十八年 甲申元年 十一月 親率九桓之師
　　　　　　　　　　　　　　　　　　　　　　　　　　　　　　　　屢戰破殷都

환국의 시대는 하늘의 광명이 작용하던 때이다. 박달국은

---

1) 이영지, 『물마임의 시학』 (서울: 창조문학, 2023)., 495-496.

단국으로 땅의 광명이 주제가 되는 때이고 단군조선시대는 천지의 광명을 채득한 인간의 광명시대이다. 이른바 삼신三神의 시대이다. 조화신造化神과 교화신敎化神과 치화治化시대이다. 조화造化시대는 조화가 작용한다. 바로 하나님과 인간과 자연의 조화시대이다. 너나 할 것 없이 서로 어울려 싸우지 아니하고 나라를 이끌어 갔던 시대이다. 이와는 달리 박달시대는 교화敎化가 작용하는 시대이고 단군조선시대는 치화가 작용하는 시대이다. 조화는 창조의 시대이고 교화는 발전시대, 치화治化시대는 완성의 시대이다. 조화시대는 절대자 인식 시대이이다. 이끌어 주시는 분이 있다는 개념이 강한 조화의 시대는 자연이 인간에게 은혜를 베풂에 감사하며 훤하게 아침이 밝아오길 알리는 장 닭이 울면 일어나 일할 준비로 시작되는 시간이다. 온 천지가 환해오는 이치를 감사한다. 우리에게 부여라는 이름이 여전히 2024년 현재 한국에 있다.

단군시대는 임군이 자리를 잡고 통치하는 시대이다. 천지인에 비유하면 환국의 하늘의 시대이고 그다음 땅의 시대이고 단군조선은 인간의 시대이다. 환국시대는 하나의 시대이고 배달국시대는 두 개의 나라, 전기, 후기배달국이다. 단군조선시대에는 삼한 마한과 번한과 진한의 시대와 진조선 번조선 막조선 시대이다.

환국 7명의 환인 3301년, 배달국은 18명의 환웅, 1565년의 역사이고 단군조선은 47명의 진조선 단군과 2096년의 역사가 있다. 마한은 초대 웅백사 단군부터 36세의 단군까지 지속된다. 번한은 초대단군부터 75세 준 왕까지 지속된다. 조상들의 우주관철학이 있다. 환국배달국단군조선시대는 처음은 환단桓檀, 환국桓國시대는 하늘의 광명이 작용하던 때이다. 이 때 하늘이라는 의미는 이미 갑골문자로 알려주는 십자가 모형 이 발견된다. 십자 모형 갑골문자는 天 곧 하늘 뜻으로 갑골문합집에 총 74편의 용례가 1~5기까지 골고루 등장하고 갑골문 이후에는 사라진다.1) 그러나 현재도 십자가모형그림은 현재 기독교문화나 가톨릭교에서 그대로 전승된다.

밝달국배달은 땅의 광명을 드러내며, 천지의 광명을 채득한 환桓이라 불리어 진다. 환국=桓國이다. 환한 겨레의 얼굴 환한 하늘의 광명을 존중했던 진리는 그대로 지금도 우리에게는 한없는 하늘의 신비이다. 이 환국桓國이 우리 역사에 기록으로 남아 있다. 환국은 하늘=天의 시대이다. 그 뚜렷한 증거는 갑골문 ┿최명희가 표시해주는 그대로 지금도 우리에게 존재한다. 다행히도 우리에게 천부경이 있다. 갑골문 형태이다. 숫자 1이 11회나 사용되면서 일어나라 메시지를 전한다.2) 하늘을 사모하는 천손민족의 DNA이다. 이 시대는 배달

---

1) 최명희, 갑골문에 보이는 선도문화의 흔적 | 홍산문화, 천지인, 동아시아고대문화학회 최명희 연구원, k 스프릿 TV.
2) 이영지, 『이상시학李箱詩學 일어나라』(서울: 창조문학사, 3023)., 597~612.

국으로 이어지는 2개의 수도가 요령성 산동성이 있다. 초기와 후기로 나누어지는 단군조선시대에는 삼환관경제를 쓴다. 진한 마한 번한이다. 그 중 마한은 천天에 해당하며 마한의 수도는 처음부터 끝까지 수도 평양이 바뀌지 않는다. 번한은 수도가 두 번 옮긴다. 하북성 당산시이다. 후기는 준왕이 도읍한 하북성 창여현이다. 인人의 진조선은 송화강 아사달 시대 백악산 아달시대 장단경 아사달시대이다. 인人에 해당하는 세 번 바꿈이다. 곧 마한 진한 번한의 삼한시대와 진조선 번조선 막조선의 삼조선 시대이다.

한없이 빛을 찾아 나선 역사이다. 양자역학에서는 빛을 가진다. 이 빛은 파동을 가진다. 빛은 진공 속에서는 똑 바로 가지만 어떤 물질을 만나면 거울에서는 반사, 물속에서는 굴절, 아침저녁에는 공기의 미립자에 부딪혀 산란, 프리즘에서는 7색으로 분산하는 조화를 부린다. 그런가하면 빛은 물질을 만나면 반사도 되지만 흡수도 된다. 모두 반사되면 차갑지만 물질에 흡수되면 빛에너지가 열에너지로 열감을 느낀다. 빛을 쐬면 몸이 더워지는 것도 같은 이치다. 빛의 파동은 전자기파이기 때문에 반도체로 이들을 모아 빛에너지를 건지 에너지로 바꾸면 태양광 발전이 된다.[1] 빛이 왜 움직이느냐

---

[1] 홍문표, 홍문표문예창작아카데미 143/ 파동의 우주와 파동의 시학(5), p1. (충남: 부여읍사무소 2층 강의실, 2024. 6. 20).

에 대한 답은 본래의 진리로 돌아가려 하기에 움직인다. 21세기의 과학시대에 성경진리를 알리는 사역1)이 있다.

> 태초에 하나님은 빛을 창조하시고 이 빛의 파동을 파장에 따라 다양하게 나누시고 또 그 빛을 굴절 반사 산란 분산케 하여 더욱 형형색색의 아름답고 찬란한 우주만물의 형상을 드러내게 하셨고, 이로써 인간들이 이 황홀한 우주만물의 파동들을 공감하고 더욱 감동하고 즐기며 행복하게 살 수 있게 하셨으니, 하나님의 인간에 대한 이 무량한 사랑과 축복을 어찌 감사하며 찬양하지 않을 수 있겠는가.
> –홍문표 .과학의 파동과 시의 파동

인간의 삶은 신의 축복이다. 이 축복은 반드시 그에게 감사하는 생활을 요구한다. 인간에게는 희 노 애 락에 따른 숫한 이야기 거리가 있지만 감사하며 그에게 찬양을 올리는 일이다. 옛날에는 제사의식을 필수로 하였기에 이미 고조선 때부터 행하던 하나님을 향한 의식이 있었다. 이 조화시대에는 움직이지 않는 북극성을 향하였다. 따라서 천부경이 전하는 바와 같이 하나 ̄님에 대한 섬김이다. 이 시원사상은 우리민족을 천손민족이 되게 하여 주었다. 인생은 미완성이고 보잘것없지만 서로 위로와 격려를 하늘로 받은 천손민족이다.

---

1) ibid. p5.

3. 성령역사의 사역

1). 기록 수로 왕 능

(1). 해 뜨는 나라

유일신 제사백력지천^{唯一神 在斯白力之天} 桓檀古記 三聖記 全上을 섬기던 김 수로가 극동을 찾아 와 하늘에서 내리는 첫 이슬을 받는 영대왕가^{迎大王歌}를 남긴다. 성령역사의 현장의 수로 왕^{首露王} 사역이다. 향가 해독 법에 따른다^{김명회학설}면 무대 극본이다. 바알신이 끽소리조차 못하는 번작이끽^{燔灼而喫} 문장이 그 답의 긴장성이다. 연기^{아 3:6바}로 바알신이 꼼짝 못하도록, 끽소리조차 내지 못하도록 강력한 성령 임함의 장소현장에 수로왕이 있다. 수로 왕과 관련되는 장소 구지봉^{龜旨峰}이 현재도 있다. 영대왕가^{一名 龜旨歌}가 있다.

하나님의 강한 역사 번작이끽야^{燔灼而喫也}이다.

* 번작이끽야^{燔灼而喫也}

①. 燔=火^{불꽃이 타오르다}+番^{번 차례} 번番= 米^{미 열매 미}米+田^{전 곡식을 심는 전}= 燔 성령의 열매를 맺는다/ 불의 열매를 맺는 일

②. 灼^자火화 ^{불꽃이 타오르다 화}+勺^{작 술을 떠 먹을 때 쓰이는 국자모양 작}=灼

③. 而. 얼굴에 수염이 가득한 귀신, 수염이 많이 있는 사람을 바알 신을 믿는 사람들이라 하여 그 증거로 사진들을 제공 여러 고대 사진을 제

공한다.

④. 喫 喫茶去 차마시고 가게 /한가지일에만집중 끽=끽 마실끽 야소리도 못하게하리라
⑤. 也야 어조사 야 也= 성령의 열매가 나타나게 하리 야

번제의 분위기를 연극의 각본으로 한 노랫말 영대왕가迎大王歌의 야也는 3태극의 쌍어문양과 함께 그려져 있는 문양이 의미하는 바의 성부와 성자와 성령의 강한 바람으로 잡신이 쫓겨 나는 장면의 끝 장면 연출의 성극 시이다.

성령의 힘이 작용한 현장이 있다. 몰려온 부락인 2-300명이 체험한 성령현장에 영대왕가迎大王歌가 있다. 등장인물은 수로대왕과 바알신과 성령 받은 사람들이다.

영대왕가의 노랫말이다.

龜何 구하龜何 구하   구합니다 구합니다
首其現也수기현야   머리가 되시는 하나님 나타내시옵소서
若不現也약불현야   만약에 나타내(오시지 않는다면)지 않으시면
燔灼而喫也번작이끽야   적들이 번쩍이는 칼로 끽소리도 못하게
           - 이용봉1) 목사의 영대왕가일명 龜旨歌(구지가) 해석 시

지금도 경남 김해에 있는 326.8m 분성산에 구지봉이 있다. 이 구지봉에서 수로왕을 환영하는 제단을 쌓자 현장에서 일

---

1) 이용봉, 도마 4 | 구지가는 왜 기도문인가 | 구지가명칭은 일제식민지사관의 잔재 | 가야건국의 비밀 | 이용봉 목사:『사도도마와 아시아교회』저자./ 이사모임(이스라엘을 사랑하는 기도모임)/ 브라이드 TV.

어나는 성령 임재이다. 영대왕가迎大王歌의 '수기현야首其現
也,' '약불현야若不現也,' 이다. 임재 물결 성경 홍수洪水의 '맞
불' 이 일어난다. 이 성령역사ㄴ 맞불은 쫓기는 하나님의 백
성이 홍수물결이 걷혀지는 기적이 있듯이 김해 분성산 구지
봉에서 일어난 맞불1)사건은 동일하다. 물이 쌍벽을 이루며2)
갈라지자 무사히 이스라엘 백성들이 건넌일이다 영대왕가迎
大王歌의 수기현야首其現也 약불현야若不現也에서이다. 약불若不의 의
미를 파악할 수 있는 성경의 맞불홍수 함맞불←הַמַּבּוּל함맞불 그 홍
수3)이다. 이 맞불 작전은 영대왕가迎大王歌의 주인공 수로왕首露
王 김해 묘비에 새겨진 쌍어 물고기가 날개를 달고 있는 것
에서 나타난다.

김해 묘비의 쌍어 두 마리 물고기가 영대왕가가 보여준다.
제단에 내리는 강한 첫 이슬 역사는 하늘에서 내리는 강한
역사는 번쩍번쩍 그 모습대로 누구도 범접할 수 없도록 하는
번작이끽야燔灼而喫也로 맞는 기적이다. 온 구간 백성 2-300명이

---

1) הַמַּבּוּל מַיִם(함마불 마임, 창 6: 17)・וְהַמַּבּוּל מַיִם(베함마불 마임・홍수, 창 7: 6)・מֵי הַמַּבּוּל(매 함마불・홍수, 창 7: 7)・וּמֵי הַמַּבּוּל(움매 함마불・홍수, 창 7: 10)・הַמַּבּוּל(함마불・홍수, 창 7: 17, 9: 28, 10: 1, 32)・מִמֵּי הַמַּבּוּל(밈매 함마불・홍수, 창 9: 11)・מֵי הַמַּבּוּל(매 함마불・홍수, 9: 28),・לַמַּבּוּל(람마불・홍수를 위하여, 시 29: 10).
2) מִלְמַעְלָה(밀매 올라 오름, upward, 창 7: 20).
3) מַבּוּל(맙불・홍수): George V. Wigram,『구약 성구사전: *The Koreans Hebrew and Chaldee Concordance of the Old Testament*』, 김만풍 역(서울: 기독교 문화협회, 1993), 845.

모여 춤추며 집단 군무를 추며 성령 임재를 같이 경험한다. 모두들 어린아이 모양의 동안이 되어 밤을 지새며 춤추고 노래한다. 한국에는 이런 놀이문화가 늘 있다. 하늘에서 내리는 강한 이슬에 취하는 성령역사이다.

이 때의 신비는 성령의 힘이 하늘로부터 오는 일이다. 대왕을 맞이하는 노래를 부른 일은 한 알 님이 함께 하시는 일이다. 하나님 여호와 יהוה 야훼가 내려주는 향기 예리혼 יריח 예리혼이 있다. 이 향기는 마음속에 하늘을 담을 때 나는 향기=베삼밈 בשמים 베삼밈 향기로운 아 8:4이다. 제단에 연기가 일어난 번작이끽야 燔灼而喫也이다. 이 연기는 연기의 성령 가득함으로 소독되는1) 성령강력은 바알신 이 而 귀신 이를 끽하게 만들어버린다. 소독이다. 영=רוח 영 루아흐 영이 내리는 현장이다. 성령 임재의 향기이다. 하나님으로 하여 숨 쉼이 일어난 역사 현재진행형 향기이다.

나라가 세워지고 사람이 살아가고 그리고 강한 성령으로 하여 나라 기운이 드맑아진 가야국의 미래가 밝아지는 나라가 세워진다. 가야 수로왕릉입구에 두 마리 물고기2)가 있다. 입을 마주한 문양이다. 13세기 우리나라와 이스라엘간의 교

---

1) 이같이 화답하는 자의 소리로 말미암아 문비장의 터가 요동하며 성전의 연충만하더라(사 6:4).
2) 김병모(고려문화재연구원이사장), 고려사이버대 고려특강, 김수로왕과 허황옥 -가락국의 상징, 쌍어문의 의미는.

류1)로 인해 수로왕릉 앞 쌍어문에는 쌍어雙魚 그림 이 있다. 가운데 떡과 양쪽 고기 두 마리마 14:17가 새겨져 있다. 김해 가야동네의 이 문양과 약 2000년 전 문양 곧 가버나움에 새겨진 쌍어문 문양은 같다.2) 주인공은 스구디아인 scythian스피타인 골 3:11 김수로 왕이다. 북방계 유태인이다. 기독교와의 깊은 관련은 물고기와 깊이 관련된다. 이 동시다발적인 역사기록은 우리나라에 기독교문화가 꽃피게 되는 귀한 자료로 남아있다. 신라조차 이러한 영향권에서 머물며 신라는 1000년 동안 우리나라 우리말과 히브리어의 똑 같은 언어영향권 증명서로 하여금 귀한 자료로 남아 많은 연구가들이 우리언어와 성경원문들에서 동일성을 연구하고 있다.

가락국 시조 수로왕首露王의 首수는 우두머리, 시초의 뜻이다. 수로왕首露王의 露로는 이슬, 은혜를 베풀다이다. 따라서 처음 이슬이 내린다는 의미이다. 하늘에서 내리는 은혜는 대한민국의 귀한 사역이 있음을 증명한다. 수로왕릉에 쌍어물고기가 있다. 물고기 두 마리가 서로 입을 마주하고 있다. 고기에는 날개가 있다. 이 고기는 기독교문화의 산 역사가 되고 더구나 날개가 있음으로서 하늘과 관련된 비상이미지이다.

---

1) KBS 수로왕능, 역사 탐방참조(2010).
2) H. D. 류돌드, 창세기 주석., 323: 가운데 떡 양쪽 고기 문양과 일치. 문양 안에는 빨간 점의 십자가 피가 그려져 있다. 똑같은 모양이 이스라엘 가버나움에 있다.

오쿠라 신뻬이는 영대왕가迎大王歌를 아예 구지가龜旨歌라 이름을 바꾸며 비정하게 한국의 하늘에서 펼쳐지는 기독교 역사를 지우려 하였지만 본 연구자들 같은 연구자들에 의해 영대왕가迎大王歌 본래의 기록을 중시한다.

수로왕 탄생이 얽힌 영대왕가는 단순히 당시의 복골문화의 제도와는 다른 차원에서 향가극본김명희학설이다. 영대왕가迎大王歌는 수로 곧 하늘에서 이슬을 내리는 역사의 위대한 힘을 노래한다. 영대왕가迎大王歌 일명 龜旨歌는 서기 42년 대왕을 환영하는 노래 영대왕가迎大王歌이다.

- 『삼국유사』 제2권 기이 가락국기記異 駕洛國記

영대왕가迎大王歌 주인공은 수로首露이다. 뜻 글자와 발음의 순서가 온다는 향가해석 법칙김명희에 따른다면 구하 구하龜何 龜何 구하 구하는 龜구1)는 나라를 구하는 이미지로 부각된다.

---

1). 일명 龜船귀선이라고도 불리운다. 이순신의 거북선으로 등장조선 태종 이방원 재위 시절 (고려말에도 기록이 등장한다.) 16세기 전라좌수영 이

이순신의 거북선龜船이 이를 증명한다.

구하 구하龜何 龜何 오오오 천지개벽 나라가 구해지네
수기현야首其現也 수로가 나타나셔 여기에 오시었네
약불현야若不現也 정말로 오시었네 지금의 바로여기
번작이끽아燔灼而喫也 버언쩍 연기 오르자 잡귀신이 끽하네

— 이영지의 번역시조

　나라를 구하는 거북선龜船은 좋은 의미전달 귀하 혹은 구하 龜何 귀하 구하龜何 귀하 그대로도 읽을 수 있다. 너무 잔꾀를 부려 다르게 해석하기 이전에 있는 그대로 구 혹은 귀龜 구, 귀 가 나라이름으로 뜻풀이로 되어 있으므로 나라를 구하龜何는 영대왕가迎大王歌이다. 글자를 그대로 옮겨 "나라를 구하소서 나라를 구하소서" 라는 시조문학작품으로 읊을 수 있다.

　순신의 거북선.

한국에 있는 문학 장르 시조^{時調} 자체가 노래형식임에 비추어도 영대왕가^{迎大王歌}는 그대로 같이 부르는 노래이다. 시조 이해 법칙 적용 영대왕가^{迎大王歌}는 대왕 이름자체가 나라의 임금이기에 나라를 구하는 영대왕가이다. 대왕이 나라를 구해 줄 것을 간절히 기도하는 노래이다. 연극 각본에 의해 제단에서 진행되는 노래이다. 그 첫 시작을 "나라를 구하소서 나라를 구하소서"의 염원형식의 시조작품으로 흐름 자체 곧 3 4 3 4로 그 음수율을 맞출1)수 있다.

본 연구자는 시조시인으로서의 시조작품 문장의 초장과 중장과 종장의 차례법칙으로 적용 영대왕가는 첫 시작 구 혹은 귀^{龜}, 귀로 불리어지는 구^{龜}, 귀는 수로왕의 수로^{首露}의 수^{首}가 의미하는 뜻 처음 수^{首}임에 비추어 시조 시 창작기법2)에 비추어 하늘의 뜻 즉 초월세계를 의미한 첫 시작부터 행운이 시작되는 이미지이다.

> 한국시조 문예미학은 우리말이 지닌 매력, 가령 '하늘' 하면 '하늘' 이라는 말만 달랑 말하지 아니하고 '하늘이' 하거나 '하늘이다' 라고 말함에 따라 3글자와 4글자가 생기는 한국시조 문예미학을 만들며 초장 중장 모두 이 3·4·3·4 리듬을 반복합니다. 두 번의 반복 문제는 반복되는 우리의 삶이 처음과 두 번 반복 혹은 서로 다른 그리고 상응되는 일 혹은 처음과는 다른 두 리듬의 일상입니다. 우리말과 히브리어 관련은 아주 우리의 사상과 습관과 철학과 일치해서입니다. 두 번의 리듬은 예수님 자리로 아버지·아바 아버지자리로 강조합니다. 둘이 하나가 되

---

1) 본 연구자의 학설: 시조문학작품의 구성은 3 4 3 4/ 3 4 3 4/ 3 5 4 3으로 된 리듬법칙을 가진다.
2) 이영지, 『한국시조문예미학』(서울: 창조문학사, 2020).

는 리듬입니다. 조상 이퇴계 할아버지가 주장하신 이기철학 상응원리 철학입니다.

초장 3·4·3·4
중장 3·4·3·4
종장 3·5·4·3

이 리듬 중 마지막 종장은 남자 여자의 문제로 말하자면 둘이 만나 아 좋다 하며 아이가 생기는 리듬입니다. 우리말의 애는 산스크리트어 아 哥이와 동일 감탄 애!·친구 만나 애!·악수하며 애!·기쁨 애! 哥아·ㆆ오·ㆆ우 오오오의 3자字 감탄 기법입니다. 실제 종장 첫구 3자 '님이여·벗이여·어즈버·아희야·이육사 「청포도」시의 아이야!·이상시 오감도 9호 나는 참!·아이야!·아이야!' 이에 맞먹는 한국 시조미학의 묘미는 허사리듬 종장 끝구 3자입니다. 처음 감탄과 달리 생략형 '하노라' 입니다. 끝을 잘 마무리하는 이세보 시조 450여수는 모두 종장 마지막 이 3자를 생략합니다. 시조창에서 종장 끝 구 3자를 임금님 앞·어른 앞에서 말하지 않는 겸손입니다. 그리고 종장 3·5·4·3의 5·4 는 역시 첫구 3자에 대한 설명 설정으로 시의 마디를 시조답게 하는 한국시조 문예미학입니다. 쓰는 순서가 있는 우리 언어 습관은 전 세계에서 유일하게 하나님이 허락하신 사계절이 허락된 나날 안의 우리말 버릇[1])

시조작품창작법상 초장은 초월, 중장은 현실, 그리고 종장은 이를 잘 회복하는 회복의미임으로 영대왕가의 첫 시작은 행운을 가져다주는 축문 그대로의 축하의 첫 시작이다. 따라서 처음 영대왕가의 첫 시작 구龜 혹은 귀龜로 하여 하늘이 열리고 땅이 솟구치는 천지개벽이 일어나는 대왕이 나라를 구하는 노래이다.

영대왕가는 수로왕을 맞이하는 노래이다. 수=首^수 머리 수의

---

1) 위의 책 서문에서.

처음 뜻과 아울러 우두머리 대왕을 의미한다. 수=首^{수}와 로=露^{로} ^{이슬} ^{로}가 영합하여 하늘이슬이 되면서 하늘의 영이 이슬로 내려온다.

하늘이 갈라지고 땅이 갈라지는 천지개벽이 나타나는 향가의 현장 재연은 수로왕의 나타남 극본이다. 영대왕가는 백성에게 수로왕이 나타나는 장면이다. 이 장면을 영대왕가는 2회 반복리듬으로 한다. ①…현야^{現也} ②…현야^{現也} 한다.

① 수기현야^{首其現也}
② 약불현야^{若不現也}
③ 번작이끽야^{燔灼而喫也}

기뻐 뛰는 장면의 중층리듬이다. 놀람과 경탄이 겹쳐진다. 번작^{燔灼}은 이스라엘 기독교문화와 긴밀히 연결된다. 우리말과 같은 버언쩍의 바자크 בָּזָק$^{bāh-zāhk}$ 버어언-쩌어크/ 명사, 남성, 단수이어서이다. 번개가 번쩍번쩍하며 천지개벽이 일어난 영대왕가^{迎大王歌}의 번작이끽야^{燔灼而喫也}는 분명하게 끽^{喫}하고 잡신이 물러간다. 잡신이 물러가는 조건은 연기가 남에서이다.

수로왕의 '수로'는 히브리어로 왕이다. '번작이끽야'는 성경언어 바자크 בָּזָק$^{bāh-zāhk}$1)이다. 일상에서 하늘에서 번쩍번쩍 하는 현상은 번개이다.

---

1) 염동옥, 바자크 בזק[bazak]: 번개, 바작→반작→반짝→번쩍→번개:『한국과 이스라엘, 역사의 비밀』(서울:CLC 기독교문서선교회, 2017)., 182.

생물의 왕래가 번개같이 빠르더라겔 1:14이다.

הַבָּזָק	כְּמַרְאֵה	וָשׁוֹב	רָצוֹא	הַחַיּוֹת
하바자크	카미르에	바소브	라조	하하요트
D.NMS	P.NMSG	C.VQNA	VQNA	C.D.NFP
번개	-같이 빠르더라	-래가	왕-	그 생물의
a flash of lighting	as the appearance	and returned	ran	and the living creatures -

겔 1:14

생물의 왕래가 번개같이 빠르더라겔 1:14의 번개는 아주 번쩍번쩍 하며 생물 사이에서 오르락 내리락 한다. 그 가운데서는 번개가 나며겔 1:13 번쩍하는 성령임재는 공연현장에서 버어언쩍 섬광이 일어나고 그와 동시에 바알신이 끽하는 장면 연출이다. 무대 각본이 아니라면 영대왕이 나타난 모습의 상징성이다. 가락국 탄생이다.

이 영대왕가가 기독교문화와의 접근되어야 하는 이유는 도마가 가락국에 온 시기와 일치한다. 복음도입의 현 상황은 아울러 수로왕 부인 허황옥 사건도 겹쳐지게 된다. 허황옥에게는 이곳에 도착할 즈음에 가지고 온 돌을 모아 기념한 파사각波娑閣이 있다. 허황옥은 예수님 쌍둥이 동생 도마가 중매한 왕후이다. 파사각波娑閣의 파사波娑는 페르샤선교사가 당태종을 선교하면서 알려진 이름이다. 페르샤 곧 페샤이 기독교인이라는 닉네임이다. 당시 주인공 수로는 여러 중매가 들어왔지만 이를 거절하고 마음속에 이미 정해져 있는 대상이 믿음을 가진 사람이어야 하기에 오래 기다리고 있었다는 기록이 있다. 영대왕가의 주인공 수로首露는 영적 인물이다. 수로首露 그대로 머리 수首 이슬 로露이다. 첫 이슬이다. 새벽이슬이다. 첫 이슬1)은 하늘에서의 영적 영향력이 이 지상으로 내려온 새벽이슬이다.

말씀을 듣게 하시려고 초청2)된 무리들이 2-300명 무리가 모여 있다. 무대가 아니더라도 기록으로 주변 마을 사람 2-300명 무리가 같이 모였다는 기록이 있다. 이들은 이 장면을 지켜본다. 하나님의 하늘 이슬이 이 지상에 새벽이슬로 내려온 때다. 그들은 밤새껏 모여 춤을 추며 찬양하였다.

하나님이 이스라엘 백성들의 부르짖는 소리를 들으시고 내리시는 하늘이슬3)은

---

1) Origen은 First Principles, Preface 8에서 3중적 해석 ① 단순한 사람은 성경의 문자에 의해, ② 다소 진보된 사람은 성경의 혼에 의해, ③ 완전한 사람은 다가 올 좋은 일들의 그림자를 담은 영적인 율법에 의해 교훈 받고 훈육되어진다는 것이다. 인간은 몸과 혼과 영혼으로 이루어 졌다는 것(Origen은 First Principles, 4. 2. 4)이다. 문자의 중요성을 지적하고 그리스도와 하나님의 구원섭리를 강조한다(M. F. Wiles, 「Origen」 468). 조셉 린하드(Joseph Lienhard, Origen, 45)도 이에 동의하고 물과 관련한 (민 21: 16~18) 관심을 여호와께서 모세에게 백성을 우물로 모으라 함은 그들로 하여금 물을 마시게 함이라는 것이다.
2) 민영진. op. cit. 13.
3) ① 하나님은 하늘의 이슬과 מִטַּל הַשָּׁמַיִם(미탈 하샤마임 · 하늘의 이슬과, 창 27: 28) 땅의 기름짐이며 풍성한 곡식과 포도주로 네게 주시기를 원하노라 ② 그 아비 이삭이 그에게 대답하여 가로되 너의 주소는 땅의 기름짐에서 뜨고 내리는 하늘이슬 מִטַּל הַשָּׁמַיִם(미탈 하샤마임 · 하늘이슬, 창 27: 39)에서 뜰 것이며 ③ 요셉=יוֹסֵף에 대하여는 일렀으되 원컨대 그 땅이 여호와께 복을 받아 하늘의 보물인 이슬 וּמִטַּל הַשָּׁמַיִם(우미탈 하샤마임, 신 33: 13)과 땅 아래 저장한 물과 ④ 이스라엘이 안전히 거하며 야곱의 샘은 곡식과 새 포도주의 땅에 홀로 있나니 곧 하나님의 하늘이 이슬을 내리는 곳에로다 תַּל ~ שָׁמָיו יַעַרְפוּ(샤마이브 아레푸 탈, 창 33: 28) ⑤ 그

하나님이 주시는 선물이다. 그래서 하늘의 이슬¹)을 들면 너의 주소가 하늘이슬²)에 뜬다. 하늘의 보물인 하늘이슬³)이 야곱의 샘이 되었다. 복 받는 이 곳은 늘 하늘에 아뢰⁴)기 때문이다. 말씀을 삼아 하늘이슬⁵) 젖어서이다. 하늘이슬에⁶) 젖는 일은 몸이 하늘이슬에⁷) 젖는 일이다. 그 이유는 지극히 높으신 하나님이 인간 나라를 다스리시며 자기의 뜻대로 누구든지 그 위에 세우시는 줄을 알게 복을 몸에 바르는 일이다. 하나님은 늘 하늘이슬을 내리리라⁸)로 멈추지 않으신다.

이 하늘이슬⁹)이 이스라엘 백성이 머무는 진에 내릴 때 만나도 같이 내린다. 말씀이 맺히는 이슬¹⁰)이기 때문이다. 이 이슬¹¹)이 특별한 곳, 곧 하나님이 내리시겠다고 하신 허락되는 장소에서만 내리시는데 그 예는 양털에만 있게 되며 또 그 이슬을¹²) 짜니 물이 그릇에 가득하게 하시었다.

이슬은¹³) 하나님 지식이 그 흔적으로 내려지는 것이며 하나님의 은택이 풀 위에 내린 이슬¹⁴)이다. 사랑하는 자를 찾는 자인 내 머리의 이슬이¹⁵)어서 이스라엘에

러나 그 뿌리의 그루터기를 땅에 남겨두고 철과 놋줄로 동이고 이것으로 들 청초 가운데 있게 하라 이것이 하늘이슬에 וּבְטַל שְׁמַיָּא(우브탈 쉬마야, 단 4: 15) 젖고 ⑥ 왕이 보신즉 한 순찰자, 한 거룩한 자가 하늘에서 내려와서 이르기를 그 나무를 베고 멸하라 그러나 그 뿌리의 그루터기는 땅에 남겨두고 철과 놋줄로 동이고 이것을 들 청초 가운데 있게 하라 이것이 하늘이슬에 וּבְטַל שְׁמַיָּא(우브탈 쉬마야, 단 4: 23) 젖고 또 들짐승으로 더불어 그 분량을 같이 하며 일곱 때를 지내리라 하더라 하시오니 ⑦ 인생 중에서 쫓겨나서 그 마음이 들짐승의 마음과 같았고 또 들나귀와 함께 거하며 또 소처럼 풀을 먹으며 그 몸이 하늘이슬에 וּבְטַל שְׁמַיָּא(우브탈 쉬마야, 단 5: 21)젖었으며 지극히 높으신 하나님이 인간 나라를 다스리시며 자기의 뜻대로 누구든지 그 위에 세우시는 줄을 알기까지 이르게 되었나이다 ⑧ 그러므로 너희로 인하여 하늘은 이슬을 מִטָּל שָׁמַיִם(미탈 쉬마임, 학 1: 10) 그쳤고 땅은 산물을 그쳤으며.

1) מִטַּל הַשָּׁמַיִם(미탈 하쉬마임, 창 27: 28).
2) מִטַּל הַשָּׁמַיִם(미탈 하쉬마임・하늘이슬, 창 27: 39).
3) וּמִטַּל הַשָּׁמַיִם(우미탈 하쉬마임・하늘의 이슬, 신 33: 13).
4) שָׁמָיו יַעַרְפוּ ~ טָל(쉬마이브 아레푸 탈・하늘이 이슬을 내리는 곳, 창 33: 28).
5) וּבְטַל שְׁמַיָּא(우브탈 쉬마야・하늘이슬, 단 4: 15).
6) וּבְטַל שְׁמַיָּא(우브탈 쉬마야・하늘이슬에, 단 4: 23).
7) וּבְטַל שְׁמַיָּא(우브탈 쉬마야・하늘이슬에, 단 5: 21).
8) הַשָּׁמַיִם יִתְּנוּ ~ טָל(베쉬마임 이튼누 탈랄・하늘이 이슬을 내리니, 슥 8: 12).
9) 출 16: 13: 민 11: 9).
10) 신 32: 2.
11) 삿 6: 37.
12) 삿 6: 38.
13) 잠 3: 20.
14) 잠 19: 12.
15) 아 5: 2.

게 이슬1)로 내린다. 곧 하나님이 택하신 백성에게 내린다. 하나님 백성에겐 단비가 내린다.2)

수首와 이슬 로露가 드러낸 축약법의 적용 수기현야首其現也 기록의 영대왕가迎大王歌이다. 수로 이름은 영적 의미로 하늘에서 첫 이슬이 내린다. 밤새운 백성들과 가락국 사람들이 될 주민들이 이 이슬을 맞는다. 성령이 임한다. 첫 이슬이다. 제단에서는 성령의 역사가 일어났다.

가야시조 수로왕릉입구에 두 마리 물고기3)가 입을 마주하고 있다. 가야왕 때 인도에서 온 황후 허황옥이다. 13세기 우리나라 외국과 교류 활발4)한 때의 이 일과 관련된다. 수로왕 능 앞 쌓어 문에 쌓어신앙의 그림 곧 가운데 떡과 양쪽 고기 두 마리마태 14:17가 새겨져 있다. 김해 가야동네에 가면 물고기 약 2000년 전 문양 곧 가버나움에 새겨진 쌓어 문 문양이 있다.5) 물고기 문양과 관련 성경골로세 3:11의 스구디아인scythian이다. 김수로왕이 북방계 유태인 기록근거이다.

---

1) 호 14: 5.
2) 이영지, 『물마일의 시학』 '기도와 하늘이슬' (서울: 창조문학사, 2023)., 373.
3) 김병모(고려문화재연구원이사장), 고려사이버대 고려특강, 김수로왕과 허황옥 -가락국의 상징, 쌓어문의 의미는.
4) KBS 수로왕능, 역사 탐방참조(2010).
5) H. D. 류돌드, 창세기 주석, p. 323dp 가운데 떡 양쪽 고기 문양과 일치. 문양 안에는 빨간 점의 십자가 피가 그려져 있다. 똑 같은 모양이 이스라엘 가버나움에 있다.

가락의 김수로왕의 영대왕가가 지닌 물과 물고기와 깊은 관련 일명 구지가龜旨歌가 아닌 영대왕가迎大王歌이다. 우리나라 귀중한 향가 영대왕가迎大王歌이다. 향가 우리말 "구하 구하龜何 龜何" 그대로 "구하 소서 구하소서"¹⁾이다. 구龜는 구원救援의 구救자로도 읽힐 수 있다. 거북이 등 모습 산지 형山地形이 지닌 이미지이다. 큰 산이여 산이여 영험이 일어나라염동옥학설의 소원이다.

수기현야首其現也의 수首는 향가가 가지는 생략법으로 수로왕의 준말이다. 따라서 대왕 수로왕이다. 거기에다가 수기현야首其現也의 수首가 지닌 처음 의미이다. 처음 가락국 왕 이미지이다. 문장 중 생략된 수로왕의 로露와 더불어 첫 성령이 임한다. 이 도마연구자이용목목사 그리고 히브리어와 우리말 유사성 연구가염동옥목사들이 밝힌 가락국의 시조 수로왕은 이스라엘 사람이다. 더구나 허황옥과 결혼하는 실제상황에 비추어 초기 신앙 신앙자들이다. 영대왕가迎大王歌는 성령의 힘이 강하게 드러나는 노랫말이다. 향가김명회학설가의 수기현야首其現也의 수首는 수로대왕의의 줄임 고유명사이다. 따라서 제사의식에 의해 주인공이 등장하는 장면이 수기현야首其現也 주인공은 수로왕이다.

---

1) 이용봉, 도마 4 │ 구지가는 왜 기도문인가 │ 구지가명칭은 일제식민지사관의 잔재 │ 가야건국의 비밀 │ 이용봉 목사:『사도도마와 아시아교회』저자./ 이사모임(이스라엘을 사랑하는 기도모임)/ 브라이드 TV.

수기현야^{首其現也}의 기^其는 우리말 터이다.

터=其=가=terk=기초=토대=조선터(유창돈학설)=알타이어(만주 퉁그스어군)=təxə==뼈대=물건을 놓는 다리부분의 터=틀=터 təsu=原=고향=본향 təsuba irgan= 토착민=어웡키어=takan tətkar=뿌리 기원 창립자[1]

성령의 힘이 미치는 수로왕의 터 수기현야^{首其現也}의 현야^{現也}는 느티나무 버섯에서 나타난다는 말을 찾을 수 있는 이 나타난다의 한자차음이다. 나타나=현야^{나타나}이다. 느티나무는 아주 잘 번성한다. 따라서 이 현야^{現也}는 영대왕가에서 2회 수기현야^{首其現也}와 약불현야^{若不現也}로다. 번창이다. 수기현야^{首其現也}와 약불현야^{若不現也}의 현야^{現也}와 현야^{現也}는 많다는 의미와 더불어 강한 성령 임함이다. 영대왕가에 임하는 성령은 성령의 불로 성령임재이다. 제사장과 백성들은 번쩍이는 성령에 취한다.

이에 약불현야^{若不現也}는 노랫말이 종합예술에 노랫말의 지문 역할이다. 약불현야^{若不現也}에서이다. 향가가 의미전달이 잘 안 될 때 그 잘 풀기 위한 방법으로 특히 한자이해의 문제에 사용되는 파자법^{김영회학설}이 있다.

若不現也^{약불현야}의 약^若

若= 十 + 十 =20이다. 그리고

---

[1] 김상일, 김상일교수의 인류문명의 기원과 한 강좌 3부 2.홍산문명에서 발생한 언어는 슈매르까지 전달되었다.

友=같은 사람들이 모여의 뜻이다.

따라서 若= 十 + 十 + 十 + 友=若=성령의 불을 받은 사람 20명이 된다. 따라서 무대 위에 사람들 20명이다. 동시에 이중의미가 추가되는데 若=만약은 부정의미가 있다. 그리고 그 다음에 이어지는 若不로 하여 이중의미 부정에 부정을 뜻하므로 대왕이 그와 뜻을 같이 하는 사람 20명과 더불어 무대 위는 완전히 성령의 불로 감싸여져 있는 현황 약불현야^{若不現也}이다. 보어역할을 하고 있다. 무대상황을 설명하고 있다. 이러한 분위기는 다음 구절에서 더욱 구체화 되는데 즉 若자가 처음에 오는 경우 약숙=若熟^{약숙} 완전히 익지 않는 뜻이어서 뒤의 단어를 부정하는 의미이다. 따라서 영대왕가의 약불현야^{若不現也}의 일 경우 약불^{若不}은 부정의 부정임으로 긍정의미가 된다. 숙어 양약부지^{佯若不知} 역시 부정의 부정으로 알고도 모르는체 함이다. 액배^{若輩}의 경우도 젊고 경험이 적은 사람 즉 부정의 의미로 쓰인 예를 들 수 있다. 따라서 영대왕가의 문구 약불현야^{若不現也}는 두 번의 부정 약불^{若不}로 하여 오히려 수로왕의 강한 성령임함을 드러낸다. 강한 부정의 부정임으로 하나님의 능력으로 번쩍이는 불 곧 불이 두 번 나타남의 영대왕가의 燔灼^{번작}은 더욱 강한 의미로 다가간다. 이 불 화=火 가 2회사용으로 성령의 강한 이미지이다. 따라서 성경이 제시하는 2회 리듬 강조로 하나님과 그 아드님의 강력한 역사가 행해진다. 그 힘 번작^{燔灼}으로 연기가 치솟는다. 연기의 성령 가득함으로 소독되는1) 성령강력은 바알신 이^而 귀신 이를 끽하게 만들어버린다.

고대 이스라엘과 중동지역과 황룡사 치미에서와 토기에서 그리고 이집트에서 가장의 행복과 번영을 가져다 신으로 어린아이와 Bes와 Besset 털이 많은 것이 특징이다. 결국 수로왕과 관련한 영대왕가는 털보 잡신을 물리치는 제단의식의 노래다.2)

하나님 역사 성경의 일 번작이끽야^{燔灼而喫也}

① 燔 火 불꽃이 타오르다 +番 번 차례 번番= 米 미 열매 미米 +田 전곡식을 싣는 전 = 燔
성령의 열매를 맺는다 / 불의 열매를 맺는 일
② 灼 火 화 불꽃이 타오르다 화 +勺 작 술을 떠 먹을 때 쓰이는 국자모양 작 =灼
③ 而 얼굴에 수염이 가득한 귀신, 바알 신을 쫓아내며
④ 喫 喫茶去 차마시고 가게 / 한가지알에만잡중 깍끽 마실끽 소리도 못하게
⑤ 也 야 어조사 야
也= 성령의 열매가 나타나게 하리야

바알신을 내쫓는 장면이 연출되는 연극의 각본^{김명희}으로 한 성극 시이다. 수로왕이 당시 이스라엘 사람, 하나님을 믿는 백성들이 찬송가를 부르며 절대자를 부르는 열렬한 현장 극

---

1) 이같이 화답하는 자의 소리로 말미암아 문비장의 터가 요동하며 성전의 연충만하더라(사 6:4).
2) 염동옥, 새로운 이스라엘 왕국, 신라와 가야(김해: 신일출판사, 2019)., 199-200.

본 상연 극이다. 특징은 노랫말이 불리어지면서 그 뜨거운 열기가운데 오시는 분을 환영하는 영대왕가이다. 등장인물과 배경은 수로대왕과 바알신과 성령 받은 사람들 20명과 영대왕과 노랫말이 등장한다.

우리나라 시가의 특징은 님과 나와 이별하는 장면에서도 끝까지 그 이별을 인정하지 않고 기다림을 드러낸다. 가시리나 진달래꽃이나 정읍사 향가나 모두 노랫말의 화자가 끝까지 순결이나 사랑을 지켜간다. 영대왕가迎大王街 龜旨歌의 구지봉에서 역시 일어나는 성령의 무대 상연각본의 영대왕가迎大王歌 龜旨歌는 '약불현야若不現也,' 성령물결이 인다. 강함이 강조되면서 바알신이 물러간다.

그 예는 성경에서의 대홍수 사건을 들 수 있다. 뒤 쫓아오는 애굽군대를 물리치는 하나님의 수법이다. 바닷물이 밀려오게 하는 맞불작전이다. 바닥이 들어나 이스라엘 군대가 하나님의 맞불1)로 물을 건넌다. 이들이 지나간 뒤 물이 올라2) 애굽 군대가 물속에 수장된다. 성서의 맞불홍수=מַבּוּל 마불 홍수3)에

---

1) הַמַּבּוּל מַיִם마불 홍수(함마불 마임, 창 6: 17) · וְהַמַּבּוּל מַיִם(베함마불 마임 · 홍수, 창 7: 6) · מֵי הַמַּבּוּל(매 함마불 · 홍수, 창 7: 7) · וּמֵי הַמַּבּוּל(움매 함마불 · 홍수, 창 7: 10) · הַמַּבּוּל(함마불 · 홍수, 창 7: 17, 9: 28, 10: 1, 32) · מִמֵּי הַמַּבּוּל(밈매 함마불 · 홍수, 창 9: 11) · מֵי הַמַּבּוּל(매 함마불 · 홍수, 9: 28), · לַמַּבּוּל(람마불 · 홍수를 위하여, 시 29: 10).

2) מִלְמַעְלָה(밀매 올라·오름, upward, 창 7: 20).

3) מַבּוּל(맙불 · 홍수): George V. Wigram, 『구약 성구사전: *The Koreans Hebrew and Chaldee Concordance of the Old Testament*』, 김만풍 역(서

비추어 약불約不은 성령 이슬로 지금 제단에 모여 있는 이들에게 임한다. 번쩍번쩍 연기성령으로 소독된다.[1] 수로왕의 하나님이 시킨 성령 하나님의 강한 불이 번작인다. 번쩍인다. 번작이다. 우리표현 번쩍인다. 이에 따르는 "끽"은 다음에서 올 말이나 행동이 머추어지는 절대 마법의 신비로운 광경이 일어날대의 표현이다. 연기를 마신 바알신은 끽소리도 못할 지경이다.

우리말 한글은 모든 역사의 산 증거물이다. 이유를 불문하고 우리가 쓰는 우리의 글 이 한글은 우리가 애용하는 단어들이 그 산 증거이다. 우리들은 걸핏하면 "끽 소리도 못한다" "" 번쩍 들어서 " 등의 말들을 평소에 사용한다. 이보다 더한 증거가 어디 있는가! 압도되는 장면이 떠 오른다. 우리의 삶에서 일어나는 " 끽 "소리도 못하는 일은 놀라운 일이 일어난 다음에 오는 사람의 반응이다.

울: 기독교 문화협회, 1993), 845.
1) 이같이 화답하는 자의 소리로 말미암아 문비장의 터가 요동하며 성전의 연충만하더라(사 6:4).

(2). 몸을 씻는 날 계락일禊洛日

우리에게는 계락일禊洛日이 있다. 몸을 씻는 날이다. 고맙게도 계락일禊洛日과 계욕일禊浴日은 다르다. 일제 강점기에 오쿠라 산페이는 이 계락禊洛이라는 글자를 교묘하게 계욕일禊浴日로 고쳐 넣었다. 원본에서는 계락일=禊洛日^{계락일}이다. 이 세상에 감춰진 것이 드러나지 않는 것이 없다^{히 4:12-16, 계 20:15, 시 143:2,롬 3:10-12}고 성경은 말하고 있다. 이 계락일 명칭은 침례 곧 하나님을 믿는 유일신을 믿는 신본주의 증거^{이용봉목사학설}이다. 계락일禊洛日 곧 부정을 씻는 날이다. 곧 침례를 하는 날이다. 물로 씻는 날이다. 락洛은 성령으로 부정한 몸과 마음을 씻는 날이다. 계락일禊洛日의 이 날이 있었다는 것은 오늘날 침례교회 특징이다. 그 옛날에도 있었다는 증거이다. 계락일契洛日은 성령임하는 침례의 날=계략지일契洛之日이다. 부정을 씻는 날이다. 계략일은 물 침례로 몸을 깨끗하게 하는 날이다. 하나님의 빛이 번쩍이는 날이다. 하나님이 번쩍이는 빛으로 너희들의 적을 끽 소리 나도록 해줄게 하신다. 향가 대영왕가 가락국 42년에 기록된 향가이다.

① 김수로왕과 향가문화
② 가락국의 번제
③ 구지가는 향가
④ 구지가는 향가제작법으로 만들어져 있다
⑤ 향가문자는 뜻글자 또는 이중글자이다.

⑤ 향가문장은 노랫말 + 청언 + 보언으로 되어 있다.
⑦ 현재 고대 향가 노랫말은 한자들이 우리말 어순 나열

- 김영회의 향가풀이 법

위 향가제작법에 따라 해법설명

① 땅의 이름 구 거북선이 증명하는 귀선=龜船의 귀
② 나라의 이름 구
④ 거북(거북목의 동물 총칭) 귀
⑤ 거북 껍데기 귀
⑥ 등골뼈 귀
⑦ 별자리 이름 귀
⑧ 패물(貝物) 귀
⑨ 도장(圖章) 귀
⑩ 귀부(龜趺, 거북 모양으로 만든 비석의 받침돌) 귀
⑪ 술잔(-盞) 귀
⑫ (짐승의)등 귀
⑬ 자지(음경을 비속하게 이르는 말) 귀
⑭ 거북귀(一龜, 부수(部首)의 하나) 귀
⑮ (피부가)터지다 균
⑯ (피부가)갈라지다 균

- 龜 네이버 한자사전

구龜의 1번째의 나라구하는 귀선龜船의 귀龜로 읽을 수 있다. 또 16번째의 뜻인 갈라지다 뜻의 균을 영대왕가에 적용할 경우 천지개벽의 이미지로도 읽을 수 있다는 김영회학설이다. 야단났네 혹은 경사났네 이게 무엇인가의 균으로도 읽을 수 있다. 특별한 일이 일어났다. '무엇'일 경우 龜何^{균하}이다.

① 龜=갈라지다 야단났네 혹은 천지개벽났네
② 何야 무엇 오오오
③ 나라구할 일이 일어났네

구하 구하=귀하귀하 龜何 龜何 오오오 큰일이 났네 갈라짐이 무엇인가 갈라짐이 무엇인가 그대가 오시었네

뜻글자 이중글자로 접근 구하 구하=귀하 귀하龜何 龜何다.

① 갈라짐이 무엇인가 김영회학설
② 한자들이 우리말 어순대로 나열되어 있다. 김영회학설

만일 이 두 글자가 중국어 어순으로 쓰여 있다면 하구=何龜하구이다. 그러나 본문은 구하=龜何구하임으로 김명회학설 구지가에 대한 그대로의 이해이다. 향가문자에 따른 뜻글자 또는 이중글자로 우리 노랫말 한국어 어순으로 나열되어 있다.

首其現也 수기현야
其 기

① 其와 箕= 같은 뜻
② 기는 벼를 까부는 키
③ 箕= 키의 의미와 모양이 같음
④ 其=키=보언
⑤ 마당놀이 때의 지문 곧 설명
⑥ 키에 음식을 차려 천지신명에게 바치라
⑦ 신을 향해 제물을 키에 차려놓는다.
⑧ 키에 음식을 차리라

영대왕가迎大王歌는 향가이다. 무대 각본김명회학설이다.
번작이끽야燔灼而喫也의 燔번 灼작 喫끽   - 네이버 한자사전

　　① 燔 제육(祭肉) 번
　　② 灼 불에 태우다 작
　　③ 喫 먹다, 마시다, 파우다 끽

燔번 灼작 喫끽

　　①=제육+불에 태우다+마시다
　　② 본문 =제육을 태워 연기만 마시게 하리야

갈라짐이 무엇인가 갈라짐이 무엇인가
만약에 천지신명이
우리가 원하는 점괘가 나타나도록 해주지 않는다면
준비해둔 고기를 제수로 바치지 않고
불에 태워서 연기로 날려 버리겠다.
그러면 천지신명은 고기는 먹지 못하고
연기만 마시게 될 것이다,
그러니 알아서 해라.
　　　　　　　　　　　　　- 김영희 향가연구가 번역

나라를 구하려고 그대가 오시었네
대왕님 수로왕이 오시어 나타내야
그대가 나타나셔
굉장한 연기 뿜으셔 끽소리도 못하게잡귀

- 이영지 영대왕가^{迎大王歌} 번역시조

오 천지
개벽으로 구하려 오시네요
대왕^{수로}님 오신다네 정말로 오시어서
연기 소독1) 번쩍버언쩍 바알신이 물러나

- 이영지 영대왕가^{迎大王歌} 번역시조

성경의 번제$^{燔祭,\ burnt\ offering}$에 대한 기록이 구지가에서 적용된다. 고대 이스라엘 민족의 제사는 희생 제물을 가죽만 빼고 불에 태워 그 향기로써 하나님을 기쁘시게 해드리는 제사$^{레1:2-9/라이프성경사전}$가 있다. 이 방법에 따른다면 구지봉에 모여 제사 드린 방법은 고대 이스라엘 민족의 성경의 번제 방법이다. 신의 마음을 움직이게 하는 방법이다. 번제는 희생으로 올리는 제물을 가죽만 빼고 모조리 불에 태워 그 향기로써 하나님을 기쁘시게 해드리는 제사$^{레1:2-9}$이다. 이에 비추어 구지봉의 제사 또한 나라를 구해야 하는 절박성의 고기를 태우는 습관이다. 고대 유라시아 대륙의 서쪽 끝 이스라엘과 동쪽 끝 한반도에 구지가에서 번제가 진행된 집단 군무를 통해 진행 신의 효력을 얻어낸다. 이 동서양의 동시성은 당시 이

---

1) 이같이 화답하는 자의 소리로 말미암아 문비장의 터가 요동하며 성전에 연층만하더라(사 6:4).

스라엘 백성 스쿠타인인 수로왕에 의해서이다. 영대왕가迎大王歌가 탄생이다.

구지가 배경기록에는 구지봉 위에서 고기를 불에 태우는 제사가 있었다는 배경 풀이를 확인해주는 배경기록 '굴봉정촬토掘峯頂撮土이 있다. 구지가는 제사 지내는 제단 형태숙명여대 박재민이다. 제단위에 고기를 불에 태우기 위한 높직한 제단이다. 삼국유사 가락국기 매시지에는 서기 42년 김해 구지봉에서 누군가를 부르는 소리가 있다. 200~ 300명이 구지봉 龜旨峰에 모이자 소리가 들려왔다. 하늘이 이곳에 나라를 세우고 임금이 되라고 하셔서 내려왔다는 기록이다.

'수首' 는 수로왕의 수로首露이며 이 의미 곧 하나님의 이슬, 혹은 성령의 역사이다. 영대왕가의 곡, 곧 노래에서도 하늘이슬 성령의 역사가 강하게 임하는 수기현야首其現也 기록은 하나님의 이슬 성령역사이다. 하나님의미의 수, 머리의 수, 수기현야首其現也의 수首로 하늘이슬, 혹은 수로왕의 수이다. 현대에도 선생님을 샘이라 하는 말에 해당한다. 따라서 수기현야首其現也는 하늘이슬 곧 성령이 임하면서의 수기현야首其現也는 수로왕의 강한 통치력 성령이 강하게 임해서이다. 수기현야首其現也의 기其는 키로 곡식들을 까부르는 곧 알갱이와 쭉정이 구분이다. 이 키질 곧 강한 성령의 키는 다음의 약불현야若不現也의 약불若不의 강한 역설의 긍정의미이다. 점층법 현야現

也의 재 2회 리듬이다. 2회 리듬 법은 성경리듬이다.

　김해 구지봉 위에 구간과 백성들이 복골로 점 치는 방법은 사슴이나 멧돼지의 어깨죽지 뼈 한쪽에 구멍을 뚫고 그곳을 불로 지지면 반대편에 나타나는 균열, 즉 금을 보고 점을 친다. 그리고 자신들을 통합해 이끌어갈 강력한 왕의 출현을 위해 수백 명이 주위를 돌며 노래를 부르고 땅을 구르며 춤을 춘다. 이 뼈의 균열로 점을 치는 복골문화는 기원전후 철기문화와 함께 한반도에 들어왔다. 철기문화는 도마가 가져온 산물이다. 김해 구지봉 사건은 서기 42년의 일로 김해 지방이 복골문화의 중심지임을 알려준다. 김해 회현리 조개무덤에서 101점의 복골이 발견될 만큼 김해는 복골문화의 중심지다. 구지봉 인근에 9간이 있어 이들 옹기종기 모여 살던 200-300명은 구지봉에 모여 떼 창을 부르며 발로 땅을 구르고 뛰어오르는 격렬한 춤으로 대왕이 나타날 것이라는 점괘가 나오게 하는 제천의식이 영대왕가이다. 영대왕가는 하늘을 우러러 위대한 왕의 강림을 원하는 백성들의 간절한 기도이었다.

　구지가 속에는 여러 개의 보언이 있다.

　　若약= 바닷귀신약
　　也야= 둥글넙적한 그릇 제기야
　　其기= 키기

而^{이}= 구레나룻이 난 사람^{이}

- 김명회1) 해석

분명한 것은 구레나룻이 난 사람 이^{而}는 한자 글자가 보여주는 이미지와 같이 구렛나루 난 사람이다. 문헌에 의하면 잡신이다. 이 잡신을 향가 영대왕가^{迎大王歌}에서는 분명하게 구렛나루 잡신이다. 이 잡신을 성령의 힘이 끽 소리도 못하게 한다고 燔灼而喫也^{번작이끽야}라 기록하고 있다.

龜何 龜何 $^{구하\ 구하}$

首其現也 若不現也 $^{수기현야\ 약불현야}$

燔灼而喫也 ^{번작이끽야}

이 관점을 존중시하여 다시 시조작품으로 해 본다.

龜何 龜何 오 그대 구해줘요 오셔서 구해줘요
首其現也 수로왕 그대께서 오셔서 구하시네
若不現也 오시어
燔灼而喫也 번쩍인 빛에 끽하네요 바알신

- 이영지 시조시로 번역

시조형태로 번역했다.

일본인 오쿠라 신페이2)는 자기 멋대로 영대왕가를 구지가

---

1) 김영희의 논문이 경남 김해시의 경남매일신문 23.6.11자 1면에 실렸다..
2) 오쿠라 신뻬이(小倉進平) 1882. 6. 4-1944. 2. 7 일본언어학자, 한국어학자

龜旨歌라 제목을 고쳤다. 이 망령의 번역내용이 있다.

> 거북아
> 거북아~
> 머리를 내 놓 아라
> 만약에 머리를 내놓지 않는다면
> 구워서 먹으리라
>
> -오쿠라 신페이

오쿠라 신페이의 망령시이다. 이 번역은 한국문화의 참 멋을 모른 결과다. 알에서 태어나 비상하는 그것도 일찍부터 유일신을 섬긴 한국문화의 참 멋은 영대왕가迎大王歌가이다. 주인공 수로왕首露王이 영적 인물임을 알린다. 하나님의 영에 의해서 기록된 성경의 신비[1]가 수로왕 이름에서 찾아진다. 첫 이슬에 의해서이다. 첫 이슬 수로왕首露王 기록 한자표기다.

로 행세하면서 향가와 이두에 대한 연구로 문학박사, 이후 삼국유사향가 14수와 균여전 향가 11수등 향가전체를 멋대로 해석, 학사원 은사상, 조선문학공로장(1943) 악영향을 끼친 숱한 한국말살정책에 앞장선다. 가장 뚜렷한 증거는 한국에는 있지도 아니한 고려장 제도실시와 영대왕가의 수로왕 내용을 영대왕가라는 제목을 빼버리고 구지가라는 음란외설문학으로 변형한 잘못을 저지른다.

[1] Origen은 First Principles, Preface 8에서 3중적 해석 ① 단순한 사람은 성경의 문자에 의해, ② 다소 진보된 사람은 성경의 혼에 의해, ③ 완전한 사람은 다가 올 좋은 일들의 그림자를 담은 영적인 율법에 의해 교훈 받고 훈육되어진다는 것, 인간은 몸과 혼과 영혼으로 이루어 졌다는 것 (Origen은 First Principles, 4. 2. 4), 그리스도와 하나님 구원섭리를 강조 (M. F. Wiles, 「Origen」 468). 조셉 린하드()Joseph Lienhard, Origen, 45)도 이에 동의, 물과 관련(민 21: 16~18) 여호와께서 모세에게 백성을 우물로 모으라 함은 그들로 하여금 물을 마시게 함이라는 것.

2). 하늘은혜의 비

향가 아리랑에서의 관점 알이랑의 알=틀어막다의 한자풀이로 보는 경우^{김명회} 박혁거세의 다른 이름 알지거서간^{閼智居西干}에서이다. 알지^{閼智}가 생략법에 의해서 알^{閼}이라는 한 글자로 되었다는 것이다. 이 생략법에 의한 알이라면 똑 같은 법칙이 적용되는 영대왕가^{영대왕가}의 수기현야^{首基現也}의 수^{首}이다. 바로 알=알지^{閼智}라면 수=수로^{首露王}법칙이 적용된 수기현야^{首基現也}다. 하늘에서 첫 은혜 지혜가 내려진다.

이 사역은 수로왕^{首露王}이름에서이다. 한국에서는 새벽에 벼가 자라는 파아란 논바닥에 포근히 하늘이슬이 내려 벼들이 자란다. 이 놀라운 하늘의 지혜는 인간에게도 나타난다. 주인공 수로는 수^{首}와 로^{露}가 알리는 지혜이다. 구지봉^{龜旨峰}이 알려주는 지혜는 수로대왕이 나타남이다. 바로 수기현야^{首其現也}의 수^{首}에서이고 수기현야^{首其現也}의 현^{現}에서 실제 그렇게 되었고 다시 설명하는 수기현야^{首其現也}의 야^{也}이다. 바로 영대왕가^{迎大王歌}는 수로대왕^{首露大王}이 기독교문명을 가져다 준 나라 건국의 지혜이다.

성경 원문을 읽다가 참으로 놀라운 사실을 발견했다. 이 책의 제목이 되기도 한 예쁘다와 예쁨 혹은 아름답다가 어여쁘다의 뜻이 지혜의 뜻이고 최고의 지혜자가 예수님이라는 사실이다. 성경은 아름답다거나 예쁘다는 우리말 그대로가 성경 아가서에서 알려준다. 아름답다거나 예쁘다는 주인공은 지혜자이다. 하나님이 만들어낸 사람의 존재는 지혜자의 형상을 닮아 태어났기에 슬기로운 사람이고 지혜자 사역자다. 하나님이 모든 것을 지으시되 아름답게 하셨고! 라는 문장이 성경에 있다.

모든 것을 하나님이 -지으시되 아름답게 하셨고^{전 3:11}

אֶת - הַכֹּל עָשָׂה יָפֶה
AMS　　VQAMZS D.NMS - O
아름답게 하셨고　하나님이 - 지으시되 모든 것을
beautiful He hath made every thing

- 전도서 קֹהֶלֶת 3:11에서

하나님이 모든 것을 지으시되 아름답게 하셨고^{전 3:11}이다. 이 지혜는 일명 바람으로 번역되어지며 물과 깊은 관련을 가진다. 하늘에서 은혜의 비가 내리는 일 또한 지혜의 단비가 내리는 일이다. 하늘에서 첫 은혜가 내려진다. 바로 수로왕 이름과 같다. 벼농사를 지을 때 초여름이 되면 새벽에 하늘에서 첫 이슬이 내린다. 이 첫이슬은 하늘에서 내리는 질소비료로 벼들이 쑥쑥 자라게 한다. 하늘에서 내리는 자연환경 새벽이슬이다.

하나님은 우리에게 물을 마시우기 위해 말씀을 강제적으로 듣게 하시려고 그리스도가 초청1)되시었다. 하나님이 우리의 기도를 들으시고 그 흔적으로 하나님의 하늘 이슬 새벽이슬을 내리신다.

하나님이 이스라엘 백성들의 부르짖는 소리를 들으시고 내리시는 하늘이슬2)은 하나님이 주시는 선물이다. 그래서 하늘의 이슬3)을 들면 너의 주소가 하늘이슬4)에 뜬다. 하늘의 보물인 하늘이슬5)이 야곱의 샘이 되었다. 복 받는 이 곳은 늘 하늘에 아래6)기 때문이다. 말씀을 삼아 하늘이슬7) 젖어서이다. 하늘이슬에8) 젖는 일은 몸이 하늘이슬에9) 젖는 일이다. 그 이유는 지극히 높으신 하나님이 인간 나라를 다스리시며 자기의 뜻대로 누구든지 그 위에 세우시는 줄을 알게 복을 몸에 바르는 일이다. 하나님은 늘 하늘이슬을 내리리니10)로 멈추지 않으신다.

---

1) 민영진. op. cit. 13.
2) ① 하나님은 하늘의 이슬과 מִטַּל הַשָּׁמַיִם(미탈 하샤마임·하늘의 이슬과, 창 27: 28) 땅의 기름짐이며 풍성한 곡식과 포도주로 네게 주시기를 원하노라 ② 그 아비 이삭이 그에게 대답하여 가로되 너의 주소는 땅의 기름짐에서 뜨며 내리는 하늘이슬 מִטַּל הַשָּׁמַיִם(미탈 하샤마임·하늘이슬, 창 27: 39)에서 뜰 것이며 ③ 요셉=יוֹסֵף에 대하여는 일렀으되 원컨대 그 땅이 여호와께 복을 받아 하늘의 보물인 이슬 וּמִטַּל הַשָּׁמַיִם(우미탈 하샤마임, 신 33: 13)과 땅 아래 저장한 물과 ④ 이스라엘이 안전히 거하며 야곱의 샘은 곡식과 새 포도주의 땅에 홀로 있나니 곧 하나님의 하늘이 이슬을 내리는 곳에로다 שְׁמָיו יַעַרְפוּ ~ טָל(샤마이브 아레푸 탈, 창 33: 28) ⑤ 그러나 그 뿌리의 그루터기를 땅에 남겨두고 철과 놋줄로 동이고 이것으로 들 청초 가운데 있게 하라 이것이 하늘이슬에 וּבְטַל שְׁמַיָּא(우브탈 샤마야, 단 4: 15) 젖고 ⑥ 왕이 보신즉 한 순찰자, 한 거룩한 자가 하늘에서 내려와서 이르기를 그 나무를 베고 멸하라 그러나 그 뿌리의 그루터기는 땅에 남겨두고 철과 놋줄로 동이고 이것을 들 청초 가운데 있게 하라 이것이 하늘이슬에 וּבְטַל שְׁמַיָּא(우브탈 샤마야, 단 4: 23) 젖고 또 들짐승으로 더불어 그 분량을 같이 하며 일곱 때를 지내리라 하더라 하시오니 ⑦ 인생 중에서 쫓겨나서 그 마음이 들짐승의 마음과 같았고 또 들나귀와 함께 거하며 또 소처럼 풀을 먹으며 그 몸이 하늘이슬에 וּבְטַל שְׁמַיָּא(우브탈 샤마야, 단 5: 21)젖었으며 지극히 높으신 하나님이 인간 나라를 다스리시며 자기의 뜻대로 누구든지 그 위에 세우시는 줄을 알기까지 이르게 되었나이다 ⑧ 그러므로 너희로 인하여 하늘은 이슬을 שְׁמַיִם(미탈 샤마임, 학 1: 10) 그쳤고 땅은 산물을 그쳤으며.
3) מִטַּל הַשָּׁמַיִם(미탈 하샤마임, 창 27: 28).
4) מִטַּל הַשָּׁמַיִם(미탈 하샤마임·하늘이슬, 창 27: 39).
5) וּמִטַּל הַשָּׁמַיִם(우미탈 하샤마임·하늘의 이슬, 신 33: 13).
6) שְׁמָיו יַעַרְפוּ ~ טָל(샤마이브 아레푸 탈·하늘이 이슬을 내리는 곳, 창 33: 28).
7) וּבְטַל שְׁמַיָּא(우브탈 샤마야·하늘이슬, 단 4: 15).
8) וּבְטַל שְׁמַיָּא(우브탈 샤마야·하늘이슬에, 단 4: 23).
9) וּבְטַל שְׁמַיָּא(우브탈 샤마야·하늘이슬에, 단 5: 21).
10) הַשָּׁמַיִם יִתְּנוּ ~ טַלָּם(베샤마임 이튼누 탈람·하늘이 이슬을 내리니, 슥 8:

이 하늘이슬[1]이 이스라엘 백성이 머무는 진에 내릴 때 만나도 같이 내린다. 말씀이 맺히는 이슬[2]이기 때문이다. 이 이슬[3]이 특별한 곳, 곧 하나님이 내리시겠다고 하신 허락되는 장소에서만 내리시는데 그 예는 양털에만 있게 되며 또 그 이슬을[4] 짜니 물이 그릇에 가득하게 하시었다.

이슬은[5] 하나님 지식이 그 흔적으로 내려지는 것이며 하나님의 은택이 풀 위에 내린 이슬[6]이다. 사랑하는 자를 찾는 자인 내 머리의 이슬[7]이어서 이스라엘에게 이슬[8]로 내린다. 곧 하나님이 택하신 백성에게 내린다. 하나님 백성에겐 단비가 내린다.[9]

하늘에서 비가 내린다. 모든 만물이 이 비를 촉촉이 받으며 곡식들이 그리고 식물들이 이 하늘에서 내리는 비로 자란다. 이 보다 더 인간에게는 하늘에서 내리는 영을 받으며 마음의 안정감과 생활의 활력소를 얻는다. 향가 의미를 분명하게 하기 위하여 현대시인의 시를 이 기법에 의하여 시평 하였다. 구체적인 방법론은 양자역학시기법이다.

시인들은 시를 통하여 하늘의 은혜를 받은 그 감사로 화답한다.

---

12).
1) 출 16: 13; 민 11: 9).
2) 신 32: 2.
3) 삿 6: 37.
4) 삿 6: 38.
5) 잠 3: 20.
6) 잠 19: 12.
7) 아 5: 2.
8) 호 14: 5.
9) 이영지, 『물마임의 시학』 '기도와 하늘이슬' (서울: 창조문학사, 2023)., 375.

제 11장 한국문학마방진시학과 중국문학 시

I. 상이성과 유사성

1. 서론

(1). 문제제기

한국과 중국은 많은 문학적 교류가 있었다. 한국문학과 중국문학은 각기 한국 언어와 중국 언어로 구성되어 있다. 이들 언어는 전혀 다르다. 이 차이를 일찍이 세종대왕은 한글 창제에서 밝히고 있다.

이 원문에서는 나랏말ᄊᆞ미 듕귁에 달아 나랏말이 중국과 완전히 다름을 제시한다. 한국인들은 한국인들에게 맞는 한글을 수ᄫᅵ니겨 쉽게 익혀 쓸 수 있다.

한글 훈민정음 원문이다.

한국 언어와 중국 언어는 서로 다르다. 그럼에도 불구하고 한국에는 중국 언어의 변형, 속칭 한국의 선비 문화는 한글 창제의 반대에 적극성을 보였던 최만리등의 한글반대의 한문(漢文)숭상으로 인한 한국 내에 한문어 문화권을 만들었다. 그러나 한국에는 순수한 한국 언어권의 의태어가 발달되어 있다. 한국인들의 한글은 오래된 한글 그대로의 소리글자를 한글로 만들었으므로 특히 의태어가 발달하였다.

외국에서 오는 사람들이 한국어의 어려움을 인식하는 것은 한국어 말에 여러 가지 말로 표현되는 의태어가 있어서이다. 그럼에도 한국 내에는 중국문화의 영향으로 인한 한문투의 언어가 형성되어 있다. 이에 국문학과 중국문학에서의 상이성과 유사성에 대한 비교연구를 하기 위한 일환으로 물의 의태어를 임의 선정하여 이 물 언어를 중심한 시와 시조들을 살핌으로서 한국고유의 시조와 시를 본 논문에서 필요에 따라 임의 선정하여 중국 율시와 비교한다. 특히 물의 의태어를 중심으로 한 것은 범위의 심도를 깊게 하기 위한 한정성으로 문제를 제기한다.

　시와 시조의 운문 시와 임의 선정한 중국의 율시에서 물을 대상으로 한국의 유교문화 불교문화 그리고 기독교문학의 차이도 겸하여 탐색될 수 있다고 문제를 제기한다.

　양국 간의 언어의 차이를 극복을 위한 연결이 가능하다. 율문시가 가지는 의태어들이 들어간 시들은 형식주의 비평방법인 시가 가지는 시의 외연과 내포를 살피는 점이다. 시공을 초월하여 사람들의 마음을 정화시키는 공유의 역할을 담당하기위한 문학기능 관점에서이다. 사람이 살면서 각기 바라는 일들의, 혹은 바라지 않더라도 문학작품은 시를 통한 희 노 애락에서 현실의 어려움을 이기는 원동력이 된다. 따라서 그 쟁점으로서의 시의 가치가 있다.

　본 연구의 쟁점은 한국과 중국과의 언어차이에서 오는 두 가지 양상, 곧 한국 내에서의 한문화와, 이와는 달리 민속 문화의 명맥유지이다. 이 가치는 현대와 과거의 명맥 잇기 위한 노력이다. 소재 선택은 물의 의태어이다. 이 연구를 위한 시가 시공을 초월한 시어 '물' 의 범위로 한정하려 한다.

　논의될 몇 편이 조선시대의 이황시와 시조에서, 현대 시조에서 그리고 중국의 한산자나 황정견의 시를 필요에 의한 논의의 여지를 둔다. 불교 시인의 몇 편도 논의된다. 뚜렷한 문화권 차이로 발생하는 한국과 중국의 문학차이가 있음에도 불구하고 본 논문에서 이조시대에 이황과 이영지 현대시조와 그리고 선시와 기독교시의 차이점을 논하고자 한다. 한산자와 강서시파1)의 6군자 중에 하나인 황정견시가 논의 된다. 물의 시어를 통해 긍정적 삶의 활력소를 찾을 수 있어서이다. 조선시대 이황은 일찍이 심경에 심취하였다. 이황은 중국의 진덕수가 주장한 주리설과 연결되는 것으로 인한 한국에서의 대 철학 배경이 중국시와 연결되는 이유가 있다. 양국 간의 철학 및 문화교류는 특히 이황 퇴계의 작품이 논의될 수 있게 한다. 자연히 현대시조에서 이영지의 가계와 연결되는 특성도 논의의 여지가 있게 한다. 한문권에서는 시대배경에 따른 한국인이 가지고 있는 감성노출이 자제되었지만 우리민족의 감성은 연결되어 그 진가를 더하게 한다.

---

1) 강서시파((江西詩派))의 수장은 황정견(1045˜1105)이다. 자는 魯直, 호는 山谷 江西 修水縣 사람이다. '소황(蘇黃)' 이라 불린 황정견은 환골탈태를 주창한다. 신기한 시구를 추구한 황정견의 사상적 기초는 장인 손각을 통해 구파인 소식과 연결된다. 유가적 영향으로 유, 불의 요소를 받아들인 황정경은 독서를 통해 도가의 노장 사상을 받아들여 직설적 문학표현을 기피하고 개인 교양 중심의 자연스러움과 자신의 내면을 중요시한다.

황정견의 문장론은 "근본을 세우고 난 후에 문장이 생긴다." 라는 것이다. "문장이란 도의 그릇이다" 라는 문장론을 주장, 문장의 근본은 도에 있고 그 도는 스스로의 독서 중에서 얻어진다는 관점은 마음을 깨끗이 하게해야한다는 관점이다. 옛것을 본받아 새로운 것을 만들기 위한 노력이다. 황정견의 시론은 "엄격한 형식과 개성적인 표현의 추구"이다. .

(2). 연구방법

한국문학의 조선시대와 및 현대 문학이 중국문학과 몇 편의 시와 논의되기 위해서는 다양한 방법이 제시될 수 있다. 이에 많은 연구방법 중에서 한국과 중국이 갖는 서로의 다른 언어임에도 잇는 연결고리는 한국에서는 시와 시조와 중국에서의 율시에서이다. 이에 대두되는 형식주의 비평방법에서 제기되는 시의 외연에서의 언어차이에서 발생하는 외연과 내포가 중시되는 연구방법은 시의 고유비평방법인 형식주의 비평과 바슐라르의 현상학적 방법 적용의 물과 상상력관계인 바슐라르의 『물과 꿈』[1])에 의한 학설로서 접근이다.

시의 외연이 가지는 국제간의 언어장벽으로 인한 현상임에도 불구하고 보편성으로서의 눈으로 보고 또 보면서 고정된 의미개념이 들어간 시의 외연과 내포 사이 해결은 시의 의태성으로 풀 수 있다. 본 논문에서는 물로 한정한다. 그 이유는 물을 보는 현상은 시인의 눈이기 때문이다. 이 학설에는 바슐라르[2])의 이론이 있다. 시의 물 의태어는 물을 시인이 보면서 물에 대한 집중으로 인하여 얻어지는 결과의 작품이다.

---

1) Gaston Bachelard, 『물과 꿈: L'equ et les Rêves』, 이가림 역 (서울: 문예출판사, 1998), 83. 김현, 『바슐라르 연구』 (서울: 민음사, 1981), 53, 192-195.
2) Gaston Bachelard, 「물과 꿈: L'equ et les Rêves」, 이가림 역 (서울: 문예출판사, 1998), 83. 김 현, 「바슐라르 연구」 (서울: 민음사, 1981), 53, 192-195.

눈과 접맥되는 학설 바슐라르의 역동적 상상력은 시의 주된 특별한 매개체인 물의 이미지를 4단계로 구분하였다. 1단계는 대상에 대한 일차적 과장이거나 과소평가이다. 물에 대한 실질적 의미보다 높은 최상급의 표현이거나 아주 낮은 가치를 부여함으로써 각기 다른 특징이 시어 물의 의태어에서 드러난다. 시인이 갖는 각기 다른 과장에 따라 의미가치의 높음이나 낮게 시에 도입된다. 물의 관점일 경우 시대를 뛰어 넘고 시인을 뛰어 넘은 차이도 찾을 수 있다.

시인에 따라 물에 대해 의태어가 다르게 도입되는 일은 시인들로 하여금 각기 가지는 상상력의 힘이 있게 한다. 본 논문에서 임의 선택된 시와 시조에서 물이 시어로 쓰인 의태어는 시인에 따라 절대 평가이거나 절하평가 할 경우이다. 곧 세상을 달콤하게 보거나 아니면 비판적이고 비관적으로 보아 달콤한 시이거나 슬픈 시이다. 이 때 바슐라르가 주장하는 물・불・공기・흙의 물질원소에 적용된다. 이 때 상상력은 부풀리거나 아주 적게 하는 경우이다. 이 중에서 물을 본 논문에서 선택한다.

바슐라르 2단계 학설적용은 물의 의태어에 대한 선입관념에 의한 시어에 대한 편견이다. 임의 선택된 물의 시어가 시인의 주관적인 선입관념으로 하여 탄생하는 시인만의 고정된 절대 가치를 지니는 것은 가령 아무리 맑은 물이 흘러내린다

할지라도 개울 위의 물에 더러운 손을 씻거나 오물질의 모습을 보았던 경우이다. 물의 최대긴장치는 두 개의 물질 곧 물과 불을 각기 불과 물로 일반적인 물 불의 이미지와는 달리 가지고 있는 경우이다. 시인의 상상력은 물에서 불의 이미지를, 불에서 물의 이미지로 한다. 이러한 역동적 상상력은 양극의 방향이 전혀 상상할 수 없는 경지까지 만들어 낸다. 시인이 살아온 과거를 모른다 할지라도 시어 물의 의태어를 통하여 시인의 살아온 날이 보이는 시이다.

바슐라르의 3단계 학설은 색체에 관한 시인의 감각이다. 흰 드레스를 입은 하얀 신부의 아름다움이 한껏 물 오른 순결의 신부를 바라보는 결혼식장에서의 하객들 마음의 행복이다. 시의 외연, 곧 시어로 선택 되는 경우 순결이다. 순결의 신부와 축하객의 눈빛은 서로 행복이 교차된다. 이 행복감의 공유는 신부의 과거가 실제와는 다르다 할지라도 그 빛나는 흰 옷이 주는 드레스와 아름다운 단장의 얼굴의 윤기로 하여 식장에 모인 하객들은 그녀를 향해 신선하고 성스럽고 깨끗한 축복의 마음의 꽃다발로 변하게 한다. 하얀 드레스를 입은 신부를 바라보는 사람들의 마음은 아름다운 순결의 신비를 느끼도록 하는 순간을 선물한다.

이에 대한 설명부연은 물기덩어리인 흰 눈에 검은색을 칠한다면 같은 무게라 할지라도 검은 색을 칠한 눈은 무게가

무겁게 느껴지는 현상을 말한다. 흰 눈과 검은 눈은 사실상 무게는 같지만 그 무게를 바라보는 느낌이 다르다. 빨간 색을 보는 감정과 흰색을 보는 감정이 다르듯이! 흰 색을 선호하는 시어로 되어있는 시일 경우 그 시인은 맑고 깨끗한 시인으로 탄생한다. 순결하고 깨끗한 시로 평가받을 수 있는 계기가 된다.

마지막 바슐라르 상상력의 4단계 적용은 대상에 대한 시에서의 물의 의태어의 절대화이다. 긍정의 시가 가지는 절대의 힘은 세상을 긍정적으로 바라보는 관점이 시인에 의하여 시에서 시의 절대화이다. 작품에서 절대 존재성을 확인하는 절대화의 역동적 상상력은 그만큼 세상을 긍정적으로 살아가게 하는 결과를 준다. 그만큼 시의 역할이 크다. 독자로 하여금 얻어지는 행복이다. 따라서 이 논문의 특징은 논의될 시와 시조에서 헐뜯음이 아니라 본 논자에 의하여 날개를 다는 비평방법이다.

바슐라르의 역동적 상상력의 강점은 가령 저기 날아오는 총탄이 있지만 다행히 어떤 물체로 인하여 막아져서 내 목숨이 살아나게 되었다면 저 바위는 나를 위하여 오래전부터 나의 죽음을 막기 위하여 있어졌다는 행복비평이다. 그 만큼 나의 존재는 세상에서 축복받은 존재라는 의식을 이 논문에서 찾게 된다. 유한한 삶 속에서 긍정적으로 세상을 살아가는 방법의 한 일환이다.

쉽게 예를 들면 결혼을 앞두거나 갓 결혼한 신부는 이 세상의 모든 것이 나에게 축복을 보내주는 장면으로 착각되는 도취의 심정이다. 시 하나하나에 절대 관심의 형식비평이 가지는 시의 외연 곧 시 문장에 나타나는 겉모양과 그 내면에 숨어 있는 의미의 시의 깊이 찾기가 이루어진다. 곧 물 말씀의 깊이다. 물의 깊이는 물이 갖는 말씀, 곧 문학 언어의 힘을 말한다. 때문에 위대한 시인이라는 평가를 주려고 최대한의 노력을 시에서 찾는 최대의 노력이다. 바슐라르가 가지는 행복시학관점이다. 현실이 어렵고 괴로울지라도 꿈을 가진 시학, 곧 행복을 찾는 자의 인생의 삶의 한 방법이다. 다시 말을 바꾸면 물의 힘, 곧 말씀시학이어서이다.

이에서 학문연구자의 사역의 중요성이 된다. 한 인생을 살아가는 사람으로서 세상을 어떻게 바라보느냐이다. 내 주위를 둘러싼 것들을 대하는 태도이다. 밤낮 울면서 불평불만이 아닌 보다 긍정적인 관점으로 대하는 대상물 이를테면 타인의 문학작품을 그 타당한 이유를 발견하려 하는 노력의 관점이다. 이에 행복바이러스를 노출시키는 방법이다.

(3). 연구사

한국과 중국문학의 연결점을 찾으려는 관점에서의 중국 선시禪詩의 시작은 양 무제 보통원년普通元年 520 달마達磨에서이다. 바다를 건너 중국 광주에 들어온 선禪은 본격화하여 혜가 → 승찬 → 도신 → 홍인601~674에 이르러 당唐의 건국 초에 본격화된다. 홍인弘忍의 제자 중 대통신수大通神秀 606~706와 혜능慧能 636~713 둘이 북종北宗과 남종南宗으로 나누어지면서 시단에는 왕유王維 이백李白 두보杜甫 등이 있다.

언어 절제의 선시승에는 신수와 혜능이 있다. 승찬의 「신심명信心銘」 잠언시가 있었으나 영가현각永嘉玄覺 675~713선승의 「증도가證道歌」는 깨달음의 희열 장편시이며 석두희천石頭希遷 709~791의 「참동계參同契」도 나왔다. 시분위기를 자아내는 선시인 왕유王維 701~761는 선체험禪體驗 시화詩化 시인이다. 왕유는 신회神會 670~762 보적普寂 651~738과 맹호연孟浩然 689~740 이백李白 706~762 두보杜甫 712~770 장계張繼 ?~? 등과 교분, 이백은 선禪에서 출발하여 도가道家 세계로 들어갔고, 두보는 비참한 현실을 시화詩化하였다.

중당기中唐期 767~829는 마조도일馬祖道一 769~798로 평상심시도平常心是道로 선禪을 서민층 중심의 생활선生活禪으로 구체화하였다. 제자 백장회해百丈懷海 749~814에서 '일일부작 일일불식一日不作 一日不食'을 실천하였다. 선禪 수행장의 생활 지침서 「백장청규百丈淸

規」는 중국의 적극적인 윤리강령이다.

전설적인 인물 한산寒山,766?~779?은 인생무상을 읊은 산거선시인禪山居禪詩人인이다. 이후 한퇴지, 백낙천, 유종원 등이 등장하며 한퇴지韓退之, 768~824는 불경의 역문체譯文體 영향을 받아 산문시형식을 즐겼다. 이 형식은 선사상禪思想을 유학儒學으로 개조한 성리性理로 송대 성리학性理學의 기초가 된다.

백낙천白樂天 772~846의 원화체元和體는 불경 속의 게송偈頌 번역문체의 영향으로 중당기中唐期 원화 연간元和年間 806~824에 성립된 통속시문체通俗詩文體이다. 원화체는 「장한가長恨歌」로 안녹산의 난755에 얽힌 현종과 양귀비의 이야기를 다룬 작품이다. 「장한가」는 『잡보장경雜寶藏經』 환희국왕연歡喜國王緣의 일부가 변문變文되어 민간에 흘러 다니던 설화를 근거로 창작하였다. 마조의 제자인 흥선유관興善惟寬, 755~817에서 선의 법맥으로 이어진 예이다. 유종원柳宗元, 773~819은 선철학禪哲學: 天台學을 시화한다.

이하李賀 790~816는 『초사楚辭』와 『능가경?伽經』으로 『초사』에서 존재의 덧없음과 세월의 빠름을 『능가경楞伽經』1)에서 얻는다. 선승 작품 동산양개洞山良价 807~869의 「보경삼매가寶鏡三昧歌」가 있다.2)

---

1) 《능가경(楞伽經)》(산스크리트어: लंकावतारसूत्र 랑카바타라 수트라)은 후기 대승불교의 경전이다. 400년 쯤에 성립되었다고 한다. [1] 한역으로는 송역(宋譯) 4권본 · 위역(魏譯) 10권본 · 당역(唐譯) 7권본의 3종과, 티베트역으로는 법성(法成)의 손으로 이루어진 2종이 현존하는데 그 중에서도 송역 4권본이 가장 원초적인 형태를 전하는 것으로 되어 있다.

한국과 중국의 강서시파와의 관련은 서적의 유입과 인간(印刊) 문제에서이다. 황정견(黃庭堅)을 이인로(李仁老)1)는 『보한집(補閑集)』2)에서 황정견(黃庭堅)의 문집을 읽는 것이 좋은 시방법이라

---

2) 석지현 엮음, 『선시감상사전 禪詩鑑賞事典』(서울: 현대불교미디어센터, 2005).

1) 국역 고려사 : 열전 /이인로(李仁老)1)는 자가 미수(眉叟), 처음 이름이 이득옥(李得玉), 저술로는 『은대집(銀臺集)』 20권4)·『후집(後集)』 4권·『쌍명재집(雙明齋集)』 3권5)·『파한집(破閑集)』 3권6)이 있어 세상에 전한다. 아들 이정(李程)·이양(李穰)·이온(李榲)이 모두 과거에 급제하였다.

고려사 - 이인로 출처: 국역 고려사

2) 초간본은 최자가 서문을 쓴 1254년(고종 41)경에 간행. 『성종실록』의 기록에 이극돈(李克墩)·이종준(李宗準) 등 언급. 1659년(효종 10)에 엄정구(嚴鼎耉)가 간행한 각본(刻本), 활판본 1911년에 조선고서간행회에서 『파한집 破閑集』과 합철. 『보한집』은 본래 이인로(李仁老)가 엮은 『파한집』을 보충 저술, '속파한집' 『보한집』은 문학론. 작시법 어묘(語妙)를 중시, 이인로 계열과 신의(新意)를 보다 중시한 이규보(李奎報)계열의 주장. 『보한집』은 사어(辭語)·성률(聲律)의 표현미에 치중. '시문은 기(氣)를 주로 삼는데 기는 성(性)에서 나오고 의(意)는 기에 의

하였다. 고려 중기 때부터 『산곡집山谷集』이 유통되었다.

그 후 공양왕대에 고려간본 『산곡시집주山谷詩集註』이 목활자본으로 인간印刊되었다. 조선초에는 황정견黃庭堅을 중심으로 한 강서시파江西詩派 시인의 시를 뽑은 시선집과 문집이 여러 차례 간행된다. 안평대군은 황정견黃庭堅을 포함한 8인의 시를 뽑아 『8가시선八家詩選』을 엮고 황정견의 시를 가려 뽑아 『산곡정수山谷精粹』를 엮었다.

황정견시 연구에는 정상홍교수[1]와 오태석교수가 있다. 황정견 시가 나오기 까지 유대걸(劉大杰)은 『중국문학발전사(中國文學發展史)』에서 송시에 있어 형성된 시파는 서곤파와 강서시파라고 할 수 있다 하였음과 같이 두 부류로 갈라진다. 중국의 강서시체는 진정으로 문학을 애호하는 사람들이 배우고 익혔으며, 예술에 대

지하며, 말은 정(情)에서 나오니 정이 곧 의이다'

『보한집』은 도에 어긋나는 말은 글로 쓰지 말아야 한다는 도문일치론(道文一致論)서.

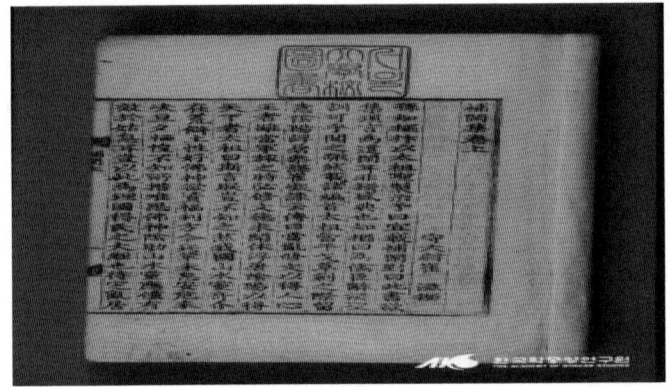

출처:한국경제, 『한국민족문화대백과』(서울: 한국경제사, 2001).
1) 정상홍, 「강서시파와 선학의 수용(江西詩派와 禪學의 수용)」 성균관대학교 박사학위논문 (서울: 성균관대학교, 1985).

한 그들의 태도가 진지하고 성실하였기 때문에 한 시파로 형성되었으며 오랫동안 전수되어 갔다"라고 평가하였다.

소식[1]의 영향을 받은 강서시파의 북송 시기에는 선종(禪宗) 황정견(黃庭堅)을 비롯, 장뢰(張耒), 조보지(晁補之), 진관(秦觀) 등의 '소문4학사(蘇門四學士)'와 진사도(陳師道), 이천(李薦) 등의 '6군자(六君子)'[2]의 왕성기 사람들이 있다. 강서시파의 창시자는 황정견이다. 소식 영향을 받은 황정견은 환골탈태의 기법과 점철성금, 요체의 시가이론을 주장한다. 남의 글을 조금 다듬어서 훌륭한 글이 되도록 하는 점철성금의 요구도 일어났다. 시중의 평측을 교환하여 음률이 바뀌는 형상도 있었다.

이에 본 연구자는 앞으로 이들 시 몇 편들을 자료로 삼고 조선시대와 현대의 율문시와 시와 시조가 논의되게 하려 한다. 주로 시가 가지는 절제성에서이다. 시의 외연보다는 내포로 찾기이다. 시와 시조들이 어떻게 시공을 초월하여 사람들의 마음을 정화시키는 공유의 역할을 담당하였는 지이다.

이 연구를 위한 일환으로 한국과 중국문학의 연결은 조선의 이언적[3]의 시조 예에서 찾을 수 있다.

---

1) 소식(1037~1101) : 당송 8대가, 3소(소순, 소식, 소철)로서 『동파전집』『동파악부』『동파지림』『구지필기』『애자잡설』이 있다. 『소식시집』에 시 2,712수 실려 있다. 소재가 넓고 격조가 다채로움이 특징이다. 소식은 北宋詩의 서곤파가 주장하는 문학이 내용보다 아름다운 형식 치중을 타파하려 하였다.
2) 소식은 어느 한 장르나 형식에 머물지 않고 자유롭게 넘나들었다. 그의 관심은 옛 것을 가지고서 새롭게 하며 일상적이되 우아하여야 한다는 주장이다. 미학적 표현에 관심을 가진 소식의 시론은 그림과 시가 같은 맥락에서 이해된다. 또한 문리가 자연스러웁기 위한 절대 자유스러움을 주장한다. 더구나 문학이 가지는 이중성 곧 도연명의 작품과 같은 겉과 속, 곧 시가 가지는 외연과 내포의 이중성을 중요시하였다.
3) 이언적(李彦迪)의 처음 이름은 이적(李迪)이었다. 중종의 명으로 언(彦)자를 더하였다. 1491(성종 22) ~ 1553(명종 8)으로 본관 여주(驪州) 시대 조

다음은 주리설에 심취하였던 조선 이언적의 시조이다.

선 중기 직업 성리학자. 24세 문과 급제, 밀양부사역임, 1530년(중종 25)에 사간이 되지만 김안로(金安老)의 등용 반대주장으로 쫓겨나 경주의 자옥산에서 성리학연구, 주자학 도입 공헌. 다시 홍문관교리・응교・직제학, 전주부윤에서 선정. 조정에 「일강십목소(一綱十目疏)」 올림. 조선조 유학, 곧 성리학의 정립 선구자로 주희(朱熹)의 주리론 정통 확립. 영남 선배학 손숙돈(孫叔暾)과 조한보(曺漢輔) 사이에 토론되는 성리학 기본쟁점 무극태극논쟁(無極太極論爭)에 주희의 주리론적 관점으로 비판, 이기론(理氣論)의 주리론적 견해인 이선기후설(理先氣後說)과 이기불상잡설(理氣不相雜說)을 강조.

이언적의 이우위설(理優位說) 학설은 이황(李滉)등의 영남학파의 성리설이다. 태극 개념 논쟁론은 조선조 성리학사의 최초논쟁. 『구인록(求仁錄)』(1550), 『대학장구보유(大學章句補遺)』(1549), 『중용구경연의(中庸九經衍義)』(1553), 『봉선잡의(奉先雜儀)』(1550) 등이 있다. 『구인록』(4권)은 유교경전 핵심: 유교의 여러 경전과 송대 도학자들의 설에 인의 본체와 실현방법론이다. 『대학장구보유』(1권)와 『속대학혹문』(1권)은 주희의 『대학장구』나 『대학혹문』는 도학자들보다 훨씬 자율적인 학문태도에 있다. 주희의 『대학장구』체계를 개편, 주희의 역점인 격물치지보망장(格物致知補亡章)을 인정하지 않고, 『대학장구』경1장의 두 구절을 격물치지장으로 옮기려 함.

『중용구경연의』(29권)는 주희의 『중용장구』나 『중용혹문』의 체계를 벗어난 천하국가 통치법의 9경(九經: 修身・尊賢・親親・敬大臣・體群臣・子庶民・來百工・柔遠人・懷諸候)은 진덕수(眞德秀)의 『대학연의』가 대학체계를 통치원리의 구체적 실현방법 응용에 상응한 저술로 이현일(李玄逸)이 『홍범연의(洪範衍義)』를 저술에 선행. 주희의 『대학』과 『중용』 계승하면서도 『대학』과 『중용』의 정신을 도학의 통치원리로 함. 『봉선잡의』(2권)는 조선조 후기 예학의 선구. 주희의 『가례(家禮)』가 조선조 사회에 미친 영향을 주목한다면, 이언적의 예학 저술은 그가 임금에게 올렸던 상소문으로서 「일강십목소」와 「진수팔규(進修八規)」에서의 군주사회의 통치원리를 하늘의 도리, 곧 천도에 순응하고 백성의 마음, 곧 인심을 바로잡으며 나라의 근본을 배양하여야 한다는 왕도정치의 기본이념추구. 「일강십목소」는 일강령을 '임금의 마음씀(人主之心術)'으로 규정하고, 10조목으로는 가정법도의 엄숙, 국가근본의 배양, 조정기강의 정대, 인재취사의 신중, 하늘도리에 순응, 언로를 넓힘, 사치욕심의 경계, 군자의 길을 닦음, 일의 기미를 살핌을 도모하도록 요구한다. 저서에 『회재집(晦齋集)』이 있다.

출처: 국어국문학자료사전, 이응백・김원경・김선풍 교수 감수, 1998, 한국사전연구사

천복지재(天覆地載)니 만물의 부모(父母) l 로다. 부생모육(父生母育)니 이 나의 천지(天地)로다. 이 천지, 저천지(天地) 즈음에 늙을 뉘를 모르리라

— 해동가요(海東歌謠)

이언적 시조는 당시의 유교적 전통성이 내포되어 있다. 이언적은 진덕수의 주리설에 심취하면서 실제 한국과 중국과의 교류에 앞장선 학자이다. 진덕수 → 이언적 → 이황으로 이어지는[1] 철학 교류는 이들이 지은 문학작품 특히 시와 시조의 논의[2]로 이어질 수 있게 한다. 이에 본 연구자는 송나라 진덕수의 『심경』[3] 정민정(程敏政)[4]은 이언적 시조에 이어 이황

---

[1] 채제공(蔡濟恭): 본관 평강(平康). 자는 백규(伯規), 호는 번암(樊巖)·번옹(樊翁). 채팽윤(蔡彭胤)과 이덕주(李德冑)에게서 시를 배워 이황(李滉)·정구(鄭逑)·허목(許穆)·이익(李瀷)으로 이어지는 학통 적통. 영조의 세손우빈객(世孫右賓客)으로 세손 교육과 보호 담당. 세손(뒤의 정조) 1790년 좌의정 정사 좌우. 남인 양명학·불교·도교·민간신앙·서학(천주교) 비판. 서학이 무부무군(無父無君) 논리라하며, 이적(異跡) 비합리적이라 주장. 저서: 『번암집』, 『경종수정실록』, 『영조실록』, 『국조보감』 편찬 참여. 시호 문숙(文肅).

[2] 윤선도 시조는 시맥 이서우로 성호 이익과 채제공에게로 이어진다. 정철, 박인로, 송순과 더불어 조선 시조시가의 대표적 인물, 오우가와 어부사시사 등으로 조선 3대 시가인(詩歌人), 남긴 시조 75수, 정조 15년 『고산유고』 하별집(下別集)에 시조 및 단가 75수, 「산중신곡(山中新曲)」 18수, 「산중속신곡(山中續新曲)」 2수, 기타 6수, 「어부사시사(漁父四時詞)」 40수, 「몽천요(夢天謠)」 5수, 「우후요(雨後謠)」 1수 순서로 실림. 「산중신곡」 18수 가운데 「오우가(五友歌)」: 물·돌·소나무·대나무·달의 시조 「부사시사」: 효종 때 부용동에 들어가 은거, 봄·여름·가을·겨울 각각 10수. 그의 시조는 자연과의 화합 주제.

[3] 진덕수 『심경』: 유교의 각종 경전과 선현의 글을 모아 편찬. 유학자가 생각한 마음을 명대(明代) 정민정(程敏政)이 주석을 덧붙인 심경부주(心經附註)에 퇴계(退溪) 이황(李滉)이 중시한 이래 17세기 우암(尤庵) 송시

의 시조 「청량산가」에서 보다 높은 물의 의태어를 중심한 연계성을 찾을 수 있다.

> 청량산 육육봉(六六峰)을 아는 이 나와 백구(白鷗)
> 백구야 훤사(喧辭)하랴 못 믿을 손 도화(桃花)로다
> 도화야 떠지지마라 어주자(魚舟子) 알까 하노라
>   - 이황 「청량산 가」

> 청량산 12봉우리 아는 이 갈매기 나.
> 갈매기 떠들건가 못 믿을 복숭아 꽃
> 도화야 (청량산의 아름다움에 대해) 떠들지 마라 어부마저 알까봐
>   - 이황 「청량산가」 이영지역

이 시조는 중국의 율시와는 다른 한국 고유의 전통시이다. 이 교류는 한국의 시와 시조와 중국 시의 관계이다. 중국 강서시파 6군자들의 불학[1]과 이황의 시와 시조에서의 유학과

열(宋時烈)을 거쳐 19세기 다산(茶山) 정약용(丁若鏞)에 이르기까지 수많은 해설서를 낳을 정도로 조선 성리학에 크고 지속적인 영향. 조선조 유학자의 마음, 그리고 성인이 되는 마음공부라는 주제에 집중했다. 조선시대 유학자들이 상상한 마음의 구조뿐만 아니라 이상적 인격이 되는 실천적 방법으로 우리 자신의 삶과 세계를 비판적으로 조망하는 시선을 갖게 된다. 정.민정(程敏政)이 주석한 책, 인간의 마음 이해를 위한 성리학자의 필독서.

4) 명나라 정민정은 『심경(心經)』의 주석서 「심경부주(心經附註)」에서 『심경(心經)』에 실린 주석가운데 진덕수의 「독서기(心經)」를 인용한 점을 유의하여 『심경(心經)』이 진덕수 혼자만의 편집이 아님을 밝힌다. 정민정은 사람이 사람인 것은 본심을 잃지 않음을 강조한다. 「성학(聲學)」의 처음과 끝은 경(敬)에 있으며 심(心)과 경(敬)의 핵심이 심경(心經)이라 하였다.

1) 晦堂祖心禪師의 영향을 받은 황정견은 직접적으로 死心悟新禪師가 그의

주자학의 깊음은 진덕수의 심경과 이어진다. 이언적 이후 곧 이어지는 영남학파의 주자의 중심점인 조선시대의 이황[1] 시조를 현대시조로 이어지면서 이영지의 시[2]와 시조[3]를 논할 수 있다. 물의 의태어를 중심으로 그 범위를 좁히는 일은 중국율시와 전연 다른 한국에서의 시와 시조 연결점 탐색이다.

황정견의 환골탈태 기법과 점철성금, 요체의 시가이론으로 남의 글을 조금 다듬어서 훌륭한 글이 되도록 한 형태에서 찾아 볼 수 있다. 황정견 중심의 강서시파[4] 시가 나오기까지에서 유대걸劉大杰은 『중국문학발전사中國文學發展史』를 송시의 형성된 시파 서곤파와 강서시파 두 부류 중 서곤체의 화답시 형태가 한국 시조가 가지는 화답시 곧 시조의 초장과 중장이 뚜렷하게 갈라지는 화답체와 연계해 볼 수 있다.

강서시파들의 진정한 문학중심에서의 배우고 익히는 예술

고향인 분녕현의 望族의 초청으로 雲巖禪院 주지로 있을 때 소성년간에 黔南으로 貶官되었을 때와 숭년 3년(1104) 멀리 宜州로 귀양갈 때에도 서로 시로 연락. 영원유청선사는 황룡사 주지로 躬行實踐을 중시, 황이 의주에 갔을 때에도 그를 그리는 시 3수를 쓸 정도로 교유가 깊다(오태석, 「황정견문학의 사상기초」, 『중국어문학』 제15집, 1988, p.121).

1) 이황은 「심경후론(心經後論)」을 지어 「심경부주(心經附註)」의 정통성을 확인. 이황은 『심경』의 절대지지자. - 「심경후론(心經後論)」에서
2) 이병용, '사랑의 반복' 『행복의 물을 먹으며, 사랑으로』(서울: 영예문학, 2008), 143-162/ '사랑치유의 영원한 행복' 『행복코를 맞대고 사랑우산을 쓰면』 전자책(서울: 한국문학방송, 2012), 103-124.
3) 홍문표, '은빛 언어의 환상' 『행복의 순위』(서울: 양문각, 1997), 129-143.
4) 오태석, 『황정견 시 연구』 서울대학교 박사학위논문(서울: 서울대학교, 1990)..

에 대한 성실성은 조선시대 시조에서 나타나는 삶의 진지성과 주제의 연결이다. 이 황 퇴계의 학문적 경향인 진지성 투영 시에서 찾아진다. 시대와 국가 간의 언어차이에도 불구하고 시가 지닌 내포와 외연의 긴장 해소는 시와 시조 중 중국 시인 한산자 · 황정견 · 조선의 이황시와 시조 · 그 가계의 하나인 이영지 현대시조에서의 기독교시와 한화덕의 선시 몇 편을 본 논문에서 선택한다. 불교, 주자학, 유교, 기독교의 다른 주제의 범위에서이다.

 이 가교는 중국의 진덕수의 심경1)에 심취한 이언적에서이다. 이어 이어지는 철학과 문학의 이황 퇴계 철학의 시와 시조이다. 이 때 당시 조선 문화는 유교이었다. 조선의 이황의 시와 시조는 현대 이영지 시조2)의 신앙시의 이야기를 전개가 가능하게 한다. 이유는 상이성이 있음에도 유사성 발견이다.

---

1) 송나라 진덕수1234), 도학자들의 심성 수양에 관한 격언 모음집: 「서경」1장, 「시경」2장, 「역경」5장, 「논어」2장, 「중용」2장, 「대학」2장, 「예기」악기편 3장, 「맹자」12장의 29장, 송나라 도학자 주돈이(周敦頤)의 양심설과 『통서(通書)』의「성가학장(聖可學章)」, 정이(程頤)의 「사잠(四箴)」, 범준(范浚)의 「심잠(心箴)」주희(朱熹)의 「경재잠(敬齋箴)」「구방심재잠(求放心齋箴)」「존덕성재잠(尊德性齋箴)」이 있다. 진덕수는 이 명문들에 송나라 유학자들의 논의를 붙여 주석하고, 자신의 「심경찬(心經贊)」1편을 덧붙임.
2) 이영지 『하오의 벨소리』『행복의 순위』『일곱 금 촛대 위에 행복』『행복보라』『행복행내님네』『나비누이시학』『그냥 좋아』『약시』등.

II. 비교

1. 물의 의태어

1). 중국 선시와 물의 의태어

(1). 동산양개와 한산자

중국에서의 선시禪詩 종류는 선사가 선의 법리를 전수하거나 설법하거나 입적할 때 선 경지를 읊은 시법시示法詩와 오랫동안 참선 뒤에의 깨달음의 개오시開悟詩와 새로이 그 뜻을 밝혀 읊는 송고시頌古詩와 선적 생활 속에서 선리禪理를 바탕으로 한 선기시禪機詩가 있다.

시법시示法詩는

  寄語諸仁者(기어제인자) 어진 분들 제 말 들어보소서
  復以何爲懷(복이하위회) 무엇을 가지려 하세요
  達道見自性(달도견자성) 깨우쳐 보시면
  自性卽如來(자성즉여래) 그 깨달음이 곧 부처에요
  天眞元具足(천진원구족) 하늘 진리는 본래부터 있어서
  修證轉差廻(수증전차회) 얻었다 하면 곧 멀어져요
  棄本趁隆末(기본각수말) 근본을 버리고 끝을 찾으려 하면
  只守一場(豈+犬)(지수일장애) 어리석게 한때를 지키는 것일 뿐
          - 한산자 작, 이영지 역

이 시는 시인 한산자[1]가 천태산^{天台山}의 나무와 바위에 써 놓은 시를 국청사^{國淸寺}의 스님이 편집했다고 전해진다. 하늘의 진리는 부처임을 강조하면서 이것을 벗어나서 도를 닦는 것은 더욱 어리석은 짓이라는 것을 강조한다. 스스로 깨치고 나는 일이 부처이라는 것이다. 자기의 본래 심성에서 구할 것을 주장하고 있는 시법시^{示法詩}의 예이다.

반면 개오시^{開悟詩}[2]는 어떤 식으로든 선을 설명하지 않을 수 없기 때문에 당시의 선승들이 시를 빌려 깨달음의 경지를 읊는다. 송고시^{頌古詩}는 선이 인도에서 중국으로 넘어와 시를 의지하여 선지^{禪旨}를 드러내는 선가의 중요한 전통이다. 당송^{唐宋}시대에 시문학이 흥성했던 배경의 전통 속에서 태어난 송고시^{頌古詩}이다. 어록^{語錄}이나 공안^{公案}, 고칙^{古則}을 시의 형식을 원오극근 스님이 「벽암록^{碧巖錄}」에서 "송고는 우회적으로 선을 말하는 데 있다.[3]" 고 밝힌다. 송고시는 인도 근본불교 시대에 시작된 가타^{伽陀}문학이 중국에 와 게송^{偈頌}문학으로 이어져 설두중현^{雪竇重顯}의 「송고백칙^{頌古百則}」은 뒤에 「벽암록」의 모태가 된다. 송고시는 스스로 철저히 주체적으로 깨달아 가도록 하는 시이다. 위산은 향엄에게 "내가 말한 것은 나의

---

1) 당대 7세기말~9세기초에 천태산의 한암에 살았던 것으로 전해지며 전설적인 은자.
2) 석지현 엮음, 『禪詩鑑賞事典』(서울: 현대불교미디어센터, 2005) 참조.
3) 두송백, 앞의 책, 11.

견해일 뿐이다. 너의 안목에 무슨 도움이 되겠는가?" 라고 말하였다. 누구도 대신해 줄 수 없는 길, 이것이 생사를 해탈하는 깨달음의 길임을 말한다.

선기시禪機詩는 한국에서 만해 한용운의 시와 시조가 대표적이다. 시집『님의 침묵』1925년 8월 탈고이 있다.『십현담주해』1925년 6월 탈고1)『님의 침묵』90편은 '님'의 정체를 선禪의 관점에서 고찰한 본래성 회복의 한 표상이다. '번뇌즉보리煩惱即菩提, 번뇌가 곧 깨달음'로 중생과 아픔을 함께한다. 남녀의 사랑관계로 말하면 진정한 사랑은 이별의 아픔을 극복하고 승화한다. 만해의 선시조禪詩調는 1917년 겨울, 백담사 오세암에서의 오도悟道 체험으로 얻어진다. 이전의 불교적 영역에서 민족적 관심일제치하를 살아가는 민족의 아픔과 저항정신이다.

선기시는 참선의 수행한 선사가 무아 삼매의 경지에서 표출하는 직관적이고 순간적인 언어를 시로 한다. 선기시는 참선을 하는 가운데 선사가 학인들에게 '봉'으로 내리치며 '유무'에 대한 음의 인상印相을 끊고 선관禪觀을 통하여 진리를 체득하도록 교도한다.

선시 중에서 물과 관련한 즉 물에 비친 나를 보며 읊는 물을 통한 의태어의 개오시開悟詩가 있다. 동산양개洞山良价2)는 물

---

1) 당나라 상찰선사(常察禪師)가 저술한 선화게송(禪話偈頌).『십현담(十玄談)』임. -『십현담주해』『십현담』.
2) 전 생애를 통하여 선시에 몰입하여 많은 선시를 남긴 한산은 당 초기 중

에 비친 자신의 그림자에 대하여 오도송(悟道頌)을 짓는다.

切忌從他覓(절기종타멱) 남에게서 찾으려 하지말아라
迢迢與我殊(초초여아수) 그건 아득하여 나하고는 너무나 멀다
我今獨自往(아금독자왕) 나는 지금 혼자서 가고 있지만
處處得逢渠(처처득봉거) 곳곳에서 그것을 만나는
渠今正是我(거금정시아) 그가 지금의 바로 나지만
我今不是渠(아금불시거) 지금의 나는 그가 아니다
應須恁麽會(응수임마회) 이걸 깨달아야만
方得契如如(방득계여여) 여여한 진리가 하나가 되리라
- 동산양개[1] 직지심경 240 「나는 그가 아니다」 이영지 역

어느 날 물을 건너다가 자신의 그림자를 보고는 비로소 그 뜻을 깨닫게 되는 이 시는 깨닫는 여러 가지의 계기를 지적한다. 갑이라는 소재로 하다가 을이라는 소재로 화법을 바꾼다. 이처럼 어떤 사물을 통해 그 깨달음의 대상에 대하여 철학이 들어있다.

한산은 선을 깨달은 후에 오는 개오시를 다음과 같이 물의

국의 선종이 시작할 무렵에 살았던 인물로 은둔 선시인이다. 뒷날 한산자를 기리는 이들이엮어낸 『한산자 시집』의 「한산시(寒山詩)」는 산거시(山居詩)이다. 산에 은거하면서 자연의 깊은 내면을 물로 의태화한다. 한산은 이미 모든 만사를 다 쉬어버리어 잡생각이 일어나지 않는 경지를 시로 적어 한가롭게 즐기면서 살았다. 이 자유자재한 경지는 배를 매어두지 않고 그대로 풀어 놓아 스스로 임의대로 흐르는 물에 놓아주는 의미이다. 자연에 맡겨 걸림 없이 사는 삶의 경지가 한산의 철학이다. 한산의 반시(半詩)는 자유시의 선구적인 위치에 있다.

1) 동산양개(洞山良价, 807-869): 조동종의 창시자인 조계종 조사(祖師). 승려가 된 뒤에 어머니를 이별하고 출가의 길을 걷겠다는 의지의 사친서(謝親書)는 강원의 교과서인 치문(緇門)에도 들어있다.

의태어를 통하여 그 즐거움을 시화한다.

> 吾心似秋月(오심사추월) 마음은 가을 달로
> 碧潭淸皎潔(벽담청교결) 푸른 물 같아 여라 맑고도 깨끗하여
> 無物堪比論(무물감비론) 어떠한 다른 것과 비교가 안 되는
> 敎我如何說(교아여하설) 말로 다 할 수 없어라
> - 한산자 작, 이영지 역

　이 개오시는 1·2구에서 자신의 심경을 맑고도 깨끗한 가을 달에 비유한다. 이 깨끗함을 푸른 물 처럼이라 하여 물의 의태어를 통하여 푸른 시내·맑은 샘·한산에 떠오른 밝은 달 모두가 한산자의 벗임을 말하려 한다.
　한산자의 모든 것에 집착하지 않는 선시는 '물'이라는 대상을 통해 일체의 세계를 공空으로 본 다음에 오는 고요함을 의태어로 한다. 더구나 실재의 물이 아닌 데서 출발한 마음의 물이다. 이 시를 통하여 어지러운 생각을 없애버린다. 이 뒤에 오는 마음의 고요를 시로 적었다. 선시는 어려운 불경 언어 보다 사물의 소재, 특히 물을 염두에 둔 물이 가장 시인의 마음속에 자리 잡는다. 왜냐하면 물은 생명수이기 때문이다. 시에서의 물 의태어는 겉으로 보기에는 담담한 자연의 모습이지만 그 의미에서 마음의 고요함을 푸른 물로 하는 큰 주제가 살아난다.
　동산양개洞山良价나 한산자 모두 물에 대한 깨끗한 선입관념

으로 한다. 바슐라르 이론의 2단계에 해당한다. 물이라면 무조건 깨끗하다는 인식이다. 이러한 관점이 선시가 가지는 특징이다. 산 깊숙이 들어가 바라본다. 산에서 발견되는 물은 청정한 나무들 사이와 아름다운 하늘과 맑은 공기를 벗한 자연이 만들어준 물이다. 이 물은 시인의 마음에 깊숙이 자리 잡혀 모든 것이 물이 되는 시이다. 이미 시인의 눈빛이 푸른 물이 되어 있다. 여기까지는 일반 시인들 모두 이러한 현상을 가질 수 있다. 그러함에도 불구하고 선시가 가지는 특징은 그 깨끗함을 바라보는 가운데도 공空으로 보려 한다. 이러한 특징으로 하여 실제로는 물이 있던지 없던지 관계없이 실재의 자연물이 아니라 마음물의 깨끗함이 곧 어지러운 생각을 제거해 버린다. 이 뒤에 나타나는 마음의 고요가 공이다. 시는 어려운 불경언어를 넘어서는 사물 바라봄의 시인에 의하여 탄생한다. 이 불교철학이 공세계이다. 중요소재가 물이 되면서 선시인의 마음을 깨끗함으로 표현하려 한다. 시인마음 속이 물이 되어 한곳에 머물러 그 의미를 고정화 시키는 것이 아니라 물이 흘러가듯이 유한함의 인간 덧없음도 같이 있다.

　이 깨달음의 경지는 불교신앙자의 마음을 평안하게 한다. 모든 것을 덧없음으로 보는 경지까지이다. 해탈이다.

(2). 선종 황정견

북송시인 황정견黄庭堅 1045~11051)의 문집은 고려조高麗朝에 수용되었고, 조선조에 이르러 강서시파가 시작의 모범이 되면서 『산곡시집山谷詩集』이 널리 읽혔다.

당 시인 유우석의 망동정望洞庭이 있다.

遙望洞庭山水翠,
멀리서 바라보니 아주 밝게 보인 동정호는 검푸른 첩첩산을 잘 둘어서 있다
白銀盤里一靑螺
마치 흰 은쟁반에 잘 밝힌 푸른 고동을 받쳐서 들고 있듯

- 이영지 역

을 황정견은

雨中登岳陽樓望君山 비오는 가운데도 잘 들어난 산 모양이
可惜不當湖水面 아주 아름답게 호수의 물결위에

- 이영지 역

높은 경지의 학자적인 면모로 그 자부심을 전하면서 아름다운 자연을 향한 내부 깊숙이 물이 그 중심에 자리 잡는다. 물의 의태화는 담담히 읽는 이로 하여금 사색하게 한다. 시

---

1) 황정견은 江西詩派를 이끈 시인이다. 문집은 內集 30권·外集 14권·別集 20권·詞 1권·簡尺 2권·年譜 3권이 있다. 『산곡시집』 가운데 別集과 外集의 목록을 모은 것이다. 황정견(黃庭堅 1045~1105)의 시는 주를 달아 內集 20권, 外集 17권, 別集 2권이 편찬되었다.

를 읽으면서 읽는 이로 하여금 생각하게 하는 시의 의태어기법이다. 물이 된다. 바슐라르는 이를 물의 깊이라 하였다. 시에서의 물의 의태어이다. 짧은 시 속에서 철학의 깊은 의미를 얻게 하는 강한 힘이 있다.

 황정견은 시어와 시구 몇 자의 운율이 맞지 않을지라도 그 의미를 강조하되 그 표현에서 아름다운 시의 의태어를 중요시하였다. 곧 삶의 일상에서 소재를 선택하되, 곧 그것도 가장 손쉽고 늘 만나는 물의 깊은 의미를 돌출한다.

 시의 특성은 절제의 미와 리듬이다. 엄격한 시어 특히 물의 의태어를 통하여 자신이 나타내고자 하는 의미를 문학적으로 설명하면서도 그 의미는 아름다운 시어 속에 숨어 있다. 의미는 그 보다 높고 깊어 생각할수록 그 의미를 다양하게 얻어 낼 수 있다. 시대를 뛰어 넘어 잘 된 시들은 시대에 회자하면서 읽는 이로 하여금 깊은 밤에 빛을 보듯이 감개무량하게 다가오는 장점을 가지고 있다.

 이처럼 물이 가지는 시에서의 흡수력은 물이 늘 사람 곁에 있어서이다. 늘 곁에 있는 이 소중함, 무의식적 늘 상 곁에 있는 물의 사람들, 특히 시인들은 물을 꿈꾸며 살아간다. 늘 언제나 물을 마시면서 살아간다. 물은 깨끗하여야 한다는 관념에서 벗어나지 않으면서 자신도 이 물처럼 깨끗해야 한다는 관점을 가진다.

2). 물의 의태어에 대한 시와 시조

(1). 이황과 이언적

물과 이황은 많은 일화 내지는 작품을 가지고 있다. 이황은 예안향약을 통해서 이웃을 향한 향촌사회를 안정화시키려 하였다. 이황철학자는 성리학의 사회윤리를 현실에 구현하는 방법에서 일상의 물을 통한 철학성을 강조한다. 그가 고향으로 돌아와 후학을 위한 일생을 살 결심을 한 것도 물에 대한 그리움에서일 것이다. 그가 즐겨 하는 자신의 이름 마스코트 퇴계는 물러날 퇴退, 시내 계溪의 한자명에서 실제 안동에 있는 땅이름에서 비롯된다. 그가 말년에 '퇴계'에 거주하면서 호를 '퇴계'로 지은 것이다. 퇴계는 '물러나는 시냇물, 물러가는 시내'이다. 퇴계거상退居溪上이라는 의미를 담고 있다. 벼슬에서 물러나 시내 위에 집을 지어 물욕을 버리고 자연과 더불어 살기를 바란 퇴계의 의지를 반영한다. 의태어이다. 그 뜻으로 마음을 가다듬어 학문을 연구하며, 후학을 양성하겠다이다. 실제 79번이나 관직에서 사임을 했다. 물 가까이에서 사는 삶이다. 물이 지닌 성격 곧 흘러가버리지만 언제나 맑은 물을 제공하며 사람들에게 안정과 깨우침을 던져주었다. 실제 사람들은 맑은 물을 찾아 오늘도 산으로 들로 나선다. 세속에 찌든 삶을 잠시나마 깨끗하게 하고자 하는 마음에서

이다. 이러한 일상적 의미에서도 이황은 그의 삶은 수 없이 가다듬었음을 알게 된다.

이언적李彦迪과 이황의 관계는 긴밀하다. 이언적의 처음 이름은 이적李迪이다. 중종의 명으로 언彦자를 더한 이언적1491/성종22) ~ 1553/명종 8은 본관 여주驪州 시대 조선 중기 직업 성리학자이다. 이언적1)은 경주의 자옥산에 들어가서 성리학연구에 전념하며 주자학 도입에 큰 공헌을 한다. 이언적은 조선조 유학, 곧 성리학의 정립에 선구적으로 주희朱熹의 주리론을 정통으로 확립한다. 영남지방의 선배학자인 손숙돈孫叔暾과 조한보曹漢輔 사이에 토론되는 성리학의 기본쟁점인 무극태극논쟁無極太極論爭에 주희의 주리론적 견해를 옹호한다. 이기론理氣論의 주리론적 견해로서 이선기후설理先氣後說과 이기불상잡설理氣不相雜說을 강조2)한다. 이언적의 이우위설理優位說 학설은 이황李滉에게로 계승 영남학파의 성리설에 선구 역할을 한다. 태극의 개념의 논쟁은 조선조 성리학사에서 최초의 본격적인 개념논쟁이다. 이언적3)의 『구인록』4권은 유교경전으로 유교의 여

---

1) 자는 복고(復古)이며 호는 회재(晦齋)이다. 시호는 문원(文元)이며 24세에 문과에 급제, 밀양부사까지 이르고 1530년(중종 25)에 사간이 되지만 김안로(金安老)의 등용 반대로 쫓겨난다. 다시 홍문관교리 · 응교 · 직제학이 되었고, 전주부윤에서 선정을 베풀며 조정에 「일강십목소(一綱十目疏)」를 올려 정치 도리 논한다.
2) 이응백 · 김원경 · 김선풍 교수 감수 『국어국문학자료사전』 (서울: 국어사전연구사, 1998) 참조.
3) 『대학장구보유』(1권)와 『속대학혹문』(1권)은 주희의 『대학장구』나 『대학혹

러 경전과 송대 도학자들의 설에 인의 본체와 실현방법에 관한 유학의 근본정신에 대한 것이다. 주희의 『가례家禮』가 조선조 사회에 미친 영향을 주목한다면, 이언적 「일강십목소」와 「진수팔규進修八規」에서의 군주사회의 예학통치원리이다. 하늘의 도리에 순응하고 백성의 마음을 바로잡아 나라의 근본을 배양하려는 왕도정치 기본이념이다. 「일강십목소」는 일강령을 '임금의 마음씀人主之心術'으로 규정하고, 10조목으로는 가정법도의 엄숙, 국가근본의 배양, 조정기강의 정대, 인재취사의 신중, 하늘도리에 순응, 언로를 넓힘, 사치욕심의 경계, 군자의 길을 닦음, 일의 기미를 살핌을 도모하도록 요구한다.

문』의 범위를 넘어서려는 그의 독자적인 학문세계를 제시, 뒤따르는 도학자들보다 훨씬 자율적인 학문태도를 가졌다. 곧, 주희가 『대학장구』에서 제시한 체계를 개편, 주희가 역점을 두었던 격물치지보망장(格物致知補亡章)을 그는 인정하지 않고, 『대학장구』의 경1장에 들어있는 두 구절을 격물치지장으로 옮기는 계획을 하였다. 주희의 한 글자 한 구절을 금과옥조로 삼아 존숭하는 후기의 학문태도에 비하여 매우 창의적인 학문정신을 보여준다. 『대학』과 『중용』의 정신을 도학의 통치원리를 잘 제시한다. 『봉선잡의』(2권)는 조선조 후기 예학파의 선구가 되고 있다. 『중용구경연의』(29권)는 그의 미완성 절필이다. 천하국가를 통치하는 방법의 9경(九經 : 修身・尊賢・親親・敬大臣・體群臣・子庶民・來百工・柔遠人・懷諸候)을 중심의 중용정신을 밝히려 하였다. 이 저술은 진덕수(眞德秀)의 『대학연의』가 대학체계를 통치원리의 구체적 실현방법에 응용하였던 것에 상응한 저술이다. 뒷날 이현일(李玄逸)이 『홍범연의(洪範衍義)』를 저술한 것에 선행한다. 그는 주희가 『대학』과 『중용』을 표출시킨 의도를 계승하면서 도유배생활 중 『구인록(求仁錄)』(1550), 『대학장구보유(大學章句補遺)』(1549), 『중용구경연의(中庸九經衍義)』(1553), 『봉선잡의(奉先雜儀)』(1550) 등 남김.

이황(李滉, 1501/ 연산군 7 ~ 1570/선조 3)[1])은 동방의 주자이다. 이황은 고려 말에 유입된 성리학의 토착화로 사림의 성리설의 핵심인 주리설을 주장한다. 이황의 학문은 조선 사회에서 퇴계학파를 형성하였다.

국경을 오간 문학과 문화의 교류는 이황과 이언적과 진덕수[2])와 긴밀성으로 하면서도 차이를 보인다.

---

1) 조선 중기의 문신·학자, 본관은 진보(眞寶). 자는 경호(景浩), 호는 퇴계(退溪)·1501(연산군 7)~1570(선조 3) 경북 안동에서 태어남, 조선 중기의 문신·성리학자이다. 좌찬성 식(埴)의 7남 1녀 중 막내아들, 태어난 지 7개월 만에 아버지를 여의고 편모 슬하, 12세 때 작은아버지 우(堣)로부터 「논어」, 20세경에는 건강을 해칠 정도로 「주역」 등 성리학 몰두. 1527년(중종 22) 진사시 합격, 성균관에서 사마시 급제. 1533년 재차 성균관에 들어가 김인후(金麟厚)와 교유, 「심경부주 心經附註」를 입수 심취. 1534년 문과 급제 승문원부정자후 박사·전적·지평 세자시강원문학·충청도어사 등 역임, 1543년 성균관사성. 1546년(명종 1) 낙향 낙동강 상류 토계(兎溪)에 양진암(養眞庵) 지음. 토계를 퇴계라 개칭 자신의 호로. 1548년 단양군수, 풍기군수. 재임중 전임군수 주세붕(周世鵬)이 창설한 백운동서원에 편액(扁額)·서적(書籍)·학전(學田)을 내려줄 것을 청하여 실현, 이것이 조선시대 사액서원의 시초가 된 소수서원(紹修書院)이다. 1549년 병으로 퇴계의 서쪽에 한서암(寒棲庵) 짓고 독서와 사색. 1552년 성균관대사성으로 임명 이후로도 대부분 사퇴. 1560년 도산서당(陶山書堂)을 짓고 아호를 도옹(陶翁), 7년간 독서·수양·저술, 제자를 길렀다. 1568년(선조 1) 대제학·지경연(知經筵) 중임, 선조에게 「중용」과 「대학」에 기초한 「무진육조소(戊辰六條疏)」를 올렸다. 선조에게 정자(程子)의 「사잠 四箴」, 「논어집주」·「주역」, 장재(張載)의 「서명 西銘」 등 진강(進講), 「성학십도 聖學十圖」 저술, 선조에게 바쳤다. 이듬해 1570년 70세의 나이로 죽었다.
2) 진덕수(眞德秀)의 경의재명(敬義齋銘): 진덕수가 거처하는 방문 위에 경의재(敬義齋) 편액(扁額) 곧 군자가 거하는 방의 이름은 '공경하고 의로운 곳 이어야한다.' 함. 경의재명(敬義齋銘-공경하고 의로운 집의 명)-眞德秀: 역(易)의 곤괘(坤卦) 두 번째 효(爻)는 그 덕이 곧(直)고 방정(方

(2). 진덕수와 이황

중국의 진덕수와 이황의 긴밀성은 이황 학문이 성리학의 정수가 되게 하였다. 이황의 문집은 임진왜란 이후 일본에 유입되면서 일본내 주자학의 주류로, 그리고 대만, 미국, 중국 등 국경을 초월해 지금도 관심사가 되고 있다. 주리설에 근거한 내면 수양의 기초인 심성, 중국 송나라 때 학자 진덕수(眞德秀)1)의 「심경: 정민정(程敏政)』의 이론은 이황이 평생 이

    正)함을 뜻. 안으로 마음을 세우는 일은 곧음이 중요하다. 오직 공경으로써 이를 곧게 행하되, 치우쳐 막히지 않게 하고, 밖으로는 방정함이 중요하다. 오직 의로써 이를 행한다 (惟坤六二, 其德直方, 君子體之, 爲道有常, 內而立心, 曰直是貴, 維敬則直, 不偏以陂, 外而制事, 曰方是宜, 愉義則方, 各當其施.)

  공경함: 오직 하나의 하늘이치를 받을어 마치 하늘의 명령이 옆에 있듯이 두려운 마음으로 잘 지켜 간다(曰敬伊何, 惟主乎一, 凜然自指, 神明在側.)

  의: 정당한 이치를 따라 이해관계에 빠져들어 사사로움이 그 앞을 가리지 않게 한다 (曰義伊何, 惟理是循, 利害之私, 罔泪其眞).

  고요: 하늘에서 내려오는 뜻을 잘 지켜 길러 가면 그 안에 바로 서서 사물을 마주함에 바른 길이 있다. 거룩고, 공경하고 한 마음 곧음이 지극하다. 마땅한 의리는 만 가지 일의 근본이다(靜而存養, 中則有主, 動而酬酌, 莫不中矩. 大哉敬乎, 一心之方. 至哉義乎 萬事之綱).

1) 남송의 복건성 출신, 자는 경원(景元) 또는 희원(希元), 나중에 경희(景希)로 고쳐 불렀다. 호는 서산(西山)이고, 시호는 문충(文忠)이다. 원래 성이 신(愼)이었는데, 효종(孝宗)의 조신(趙眘)의 이름을 피해 고쳤다고도 한다. 영종(寧宗) 경원(慶元) 5년(1199)진사(進士)가 되고, 개희(開禧) 원년(1205) 박학굉사과(博學宏詞科)에 합격. 이종(理宗) 때 예부시랑(禮部侍郞)에 발탁, 학사원(直學士院)에 올랐다. 사미원(史彌遠)이 그를 꺼려 탄핵을 받고 파직. 나중에 천주(泉州)와 복주(福州)의 지주(知州) 지냄.

  단평(端平) 원년(1234) 입조, 부상서(戶部尙書), 한림학사(翰林學士), 지제고(知制誥, 참지정사(叅知政事). 시정(時政)에 대해 자주 건의했고, 주소(奏疏)는 수십만 자. 주자학파(朱子學派) 학자, 『대학연의(大學衍

주석을 통한 성리학자의 길을 가게 한다. 마음을 중요시한 「심경부주」에 심취[1]한 그는 주자학의 정수인 성리학 저술을 하면서 어린 기대승과 사단四端: 仁義禮智과 칠정七情: 喜怒哀樂愛惡欲과 관련한 논쟁을 하면서도 자신의 의견과 수정[2]을 게을리 하지 않고 자신만의 철학을 세운다. 황정견의 시적 기법과 일치하기도 하는 바로 이황은 도덕성 회복과 향촌의 안정을 위한 예안향약을 제정하며[3] 사림 육성 백운동서원[4]을

義)』는 『대학장구(大學章句)』에 비견됨. 경원당금(慶元黨禁) 후 정주(程朱)의 이학(理學) 성행에 공헌. 『당서고의(唐書考疑)』, 『독서기(讀書記)』, 『문장정종(文章正宗)』, 『서산갑을고(西山甲乙稿)』, 『서산문집(西山文集)』 등.
1) "문을 닫고 여러 달 연구한 끝에 대강 이해할 수 있었다" (「퇴계선생언행록」).
2) 이황이 기대승의 서신에 대한 답한 글(『퇴계집』 권16). 출처: 한국고전번역원..
3) 이황, 「성학십도」 중 제1도 태극도, 출처: 국가전자도서관.
4) 조선 중종 38년(1543년) 풍기군수(豊基郡守) 주세붕이 고려의 유학자 안향의 연고지 풍기 땅에 부임한 것을 계기로 선비들의 배움터로 주자(朱子)의 《백록동학규(白鹿洞學規)》를 채용해서 유생들에게 독서와 강학(講學)의 편의와 한양의 종가집에서 안향의 영정을 옮겨 봉안, 백운동서당(白雲洞書堂), 중종 40년(1545년)에 안축(安軸)과 안보(安補)의 영정 함께 배향, 백운동서원(白雲洞書院). 성리학 강론 참여. 주세붕 뒤, 안향 후손 경상감사 안현은 운영 규정, 조선 명종 5년(1550년) 이황 풍기 군수는 송(宋) 시대의 예를 언급, 명종 친필 「소수 서원(紹修書院)」 편액(篇額) 하사, 사서오경과 「성리대전」 등의 서적, '소수(紹修)'는 "이미 무너져 버린 교학을 다시 이어 닦게 했다(旣廢之學 紹而修之)"뜻. 사액서원 시초, 사학(私學). 정원 10명에서 30명으로 늘임, 이황은 서원을 배움의 장으로 소수서원에서 공부한 유생은 4천 명, 임진왜란 때에 경상우병사로 진주성에서 전사한 김성일, 선조 때의 좌의정이었던 정탁 등. 1633년(인조 11)에는 주세붕을 추가 배향. 안향과 주자, 이원익, 허목 등 추가로 배향.

통해 후학을 육성한다.

　이황은 1550년$^{명종\ 5}$ 풍기군수로 내려가서 백운동서원을 중앙에 건의하여 소수서원이라는 사액을 받는 한편 서원을 단지 제향하는 공간이 아닌 사람들이 학문을 연마하고 자기 수양을 하는 공간으로 규정한다. 초기 서원이 중시했던 제향 기능을 부수적인 것으로 규정한 것이다. 이황은 이를 계기로 서원보급운동에 주력하여 상당수의 서원 건립에 참여하는 활동을 하였다. 이황의 이런 활동은 이른바 조선 서원의 전형 완성이었다. 이황은 선조에게 「성학십도」의 그림을 통한 성리학의 정수를 표현하여 군주학인 성학^{聖學}을 제시한다. 선조가 유학에서 성인이라 말해지는 요순^{堯舜}처럼 성인이 되기를 바라는 간절한 믿음이 바탕이다.

　정치하는 밑바탕에 가장 좋은 스승이 있게 되는 일은 선정을 베풀 수 있는 밑거름이다. 사실 이 밑바탕에는 고조선이 가지는 2000여년이나 이어지는 구이족이 지닌 정치개념이다. 서로 싸우지 않고 지속될 수 있는 통치 개념에는 보다 더 나은 사회구성이다.

2. 마음을 다스리는 물 의태어 산에서 물 찾기의 66봉과 물

66봉과 물 관계는 산에서 물 찾기의 과제이다. 이황은 그의 고향 마을의 산인 청량산을 늘 오르내리었다. 느슨함이 전혀 없는 S자 형태의 가파른 청량산을 시조로 지었다.
다음은 이황 퇴계의 시조이다.

   청량산 육육봉(六六峰)을 아는 이 나와 백구(白鷗)
   백구야 훤사(喧辭)하랴 못 믿을 손 도화(桃花)로다
   도화야 떠지지마라 어주자(魚舟子) 알까 하노라
              - 이황 퇴계「청량산가」

   청량산 12봉을 아는이 나와 갈메기
   갈매기 떠들건가 못 믿을 건 복숭아꽃
   복사꽃 너 떠들지미라 어부알가 두렵다.
            - 이황 퇴계「청량산가」이영지 역

낙동강이 휘감아 도는 봉화의 청량산은 암벽이 불쑥불쑥 솟은 바위산이다. 웅장하지도 높지도 않지만 연이어 솟은 바위 봉우리와 기암절벽이 잘 어울려 예로부터 소금강으로 불릴 만큼 산세가 수려하다. 청량산의 청량사를 중심으로 청량산 육육봉(12개의 큰 봉우리, 작은 봉을 합하면 36개의 봉우리)이 병풍처럼 펼쳐진다. 66봉 이름은 주세붕이 이름이다.

봉우리들은 꽃잎이 되어 청량산을 꽃술 삼아 한데 감싸 안은 꽃 형상으로 된 절경의 산이다. 퇴계 이황 선생이 청량산에 지극한 관심과 더불어 일상생활에서 가까이 한 흔적이다. 이황은 이 「청량산가」에서 '육육봉'을 꽃, 복숭아꽃에 비유하고 있다.

하나의 거대한 자연인 산을 꽃으로 의태화하고 이 모양이 물에 비추이면서 떨어지며 물 위에 아름다운 모습을 그리는 묘사를 통한 이 의태어는 물과 산과의 조화를 아주 높은 하늘에서 보아야 보이는 절경이다. 물이 한 번도 등장하지 않으면서 도화와 흰 갈매기가 있음을 보아 물이 있음을 은유하면서 삶의 깨끗함이 곧 맑은 물의 깨끗함과 오버랩된다.

66봉 봉우리가 복숭아 모양이 되어 있는 시의 시작은 겉으로, 곧 시의 외연은 물에 떨어진 복숭아꽃이 사실은 물과는 상관없는 마음의 상상력의 시로서 그의 세상을 향한 아름다운 세계를 만들고자 하는 의지력의 시다. 곧 현실을 뛰어넘는 상상력의 시적 특수성으로서의 가상현실이다. 직설적 해석으로 할 때 아름다움의 깊이를 심화한 이 시는 정말 청량산 모습이 아름답기에 혹여 물에 떨어지면 고기잡이 하는 어부들에게 들키지나 않을까 걱정한다. 이 아름다운 산을 속세의 뭇 사람들이 알고 어지러이 드나들까 두려워 백구의 비상과 도화의 낙화의 아름다움을 떠들 어부를 염려하는 고도의 은유적 의태어의 극치이다.

　청량산의 육육봉六六峰 이름에 대하여서도 물과는 관계없는 산이지만 이황 퇴계의 「청량산가」의 주제와 소재가 되면서 중국 황정연이 주장한 시에서의 필요 없는 말의 절제를 나타내면서도 중국의 율시가 아닌 시조로 물의 의태어를 통하여 작시하였다. 그 의미를 극대화는 청량산 봉우리 이름들이 불교적 이름들이 많았지만 이를 불식시키는 '66봉' 시어를 통해 소수원을 지은 주세붕이 이름을 고친 뜻에 호응하면서 그 의미를 철학 화 한다. 66봉은 12봉우리를 66봉이라 하여 시화하였다. 66봉은 의태화한 봉우리 이름이다.

　①. 매년 춘분과 추분에 경일봉에서 바라보면 해가 한가운데 뜬다는 경일봉[1]이 있다.

　　　　경일봉 위로 해 솟으니 선계가 분명한데
　　　　66그 봉우리 뚜렷이도 솟아있네
　　　　세찬바람 몰아닥쳐 낙엽들 소용돌이치니
　　　　수줍은 듯 첫 눈은 당황하며 놀라는가
　　　　경일봉 햇살 이 가슴에 가득담고 나니
　　　　어찌 도 무얼 구하고 바라겠는가
　　　　　　　　　　　　　　　　　　　- 록담 류호선

---

1) 경일봉(警日峰)은 750m 매년 춘분과 추분에 경일봉에서 바라보면 해가 한가운데 뜬다하여 이름지어진 것으로 동방에 해가 떠서 빛난다는 뜻인 인빈욱일(寅賓旭日)이 있으므로 주세붕이 경일봉이라 하였다. 연(지금의 석탑자리)대의 정동쪽에 위치한다. 자소봉 서남쪽에 위치한다. 경일봉은 3층으로 아래에는 김생암, 대승암이 있다.

②. 3층탑과 같다하여 붙여진 금탑봉[1])과 ③. 신비로운 새가 춤추는 모양 같아서 붙여진 자란봉(紫鸞峰)[2]) ④. 동쪽 끝이 높이 보이는 봉오리의 탁립봉[3]) ⑤.푸른 바위가 천 길이나 높이 솟았다 하여 자소봉(紫峰)[4]) ⑥. 붓모양봉우리 탁필봉(筆峰)[5]) ⑦. 정상에서 천 여리를 바라볼 수 있고 10여명이 앉을 수 있 연적봉(硯滴峰)[6]) ⑧. 연꽃모양 같다하여 연화봉이라고 한 것을 주세붕이 고친 의상봉[7]) ⑨. 돌봉우리로 향로모양의 향로봉[8]) ⑩.

---

1) 금탑봉(金搭峰)/치원봉(致遠峰) 620m 경일봉 동남쪽 위치한다. 원래 이름은 치원봉(致遠峰)이다. 연대의 동남쪽 층암절이 3층으로 이루어져 연대에서 바라보면 3층탑과 같다. 중층에 치원암, 극일암, 안중사, 상청량암, 하청량암의 5암이 있었다고 기록되어 있다.
2) 796m 마치 신비로운 새가 춤추는 모양같아서 붙여진 이름으로 선학봉의 동쪽과 내산 경계에 위치한다.
3) 탁립봉(탁립봉) 경일봉 위에 바깥 뒤쪽 돌봉오리이다. 내산의 주봉인 자소봉에서 바라볼 때 동쪽 끝이 높이 보이는 봉오리이다. 청량산 동쪽 맨위 뒤쪽이 탁립봉, 중앙이 경일봉, 아래쪽이 금탑봉봉이다.
4) 845m 푸른 바위가 천길이나 높이 솟았다 하여 지어진 이름. 신선이 내려와 바둑을 두었다는 전설이 있다. 연대의 뒤쪽이며 내산의 종주가 되는 봉오리이다. 봉오리 중간 동쪽이 평평한 반석으로 되어 있어서 등산객이 2-40명이 앉을 수 있는 봉우리다. 청량산의 세 번째 높은 봉오리이다. 원래는 보살봉인데 주세붕이 고친이름이다.
5) 820 붓모양봉우리로 자소봉에서 2-30m 봉우리 전체가 뾰쪽한 돌봉오리로 되어 있어서 붓같다 하여 옛날에는 필봉이라 하였는데 주세붕이 탁자를 더하여 고침. 문필봉이라 하기도 한다.
6) 850m 연적모양봉우리인 탁필봉은 5-6m에 나란히 서 있는 봉오리, 정상이 평평한 것이 연적 모양같다 하여 붙여진 이름이다. 정상에서 천여리를 바라볼 수 있고 10여명이 앉을수 있다.
7) 의상봉(義湘峰) 876m가 연대의 서쪽에 위치한다. 암벽의 층 모양이 처음 피어나는 연꽃모양 같다하여 연화봉이라고 한 것을 주세붕이 고침. 앞뒤 봉우리로 되어 전 연화봉, 후연화봉이라 한다. 불가에서 말하는 의상이라는명칭을 주세붕이 연화봉으로 고침(遊淸凉山錄).

중국의 오악중의 하나인 남악형 산을 본딴 축융봉1) ⑪. 청량산의 주봉 장인봉2) ⑫. 학의 집이 있다하여 주세붕이 붙인 선학봉3)의 66봉이 있다.

「육육봉」을 꽃, 복숭아꽃에 비유하고 있다. 한국인은 이처럼 자연, 삼면이 바다로 둘러싸여 있으면서, 그리고 물로 둘러 싸여있으면서도 산을 자주 올라갔다. 지금도 역시 그러하다. 때문에 한국에는 자연에 대한 시가 많다. 그리하여 심한 경우에 시조를 평하여 음풍농월이라 하여 빗대기도 한다. 그러함에도 불구하고 이황의 시조 「청량산가」는 산, 그것도 작은 산이 아니라 아주 큰 산, 청량산을 물 위에 뜬 복숭아꽃으로 시를 읊었다. 때문에 물위에 떨어지는 아름다운 복

---

8) 향로봉(香爐峰) 846m는 연화봉 서쪽에 있는 돌봉우리로 향로모양으로 생기었다 하여 주세붕이 지은 이름. 아래 자비대에서 바라보면 전경이 보인다.
1) 축융봉(祝融峰) 845m는 중국의 오악중의 하나인 남악형산을 본따서 지은 이름 흙과 나무가 없어서 항상 깨끗하다. 연대에서 남쪽을 바라보면 세 개의 봉우리를 말한다. 내산을 한 눈에 볼 수 있다. 주세붕이 중국의 오악중에 하나인 남악형산의 이름을 본따서 지은 이름이다. 이는 5행으로 남쪽의 화(火)에 속하고 축융은 남방의 불을 맡은 화신이라는 뜻이다. 청량산의 봉우리중 두 번째로 높은 산으로 이 봉우리에서 바라보면 전경이 그야말로 아름답다. 산 위는 평평하여 여러사람이 앉을 수 있다. 흙과 나무가 없어서 깨끗하다. 이곳에 신선이 내려와 바둑을 두었다는 전설이 있다.
2) 장인봉(丈人峰) 870m는 예부터 청량산의 주봉은 장인봉으로 불리어졌으며 의상대사가 수도하던 의상대와 의상굴이 있어서 마을사람들이 의상봉이라 부름과 같아서 의상봉이 되기도 한다.
3) (仙鶴峰) 장인봉에 동쪽에 있으며 외산산봉의 가운데 봉우리이다. 학의 집이 있다하여 주세붕이 선학봉이라 이름하였다. 산 모양이 마치 학이 하늘로 오르는 모양이라 하여 붙여진 이름이다.

숭아 꽃잎의 아름다움은 일찍이 한국인이 즐겨 먹는 천도복숭아에 비교되어 있다. 그만큼 맛이 있는 복숭아를 만들기 위한 준비작업으로의 꽃잎을 향한 이황의 시심은 미래지향적인 설계에 하늘나라에 대한 꿈을 실었다. 평생 그가 주장한 경사상은 이를 바탕으로 한다. 물 위에 아름다운 복숭아꽃의 의태어는 물과 산과의 조화를 아주 높은 하늘에서 보아야 보이는 뜻이다. 곧 이황의 마음을 그만큼 높이 가져야만 보이는 절경이다. 더구나 시조에서 물이 등장하지 않으면서 도흰 갈매기를 오버랩하여 물이 있음을 은유한 시의 내포이다.

　더 나아가 66봉봉우리의 겉인 시의 외연은 물에 떨어진 복숭아꽃은 마음의 역동적 상상력이다. 이 상상력은 바슐라르의 역동적 상상력의 4단계이다. 이 세계에 존재하는 나의 존재는 그만큼 귀한 존재이다. 부모를 잘 섬기고 이웃을 잘 받드는 이 경사상을 대표한 시가 된다. 세상을 향한 아름다운 세계를 만들고자 하는 곧 현실을 뛰어넘는 상상력이다.

　시인 곧 문학인이 시어 하나로, 그리고 시 한편으로 그의 삶이나 철학을 대변하는 일은 그 시인, 혹은 문학인을 위대하게 한다. 그 예로는 셰익스피어다. 특히 한국인일 경우 한국을 사랑하는 사람들의 마음과 뜻에 합당하게 하려는 마음이 표출된 이 「청량산가」의 육육봉은 리듬감을 살린 언어이다. 주세붕이 불교이름이 많은 봉우리 이름을 더 민속적이게 고친 점에 부흥하여 시로써 그 아름다움을 문학화 한다. 이황 퇴계의 「청량산가」는 한국 특유의 시조로 하여 물의 의태어를 극대화하여 철학과 문학과 일생의 이념과 같이 한다. 한국정신의 기개와 그리고 깨끗함을 즐겨하는 선비정신과 맑고 푸르고 높음을 좋아하는 한국인의 절개를 나타냈다.

사실 지금까지 내려오던 12봉 이름이 중국의 바위들을 그대로 옮겨 온 것들도 있다는 사실이 전혀 중국과 무관하지 않았음에도 불구하고 바위모양을 따라 이름이 지어졌다는 것은 한국인의 고집을 알려준다. 자기 것을 좋아하는 표시를 중국의 산악과도 무관하지 않았던 이름에 우리 것을 찾는 정신을 보이고 있다. 당시의 중국문화권의 영향이 있었던 것을 애써 우리 것으로 찾으려는 애국 마음의 발로이다.

그런데 66봉 외에서 자소봉의 중층, 만월대 앞에 있는 작은 돌봉오리들을 옥소라고 부르기도 했는데 주세붕이 66봉으로만으로 청량산을 대표하려 한 것은 역시 문학과 철학과의 관계이다. 사실 유리보전 뒤에는 반야봉과 문수봉이 병풍처럼 둘러져 있다. 봉우리 중 옛날 이름을 그대로 사용한 것은 금탑봉과 연적봉 두 봉우리뿐이며 옛날의 이름을 고친 것은 장인봉$^{구\ 대봉}$, 자소봉$^{구\ 보살봉}$, 연화봉$^{구\ 의상봉}$의 세 봉우리이고, 이름이 없던 것을 새로 명명한 것이 선학봉, 자란봉, 축융봉, 경일봉, 향로봉, 탁립봉 등 여섯봉우리이다. 옛날 이름에 한

자를 더해 탁필봉구 필봉이 있다. 청량산의 옛 이름은 봉우리 자체가 보살의 현신으로 보는 견해가 많았다. 주세붕 이후 열두 봉우리가 명명되어 지금에 이르고 있다. 곧 유불문화의 잔여기록이 되겠다. 계곡이 제대로 형성되지 못할 정도의 산세 급경사를 이루는 산봉우리의 집합체인. 청량산을 이루는 12개^{일명 육육봉} 봉우리는 예안이 고향인 퇴계 이황 선생이 청량산의 아름다움을 「청량산가^{淸凉山歌}」 시로 하여 비록 그 때 당시의 한문화권의 잔여가 남았지만 그러나 문학성이 더 강하다.

퇴계^{退溪}는 마음을 잘 다스리는 방법을 물로 표현하였다. 퇴계^{退溪}라 호를 정한 물의 의태어가 예시된다.

買地靑霞外(매지청하외) 안개가 프르르다 산아래 땅을 사서
移居碧澗傍(이거벽간방) 드맑은 냇물곁에 옮기어 사노라네
深耽惟水石(심탐유수석) 사랑이 머무는 곳은 물과 바위 뿐이다
大賞只松篁(대상지송황) 숨 쉬며 소나무와 대나무 숲에 머물며
靜裏看時興(정리간시흥) 조용히 지내면서 철 따라 기뻐하며
閒中閱往芳(한중열왕방) 한가한 가운데에도 향기만을 더듬다
柴門宜迥處(시문의형처) 싸리문 내기에는 먼 곳이 보이게 해
心事一書床(심사일서상) 마음을 두둘기며 책상 위 글을 찾아
開荒臨綠岸(개황임록안) 황무지 이곳이 이젠 바라보는 푸르름
結屋對丹巖(결옥대단암) 집 짓고 들어앉아 붉음의 바위보고
澗草多無號(윤초다무호) 시냇가에 돋은 풀은 거의 다 이름 없고,
沙禽立不凡(사금입불범) 모래톱 여울에 사는 새들마저 푸르름
山居思損益(산거사손익) 산에서 살고 있으나 그리움도 있어라
　　　　　- 이황 溪居雜興二首 退溪先生文集卷1 - 이영지 번역

벼슬을 뒤로 하고 물을 찾아온 이황은 시냇가의 외딴 집으로 옮겨가서 살았다. 「계거이흥溪居雜興」에서 보인 이황의 매지청하외買地靑霞外의 청하靑霞는 지금의 안동시 도산면 토계리 동쪽에 있는 자하봉이다. 이황 퇴계는 이 자하봉 밑에 집을 지은 적이 있다. 시의 시어 하霞는 지금도 경상북도 영주군 부석면 이영지의 고향 부석면 소천리 낙하암 바위에 새겨놓은 낙하암 곧 하암霞巖1) 할아버지가 이곳에 왔다는 뜻의 낙하암 바위가 있다. 이영창이영지 누이/온계후손2))이 곳에 살고 있다. 조상 이름을 하암霞巖할베라고 부르고 있다.

물 의태어 명제는 물이 지닌 의미에서부터 출발한다. 물은 물 그대로이기도 하지만 물이 이황에게 있어서는 마음을 비추는 물이어서 일차적으로 퇴계의 이름 그대로 벼슬에서 물러나 고향에서 물을 가까이 한 삶을 실천한 대명사가 된다. 그것은 단순한 일생의 한 사건으로 그치지 않고 79회나 반복되는 고향의 물을 찾겠다는 의지의 삶이 의미화 된 것이다.

---

1) 본명 이효갑(李孝甲, 1701-1774)은 이석(李石:시조 [-1대 석(石) 2대 수(洙) 3대 구(具) 4대 정(柾) 5대 양(陽) 6대 식(埴) 7대 황(滉)] 이후 15대손으로 숙종때 태어나서 순흥부(지금의 영주와 강원일대)에서 통덕랑(通德郞: 지금의 서기관으로) 종5품 벼슬을 하였다. 하암(霞巖) 할베로 불리어지고 있으며 지금도 비석이 이곳 소천(소천리)에 있음. 본 진성이씨(지금도 진보에 가면 이씨촌이 있음)는 원래 진보(지금 안동시 진보면)이씨라고 고려 공민왕으로부터 하사받았으나 조선 이황 퇴계, 온계때의 형제들이 귀해지자 본을 진성(眞城)으로 바꿈.

2) 23대손.

그 의미는 시·공$^{時·空}$의 운행질서에 순응하려 한 것이다. 이처럼 물은 일차적으로는 순리이다. 순리를 역행하는 일은 역사를 거스리는 일이라는 퇴계 철학은 물, 세상의 순리에 적응하는 삶을 통해 문학 특히 시와 시조로 그 삶을 절제성을 보여주는 물의 의태어로 그의 철학을 대변한다. 이 삶과 문학을 통한 의미전달은 금장태의 표현으로는 '깊은 자연' 속에 있는[1] 물을 찾은 이황이다.

---

[1] 금장태, 「퇴계의 삶과 철학」 (서울: 서울대학교, 2001), 175

III. 시조에서의 물 의태어

1. 시조의 물 의태어

1). 황진이 시조의 물 의태어

이황 퇴계의 시기에는 황진이[1520?-1560?]도 있었다. 황진이 시조의 대표적 작품은 '청산리' 이다. 황진이 시조의 대표적 작품은 '청산리' 이다.

> 청산리 벽계수야 수이감을 자랑마라
> 일도 창해하면 다시오기 어려웨라
> 명월이 만공산(滿空山)하니 쉬어간들 어떠리
> — 『진본 청구영언』 286, 황진이

황진이의 "청산리 벽계수" 시조는 청산 속에 있는 폭포수를 의인법으로 하여 실제적인 벽계수와의 사랑이야기를 달로 전해준다. 생명을 잉태하는 물의 향기의미는 달 속[1])에 있다. 그녀의 달 속에 들어가 상대방이 쉬어가기를 원하는

---

1) 이영지, "봄향기 리듬," 『시조 창작 리듬론』 (서울: 양문각, 1998), 308-310.

문학만이 가질 수 있는 달 향기[1]이미지로 하였다. 시의 외연은 황진이 시조[2]를 통하여 그 의미가 물의 정서에 대한 그리움을 물의 의태어로 하고 있다.

황진이 시조 「청산리 벽계수야..」"의 님 안[in] 이미지

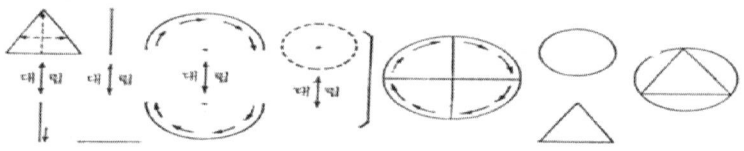

- 황진이 시조 「청산리 벽계수야...」 그림: 이영지[3]

이 물오름은 물의 생명력, 곧 물오름(한국식 표현)으로 사랑하는 관계가 된다. 한국시인들 특히 황진이 시조에서의 아름다운 시적 기법은 그야말로 시대를 뛰어넘는다. 왜냐하면 기학적 이론에서도 손색이 없는 의미의 기호를 찾아낼 수 있기 때문이다. 그러하여 시조의 정수인 초장과 중장의 전연

---

1) 이영지, "황진이시조에서 본 전통성," 『이상시 연구』 (서울: 양문각, 1987), 214-216; 『이영도 시조와 황진이 시조의 유사성과 전통성』 명지대학교 국어 국문학 연구 발표 대회 (서울: 국어 국문학과 총동문회, 1990), 41-48.
2) 이영지, 『이상시 연구』(서울: 양문각, 1989), 214-220.
3) 정규동 · 유창식 교주(校註), 『진본 청구 영언』 (서울: 신생 문화사, 1957), 419: 청산리 벽계수야 수이감을 자랑마라 일도 창해하면 다시 오기 어려웨라 명월이 만공산한데 쉬어간들 어떠리(그림과 번역 이영지).

다른 대립성을 찾아내게 한다. 이 뚜렷한 초장과 중장의 차이점은 드디어 종장에서 초장과 중장이 만남을 통한 회복성을 제시한다.

> 동짓달 기나긴 밤을 한 허리를 베어내어
> 춘풍 이불 아래 서리서리 넣었다가
> 어른 님 오신 날 밤이어든 굽이굽이 펴리라
>   - 『진본 청구영언』 287, 황진이

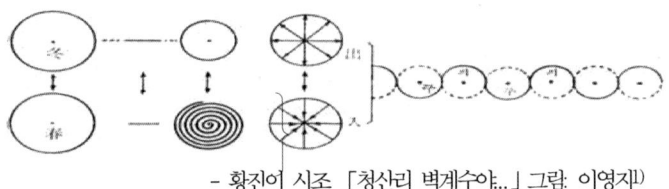

- 황진이 시조 「청산리 벽계수야...」 그림: 이영지[1]

물의 의태어를 통해서 드러나는 생명력은 살아있게 하는 의미를 지닌다. 이 물의 의태어는 물의 외연이 아닌 시의 내포성으로 하여, 시의 내포인 의미의 숨음을 통하여 물이 표면화하지 않더라도 사랑의 힘으로 문학작품에서 승화된다.

---

1) ibid. 동짓달 기나긴 밤을 한 허리를 베어내어 춘풍 이불 아래 서리서리 넣었다 어른 님 오신 날 밤이여든 굽이굽이 펴리라(그림과 번역 이영지)..

2). 이영지 시조 물 의태어

한밤중 날 부르듯 한 길이 수를 놓아
당신이 훈풍 되듯 명월로 걸어놓아
여인의 햇빛으로 서
바람, 청명
수놓아

- 李英芝「수: 새벽기도·67」[1]

낭자의 꽃신으로
모란의 웃음죄로
남자의 혼불이 눈뜨고 누워있네
眞伊의 초례마당에 꽃신으로 타다가

꽃혼에 꽃불로다
여인의 치맛자락
새색시 다홍치마 다홍상여 너무붉어
眞伊의 꽃신 데리고 꽃혼타고 나는 날

꽃송이
마디마다
꽃덤불
푸느라고
둥둥둥
못보다니
眞伊의 의 다홍상여
꽃무덤 치마폭 한수 꽃상여가 나는 날

- 이영지「꽃상여」전문[2]

---

1) 이영지, 『행복의 순위』 (서울: 양문각, 1989), 91.

황진이 시조와 이영지 시조와의 관계를 이병용은 "眞伊의 초례마당에 꽃신으로 타다가", "眞伊의 꽃신 데리고 꽃혼 타고 나는 날", "眞伊의 다홍상여 / 꽃무덤 치마폭 한 수 꽃상여가 나는 날" 과 같은 운명적 진술을 통하여 시공간이 무색할 정도로 두 몸이 한 혼으로 만나고 있음을 확인1)한다 하였다. 왜냐하면 이들의 시적 묘사가 17세기 영국의 종교적 형이상학파 시인들의 수사적 장점을 많이 따르고 있는 까닭이기도 하거니와 시대를 달리하는 두 여인의 시적 상상력의 근간이 되는 여성적 삶의 절제된 긴장이 주는 전통미가 또한 흡사하기 때문이라 하였다.

문학, 특히 시조에서 사랑의 의미는 늘 숨어 있는 속뜻 곧 내포이다. 이 때 사랑은 물의 의미로 대변되는데 곧 살아있다는 의미가 함축되어 있다. 이 물은 모든 사물은 물론이고 이 세상의 모든 만물이 살아 있게 하는 원동력이다. 사랑의 힘조차 물이 없으면 그 의미가 무의미하다. 신이 부여한 힘이며 문학, 특히 시조의 절제성이 자리 잡는다. 이 원동력은 늘 시 속에서 살아 숨어 있으면서 시의 내포가 된다. 그리고 늘 그 모습을 감추면서 물의 의태어로 살짝 옷을 입는다.

---

2) Ibid, 40.
1) 이병용, "사랑의 반복" 『행복의 순위』(서울: 양문각, 1997), 40.

2. 이황 이퇴계와 이영지의 시조 가계 잇기

현대인 지금 한국에서는 시조가 문학 장르로 존재한다. 특히 이영지의 경우 이황의 가계와 이어진다는 점에서 이 논문에서 문제제기한 바 그 해답의 일환으로 조선시대와 대한민국 지금까지 이어짐을 밝히는 작업이다.

다음은 이 잇기가 증명되는 예이다.

    부석사 義相大師 지금도 살아있는
    鳳凰산 대나무 숲 탑두리 두르면서
    선비화 지팡이 짚고 숲실잇는 한밤실

    우수골 지나면서 당고개 이르면
    박열린 초가집이 소백산 보다 낮아
    비기실 한걸음물러 梅岩亭이 보인다

    龍頭골 용트림을 들어오며 자라나서
    과수원 꽃잎하나 입에 문 딸이 되어
    밤골도 밤(栗)고을로 꽃줍듯이 사는(生) 시

    河岩할베 우리 할베 퇴계어른 후손이라
    소백산 사그리에 그 폭포 넘어오면
    落河岩 바위하나가 부석사로 남았네

                                              - 이영지 「浮石寺」[1]

---

1) - 1985. 8. 31일자 중앙일보 내고향 시조기행에 발표, *국보 18호로 지정된 부석사 무량수전, 부석사 본전인 이 무량수전은 국보 45호인 석가여래좌상이 봉안, 영풍군부석면 북지리에 있는 부석사는 신라 문무왕 16년

당신이 펴 놓으신 우물물 한 모금을
마시고 왔습니다 더러는 가랑잎이
덮혀서 있었지만은 햇빛이 든 물 먹고

빛만을 잉태해서 돌아와 낳자마다
해동인 땅에 앉아 솔잎이 되어서도
맨살로 빛을 가슴에 안아들기 시작해

나날이 갈수록에 잎들이 둘러서며
하늘안 보일정도 가슴에 빛 소리가
새어나 울려 퍼져서 나갑니다 당신이

숲으로 덮여있는 해동이 찾아들어
되돌아 다시 오는 강줄기 바라보며
의자에 하루 종일을 앉아서들 있으면

빛 바람 사이사이 울리어 부자인데
낮은데 물러앉아 해동이 하늘 바람
이름을 "당신께서"라고 지어놓고 기뻐서

맨살의 덩어리로 빛 되어 개울가에
흐르며 물 덩이로 해동이 해 덩어리
가슴이 되었습니다. 누군가가 떠먹는

— 이영지 「도산서원 1」- 새벽기도 · 1515. [1]

한걸음 물러서는 님으로 하여서도
그곳의 물자라는 그리움 차차 익고
흐르는 따사로움이 구름구름 몰려와

---

(676)에 의상대사에 의해 창건.
[1] 이영지, 『하나님의 행복한 연출』(서울: 영예문학, 2004), 42.

몇 며칠 몸져누워 생각에 생각 더 해
이제는 너에게로 달려갈 일 뿐이라
서른 채 지붕위에는 구름구름 몰려와

석봉이 새겼다는 당신의 구름구름
그 원은 무엇인가 그 산은 어디에서
얼 만큼 높으냐하며 도산 쓰는 손 떨림

- 이영지 「도산서원 2」1)

본을 같이 하고 있는 이영지의 가계는 이퇴계의 형 온계의 23대 손이다.

이황 퇴계는 형을 만나기 위해 죽령경계선을 중심으로 만났다. 그 때 만나 지은 시가 전해진다. 이황 퇴계는 죽령 옛 길에 한시로 「촉령대」와 「소혼교」를 세워놓았다.

영영한 물소리 정 넘쳐 흘러나네
우뚝 선 봉우리는 이별한 쌓은듯이
소혼교 안영협 골짜기 우리둘이 나눈 정

- 이황 「소혼교」 이영지 역

형님을 염려하여 부디 근무 잘 하시라
촉대를 만들어서 우리형님 충청감사
행차에 대 만들어서 보내노라 형에게

- 이황 「촉령대(矗怜臺)」 이영지 역

온계와 퇴계 형제는 소혼교 다리 자리 곧 산에서 내려오는 물을 사이에 두고 서로 갈라서며 온계는 충청도로, 퇴계는

---

1) 이영지, 『행복몸이 숨쉬는』 (서울: 영예문학, 2010).

풍기군수로 공무를 보기 위해 서로 헤어지고, 또 만났음이 현재까지 한 시로 소혼교와 촉령대에서 전해진다..

그분들의 후예인 이영창본 저자의 오랍동생은 이 길을 넘으며 다시 이 비 앞에 서 있다면서 수필을 남긴다.

이퇴계는 형 온계가 있었는데 그 때 당시 충청감사이었다. 이 퇴계도 풍기 군수 이었을 때여서 두 형제는 죽령경계선을 중심으로 서로 만나 형제애를 돈독히 하였다. 퇴계는 그 기념으로 시를 지어 놓았고 현재까지 전해진다.
퇴계 어른은 죽령 옛길에 촉령대와 소혼교를 세워놓았다.

「소혼교」

「촉령대」

온계와 퇴계 형제는 소혼교 다리 자리 곧 산에서 내려오는 물을 사이에 두고 서로 갈라서며 온계는 충청도로, 퇴계는 풍기군수로 공무를 보기 위해 서로 헤어지고, 또 만났다.

이러한 형제간의 우애는 형을 염려하여 부디 근무를 잘 하라고 촉대를 만들어서 우리형님 충청감사행지 때에 만들어서 보내노라는 촉령대가 현재까지 전해진다.

이 두 시 모두 이황 이퇴계가 그의 형 온계와 서로 만나서 헤어지는 장소에 지금도 세워져 있다. 그분들의 후예인 나도 오늘도 이 길을 넘으며 다시 이 비 앞에 서 있다.

형제간에 만나면서 그 기념으로 시를 지어 놓았던 일을 보면서 나의 옛 어른이라 더욱 감회가 깊다. 나도 다소 삶이 권태로울 때 찾아와서 옛 어른들을 만나는 마음으로 잠시 차에서 내려 기념비 앞에 잘 앉는다.

이 길은 죽령 옛 길에 있다. 제7길 죽령 옛길로 정해져 있다.
내 고향 부석에서 풍기를 지나 서울로 나들이하는 3대 관문중의 하나인 죽령은 문경세제보다 47m 높다. 추풍령보다는 454m더 높다. 죽령이라는 이름은 아달라왕 5년(158)에 죽죽이란 사람이 길을 열고 지쳐서 순사(殉死) 했다고 한다. 고개 마루에 죽죽을 제사 드리는 사당이 있었다고 한다.
죽령 옛길에 세워진 촉계대 소혼교는 고향 예안을 오가는 충청도관찰사 온계를 풍기군수 되계가 만나 형제간에 회포를 풀던 주변은 온달 장군의 전사지가 있다. 그리고 농암 이현보와 신재 주세붕의 사연도 있는 곳이다. 곧 풍기 소수서원과 관련된다. 이 죽령에는 죽지랑가에 얽힌 죽지의 애타는 사랑도 있다. 지금도 이러한 이야기 전설 등을 찾아 묻혀버렸던 길을 개척하여 많은 사람들이 찾는 곳이다.
죽령에는 주막도 있다. 죽령 주막은 죽령이 높고 험하여서 이 길을 가다가 날이 저물면 자고 가거나 타고 가던 말을 갈아타던 마방이 있다. 나도 이 길에서 맑은 하늘을 보며 구름한 점을 같이 불러 이야기를 나눈다.
술맛 좋기로 소문난 곳에서 술 한 잔을 먹고 고개 아래 첫 마을을 들면 셋골이 있다. 깊은 골짜기에 없을 듯 걸려 있는 그림 같은 산촌을 지나 용부원리 옛 도로를 따라 마을 쪽으로 내려가서 만나는 보국사지는 신라가 고구려를 침공하고 영토를 확장한 다음 마을 사람들을 다스리기 위하여 지어졌다.
나의 고향에는 제 2길 죽계구곡길도 있다. 순흥 죽계구곡은 영조 때 순흥부사 신필하가 주희가 죽계천에 붙인 이름이다. 초암사에서 제1곡이 시작되어 개울물을 따라 삼괴정까지 제9곡에 이른다. 이퇴계 어른은 소수서원 앞을 제1곡으로 국망봉 등 산길이 갈라지는 지점까지를 제 9곡으로 지정하시였다. 그리고 그 이름을 백운동, 취한대, 금단반석, 백우담, 이화동, 목욕담, 청련동애, 용추비폭, 금당반석, 중봉합류라고 하셨다.
　초암사는 신라 문무왕 때 의상대사가 부석사를 창건하기 전 초막을 말한다. 이 길을 제3길 달밭 길이라 한다. 퇴계 어른은 동쪽 옥녀봉과 서편 완적봉을 청룡백호로 싸인 초암사에서부터 오솔길이 나타나는데 길을 따라 300m쯤 올라가면 퇴계 이황이 걸었다는 숲은 숲길이 있다. 이 길을 들어서면서부터는 개울과 길이 하나가 되는 깊은 협곡이 계속되는데 숲속에 감추어 흐르는 개울은 여름에도 간담이 서늘해지는 추위를 느끼는 곳이 바로 이 달밭계곡이다.
　사람들에게 잘 알려지지 않은 이 길은 금방 목욕탕을 나오는 아가씨의 깨끗한 몸과 같다는 느낌이 든다. 깊이 쌓인 낙엽, 울창한 숲, 외나무다리, 돌다리를 따라 나도 이 길에서 이 세상에서 맛볼 수 없는 시간을 좋은 시간을 보낸다. 신라 문무왕 29년(680) 의상조사가 영전사에 거주하면서 문도라는 제자와 함께 창건하였다.
　굽이굽이 서려 있는 길에서 나는 지금도 이 길을 오가며 사는 행복을 누려서 감사하다.
　　　　　　　　　　　　　　- 이영창 수필「온계와 퇴계의 형제우애」.[1]

　이영창은 지금도 이영창의 조상인 온계 후손이 살았던 경북 영풍군 부석면 소천리 202에 살고 있다. 이처럼 증명되어지는 이황 퇴계의 가계인 이영지는 시와 시조로 모두 등단의 이력을 거치면서 주로 시조작품을 택한다. 이 또한 이황 퇴계가 즐겨 작품을 하였던 시조의 문학 장르 시조문학과 동일하다.
　시조는 이미 신라시대부터 연결되어지는 한국 고유의 문학 장르이다. 따라서 그 전통성이 이어진다는 점에서 큰 의의를

---

1) * 이영창 ■수필가. 경북 영주 부석 출신 ■농협대학 대학원 졸업 ■「창조문학」수필 등단(2003) ■경북 영주 부석 농협장 역임 ■메암 드림농원 경영.

가지며 특히 조선시대의 살았던 이황의 가계 잇기에서 발견 되어지는 귀중한 자료가 된다. 시조의 전통성은 물의 의태어 로 발견되어지는 삶의 끈질긴 맥이 살아 숨 쉬는 현장이다.

주세붕이 이름한 청량산 66봉을 퇴계가 시조로 지은 청량 산의 봉우리는 12봉우리보다 더 많다. 그러나 시에서 이 66 봉은 실제 12봉우리를 시적 리듬화이다. 실제 청량산은 12봉 우리보다 더 많지만 12봉우리로 한정하고 또 이를 리듬 화 하여 66봉우리라 하여 신화소로 한 것이다. 함축된 66봉의 실제 12봉우리의 이 12는 신화소로서이다. 봉우리가 더 있는 데도 굳이 12봉우리라 한 것은 12에 대한 감각인식이다. 본 저자는 『물의 신학과 문학』1) 논문에서 신화소의 12 숫자 는 예수님의 제자를 비롯하여 일 년 열 두달, 물건 12개 묶 음, 김지향시와 홍문표시, 그리고 이상 시에서의 시어의 의태 성으로 연구2)하였다. 이 12 수는 신성수로서 전 세계적인 것을 얽히게 한다. 성경에서도 12제자와 이 열두제자 중 가 룟 유다가 배반하자 그를 제명하고 한 사람을 더 세워 12제 자로 삼는다. 12수를 채운 것이다.

---

1) 이영지, 『물의 신학과 문학』 (서울: 영예문학, 2013), 51, 86, 123.~
2) 이영지, 「하이퍼시의 현실성」 조선문학 2010년 10월호 (서울: 조선문하 학사, 2010), 10월호.

3. 기독교시와 선시의 상이성과 유사성

1). 기독교시와 선시

이영지 시조에는 기독교시가 많다. 그런데 중국을 중심한 선시이기도 한 선시禪詩가 깨달음에서 오는 마음의 기쁨과 즐거움이라면 기독교시는 시인이 구원받았다는 확신에서 오는 즐거움과 기쁨이다. 두 공통점은 모두 기쁨과 즐거움과 감동이다. 각기의 믿는 종교와 문학을 함께 하는 정서 속에서 펼쳐 볼 수 있는 작품들이 이 논문에서 물을 중심으로 하는 불교와 기독교의 뚜렷한 구분을 탐색할 수 있게 된다.

기독교시와 선시의 공통점은 모두 상징과 비유를 사용한다. 기독교시는 기독교정신인 사랑과 용서와 화해가 전제되는 근본 원동력이 하나님에 의해서이고 그의 아들 예수를 거쳐서 의롭다고 여김을 인정받는 기쁨을 즐거움을 시로 한다. 이 전달수단으로 한국에서는 운문분야에 시와 시조가 선택된다. 시인들 사이에서 시의 정취를 심화시키고자 기독교 사상에 접근하였다.

선시는 깨달음의 희열을 읊은 개오시開悟詩와 산 생활의 서정을 노래한 산거시山居詩 등이 주로 현실과 떨어진 산사에의 생활시를 전제로 한다. 기독교시는 이와는 달리 세속 속에서의 삶 문제에 대한 그때그때의 감사와 은혜와 찬송으로서 한다. 이 둘은 서로 직설적인 표현과 은유적인 시로 쓰게 되는데 이 때 물의 은유가 시적 가치를 더 높게 된다.

문학에서 최대의 가치는 정서이다. 그러나 그보다 더 우선하는 것은 시를 쓰는 시인이 가진 사랑이다. 이 정서는 기독교의 최대 교리이다. 사랑은 기독교의 처음이고 마지막이다. 이는 그 어떠한 종교와도 차별성을 갖는 진리다.[1]

> 하나님이 세상을 이처럼 사랑하사 독생자를 주셨으니 이는 저를 믿는 자마다 멸망치 않고 영생을 얻게 하려 하심이니라
> - 요한복음 3장 16절

사람이 다른 사람을 위하여서 목숨을 버리는 일은 어떠한 다른 반론으로도 대신할 수 없는 절대 절명의 사랑표시이다. 이와 같은 일은 부모가 자기 자식을 위하여 목숨을 버리는 일로도 그 설명이 된다. 때문에 무엇보다도 문학, 특히 시에서 이 진실은 그 주제가 되면서 시의 겉모양으로는 다양하게 특히 물의 의태어로 나타날 수 있다.

그 몫은 시인의 몫이며 시의 역량에 따라 그 진가를 발휘한다.

---

[1] 홍문표, 『기독교문학의 이론』 (서울:창조문학사, 2005), 213.

(1). 시조와 선시

선시인(禪詩人들)[1]은 선적인 분위기의 선취시(禪趣詩)와 산사의 풍경을 읊은 선적시(禪迹詩)를 쓴다. 성경에서는 다수의 성경원문이 시들[2]로 구성되어 있다. 기독교 시인들은 구원의 문제와 감사와 사랑[3]을 읊는다. 중국의 한산자[4]는 당시에 유행했던 남종선과 북종선을 함께 수용한 시에서 물가를 묘사, 곧 의태어가 가지는 아름다움을 선시로 하였다.

登陟寒山道(등척한산도) 한산의 길 오르니
寒山路不窮(한산로불궁) 한산의 길 끝이 없네
谿長石磊磊(계장석뢰뢰) 긴 계곡엔 돌무더기 쌓여 있고
澗闊草濛濛(간활초몽몽) 넓은 시냇가엔 풀이 무성하구나
苔滑非關雨(태골비관우) 비 오지 않았는데도 이끼 미끄럽고
松鳴不假風(송명불가풍) 바람 없어도 소나무 절로 우는구나
誰能超世累(수능초세루) 누가 속세의 티끌 벗어나
共坐白雲中(공좌백운중) 흰구름 가운데 같이 앉아 보리요?

-한산자, 이영지 역

---

1) 신수, 혜능, 마조도일, 백장회해, 동산양개, 조주, 임제, 관휴, 한산자, 왕유, 맹호연, 유종원, 백거이 등등.
2) 창 14:19-20, 창 16:11-12, 창 25:23-24), 창 27:28-29, 창 27:40, 창 48:15-16, 창 16:11-12 외
3) 정지용 윤동주 김현승 김지향 추영수 안초혜 홍문표 이영지 등.
4) 한산자가 이룬 以禪入詩 도입시초는 왕유에 이르면서 선적인 마음의 경치를 살린다. 개인의 자유를 중시한 선시는 禪詩는 시인들에 의해 '以詩寓禪(이시우선)'하였던 선승과 구별된 '以禪入詩(이선입시)'의 경지를 이룬다.

오언율시 한산자의 시는 한산寒山 아래에서 계곡을 따라 수풀을 지나 흰 구름 가운데 이르는 공간적인 진행과정을 묘사한다. 제3연에서 한산도는 비가 내리지 않아도 이끼 미끄럽고 바람이 불지 않아도 소나무 절로 소리 내어 운다. 이때 이 시에서 물이 은유되어 있다. 왜냐하면 소나무나 풀은 물이 있음으로써 그 진가를 드러낸다.

물은 생명을 주는 원천수이기에 시에서, 푸르게로 표시된다. 동시에 생명이 살아있음 또한 '푸르르게' 로 표시된다. 시어의 의태어는 성경언어 히브리어로는 강이 펠레그 פֶּלֶג 페레그, 시 65: 10이다.1) 한국말의 '푸르게' 이다. 히브리어와 한국어가 같다. 푸르게는 물이 있는 강이 있어서 푸르게다. '프르게' 라는 한산자의 시에서 보이는 의태어는 물이 주위의 풀이나 심은 나무들에게 나누어 준다는 생명의 은유이다.

이영지의 시조에서는 푸르게가 더 짙은 '짙푸르름' 으로 물이 의태어화 된다.

    물로만
    둘러리 선
    궁전에
    집을 짓고

    처음은

---

1) 이영지, 『물의 신학과 문학』(서울: 영예문학, 2013), 31, 716.

짙푸르게
바다의
푸른 벽을

백합에
엮기만 했지
물기둥의
꿈
박이

— 이영지 「백합조개 - 새벽기도 · 1800」에서1)

가만히
등을 안아
하늘을 잠재우는
시냇가
물안개가 하얗게 올라간다
물에서 피는 꽃이라
수은등을 달았다

— 이영지 「넌 나의 하얀 운명 - 새벽기도 · 1612」에서2)

  하늘을 달래기까지 하는 물의 의태어는 푸르름에서 하얀 꽃으로 의태화 한다. 물 위로 오르면서 움직이지 않는 수은등을 하나 단 시이다. 바람을 잠재우는 푸르름이 물의 의미를 넘어서서 마음의 의태어가 된다. 시인의 깨끗한 마음과 의미비중은 종교적인 시인의 마음이다. 초현실적 절대세계에

---

1) 이영지, 『행복코를 맞대고 사랑우산을 쓰면』 전자시집 (서울: 문학방송, 2008), 10.
2) 이영지, 『행복의 물을 먹으며, 사랑으로』 (서울: 영예문학, 2008), 55.

대한 의미는 한산자와 비교하여 시냇가나 강은 한산자나 중국의 일반 시들이 가지는 선적 경지와 비교된다.

문학에서 논의되는 선시禪詩1)와 기독교 시의 구분은 선시가 '선'과 '시'로 구분되듯이 기독교 시 또한 문학에서 시와 기독교로 구분된다. 분명히 중국의 두송백杜松柏도 시와 선의 차이는 당연히 존재한다 하였다. 마음의 정서를 표출하는 물을 통한 의태어에서 선시禪詩는 깨달음을, 기독교시는 하나님의 은총이라는 점이 다르다. 자의적인 점과 타의적인 그 비중이 달라진다.

문학은 사람 곧 시인이 그의 마음의 세계를 의태어로 묘사하지만 종교와 문학의 구분을 완화할 수 있는 조건은 아름다운 의태어로 숨길 수 있다. 이 때 역할이 시가 가지는 시의 외연과 내포이다. 그 긴장관계의 심도가 깊을수록 시의 힘은 강하다. 곧 사람의 마음을 감동하게 하는 문학의 힘은 시의 경우 숨은 뜻이 깊을수록 그 가치가 높게 평가된다. 공명共鳴 홍문표 양자역학이론접근2)이다.

---

1) 禪宗(선종)은 양 무제 普通元年(보통원년;520) 달마라는 인도 수행자가 바다를 건너 중국 광주에 들어오면서 시작되었다. 달마로 시작된 선은 제2조 慧可(혜가)→제3조 僧璨(승찬)→제4조 道信(도신)을 거쳐 제5조 弘忍(홍인)에 이르러 어느 정도 제 모습을 갖추기 시작한다. 성당 때 홍인의 두 명의 제자, 즉 혜능과 신수로 하여 북종선과 남종선으로 나뉘어 급속도로 발전한다.
2) 홍문표, 「파동의 우주와 파동의 시학 16」- 파동의 공명과 시학의 공감 (부여: 부여읍사무소 강당, 2025. 7. 17).

(2). 선시와 시조, 그리고 기독교 시조

한국의 대표적인 시인의 시집 50권이 조사된 바[1] 조운은 선시조시인이다. 조운 시조는 물을 시어의 최다빈도시이다.

* 물은 조운 시조에서 무려 14회이다.

> 사람이 몇 생이나 닦아야 물이 되며 몇 겁이나 전화해야 금강의 물이 되나 금강의 물이 되나
>
> 샘도 강도 바다도 말고 옥류 수렴 진주 담과 만폭동 다 고만두고 구름 비 눈과 서리 비로봉 새벽안개 풀끝에 이슬 되어 구슬구슬 맺혔다가 연주 팔담 함께 흘러
>
> 구룡연 천척절애에 한 번 굴러 보느냐
>
>   - 조운의 「구룡폭포」[2]

조운은 선시인이다. 그럼에도 시조의 「구룡폭포」는 '물ㆍ샘ㆍ강ㆍ바다ㆍ옥류ㆍ진주 담ㆍ구름ㆍ눈ㆍ서리ㆍ새벽안개ㆍ이슬ㆍ구슬구슬ㆍ팔담ㆍ구룡연'으로 14회 변회[3]한다. 물의 의태어는 1차적 의미에서 2차적 의미로 이동 은유[4] 한다. 이 은유는 기독교에서 큰 의미를 지니는데 바

---

1) 이영지, "현대시에 나타난 이미져리 연구," 『이응호 박사 회가 논문집』 (서울: 이응호회갑 기념 논문집 간행위원회, 1987).
2) 조운, 『조운 시조집』 (한양: 조선사, 1947), 35.
3) Ibid.
4) 홍문표, 『시 창작 원리』 (서울: 창조문학사, 2008), 363.

로 7의 절대 신수^{神數} 2회 리듬 예수님의 자리이다. 이 14회는 7의 2회 리듬으로 문학과 신학이 연결 되게[1] 한다. 성경의 2회 자리를 스티븐 F. 바커$^{Stephen\ F.\ Baker}$[2]는 예수 족보와 관련하였다.

인간에게는 마음이 있다. 마음은 물로 하여 신학과 문학이 같이하는 신비로움을 1차적 의미에서 2차적 의미로 이동하는 은유[3]로 한다. 은유는 이동 혹은 초월[4]의미이다. 곧 2회의 자리이다. 소설가 김동리$^{1913-1995}$는 『무녀도』$^{「중앙지」\ 1936}$에서 모화가 욱이의 예수 믿음 때문에 아들을 죽이게 한다. 모화도 이어 물에 빠져 죽는데 김윤식은 오직 십자가를 설명하기 위해 물이 재생이미지[5]로 된다 하였다. 문정희도 불교 시인인『서정주 시연구』에서 물의 변화가 지니는 기독교적 특징[6]이라 하였다. 성경에서는 2회 자리를 예수님 자리로 한다. 이처럼 불교와 기독교의 얽힘이다. 시의 의태어가 지닌 선시인 한화덕은 내면에서의 깨달음 특히 허무와 공으로 한다. 성불^{成佛}의 「선^{禪}을 하는 나무」에서 깨달음을 시화한다.

---

1) 이영지, 『물의 신학과 문학』 (서울: 영예문학, 2013), 39.
2) Stephen F. Baker, 『수리철학: *Philosophy of Mathematics(Prentice-Hall Foundation of Philosphy Series)*』, 이종권 옮김 (서울: 종로 서적출판주식회사, 1983), 88-92.
3) 홍문표, 『시 창작 원리』, 363.
4) Ibid, 『기독교 문학의 이론』, 357.
5) 김윤식, 『한국근대문학사와의 대화』(서울: 새미, 2002), 396.
6) 문정희, 『서정주 시 연구』, 서울여자대학교 박사 학위 논문 (서울: 서울여자대학교, 1993), 7.

> 산등성에 홀로 서서
> 지는 구름바다를 바라보다
> 붉은 석양 물 폭포수에
> 몸 담그고 속까지 물든 마음
> 세월의 용광로는 빛으로 부서져 내리고
> 어둠이 빛을 잘게 부수어
> 눈을 뜰 때까지
> 나는 하얗게 앉아 기다린다
> — 한화덕 「선(禪)을 하는 나무」[1]

산등성에 홀로 서서 지는 구름바다를 바라보며 붉은 석양 물 폭포수에 몸 담그고 속까지 물든 마음으로 용광로가 되어 있다. 그러기 위해 어둠이 눈을 뜰 때까지 나는 하얗게 앉아 기다린다는 것이다. 하얗게 앉아 기다린다의 하얗게는 물든 마음의 깨달음 의태어이다.

그 결과 정화수로 빚어진 자신이 된다.

> 빛의 선율이 하얀 파도를 타고
> 내게 다가오고 있다
> 그 넘실나는 은빛 잔 물결위에
> 여여(如如)한 빛이고 싶다
> 밤새 내려찍은
> 가지의 정화수로 빚은
> 백설기 버무리
> 참 푸짐도 하여라
> — 한화덕 「춘설(春雪)」[2]

---

1) 한화덕, 『화엄(華嚴)의 꽃』(서울: 창조문학사, 2012)., 16.
2) ibid, 17

시인은 스스로 그 앎의 깨달음이 정화수와 백설기와 은빛 잔 물결에서 하얀색의 이미지로 하여 바슐라르의 역동적 상상력의 3단계에 진입한다. 빛의 선율이 하얀 파도를 타고 시적 화자에게 다가온다. 이 깨달음의 경지는 넘실나는 은빛 잔 물결위에 빛난다. 밤새 내려찍은 가지의 정화수로 빚은 백설기의 모습이다. 이처럼 시적 화자의 내면 의식은 시 전체를 대표하는 뜻이기도 하다. 한 시인의 마음이 담길 수 있는 곳이 지혜의 우물임을 강조한다.

> 퍼내도 마르지 않는
> 깊고 깊은 샘물이여
> 태양의 샘에는
> 시간 따라 색의 옷을 입는다
>
> 그가 즐겨 입는 옷은
> 남보라 - 보라 - 황금색
> 태양의 샘물은
> 빛으로 퍼낸다
>
>   - 한화덕 「태양의 우물」에서[1]

퍼내도 마르지 않는 깊고 깊은 샘물을 퍼내는 일은 곧 태양의 우물을 긷는 일이다. 우물을 퍼 올리는 것은 빛의 두레박이다. 나뭇잎 바람이 얼굴을 식혀주는 따뜻한 손길로 하여 두레박은 더욱 해맑게 샘물을 퍼내고 있다. 때문에 빛의 두

---

1) Ibid, 19.

레박은 힘이 들지 않는다. 이 지혜의 샘은 단순한 하나가 아
니라 하나에 하나를 더하는 일이다. 바슐라르의 물질적 상상
력의 2단계는 전연 상반되는 두 개의 물질들이 역동적 상상
력으로 물과 불로 제시된다. 일반적인 대립의 관계를 벗어난
한 시인의 상상력은 물에서 불의 이미지를, 불에서 물의 이
미지를 만들어낸다. 이러한 역동적 상상력은 양극의 방향이
전혀 상상할 수 없는 경지까지 만들어 내는 신비로움이다.
한 시인은 이 시집에서 유일하게 되풀이 되는 한 잎, 두 잎,
세 잎, 네 잎의 순차성에서 상승과정을 보여 준다. 이것은 가
장 낮은 바다 위를 두 발로 걷는 물의 기억에서 시작한다.
하얀 두 발로 물 위를 걷는 일은 인간의 힘으로는 불가능한
초월성이다.

> 모태의 천궁다리 물 다리 건너 왔지
> 청청해역 해인삼매(海印三昧)
> 은모래 비쳐 줬지
> 나는야
> 하 얀 두 발로 물위를 걷는다
>
> — 한화덕 「물의 기억」[1]

바다 위를 걷는 일은 기독교에서의 예수님이나 베드로였
다. 그런데 한화덕 시에서는 나는야/ 하 얀 두 발로 물 위를
걷는다의 시 외연은 두 잎이다가 곧 두발로 바뀐다. 이러한

---

[1] Ibid, 43.

점층법은 시의 내포가 성경에서 베드로가 예수님을 바라보며 두 발로 물 위를 거든 장면과 그리고 예수님 자신이 물 위로 걸어 어부들 앞으로 닥아 오는 모습이 투영된다.

한 시인의 두 발로 물 위를 걷는 시적 화자는 곧 하얀 목련으로 바뀐다. 그리고 하얀 목련은 하늘에 떠 있다. 이 반대인 하얀 두 발은 물 위에 떠 있다. 이 상 하의 무중력의 존재 공간은 상상력 2단계의 바슐라르 역동적 상상력이다. 한 시인을 통한 하얀 목련은 불의 이미지를 하얀 발은 물의 이미지로 소개된다. 한 시인에게 있어서 하얀 두 발은 일반적인 역동적 상상력에 의해 초월적이면서 신성화한다. 한화덕 시 모티브가 성경적이다. 이처럼 그 뜻을 넓나 드는 얽힘은 시가 넓나 들 수 있는 자유로움이다. 때문에 시인이 시를 얼마나 물의 깊이를 더하느냐 덜하느냐의 깨달음이 관건인 선 시이다. 이러한 시적 비평은 상상력이 중요성이 인간에게 무한히 주어진 자유임에 시인은 늘 시 작업을 하는 것임을 밝힌다.

2). 기독교 시

　기독교시인은 하나님과 그 아들 예수의 십자가사건으로 하여 구원으로 연결되는 마음의 감사를 시로서 전하려 한다. 이때에 따라 나오는 의태어는 겉으로 표현화된 종교적 색체가 아니라 은유의 묘사를 통한 객관적 사물어를 통하여 전하여 진다.
　물의 의태어가 지닌 기독교시의 특징은 초월과 변화[1]의미를 지닌다.

　　　　가만히 비가 되는
　　　　넌 나의 하얀 운명
　　　　정말로 눈물눈썹
　　　　하늘이 그립도록
　　　　마음의
　　　　진주 꽃으로
　　　　하얀 기둥 달았다
　　　　　　　　　　　- 이영지 「넌 나의 하얀 운명」에서[2]

　비는 히브리어로 게심이라 발음한다. 하늘에서 내리는 비가 하나님이 계심이다. 때문에 기독교시인에게 있어서는 주어진 대상 비를 바라보면서 자신의 삶을 조명한다. 그러나

---

1) Ibid, 『기독교 문학의 이론』, 357.
2) 이영지, 『행복의 물을 먹으며, 사랑으로』(서울: 영예문학, 2008), 55.

얼핏 보기에 이 시는 사랑하는 사람에 대한 바람처럼 보인다. 그렇더라도 해석하고 연구하는 자에 따라 달리 비치는 이 중심주제는 하늘의 빛이다. 마음의 빛을 가진 자에게 다가오는 감사함으로 인한 생활의 실제는 빛을 마음에 품은 마음이다. 이 마음은 시인이 무엇을 바라보느냐에 따른 물체에 대한 두 시각이 있게 된다. 그저 바라보면서 의태어를 느낄지라도 시를 쓰지 않으면 의태어가 탄생하지 않으면 보는 대상에 대하여 관심을 집중시키면서 생각을 끌어내는 일은 하늘에 감사하는 의태어시이다.

빗물은 시인의 마음에 늘 스며든다. 동시에 마음도 언제나 상대방에게 늘 스며든다. 그 곳에선 서로 마음이 교감되는 아름다움이 탄생한다. 아름다운 마음을 하늘로부터 얻는 행복이 샘솟는다. 좋은 물을 먹으면 아름다운 글이 태어난다. 물 곧 말씀을 가진 생명의 원동력은 새로운 삶이 생겨나는 시인에게 시를 통해서 드러나는 물은 물위로 걷거나 물속에 가라앉거나 물을 매개로 한 하늘로 올라가는 등의 상상력이 총 동원[1])되면서 기쁘고 즐거웁고 감사하고 좋아서 어쩔 줄 모른다. 이 행복의 구심원은 물속이다. 곧 말씀 속에 살아가는 삶이다.

---

1) 이영지, "물과 불의 시조 창작적 —例" 『새 국어 교육』 제 52호 (서울: 한국국어 교육 학회 `1996), 7-11.

물은 절대적으로 마음과 관련된다. 이퇴계는 인간본성을 찾는 성인成人진리 찾기에 두었다. 상대방을 향한 경敬철학1)에 둔다. 철학과 문학과의 접맥은 물의 경우 그리움의 정서이다. 그리움이란 물에 내 얼굴을 비추어 내는 맑은 심성으로 남을 높이는 데서 발생한다. 이 사랑은 그리움에서이며 이 그리움은 절대 존경이다. 이 밑바탕에는 상대방에 대한 절절한 존경과 그를 향한 경사상이 있다. 물이 마음과 긴밀성을 가진다는 것은 2차적 이해이다.

2차적 뜻은 마방진과의 관련된다. 황하의 지류 락수강에서 올라온 거북이 등에 그려진 그림과도 관련된다. 숙종 때의 최석정1646-1715은 구수략九數略에서 물은 도道에서 생긴다2) 하였다. 이 도道는 진리이다.

시조작품은 진리로 갈 수 있다.

옥수수 참외참외 여름이 익는 밤이

참
참외 익혀가며 한낮을 걸어오자

---

1) 이황, 『退溪全書』5책 (서울: 성균관대 대동 문화 연구원, 1981). 22책 (서울: 퇴계학 연구원. 1987). 금장태, 『聖學十圖와 퇴계 철학의 구조』 (서울: 서울 대학교, 2001), 8, 23.
2) 참조: 崔錫鼎, 數生於者 原者 數之本也. 所以 本始而生 數者也. 物必有本 故 水原爲首 (九數略, 甲編). 윤태주, 『최석정의 구수략에 나타난 수리사상과 유럽수학 수용에 대한 고찰』 (대구: 경북대학교 출판사, 1988), 9.

내
산은 지금 마악 하얀창 익어들고
마음은 한창 익어가
불러들인 강물에

강물에 한강물이 하얀창
불어나며
가슴에 들이밀며 발목에 감아들며
커다란 부피로 들며
들이치는 한여름

하늘 물 웃음속이
훤연히
들어나는
옥수수 촘촘히로
참외씨 촘촘히로

쾅쾅쾅 여름소나기 들이밀어 붙이는
- 이영지「옥수수와 참외의 여름」새벽기도 1832

    이 시조작품은 얼핏 보기에는 시의 외연이 여름 옥수수로 단순한 먹을거리 옥수수이다. 이러한 외연과는 달리 옥수수 곧 한문화권으로 이야기 할 때 옥수=玉水 곧 맑은 물이다. 옥수수=玉水水는 아주 맑은 물이다. 그러기에 말씀의 물로 뛰어넘기 한다. 한창 여름의 그 맑은 물이 더욱 맑아지는, 다시 말하면 물의 의태어에 대한 절대의 물의 가치는 절대말씀에 있다. 기독교 시의 묘미이다. 참외는 참으로 익어가는 의태어다. 따라서 이 참된 진리가 익어가는 계절이다. 단순한 물의 의태어에서 벗어나 물이 그 양을 많이 하면서 새벽기도가 주는 제목과 같이 하나님의 말씀이 익어가는 기독교시의 삶을 내재하고 있다. 시에서의 외연과 내포의 긴장성이다.

　이상에서 본 바와 같이 한국문학과 중국문학에서의 상이성과 유사성에 대한 비교연구를 위해 물의 의태어를 중심한 시와 시조의 논의되었다. 임의 물이 지닌 의태어는 중국 선시禪詩 '물'이라는 대자연을 통해 시화하는데 바슐라르의 역동적 2단계 상상력에서 비추어지는 볼 때 물의 깊이를 주로 다룬다. 공空으로 전개되는 선시는 고요함의 마음을 의태어로 한다. 곧 물을 통하여 물이 깨끗함이라는 등식을 정하고 마음의 어지러움을 제거해 버린 뒤에 나타나는 마음의 고요로움이다. 물이 눈에 보이거나 보이지 않거나 관계없이 물에 대한 상상력 동원으로 비교적 선종의 뜻에 부합하게 마음의 물 경지이다. 기독교 시로 조명된 바슐라르 상상력의 4단계인 물의 의태어를 통한 세상의 삶을 은혜와 감사에 의한 구원이 주제이다.

　조선시대 이황은 경사상으로의 시를 일관한다. 물과 사물과 삶 일치로 한 자신의 일상을 경으로 한다. 물을 대명사로 한 자신의 일상과 동일시 한 퇴계 철학은 언제나 맑은 물을 사람들에게 제공하려 하는 움직임의 파동이 있다. 이 파동은 양자역학이 지닌 절대 안정세계를 향한 몸부림의 파동이다. 물의 파동이다. 끊임없이 움직이는 경사상은 그의 시「청량산가」를 통해서 물 그 자체, 눈에 보이는 물이 아니라 산봉우리가 많지만 12봉우리를 택하고 66봉이라 시에 소재로 삼은 다음 그 봉우리 모양을 복숭아꽃과 일치시켜 철학적 아름다움을 물의 파동으로 한다.

물의 시가 지닌 파동은 물이 한 번도 시에 등장하지 않으면서 도화桃花 복숭아와 갈매기를 시조의 외연으로 하여 삶의 깨끗함이 곧 맑은 물을 얻고자 하는 절대의 경지를 향해 움직인다. 시의 외연은 물에 떨어진 복숭아 꽃이 사실은 물과는 상관없는 마음의 상상력의 시로서 그의 세상을 향한 신경지의 아름다운 세계를 만들고자 하는 의지력의 시이다. 이 가상현실의 시조작법인 물은 백구의 비상과 도화 낙화의 아름다움을 받들 어부로 대신하면서 고도의 은유적 물의 의태어 시로 한다.

시조에서의 물을 통한 의태어는 황진이 시조와 이영지 시조에서 전자 황진이 시조 '청산리 벽계수'에서 그녀의 달 속에 들어가 상대방이 쉬어가기를 원하는 문학만이 가질 수 있는 달 향기를 물의 고급스러운 한국문학의 품격이다. '동짓달 기나긴 밤'에서 시의 내포가 가지는 의미의 숨음을 통하여 물이 표면화하지 않더라도 사랑의 힘으로 문학작품에서 승화된다.

이영지 시조에서의 황진이 이야기는 꽃 무덤 치마폭 한 수로 하여 이야기의 유래에 그치지 않고 꽃상여가 나는 날을 종교적 형이상학성으로 한 기독도교시의 특징으로 한다. 물의 파동을 통한 이 사랑을 신이 부여한 힘으로 얻어지는 하늘 오르기로 한다.

이 때 대두되는 것이 기독교시와 선시와 구별이다. 이황시대에 제시된 주자학 근거인 소수서원을 중심한 백운동 향학은 유교와도 그 맥을 같이 하여 유교문화권 안에 존재하는 선시와 기독교시이다. 주자학에 내세우는 하늘의 이치를 이황은 경사상으로 올리면서 그의 한국 시가 겸손과 그 주제에 맞는 하늘, 곧 대상높이기의 발 돋음을 최고로 한다.

그러고도 엄연히 존재하는 선시와 기독교시의 상이성과 유사성은 선시禪詩의 경향은 산사의 풍경에서 물이 중요시되고 이 물은 기독교시에서도 중요한 물의 존재 말씀의 존재자를 앞세운다. 그 결과 선사상이 지닌 마음의 깨달음과 사람들의 구원의 문제와의 대구별로 남는다.

이 둘의 공통점은 물의 푸르름을 주제나 시의 외연으로 하고 있는 점이다. 이 또한 이퇴계의 시조에서도 동일하다. 따라서 선시나 기독교시에서 그 의미구성이 되는 물의 의태화는 기독교시가 물이 펴져 하늘로 올라가는 물의 그 하늘만들기의 위대함을 들어낸다. 선시에서는 물이 주는 역할을 바슐라르의 2단계인 과장으로 한다. 이 특징의 구별은 불에서 물을 보기도 하고 물에서 불을 보는 한화덕 시인에게서 선시의 특징이 있다. 중국의 일반 시들이 가지는 선시禪詩와 기독교시의 구분은 선시가 '선'과 '시'로 구분되듯이 기독교 시 또한 문학에서 시와 기독교로 구분되는 문학성의 가치이다. 선시禪詩는 깨달음을, 기독교시는 하나님의 은총이다.

그러나 간과해서 아니 될 것은 시조작품 한편에서 조운 시조 물의 14회 빈도수라는 점이다. 「구룡폭포」 시조에서 '물·샘·강·바다·옥류·진주 담·구름·눈·서리·새벽안개·이슬·구슬구슬·팔담·구룡연'으로 14회 변화는 참으로 놀라운 기독교에서의 7의 절대 신수神數의 2회 리듬으로 한 점의 발견이다. 예수님 족보자리 의미이다. 이러한 물의 14회 조운시조작품의 가치는 7의 2회 리듬이라는 문학과 신학이 연결 되는 얽힘의 양자역학시를 만든다. 이렇듯 불교와 기독교, 그리고 주자학 내지는 유교문화권에서 발견되는 물의 파동이 그 찬란한 의미를 알려준 결과에 이르렀다. 이 논자의 정의에 따라 물의 시가 지닌 파동은 이제 엄청난 물의 파동으로 물결쳐 넘칠 것이다.

불교에서는 모든 삼라만상이 연이라 하였거니와 이러한 관점에서 보면 본 연구에서는 한국과 중국 두 나라 문학의 연결 그 얽힘의 이 제 11장이 지닌 논문의 소기의 목적을 달성하였다. 기독교시가 주는 물을 통한 은혜를 발견하여 그 기쁨을 누리는 결과를 이루는 차이가 있다. 한창 여름에 그 맑은 물이 더욱 맑아지는, 다시 말하면 물의 의태어에 대한 절대의 물의 가치는 참외가 참으로 익어가는 물의 의태어로 하여 참된 진리가 익어가는 계절에 은혜가 충만하다.

　이 논문에서 또 하나의 결과는 이퇴계와 이영지의 가계잇기의 중요성이다. 족보와도 깊은 연관성을 가지면서 경상북도 영주지방에 주거하는 가족들에 의하여 발견되는 가계 잇기는 「도산서원 1」이나 죽령 새재에 세워진 작품의 근거를 통해 예시된다. 시조는 이미 신라시대부터 3대목과 향가에서 보이는 리듬의 연결로 고려는 물론 이조시대와 오늘에 이르기 까지 이어지는 귀중한 문학보고가 그 명맥을 잇고 있는 현시점에서 그 맥이 이어짐을 구체적으로 발견된 일은 이 논문의 깊은 가치가 된다. 조선시대의 살았던 이황의 가계 잇기를 시조로 발견되어지는 귀중한 자료이다.

　중국이 주제를 중요시하는 선시의 경향이라면 현대의 한국에서의 현대시조가 있는 이 시점에서도 오래전부터 있어온 한국특유의 전통이다. 이 때 논문의 깊이를 위한 물의 의태성이 지닌 하이퍼성 논제는 오래전부터의 역사를 찾는 발굴작업으로 이 논문의 가치가 있다. 그 방법은 연구방법인 시의 역동적 상상력에 의한 하이퍼성에서이다. 사람은 비록 한 세대를 살다가 갔지만 문학, 특히 시나 시조에서 그 이음이 이어짐을 이 논문에서 밝히고 있다.

Abstract

One of the Study on the Water with of the HIPER[1] for comparison in the poetry about of the China and Korea.

Lee, Young ji

This thesis is one of the Study on the Water image with HIPER for comparison in the poetry about of the Korea and China.

The purpose of this study is to water HIPER demonstrate

---

[1] 원래 HIPER(하이퍼)는 HIgh Performance with Efficiency and Reliability의 약자로 20%의 연료 연소성능 향상과 높은 열적성능, 강화된 내진성능을 나타내기 위해 High Performance란 용어를 선택했고 여기에 높은 효율성과 신뢰성을 나타내기 위해 Efficiency and Reliability를 조합했다. 따라서 이 논문에서는 보다 긴밀한 연결로 좋은 호율성을 얻어내기 위한 최선의 방법이라는 뜻으로 한정한다.

that their old tradition poetry and this time. This twice problem is very much question.

Ha my critical method of my study, that the poem of a Christianity and Buddhism were here. Between Two nation expresses through respect philosophy by Simkyoung 『心經 /The spirital scriptures』). There for this thesis is one of the Study a comparison for interchange and characteristics. And that covered of the Christian poetry by Lee young ji.

Good water, as marks of the hidden creator. This thesis is based imge mainly on Hansanja, Hwhang goung ggoyun, and Lee hwng, hwang jeeni, Lee yoing ji, Han hwaduak ec verses regarding water in the their poem.

Firstly, in this thesis is the elements of the dual number approach and historic depart study and in spit of the HIPER same in good water approach were employed as the method of research. mind, critic method of this is the conception of water changing that good expresses, like this: transcendental supernaturality image, practicality of the common Moving for poet's obeyed form good mind and equable form mean U rhythm or jar or waterpot.

Thirdly, Critic method of shows water as rhythmic

transcendency his Powers that poet expresses through water, like this: good water. In appearance 14 number water exists in poetry words but different Buddhism and Christianity.

The almighty Han poet can do everything without water, through her mind transcendency, realize the truth. But Lee poet the table means the meeting of her God In Jesus Christ when 옥수수玉水水 very clear water. This come to the same at happy mind by Christ.

Fourthly, the basic water changes on one hand with vowel symbol Love for different people and on the other mind. This criticism shows that the two nation poetry of the Victory of the LORD through the common life of our, like this:

Lastly, my study concludes here, I wish my study would be useful for those who will study on the water in always.

The Key Words: water·twice rhythm··sky· fountain·well·stream·river·eye·waterpot·jar·right

마방진 시학

2025년 9월 9일 초판 발행

저 자 이 영 지

발행인 신 용 호
발행처 창조문학사
서울 서대문구 홍은동 397-26 동천아카데미 5층
등록번호 제1-263호
전화 374-9011, Fax 374-5217
공급처 한국출판협동조합 전화 716-5616~9
저자와 협의에 의해 인지를 생략합니다.
ISBN 978-89-7734-819-6(93810)

파본은 바꾸어 드립니다

30000원